前　言

数据无处不在，在经济社会中，如何从繁杂的数据中寻找各个经济变量之间的关系，发现经济现象背后隐藏的数量规律，这是无论政府、企业还是个人都十分关心的问题。为指导人们科学地解决这一问题，计量经济学应运而生，计量经济学方法现已成为经济定量分析领域中应用最为广泛的工具之一。本书编写的主要目的就是向读者通俗易懂地介绍计量经济学的方法与技术，并使读者能够应用所学的计量分析方法解决实际问题。

计量经济学内容博大精深，本书力求系统介绍计量经济学各种方法的实际应用，本书特色是通过案例结合软件操作讲解计量经济学模型的实际应用，重点强调的是建模的方法与技术，主要篇幅放在计量经济学方法的应用上，而不是放在模型估计与检验方法的理论推导上。书中每个模型均配有原理介绍、案例分析与软件操作，通过对案例的实际操作与分析，帮助读者加深对计量经济学模型的理解，提高实际应用能力。本书所有案例均配有 EViews、Stata 及 Excel 三种格式的数据文件，如果读者在阅读本书时，能结合软件进行操作练习，相信一定能够系统掌握计量经济学分析的基本方法和技巧，并且能够融会贯通地解决所遇到的各种经济定量分析问题。

本书由中南财经政法大学统计与数学学院杨青龙教授任主编，各章分工为：杨超编写第一、二、三章，杨青龙编写第四、五、六、七章，师应来编写第八、九、十章。在本书的编写过程中，作者参考和借鉴了国内外的相关文献资料，引用了一些案例和观点，在此谨向有关参考文献的作者表示感谢。

在本书的写作和出版过程中，得到了学校教务部的资助及学院各级领导的大力支持和帮助，研究生做了大量的案例数据收集整理、文稿撰写及编辑排版工作，同时，高等教育出版社的编辑也为本书的出版付出了很多，在此一并向他们表示衷心的感谢。

书中难免存在不足之处，敬请读者批评指正。

杨青龙

2024 年 8 月

目录

第一章 绪论

计量经济学是现代经济学研究中的重要分支,它是运用统计学和数学方法对经济理论进行实证分析的经济学科。本章将为读者提供关于计量经济学的概览,并介绍计量经济学的研究内容、与相关学科的关系、分析步骤以及数据的类型与组织等方面的内容。

通过本章的学习,读者将对计量经济学有一个初步的认识,了解计量经济学的基本概念和方法,为后续章节的学习打下基础。同时,读者也将了解本书的结构和内容安排,以便更好地学习和应用计量经济学。

重难点

1. 什么是计量经济学。计量经济学是以一定的经济理论为前提,以统计资料为基础,运用数学、统计学方法与计算机技术,以建立计量经济模型为主要手段,定量分析研究具有随机特性的经济变量关系的一门经济学科。

2. 计量经济学的内容体系。计量经济学作为一门独立的经济学科,在其发展过程中,逐步形成了自己的学科体系,其内容可以分为理论计量经济学和应用计量经济学。

3. 计量经济学与相关学科的关系。计量经济学就其学科的性质而言,是由经济学、统计学和数学构成的一门交叉学科。数学和统计学为计量经济学提供了基本的工具和方法,经济学则为计量经济学提供了研究对象和理论基础。在实际应用中,计量经济学还与其他社会科学如社会学、心理学等学科有一定的交叉。

4. 计量经济学分析步骤。计量经济学分析一般包括提出问题、选择变量并收集数据、建立计量经济模型、估计计量经济模型参数、检验模型、使用模型等步骤。在进行计量经济学分析时,需要明确所研究的问题、选择合适的模型和数据,并进行模型的估计和检验,以得出准确可靠的研究结论。

5. 数据的类型与组织。数据在计量经济学分析中起着重要的作用。数据可以分为横截面数据、时间序列数据和面板数据等类型,每种类型的数据有不同的特点和分析方法。在进行数据分析时,需要对数据进行整理和组织,以便进行后续的计量经济学分析。

第一节 计量经济学简介

一、什么是计量经济学

目前,在我国高等学校经济学类专业的课程设置中,计量经济学和宏观经济学、微观经济学一起成为学生必修的三门核心课程,并在经济学界越来越受到人们的重视。计量经济学(Econometrics)一词是 1926 年由挪威经济学家、第一届诺贝尔经济学奖得主拉格纳·弗瑞希(Ragnar Frisch)仿照生物计量学(Biometrics)一词提出的,国内也译作经济计量学。1930 年,一些国家的经济学家在美国的克利夫兰市成立了国际计量经济学会,学会的宗旨是促进经济理论在与统计学和数学的结合中发展。1933 年 1 月,该学会创办了名为 *Econometrica* 的学术刊物。在 *Econometrica* 的创刊号上弗瑞希对什么是计量经济学做了详细的阐述,他认为对经济的数量研究可以从好几个方面着手,但任何一方面都不能与计量经济学混为一谈。计量经济学与经济统计学绝非一码事,它也不同于我们所说的一般经济理论,尽管经济理论大部分具有确定的数量特征;计量经济学也不应被视为数学应用于经济学的同义语。经验证明,统计学、经济理论和数学三个方面观点之统一是实际理解现代经济生活中数量关系的必要条件,但任何一种观点本身都不是充分条件。这三者的统一才是强有力的工具,这三者的结合才构成了计量经济学。

荷兰经济学家、第一届诺贝尔经济学奖另一得主丁伯根(J. Tinbergen)1951 年指出,计量经济学的范围,还包括经济假设的数学表示以及从统计检验的角度对这些假设进行实际的统计检验的过程。

第二届诺贝尔经济学奖得主保罗·萨缪尔森(Paul A. Samuelson)给计量经济学下的定义为,在理论与观测协调发展的基础上,运用检验的推理方法,对实际经济现象进行数量分析。

1980 年诺贝尔经济学奖得主劳伦斯·克莱因(Lawrence R. Klein)将计量经济学定义为数学方法、统计技术和经济分析的综合。就其字义来说,计量经济学不仅是指对经济现象加以测量,而且包含根据一定的经济理论进行计算的意思。

威廉·格林(William H. Greene)将计量经济学定义为经济学的一个领域,它运用数理统计和统计推断工具对经济理论所假定的关系进行实证研究。

上述定义虽然表述各不相同,但其含义在实质上是一致的,都强调计量经济学是经济学、统计学和数学三者的结合。综合各方观点,可将计量经济学定义为:计量经济学是以一定的经济理论为前提,以统计资料为基础,运用数学、统计学方法与计算机技术,以建立计量经济模型为主要手段,定量分析具有随机特性的经济变量关系的一门经济学科。在这个定义中,强调以下四点:第一,计量经济学是一门应用经济学,以经济现象为研究对象;第二,计量经济学的目的在于揭示经济关系与经济活动的数量规律;第三,计量经济学是经济学、统计学、数学三者的结合;第四,计量经济学的核心内容是建立和应用计量经济模型。弗瑞希等学者所阐明的关于计量经济学的定义,至今仍被大多数人所接受。

计量经济学自从 20 世纪 30 年代成为一门独立的学科,至今已有 90 多年的历史了。在发展初期的十多年中,主要是打基础的时期,以弗瑞希的《用完全回归体系的统计合流分析》、T. 哈维尔谟的《计量经济学的概率研究方法》为标志,计量经济学方法体系基本上建立起来。之后计量经济学者们提出了二阶段最小二乘法、分布滞后处理方法、多重共线性处理方法等,尤其是随着电子计算机的发展和应用,大量复杂的计量经济模型得以建立和使用,从而促进计量经济学理论和应用进入了一个新的发展阶段。

近些年来,计量经济学理论和方法都有了长足发展,首先是计算机快速发展和广泛应用,新的计算方法大量提出,使得计量经济模型的应用规模越来越大。其次,更为重要的是非经典计量经济学的理论和应用有了新的突破。最后,微观计量经济学、非参数计量经济学、时间序列计量经济学和动态计量经济学等的提出,使计量经济学产生了新的理论体系。协整理论、面板数据、博弈论、贝叶斯方法等理论在计量经济学中的应用已成为新的研究课题。计量经济学的应用和发展为现代经济学的发展奠定了良好的基础。几乎所有的经济学家都要应用计量经济学方法，所有的经济理论成果也都体现了计量经济学的最新成果。正像美国经济学家萨缪尔森所说的，第二次世界大战后，经济学是计量经济学的时代。

二、计量经济学的内容体系

计量经济学作为一门独立的经济学科，在其发展过程中，逐步形成了自己的学科体系，其内容可以分为理论计量经济学和应用计量经济学。

（一）理论计量经济学

理论计量经济学主要是寻找适当的方法，去测度由计量经济模型设定的经济关系式。计量经济方法可分为单方程估计方法和联立方程系统估计方法。单方程估计方法是指每次仅作用于一个方程；联立方程系统估计方法要考虑联立方程系统的综合信息，同时估计联立方程中的全部方程。

（二）应用计量经济学

应用计量经济学以经济理论和事实为出发点，应用计量方法，解决经济系统运行过程中的理论或实践问题。根据实际应用的范围，计量经济模型可分为企业模型、部门模型、地区模型、宏观模型。根据经济现象和数量关系，计量经济模型可分为投入产出模型、最优化模型、控制论模型和系统动力学模型。

在应用计量经济学中，我们应用计量经济学的理论与方法，去研究经济学或商业中的某些特殊领域，诸如生产函数、消费函数、投资函数、供求函数、证券组合理论，等等。计量经济学的实际应用过程主要是建立、估计和检验各类计量经济模型，以达到如下目的：① 应用计量模型对经济变量之间的关系进行数量分析，即结构分析。② 用计量模型进行定量分析，提供现有样本数据以外的某些变量的预测值，给出变量值在未来时期中或其他空间上的预测结果，即经济预测。③ 通过计量经济模型仿真各种经济政策措施的效果，对不同的政策方法进行比较和选择，即进行政策评价。

三、计量经济学与相关学科的关系

计量经济学就其学科的性质而言，是由经济学、统计学和数学构成的一门交叉学科。计量经济学可以涉及经济学的一切领域，但不同于经济学；它利用统计资料，但不同于经济统计学；它应用数学、数理统计方法，但又完全区别于数学和数理统计学。

经济理论和数理经济学之间没有本质的区别。两者都以精确的方式表达经济行为的关系，不过经济理论用文字叙述，数理经济学则用数学符号表达。在这些表达中，无论是经济理论还是数理经济学，一般都不考虑影响经济行为发生变化的随机因素，也不为表达经济行为的方程式参数提供具体数值。计量经济学如同数理经济学一样，需用数学符号表明经济变量之间的数量关系，但它并不假定这种经济关系是精确的。在数学表达式中只列出起主要作用的经济变量，并含有一个表示随机变化的随机误差项，利用统计资料，应用数学、数理统计方法给表达式参数以具体的估计值。

经济统计学是指对经济统计资料的收集、加工和整理，并列表图示，以描述在整个观察期间的发展变化。经济统计学在经济现象的数量研究中，侧重于对经济行为的描述，它对各种经济变量的发展不作推测，也不对反映经济变量关系的参数进行估计。

数理统计学是一门以概率论为基础，研究随机现象规律性的学科。它是由在实验室进行可控实验发展起来的，偏重纯粹的数学推导。对于它的结论，事先规定了一些严格的条件和假定，若不满足这些条件和假定，就不能应用这些结论。我们知道经济关系中的数据是不能按照控制实验的方法提出的，例如在研究需求量与收入的关系时，谁也无法让价格、消费和人们的偏好等因素保持不变。因此，研究经济现象只能认为它粗略地满足数理统计的一些假设条件，但仍具有自身特殊的统计规律。所以在测度经济问题时，需要有一种特殊的数理统计方法，这就是计量经济学方法。

计量经济学与数学有密切的关系，但又有本质的区别。由于计量经济学运用到较多的数学知识，数学为计量经济理论和方法的发展提供了基础，但不能将计量经济学等同于数学。数学研究的是抽象的数量规律，计量经济学则是研究具体的、实际现象的数量规律；数学研究的是没有量纲或计量单位的抽象的数，计量经济学研究的是有具体实物或计量单位的数据；计量经济学与数学在研究中所使用的逻辑方法不同，数学研究所使用的主要是演绎，计量经济学则是演绎与归纳相结合，占主导地位的是归纳。

综上分析可以看出，计量经济学与经济理论、经济统计学和数学有着密切的联系，但又有着根本性的区别。它是这些学科的综合和发展，但又完全不同于这三个学科中的任何一个学科。

第二节 计量经济学分析步骤

用计量经济方法研究社会经济问题是以计量经济模型的建立和应用为基础的，一般来说，其实证分析过程可分为以下六个步骤：

（1）提出问题；

（2）选择变量并收集数据；

（3）建立计量经济模型；

（4）估计计量经济模型参数；

（5）检验模型；

（6）使用模型。

为了阐明上述计量经济学分析步骤，下面对以上步骤进行具体说明。

一、提出问题

任何研究首先都是从提出问题开始的，即要确定需要分析研究的问题。以消费函数为例，消费支出主要由哪些因素决定呢？消费需求量究竟是由什么决定的呢？在现实生活中，影响家庭消费的因素很多，比如家庭收入水平、商品价格水平、利率水平、社会的收入分配状况、消费者的偏好、家庭财产状况、可提供的消费信贷状况、消费者的年龄构成以及社会的各种制度、风俗习惯等。凯恩斯认为，这些因素中最有决定意义的是家庭收入。所以，凯恩斯主义理论从影响消费需求的众多因素中抽出这个最主要的因素，单独加以分析。凯恩斯认为，在收入和消费的关系方面，存在着一条基本的心理规律，即在一般情况下，平均来说，当人们收入增加时，他们的消费也会增加，但消费的增加不会像收入增加得那样多，这就是说边际消费倾向的规律是递减的。

二、选择变量并收集数据

提出问题之后，根据相关理论知识及常识选择解释变量集合，用来解释或预测被解释变量。这里为叙述方便，不妨设 Y 为被解释变量，$X_1, X_2, \cdots, Xp$ 表示解释变量，其中 p 是解释变量的个数。例如，在某个城市，我们把一栋住宅的价格作为被解释变量，有关的解释变量为：房屋占地面积、建筑面积、房龄、卧室数量、浴室数量、社区类型、地段区位、建筑风格等。在消费需求的例子中，被解释变量是居民消费支出，解释变量是居民可支配收入。

经济计量模型包括的变量各种各样，按照数值的决定范围，变量可分为内生变量（endogenous variable）和外生变量（exogenous variable）两种。内生变量是具有一定概率分布的随机变量，由模型自身决定，其数值是求解模型的结果；外生变量是非随机变量，在模型体系之外决定，即在模型求解之前已经得到了数值。

内生变量和外生变量的划分是相对的，二者没有不可逾越的鸿沟，什么作内生变量，什么作外生变量，常常是由模型设计者根据具体情况决定的。对于一个方程来说，等号左边的因变量称为被解释变量（explained variable），等号右边的自变量称为解释变量（explaining variable）。在模型中，一个方程的被解释变量可能是其他方程的解释变量。因此，被解释变量一定是模型的内生变量，但解释变量除包括外生变量之外，还可能包括一些内生变量。有些方程还使用内生变量的前期或前几期的数值作解释变量，这样的变量称为滞后变量（lagged variable）。滞后变量如同外生变量一样，在模型求解之前为已知的。故一般将外生变量和滞后变量合称为前定变量（predetermined variable）。

- 经济变量
  - 内生变量
  - 前定变量
    - 滞后变量
    - 外生变量
      - 外生经济变量
      - 政策变量
      - 虚拟变量

选择好潜在的相关变量后，从现实世界中收集分析问题使用的数据。有时候，我们可以在一个可控的情况下收集数据，以使不感兴趣的因素保持不变，而更多的时候，数据是在一种非实验条件下收集的，研究者只能控制很少的因素。在这种情况下，我们收集到 n 个目标的观测数据，每个目标的观测数据都是对该目标所有潜在的相关变量的测量值。收集到的数据通常如表 1-1 进行记录。

表 1-1　数据组织形式及变量符号

观测序号	因变量 Y	自变量			
		X_1	X_2	…	X_p
1	y_1	x_{11}	x_{21}	…	x_{p1}
2	y_2	x_{12}	x_{22}	…	x_{p2}
3	y_3	x_{13}	x_{23}	…	x_{p3}
⋮	⋮	⋮	⋮	⋮	⋮
n	y_n	x_{1n}	x_{2n}	…	x_{pn}

表 1-1 的每一列代表一个变量,而每一行表示一个观测。符号 x_{ij} 指第 i 个预测变量的第 j 个观测值,即第一个下标对应自变量的序号,第二个下标对应观测序号。

三、建立计量经济模型

建立模型是根据经济理论和某些假设条件,区分各种不同的经济变量,建立单一方程式或方程体系,来表明经济变量之间的相互依存关系。

计量经济模型的方程式,一般可分为两类:随机方程和非随机方程。

1. 随机方程

随机方程是根据经济行为构造的函数关系式。由于任何一种经济行为都受众多因素的影响,我们在构造函数关系式时,不可能也不必要把全部因素都罗列到函数式中来。有些因素影响很小,而且没有规律性,它们的作用结果一般无法观测到,我们称这类因素为随机因素,可综合地用随机误差项 u 来表示,因此在方程式中引进随机误差项 u。换言之,带有随机误差项的方程式称为随机方程。随机误差项在方程中看起来微不足道,但是,它们的性质对于随机方程的参数估计问题有极其重要的影响。所以,随机误差项在理论经济计量学中始终扮演着重要的角色。由于经济计量模型中的随机方程是根据经济行为构造的,因此,也常称它们为“行为方程”。

2. 非随机方程

非随机方程是根据经济学理论或政策、法规而构造的经济变量恒等式。例如,根据税率制度而构造的税收方程:$T_t=bS_t$,其中,T_t 表示 t 时期政府征收的营业税总收入,S_t 表示 t 时期营业额,b 为参数,就是政府用法令形式规定的税率。由于计量经济模型中的非随机方程是根据理论、政策、法规确定的,因此常称它们为“定义方程”“制度方程”或“政策方程”。接上例,根据凯恩斯著名的消费理论,假定以 Y 表示全社会的消费总量,X 表示国民收入总量,则消费函数可写为

$$Y=f(X) \tag{1.1}$$

式(1.1)表示消费是收入的函数,为了使其理论具体化,测度消费总量和收入的数量关系,就需要建立计量经济模型,假定以下述方程表示

$$Y_t=\beta_0+\beta_1 X_t+u_t \tag{1.2}$$

四、估计计量经济模型参数

收集数据,建立模型后,必须对模型的参数进行估计;换言之,必须获得模型参数的具体数值。模型参数的估计是一个纯技术过程,这个过程可分以下几个阶段:研究我们所关心方程的识别条件;研究解释变量之间的相关程度,即研究多重共线性;选择恰当的估计模型参数的方法。下面我们分别叙述每一阶段所包括的有关内容。

(一) 方程识别条件的研究

识别是指在估计联立方程模型时,判断所得参数估计值实际属于某个函数的过程。某些情况下,我们所关心的函数在联立方程模型中有相同统计形式的函数存在。例如,假设我们要估计某一商品的需求函数,在规定时期内,除商品价格之外,消费者的收入和其他条件都保持不变,这样需求量(Q_d)和供给量(Q_s)都取决于该商品的价格(P)。如我们想用销售的时间序列来估计需求函数,这些数据记录了在某些价格(P)时的销售量(Q_d),但供给量(Q_s)碰巧也是同一时期内按市场价格(P)销售的数量,即 $Q_s=Q_d$。因此,当用 Q_d 和 P 的数据估计模型时,就不知道是需

求函数的参数，还是供给函数的参数，这样就必须进行函数识别条件的研究。

（二）解释变量间的相关程度，即多重共线性的研究

如果多个解释变量在经济活动的不同阶段同步变化，则这些变量是彼此相关的。例如，收入、消费、投资、就业水平和税收等变量在经济繁荣时期都趋向于增长，而在萧条时期都趋向于下降。因此，这些变量间可能存在固有的、一定程度的线性相关。在线性相关程度较高的条件下，求得的参数估计量的精度和可靠性都会较低。

（三）选择适当的估计模型参数的方法

获得模型参数估计值的方法有多种，在某种特定情况下采用哪种方法，取决于如下条件：① 模型的种类和识别条件。若我们的模型是单一方程，则选择普通最小二乘法或广义最小二乘法即可。若模型是一个方程组，则应根据模型的识别条件选择恰当的估计模型参数的方法。② 计量经济研究的目的。不同的研究目的对参数估计的要求不同，如高拟合优度对预测极为重要；无偏性、有效性对分析经济结构或制定经济政策极为重要，因而选择的估计模型参数的方法也不同。③ 各种估计方法所需要的时间和费用。估计模型参数方法的时间和费用也经常是选择估计模型参数方法的重要准则。

五、检验模型

模型估计之后，必须检验模型参数估计值在经济上是否有意义，在统计上是否令人满意。为此，人们选用三种准则对模型进行验证。第一，经济理论准则；第二，统计准则；第三，经济计量准则。

（一）经济理论准则

经济理论准则即根据经济理论所阐明的基本原理，以此对模型参数的符号和取值范围进行检验；换言之，就是根据经济理论对计量经济模型中参数的符号和取值范围施加约束。例如，上述模型的消费方程为

$$Y_t = \beta_0 + \beta_1 X_t + u_t \tag{1.3}$$

根据经济理论分析得知，消费总量与国民收入呈正相关关系，即国民收入越多，消费总量就越多，这样就从经济理论分析确定了参数 β_1 的符号，以及 β_1 的取值范围。假如参数实际估计值的符号和大小与经济理论分析不符，就应舍弃；除非有充足理由使人们相信，在某种特定情况下经济理论的原理不成立。因此，如果需要接受具有“错误”符号和大小的所求参数估计值时，必须说明理由。然而，在多数情况下，所求参数估计值的符号和大小产生错误，可归因于模型估计中所用的实际资料不足。换言之，就是所用样本观测值不能代表这种关系，或是样本观测值的数目不适当，或是违反了计量经济模型的某些假定。一般而言，如果所求参数估计值不能满足经济理论准则，则参数估计值在经济上是没有意义的。

（二）统计准则

统计准则是由统计理论决定的，统计准则的目的在于考察所求参数估计值的统计可靠性。由于所求参数的估计值是根据计量经济模型中所含经济变量的样本观测值求得的，便可以根据数理统计学抽样理论中的几种检验，来确定参数估计值的精确度。如根据样本观测值计算的判定系数是一种统计量，它表示由解释变量说明被解释变量的程度；参数估计量的标准差是参数估计量与参数真实值离差的一种度量。参数估计量的标准差越大，则它的可靠性越小；参数估计量

的标准差越小，则它的可靠性越大。

应该着重指出，若根据经济理论准则，验证所求参数估计值具有“错误”符号或大小，即使这些参数估计值在统计上是显著的，也应当舍弃这些参数的估计值。换言之，统计准则对经济理论准则而言，它是第二位的或是次要的。

（三）计量经济准则

计量经济准则是由理论计量经济学决定的，其目的在于研究任何特定情况下，所采用的计量经济方法是否违背了计量经济模型的假定。计量经济准则作为二级检验，可视为统计准则的再检验。换言之，计量经济准则是确定所求参数估计值的正确与否的标准。这些准则有助于我们确定所求参数估计值是否具有合乎最佳线性无偏估计量的性质，即无偏性、一致性和有效性。

由于计量经济模型满足的假定不同，对应着各种计量经济方法，因此，每一种计量经济方法都有各自的计量经济准则。如果计量经济模型不能满足计量经济方法的假定，则所求参数的估计值就不具备合乎需要的性质。通常，必须重新确定模型，即引入新的变量或略去一些变量，或者改换模型的数学形式，以便得出一个与计量经济方法假定相符合的新模型。然后，对新模型进行估计，并再一次运用经济理论准则、统计准则和计量经济准则进行验证。若仍不能满足这三类准则的要求，则需重复上述过程，直至所求参数的估计值能通过所有的准则验证为止。

综上所述，检验模型是一个极其复杂的动态过程。计量经济研究人员在接受或舍弃估计的参数之前，必须对它们用上述三种准则进行检验。若检验不能通过，则需修正模型，再设定，再估计，再检验。只有通过检验的模型参数估计值才具有合乎需要的性质，才能进行计量分析。

六、使用模型

对经济现象的计量研究是为了使用计量经济模型。计量经济模型主要用于经济结构分析、预测未来和规划政策。

（一）经济结构分析

经济结构分析就是利用已估计出参数值的模型，对所研究的经济系统变量之间的相互关系进行分析，目的在于了解和解释有关经济变量的结构构成和结构变动的原因，诸如产业结构、产品结构、消费结构、投资结构等问题中的结构分析。它研究的是当一个或多个变量发生变化时，如何影响其他变量以及整个经济系统的表现和运作，从这个意义上讲，我们所进行的经济系统定量研究工作，就是经济结构分析。经济结构分析所采用的主要方法是弹性分析、乘数分析与比较静力分析。

弹性分析是指某一变量的相对变化引起另一变量的相对变化的度量，即变量的变化率之比。在计量经济研究中，除了需要研究经济系统中变量与绝对量之间的关系，还要研究变量的相对变化所带来的相互影响，以掌握经济活动的数量规律并有效地控制经济系统。

乘数分析是指某一变量的绝对变化引起另一变量的绝对变化的度量，即变量的变化量之比，也称倍数。它直接度量经济系统中变量之间的相互影响，经常被用来研究外生变量的变化对内生变量的影响，对于实现经济系统的调控有重要作用。乘数可以很方便地从计量经济学模型的简化式求得。

比较静力分析是比较经济系统的不同平衡位置之间的联系，探索经济系统从一个平衡点到另一个平衡点时变量的变化，研究系统中某个变量或参数的变化对其他变量或参数的影响。显然，弹性分析和乘数分析都是比较静力分析的形式。计量经济学模型为比较静力分析提供了一个基础，对于没有定量描述变量之间关系的、包含变量和参数的计量经济学模型，比较静力分析将无从着手。

（二）预测未来

预测未来就是根据已估计出参数值的计量经济模型，由已知的或预先确定的解释变量，来推测被解释变量在未来时期的数值。计量经济模型本身就是试图从已经发生的经济活动中找出变化规律，然后把这种规律用于样本以外数据的预测。经济预测可以是对被解释变量未来时期的动态预测，也可以是对被解释变量在不同空间状况的空间预测，这是计量经济分析的主要目的之一。

（三）规划政策

规划政策是计量经济模型的重要用途，也是它的最终目的。规划政策是由决策者从一系列可供选择的政策方案中，挑选出一个最优政策方案予以执行。一般的操作步骤是先根据模型运算一个基本方案，然后改变外生变量（政策变量）的取值，得到其他方案，对不同的政策方案的可能后果进行评价对比，从而做出选择，因此又称政策评价或政策模拟。从宏观经济领域到微观经济领域，每时每刻都存在政策评价的问题。经济政策具有不可试验性。当然，有时在采取某项政策前，在局部范围内先进行试验，然后推行，但即使如此，在局部可行的政策在全局上并不一定可行，这就使得规划政策显得尤其重要。经济数学模型可以起到"经济政策实验室"的作用。尤其是计量经济学模型，揭示了经济系统中变量之间的相互联系，通过将经济目标作为被解释变量，将经济政策作为解释变量，可以很方便地评价各种不同的政策对目标的影响。将计量经济学模型和计算机技术结合起来，可以建成名副其实的"经济政策实验室"。

计量经济学模型用于规划政策，主要有三种方法。一是工具—目标法。给定目标变量的预期值，即我们希望达到的目标，通过求解模型，可以得到政策变量值。二是政策模拟。即将各种不同的政策代入模型，计算各自的目标值，然后比较其优劣，决定政策的取舍。三是最优控制方法。将计量经济学模型与最优化方法结合起来，选择使得目标最优的政策或政策组合。

第三节　数据的类型与组织

一般而言，计量经济模型所含经济变量的数据可分为以下几种类型。

1. 截面数据

截面数据是指在同一时点或时期上，不同统计单位的相同统计指标组成的数据。例如，某一调查年度的人口普查数据、工业普查数据、家庭调查数据等。利用截面数据作样本，容易产生异方差性，在选择估计方法时应充分注意这一点。表 1-2 给出了 2021 年某市随机调查的 500 名职工的截面数据的组织形式。

表 1-2 随机调查的职工工资及其他个人特征的截面数据

观测编号	工资(元/月)	受教育年限(年)	工龄(年)	性别	婚姻状况
1	4 500	12	3	1	0
2	6 000	16	2	0	0
⋮	⋮	⋮	⋮	⋮	⋮
499	8 500	12	15	1	1
500	11 150	16	7	0	1

注意在表 1-2 中，观测编号为赋予样本中每个人的观测序号，与其他变量不同，它不是个人特征，哪位职工被赋予 1，哪位职工被赋予 2，是没有区别的。截面数据通常可以假定个体是从总体中通过随机抽样得到的，数据排序不影响计量分析结果。性别、婚姻状况是虚拟变量，性别表明这个人是否为女性（取 1 为女性，取 0 为男性），婚姻状况反映这个人是否结婚（取 1 为已婚，取 0 为未婚）。

2. 时间序列数据

时间序列数据简称时序数据，是指同一单位的某一经济变量在各个时期的数值按时间先后顺序排列所形成的数列。例如，2000—2020 年我国国内生产总值（GDP）按时间先后顺序排列而成的一系列数据就是一个时间序列数据。

在应用时间序列数据作样本时，有以下几点要注意。

一是数据的统计口径问题，如果在不同的时间点上出现统计口径不一致的情况，必须进行换算调整。

二是时间序列数据假定数据的观测独立于时间，但多数经济及其他时间序列都与其近期历史高度相关。比如，由于 GDP 的趋势从这个季度到下个季度会保持相当的稳定性，所以对上一季度 GDP 的了解，会告诉我们本季度 GDP 的可能范围。

三是要注意数据收集时的频率范围，最常见的数据频率是天、周、月、季、年。比如，股票价格以天为区间进行记录（星期六、星期天及节假日除外），货币供应量是逐月报告的，通货膨胀率和就业率等许多宏观经济变量都是按月统计的，而国内生产总值则每季度报告一次，人口出生率、死亡率一般只有年度数据可供使用。许多按日、周、月、季报告的经济时间序列数据表现出很强的季节特征，这正是时间序列分析中要考虑的一个重要因素。

四是要注意经济时间序列大多数是非平稳序列，而经典回归中要求数据是平稳的，非平稳序列可能导致伪回归问题，为了正确解释和应用经济时间序列的相互依赖关系，对标准的计量方法还要进行改进和润色。表 1-3 为 2021 年 6 月至 2022 年 6 月货币供应量时间序列数据的组织形式。

3. 面板数据

面板数据是指兼有时间序列和截面数据两种成分的数据。例如，在研究生产成本与企业规模和技术进步的关系时，选择不同规模企业在不同时间上的数据作为样本观测值，这些观测值数据就是面板数据。

表 1-3 2021 年 6 月至 2022 年 6 月货币供应量时间序列数据 单位:亿元

时间	货币和准货币($M2$)	货币($M1$)	流通中的现金($M0$)
2021 年 6 月	2 317 788.36	637 479.36	84 346.97
2021 年 7 月	2 302 153.82	620 367.05	84 717.56
⋮	⋮	⋮	⋮
2022 年 5 月	2 527 026.15	645 107.52	95 546.86
2022 年 6 月	2 581 451.2	674 374.81	96 011.17

由于面板数据要求对同一单位在不同时期进行重复观测,所以对面板数据的收集比其他类型的数据更为困难。面板数据由于同时含有截面和时间两种成分,比截面数据或时间序列数据包含的信息更多,在计量分析中更有优越性。面板数据的第一个优点是,对同一单位的多次观测,便于我们控制个人、企业等观测单位的某些难以观测的特征,使在单纯截面数据下难以做出的因果推断得以进行。面板数据的第二个优点是,它能很好地反映研究决策行为或结果中滞后的信息。由于预期许多经济政策在一段时间之后才产生影响,所以面板数据反映的信息就更有意义。

表 1-4 是美国 150 个城市 1986 年和 1990 年有关犯罪方面变量的面板数据的组织形式。该数据有如下特征。首先,每个城市都有一个编号,从 1 到 150,哪个城市被标为 1,哪个城市被标为 2,这并不重要,和截面数据一样,面板数据中截面单位的排序是无关紧要的。其次,城市 1 的两年数据放在表中的前两行,观测 3 和观测 4 对应于城市 2,等等,由于 150 个城市中的每一个都有两行数据,所以该数据有 300 个观测值。

表 1-4 美国 150 个城市有关犯罪方面变量的面板数据

观测编号	城市	年份(年)	谋杀案件数(件)	人口数(人)	失业率(%)	警员数(人)
1	1	1986	5	350 000	8.7	440
2	1	1990	8	359 200	7.2	471
3	2	1986	2	64 300	5.4	75
4	2	1990	1	65 100	5.5	75
⋮	⋮	⋮	⋮	⋮	⋮	⋮
299	150	1986	25	543 000	4.3	520
300	150	1990	32	546 200	5.2	493

第四节 本书的主要内容及结构

本书从使用者的角度介绍计量经济学的理论与方法,注重理论联系实际,主要结合具体案例,详解软件的操作与结果的解读,让读者对计量经济学理论与方法的应用有一个比较全面的了解。

本书在介绍计量方法的过程中尽量避免大量繁杂的数学推导。经验表明，大量繁杂的公式推导对计量模型方法的应用并无显著帮助。对数学推导感兴趣的读者，可以阅读含公式推导的书籍，本书给出的一些计量经济学理论结果也仅供参考。本书所有的模型分析结果都由主流的计量经济学及统计软件计算得出，应用的软件主要是 EViews、Stata 等软件。

本书的结构如下：第一章是绪论，主要介绍计量经济学的有关概念及研究步骤；第二章是计量经济学应用软件的基本操作，主要讲述 Stata 及 EViews 软件的基本操作；第三章是基本的回归模型，主要介绍一元线性回归模型、多元线性回归模型、违背经典假定的回归模型的原理、案例及软件操作；第四章是时间序列计量经济模型，主要介绍 ARIMA 模型、协整及误差修正模型的原理、案例及软件操作；第五章是面板数据模型，主要介绍面板数据模型的原理、案例及软件操作；第六章是联立方程组模型，主要介绍联立方程模型的基本理论、案例及软件操作；第七章是条件异方差模型，主要介绍条件异方差模型的基本理论、案例及软件操作；第八章是向量自回归模型，主要介绍向量自回归模型的基本理论、案例及软件操作；第九章是其他常用的回归模型，主要介绍离散选择模型、受限因变量模型、分位数回归模型、非参数回归模型的原理、案例及软件操作；第十章是空间计量经济学模型，主要介绍空间计量模型的基本理论、案例及软件操作。

本章习题

1. 举例说明计量经济模型包括的要素。
2. 经典计量经济建模包括哪些步骤？每一步骤各有哪些内容？
3. 模型检验的三个准则是什么？
4. 为什么下列计量经济模型设定不合理？（其中 μ 为随机误差项）

（1）$GDP=\beta_0+\beta_1x_1+\beta_2x_2+\beta_3x_3+\mu$

其中，x_1、x_2、x_3 是第一产业、第二产业、第三产业增加值。

（2）$S_1=\alpha+\beta S_2+\mu$

其中，S_1、S_2 分别为农村居民和城镇居民年末储蓄存款余额。

第二章 计量经济学应用软件基本操作

第一节 计量经济学应用软件简介

计量经济学应用软件是现代经济学研究中不可或缺的工具,它能够帮助研究人员处理大量的经济数据,并进行各种计量分析。本章将介绍几种常用的计量经济学应用软件,包括 EViews、Stata、SAS、SPSS 和 R。

通过本章的学习,读者将能够掌握这几种计量经济学应用软件的基本操作,为实际的计量经济学研究提供强有力的支持。

重难点

1. 计量经济学应用软件简介。本节介绍了常用的计量经济学应用软件的特点、应用领域和使用方法。

2. EViews 的基本操作方法。本节详细介绍了 EViews 软件的启动、工作文件的创建数据输入与使用、数据序列的创建、数据输入与编辑、组序列的建立和组内序列的数据特征分析以及序列统计分析等。

3. Stata 基本操作。本节详细介绍了 Stata 的基本操作方法,包括 Stata 中数据的导入、数据的管理、基本统计分析以及其他操作等。

目前,随着计量理论的发展,模型越来越复杂,计算量也越来越大,手工计算已无法满足需求,必须借助相关软件才能完成模型参数估计。常用的计量经济学软件包较多,它们各有侧重,本书主要介绍较为常用的计量及统计软件。

一、EViews

EViews 是 Econometric Views 的简称,直译为计量经济学观察,是当今世界上流行的计量经济学软件之一。EViews 具有数据处理、作图、统计分析(其中包括各种统计量的估计与假设检验、方差分析、主成分分析、时间序列因素分解的加法乘法模型等)、回归建模分析(其中包括线性、非线性单一方程模型,联立方程模型,动态回归模型,分布滞后模型,向量自回归模型,误差修正模型,离散选择模型,ARCH、GARCH 模型,面板数据模型,空间状态模型以及多种估计方法)、预测、时间序列(ARIMA)模型分析、时间序列的 X12 季节调整分析、编程和模拟九大类功能,并且可以在菜单式窗口和编程两种方式下运行,操作简便易学。EViews 的前身是 Micro TSP,由美国 QMS(quantitative micro software)有限责任公司推出。

EViews 除了可以用作经济领域的定量分析工具外,还可以用来作为金融、保险、管理、商务等领域的研究工具。EViews 中的数据处理、作图、统计分析、回归分析以及 Box-Jenkins 的时间序列(ARIMA)建模方法等功能则适用于自然科学、社会科学、人文科学中的各个领域,所以 EViews 软件的适用范围广泛。学会使用 EViews 对于从事上述诸领域的工作人员,特别是经济学、计量经济学、金融计量经济学领域的人员是必要的。

二、Stata

Stata 也是目前世界上流行的计量经济学软件,是应用于 Windows、Mac OS 以及 Unix 电脑系统下的一种功能齐全的统计软件包。它的特点是易操作、速度快,而且包括一整套预先编好的分析与数据管理程序,同时允许用户根据需要来创建自己的程序、添加更多的功能。大部分操作既可以通过下拉菜单系统来完成,也可以更直接地通过键入命令来完成。初学者可以在菜单的帮助下学习使用 Stata。Stata 命令有很强的一致性和直观意义,可以使有经验的用户更为高效地工作,这一特点还使得对更复杂或需要多次重复的任务进行编程变得十分容易。如果需要,在应用 Stata 时还可以混用菜单方法和命令方法。它还提供广泛的帮助(help)、寻找(search)和链接(link)功能,轻轻松松便能完成像查询某一命令句法或其他信息之类的事情。

三、SAS

SAS(statistical analysis system)的原意是统计分析系统,自 1976 年商品化以来,以其超凡的功能和可靠的技术支持著称于世。经过多年的完善与发展,SAS 在国际上已经被誉为数据分析的标准软件,在各个领域得到广泛的应用。SAS 是集数据管理、数据分析和信息处理于一体的应用软件系统。它是一种集成软件,用户可以将各种模块适当组合以满足各自不同的需要。SAS 系统中提供的主要分析功能包括统计分析、计量经济分析、时间序列分析、决策分析、财务分析和全面质量管理工具,等等。将其用于计量经济学分析,不仅能完成经典计量经济学模型的估计和检验,而且可以进行模型诊断。

四、SPSS

SPSS(statistical package for the social science,社会科学统计软件包)是世界著名的统计分析软件之一。20 世纪 60 年代末,美国斯坦福大学的三位研究生研制开发了最早的统计分析软件 SPSS,同时成立了 SPSS 公司,并于 1975 年在芝加哥组建了 SPSS 总部。20 世纪 80 年代以前,SPSS 统计软件主要应用于企事业单位。1984 年,SPSS 总部首先推出了世界第一个统计分析软件微机版本 SPSS/PC+,开创了 SPSS 微机系列产品的开发方向,从而确立了个人用户市场第一的地位。它使用 Windows 的窗口方式展示各种管理和分析数据的方法,使用对话框展示出各种功能选择项,只要掌握一定的 Windows 操作技能,粗通统计分析原理,就可以使用该软件为特定的科研工作服务。SPSS/PC+的推出,极大地扩充了它的应用范围,使其能很快地应用于自然科学、技术科学、社会科学等领域,世界上许多有影响的报刊纷纷就 SPSS 的自动统计绘图、数据的深入分析、使用方便、功能齐全等方面给予了高度的评价与称赞。同时,SPSS 公司推行本土化策略,目前已推出 9 个语种版本。

五、R

R 语言是从 S 语言演变而来的。20 世纪 70 年代,S 语言诞生于贝尔实验室,是 Rick Becker、

John Chambers、Allan Wilks 开发的语言。基于 S 语言开发的商业软件 Splus,可以方便地编写函数、建立模型,具有良好的扩展性。1995 年,新西兰 Auckland 大学统计系的 Robert Gentleman 和 Ross Ihaka 编写了一种能执行 S 语言的软件,这就是 R 软件,该软件的源代码全部公开,其命令统称为 R 语言。R 是开源软件(免费软件),功能强大、更新快,具有强大的图形功能,可以在包括 Unix、Linux、Windows、Mac OS 等多种平台下运行,可以用于可复制化研究,可以减少大量重复性操作,并可以对分析结果进一步加工。由于 R 具有以上优点,目前其使用者越来越多。

实际应用的计量经济学软件还有很多,以上列举的只是当前比较流行的五种。应用计量经济学理论及方法进行实证分析,至少应掌握一种常用软件。本书所有示例的数据分析主要采用 EViews 和 Stata 软件,下面主要介绍 EViews8.0 和 Stata15.0 以上版本软件的基本操作,关于 EViews 和 Stata 软件的具体操作,在以后的各章中均结合案例有详细介绍。

第二节 EViews 基本操作

一、主窗口简介

软件安装后,在 Windows 窗口双击 EViews 图标或在程序菜单中单击 EViews 程序子菜单,启动 EViews 程序,进入 EViews 主窗口,见图 2-1。

主窗口第一行为 EView 标题栏,第二行为菜单栏,排列着按功能划分的 10 个菜单选项:File、Edit、Object、View、Proc、Quick、Options、Add-ins、Window、Help。用鼠标左键单击任意选项会弹出不同的下拉菜单,显示该部分的具体功能。

菜单栏下面空白区是命令输入栏,允许用户通过键盘输入各种 EViews 命令,每输入一条命令,回车后就相应执行一条命令。

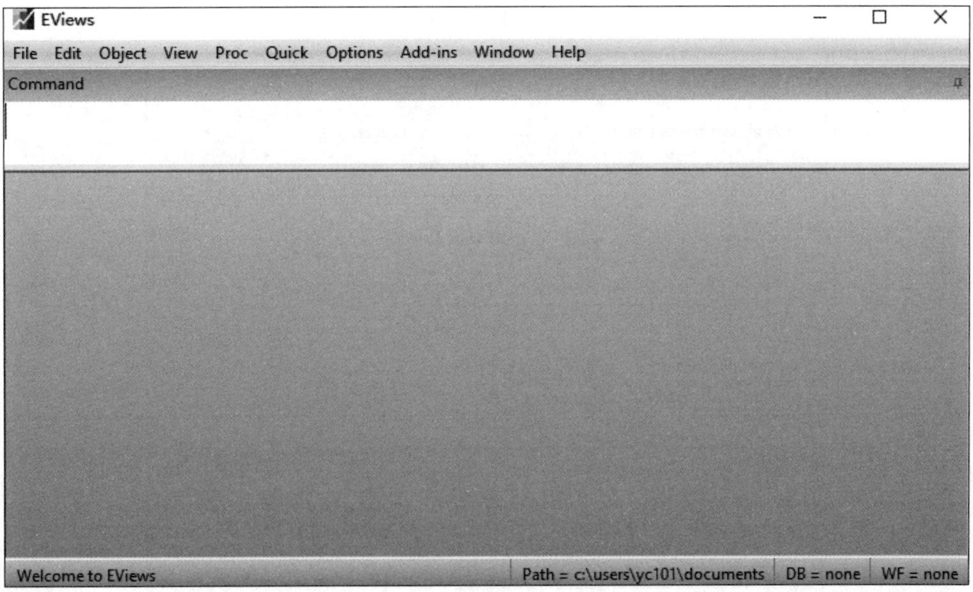

图 2-1 EViews 主窗口

命令栏下方大面积空白区域为工作区，由操作产生的工作文件及对象均显示在此窗口。

主窗口底部最后一行为状态栏，主要显示程序路径、数据库和工作文件名称等相关内容。

二、工作文件的创建及使用

（一）建立工作文件

EViews 要求数据的分析处理过程必须在特定的工作文件（Workfile）中进行。所以，用户使用 EViews 的第一步是必须建立或打开一个工作文件，才能进行 EViews 操作。

用鼠标左键单击主菜单选项 File，在打开的下拉菜单中选择 New→Workfile，如图 2-2 所示。点击 Workfile 后出现一个工作文件创建对话框，要求指定数据序列性质和数据区间，如图 2-3 所示。

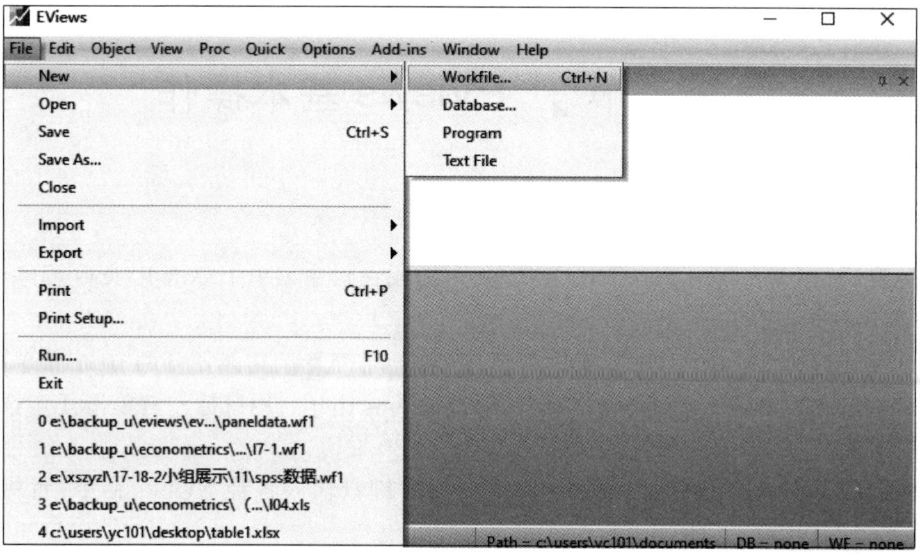

图 2-2　File 功能菜单

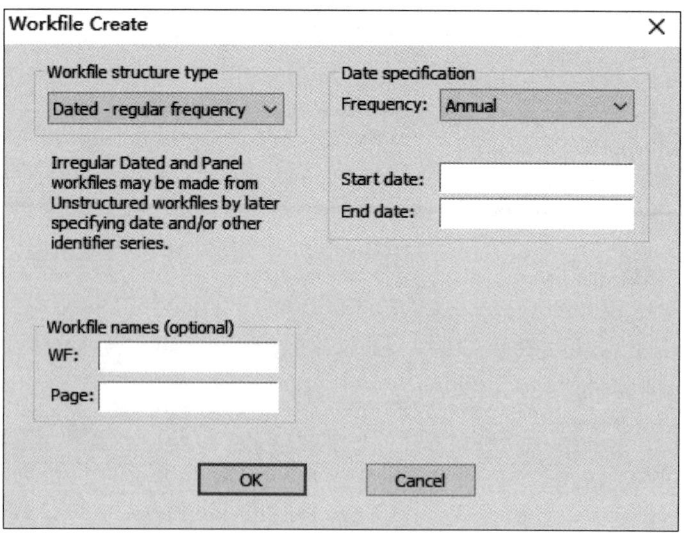

图 2-3　工作文件创建对话框

为了描述工作文件的结构,需要提供给 EViews 关于观测值和与其相联系的标识符的外部信息。在图 2-3 所示对话框中,对话框的左边是下拉列表框,"Workfile structure type"用来描述数据集合的基本结构,共有三种类型数据的工作文件,分别是 Dated-regular frequency(有规则频率的时间序列数据),Unstrutured/Undated(非结构化或无日期的数据),Balanced Panel(平衡面板数据)。

1. Dated-regular frequency

选择此项(默认选项),表示建立时间序列数据的工作文件,右边为数据定义框,Frequency(频率)项指研究数据性质,可选择年度、季度、月度、日度等。

Annual 选项:年度数据。Start date 后输入起始年份,End date 后输入终止年份,输入格式为表示年份的 4 位数,如 1995、2021 等。

Semi-annual 选项:半年度数据。起始与终止输入格式为 1995:1,2021:2,年度后面只能跟 1、2,分别代表上半年、下半年。

Quarterly 选项:季度数据。起始与终止输入格式为 1995:1,2021:4,年度后面只能跟 1、2、3、4,分别代表第 1、第 2、第 3、第 4 季度。

Monthly 选项:月度数据。起始与终止输入格式为 1995:09,2021:12,年度后为月份。

Weekly 选项:周数据。起始与终止输入格式为 10:01:1995,9:14:2021 表示 1995 年 10 月 1 日至 2021 年 9 月 14 日,每隔 7 日一个数据。

Daily 选项:日数据。起始与终止输入格式为 10:01:1995,9:14:2021 表示 1995 年 10 月 1 日至 2021 年 9 月 14 日,每日一个数据。如为每周 5 日的数据,则系统自动取每周 7 日中的前 5 日。

2. Unstructured/Undated

若选择此选项,表示建立非结构数据工作文件,非结构数据仅仅是没有指定日期的数据,它使用默认的整数标识符,一般截面数据可选此项。在下拉列表中选择这一类型时,对话框将发生变化,会提供一个空白区域用来输入观测值的个数,输入样本量后点击 OK,就可建立相应样本量的工作文件。

3. Balanced Panel

在下拉列表中选择 Balanced Panel,将创建一个平衡面板结构数据的工作文件,选定频率(Frequency),输入起始日期(Start date)和终止日期(End date)以及截面成员的个数(Number of cross),可以命名工作文件和命名工作文件页,点击 OK,EViews 将创建一个使用特定的起始和终止日期以及指定截面成员个数的平衡面板数据工作文件,如图 2-4 所示。

(二)工作文件的保存与调用

保存新建立的工作文件有两种方法。一种是在主窗口中选择菜单 File→Save 或 Save As;另一种方法是直接单击工作文件窗口工具栏中的 Save 按钮,保存文件时需要给出文件名。

调用已有的工作文件。在主窗口菜单选项中依次选择 File→Open→Workfile,点击 Workfile 后,选中要打开的文件即可。

(三)工作文件数据区间范围的调整

根据实际问题的要求,当需要调整区间的范围时,就要变更工作文件数据序列的起始点或终止点。

在图 2-4 所示工作文件窗口的工具栏中,选择 Proc→Structure→Resize current page... ,然后

在出现的对话框中输入新的数据起止点即可。

EViews 默认的样本区间与工作文件的数据区间相同，如在实际分析中，需要不同于工作文件数据区间的样本，可根据实际需要设定样本区间，样本区间是数据区间的一个子区间。在图 2-4所示工作文件窗口的工具栏中选中 Sample 按钮，在如图 2-5 所示的对话框中输入样本数据起止点即可。

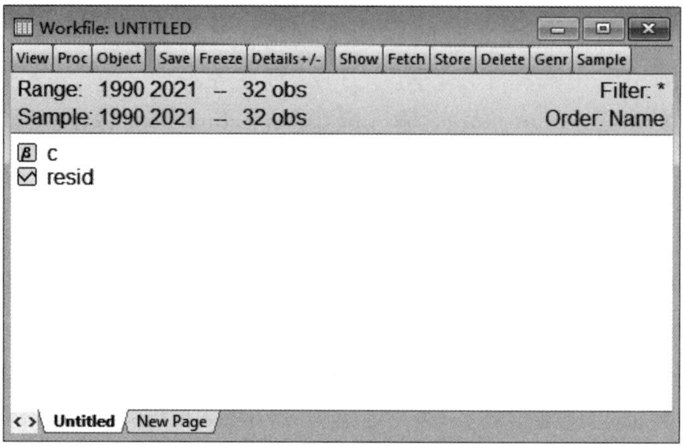

图 2-4 平衡面板数据工作文件窗口

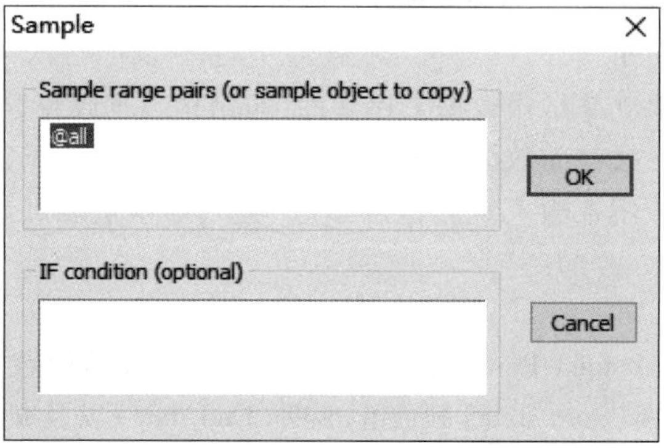

图 2-5 工作文件数据区间范围调整窗口

三、数据序列创建、数据输入及编辑

（一）数据序列创建

在主窗口的菜单选项或工作文件窗口的工具栏中选择 Object→New Object，出现如图 2-6 所示的对话框。在对话框中选择 Series，并在对话框右上方空格处填写新序列名称（默认名是 Untitled），如命名为 X，操作完毕后点击 OK 按钮即可。

EViews 软件不区分序列名称字母的大小写，例如 GDP、Gdp 和 gdp 等都被视为同一序列名称。

同时生成多个序列时可使用命令 data。如要生成序列 X，Y，Z，则可在主窗口命令栏内输入：

data X Y Z

data 与 X,Y,Z 之间要用空格分开。

打开序列的方法很多,最简便的方法是双击选定的序列。

(二) 数据的输入与编辑

建立工作文件后,无论新生成还是打开一个序列,都会出现如图 2-7 所示的序列对象窗口。在工具栏上选择 Edit+/-按钮进入编辑状态,可输入或修改序列数据。如使用 data 命令,则直接进入编辑状态。点击 Smpl+/-按钮,可在显示工作文件数据区间内全部数据和只显示样本数据之间切换;Label+/-按钮在是否显示数据序列标签两种模式间进行切换;Wide+/-按钮在单列显示和多列显示数据序列之间切换。对于季度和月度数据,采用多列显示模式会更清楚。录入或修改数据完毕后点击 Edit+/-按钮恢复只读状态。

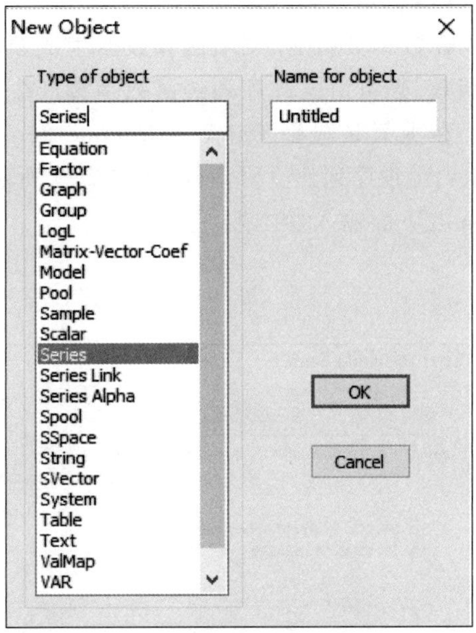

图 2-6 序列创建对话框

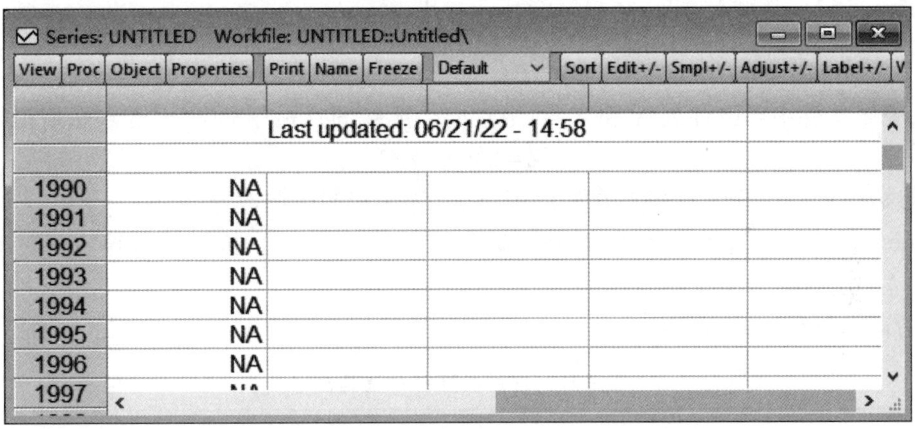

图 2-7 序列对象窗口

(三) 序列排序

当需要对序列数据进行排序时,可在图 2-4 所示工作文件窗口工具栏中选择 Proc→Sort Current Page,出现如图 2-8 所示对话框。

在对话框中 Sort key(s)[Enter one or more series names or series expressions]下面填写排序的关键词,即对哪个或哪几个序列值进行排序。如输入 X,Y 则对 X,Y 序列进行排序。

在 Sort order 选项中,要指定是按升序(ascending)还是降序(descending)排列。

注意:如果数据序列已经按日期或特定顺序排列,排序会破坏观测值与日期或特定顺序的关系。

(四) 新序列的建立

在数据分析时,利用已知数据生成新序列是常用的操作。若新序列是工作文件中已有序列的函数,则可由已知序列经函数运算产生。

在主菜单选择 Quick→Generate Series 或点击工作文件窗口工具栏中的 Object→Generate Series,出现序列建立对话框,如图 2-9 所示。在上面的 Enter equation 编辑区中输入赋值语句,在 Sample 下面输入样本期。

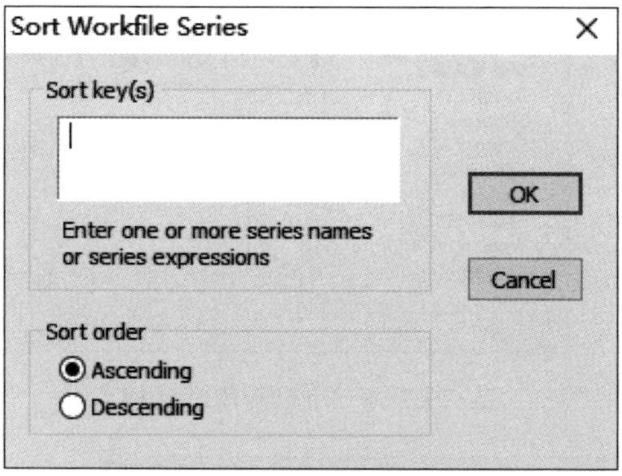

图 2-8 序列排序对话框

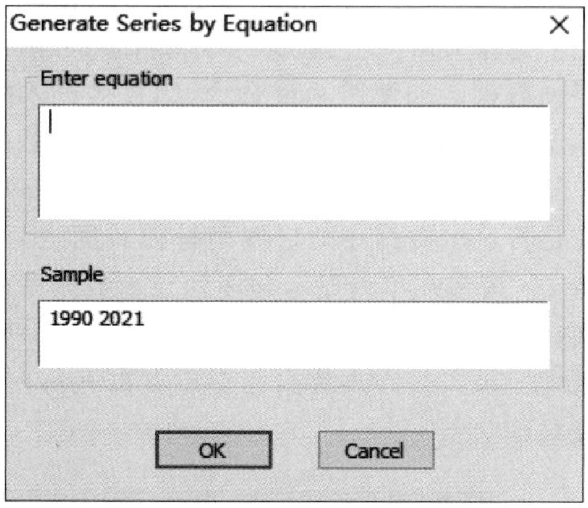

图 2-9 由已有序列生成新序列对话框

例如,工作文件中已有序列 X 和 Y,利用它们生成新的目标序列 Z,可键入赋值语句

$$Z=2*X-Y/3$$

如果目标序列是工作文件中存在的序列,此时操作相当于修改原数据。

EViews 软件中常用算术函数为:自然对数 log( )、指数 exp( )、算术平方根 sqr( )、差分 d( )、倒数@ inv( )和绝对值 abs( )等。

常用的运算符号及其含义见表 2-1。

表 2-1 常用运算符号及其含义

运算符号	功能
+	加
-	减
*	乘
/	除
^	乘方
>	大于。如果 X>Y,则逻辑运算 X>Y 的值为 1,否则为 0
<	小于。如果 X<Y,则逻辑运算 X<Y 的值为 1,否则为 0
=	等于。如果 X=Y,则逻辑运算 X=Y 的值为 1,否则为 0
<>	不等于。如果 X≠Y,则逻辑运算 X<>Y 的值为 1,否则为 0

续表

运算符号	功能
<=	小于等于。如果 X 小于等于 Y，则 X<=Y 的值为 1，否则为 0
>=	大于等于。如果 X 大于等于 Y，则 X>=Y 的值为 1，否则为 0
AND	“与”逻辑。如果 X 和 Y 都不为零，则 X AND Y 的值为 1
OR	“或”逻辑。如果 X 或 Y 不为零，则 X OR Y 的值为 1
D(X)	X 的一阶差分，即 X-X(-1)
D(X,n)	X 的第 n 次一阶差分，即 $(1-L)^n X$。其中 L 是滞后算子
D(X,n,s)	X 的 n 次一阶差分和一次 s 阶差分，即 $(1-L)^n(1-L^s)X$
LOG(X)	对 X 取自然对数
DLOG(X)	对 X 取自然对数后做一次一阶差分。LOG(X)-LOG(X(-1))
DLOG(X,n)	对 X 取自然对数后，做 n 次一阶差分，即 $(1-L)^n$ LOG(X)
DLOG(X,n,s)	对 X 取自然对数后，做 n 次一阶差分和一次 s 阶差分，即 $(1-L)^n(1-L^s)$LOG(X)
EXP(X)	对 X 取指数变换
ABS(X)	对 X 取绝对值变换
SQR(X)	对 X 取平方根变换
SIN(X)	对 X 取正弦变换
COS(X)	对 X 取余弦变换
@ ASIN(X)	对 X 取反正弦变换
@ ACOS(X)	对 X 取反余弦变换
RND	生成 0—1 间均匀分布的随机数
NRND	生成均值为零、方差为 1 的标准正态分布随机数
@ PCA(X)	生成绝对变化或增长量序列。X-X(-1)
@ PCH(X)	生成相对变化或增长率序列。(X-X(-1))/X(-1)
@ INV(X)	对 X 取倒数，1/X
@ DNORM(X)	变 X 为标准正态密度函数
@ CNORM(X)	变 X 为累积正态分布函数
@ LOGIT(X)	对 X 进行 logistic 变换
@ FLOOR(X)	变换 X 为不大于 X 的最大整数
@ CEILING(X)	变换 X 为不小于 X 的最小整数

注意：当有外部数据文件时，比如 Excel 数据文件，也可以通过打开(Open)命令，将外部数据直接作为工作文件打开，具体菜单路径为：File→Open→Foreign Data as Workfile。

四、组序列的建立和组内序列的数据特征

（一）组序列的建立

组是若干个序列的集合，通过组可研究序列之间的关系。

在图 2-4 所示工作文件窗口的工具栏中选择 Object→New Object，然后在图 2-6 所示的对话框左边选择 Group 项，并给它命名，点击 OK 后出现组对象定义对话框，如图 2-10 所示。输入欲建立的组所包含的序列名称后，点击 OK，即创建了包含若干序列的组。

也可使用更简洁的命令方式创建组，格式为输入命令

data　X　Y　Z

在回车后出现的组窗口中单击 Name，命名该组的名称，即建立了以 X、Y、Z 序列为内容的组。

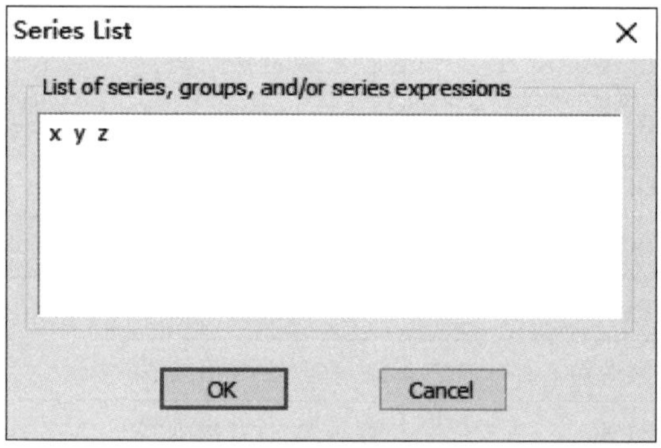

图 2-10　组对象定义对话框

（二）组内序列的数据特征

在组窗口中，单击 Views 按钮，可在下拉菜单中选择不同的项目对组序列进行数据特征统计分析。菜单项目如图 2-11 所示。列举部分项目功能如下：

Group Members：增加组中序列。

Spreadsheet：以电子数据表的形式显示数据。

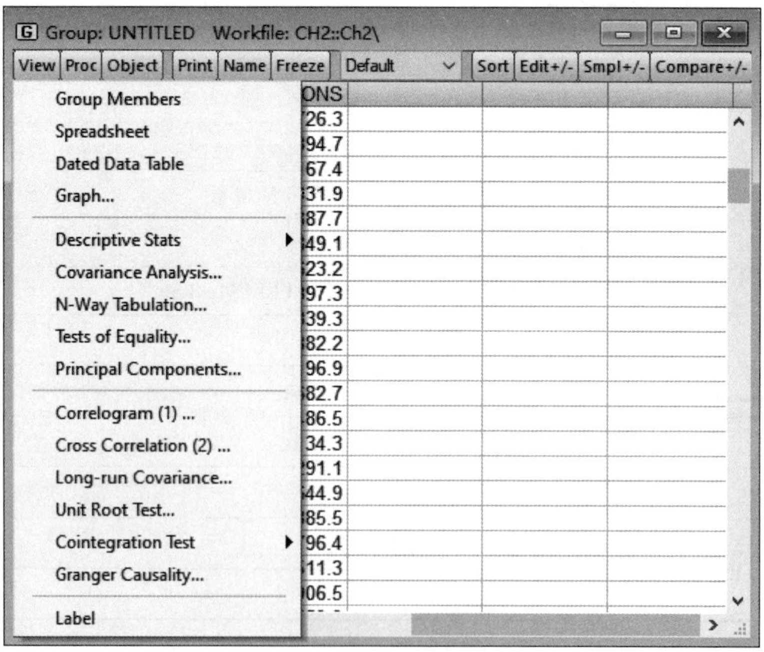

图 2-11　组内序列操作菜单

Dated Data Table:使时序数据以表的形式显示。

Graph…:显示序列的各种图形。

Descriptive Stats:给出组中序列的描述统计量,如均值、方差、偏度、峰度等。

Covariance Analysis…:对组中序列进行协方差分析,如给出协方差矩阵、相关系数矩阵等内容。

N-Way Tabulation…:给出组中序列数据在某一区间的频数、频率和某一序列是否与组中其他序列独立的假设检验结果。

Tests of Equality…:给出检验组中序列是否是同均值、同中位数或同方差的假设检验结果。

Principal Components…:对组中序列进行主成分分析。

五、序列统计分析

(一)序列的图像

要认识序列数据的规律,最直观的方法就是观察序列的图像。

完成画图有两种途径可供选择。① 在 EViews 主选单中点击 Quick 键,选 Graph 功能,将打开如图 2-12 的 Graph Options(图形选择)对话框。② 打开序列组窗口,点击 View 键选 Graph 功能,也会打开如图 2-12 的对话窗。注意,按第 1 种方法完成的是 Graph(图)对象;按第 2 种方法完成的是 Series(序列)对象。

该对话框(图 2-12)左侧有呈树状结构的 Option Pages 选择框。点击每个选项,将进一步提供选择图形种类及修饰图形的对话框。共有 7 项选择,分别是,Graph Type(图形种类)、Frame & Size(图框和尺寸),Axes & Scaling(轴和刻度)、Legend(图例),Graph Elements(图素)、Quick Fonts(快格式),Templates & Objects(模板与对象)。其中,Graph Type(图形种类)、Axes & Scaling(轴和刻度)和 Graph Elements(图素)是使用最频繁的 3 项选择。Graph Options(图形选择)对话窗的默认位置是 Graph Type(图形种类)的 Basic Type(基本图形),见图 2-12 左侧深色位置。

图 2-12 中部是 Graph Type(图形种类)的详细选择框。在其中的 Specific 选择框中共有 16 种图形可供选择,分别是 Line & Symbol(折线与符号图)、Bar(条形图)、Spike(尖峰图)、Area(区域带状图)、Distribution(分布图)、Quantile-Quantile(分位数对比图)和箱图(Boxplot)等。Specific(设定)选择框中的默认选择是 Line & Symbol(折线与符号图),见图 2-12 中部深色位置。

在图形定义对话框中,点击 Graph Type 右下方的箭头,打开下拉菜单,可选择需要的图形类型。共有 8 种基本类型图形可供选择,分别为折线图(Line Graph)、条形图(Bar Graph)、堆栈条形图(Stacked Bars)、混合条形—折线图(Mixed Bar & Line)、散点图(Scatter Diagram)、X-Y 折线图(X-Y Line Graph)、高低图(High-Low)、饼图(Pie Chart),其中后 5 种类型要求预先指定的对象中包含两个以上的序列。对话框右侧的 Details 为图像详细定义选项,需要对图像给予详细的设计可在此选项内完成。定义完毕后,点击 OK 按钮即出现图像窗口。

新绘制的图像如需保留在工作文件中,就要点击 Name 按钮给图像命名,将其作为一个对象保存在工作文件中。

【案例 2-1】 用一个序列对象画折线图

有两种画折线图的方法。第一种操作方法是在 EViews 工作文件中通过点击选中一个所用序列。通过工作文件窗口中的 Show 键或直接双击该序列打开序列窗口。点击该序列窗口中的 View 键选 Graph 功能。在打开的 Graph Options(图形选择)对话框(默认位置是画折线图)中直接点击 OK 键,即可得到序列的折线图。第 2 种操作方法是选中一个所用序列,点击 EViews 主选单中的 Quick 键,选 Graph 功能,从而打开 Series List 对话窗(序列名已自动填入)。点击 OK 键,打开 Graph Options (图形选择)对话框。

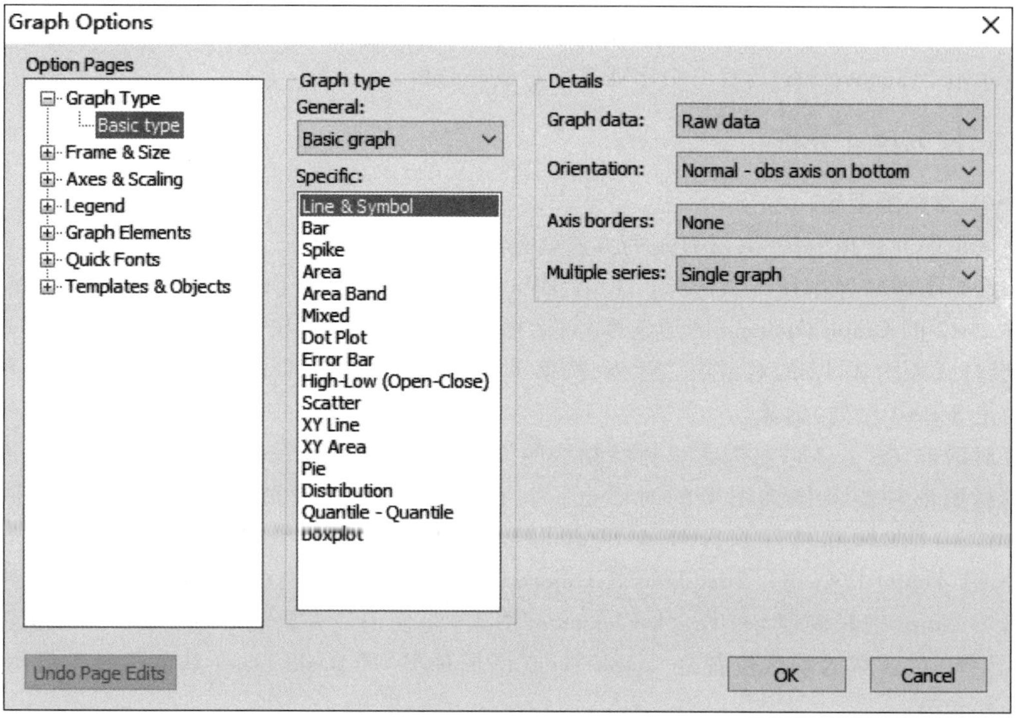

图 2-12 图形定义对话框

【案例 2-2】 用一个序列对象画分布直方图。

在 EViews 工作文件中通过点击选中一个所用的序列。通过工作文件窗口中的 Show 键或直接双击该序列打开序列窗口。点击该序列窗口中的 View 键选 Graph 功能。在打开的 Graph Options(图形选择)对话窗中部的 Specific 选择框中选择 Distribution(分布图)。点击 OK 键,即可得到序列的分布直方图。

如果在打开的 Graph Options (图形选择)对话框中部的 Specific 选择框中选择 Distribution (分布图)后,继续在 Graph Options (图形选择)对话框右侧的 Detail 选择框中的 Distribution 的选择框区中选中 Kernel Density(核密度图)。点击 OK 键,即可得到序列的分布核密度图。

【案例 2-3】 用两个序列对象画散点图

在 EViews 工作文件中通过按住键盘上的 Ctrl 键点击选中两个所用序列(EViews 的规则是,第一个选中的序列将做横轴,第二个选中的序列做纵轴)。在 EViews 主功能键中点击 Quick 键选择 Graph 功能,将打开如图 2-12 的 Graph Options(图形选择)对话框。或者通过点击 EViews 工作文件中的 Show 键打开序列组窗口,点击该序列窗口中的 View 键选 Graph 功能,也会打开如

图 2-12 的对话窗。在打开的 Graph Options(图形选择)对话框中部的 Specific 选择框中选择 Scatter(散点图)。点击 OK 键,即可得到该两个序列的散点图。

如果要画以某个序列为横轴,以其他两个序列为纵轴的散点图,开始即选中三个序列。EViews 将以首先选中的那个序列为横轴,以其余序列为纵轴。随后的操作与上相同。

注意:熟练使用 Graph Options (图形选择)对话窗后,可以在已画出图形的基础上进一步修饰出更漂亮、更满意的图形来。

【案例 2-4】 用一个序列的数据画相关图(Correlogram)。

在 EViews 工作文件中通过点击选中一个所用序列对象。通过工作文件窗口中的 Show 键或直接双击该序列打开该序列窗口。点击该序列窗口中的 View 键选 Correlogram 功能。在打开的 Correlogram Specification(相关图设定)对话窗(见图 2-13)中选择所用原序列或其一次、二次差分序列以及相关图的滞后期,点击 OK 键,即可得到序列的相关图。

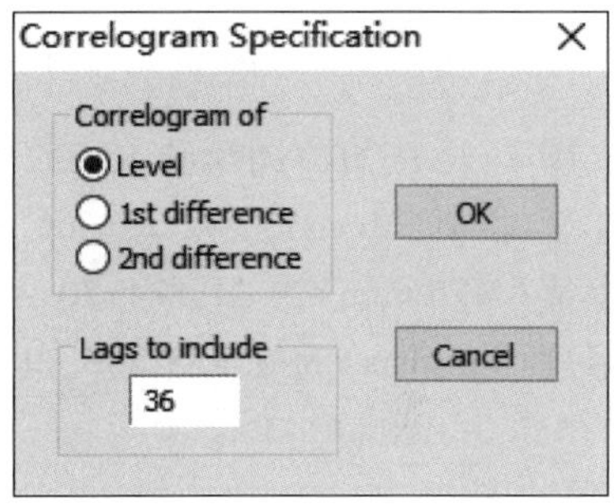

图 2-13 序列的相关图设定对话框

(二)序列的描述统计分析

在 EViews 工作文件中通过点击选中一个所用的序列对象。通过点击工作文件窗口中的 Show 键或直接双击该序列打开该序列窗口。点击该序列窗口中的 View 键选 Descriptive Statistics & Tests→Histogram and Stats 功能,如图 2-14,即可得到序列的均值、中位数、极大值、极小值、样本标准差、偏度、峰度值以及数据分布图、JB 统计量的值。

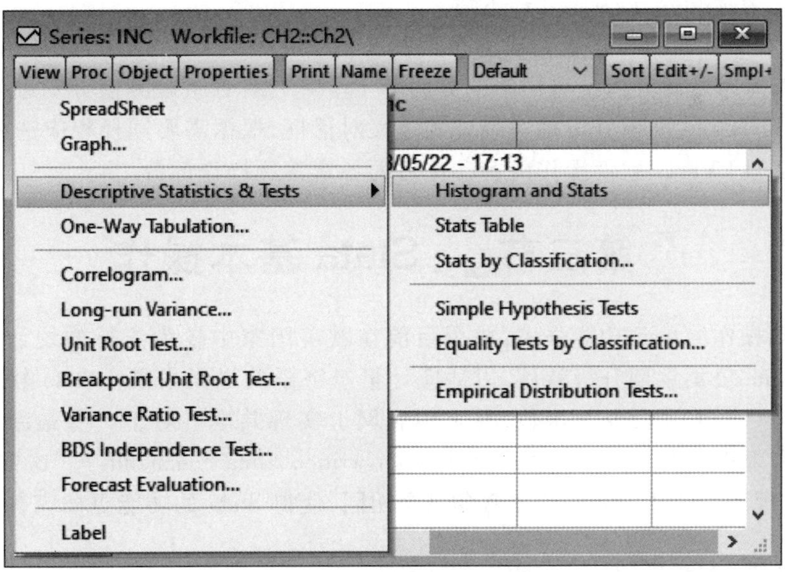

图 2-14 描述统计分析中序列直方图和统计量菜单

以本章人均消费(CONS)和人均收入(INC)数据为例,建立工作文件并导入数据。双击 INC 图标,打开 INC 序列,在序列 INC 窗口中,单击 View,选中下拉菜单中的 Descriptive Statistics & Tests,在弹出的下拉子菜单中选择 Histogram and Stats,得到如图 2-15 的结果。

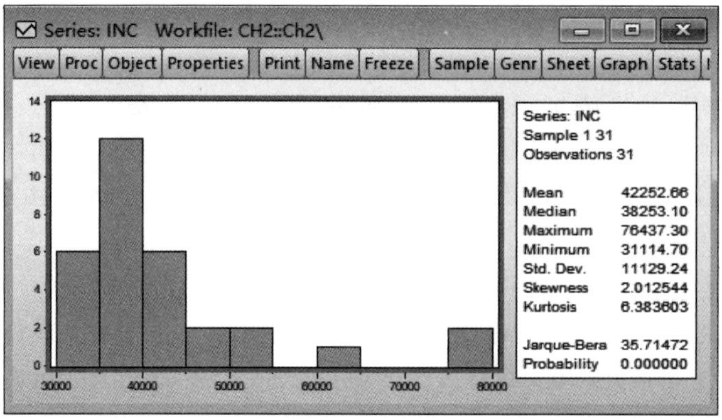

图 2-15 人均收入的直方图和统计量

图 2-15 中直方图反映人均收入在各区间的分布频率。图右边的框内列出了人均收入的描述统计量:均值(Mean)为 42 252.66、中位数(Median)为 38 253.10、最大值(Maximum)为 76 437.30、最小值(Minimum)为 31 114.70、标准差(Std. Dev.)为 11 129.24、偏度(Skewness)为 2.012 544 和峰度(Kurtosis)为 6.383 803,其中偏度和峰度的计算公式为

$$偏度\quad S=\frac{1}{n}\sum_{i=1}^{n}\left(\frac{X_i-\bar{X}}{\hat{\sigma}}\right)^3$$

$$峰度\quad K=\frac{1}{n}\sum_{i=1}^{n}\left(\frac{X_i-\bar{X}}{\hat{\sigma}}\right)^4$$

公式中的 $\hat{\sigma}$ 为标准差,n 为序列样本量。

图 2-15 中右侧下面两项是序列样本是否服从正态分布的 Jarque-Bera 检验结果。

序列的分组描述统计分析是将样本期分为若干子集后对各组观测值分别进行描述统计。选择 Stats by Classification,出现分组描述统计的定义对话框,根据需要选择相应选项即可。

其他计量模型 EViews 软件操作内容参见后面各章案例操作部分。

第三节 Stata 基本操作

Stata 软件因操作简单且功能强大,成为目前在欧美国家中较为流行的统计与计量软件,拥有众多用户。Stata 公司定期升级软件,以适应计量经济学的迅猛发展。Stata 软件还留有“用户接口”,允许用户自己编写命令与函数,并上传到网上实现共享。对于一些最新计量方法,可在线查找和下载由用户编写的 Stata 命令程序(user-written Stata commands)。这些“非官方命令”(也称“外部命令”)的使用方法与官方命令完全相同,使得 Stata 的功能更加完善。

一、Stata 窗口简介

安装 Stata 后,双击 Stata 应用程序图标,启动 Stata 软件,即可打开 Stata,默认界面语言为简体中文,主要窗口见图 2-16。此时可以看到,在窗口最上方有一排菜单,即文件(F)、编辑(E)、数据(D)、图形(G)、统计(S)、用户(U)、窗口(W)、帮助(H)。在菜单之下,则为一系列快捷图标。在图标之下,有五个窗口,分别为:左上“历史窗口”,此窗口记录着自启动 Stata 以来执行过的命令；中上“结果窗口”，此窗口显示执行 Stata 命令后的输出结果；中下“命令窗口”，在此窗口输入想要执行的 Stata 命令；右上“变量窗口”，此窗口记录着目前 Stata 内存中的所有变量；右下“属性窗口”，此窗口显示当前数据文件与变量的性质。

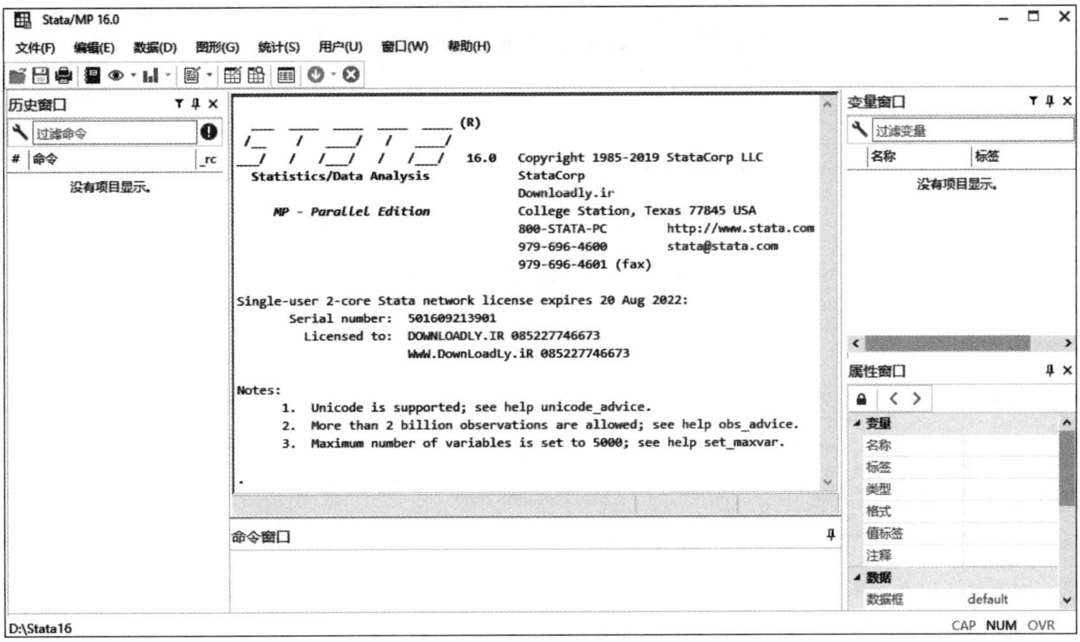

图 2-16　Stata 的主要窗口

在图 2-16 所示的 Stata 主界面中，通过单击“编辑(E)”菜单，选择“首选项”，在弹出的子菜单中选择“用户界面语言”，如图 2-17 所示，在弹出的“设置 Stata 的用户界面语言”窗口，如图 2-18，单击“语言”下拉框，可选择所需的语言界面，如选择“English”，点击“确定”，重新启动后，则切换到英文界面，如图 2-19 所示。

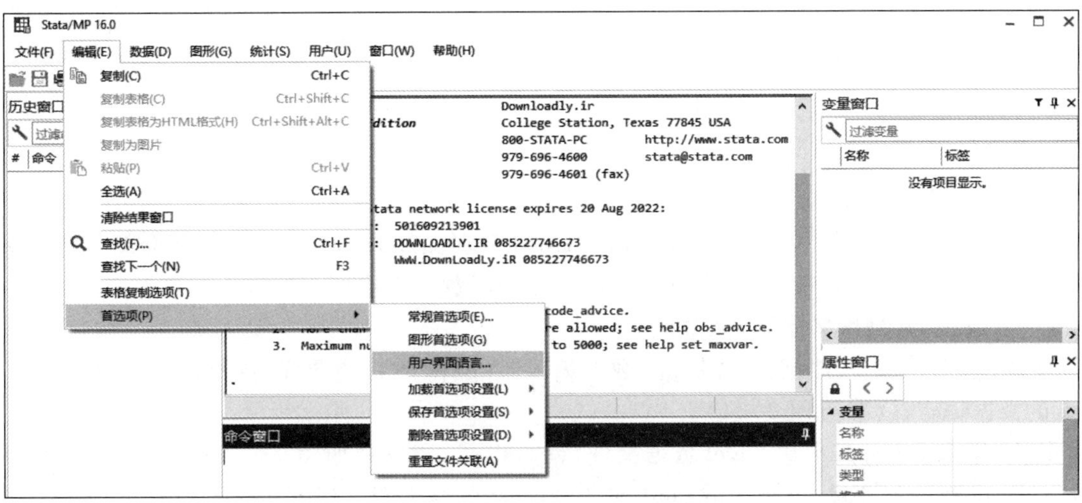

图 2-17　Stata 的用户界面语言菜单

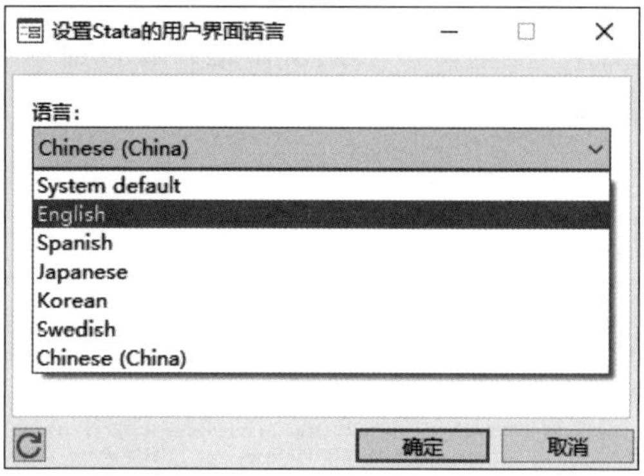

图 2-18 设置 Stata 的用户界面语言

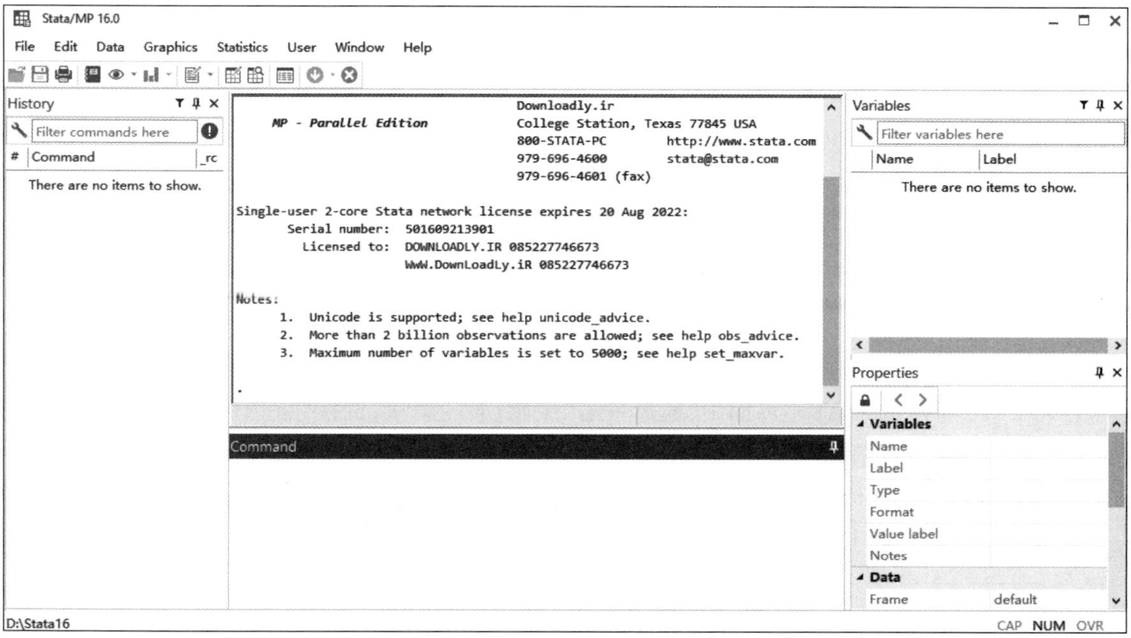

图 2-19 Stata 的英文界面

二、在 Stata 中导入数据

下面以"2020 年城镇居民人均收支数据(Excel 数据文件为 ch2. xlsx)"为例介绍将数据导入 Stata 的方法,该文件包含我国 31 个省城镇居民人均消费和人均可支配收入的数据。

(一) 通过"数据编辑器"导入数据

首先,打开 Stata 软件,点击快捷键"数据编辑器(编辑)"快捷图标(参见图 2-20),即可打开 Stata 的数据编辑器(参见图 2-21)。

其次,用 Excel 打开本章 Excel 数据文件"ch2. xlsx",会看到如图 2-22 所示的 Excel 格式的数据文件,共有 3 列变量,分别为 region(地区)、cons(人均消费支出)、inc(人均可支配收入)。

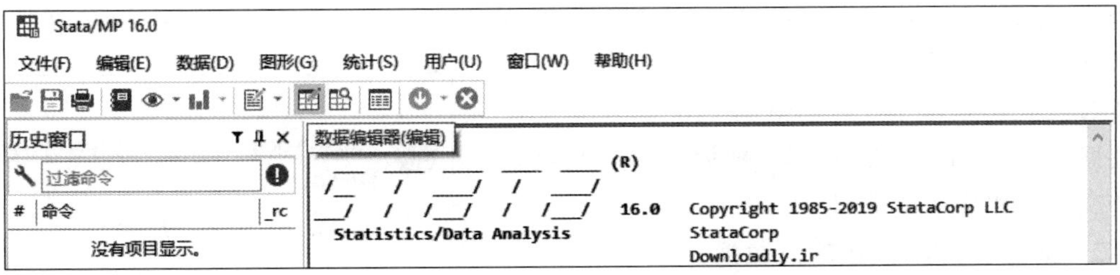

图 2-20 数据编辑器(编辑)快捷图标

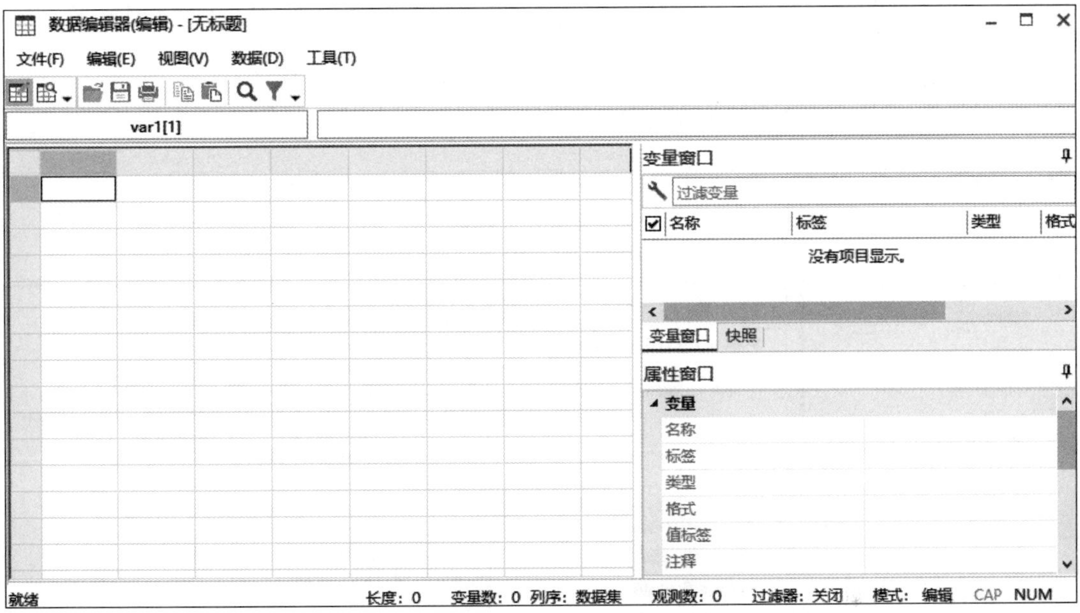

图 2-21 Stata 数据编辑器(编辑)窗口

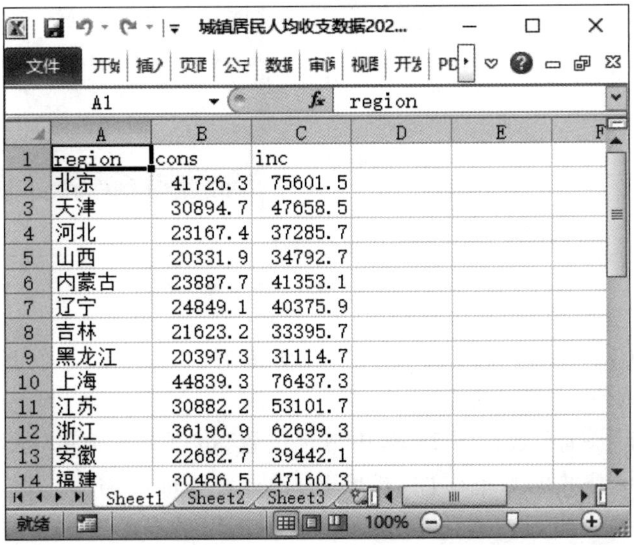

图 2-22 Excel 文件“城镇居民人均收支数据 2020”中的数据

最后，复制（Ctrl+C）此 Excel 表中所有数据，粘贴（Ctrl+V）到数据编辑器中。在数据编辑器中会出现对话框，见图 2-23。

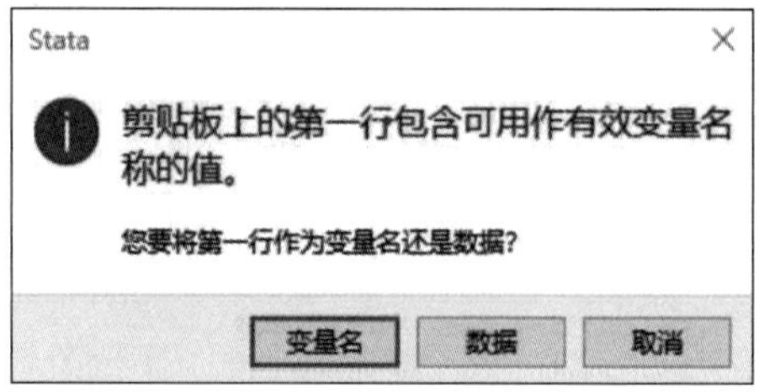

图 2-23 数据编辑器对话框

此对话框提示语为“您要将第一行作为变量名还是数据？”，在下面“变量名”及“数据”按钮中，根据实际情况点击相应选项即可。

（二）通过“导入”菜单输入数据

导入数据的另一方法是（特别是在数据量很大的情况下），点击菜单“文件”→“导入”，然后导入各种格式的数据，参见图 2-24。在图 2-24 中选择“Excel 电子表格”，在弹出的对话框中，单击“浏览”，找到需要导入数据的文件，如第一行为变量名，勾选“将第一行作为变量名”，结果如图 2-25 所示。

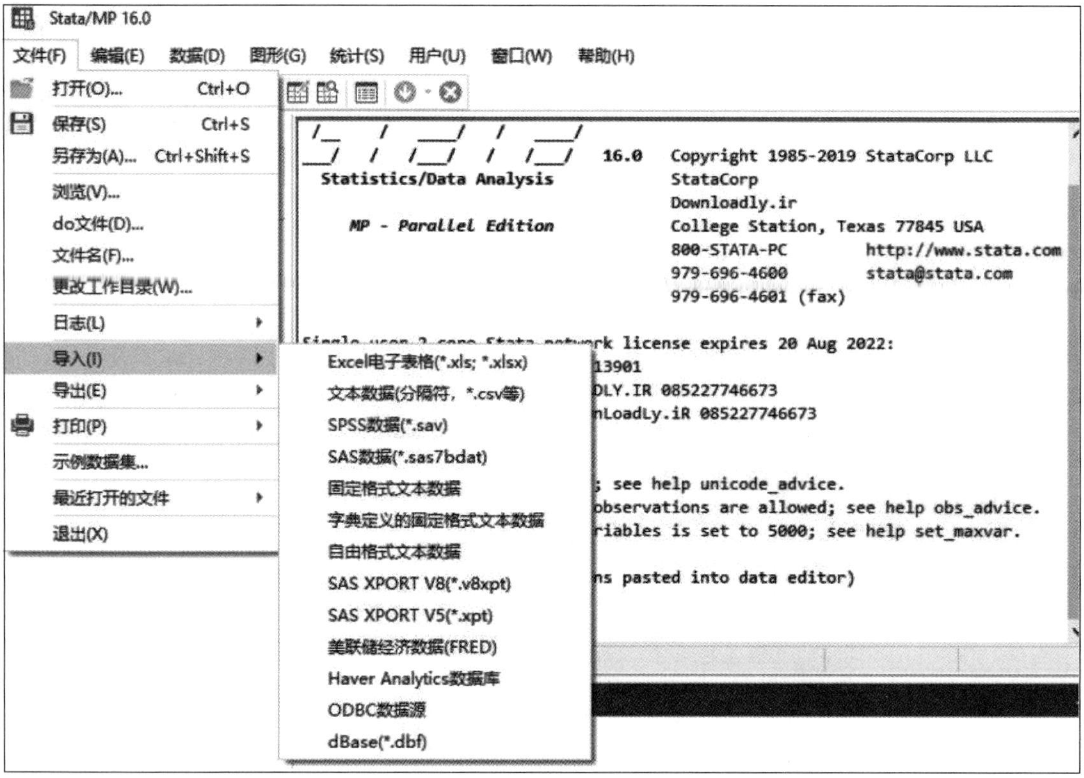

图 2-24 利用“导入”菜单输入数据

关闭 Data Editor（Edit）后，会看到右上方的变量窗口出现了 3 个变量，分别为 cons、inc、region，见图 2-26。

点击快捷键“保存”图标（参见图 2-27 中鼠标位置，也可点击菜单“文件”→“保存”或“另存为”），将数据存为 Stata 格式的数据文件（扩展名 . dta，为 data 的缩写），比如 ch2. dta。

此后可通过“打开”快捷图标或菜单“文件”→“打开”方式直接打开 . dta 格式数据文件，无须再从 Excel 中导入数据。

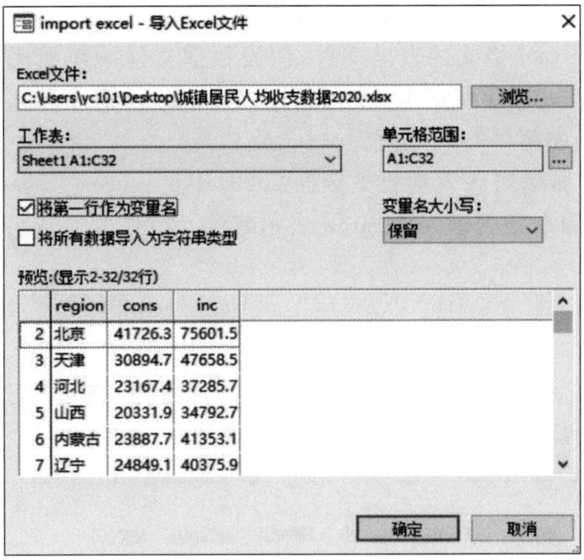

图 2-25 导入 Excel 数据文件窗口

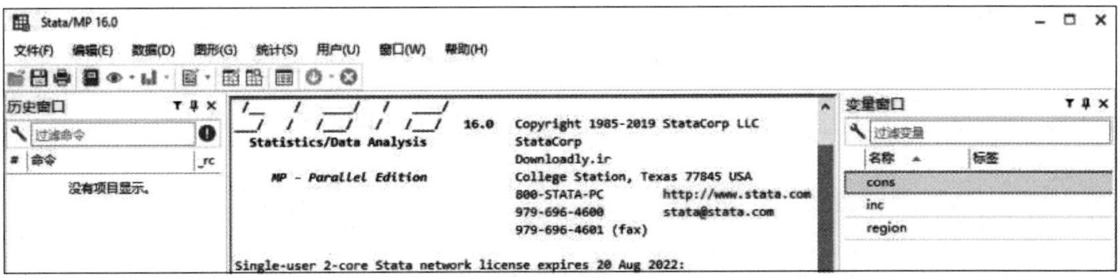

图 2-26 导入数据后 Stata 主窗口中变量窗口显示内容

图 2-27 Stata 主窗口中保存快捷图标

(三) 通过命令导入数据

在命令窗口输入以下命令(假设 Stata 数据文件 ch2. dta 存放在 E 盘的根目录),然后回车(按 Enter 键)

. use E:\\ch2. dta,clear

逗号“,”之后的“clear”为“可选项”(option),表示可用此数据替代内存中原已存在的数据。使用命令 use 打开 dta 数据文件,需输入此文件的路径;一般使用快捷键 “打开”寻找此文件更为方便。

如要关闭一个数据集,以便使用另外一个数据集,可输入命令

. clear

内存中数据将被清空,然后可再打开另一数据集。

通过命令也可打开 Excel 格式的数据文件,假设数据文件城镇居民人均收支数据 2020. xlsx 保存在 E 盘根目录下,第一行为变量名,则可通过以下 import 命令导入 Excel 文件数据,效果与菜单导入方式相同,但不如菜单方式方便。

. import excel "E:\\城镇居民人均收支数据 2020. xlsx",sheet("Sheet1")firstrow

命令语句中 import 为命令关键字,firstrow 表示将第一行作为变量名。

三、数据管理

(一) 变量标签

在变量管理器窗口,变量的“名称”旁边会显示其“标签”。点击“变量管理器”快捷图标(参见图 2-28),即可打开变量管理器,然后可以编辑变量名称、标签等。

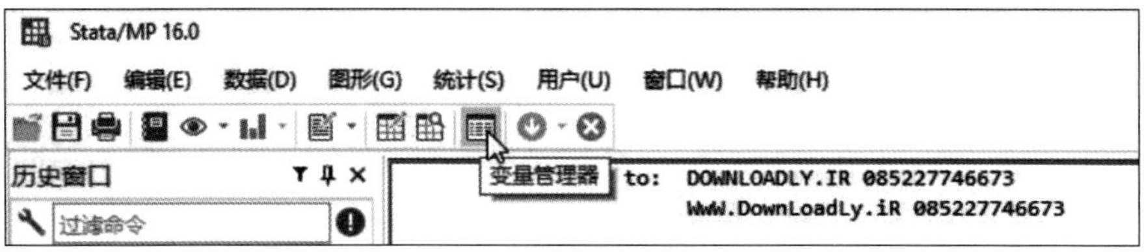

图 2-28 Stata 主窗口中变量管理器快捷图标

比如,将变量 inc 的标签改为“income”,然后点击“应用”(界面参见图 2-29),inc 的标签即改为“income”。

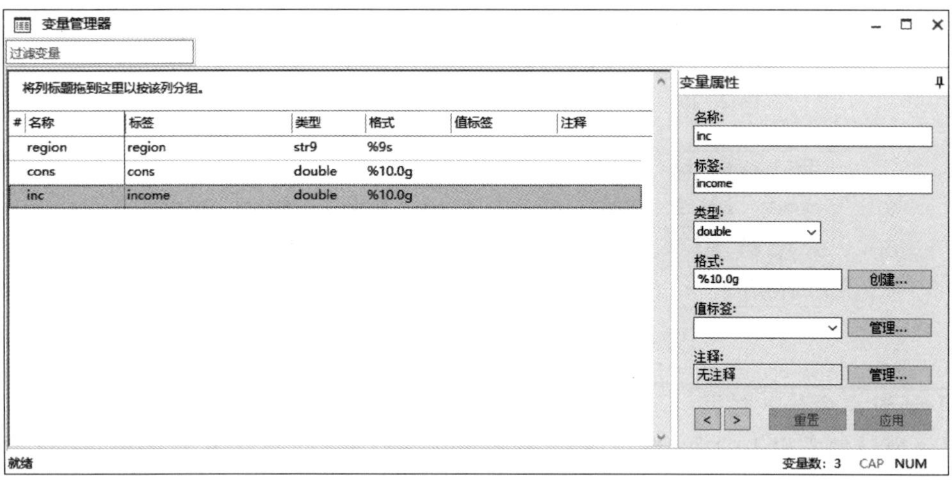

图 2-29 Stata 中更改变量标签窗口

注意:Stata 软件严格区分大小写字母(case sensitive)。建议变量名使用小写字母,便于阅读。

(二) 数据概览

如想看数据集中的变量名称、标签等,可输入命令

. describe

其中,“describe”命令简写为“d”。上述文件中 3 个变量显示结果见图 2-30。

```
. d

Contains data
  obs:            31
 vars:             3
------------------------------------------------------------------------
              storage   display    value
variable name   type    format     label      variable label
------------------------------------------------------------------------
region          str9    %9s                   region
cons            double  %10.0g                cons
inc             double  %10.0g                income
------------------------------------------------------------------------
Sorted by:
     Note: Dataset has changed since last saved.
```

图 2-30 Stata 中数据及变量描述

如想看变量 cons 与 inc 的具体数据,可使用命令

. list cons inc

输入上述命令,回车后,结果见图 2-31,图 2-31 中只截取了前 15 条数据。

如想分页显示运行结果,可输入命令

. set more on

如只想对数据集的一部分子集执行命令,比如只看 cons 与 inc 的前 5 个数据,可使用命令

. list cons inc in 1/5

如要显示第 11-15 个观测值,可输入命令

. list cons inc in 11/15

也可通过逻辑关系来定义数据集的子集。比如,要列出所有满足条件"inc≥50 000"(人均可支配收入大于等于 50 000 元)的数据,可使用命令

. list cons inc if inc>=50000

">="表示"大于等于"。其他表示关系的逻辑符号为"=="(等于),">"(大于),"<"(小于),"<="(小于等于),"~="(不等于,也可用"!="表示)。

注意:一个等号"="表示"赋值",而两个等号"=="表示"等于"。

	cons	inc
1.	41726.3	75601.5
2.	30894.7	47658.5
3.	23167.4	37285.7
4.	20331.9	34792.7
5.	23887.7	41353.1
6.	24849.1	40375.9
7.	21623.2	33395.7
8.	20397.3	31114.7
9.	44839.3	76437.3
10.	30882.2	53101.7
11.	36196.9	62699.3
12.	22682.7	39442.1
13.	30486.5	47160.3
14.	22134.3	38555.8
15.	27291.1	43726.3

图 2-31 变量 cons 与 inc 的具体数据

查看具体数据的直接方法是,点击"数据编辑器(编辑)"图标,或右边的"数据编辑器(浏览)"图标,参见图 2-32。二者的区别在于,后者只能查看数据,不能改;而前者不仅可以查看数据,还可以修改数据。

如要删除满足"inc≥50 000"条件的观测值,可输入命令

. drop if inc>=50000

反之,如只想保留满足"inc≥50 000"条件的观测值,可使用命令

. keep if inc>=50000

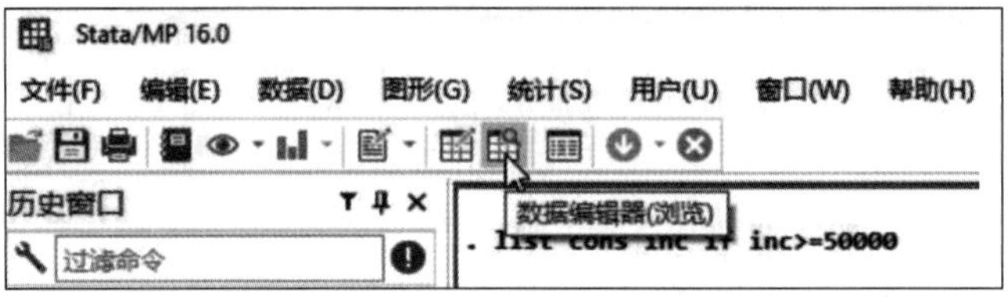

图 2-32 数据编辑器(浏览)图标

删除观测值之后,Stata 不提供类似于 Microsoft Word 的撤销(undo)命令。一般建议慎重删除数据,删除前最好先将原始数据备份。

如想将数据按照变量 inc 的升序排列,可输入命令

. sort inc

命令 sort 无法按照变量的降序排列。如想按降序排列,可使用命令 gsort

. gsort-inc

(三)生成新变量

Stata 中定义新变量,可通过命令 generate 来实现。

比如,输入如下命令可定义人均可支配收入的对数

. generate lninc = log(inc)

如要定义 inc 的平方项,可使用命令

. gen inc2 = inc^2

如要生成 inc 与 cons 的互动项(interaction term),可输入命令

. gen consinc = cons * inc

如想根据人均可支配收入对数 lninc 计算人均可支配收入 inc1,可使用命令

. gen inc1 = exp(lninc)

在计量经济学中,常使用"虚拟变量"(dummy variable,也称"哑变量"),即取值只能为 0 或 1 的变量,比如性别。

假设定义"inc≥50 000"为"高收入",并使用变量 high 来表示

$$\text{high} = \begin{cases} 1, inc \geq 50\ 000 \\ 0, \text{其他} \end{cases} \tag{2.1}$$

可使用如下命令

. gen high = (inc> = 50000)

括弧"( )"表示对括弧中的表达式"inc> = 50 000"进行逻辑判断:如果此式为真,则取值为 1;如果为假,则取值为 0。

在上面命令中,如不慎把 high 打成 hihg 了。可使用如下命令将变量重新命名

. rename hihg high

变量 hihg 被重新命名为 high(也可使用变量管理器进行重命名)。

如想将"高收入"的定义改为"inc> = 60 000",但仍用 high 作为变量名,有以下两种方法可以实现。

方法一,去掉现有变量 high,再重新定义一次

. drop high

```
. gen high=(inc>=60000)
```

方法二，通过 replace 命令

```
. replace high=(inc>=60000)
```

此命令直接将原变量表示“inc>=50 000”替换为新变量表示“inc>=60 000”。

对于较长的变量名，输入变量名较麻烦。有如下三个简便方法。

方法一，直接在变量窗口双击需要的变量，该变量名就会出现在命令窗口。

方法二，如有以下变量 X1,X2,X3,X4,X5，可用 X1-X5 来表示这 5 个变量。

方法三，用“ * ”号来简化变量名的书写。假设想将内存中所有以“X”开头的变量都去掉，可输入命令

```
. drop X*
```

这将去掉内存中的变量 X1,X2,X3,X4,X5（删除之后无法恢复，故应慎重使用）。

（四）Stata 的计算器功能

Stata 也可作为计算器使用，命令格式为“display expression”。

比如，计算 ln2，可输入如下命令

```
. display log(2)
.69314718
```

如要计算$\sqrt{3}$，则可输入命令

```
. dis3^0.5
1.7320508
```

四、基本统计分析

（一）画图

观察数据的最直观方法是画图。想看变量 inc 的分布情况，可输入以下命令画直方图（参见图 2-33）

```
. histogram inc, width(10000) frequency
```

命令“histogram”表示画直方图，选择项“width(10000)”表示将组宽设为 10 000（否则将使用 Stata 根据样本容量计算的默认分组数），选择项“frequency”表示将纵坐标定为频数（默认使用密度）。

如想知道更多有关命令 histogram 的选项与用法，可输入命令

```
. help histogram
```

对于任何 Stata 命令，只要输入“help command_name”即可查看该命令的“帮助文件”（help file）。

如想考察人均消费支出与人均可支配收入之间的关系，最直观方法是画 cons 与 inc 之间的散点图，可输入命令（参见图 2-34）

```
. scatter cons inc
```

如想在散点图上标注出每个点对应于哪个观测值，可先定义变量 n，命令如下

```
. gen n=_n
```

“_n”表示第 n 个观测值。然后以变量 n 作为每个点的标签来画散点图，命令如下

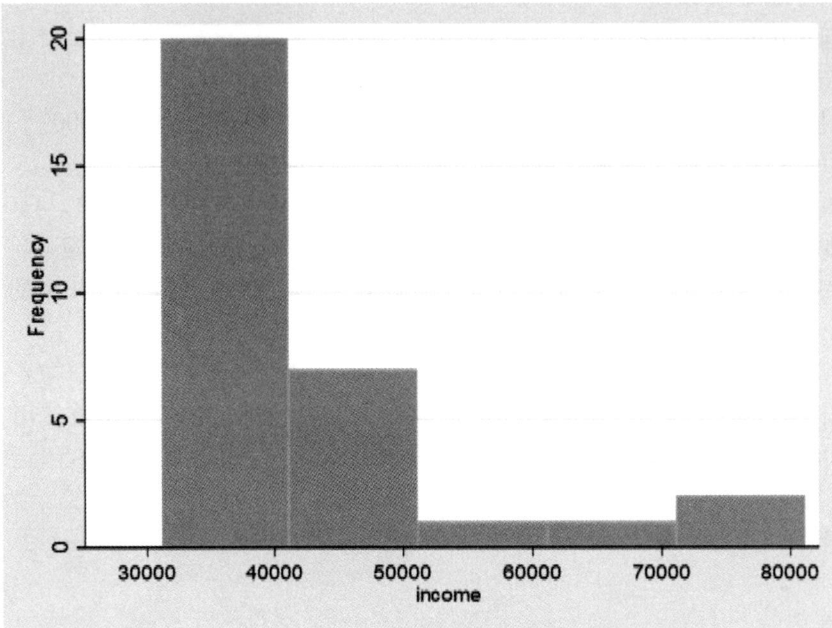

图 2-33 人均可支配收入 inc 直方图

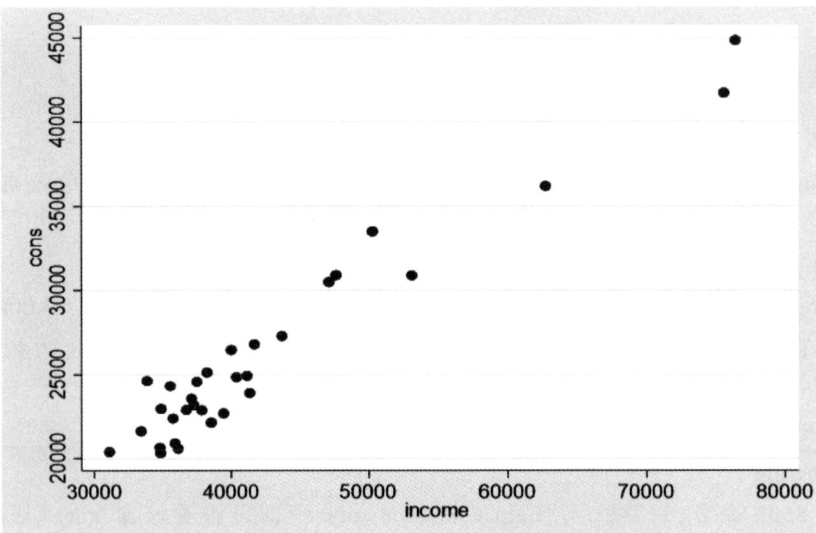

图 2-34 cons 与 inc 之间关系的散点图

. scatter cons inc, mlabel(n)

选择项"mlabel(n)"表示以变量 n 作为标签(mark label),结果参见图 2-35。

也可以直接以变量 region 作为每个点的标签来画散点图,命令如下

. scatter cons inc, mlabel(region)

命令结果参见图 2-36。

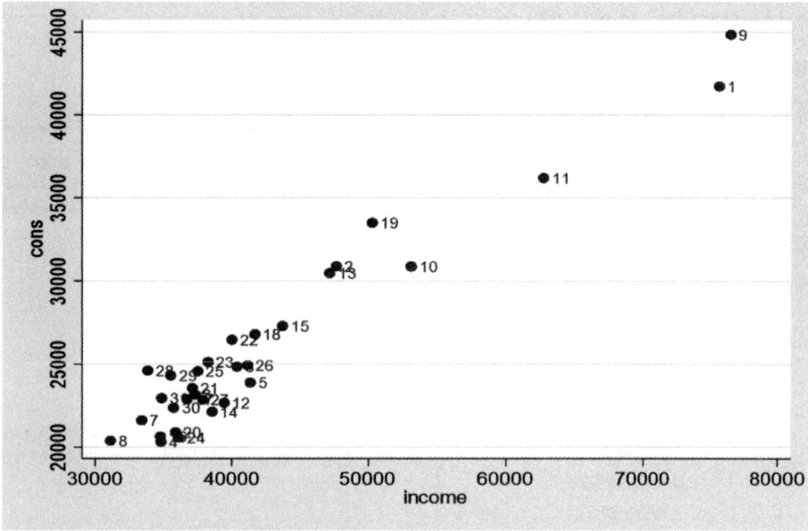

图 2-35 cons 与 inc 之间以序号为标签的散点图

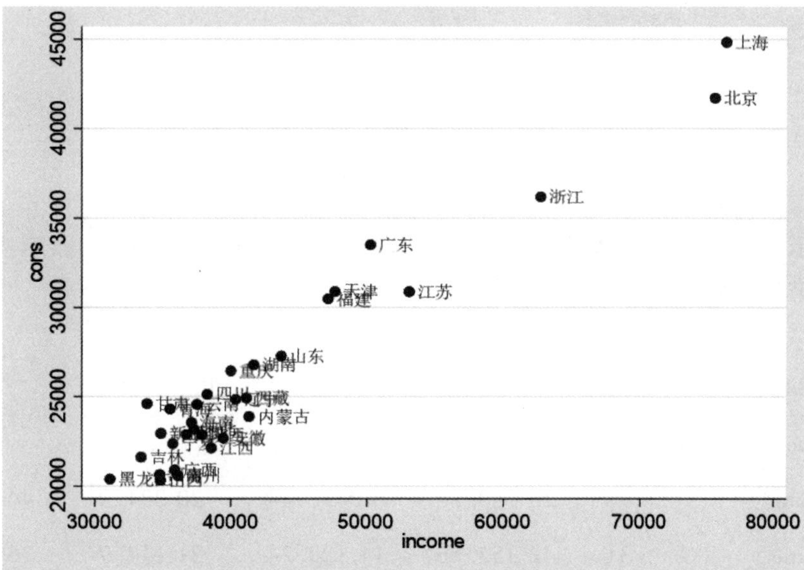

图 2-36 cons 与 inc 之间以地区为标签的散点图

Stata 有丰富的作图方法。更多作图方法,参见下拉式菜单“图形”(参见图 2-37)。

(二) 统计分析初步

如想看变量 cons 的统计特征,可输入命令

```
. summarize cons
```

Variable	Obs	Mean	Std. Dev.	Min	Max
cons	31	26 080. 76	6 043. 744	20 331. 9	44 839. 3

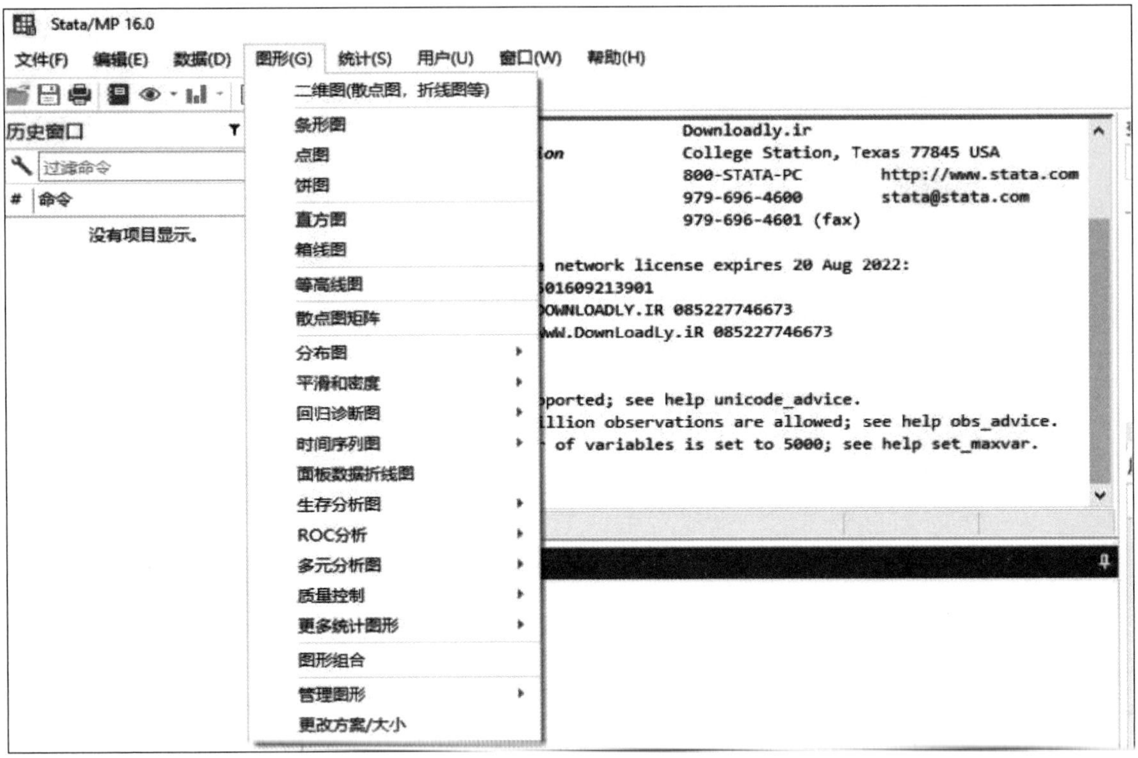

图 2-37 Stata 的作图功能

此结果显示变量 cons 的样本容量、平均值、标准差、最小值与最大值。如不指明变量，则显示所有变量的描述统计指标。

. sum

Variable	Obs	Mean	Std. Dev.	Min	Max
region	0				
cons	31	26 080. 76	6 043. 744	20 331. 9	44 839. 3
inc	31	42 252. 66	11 129. 24	31 114. 7	76 437. 3
n	31	16	9. 092 121	1	31

如要显示变量 cons 的经验累积分布函数(empirical cumulative distribution function)，可使用命令

. tabulate cons

cons	Freq.	Percent	Cum.
20 331. 9	1	3. 23	3. 23
20 397. 3	1	3. 23	6. 45
20 587	1	3. 23	9. 68

20 644. 9	1	3. 23	12. 90
20 906. 5	1	3. 23	16. 13
21 623. 2	1	3. 23	19. 35
22 134. 3	1	3. 23	22. 58

--more—

"Freq. "表示频数,"Percent"表示百分比,而"Cum. "表示累积百分比。

如要显示人均消费支出与人均可支配收入之间的相关系数,可输入命令

. pwcorr cons inc,sig star(.05)

"pwcorr"表示"pairwise correlation"(两两相关),"sig"表示显示相关系数的显著性水平(即 p 值,列在相关系数的下方)。"star(.05)"表示给所有显著性水平小于或等于 5%的相关系数打上"*"号。

	cons	inc
cons	1. 000 0	
inc	0. 968 6 *	1. 000 0
	0. 000 0	

cons 与 inc 的相关系数为 0. 968 6,且在 5%水平上显著(p 值为 0. 000 0)。

其他回归模型分析与操作,参见后面各章案例分析内容。

五、其他操作

(一) 调用命令与终止命令

如果每次都完整地输入整行命令,可能较费时。比较有效率的方法是调用某个曾经使用过的命令,并在此基础上修改。调用旧命令的方法是:在历史命令窗口单击旧命令,将旧命令调入命令窗口,然后进行编辑;如果用鼠标双击旧命令,则将再次执行此旧命令。

有时运行某个命令费时较长(比如,在数值计算时,迭代无法收敛)。如想中途停止该命令的执行,可点击快捷键"中断"图标(参见图 2-38),或直接在键盘上同时按"Ctrl+Break"。

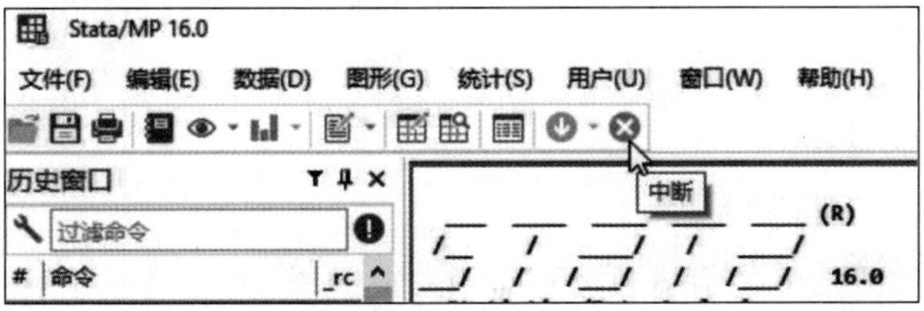

图 2-38 "中断"快捷图标

(二) Stata 的日志

如希望在每次使用 Stata 时,储存其运行结果,可点击菜单"文件"→"日志"→"开始"定义

“日志文件”(log file),参见图 2-39。也可直接点击快捷键“日志”图标,参见图 2-40。

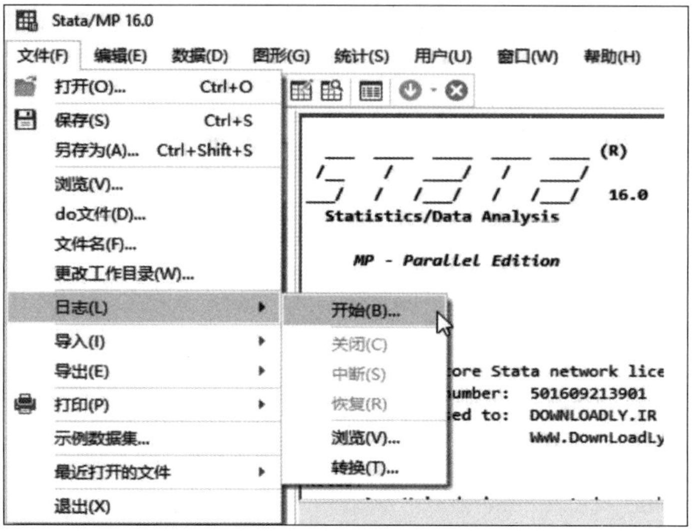

图 2-39 定义日志文件

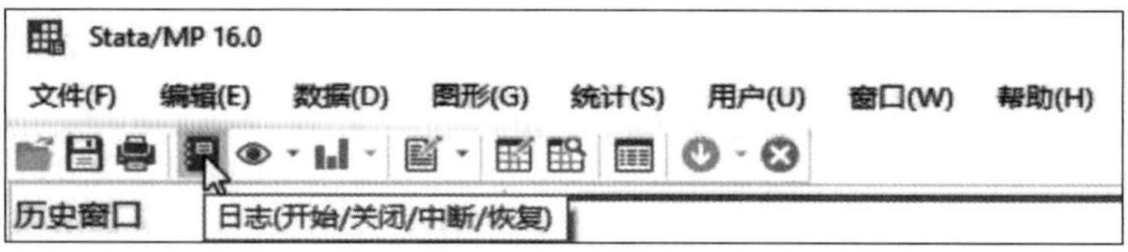

图 2-40 “日志”快捷图标

此时会出现如图 2-41 所示对话框,在对话框中输入日志的文件名,并存储在指定的位置即可。Stata 日志文件的扩展名为 . smcl。

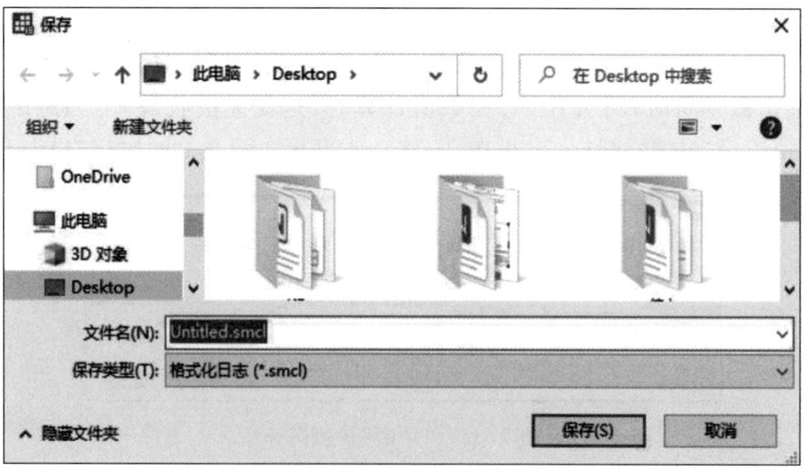

图 2-41 日志文件对话框

也可直接在命令窗口输入如下命令

. log using mylog

```
      name:  <unnamed>
       log:  D:\Stata16\mylog.smcl
  log type:  smcl
 opened on:  22 Jun 2022,21:42:49
```

在当前路径就会生成一个名为“mylog. smcl”的日志文件。定义日志文件后，在 Stata 中的所有操作及结果，都将记录在日志中，直至退出此日志文件。

如要暂时关闭日志（不再记录输出结果），可输入命令

. log off

如要恢复使用日志，可输入命令

. log on

如要彻底退出日志，则可输入命令

. log close

如要查看日志文件的内容，可点击菜单“文件”→“日志”→“浏览”，然后寻找此日志文件。

（三）Stata 命令库的更新

由于 Stata 版本不同，如果发现极少数命令无法运行，可在命令窗口输入

. update all

它将更新你的 Stata 命令库（Stata“ado”文件及其他可执行文件）。

Stata 用户还写了大量的外部命令或非官方命令（user-writtensoftware），可直接下载到 Stata 中使用。最流行的 Stata 非官方命令下载平台为“统计软件组件”（Statistical Software Components，SSC），由波士顿大学维护。

从 SSC 下载 Stata 程序的命令为

. ssc install newcommand

所有下载与安装过程都将自动完成（包括新命令的帮助文件）。

如果非官方命令不是来自 SSC，一般需手工安装，将所有相关文件下载到指定的 Stata 文件夹中即可（通常为 ado\plus\）。如果不清楚应把文件复制到哪个文件夹，可输入以下命令，显示 Stata 的系统路径（system directories）

. sysdir

会看到类似于以下的结果（取决于 Stata 的安装位置）

```
    STATA:  D:\Stata16\
     BASE:  D:\Stata16\ado\base\
     SITE:  D:\Stata16\ado\site\
     PLUS:  C:\ado\plus\
 PERSONAL:  C:\ado\personal\
OLDPLACE:  c:\ado\
```

如想使用某种估计方法,但不知道它是否存在,可输入命令

```
. search keyword
```

此命令将搜索 Stata 帮助文件、Stata 常见问题、Stata 案例、Stata Journal、Stata Technical Bulletin 等。

进一步的搜索可输入以下命令

```
. findit keyword
```

命令 findit 的搜索范围比命令 search 更广,还包括 Stata 的网络资源。事实上,“findit”等价于“search,all”。更多 Stata 知识将在本书以后章节中逐步介绍,同时也可查看“帮助”菜单或 Stata 手册(Stata manuals),这些手册对每个 Stata 命令都进行了详尽的说明。

本章习题

1. 登录“网易财经”的“上证指数历史交易数据”网页,下载 1990.12.19—2019.12.19 的上证指数收盘价数据,保存为“D:\上证指数.xls”,然后用 Stata 读入,并保存为“D:\上证指数.dta”。

2. 为什么 Stata 生成的随机数称为“伪随机数”?

3. 如果 $X \sim F(3,45)$,试计算:① $P(X<1.5)$;② $P(X>1.5)$;③ 对应于 $\alpha=0.05$ 的上侧临界值;④ 三个四分位点的值。

4. 生成 x、y、z 三个随机变量,其取值分别是 500 个服从 $N(10,52)$、$\chi^2(3)$ 和 $t(30)$ 的随机数。将文件命名为 random.dta,并保存在计算机桌面上。

第三章 基本回归模型

回归模型是计量经济学中最常用的分析工具之一,它用于研究变量之间的关系和影响。在本书第三章中,我们将介绍基本回归模型,包括一元线性回归模型和多元线性回归模型的原理、案例和软件操作。

通过学习本章内容,读者将能够掌握基本回归模型的原理和应用方法,以及处理多重共线性、异方差性和自相关性的技巧。这些知识和技能对于进行准确和可靠的回归分析至关重要。

重难点

1. 一元线性回归方程的建立、模型的估计与检验、参数的解释与评估等。
2. 多元线性回归方程的建立、模型的估计与检验、参数的解释与评估等。
3. 相关系数矩阵的分析、方差膨胀因子的计算、特征值和特征向量的分析等。
4. 残差图的分析、带状图的绘制、异方差性的检验与修正等。
5. 自相关图的分析、Durbin-Watson 统计量的计算、自相关性的检验与修正等。

第一节 一元线性回归模型原理、案例与软件操作

一、一元线性回归模型原理

(一)一元线性回归模型的定义

回归分析是研究被解释变量对解释变量的依赖关系,其目的是根据解释变量的值预测被解释变量的总体均值。总体回归线就是当解释变量取不同值时,被解释变量的期望值的轨迹,它表明了因变量的期望值与每个自变量的变动关系。如果被解释变量的期望值随解释变量的变动是有规律的,将这种规律用解释变量的某种函数来表示,则这种函数称为总体回归函数。当假定自变量与因变量之间为线性关系时,则可以用如下函数形式表示

$$E(Y \mid X_i)=\beta_1+\beta_2 X_i \tag{3.1}$$

其中,β_1 和 β_2 均为固定的未知参数,即回归系数;β_1 为截距系数;β_2 为斜率系数,度量了 X_i 变动一个单位时,Y 的期望值的变化量。$E(Y \mid X_i)$ 表示在给定 X_i 的条件下 Y 的分布的总体均值,表明了 Y 的期望随 X_i 变化而变化。

但是随机抽取一个 X_i,对应的 Y 值不一定等于 $E(Y \mid X_i)$,其值会围绕着 $E(Y \mid X_i)$ 上下波动,我们把个别的 Y_i 用如下式表示

$$Y_i=E(Y \mid X_i)+u_i \tag{3.2}$$

其中,μ_i 为不可观测的随机变量,称为随机误差项或随机干扰项,它代表了所有可能影响 Y

但是没有包含在回归模型中的部分。

在实际应用中，我们无法获得总体的全部数据，因此只能通过样本的信息去估计总体回归函数。由于抽样的不同，不同的样本会得到不同的样本回归线，每条样本回归线都是对总体回归线的一个真实近似。与总体回归线类似，样本回归线的线性函数形式为

$$\hat{Y}_i=\hat{\beta}_1+\hat{\beta}_2X_i \tag{3.3}$$

其中，$\hat{Y}_i$ 为 $E(Y\mid X_i)$ 的估计量，$\hat{\beta}_1$ 为 β_1 的估计量，$\hat{\beta}_2$ 为 β_2 的估计量。

正如总体线性回归函数，样本线性回归函数的随机形式如下

$$Y_i=\hat{\beta}_1+\hat{\beta}_2X_i+e_i \tag{3.4}$$

其中，e_i 为残差项，与总体回归函数引入 u_i 的原因一样。我们往往希望根据样本回归函数去估计总体回归函数，但由于抽样的波动性，根据样本回归函数估计的总体回归函数只能是一个近似的结果。因此，如何估计回归函数使得这种近似值更接近真实值是一个重要的问题。

（二）最小二乘估计法

在回归分析中有若干种方法估计样本回归函数，但是最常用的是普通最小二乘法。最小二乘估计量有着良好的统计性质，因此最小二乘法成为回归分析中最受欢迎的方法之一。下面我们将回顾最小二乘法的原理。

对于一元线性回归模型，由于通常不能获取总体的全部观测值，因此只能通过样本去推断，也就是通过样本回归模型去估计总体回归模型，样本回归模型为

$$Y_i=\hat{\beta}_1+\hat{\beta}_2X_i+e_i=\hat{Y}_i+e_i \tag{3.5}$$

将上式写成

$$e_i=Y_i-\hat{Y}_i=Y_i-\hat{\beta}_1-\hat{\beta}_2X_i \tag{3.6}$$

从式(3.6)可以看出，残差是 Y_i 的真实值与估计值的差值，对于给定的观测值，我们自然希望回归模型的估计值与真实值之间尽可能相差得小。最小二乘法就是选择使得残差平方和

$$\sum e_i^2=\sum(Y_i-\hat{Y}_i)^2=\sum(Y_i-\hat{\beta}_1-\hat{\beta}_2X_i)^2 \tag{3.7}$$

最小的 $\hat{\beta}_1$ 和 $\hat{\beta}_2$。根据微积分知识可以知道，分别求 $\sum e_i^2$ 对 $\hat{\beta}_1$ 和 $\hat{\beta}_2$ 的偏导数，联立两个偏导数方程，当偏导数方程为 0 时使得 $\sum e_i^2$ 最小。由此，求得

$$\hat{\beta}_2=\frac{\sum(X_i-\bar{X})(Y_i-\bar{Y})}{\sum(X_i-\bar{X})^2} \tag{3.8}$$

$$\hat{\beta}_1=\bar{Y}-\hat{\beta}_2\bar{X} \tag{3.9}$$

其中，$\bar{X}$ 和 $\bar{Y}$ 分别为样本 X 和 Y 的均值，$\hat{\beta}_1$ 和 $\hat{\beta}_2$ 称为最小二乘估计量。

为了保证最小二乘估计量的优良性，并对真实 β_1 和 β_2 进行推断，对总体线性回归模型通常做出如下经典假定：

假定 1：误差项 u_i 的均值为 0，即对于给定 X_i 值，随机误差的期望为零，即

$$E(u_i\mid X_i)=0 \tag{3.10}$$

假定 2：u_i 的方差相等且为常数，即对于任意给定的 X_i 值，u_i 的方差均相等，即

$$Var(u_i)=E[u_i-E(u_i)]^2=\sigma^2 \tag{3.11}$$

假定 3：任意两个误差项之间无自相关，即

$$Cov(u_i,u_j)=0\quad(i\neq j) \tag{3.12}$$

假定 4:解释变量 X_i 与误差项 u_j 不相关。

假定 5:对于回归模型的设定是正确的,是不存在设定偏误的。

假定 6:对于多元线性回归模型,不存在完全多重共线性。

上述假定是针对总体回归模型而言的,而不是针对样本回归方程的,如果满足上述经典假定,则称线性回归模型为经典线性回归模型。根据高斯-马尔科夫定理,经典线性回归模型的最小二乘估计量是最佳线性无偏估计量,即 $\hat{\beta}_j$ 为 β_j 的最佳线性无偏估计量。它具有如下性质:

第一,它是线性的,即它是回归模型中被解释变量的线性函数。

第二,它是无偏的,即它的期望值等于其真值。

第三,它是有效的,即它在所有回归方程参数的线性无偏估计量中具有最小方差。

(三) 判定系数 R^2

在实际应用中,对于样本回归方程 $Y_i=\hat{\beta}_1+\hat{\beta}_2X_i+e_i$,并不是每个 Y_i 值都在估计的回归线上,但是 Y_i 值围绕其均值的总变异可以分解为两个部分:一部分由回归线解释,另一部分由随机因素解释。可以证明

$$\sum(Y_i-\overline{Y})^2=\sum(\hat{Y}_i-\overline{Y})^2+\sum e_i^2 \tag{3.13}$$

其中 $\sum(Y_i-\overline{Y})^2$ 称为总平方和,记为 TSS,$\sum(\hat{Y}_i-\overline{Y})^2$ 称为解释平方和,记为 ESS,$\sum e_i^2$ 称为残差平方和,记为 RSS,即有

$$TSS=ESS+RSS \tag{3.14}$$

几何意义解释如图 3-1 所示。

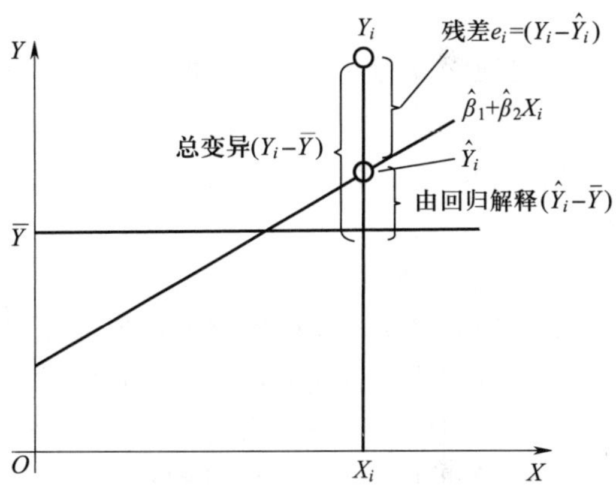

图 3-1 Y_i 的总变异分解

解释平方和 ESS 占总平方和 TSS 的比例称为判定系数,记为 R^2,它度量了估计的回归方程对样本数据的拟合优度,可以评价估计回归方程对样本点代表性的优劣,其表达式为

$$R^2=\frac{ESS}{TSS}=1-\frac{RSS}{TSS} \tag{3.15}$$

即
$$R^2=\frac{\sum(\hat{Y}_i-\overline{Y})^2}{\sum(Y_i-\overline{Y})^2}=1-\frac{\sum(Y_i-\hat{Y}_i)^2}{\sum(Y_i-\overline{Y})^2} \tag{3.16}$$

真实的 Y_i 值越接近估计的回归线,则 ESS 越大,总变异中由回归模型解释的部分也就越多;反之越少。因此,R^2 测度了在 Y_i 的总变异中由回归模型解释部分所占的百分比。

根据 R^2 的定义可知,R^2 的取值范围在 0 到 1 之间,R^2 越接近于 1,表明回归平方和占总平方和的比例越大,回归直线与各观测点越接近,用 X_i 的变化来解释 Y_i 值变差的部分就越多,回归直线的拟合程度就越好;反之,R^2 越接近于 0,回归直线的拟合程度就越差。R^2 等于 1 表示被解释变量 Y_i 的变化完全由解释变量 X_i 决定;R^2 等于 0 表示被解释变量 Y_i 的变化与解释变量 X_i 无关。

(四) 置信区间

在上述描述中,$\hat{\beta}_j$ 是 β_j 的点估计,对于点估计,我们无法判断这种估计的可靠性有多大。为了衡量点估计的可靠性,我们围绕点估计构造一个区间$[\hat{\beta}_j-\delta,\hat{\beta}_j+\delta]$,使得其包含 β_j 的概率为 1-

α,其中,$0<\alpha<1,\delta>0$。我们称这个区间为置信区间,$1-\alpha$ 为置信水平或置信度,α 为显著性水平,通常 α 取 0.05,0.01 或 0.10。

对于置信区间,其解释如下:

(1)由于抽样的随机性,不同的抽样结果可以构造不同的置信区间,因此置信区间是一个随机区间。

(2)置信区间意味着在多次重复抽样的情况下,每次抽样都构造一个置信区间,这些置信区间中包含总体参数真值的比例为 $100(1-\alpha)\%$。

(3)置信区间的置信水平 $1-\alpha$ 表示置信区间包含 β_j 的概率为 $1-\alpha$,置信区间是随机区间,而 β_j 是一个定值,不能说 β_j 落在置信区间的概率为 $1-\alpha$。

(4)在实际应用中往往只抽取一个样本,此时由该样本构造的置信区间不再是随机区间,而是一个特定区间,该区间要么包含总体参数的真值,要么不包含总体参数的真值。此时不能说该区间以多大概率包含总体参数的真值,总体参数落在该区间的概率只能是 0 或 1。

在回归分析中,我们总是假定 u_i 服从期望为 0、方差为 σ^2 的正态分布。当 σ^2 已知时,β_j 的显著性水平为 α 的置信区间为

$$[\hat{\beta}_j-Z_{\alpha/2}Se(\hat{\beta}_j),\hat{\beta}_j+Z_{\alpha/2}Se(\hat{\beta}_j)] \tag{3.17}$$

但是通常 σ^2 是未知的,只能用 $\hat{\sigma}^2$ 代替 σ^2,此时 β_j 的显著性水平为 α 的置信区间为

$$[\hat{\beta}_j-t_{\alpha/2}Se(\hat{\beta}_j),\hat{\beta}_j+t_{\alpha/2}Se(\hat{\beta}_j)] \tag{3.18}$$

由式(3.18)可以看出,$\hat{\beta}_i$ 的标准误越大,置信区间越宽,对总体参数的真值估计的可靠性就越差。

(五)假设检验

假设检验是统计推断的重要组成部分,其原理是小概率原理,方法是反证法,其思想是判断某一样本观测值是否与假设一致,如果一致就不拒绝这一假设;否则,就拒绝该假设。通常我们将想要检验的假设称为原假设,与之相反的假设称为备择假设。在线性回归模型中,通常截距系数 β_1 不显著可以不予理会,对斜率系数(当然也适用于截距系数)进行假设检验的步骤通常如下:

(1)提出假设

$$\text{原假设 } H_0:\beta_j=0,\text{备择假设 } H_1:\beta_j\neq 0$$

(2)计算 t 统计量

$$t=\frac{\hat{\beta}_j}{Se(\hat{\beta}_j)} \tag{3.19}$$

(3)根据 t 分布表查得在给定显著性水平 α 条件下的临界值 $t_{\alpha/2}(n-k)$。其中 $n-k$ 为自由度,n 为样本容量,k 为未知参数的个数。

(4)进行判断。若 $|t|\geq t_{\alpha/2}(n-k)$,则拒绝原假设,接受备择假设;否则,接受原假设,拒绝备择假设。

当估计值为 $\hat{\beta}_j$ 时,t 统计量为 $t_{\hat{\beta}_j}$,其伴随概率 P 值为 $P=P(|t|>|t_{\hat{\beta}_j}|)$,$P$ 值是实际的显著性水平,也称为犯第Ⅰ类错误的概率,即当原假设正确时错误地拒绝原假设的概率。P 值越大,错误地拒绝原假设的概率也就越大,因此,当 $P<\alpha$ 时,拒绝原假设 H_0。

（六）预测

所谓预测，就是对未知状况进行估计。在回归分析中，如果已知样本区间解释变量的取值，把模型结果外推到样本区间以外，就能对被解释变量的未来值进行预测。从预测方法来看，预测可分为点预测和区间预测。点预测就是对预测对象的未来值给出一个估计值，区间预测就是给出预测对象实际值的一个置信区间。从预测对象来看，点预测又有个别值预测和均值预测之分。均值预测就是预测对于给定的某解释变量的值 X_0，被解释变量 Y 的条件均值的值，也就是预测总体回归线上与给定的解释变量的值 X_0 对应的点 $\mathrm{E}(Y/X_0)$ 的取值。个别值预测是对应于给定 X 值（$X=X_0$）的单个个体 Y 值（$Y=Y_0$）的估计。

被解释变量的均值和个值的点预测方法相同，对一元线性回归模型来说，其点预测为

$$\mathrm{E}(\hat{Y}/X_0)=\hat{Y}_0=\hat{\beta}_1+\hat{\beta}_2X_0 \tag{3.20}$$

被解释变量均值 $\mathrm{E}(Y/X_0)$ 的 $1-\alpha$ 的预测区间为

$$\hat{Y}_0-t_{\alpha/2}\hat{\sigma}\sqrt{\frac{1}{n}+\frac{(X_0-\bar{X})^2}{\sum(X_i-\bar{X})^2}}\leqslant E(Y/X_0)\leqslant\hat{Y}_0+t_{\alpha/2}\hat{\sigma}\sqrt{\frac{1}{n}+\frac{(X_0-\bar{X})^2}{\sum(X_i-\bar{X})^2}} \tag{3.21}$$

被解释变量个值 Y_0 的 $1-\alpha$ 的预测区间为

$$\hat{Y}_0-t_{\alpha/2}\hat{\sigma}\sqrt{1+\frac{1}{n}+\frac{(X_0-\bar{X})^2}{\sum(X_i-\bar{X})^2}}\leqslant Y_0\leqslant\hat{Y}_0+t_{\alpha/2}\hat{\sigma}\sqrt{1+\frac{1}{n}+\frac{(X_0-\bar{X})^2}{\sum(X_i-\bar{X})^2}} \tag{3.22}$$

二、一元线性回归模型案例及 EViews 操作

【案例 3-1】 探究城镇居民人均消费支出与城镇居民人均可支配收入之间的关系

为了更清晰地介绍 EViews 和 Stata 的具体操作，本书使用具体案例进行分析。本案例以城镇居民人均实际消费支出（记为 Y）为被解释变量，城镇居民人均实际可支配收入（记为 X_1）为解释变量进行分析。城镇居民人均实际消费支出和实际可支配收入数据为从国家统计局网站下载的 1991—2020 年城镇居民人均消费支出及人均可支配收入数据，通过物价指数（1990 年 = 100）调整得到。设回归模型为

$$Y_t=\beta_0+\beta_1X_{1t}+u_t \quad t=1991,1992,\cdots,2020$$

（一）建立工作文件

打开 EViews 软件后，在主菜单上依次点击 File→New→Workfile，如图 3-2 所示。

由于本案例使用的数据为年度时间序列数据，所以在创建工作文件时，在 Frequency 中选择数据频率为 Annual（年度），在 Start date 和 End date 中分别输入开始时间 1991 和结束时间 2020，如图 3-3 所示，点击 OK。

（二）输入数据

在 EViews 的命令框中输入“data y x1”，如图 3-4 所示。

回车后，出现 Group（组）窗口，界面如图 3-5 所示。

或者在 EViews 主界面菜单栏点击 Quick→Empty Group（Edit Series），如图 3-6 所示，在所出现的 Group（组）窗口界面中输入数据序列，序列名默认为 SER01，SER02，⋯。

出现如图 3-5 所示的 Goup 窗口数据编辑框后，在对应的 Y 和 X1 下输入数据。如图 3-7 所示。

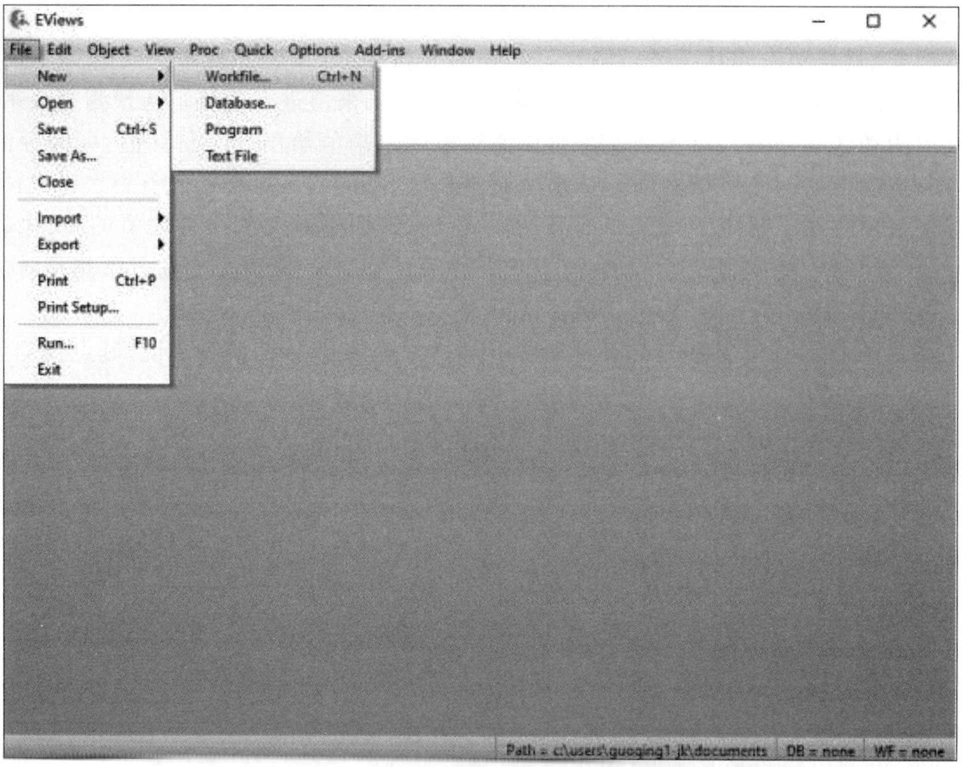

图 3-2 创建工作文件主菜单

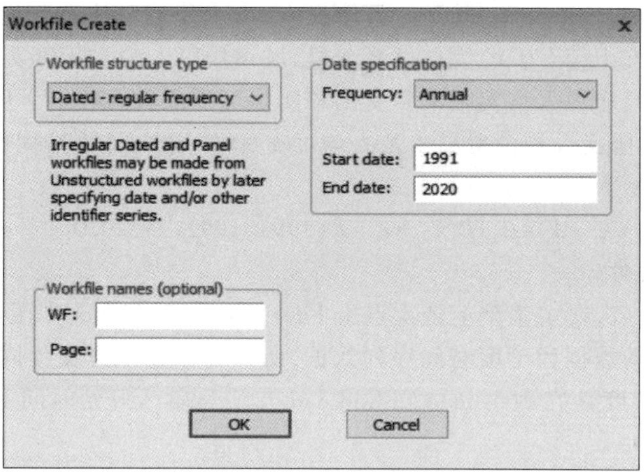

图 3-3 创建工作文件

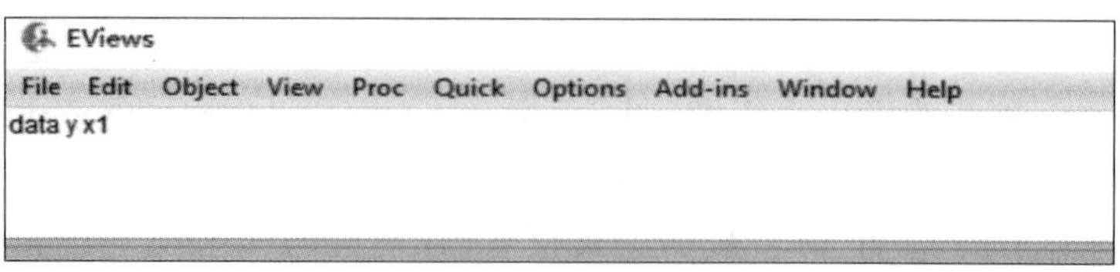

图 3-4 输入 EViews 命令

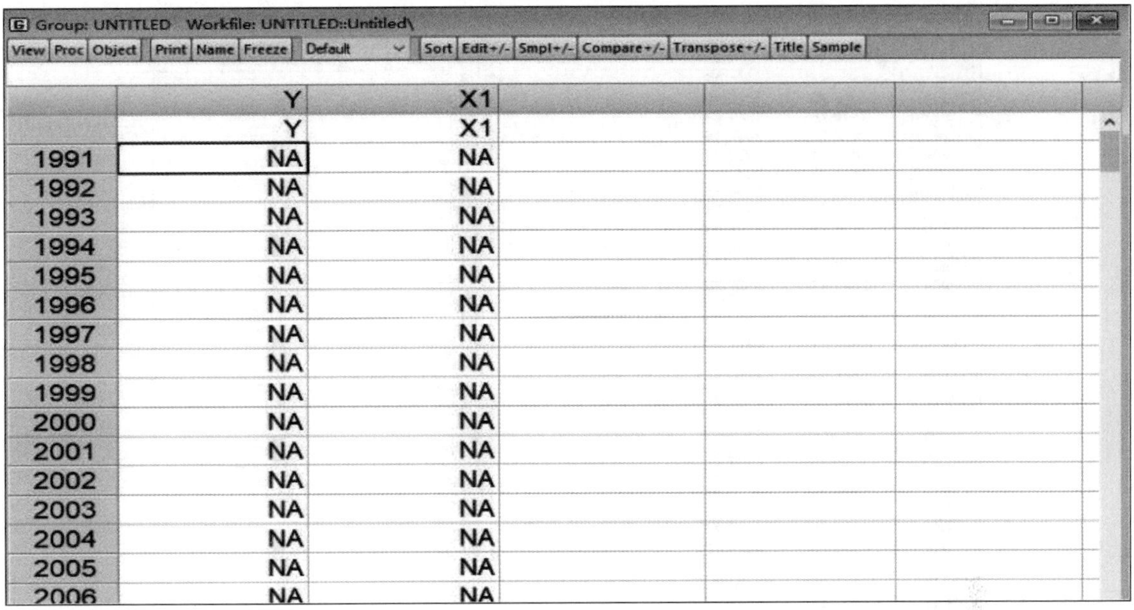

图 3-5　组(Group)窗口界面

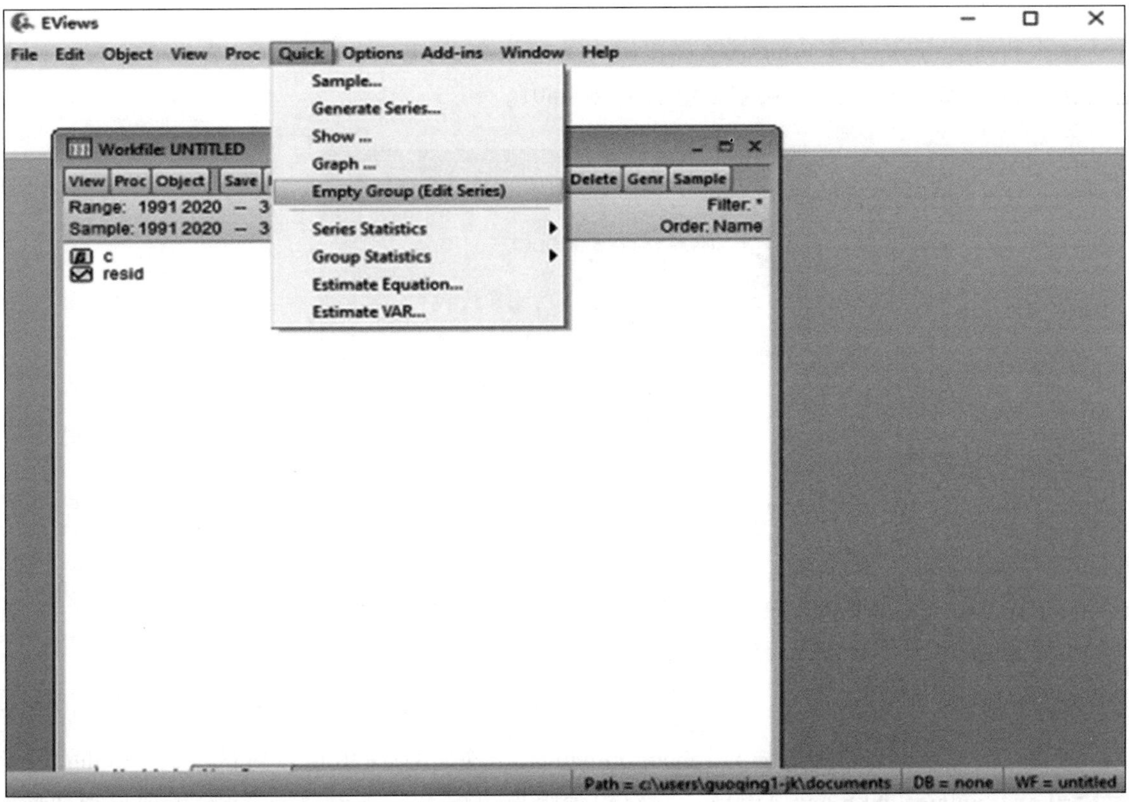

图 3-6　输入数据菜单

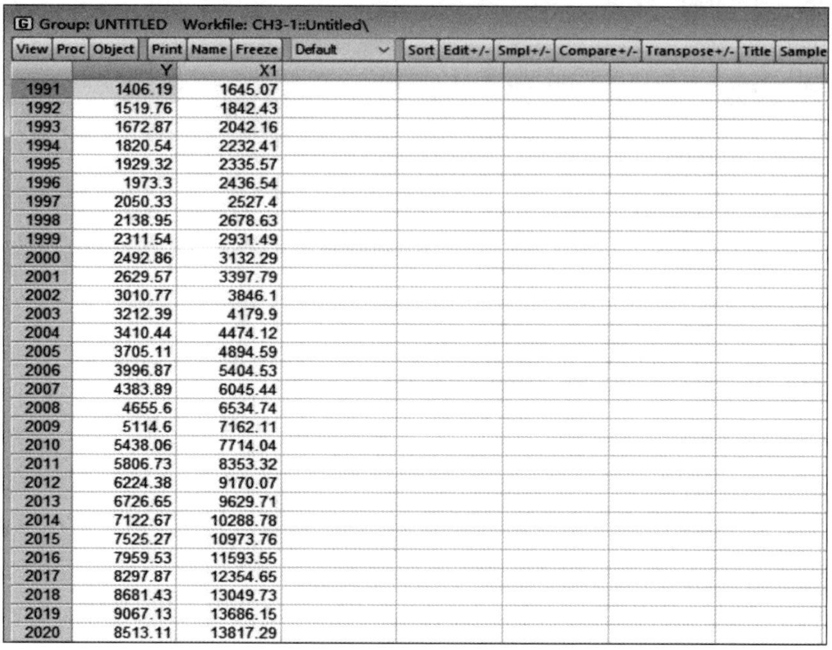

	Y	X1
1991	1406.19	1645.07
1992	1519.76	1842.43
1993	1672.87	2042.16
1994	1820.54	2232.41
1995	1929.32	2335.57
1996	1973.3	2436.54
1997	2050.33	2527.4
1998	2138.95	2678.63
1999	2311.54	2931.49
2000	2492.86	3132.29
2001	2629.57	3397.79
2002	3010.77	3846.1
2003	3212.39	4179.9
2004	3410.44	4474.12
2005	3705.11	4894.59
2006	3996.87	5404.53
2007	4383.89	6045.44
2008	4655.6	6534.74
2009	5114.6	7162.11
2010	5438.06	7714.04
2011	5806.73	8353.32
2012	6224.38	9170.07
2013	6726.65	9629.71
2014	7122.67	10288.78
2015	7525.27	10973.76
2016	7959.53	11593.55
2017	8297.87	12354.65
2018	8681.43	13049.73
2019	9067.13	13686.15
2020	8513.11	13817.29

图 3-7 组数据编辑窗口

输入数据后，点击右上角的"X"，弹出图 3-8 所示弹框，若想修改数据组名称可以点击 Name 进行修改；若不修改则点击 Yes，默认组名为 group01。

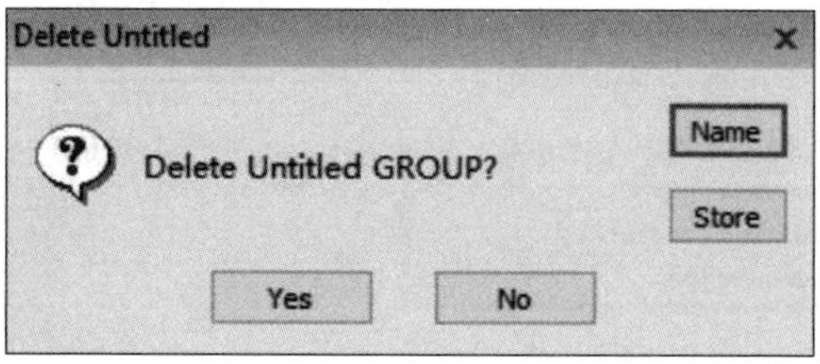

图 3-8 保存数据

（三）估计参数

采用最小二乘法估计参数，可以在命令框中输入"ls y c x1"，如图 3-9 所示，之后回车。

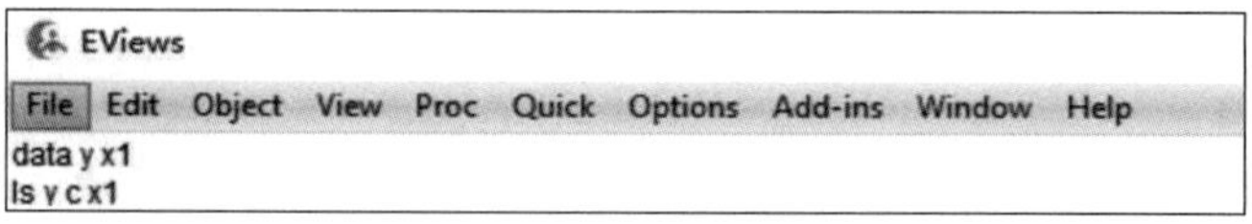

图 3-9 估计参数命令

或者在菜单栏中点击 Quick→Estimate Equation，出现如图 3-10 所示对话框，在 Method 中选择 LS-Least Squares（NLS and ARMA），在空白命令框中输入"y c x1"，点击确定，即出现回归结果，最小二乘法估计结果如图 3-11 所示。

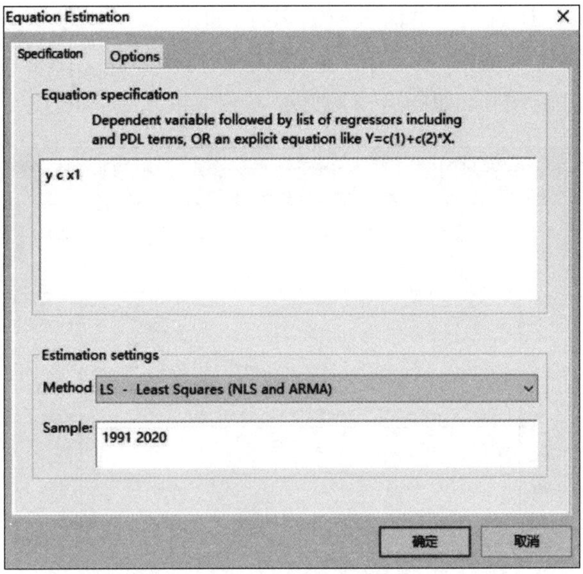

图 3-10　估计参数菜单栏

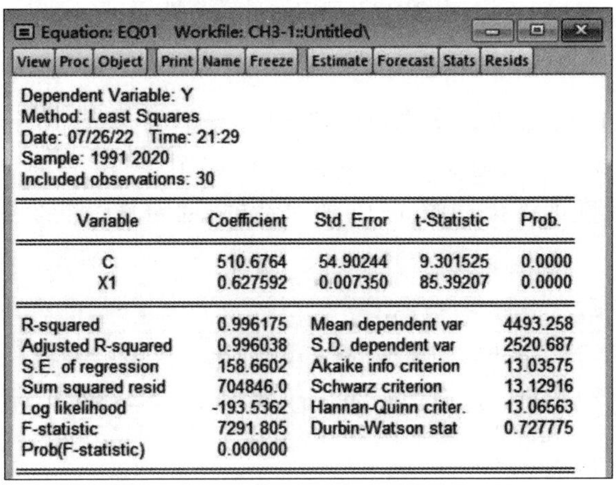

Equation: EQ01　Workfile: CH3-1::Untitled\

View | Proc | Object | Print | Name | Freeze | Estimate | Forecast | Stats | Resids

Dependent Variable: Y
Method: Least Squares
Date: 07/26/22　Time: 21:29
Sample: 1991 2020
Included observations: 30

Variable	Coefficient	Std. Error	t-Statistic	Prob.
C	510.6764	54.90244	9.301525	0.0000
X1	0.627592	0.007350	85.39207	0.0000

R-squared	0.996175	Mean dependent var	4493.258
Adjusted R-squared	0.996038	S.D. dependent var	2520.687
S.E. of regression	158.6602	Akaike info criterion	13.03575
Sum squared resid	704846.0	Schwarz criterion	13.12916
Log likelihood	-193.5362	Hannan-Quinn criter.	13.06563
F-statistic	7291.805	Durbin-Watson stat	0.727775
Prob(F-statistic)	0.000000		

图 3-11　参数估计结果

在本案例中,由图 3-11 的估计结果,可得估计的回归方程为

$$\hat{Y}_t = 510.676\ 4 + 0.627\ 6X_{1t}$$

$$Se = (54.902\ 4)\quad (0.007\ 4)$$

$$t = (9.301\ 5)\quad (85.392\ 1)$$

$$R^2 = 0.996\ 2\quad F = 7\ 291.805$$

估计系数 $\hat{\beta}_1$ 对应的 P 值小于 0.05,拒绝原假设 $H_0:\beta_1=0$,表明人均可支配收入对人均消费支出有显著影响。估计参数 $\hat{\beta}_1=0.627\ 6$,表明城镇居民实际人均可支配收入每增加 1 元,城镇居民实际人均消费支出增加 0.627 6 元。$R^2=0.996\ 2$ 表示在被解释变量的变动中,可以由解释变量解释的部分为 99.62%。

保存参数估计结果:点击 EViews 工作文件窗口 X(在主页面右上角)→弹框中点击 Name→若

修改名称则在 Name to identify object 中输入新的名称,如不修改,则默认为 eq01,单击 OK 即可。

若想要显示回归结果的残差图,在 Equation 框中点击 Resids,出现 Residual(残差项)、Actual(实际值)、Fitted(拟合值)的图形,如图 3-12 所示。

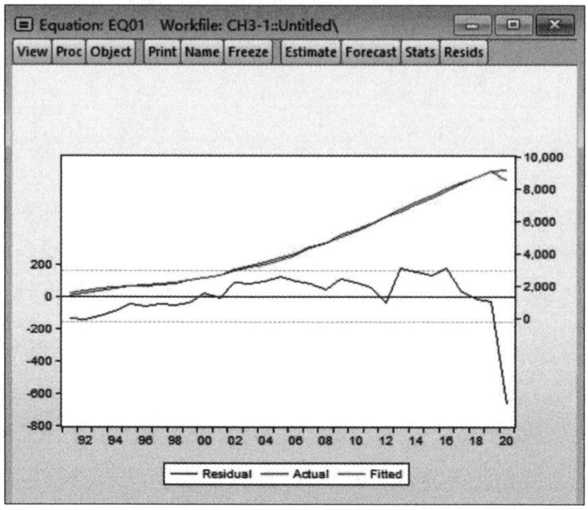

图 3-12 回归结果残差图

(四)预测

预测 2021 年城镇居民人均消费支出:在 Workfile 窗口中双击 Range,或者依次点击 Proc→Structure→Resize Current Page(如图 3-13 所示),弹出如图 3-14 所示的界面,将 End date 框中 2020 改为 2021,单击 OK,随即弹出如图 3-15 的对话框,询问是否继续插入一行数据调整工作文件区间,点击 Yes。

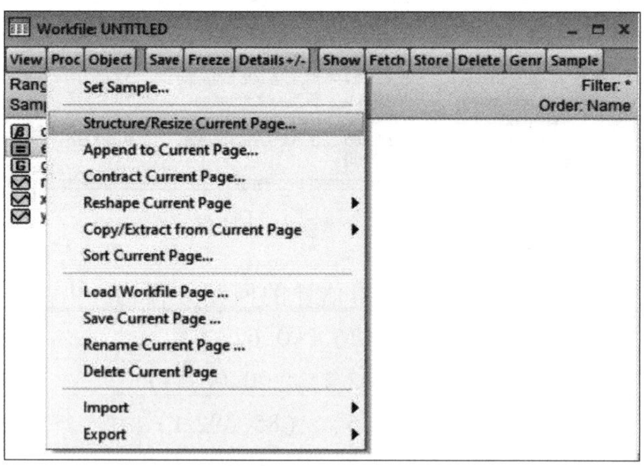

图 3-13 点击 Proc 菜单中 Structure→Resize Current Page 命令

在 group01 窗口中输入 2021 年的经物价指数调整后的 X 值 14 060,如图 3-16 所示。

在 Equation 窗口(见图 3-11)中点击 Forecast,弹出预测对话框窗口如图 3-17 所示,在预测对话框窗中最上面的方框显示预测的方程及序列,中间左边方框是序列命名,默认预测序列名称为预测序列名后加字母 f,S. E. (optional)方框为对预测序列个值进行预测时的标准误,中间右边方框为预测方法，本例为静态预测，对自回归模型还可选择动态预测，下面左边方框为设置预测样本区间，右边为输出设置选项，分别为预测图及预测估计值，最下面选项表示在默认状态下插入实际值作为样本外的观测值。本例保持默认设置，点击 OK。

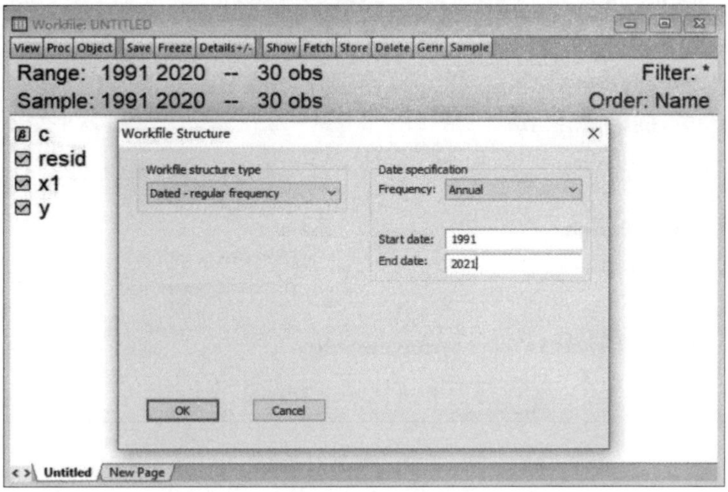

图 3-14　扩大工作文件数据区间对话框

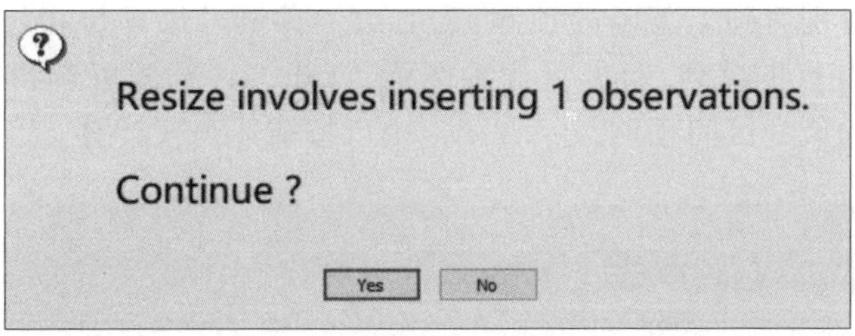

图 3-15　是否继续插入一行数据调整工作文件区间

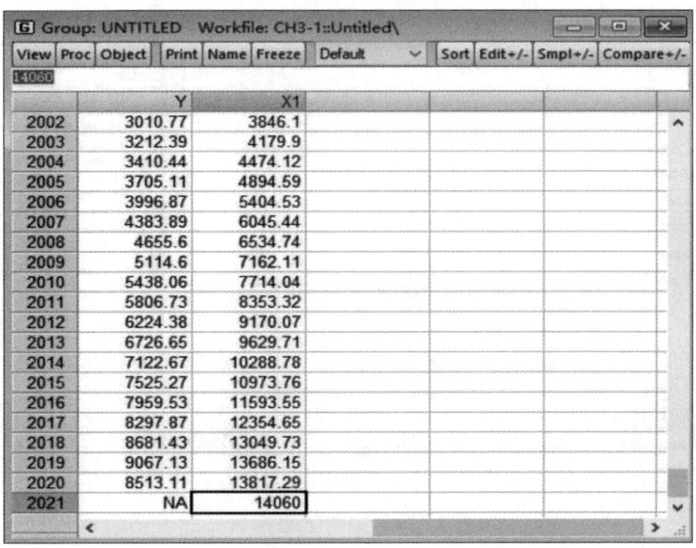

图 3-16　调整工作文件区间后输入新数据窗口

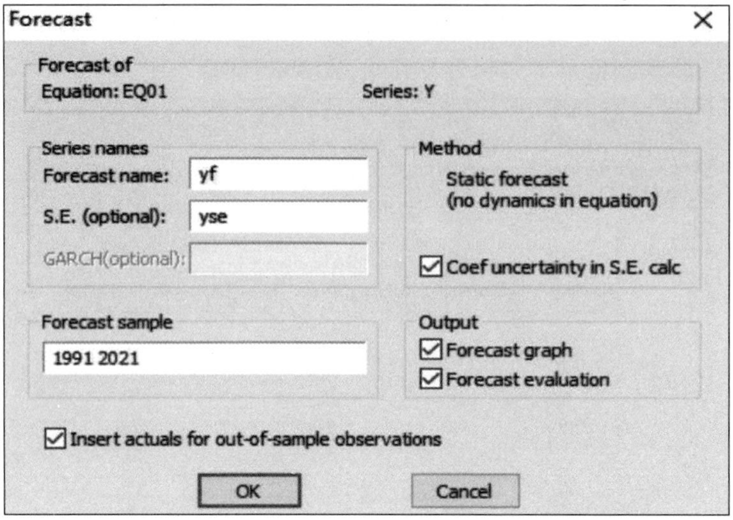

图 3-17 预测对话框

执行命令后,预测结果窗口见图 3-18,生成的图像为一个两倍标准误的个值预测区间图,在曲线上移动鼠标可以分别看到上下限的预测值,右边为预测效果评价指标。同时在 Workfile 窗口中自动生成一个名为 yf 的序列,双击 yf 序列图标,打开 yf 序列即可看到 1991—2021 年的点预测值。如需做因变量均值的区间预测,在 EViews 中可按前述公式计算。

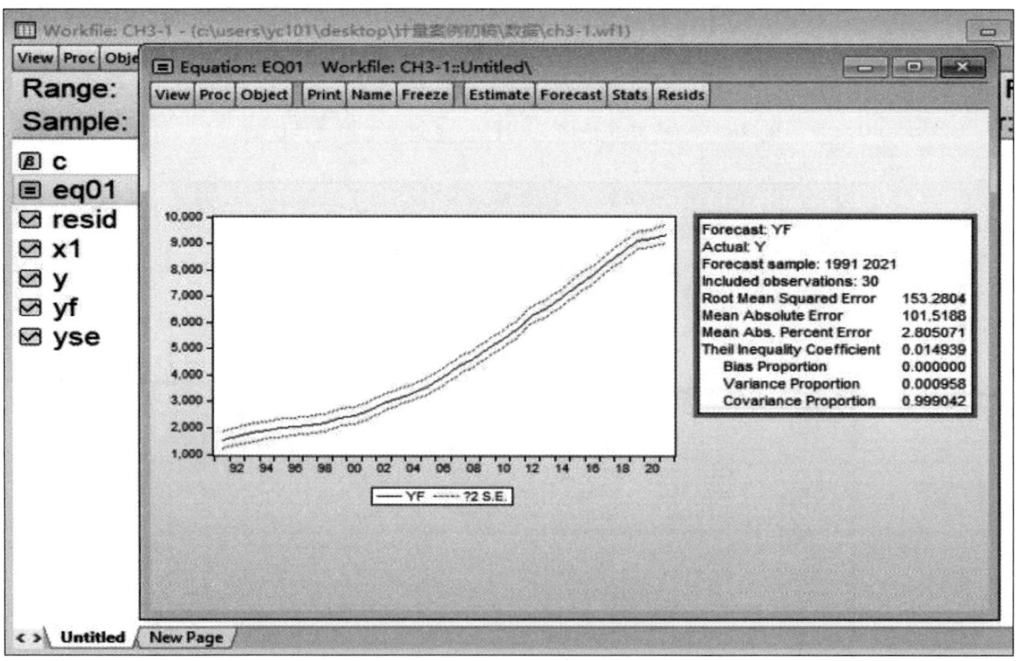

图 3-18 预测结果窗口

三、一元线性回归模型的 Stata 操作

（一）导入数据

启动 Stata 软件，在主菜单中点击 Data Editor(Edit) 图标（如图 3-19 所示），进入数据编辑器，沿用案例 3-1，将 Excel 中的数据粘贴到数据编辑器中，弹出提示询问是否将第一行当成变量名称，选择 Variable names（如图 3-20 所示）。

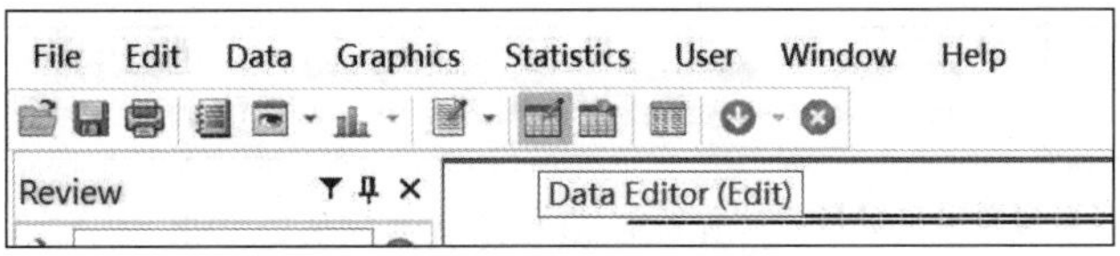

图 3-19　数据编辑器图标

在 Variables 编辑框中的 Name 右侧可以更改变量名称（如图 3-21），重复上述改名步骤，将数据全部导入，详细导入数据过程可参见第二章 Stata 基本操作部分。

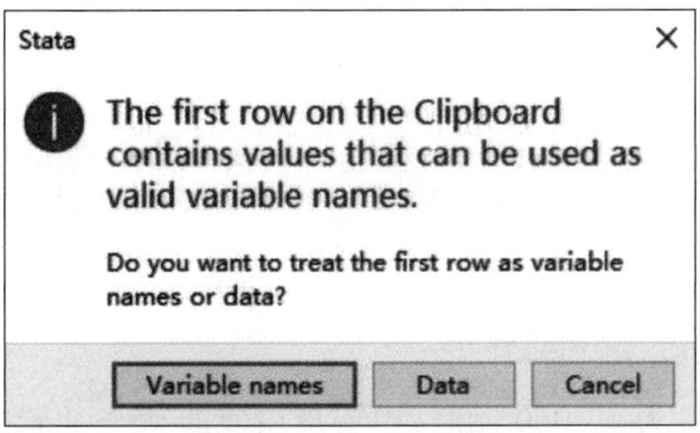

图 3-20　将复制数据的第一行作为变量名称

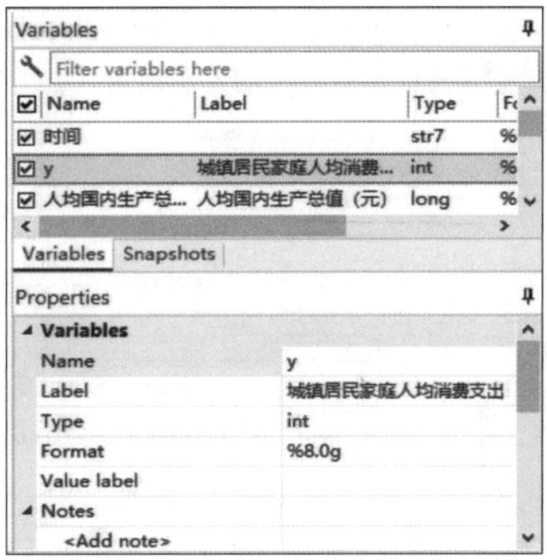

图 3-21　更改变量名窗口

（二）参数估计

在 Command 命令框中输入 regress y x1 后回车，则出现参数估计结果，命令可简写为 reg y x1，估计结果窗口见图 3-22。若想做无常数项回归，命令则为：reg y x1, noconstant。

在图 3-22 中，上半部分的左边为方差分析表，第一列 Source 为方差来源，Model 为模型，Residual 为残差，第二列 SS 表示平方和，由上至下分别对应 ESS、RSS、TSS 三个平方和，df 为自由度，MS 为均方，右边为 F 统计量及其 P 值、判定系数 R^2、调整的 R^2、回归方程的均方根误差；下半部分为回归方程参数估计信息，第一列 y 为因变量，x_1 为解释变量，解释变量这一行对应的是斜率系数的估计信息，_cons 为截距项，这一行对应的是截距系数的估计信息，第二列为各系数估计值，第三列为各系数的标准误，第四列为各系数的 t 统计量，第五列为各 t 统计量对应的 P 值，第六及第七列分别为各参数的置信水平为 95%的置信区间的下限和上限。

```
. reg y x1

      Source |       SS           df       MS      Number of obs   =        30
-------------+----------------------------------   F(1, 28)        =   7291.81
       Model |   183557138         1   183557138   Prob > F        =    0.0000
    Residual |   704845.53        28  25173.0547   R-squared       =    0.9962
-------------+----------------------------------   Adj R-squared   =    0.9960
       Total |   184261984        29  6353861.52   Root MSE        =    158.66

------------------------------------------------------------------------------
           y |      Coef.   Std. Err.      t    P>|t|     [95% Conf. Interval]
-------------+----------------------------------------------------------------
          x1 |   .6275921   .0073495    85.39   0.000     .6125372    .6426469
       _cons |   510.6764   54.90242     9.30   0.000     398.2139    623.1389
------------------------------------------------------------------------------
```

图 3-22 一元线性回归模型参数估计结果

根据图 3-22 可知，估计的一元线性回归方程为 $y=510.676\,4+0.627\,592\,1x_1$

（三）预测

如需做样本外预测，假设已知 2021 年城镇居民家庭实际人均可支配收入为 14 060 元，现预测其人均消费支出的点预测值，输入命令 adjust x1 = 14 060，即可输出 y 的样本外点预测结果，如图 3-23 所示。在图 3-23 中，9 334.62 即为当城镇居民家庭实际人均可支配收入为 14 060 元时，其实际人均消费支出的点预测值。

```
. adjust x1=14060

------------------------------------------------------------------------------
     Dependent variable: y     Command: regress
  Covariate set to value: x1 = 14060
------------------------------------------------------------------------------

----------------------
      All |         xb
----------+-----------
          |    9334.62
----------------------
     Key:  xb  =  Linear Prediction
```

图 3-23 因变量 y 的点预测结果

如需得到当城镇居民家庭实际人均可支配收入为 14 060 元时，因变量均值的 95% 的置信区间，可输入命令 adjust x1 = 14 060，ci，即可输出 y 的点预测以及默认置信度为 95% 时因变量均值的预测区间结果（如图 3-24），[9 204.2，9 465.04] 即为因变量均值的 95% 的预测区间。

```
. adjust x1=14060,ci

------------------------------------------------------------------------------
     Dependent variable: y     Command: regress
  Covariate set to value: x1 = 14060
------------------------------------------------------------------------------

----------------------------------------------
      All |         xb          lb          ub
----------+-----------------------------------
          |    9334.62    [9204.2     9465.04]
----------------------------------------------
     Key:  xb          =  Linear Prediction
           [lb , ub]   =  [95% Confidence Interval]
```

图 3-24 因变量均值的 95% 的预测区间结果

如需得到当城镇居民家庭实际人均可支配收入为 14 060 元时，因变量个值的 95%的置信区间，可输入命令 adjust x1 = 14060，stdf ci，即可输出 y 的点预测以及默认置信度为 95%的预测区间结果，如图 3-25 所示，在图 3-25 中 stdf 对应的值 170.958 为个值预测的标准误，[8 984.43，9 684.81]为因变量个值的 95%的预测区间。

```
. adjust x1=14060,stdf ci

    Dependent variable: y     Command: regress
 Covariate set to value: x1 = 14060

        All |          xb        stdf          lb          ub
            |     9334.62   (170.958)    [8984.43     9684.81]

     Key:  xb         =  Linear Prediction
           stdf       =  Standard Error (forecast)
           [lb , ub]  =  [95% Prediction Interval]
```

图 3-25　因变量个值的 95%的预测区间结果

若想得到不同置信水平的区间估计，可以通过选项 level(置信水平)来调整，如图 3-26 所示，在图 3-26 中，构造因变量个值 90%的预测区间，选项 level(90)表示构造置信水平为 90%的置信区间。

```
. adjust x1=14060,stdf ci level(90)

    Dependent variable: y     Command: regress
 Covariate set to value: x1 = 14060

        All |          xb        stdf          lb          ub
            |     9334.62   (170.958)     [9043.8     9625.44]

     Key:  xb         =  Linear Prediction
           stdf       =  Standard Error (forecast)
           [lb , ub]  =  [90% Prediction Interval]
```

图 3-26　因变量个值 90%的预测区间

根据图 3-26 可知，[9 043.80，9 625.44]即为因变量个值的 90%的预测区间。

如需构造因变量均值的 90%的预测区间，在图 3-26 所示命令中，去掉 stdf 选项，输入以下命令

. adjust x1 = 14 060，ci level(90)

回车后即可，结果见图 3-27。

如果要计算被解释变量的拟合值($\hat{y}$)，并将其记为 yhat，可输入以下命令

. predict yhat

```
. adjust x1=14060,ci level(90)

    Dependent variable: y     Command: regress
 Covariate set to value: x1 = 14060
```

All	xb	lb	ub
	9334.62	[9226.31	9442.93]

```
     Key:  xb         =  Linear Prediction
           [lb , ub]  =  [90% Confidence Interval]
```

图 3-27 因变量均值 90%的预测区间

根据图 3-27 可知,[9 226.31,9 442.93]即为因变量均值的 90%的预测区间。

如果要计算残差(residual),并将其记为 e,可输入以下命令

. predict e,residual

其中,选择项"residual"表示计算残差,如果没有选择项,则默认选择项为"xb",计算被解释变量的拟合值 $\hat{y}$。

第二节 多元线性回归模型原理、案例与软件操作

一、多元线性回归模型原理

(一) 多元线性回归模型的定义

在第一节中我们介绍的一元线性回归模型只有一个解释变量,但在实际情况中这种模型往往是不合适的,因为影响被解释变量的主要因素往往有多个。因此,在回归分析模型中需要引入多个解释变量,若被解释变量与多个解释变量呈线性关系,则称为多元线性回归模型。多元线性回归模型是一元线性回归模型的推广,其模型一般表达式为

$$Y_i=\beta_1+\beta_2X_{2i}+\beta_3X_{3i}+\cdots+\beta_kX_{ki}+u_i \quad i=1,2,\cdots,n \tag{3.23}$$

β_1 为截距项,表示没有包含在模型中的变量对 Y 的平均影响,与一元线性回归模型一样,一般无实际意义;$\beta_2,\beta_3,\cdots,\beta_k$ 为偏斜率系数,β_2 表示在其他解释变量 $X_{3i},X_{4i},\cdots,X_{ki}$不变的情况下,$X_{2i}$变动一个单位对被解释变量 Y_i 的影响,其他偏斜率系数的意义以此类推;u_i 为随机扰动项;下标 i 表示第 i 次观测。

与式(3.23)对应的样本回归方程为

$$Y_i=\hat{\beta}_1+\hat{\beta}_2X_{2i}+\hat{\beta}_3X_{3i}+\cdots+\hat{\beta}_kX_{ki}+e_i \quad i=1,2,\cdots,n \tag{3.24}$$

对于样本的 n 次观测,从理论上来说,每次观测数据都应该落在总体回归线上,这样可以得到样本数据形式的多元线性回归模型。这个模型包括 n 个方程和 k 个未知参数 $\beta_1,\beta_2,\beta_3,\cdots,\beta_k$。即

$$\begin{cases} Y_1=\beta_1+\beta_2X_{21}+\beta_3X_{31}+\cdots+\beta_kX_{k1}+u_1 \\ Y_2=\beta_1+\beta_2X_{22}+\beta_3X_{32}+\cdots+\beta_kX_{k2}+u_2 \\ \cdots\cdots\cdots\cdots \\ Y_n=\beta_1+\beta_2X_{2n}+\beta_3X_{3n}+\cdots+\beta_kX_{kn}+u_n \end{cases} \tag{3.25}$$

式(3.25)的矩阵表达式为

$$\boldsymbol{Y}=\boldsymbol{X\beta}+\boldsymbol{U} \tag{3.26}$$

其中

$$\boldsymbol{Y}=\begin{bmatrix}Y_1\\Y_2\\\vdots\\Y_n\end{bmatrix}_{n\times1},\quad \boldsymbol{X}=\begin{bmatrix}1&X_{21}&X_{31}&\cdots&X_{k1}\\1&X_{22}&X_{32}&\cdots&X_{k2}\\\vdots&\vdots&&&\vdots\\1&X_{2n}&X_{3n}&\cdots&X_{kn}\end{bmatrix}_{n\times k},\ \boldsymbol{\beta}=\begin{bmatrix}\beta_1\\\beta_2\\\vdots\\\beta_k\end{bmatrix}_{k\times1},\quad \boldsymbol{U}=\begin{bmatrix}u_1\\u_2\\\vdots\\u_n\end{bmatrix}_{n\times1}$$

这里：

$\boldsymbol{Y}$——被解释变量观测值的 n 维列向量；

$\boldsymbol{X}$——解释变量观测值的 $n\times k$ 矩阵，矩阵中的每个元素 X_{ji} 表示第 j 个变量的第 i 个观测值。矩阵的每一列表示一个解释变量的 n 个观测值，截距项 β_1 对应的观测值均为 1；

$\boldsymbol{\beta}$——未知参数的 k 维列向量；

$\boldsymbol{U}$——随机误差项的 n 维列向量。

与一元线性回归模型类似，多元线性回归模型的经典假定为

(1) u_i 零均值，即 $E(u_i)=0$。

(2) u_i 序列不相关，即 $Cov(u_i,u_j)=0(i\neq j)$。

(3) u_i 同方差，即 $Var(u_i)=\sigma^2$。

(4) $X_2,X_3,\cdots,X_k$ 为非随机变量，且 u_i 与解释变量不相关，即 $Cov(u_i,X_j)=0,j=2,3,\cdots,k(i\neq j)$。

(5) $X_2,X_3,\cdots,X_k$ 之间不存在完全多重共线性。

(6) 回归模型没有设定偏误。

(7) 假定 u_i 服从正态分布，即 $u_i\sim N(0,\sigma^2)$。

对多元线性回归模型参数进行估计，通常也采用最小二乘估计。其原理与对一元线性回归模型进行最小二乘估计的原理类似，下面对其矩阵形式求解作一简单介绍。

样本形式的多元线性回归模型的矩阵形式为

$$\boldsymbol{Y}=\boldsymbol{X}\hat{\boldsymbol{\beta}}+\boldsymbol{e} \tag{3.27}$$

其中，$\boldsymbol{Y}$ 为 n 维列向量，$\boldsymbol{X}$ 为 $n\times k$ 矩阵，其定义与式(3.25)相同，$\hat{\boldsymbol{\beta}}=(\hat{\beta}_1,\hat{\beta}_2,\cdots,\hat{\beta}_k)^{\mathrm{T}}$，$\boldsymbol{e}=(e_1,e_2,\cdots,e_n)^{\mathrm{T}}$，由最小二乘法原理，可得其矩阵形式的正规方程组为

$$\boldsymbol{X}^{\mathrm{T}}\boldsymbol{X}\hat{\boldsymbol{\beta}}=\boldsymbol{X}^{\mathrm{T}}\boldsymbol{Y} \tag{3.28}$$

当解释变量之间无完全共线性时，$\boldsymbol{X}^{\mathrm{T}}\boldsymbol{X}$ 可逆，由式(3.28)，得 β 的最小二乘估计量为

$$\hat{\boldsymbol{\beta}}=(\boldsymbol{X}^{\mathrm{T}}\boldsymbol{X})^{-1}\boldsymbol{X}^{\mathrm{T}}\boldsymbol{Y} \tag{3.29}$$

如果解释变量之间具有完全多重共线性，由矩阵知识可知 $|\boldsymbol{X}^{\mathrm{T}}\boldsymbol{X}|=0$，$\boldsymbol{X}^{\mathrm{T}}\boldsymbol{X}$ 不可逆，此时正规方程组无唯一解。

由式(3.29)，可得其估计系数的方差-协方差矩阵为

$$Var(\hat{\boldsymbol{\beta}})=\sigma^2(\boldsymbol{X}^{\mathrm{T}}\boldsymbol{X})^{-1} \tag{3.30}$$

式(3.30)中主对角线上的元素即为估计系数 β_j 的方差，其正的平方根即为其标准误。

在满足经典假定的条件下，可知最小二乘估计量式(3.29)为参数 β 的最佳线性无偏估计量，样本回归方程式(3.24)的偏斜率系数估计的方差为

$$Var(\hat{\beta}_j)=\frac{\hat{\sigma}^2}{\sum_{i=1}^{n}(x_{ji}-\bar{x}_j)^2(1-R_j^2)} \tag{3.31}$$

其中

$$\hat{\sigma}^2=\sum e_i^2/(n-k) \tag{3.32}$$

为 σ^2 的无偏估计量,R_j^2 为将 x_j 作被解释变量对其他解释变量回归(含截距项)时得到的判定系数,其正的平方根即为其估计的标准误,即

$$Se(\hat{\beta}_j)=\frac{\hat{\sigma}}{\sqrt{\sum_{i=1}^{n}(x_{ji}-\bar{x}_j)^2(1-R_j^2)}} \tag{3.33}$$

(二)判定系数 R^2 与调整的判定系数 $\bar{R}^2$

与一元线性回归模型中的判定系数 R^2 一样,在多元线性回归模型中,判定系数 R^2 同样度量了回归方程的拟合优度,解释了在被解释变量的总变差中由回归模型解释的百分比。判定系数 R^2 仍然是回归平方和 ESS 与总平方和 TSS 的比值。

但是判定系数 R^2 的一个特点是:R^2 是回归模型中解释变量个数的非减函数,也就是说其通常会随着解释变量个数的增加而增加。因为随着解释变量个数的增加,误差平方和 RSS 会减小,而总平方和 TSS 不变,因此判定系数 R^2 会增加。此时,判定系数 R^2 就不能用于比较两个解释变量个数不一样的回归方程,而且解释变量个数越多并不表明回归模型的效果越好,有些解释变量对被解释变量的影响很小,此时便不用将其引入回归模型。

为了消除解释变量个数对判定系数 R^2 影响,引入了调整的判定系数 $\bar{R}^2$,其数学表达式为

$$\bar{R}^2=1-(1-R^2)\frac{n-1}{n-k} \tag{3.34}$$

当 $k>1$ 时,$\bar{R}^2<R^2$,这说明调整的判定系数 $\bar{R}^2$ 随解释变量个数增加的程度要小于 R^2,并且 $\bar{R}^2$ 的值有可能为负,当然其为负时是不合理的,可令其为 0。

在回归分析中,我们有时想要对总体回归系数进行可靠的估计并进行统计推断,而不是单纯为了得到一个高的 $\bar{R}^2$。若模型的某些回归系数不显著,但是却有较高的 $\bar{R}^2$,这样的回归模型是没有实际价值的。在相同条件下,模型有较高的 $\bar{R}^2$ 当然很好,但是如果一个模型的 $\bar{R}^2$ 偏低,也不能说这个模型就不好。

(三)模型的检验

1. 回归系数显著性检验——t 检验

回归分析的一个重要步骤是对总体回归模型的每个参数进行假设检验。虽然当总体信息未知时,β_j 是未知的,但是我们可对 β_j 进行假设,然后通过统计推断的方法检验我们的假设是否正确。

在 u_i 服从正态分布的经典假定下,对多元线性回归模型的参数进行检验,其检验原理及方法与一元线性回归模型相同。

设定原假设为

$H_0:\beta_j=0$

用 t 统计量对 β_j 进行检验

$$t_{\hat{\beta}_j}=\frac{\hat{\beta}_j}{Se(\hat{\beta}_j)}\sim t(n-k) \tag{3.35}$$

当 t 统计量的绝对值大于显著性水平下的 t 值时，拒绝原假设；否则不拒绝原假设。或者，当与 t 统计量相应的 P 值小于给定显著性水平时，则拒绝原假设。

2. 回归模型整体显著性检验——F 检验

除了对回归模型的回归系数进行显著性检验，通常还需要对回归模型整体进行显著性检验，即对回归模型的线性关系进行检验。检验步骤如下：

（1）设定假设

原假设 $H_0:\beta_2=\beta_3=\cdots=\beta_k=0$

备择假设 $H_1:\beta_j$ 不全为 $0,j=2,3,\cdots,k$

（2）计算 F 统计量

$$\begin{aligned}F&=\frac{\text{回归平方和}/(\text{参数个数}-1)}{\text{残差平方和}/(\text{样本容量}-\text{参数个数})}\\&=\frac{ESS/(k-1)}{RSS/(n-k)}\\&=\frac{R^2/(k-1)}{(1-R^2)/(n-k)}\sim F(k-1,n-k)\end{aligned} \tag{3.36}$$

给定显著性水平 α，根据 F 分布表，查得其临界值 $F_\alpha(k-1,n-k)$。

当 $F>F_\alpha(k-1,n-k)$ 时，拒绝原假设，接受备择假设，认为被解释变量与解释变量整体上有线性关系；当 $F\leqslant F_\alpha(k-1,n-k)$ 时，则不拒绝原假设。也可根据 P 值进行决策，即当 P 值 $<\alpha$ 时，拒绝原假设，反之，则不拒绝原假设。

（四）模型的设定偏误

在上述描述中，我们总是假定模型设定是正确的，正确设定的模型往往具有以下特点：

（1）模型中只包含重要变量，即所选择的模型是最简便的，我们应在设定模型时只引入抓住事物本质的关键变量。

（2）对于给定的数据，模型估计的参数具有唯一值，并且模型具有较高的拟合优度。

（3）回归模型估计的回归系数与理论一致。

（4）通过模型的各种统计及计量检验。

对于回归模型好坏的判定并没有一个统一的标准，多元线性回归模型的设定偏误主要包括以下三种：

（1）模型中包含无关的解释变量，也就是模型包含了不必要的解释变量，导致过度设定，由于解释变量之间通常具有相关性，会导致最小二乘估计量的方差变大，估计精度降低。

（2）模型中遗漏了重要的解释变量。若遗漏的变量与已经引入的变量 X_j 相关，则截距系数和回归系数 β_j 不具有一致性；若无关，则截距系数有偏误，回归系数 β_j 无偏误。此时，σ^2 也不能被正确地估计。

（3）模型函数形式设定偏误。函数形式不一定为线性，可能为对数模型、半对数模型、指数模型等。模型的函数形式有多种，我们只能通过不断尝试找到最合适的函数形式。

二、多元线性回归模型案例的 EViews 操作

【案例 3-2】 研究影响城镇居民人均消费支出变化的因素

影响城镇居民人均消费支出(Y)变化的因素不只有人均可支配收入(X_1),为了更好地探究影响城镇居民人均消费支出变化的因素,这里引入恩格尔系数(X_2)。设回归模型为

$$Y_t=\beta_0+\beta_1 X_{1t}+\beta_2 X_{2t}+u_i \quad t=1991,1992,\cdots,2020$$

仍以案例 3-2 为例,在 EViews 操作案例 3-1 的基础上,继续进行以下操作。

(一)添加变量

依次点击 Workfile 窗口中的"Object→New Object...",见图 3-28。

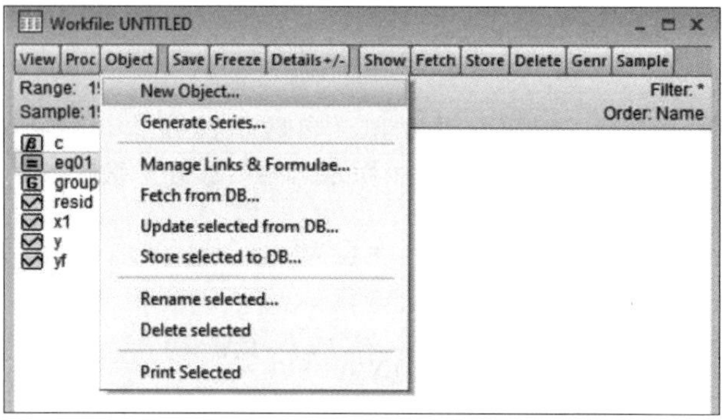

图 3-28 添加变量菜单栏

由于本例是时间序列数据,因此在弹框的 Type of object 中选择 Series,在 Name for object 中自定义变量名为 x_2,点击 OK,见图 3-29。用相同的方式可以添加其他新变量。

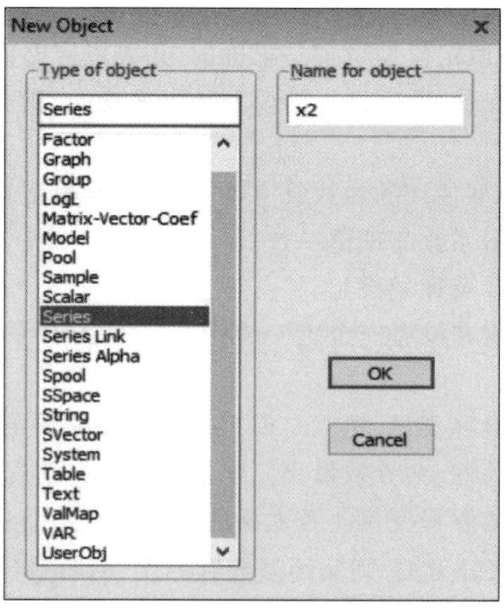

图 3-29 变量类型选择

此时 Workfile 窗口中出现变量 x_2,见图 3-30,双击变量即可输入数据。

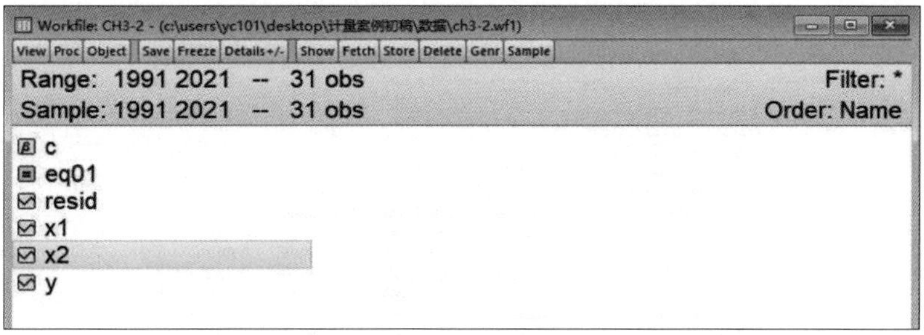

图 3-30　添加变量后的 Workfile(工作文件)窗口

或者在命令框中输入"data y x1 x2"后回车,在新的 group 中输入数据,如图 3-31 所示。

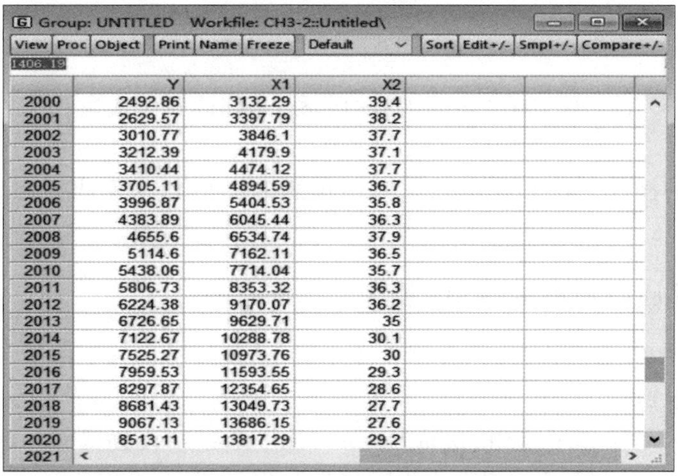

	Y	X1	X2
2000	2492.86	3132.29	39.4
2001	2629.57	3397.79	38.2
2002	3010.77	3846.1	37.7
2003	3212.39	4179.9	37.1
2004	3410.44	4474.12	37.7
2005	3705.11	4894.59	36.7
2006	3996.87	5404.53	35.8
2007	4383.89	6045.44	36.3
2008	4655.6	6534.74	37.9
2009	5114.6	7162.11	36.5
2010	5438.06	7714.04	35.7
2011	5806.73	8353.32	36.3
2012	6224.38	9170.07	36.2
2013	6726.65	9629.71	35
2014	7122.67	10288.78	30.1
2015	7525.27	10973.76	30
2016	7959.53	11593.55	29.3
2017	8297.87	12354.65	28.6
2018	8681.43	13049.73	27.7
2019	9067.13	13686.15	27.6
2020	8513.11	13817.29	29.2
2021			

图 3-31　在 Group(组)中输入数据

(二)估计参数

在 EViews 中,多元线性回归模型估计参数的方法与一元线性回归模型相同:

方法一:在命令框中输入"ls y c x1 x2"后回车。

方法二:在菜单栏中点击"Quick→Estimate Equation",弹出对话框,在 Method 中选择 LS-Least Squares(NLS and ARMA),在方程定义框中输入"y c x1 x2",Sample 为"1991　2020",点击确定,得到估计结果见图 3-32。

由图 3-32,可得本案例参数估计结果为

$$\hat{Y}=1\ 607.696+0.589\ 3X_1-22.111\ 5X_2$$
$$Se=(359.725\ 6)\quad(0.014\ 0)\quad(7.185\ 5)$$
$$t=(4.469\ 2)\quad(42.025\ 5)\quad(-3.077\ 2)$$
$$R^2=0.997\ 2\quad F=4\ 753.447$$

因 F 统计量对应的 P 值 $=0.000\ 0<0.01$,故拒绝原假设 $H_0:\beta_1=\beta_2=0$,即在 0.01 的显著性水平下,回归方程整体显著。变量 X_1、X_2 对应的估计系数 t 统计量的 P 值分别为 0.000 0、0.004 8,均小于 0.01,故参数 β_1 和 β_2 在 0.01 下显著,且 $R^2=0.997\ 2$,模型拟合得很好。

保存参数估计结果:点击 EViews 工作文件窗口 X(在主页面右上角)→弹框中点击 Name→若

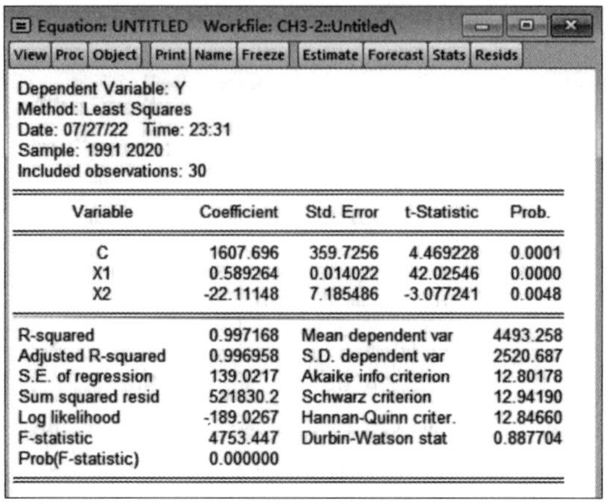

Variable	Coefficient	Std. Error	t-Statistic	Prob.
C	1607.696	359.7256	4.469228	0.0001
X1	0.589264	0.014022	42.02546	0.0000
X2	-22.11148	7.185486	-3.077241	0.0048

R-squared	0.997168	Mean dependent var	4493.258
Adjusted R-squared	0.996958	S.D. dependent var	2520.687
S.E. of regression	139.0217	Akaike info criterion	12.80178
Sum squared resid	521830.2	Schwarz criterion	12.94190
Log likelihood	-189.0267	Hannan-Quinn criter.	12.84660
F-statistic	4753.447	Durbin-Watson stat	0.887704
Prob(F-statistic)	0.000000		

图 3-32 参数估计结果

修改名称则在 Name to identify object 中输入新的名称,不修改则默认为 eq02→最后再点击 OK。

(三) 预测

进行回归预测的操作方法和显示回归模型预测的图形与一元线性回归类似,此处就不再赘述。

三、多元线性回归模型的 Stata 操作

仍以案例 3-2 为例,在 Stata 操作案例 3-1 基础上,继续进行以下操作。

(一) 添加变量

与一元线性回归步骤一样,点击 Data Editor(Edit)图标进入数据编辑器,添加新的变量,并且在右侧选中变量后,在右下角编辑框中更改变量名称,如图 3-33 所示。

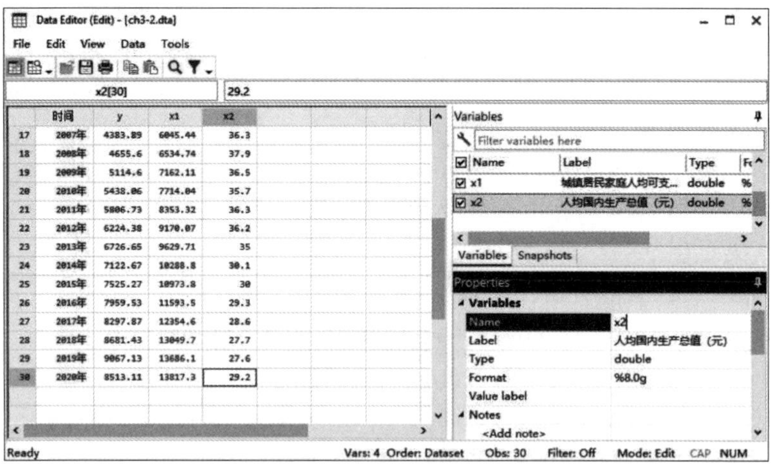

	时间	y	x1	x2
17	2007年	4383.89	6045.44	36.3
18	2008年	4655.6	6534.74	37.9
19	2009年	5114.6	7162.11	36.5
20	2010年	5438.06	7714.04	35.7
21	2011年	5806.73	8353.32	36.3
22	2012年	6224.38	9170.07	36.2
23	2013年	6726.65	9629.71	35
24	2014年	7122.67	10288.8	30.1
25	2015年	7525.27	10973.8	30
26	2016年	7959.53	11593.5	29.3
27	2017年	8297.87	12354.6	28.6
28	2018年	8681.43	13049.7	27.7
29	2019年	9067.13	13686.1	27.6
30	2020年	8513.11	13817.3	29.2

图 3-33 添加新变量及数据编辑窗口

(二) 参数估计

在 Command 命令框中输入 reg y x1 x2 后回车,则出现参数估计结果,如图 3-34 所示,图 3-34 中各部分含义与图 3-22 一元线性回归模型参数估计结果含义相同,此处略过。

```
. reg y x1 x2

      Source |       SS           df       MS      Number of obs   =        30
-------------+----------------------------------   F(2, 27)        =   4753.47
       Model |  183740087          2  91870043.3   Prob > F        =    0.0000
    Residual |  521827.394        27  19326.9405   R-squared       =    0.9972
-------------+----------------------------------   Adj R-squared   =    0.9970
       Total |  184261914         29  6353859.11   Root MSE        =    139.02

------------------------------------------------------------------------------
           y |      Coef.   Std. Err.      t    P>|t|     [95% Conf. Interval]
-------------+----------------------------------------------------------------
          x1 |   .5892635   .0140216    42.03   0.000     .5604936    .6180334
          x2 |  -22.11175   7.185468    -3.08   0.005    -36.85511   -7.368386
       _cons |    1607.71   359.7247     4.47   0.000     869.6155    2345.804
------------------------------------------------------------------------------
```

图 3-34　多元线性回归模型参数估计结果

根据图 3-34 可知，估计的二元线性回归方程为 $y=1\ 607.71+0.589\ 263\ 5x_1-22.111\ 75x_2$。

（三）预测

在多元线性回归模型中，计算样本内被解释变量拟合值的命令与一元线性回归模型相同，此处不再赘述。如给定 2021 年 $x_1=14\ 060$，$x_2=28$ 进行样本外预测，输入命令 adjust x1 = 14 060x2 = 28，则输出 2021 年 y 的点预测结果，如图 3-35 所示。

```
. adjust x1=14060 x2=28

-------------------------------------------------------------------
     Dependent variable: y     Command: regress
Covariates set to value: x1 = 14060, x2 = 28
-------------------------------------------------------------------

----------------------
      All |         xb
----------+-----------
          |    9273.63
----------------------
     Key:  xb  =  Linear Prediction
```

图 3-35　多元回归模型样本外点预测结果

根据图 3-35 可知，2021 年的 y 的点预测结果为 9 273.63。

输入命令 adjust x1 = 14 060 x2 = 28，stdf ci，输出 y 的点预测以及默认置信度为 95%的被解释变量个值的预测区间结果，如图 3-36 所示，均值预测区间与一元线性回归模型相同，此处省略。

```
. adjust x1=14060 x2=28 ,stdf ci

-------------------------------------------------------------------
     Dependent variable: y     Command: regress
Covariates set to value: x1 = 14060, x2 = 28
-------------------------------------------------------------------

----------------------------------------------------------
      All |         xb        stdf          lb          ub
----------+-----------------------------------------------
          |    9273.63   (151.102)    [8963.59    9583.66]
----------------------------------------------------------
     Key:  xb         =  Linear Prediction
           stdf       =  Standard Error (forecast)
           [lb , ub]  =  [95% Prediction Interval]
```

图 3-36　多元线性回归模型因变量个值的 95%的预测区间结果

根据图 3-36 可知,[8 963.59,9 583.66]即为因变量个值的 95%的置信区间。

通过调整 level(置信度)括号中的置信度,可得到不同置信度下的预测区间结果,图 3-37 为多元线性回归模型因变量个值的置信度为 90%的预测区间结果。

```
. adjust x1=14060 x2=28 ,stdf ci level(90)

------------------------------------------------------------------------
     Dependent variable: y     Command: regress
 Covariates set to value: x1 = 14060, x2 = 28
------------------------------------------------------------------------

----------------------------------------------------------------
      All |         xb        stdf          lb            ub
----------+-----------------------------------------------------
          |    9273.63   (151.102)    [9016.25          9531]
----------------------------------------------------------------
     Key:  xb          =  Linear Prediction
           stdf        =  Standard Error (forecast)
           [lb , ub]   =  [90% Prediction Interval]
```

图 3-37 多元线性回归模型因变量个值的 90%的预测区间结果

根据图 3-37 可知,[9 016.25,9 531]即为因变量个值的 90%的置信区间。

第三节 多重共线性原理、案例与软件操作

一、多重共线性的概念

对于多元线性回归模型

$$Y_i=\beta_1+\beta_2 X_{2i}+\beta_3 X_{3i}+\cdots+\beta_k X_{ki}+u_i \quad (i=1,2,\cdots,n) \tag{3.37}$$

如果某两个或两个以上解释变量之间出现了完全的或近似的线性关系,则称模型存在多重共线性。

多重共线性产生的原因有:① 经济变量一般具有共同的变化趋势,从而导致多重共线性;② 模型中引入了解释变量的滞后变量,而解释变量与其滞后变量往往呈现高度相关性,这就导致了多重共线性;③ 由于完全符合理论模型所要求的样本数据较难收集,特定样本可能存在某种程度的多重共线性;④ 利用截面数据建立模型时,由于解释变量之间随研究对象规模大小同向变化,也可能出现多重共线性。

二、多重共线性的后果

如果解释变量之间具有完全多重共线性,利用最小二乘法估计参数的后果为:① 最小二乘法失效,参数最小二乘估计量不存在;② 参数估计量的方差无限大。

解释变量之间的近似多重共线性在多元线性回归模型中比较普遍,只是共线性程度不同,当共线性很严重时,会对回归模型的估计产生严重的影响,主要后果有:① 参数估计量的方差变大;② 参数估计量的标准误差变大,总体参数的置信区间也随之变大;③ 当存在严重多重共线性时,参数的假设检验容易做出错误的判断,有时可能产生在回归方程高度显著的情况下,某些回归系数通不过显著性检验的情形。

三、多元共线性的检验方法

（一）自变量之间的简单相关系数

分析变量之间的两两相关性，如果自变量间的简单相关系数值很大，则认为可能存在多重共线性，但无确定的标准判断相关系数的大小与共线性的关系。有时，相关系数值不大，也不能排除解释变量之间存在的多重共线性。

（二）方差膨胀因子

方差膨胀因子（VIF）定义为

$$\mathrm{VIF}_i = 1/(1-R_i^2) \tag{3.38}$$

其中 R_i^2 为自变量 X_i 对方程中其余自变量进行回归时的判定系数。方差膨胀因子（VIF）是指回归系数的估计量由于自变量的共线性使其方差增加的一个相对度量。当 VIF 很大时，表明自变量间存在多重共线性。根据经验，一般当 $\mathrm{VIF}_i \geqslant 10$ 时，说明自变量 X_i 与其余自变量之间存在严重的多重共线性，这种多重共线性可能会过度地影响最小二乘估计值。

（三）容忍值法

容忍值（TOL）实际上是 VIF 的倒数，即 $\mathrm{TOL}=1/\mathrm{VIF}$。其取值在 0 到 1 之间，TOL 越接近 1，说明自变量间的共线性就越弱。在应用时一般会先预定一个 TOL 值，容忍值小于指定值的变量不能进入方程，从而保证进入方程的变量的相关系数矩阵为非奇异阵，计算结果具有稳定性。但是，有的自变量即使通过了容忍性检验进入方程，仍可导致结果的不稳定。

（四）直观判定法

当有些解释变量的回归系数所带符号与定性分析结果违背时，可能存在多重共线性问题。

解释变量间的相关系数较大时，可能会出现多重共线性问题。

一些重要的解释变量在回归方程中没有通过显著性检验时，可初步判断存在严重的多重共线性。

当增加或剔除一个解释变量，或者改变一个观测值时，回归系数的估计值发生较大变化，就认为回归方程可能存在严重的多重共线性。

采用时间序列数据做样本，以简单线性形式建立的计量经济模型，往往存在多重共线性。

（五）条件数与特征根分析法

1. 特征根分析

当 $\boldsymbol{X}$ 的列向量间存在严重的多重共线性时，根据矩阵行列式的性质可知，行列式 $|\boldsymbol{X}^{\mathrm{T}}\boldsymbol{X}| \approx 0$。而矩阵的行列式等于其特征根的连乘积，因而当 $|\boldsymbol{X}^{\mathrm{T}}\boldsymbol{X}| \approx 0$ 时，矩阵 $\boldsymbol{X}^{\mathrm{T}}\boldsymbol{X}$ 至少有一个近似为零的特征根。反之可以证明，当矩阵 $\boldsymbol{X}^{\mathrm{T}}\boldsymbol{X}$ 至少有一个特征根近似为零时，$\boldsymbol{X}$ 的列向量间可能存在严重的多重共线性。

2. 条件数

特征根分析表明，当 $\boldsymbol{X}^{\mathrm{T}}\boldsymbol{X}$ 有一个特征根近似为零时，设计矩阵 $\boldsymbol{X}$ 的列向量可能存在多重共线性，并且 $\boldsymbol{X}^{\mathrm{T}}\boldsymbol{X}$ 有多少个特征根接近于零，$\boldsymbol{X}$ 就可能有多少个多重共线性关系，下面介绍如何判断特征根是否近似为零。记 $\boldsymbol{X}^{\mathrm{T}}\boldsymbol{X}$ 的最大特征根为 λ_m，称

$$K_i=\sqrt{\frac{\lambda_m}{\lambda_i}}\qquad (i=1,2,\cdots,n)\tag{3.39}$$

为特征根 λ_i 的条件数(Condition Index)。

条件数度量了矩阵 $\boldsymbol{X}^{\mathrm{T}}\boldsymbol{X}$ 的特征根散布程度,可以用它来判断多重共线性的严重程度。通常认为当 $0<k<10$ 时,设计矩阵 $\boldsymbol{X}$ 没有严重的多重共线性;当 $10\leqslant k<100$ 时,认为 $\boldsymbol{X}$ 存在较强的多重共线性;当 $k\geqslant 100$ 时,则认为存在严重的多重共线性。

四、多重共线性处理方法

在多元线性回归模型中,多重共线性是比较普遍的,通常情况下,如果多重共线性不严重,不需要做特别的处理。如存在严重的多重共线性问题,则可以考虑使用以下几种方法处理。

(一)剔除共线性的变量

先做相关分析,如果发现某两个自变量(解释变量)之间的相关系数值大于 0.7,则可以考虑移除其中一个自变量以减少多重共线性,然后再做回归分析。此方法是最直接的方法,但有的时候我们不希望把某个自变量从模型中剔除,这样就要考虑使用其他方法。

(二)逐步回归法

让系统自动进行自变量的选择剔除,使用逐步回归将具有多重共线性的自变量自动剔除出去,此种解决办法的问题是,可能算法会剔除掉我们不想剔除的自变量,如果有此类情况产生,此时最好使用岭回归进行分析。

(三)增加样本容量

增加样本容量是解决多重共线性问题的一种方法,但在实际操作中可能并不太适合,原因是样本的收集需要经费和时间。

(四)使用有偏估计

处理多重共线性对回归模型的影响是近 40 年来统计学家们关注的热点课题之一,除以上方法被人们应用外,统计学家还致力于改进古典的最小二乘法,提出以有偏估计为代价来提高计量稳定性的方法,如岭回归法、主成分法、偏最小二乘法等。

五、软件操作案例

【案例 3-3】 多重共线性检验及修正

本案例将我国城镇居民实际人均消费支出(y)作为被解释变量,解释变量为城镇居民家庭实际人均可支配收入(x_1)、城镇居民家庭恩格尔系数(x_2)、人均国内生产总值(x_3),数据见表 3-1。

表 3-1 1991—2020 年我国城镇居民实际人均消费支出相关数据

年份	城镇居民实际人均消费支出(元)	城镇居民家庭实际人均可支配收入(元)	城镇居民家庭恩格尔系数(%)	人均国内生产总值(元)
1991	1 406.19	1 645.07	53.8	1 912
1992	1 519.76	1 842.43	53	2 334
1993	1 672.87	2 042.16	50.3	3 027

续表

年份	城镇居民实际人均消费支出（元）	城镇居民家庭实际人均可支配收入（元）	城镇居民家庭恩格尔系数（%）	人均国内生产总值（元）
1994	1 820.54	2 232.41	50.0	4 081
1995	1 929.32	2 335.57	50.1	5 091
1996	1 973.30	2 436.54	48.8	5 898
1997	2 050.33	2 527.40	46.6	6 481
1998	2 138.95	2 678.63	44.7	6 860
1999	2 311.54	2 931.49	42.1	7 229
2000	2 492.86	3 132.29	39.4	7 942
2001	2 629.57	3 397.79	38.2	8 717
2002	3 010.77	3 846.10	37.7	9 506
2003	3 212.39	4 179.90	37.1	10 666
2004	3 410.44	4 474.12	37.7	12 487
2005	3 705.11	4 894.59	36.7	14 368
2006	3 996.87	5 404.53	35.8	16 738
2007	4 383.89	6 045.44	36.3	20 494
2008	4 655.60	6 534.74	37.9	24 100
2009	5 114.60	7 162.11	36.5	26 180
2010	5 438.06	7 714.04	35.7	30 808
2011	5 806.73	8 353.32	36.3	36 302
2012	6 224.38	9 170.07	36.2	39 874
2013	6 726.65	9 629.71	35.0	43 684
2014	7 122.67	10 288.78	30.1	47 173
2015	7 525.27	10 973.76	30.0	50 237
2016	7 959.53	11 593.55	29.3	54 139
2017	8 297.87	12 354.65	28.6	60 014
2018	8 681.43	13 049.73	27.7	66 006
2019	9 067.13	13 686.15	27.6	70 581
2020	8 513.11	13 817.29	29.2	72 447

数据来源：国家统计局网站。

根据表 3-1 数据，接下来介绍对数据进行多重共线性的检验与修正的操作。

（一）EViews 操作

（1）创建工作文件。可以通过点击“File→New→Workfile”，进入界面之后，在 Start date 后输入“1991”，在 End date 后输入“2020”，如图 3-38。

（2）输入数据。通过在 Command 下输入指令“data y x1 x2 x3”后回车，将表上的数据复制粘贴到图 3-39 所示界面，然后点击 Group 对象菜单栏的 Name，将以上结果保存在默认命名为

group01 的组对象中，如图 3-40 所示。

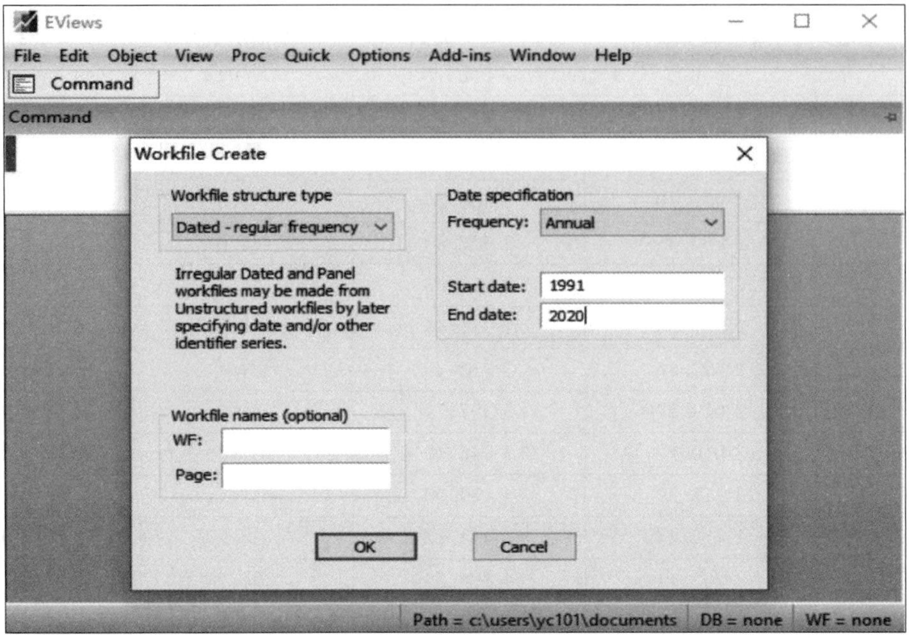

图 3-38 创建工作文件

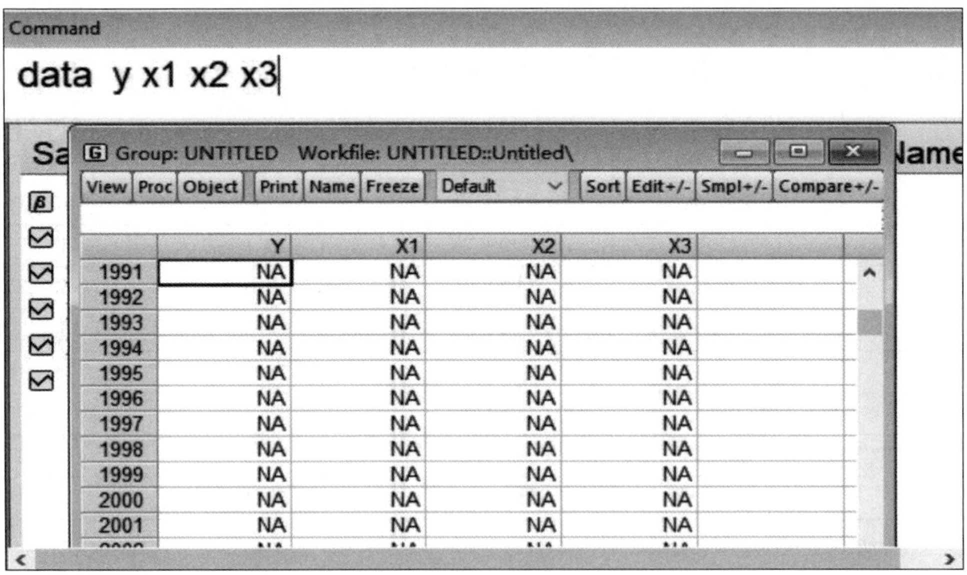

图 3-39 输入数据界面

（3）估计多元线性回归模型。以 y 作为被解释变量，x_1、x_2、x_3 为解释变量进行多元线性回归，并分析回归结果。首先在命令窗口输入命令“ls y c x1 x2 x3”后回车，得到如图 3-41 所示的回归结果。观察结果我们可以发现，F 统计量的 P 值是 0.000 0，说明 F 检验通过，回归模型整体在 1%下显著，并且 R^2 是 0.998 1，说明模型的拟合效果不错。但是从 t 检验看，x_2 的系数对应的

t 统计量的 p 值为 0.711 6，远大于 0.05，没有通过显著性检验，且解释变量 x_3 的系数是负的，与理论不符，说明模型中可能存在多重共线性，接下来进行多重共线性检验。

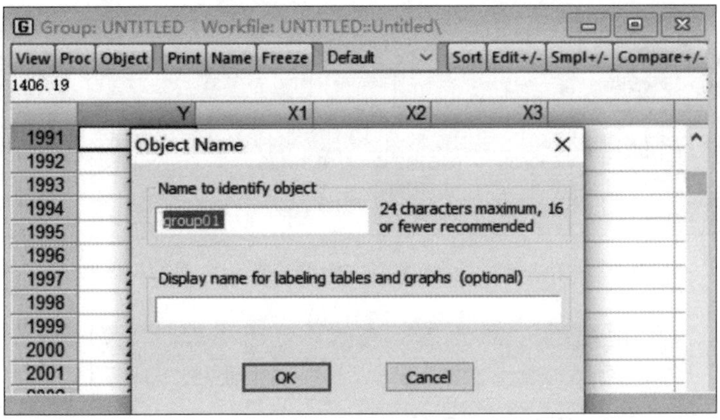

图 3-40　将组对象命名为 Group01

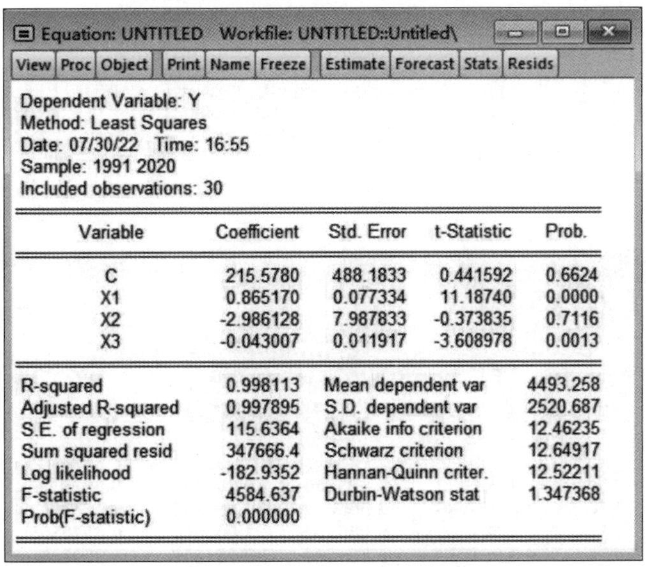

Equation: UNTITLED Workfile: UNTITLED::Untitled\

Dependent Variable: Y
Method: Least Squares
Date: 07/30/22 Time: 16:55
Sample: 1991 2020
Included observations: 30

Variable	Coefficient	Std. Error	t-Statistic	Prob.
C	215.5780	488.1833	0.441592	0.6624
X1	0.865170	0.077334	11.18740	0.0000
X2	-2.986128	7.987833	-0.373835	0.7116
X3	-0.043007	0.011917	-3.608978	0.0013

R-squared	0.998113	Mean dependent var	4493.258
Adjusted R-squared	0.997895	S.D. dependent var	2520.687
S.E. of regression	115.6364	Akaike info criterion	12.46235
Sum squared resid	347666.4	Schwarz criterion	12.64917
Log likelihood	-182.9352	Hannan-Quinn criter.	12.52211
F-statistic	4584.637	Durbin-Watson stat	1.347368
Prob(F-statistic)	0.000000		

图 3-41　y 与 x_1、x_2、x_3 的线性回归结果

（4）简单相关系数检验法。利用简单相关系数可以分析解释变量之间的两两相关情况。在 Command 指令中输入“cor x1 x2 x3”后回车，结果见图 3-42。从相关系数中可以看出，最大的相关系数为 0.994 4，这说明变量中可能存在多重共线性问题。

（5）方差膨胀因子检验法。在 Equation 回归结果中单击“View→Coefficient Diagnostics→Variance Inflation Factors”，检验结果见图 3-43，图 3-43 中 Centered VIF 即为方差膨胀因子（VIF）。可知 x_1 和 x_3 的方差膨胀因子均远大于 10，有较严重的多重共线性。

（6）利用逐步回归法进行修正。

① 建立一元线性回归模型。先计算被解释变量与各个解释变量之间的相关系数，在 Command 中输入“cor y x1 x2 x3”后回车，结果如图 3-44。

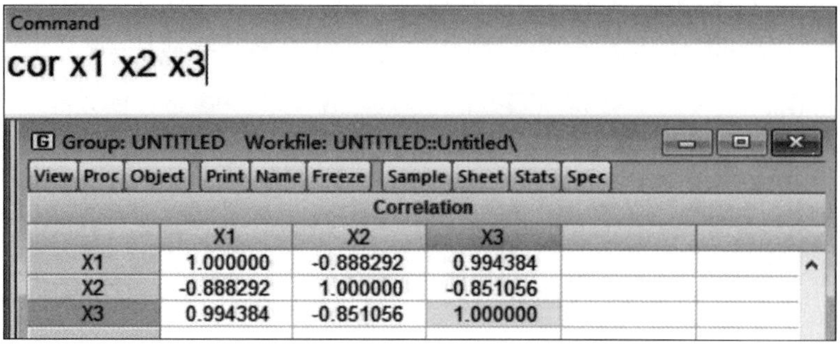

	X1	X2	X3
X1	1.000000	-0.888292	0.994384
X2	-0.888292	1.000000	-0.851056
X3	0.994384	-0.851056	1.000000

图 3-42 变量两两之间的简单相关系数

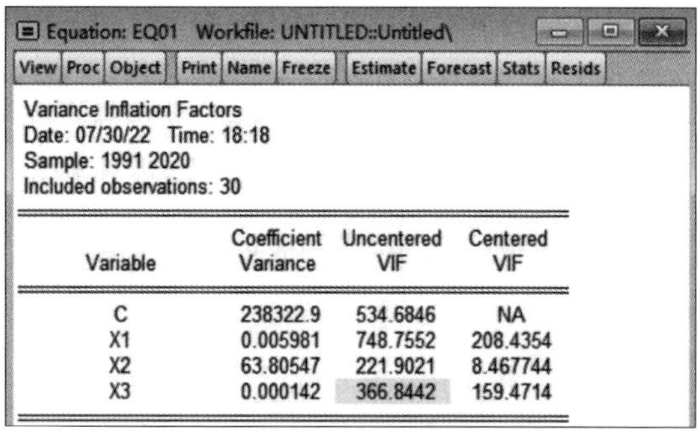

Variable	Coefficient Variance	Uncentered VIF	Centered VIF
C	238322.9	534.6846	NA
X1	0.005981	748.7552	208.4354
X2	63.80547	221.9021	8.467744
X3	0.000142	366.8442	159.4714

图 3-43 VIF 检验结果

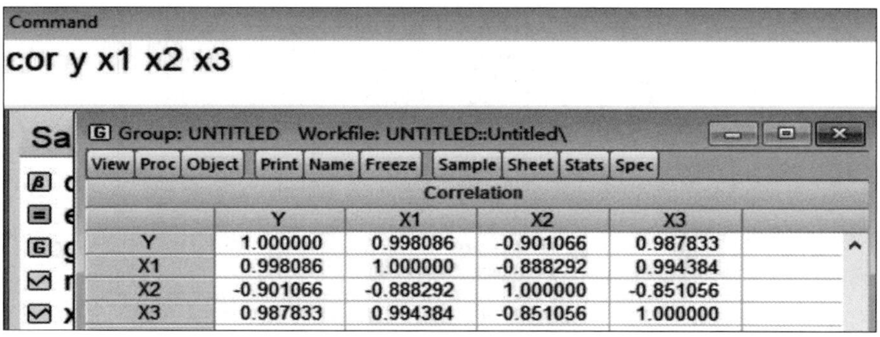

	Y	X1	X2	X3
Y	1.000000	0.998086	-0.901066	0.987833
X1	0.998086	1.000000	-0.888292	0.994384
X2	-0.901066	-0.888292	1.000000	-0.851056
X3	0.987833	0.994384	-0.851056	1.000000

图 3-44 被解释变量与各个解释变量之间的相关系数

从图 3-44 中第一列选择与被解释变量之间相关系数最大的解释变量（本例为 x_1）作一元线性回归。在 Command 中输入“ls y c x1”后回车，得到结果如图 3-45 所示。

② 接着做二元线性回归。按各解释变量与自变量相关系数由大到小依次引入解释变量，观察回归效果是否有提升，一般从是否提高调整后的 R^2 或 F 统计量、系数符号是否正确以及是否通过 t 检验等方面来判断。先引入变量 x_3，输入“ls y c x1 x3”后回车，结果见图 3-46。

从图 3-46 可以看出，该模型 R^2 比一元线性回归模型高，且系数都通过了 t 检验，但 x_3 系数符号为负，与理论不符。经 VIF 检验（结果见图 3-47），可以看出引入变量 x_3 后，该模型仍存在较严重的多重共线性，所以引入 x_3 不合理。

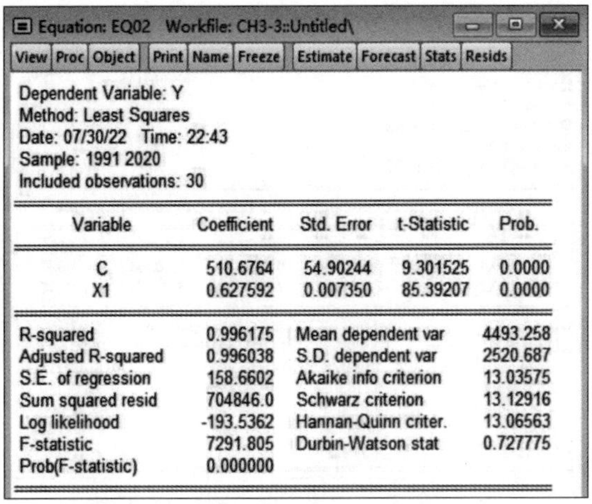

Equation: EQ02　Workfile: CH3-3::Untitled\

View | Proc | Object | Print | Name | Freeze | Estimate | Forecast | Stats | Resids

Dependent Variable: Y
Method: Least Squares
Date: 07/30/22　Time: 22:43
Sample: 1991 2020
Included observations: 30

Variable	Coefficient	Std. Error	t-Statistic	Prob.
C	510.6764	54.90244	9.301525	0.0000
X1	0.627592	0.007350	85.39207	0.0000

R-squared	0.996175	Mean dependent var	4493.258
Adjusted R-squared	0.996038	S.D. dependent var	2520.687
S.E. of regression	158.6602	Akaike info criterion	13.03575
Sum squared resid	704846.0	Schwarz criterion	13.12916
Log likelihood	-193.5362	Hannan-Quinn criter.	13.06563
F-statistic	7291.805	Durbin-Watson stat	0.727775
Prob(F-statistic)	0.000000		

图 3-45　做 y 对 x_1 的一元线性回归

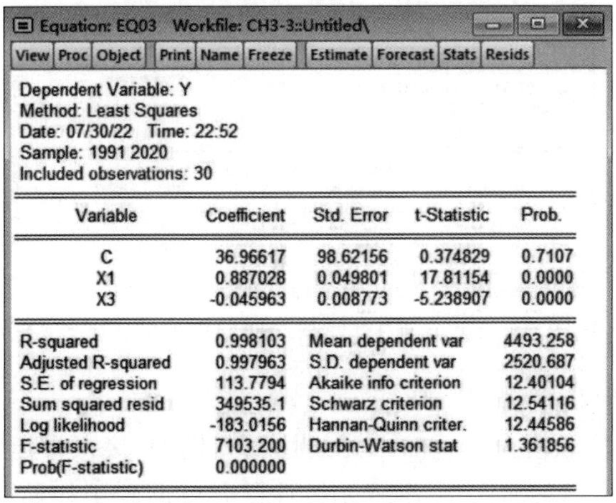

Equation: EQ03　Workfile: CH3-3::Untitled\

View | Proc | Object | Print | Name | Freeze | Estimate | Forecast | Stats | Resids

Dependent Variable: Y
Method: Least Squares
Date: 07/30/22　Time: 22:52
Sample: 1991 2020
Included observations: 30

Variable	Coefficient	Std. Error	t-Statistic	Prob.
C	36.96617	98.62156	0.374829	0.7107
X1	0.887028	0.049801	17.81154	0.0000
X3	-0.045963	0.008773	-5.238907	0.0000

R-squared	0.998103	Mean dependent var	4493.258
Adjusted R-squared	0.997963	S.D. dependent var	2520.687
S.E. of regression	113.7794	Akaike info criterion	12.40104
Sum squared resid	349535.1	Schwarz criterion	12.54116
Log likelihood	-183.0156	Hannan-Quinn criter.	12.44586
F-statistic	7103.200	Durbin-Watson stat	1.361856
Prob(F-statistic)	0.000000		

图 3-46　做 y 对 x_1、x_3 的二元线性回归

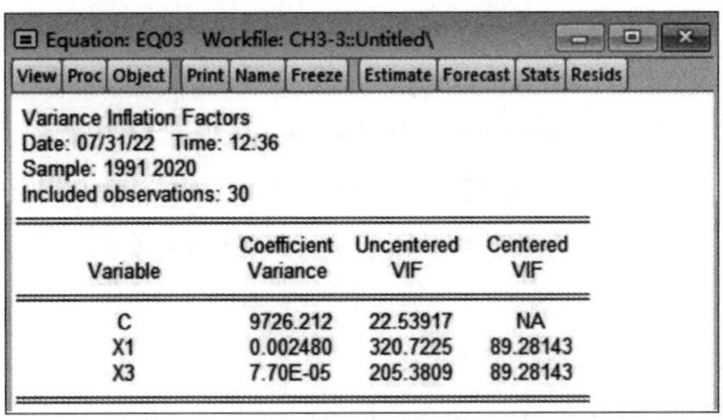

Equation: EQ03　Workfile: CH3-3::Untitled\

View | Proc | Object | Print | Name | Freeze | Estimate | Forecast | Stats | Resids

Variance Inflation Factors
Date: 07/31/22　Time: 12:36
Sample: 1991 2020
Included observations: 30

Variable	Coefficient Variance	Uncentered VIF	Centered VIF
C	9726.212	22.53917	NA
X1	0.002480	320.7225	89.28143
X3	7.70E-05	205.3809	89.28143

图 3-47　y 与 x_1、x_3 的二元线性回归模型的 VIF 检验结果

下面考虑再引入变量 x_2 作二元线性回归。输入“ls y c x1 x2”后回车，结果见图 3-48。从图 3-48可以看出，该模型相对于一元线性回归模型 R^2 有显著提升，系数符号及取值范围与经济理论相符，并且系数都通过了 t 检验。经 VIF 检验，结果见图 3-49，VIF 值均在 10 以下，无严重的多重共线性，x_2 应作为解释变量引入模型。故二元线性模型的解释变量应为 x_1、x_2。

Equation: EQ04 Workfile: CH3-3::Untitled\

View | Proc | Object | Print | Name | Freeze | Estimate | Forecast | Stats | Resids

Dependent Variable: Y
Method: Least Squares
Date: 07/30/22 Time: 22:51
Sample: 1991 2020
Included observations: 30

Variable	Coefficient	Std. Error	t-Statistic	Prob.
C	1607.696	359.7256	4.469228	0.0001
X1	0.589264	0.014022	42.02546	0.0000
X2	-22.11148	7.185486	-3.077241	0.0048

R-squared	0.997168	Mean dependent var	4493.258
Adjusted R-squared	0.996958	S.D. dependent var	2520.687
S.E. of regression	139.0217	Akaike info criterion	12.80178
Sum squared resid	521830.2	Schwarz criterion	12.94190
Log likelihood	-189.0267	Hannan-Quinn criter.	12.84660
F-statistic	4753.447	Durbin-Watson stat	0.887704
Prob(F-statistic)	0.000000		

图 3-48 y 对 x_1、x_2 作二元线性回归

Equation: EQ04 Workfile: CH3-3::Untitled\

View | Proc | Object | Print | Name | Freeze | Estimate | Forecast | Stats | Resids

Variance Inflation Factors
Date: 07/31/22 Time: 12:46
Sample: 1991 2020
Included observations: 30

Variable	Coefficient Variance	Uncentered VIF	Centered VIF
C	129402.5	200.8624	NA
X1	0.000197	17.02999	4.740739
X2	51.63122	124.2330	4.740739

图 3-49 y 与 x_1、x_2 的二元线性回归模型的 VIF 检验结果

③ 再建立三元线性回归模型

在上一步中,我们选择了较为合适的二元线性回归模型,接下来建立三元线性回归模型。由于本例解释变量只有 x_1,x_2,x_3,加入 x_3 作三元线性回归就回到了初始状态,也就是图 3-41 的回归结果,该回归具有多重共线性,x_3 不应加入模型,所以我们最终会选择 x_1、x_2 两个解释变量来进行建模。

④ 确定最终建立的模型。根据上面的分析,建立的城镇居民实际人均消费支出模型为

$$\hat{y}_i = 1\ 607.696 + 0.589\ 3x_1 - 22.111\ 5x_2$$
$$Se = (359.725\ 6) \quad (0.014\ 0) \quad (7.185\ 5)$$
$$t = (4.469\ 2) \quad (42.025\ 5) \quad (-3.077\ 2)$$
$$R^2 = 0.997\ 2 \quad F = 4\ 753.447$$

(7) 逐步回归的 EViews 菜单操作方法

在 EViews 主菜单中单击"Quick→Estimate Equation..."(如图 3-50 所示),在弹出的"Equation Estimation..."对话框中单击 Method 方框下拉箭头,在下拉菜单中选择 STEPLS(如图 3-51 所示),弹出对话框如图 3-52 所示。

图 3-52 为逐步回归最小二乘法方程定义窗口,选项卡"Specification"中的第一个方框填写被解释变量,后面填写包含在回归方程中的常数项,第二个方框填写通过逐步回归进行筛选的解释变量。单击"Options"选项卡,弹出对话框如图 3-53,在图 3-53 中定义逐步回归方法,默认方法为向

前逐步回归,停止准则默认为根据 P 值筛选,将向前(变量进入模型)P 值改为 0.05,向后(变量剔除模型)P 值改为 0.1,其他采用默认设置,点击“确定”,可得逐步回归结果如图 3-54 所示。

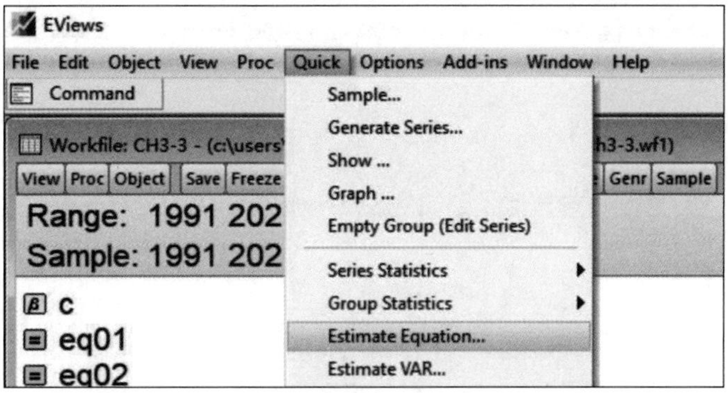

图 3-50 Quick 菜单中的 Estimate Equation...命令

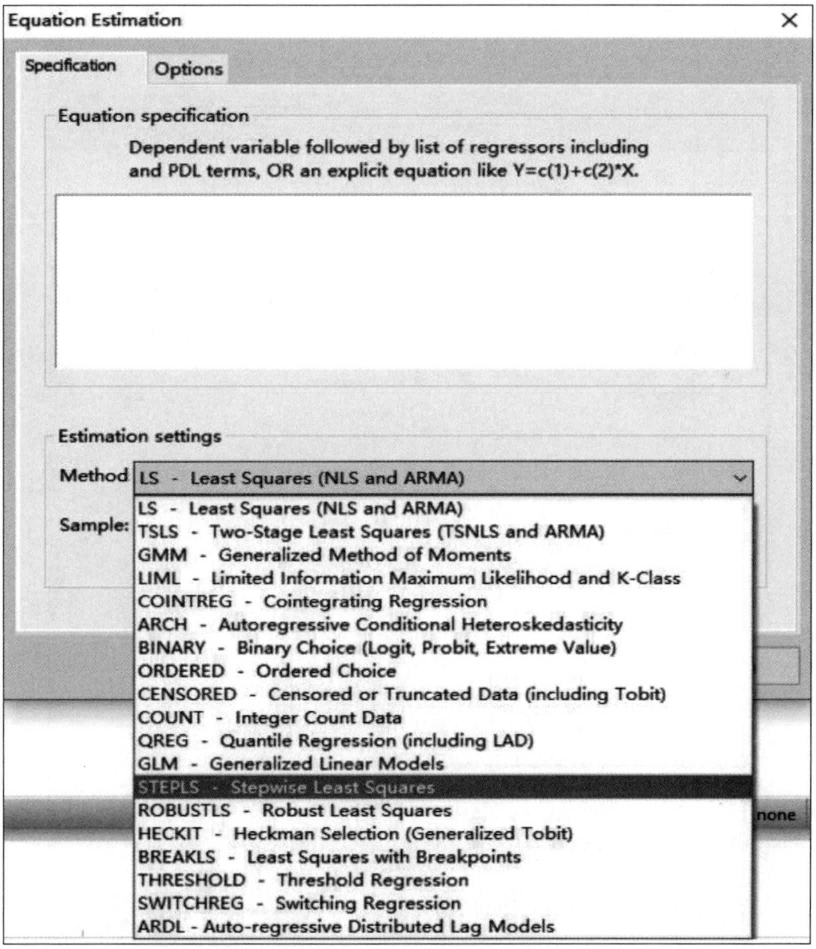

图 3-51 Method 菜单中的 STEPLS 选项

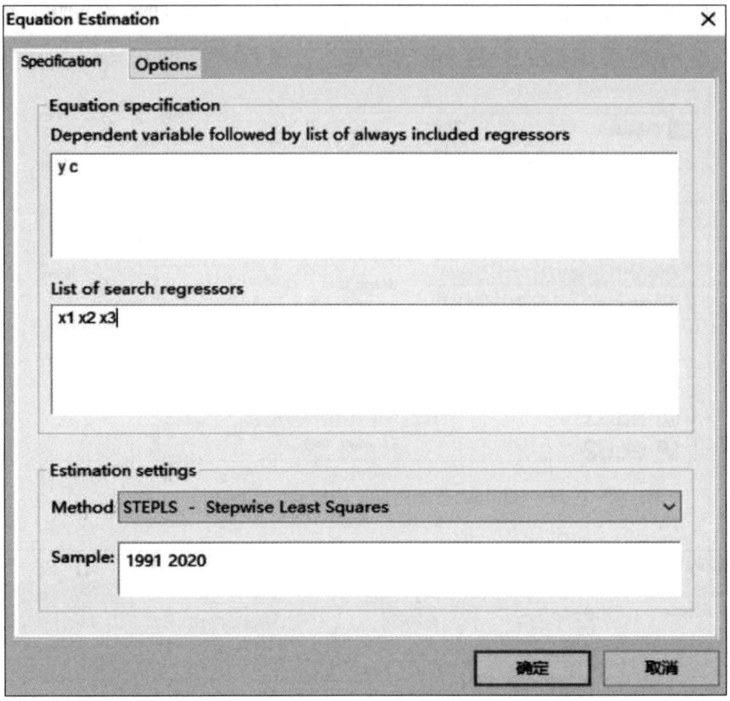

图 3-52 逐步回归最小平方法(STEPLS)估计窗口

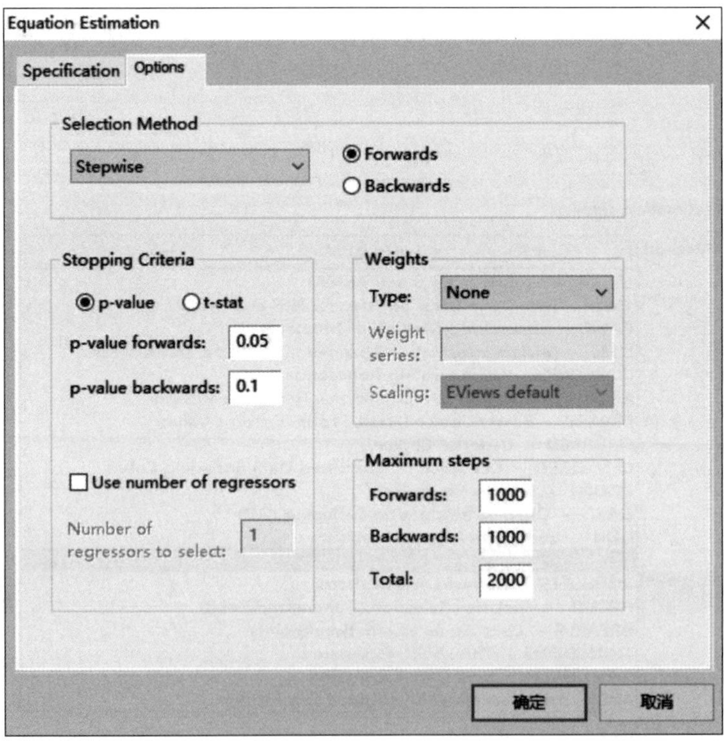

图 3-53 STEPLS 对话框中 Options 选项窗口

Equation: EQ05　Workfile: CH3-3::Untitled\

View | Proc | Object | Print | Name | Freeze | Estimate | Forecast | Stats | Resids

Dependent Variable: Y
Method: Stepwise Regression
Date: 07/31/22　Time: 23:58
Sample: 1991 2020
Included observations: 30
Number of always included regressors: 1
Number of search regressors: 3
Selection method: Stepwise forwards
Stopping criterion: p-value forwards/backwards = 0.05/0.1

Variable	Coefficient	Std. Error	t-Statistic	Prob.*
C	36.96617	98.62156	0.374829	0.7107
X1	0.887028	0.049801	17.81154	0.0000
X3	-0.045963	0.008773	-5.238907	0.0000

R-squared	0.998103	Mean dependent var	4493.258
Adjusted R-squared	0.997963	S.D. dependent var	2520.687
S.E. of regression	113.7794	Akaike info criterion	12.40104
Sum squared resid	349535.1	Schwarz criterion	12.54116
Log likelihood	-183.0156	Hannan-Quinn criter.	12.44586
F-statistic	7103.200	Durbin-Watson stat	1.361856
Prob(F-statistic)	0.000000		

Selection Summary

Added X1
Added X3

图 3-54　SETPLS 回归结果

由图 3-54 逐步回归结果可知，软件选择的解释变量为 x_1、x_3，由于 x_3 符号不符合经济理论，上述模型仍然存在多重共线性问题（见图 3-47 该模型 VIF 检验结果），这正是我们在前面做二元回归时淘汰的模型。所以这里大家要特别注意，软件中逐步回归程序仅是从统计检验角度来选择变量，至于结论是否合理，还需要我们运用经济理论和经验来判断。

（二）Stata 软件操作

我们仍然以案例 3-3 为例来介绍运用 Stata 软件处理多重共线性问题。

首先，对被解释变量和所有解释变量进行回归，通过观察回归结果进行直观判断，查看模型是否存在多重共线性。在命令窗口输入“reg y x1 x2 x3”，回车后结果如图 3-55。

```
. reg y x1 x2 x3

      Source |       SS           df       MS      Number of obs   =        30
-------------+----------------------------------   F(3, 26)        =   4584.66
       Model |   183914249         3  61304749.8   Prob > F        =    0.0000
    Residual |  347664.673        26  13371.7182   R-squared       =    0.9981
-------------+----------------------------------   Adj R-squared   =    0.9979
       Total |   184261914        29  6353859.11   Root MSE        =    115.64

------------------------------------------------------------------------------
           y |      Coef.   Std. Err.      t    P>|t|     [95% Conf. Interval]
-------------+----------------------------------------------------------------
          x1 |   .8651674   .0773339    11.19   0.000     .7062053    1.024129
          x2 |  -2.986514   7.987804    -0.37   0.712    -19.40568    13.43265
          x3 |  -.0430069   .0119166    -3.61   0.001    -.0675019   -.0185119
       _cons |   215.6006   488.1811     0.44   0.662    -787.8701    1219.071
------------------------------------------------------------------------------
```

图 3-55　y 与 x_1、x_2、x_3 的线性回归结果

图 3-55 的回归结果与图 3-41 相同，由前面分析易知，根据直观判断法，该模型可能存在严重的多重共线性，下面用相关系数及 VIF 方法进行检验。

计算变量之间的简单相关系数，命令为

```
cor x1 x2 x3
```

简单相关系数计算结果见图 3-56，变量间相关系数很高，说明模型中可能存在多重共线性。

使用 VIF 值来判断是否存在多重共线性，计算 VIF 的命令为

```
estat vif
```

各变量的 VIF 值计算结果见图 3-57，此结果与 EViews 计算结果相同（见图 3-43）。

```
. cor x1 x2 x3
(obs=30)

             |       x1       x2       x3
-------------+---------------------------
          x1 |   1.0000
          x2 |  -0.8883   1.0000
          x3 |   0.9944  -0.8511   1.0000
```

图 3-56 解释变量 x_1、x_2、x_3 之间的相关系数

```
. estat vif

    Variable |       VIF       1/VIF
-------------+----------------------
          x1 |    208.43    0.004798
          x3 |    159.47    0.006271
          x2 |      8.47    0.118095
-------------+----------------------
    Mean VIF |    125.46
```

图 3-57 解释变量 x_1、x_2、x_3 的 VIF 值

通过观察 VIF 值，可以看出模型中解释变量之间存在严重的多重共线性。一般来说，如果模型中存在多重共线性，实践中可以选择剔除不重要的共线性变量、采用逐步回归筛选解释变量等方法来克服解释变量之间的多重共线性，操作方法与 EViews 类似，此处省略。

第四节 异方差性

一、异方差概念

在简单线性回归模型和多元线性回归模型的基本假定中，有同方差假定

$$Var(\mu_i)=\sigma^2,\quad i=1,2,\cdots,n \tag{3.40}$$

如果模型中的随机误差项 μ_i 的方差不全相等，则称随机误差项具有异方差。

二、异方差产生的原因

（一）模型省略了重要的解释变量

假设正确的模型是

$$Y_t=\beta_0+\beta_1X_{1t}+\beta_2X_{2t}+\mu_t \tag{3.41}$$

假如略去了重要的解释变量 X_2，采用下面的模型

$$Y_t=\beta_0+\beta_1X_{1t}+\nu_t \tag{3.42}$$

这时就会导致 X_2 对 Y 的影响反映在 ν_t 中，而这些影响具有差异性，进而产生异方差。

（二）模型的函数形式设定偏误

很多模型的函数形式设定不正确，如将变量间的非线性关系设定为线性关系，也可能导致异

方差。

（三）截面数据样本

当利用截面数据估计模型时有可能产生异方差，如探究消费与收入的关系时，不同地区收入有差距，低收入地区家庭用于生活必需品的比例较大，消费的分散程度不大，而高收入地区家庭有更多自由支配的收入，家庭消费拥有更广泛的选择范围，消费的分散程度较大，进而出现异方差。当然，时间序列数据有时也会有异方差。

三、异方差产生的后果

（一）对参数估计统计特性的影响

如果随机误差项具有异方差，我们仍然使用 OLS 进行参数估计时，OLS 估计量仍具有一致性和无偏性，但已不再具有最小方差，即不再具有有效性。

（二）对参数显著性的影响

在存在异方差的情况下，如果仍然采用 OLS 方式估计参数，有可能低估真实方差，导致夸大 t 统计量的值，本该接受的原假设可能被错误地拒绝，从而夸大了所估计参数的显著性。

（三）对预测的影响

当存在异方差时，表明方差与解释变量的变化有关，虽然参数的估计量仍然无偏，并且对于预测也是无偏的，但是方差不能正确计算，参数估计量不是有效的，从而对 Y 的预测也将不是有效的，Y 的预测值的精度会下降。

四、异方差检测方法

（一）图示检验方法

1. 残差图分析

虽然随机误差无法预测，但样本回归的残差一定程度上反映了随机误差的某些分布特征，可通过残差的图形对异方差进行观察。

对于一元线性回归模型，绘制出 e_i^2 对 X_i 的散点图，对于多元线性回归模型，绘制出 e_i^2 对于 Y_i 的散点图或 e_i^2 与认为和异方差有关的 X 的散点图。如果 e_i^2 不随 X_i 或 Y_i 而变化，则表明不存在异方差；如果 e_i^2 随 X_i 或 Y_i 而变化，则表明存在异方差。

2. 相关图分析

方差描述的是随机变量相对于其均值的离散程度。因为被解释变量 Y 与随机误差项 μ 有相同的方差，所以分析 Y 与 X 的相关图，可以粗略地看到 Y 的离散程度与 X 之间是否有相关关系。如果随着 X 的增加，Y 的离散程度为逐渐增大（或减小）的变化趋势，则认为存在递增型（或递减型）的异方差。

（二）戈德菲尔德－夸特检验

戈德菲尔德－夸特（Goldfeld－Quanadt）检验又叫作样本分段比检验。它的基本思想是：将样本分为两部分，然后分别对两个样本进行回归，并计算两个子样的残差平方和所形成的比，以此为统计量来判断是否存在异方差。

这个检验要求使用的样本为大样本，一般样本容量不低于参数个数的两倍，另外，除了同方差假定不成立外，其他假定均满足。

检验步骤:

(1) 将观测值按某个解释变量的取值从小到大排序,并将样本从中间截成两段。

(2) 各段分别用普通最小二乘法拟合回归模型,并分别计算各段的残差平方和。假设第一段为高方差段,第二段为低方差段,并记两段的样本容量分别为 n_1 和 n_2,模型参数个数为 k,两段样本回归残差分别为 e_{1i}和 e_{2i},则两段的残差平方和为 $RSS_1=\sum_{i=1}^{n_1}e_{1i}^2$和 $RSS_2=\sum_{i=1}^{n_2}e_{2i}^2$,从而计算出各段模型的随机误差项的方差估计量为 $\sigma_1^2=\frac{RSS_1}{n_1-k}$和 $\sigma_2^2=\frac{RSS_2}{n_2-k}$。由此就可以构造出检验统计量为

$$F=\frac{\sigma_1^2}{\sigma_2^2}=\frac{RSS_1/(n_1-k)}{RSS_2/(n_2-k)} \tag{3.43}$$

(3) 上述统计量服从自由度为(n_1-k)和(n_2-k)的 F 分布,在给定的显著性水平 α 之下,若此统计量 F 的值大于临界值 $F_\alpha(n_1-k,n_2-k)$,则认为模型中随机误差项存在异方差。反之,如果其 F 值小于临界值 $F_\alpha(n_1-k,n_2-k)$,则认为模型中随机误差项不存在异方差。

(三) 怀特检验

怀特(White)检验的基本思想是:如果存在异方差,其方差 σ_i^2 与解释变量相关,则可以分析 σ_i^2 是否与解释变量有某些形式的联系以判断异方差。但是 σ_i^2 一般是未知的,可以用 OLS 法估计的残差平方 e_i^2 作为其估计值,再将残差平方对所有解释变量及其平方项和交叉乘积进行线性回归,并检验各回归系数是否全部为 0。

例如,对于有两个解释变量的回归模型

$$Y_i=\beta_0+\beta_1X_{1i}+\beta_2X_{2i}+\mu_i \tag{3.44}$$

怀特检验步骤如下:

第一步,使用普通最小二乘法估计模型,并获得残差 e_i

第二步,做如下的辅助回归

$$e_i^2=\alpha_0+\alpha_1X_{1i}+\alpha_2X_{2i}+\alpha_3X_{1i}^2+\alpha_4X_{2i}^2+\alpha_5X_{1i}X_{2i}+\nu_i \tag{3.45}$$

其中,ν_i 为随机误差项。

第三步,计算该辅助回归的判定系数 R^2。在无异方差的原假设下,可以证明,辅助回归的 R^2 乘以样本容量 n 渐近地服从自由度为辅助回归中解释变量个数 r(不包括常数项)的卡方分布。在本例中,辅助回归有 5 个解释变量,即 $r=5$。

第四步,给定显著水平 α,如果 $nR^2>\chi_\alpha^2(5)$,则拒绝原假设,表明模型中随机误差项存在异方差。反之,则无异方差,即在辅助回归中,有 $\alpha_1=\alpha_2=\alpha_3=\alpha_4=\alpha_5=0$。

(四) 戈里瑟检验

戈里瑟(Glejser)检验的基本思想是寻找残差与某个解释变量之间显著成立的关系,将残差的绝对值同时去拟合解释变量的若干种函数,若其中有显著成立的关系,则认为存在异方差。该检验的特点是不仅能对异方差性的存在作出判断,还能得到异方差随某个解释变量变化的形式。戈里瑟检验要求大样本,其缺点是函数形式不易确定,检验量太大。

五、异方差的补救

在研究计量经济问题时,往往会存在异方差,这就违背了线性回归模型的经典假定,需要对

原来的模型进行变换，使变换后的模型满足同方差的假定，再使用普通最小二乘法进行模型参数的估计，从而得到理想的回归模型。

（一）加权最小二乘法

通过加权变换使原模型中的异方差误差项转换为同方差误差项，使加权变换后的模型满足最小二乘法的假定，从而使用普通最小二乘法估计参数，这种方法称为加权最小二乘法。

考虑一元线性回归模型

$$Y_i=\beta_0+\beta_1 X_i+\mu_i \quad (i=1,2,\cdots,n) \tag{3.46}$$

$$Var(\mu_i)=\sigma_i^2 \tag{3.47}$$

1. 当 σ_i^2 已知时

如果每个观测点的误差项方差 σ_i^2 是已知的，使用 $1/\sigma_i^2$ 为权数，对模型作如下变化：

$$\frac{Y_i}{\sigma_i}=\frac{\beta_0}{\sigma_i}+\beta_1\frac{X_i}{\sigma_i}+\frac{u_i}{\sigma_i} \tag{3.48}$$

由于 $Var\left(\frac{u_i}{\sigma_i}\right)=\frac{1}{\sigma_i^2}Var(u_i)=\frac{1}{\sigma_i^2}\cdot\sigma_i^2=1$，即通过加权变化使随机误差项变成同方差了。

如果模型也满足其他假定条件，就变成满足经典假定的回归模型了，此时可利用普通最小二乘法估计参数，得到的估计量是最佳线性无偏估计量。

2. 当 σ_i^2 未知时

当 σ_i^2 未知时，一般情况下，可根据误差与解释变量或被解释变量的关系来确定变换的权数。一般先采用戈里瑟检验方法确定 e_i 与 X_i 之间的关系。如果 $|e_i|$ 与 $\sqrt{X_i}$ 之间为线性关系，则可认为

$$\sigma_i^2=E(\mu_i^2)=\sigma^2 X_i \tag{3.49}$$

这时，选择 $\frac{1}{\sqrt{X_i}}$ 为权数，即对模型(3.46)两边同时乘以 $\frac{1}{\sqrt{X_i}}$，将异方差模型变成同方差模型。即将模型变为

$$\frac{Y_i}{\sqrt{X_i}}=\frac{\beta_0}{\sqrt{X_i}}+\beta_2\sqrt{X_i}+\frac{\mu_i}{\sqrt{X_i}} \tag{3.50}$$

由于 $Var\left(\frac{u_i}{\sqrt{X_i}}\right)=\frac{1}{X_i}Var(u_i)=\frac{1}{X_i}\cdot\sigma_i^2=\sigma^2$，即通过加权后随机误差项变为同方差了，则可使用普通最小二乘法估计模型的参数，得到最佳线性无偏估计量。

（二）模型的对数变换

当 σ_i^2 未知时，还可采用对数变换，变量 Y_i 和 X_i 分别用 $\ln Y_i$ 和 $\ln X_i$ 代替，即

$$\ln Y_i=\beta_0+\beta_1\ln X_i+\mu_i \tag{3.51}$$

经对数变换后的模型通常可以降低异方差性的影响，运用对数变换能使测定变量值的尺度缩小；经过对数变换后的线性模型，以其残差表示的相对误差，往往比绝对误差有较小的差异。

六、案例分析及软件操作

【案例 3-4】 探究我国城镇居民实际人均消费支出(Y)与人均国内生产总值(X_3)之间的关系，具体数据见案例 3-3。

（一）EViews 操作

（1）创建工作文件，建立序列并输入数据。由于在前面的操作中已经介绍过，这次就不再重复。

（2）相关图形法检验变量 Y 和 X_3 的异方差。首先输入“scat X3 Y”，图形见图 3-58，查看图形可知 X_3 和 Y 之间具有很强的相关性。

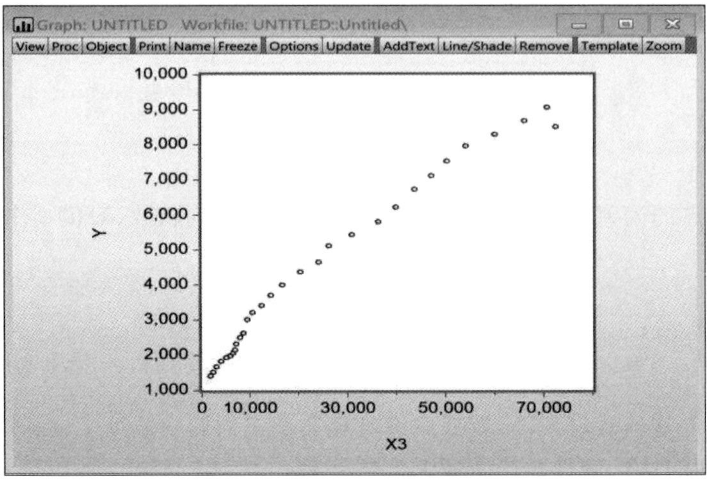

图 3-58 Y 和 X_3 的散点图

（3）将 X_3 和 Y 同时选中，单击右键，在弹出菜单中选择作为一组，然后在这个组中点击 View→Graph Options→选择散点图 Scatter→在 Options 中选择回归线 Regression Line，操作界面见图 3-59，获得的图形见图 3-60，从图中可以看到 X_3 和 Y 之间的离散程度两端比中间部分相对变化较大。

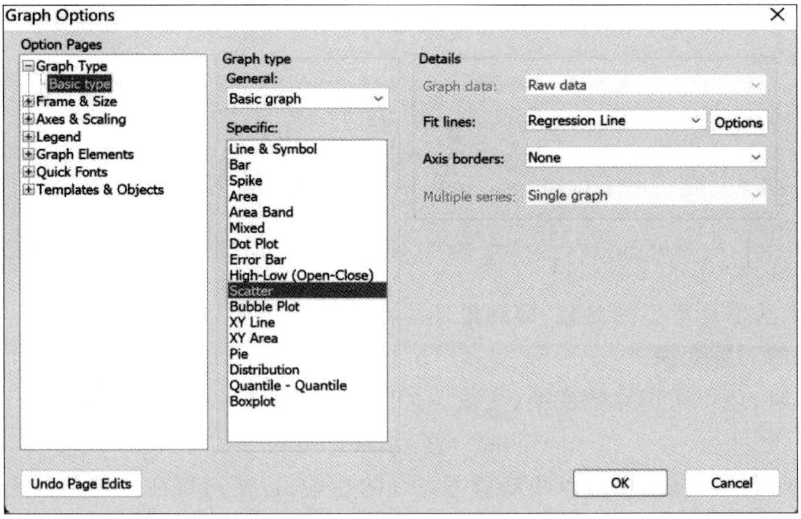

图 3-59 Graph 操作界面

（4）怀特检验。建立回归模型，在命令栏输入“ls Y c X3”，回车后结果见图 3-61。

（5）在方程 Equation 窗口上方点击 View→Residual Diagnostics→Heteroskedastcity Tests，在弹出的对话框中选择 White，并点击 OK，检验结果如图 3-62 所示。

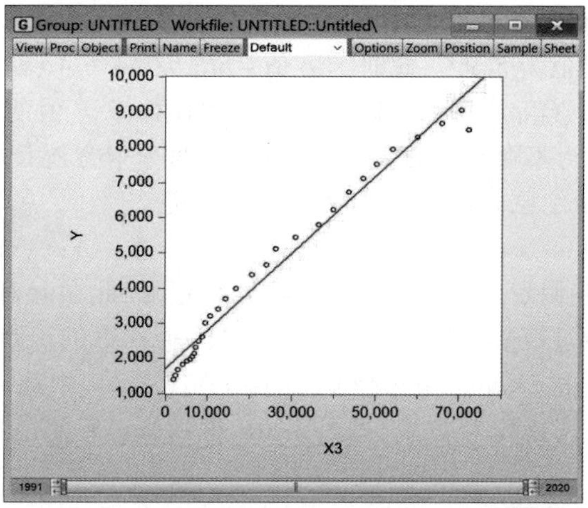

图 3-60　带回归线的散点图

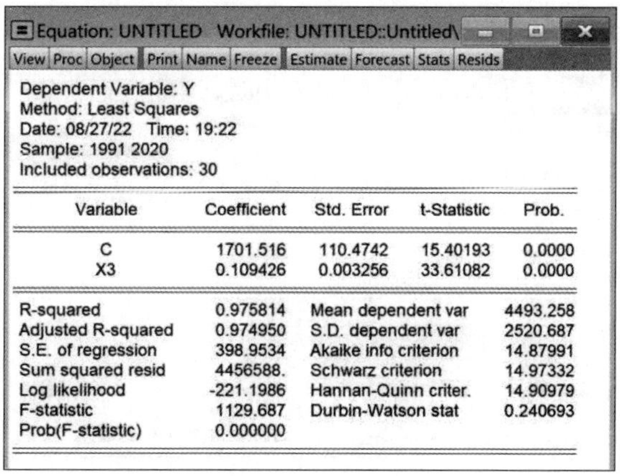

Equation: UNTITLED　Workfile: UNTITLED::Untitled\

View Proc Object Print Name Freeze Estimate Forecast Stats Resids

Dependent Variable: Y
Method: Least Squares
Date: 08/27/22　Time: 19:22
Sample: 1991 2020
Included observations: 30

Variable	Coefficient	Std. Error	t-Statistic	Prob.
C	1701.516	110.4742	15.40193	0.0000
X3	0.109426	0.003256	33.61082	0.0000

R-squared	0.975814	Mean dependent var	4493.258
Adjusted R-squared	0.974950	S.D. dependent var	2520.687
S.E. of regression	398.9534	Akaike info criterion	14.87991
Sum squared resid	4456588.	Schwarz criterion	14.97332
Log likelihood	-221.1986	Hannan-Quinn criter.	14.90979
F-statistic	1129.687	Durbin-Watson stat	0.240693
Prob(F-statistic)	0.000000		

图 3-61　模型回归结果

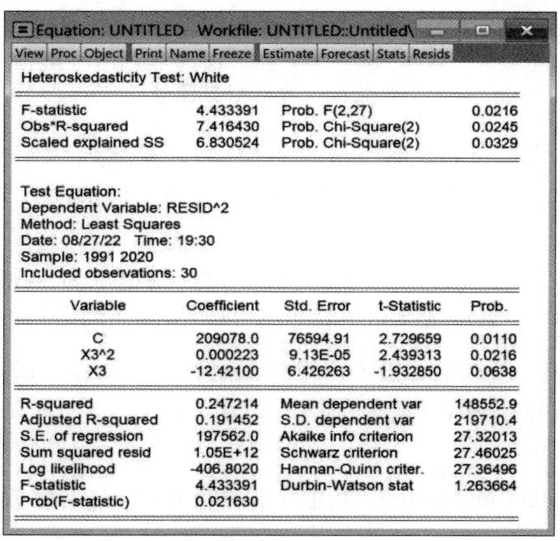

Equation: UNTITLED　Workfile: UNTITLED::Untitled\

View Proc Object Print Name Freeze Estimate Forecast Stats Resids

Heteroskedasticity Test: White

F-statistic	4.433391	Prob. F(2,27)	0.0216
Obs*R-squared	7.416430	Prob. Chi-Square(2)	0.0245
Scaled explained SS	6.830524	Prob. Chi-Square(2)	0.0329

Test Equation:
Dependent Variable: RESID^2
Method: Least Squares
Date: 08/27/22　Time: 19:30
Sample: 1991 2020
Included observations: 30

Variable	Coefficient	Std. Error	t-Statistic	Prob.
C	209078.0	76594.91	2.729659	0.0110
X3^2	0.000223	9.13E-05	2.439313	0.0216
X3	-12.42100	6.426263	-1.932850	0.0638

R-squared	0.247214	Mean dependent var	148552.9
Adjusted R-squared	0.191452	S.D. dependent var	219710.4
S.E. of regression	197562.0	Akaike info criterion	27.32013
Sum squared resid	1.05E+12	Schwarz criterion	27.46025
Log likelihood	-406.8020	Hannan-Quinn criter.	27.36496
F-statistic	4.433391	Durbin-Watson stat	1.263664
Prob(F-statistic)	0.021630		

图 3-62　怀特检验图

图 3-62 中 F 值为辅助回归模型的 F 统计量值，与卡方检验等价。取显著性水平 $\alpha=0.05$，自由度为 2，卡方值的临界值为 5.99。此时卡方值 $=nR^2=7.4164>$ 临界值 5.99，所以拒绝原假设，判定模型存在异方差。实际应用中可以直接观察相伴概率 P 值的大小，若 P 值 <0.05，则认为存在异方差；反之，则认为不存在异方差。本例中 F、两个卡方统计量的 P 值均小于 0.05，故在 0.05 的显著性水平下拒绝原假设，认为模型存在异方差。

（6）异方差修正

通过上述检验方式，我们发现模型中可能存在异方差，因此在此对异方差进行修正，采用加权最小二乘法（WLS）。通过观察图形，我们选择以 $1/X_3$ 为权重进行修正。

在原有模型界面中点击 Estimate→选择 Options→在 Weights 中选择一种类型，并设置对应权重，本例类型为标准差倒数，权数为 $1/X_3$，见图 3-63，得到修正后的模型见图 3-64。

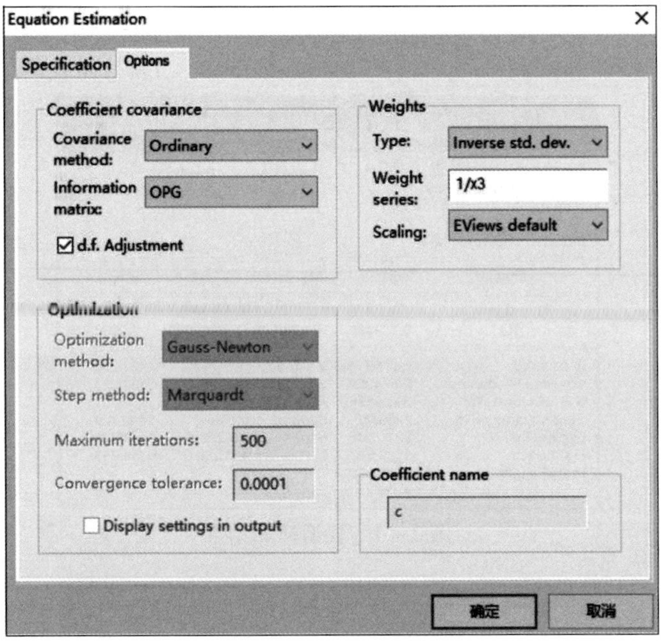

图 3-63 设置权重窗口

（7）对修正后的模型再次进行怀特异方差检验，验证权数选择是否正确，模型异方差是否消除，操作方法与步骤（5）相同，结果见图 3-65，显示异方差已经消除。

（二）Stata 操作

（1）图示法。首先输入“reg y x3”，对模型进行回归（结果见图 3-66），然后通过输入“rvfplot”（残差和拟合值之间的散点图，见图 3-67）、“rvpplot x3”（残差与 x3 之间的散点图，见图 3-68），观察模型是否可能存在异方差，接下来运用怀特检验来检验模型是否存在异方差。

（2）怀特检验。输入指令如下：

```
estat imtest,white
```

其中 imtest 是 information matrix test，即进行信息矩阵检验，运行结果见图 3-69。

Equation: EQ01 Workfile: CH3-3::Untitled\

View | Proc | Object | Print | Name | Freeze | Estimate | Forecast | Stats | Resids

Dependent Variable: Y
Method: Least Squares
Date: 09/15/22 Time: 00:50
Sample: 1991 2020
Included observations: 30
Weighting series: 1/X3
Weight type: Inverse standard deviation (EViews default scaling)

Variable	Coefficient	Std. Error	t-Statistic	Prob.
C	1206.250	35.23764	34.23186	0.0000
X3	0.141283	0.005869	24.07401	0.0000

Weighted Statistics

R-squared	0.953914	Mean dependent var	2476.751
Adjusted R-squared	0.952268	S.D. dependent var	1384.114
S.E. of regression	215.1854	Akaike info criterion	13.64522
Sum squared resid	1296533.	Schwarz criterion	13.73863
Log likelihood	-202.6783	Hannan-Quinn criter.	13.67510
F-statistic	579.5577	Durbin-Watson stat	0.222533
Prob(F-statistic)	0.000000	Weighted mean dep.	1772.665

Unweighted Statistics

R-squared	0.876703	Mean dependent var	4493.258
Adjusted R-squared	0.872299	S.D. dependent var	2520.687
S.E. of regression	900.7735	Sum squared resid	22719003
Durbin-Watson stat	0.075733		

图 3-64 模型修正后结果

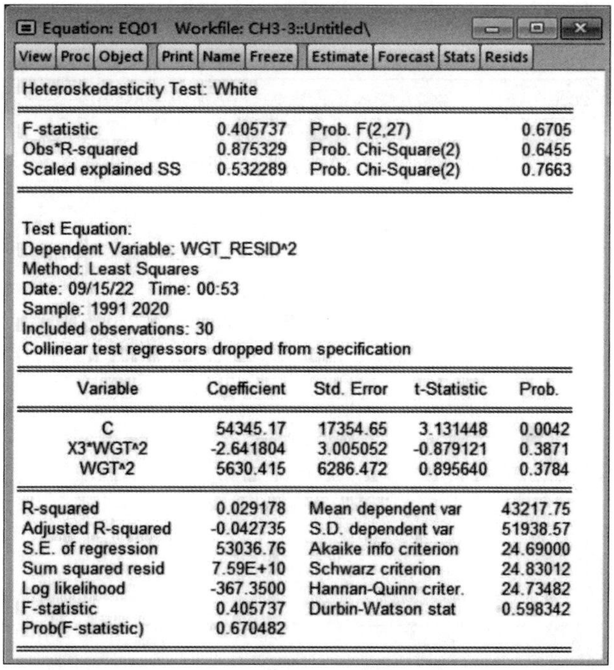

Equation: EQ01 Workfile: CH3-3::Untitled\

View | Proc | Object | Print | Name | Freeze | Estimate | Forecast | Stats | Resids

Heteroskedasticity Test: White

F-statistic	0.405737	Prob. F(2,27)	0.6705
Obs*R-squared	0.875329	Prob. Chi-Square(2)	0.6455
Scaled explained SS	0.532289	Prob. Chi-Square(2)	0.7663

Test Equation:
Dependent Variable: WGT_RESID^2
Method: Least Squares
Date: 09/15/22 Time: 00:53
Sample: 1991 2020
Included observations: 30
Collinear test regressors dropped from specification

Variable	Coefficient	Std. Error	t-Statistic	Prob.
C	54345.17	17354.65	3.131448	0.0042
X3*WGT^2	-2.641804	3.005052	-0.879121	0.3871
WGT^2	5630.415	6286.472	0.895640	0.3784

R-squared	0.029178	Mean dependent var	43217.75
Adjusted R-squared	-0.042735	S.D. dependent var	51938.57
S.E. of regression	53036.76	Akaike info criterion	24.69000
Sum squared resid	7.59E+10	Schwarz criterion	24.83012
Log likelihood	-367.3500	Hannan-Quinn criter.	24.73482
F-statistic	0.405737	Durbin-Watson stat	0.598342
Prob(F-statistic)	0.670482		

图 3-65 对修正后模型再次进行异方差检验的结果

```
. reg y x3

      Source |       SS           df       MS      Number of obs   =        30
-------------+----------------------------------   F(1, 28)        =   1129.69
       Model |   179805400         1   179805400   Prob > F        =    0.0000
    Residual |  4456587.65        28  159163.845   R-squared       =    0.9758
-------------+----------------------------------   Adj R-squared   =    0.9750
       Total |   184261987        29  6353861.63   Root MSE        =    398.95

------------------------------------------------------------------------------
           y |      Coef.   Std. Err.      t    P>|t|     [95% Conf. Interval]
-------------+----------------------------------------------------------------
          x3 |   .1094263   .0032557    33.61   0.000     .1027573    .1160953
       _cons |   1701.516   110.4742    15.40   0.000      1475.22    1927.812
------------------------------------------------------------------------------
```

图 3-66　模型回归结果

根据图 3-66 可知，x_3 与 Y 之间的线性关系极为显著。

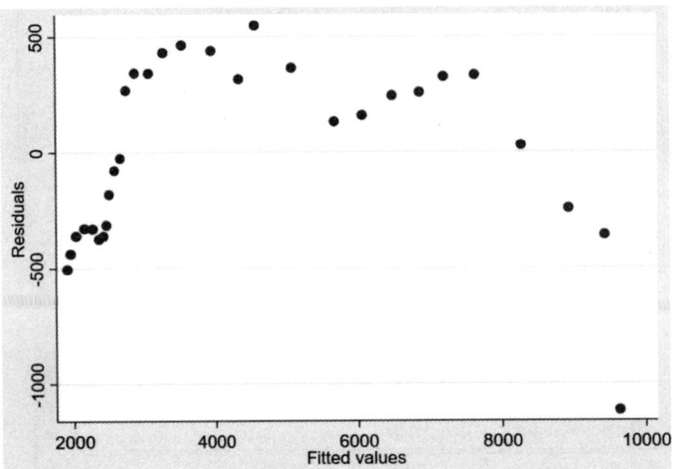

图 3-67　残差和拟合值之间的散点图

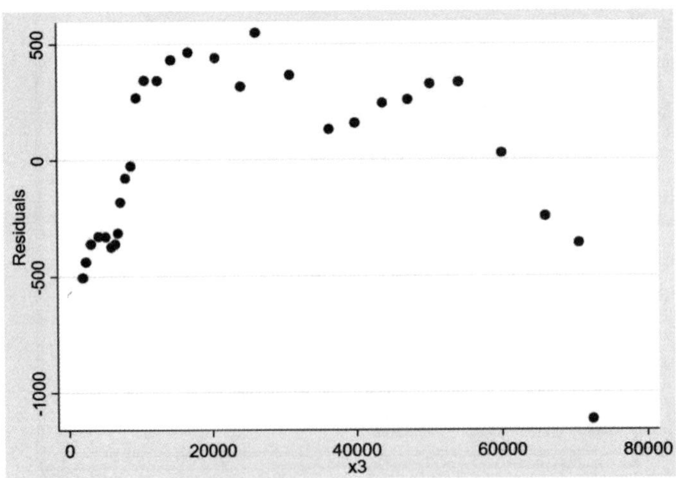

图 3-68　残差与 x_3 之间的散点图

根据图 3-67 可知，残差与拟合值之间的散点图呈现出两端比中间部分变化相对较大的特点。

同样的，根据图 3-68 可知，残差与 x_3 之间的散点图亦然。可初步判断模型中可能存在异方差。

```
. estat imtest,white

White's test for Ho: homoskedasticity
         against Ha: unrestricted heteroskedasticity

         chi2(2)      =      7.42
         Prob > chi2  =    0.0245

Cameron & Trivedi's decomposition of IM-test
```

Source	chi2	df	p
Heteroskedasticity	7.42	2	0.0245
Skewness	7.66	1	0.0056
Kurtosis	0.02	1	0.8944
Total	15.10	4	0.0045

图 3-69　怀特检验结果

根据图 3-69 可知，怀特检验的 P 值为 0.024 5<0.05，故认为模型中存在异方差。

（3）异方差修正

方法一：采用 $\frac{1}{x_3^2}$ 作为权数，输入如下指令：reg y x3[aw=1/(x3)^2]，结果见图 3-70。

```
. reg y x3[aw=1/(x3)^2]
(sum of wgt is   8.3212e-07)
```

Source	SS	df	MS
Model	11964156.7	1	11964156.7
Residual	578020.727	28	20643.5974
Total	12542177.5	29	432488.878

```
Number of obs   =        30
F(1, 28)        =    579.56
Prob > F        =    0.0000
R-squared       =    0.9539
Adj R-squared   =    0.9523
Root MSE        =    143.68
```

y	Coef.	Std. Err.	t	P>|t|	[95% Conf.	Interval]
x3	.1412826	.0058687	24.07	0.000	.1292612	.1533041
_cons	1206.25	35.23764	34.23	0.000	1134.069	1278.431

图 3-70　加权最小二乘估计结果

方法二：采用估计的随机误差项方差的倒数作为权数，输入指令如下：

```
reg y x3
predict e,r            /* 生成残差 residual,e */
gen ln_e2=log(e*e)
reg ln_e2 x3           /生成残差命令及辅助回归结果见图 3-71/
predict ghat,xb        /* 前面四步都是为了这一步 */
/* 这一步是在预测拟合值,xb 可以删掉 */
gen se=exp(ghat)       /* 取对数,即得到权重 */
reg y x3[aw=1/se]      /* 权重为 aw,回归结果修正后见图 3-72 */
```

```
. reg y x3

      Source |       SS       df       MS              Number of obs =      30
-------------+------------------------------           F(1, 28)      = 1129.69
       Model |   179805400     1   179805400           Prob > F      =  0.0000
    Residual |  4456587.65    28  159163.845           R-squared     =  0.9758
-------------+------------------------------           Adj R-squared =  0.9750
       Total |   184261987    29  6353861.63           Root MSE      =  398.95

------------------------------------------------------------------------------
           y |      Coef.   Std. Err.      t    P>|t|     [95% Conf. Interval]
-------------+----------------------------------------------------------------
          x3 |   .1094263   .0032557    33.61   0.000     .1027573    .1160953
       _cons |   1701.516   110.4742    15.40   0.000      1475.22    1927.812
------------------------------------------------------------------------------

. predict e,r

. gen ln_e2=log(e*e)

. reg ln_e2 x3

      Source |       SS       df       MS              Number of obs =      30
-------------+------------------------------           F(1, 28)      =    0.02
       Model |  .042045615     1  .042045615           Prob > F      =  0.8980
    Residual |  70.4179486    28  2.51492674           R-squared     =  0.0006
-------------+------------------------------           Adj R-squared = -0.0351
       Total |  70.4599943    29  2.42965497           Root MSE      =  1.5859
```

图 3-71 生成残差命令及辅助回归结果

```
. predict ghat,xb

. gen se=exp(ghat)

. reg y x3[aw=1/se]
(sum of wgt is   4.0906e-04)

      Source |       SS       df       MS              Number of obs =      30
-------------+------------------------------           F(1, 28)      = 1134.58
       Model |   183365693     1   183365693           Prob > F      =  0.0000
    Residual |  4525247.35    28  161615.977           R-squared     =  0.9759
-------------+------------------------------           Adj R-squared =  0.9751
       Total |   187890940    29  6478997.94           Root MSE      =  402.01

------------------------------------------------------------------------------
           y |      Coef.   Std. Err.      t    P>|t|     [95% Conf. Interval]
-------------+----------------------------------------------------------------
          x3 |   .1089854   .0032356    33.68   0.000     .1023576    .1156131
       _cons |   1712.951   112.5282    15.22   0.000     1482.448    1943.455
------------------------------------------------------------------------------
```

图 3-72 模型异方差修正后的结果

第五节 自相关性原理、案例与软件操作

一、自相关性原理

对于模型

$$Y_i = \beta_0 + \beta_1 X_{1i} + \beta_2 X_{2i} + \cdots + \beta_k X_{ki} + \mu_i \quad (i = 1, 2, \cdots, n) \tag{3.52}$$

如果

$$Cov(\mu_i, \mu_j) = E(\mu_i \mu_j) \neq 0 \quad (i \neq j) \tag{3.53}$$

即表示不同的观测点之间的随机误差项是存在相关性的,则称模型存在着自相关。

二、自相关产生的原因

(一) 经济系统的惯性

由于经济发展的连续性而形成的惯性,许多经济变量的前后期之间是相互关联的。例如,受

消费习惯的影响，居民的本期消费水平在一定程度上会受到上期消费水平的制约。再如，本期的投资规模往往会和上一年甚至前几年的投资都有一定的关联。所以，当利用时间序列资料建立模型的时候，经济系统的惯性会使得模型存在自相关。

（二）模型形式设定不当

模型形式设定不当主要指的是模型函数形式不正确或者是遗漏了一些重要的解释变量。这种方式导致的误差会存在随机误差项中，进而带来自相关。

例如：平均成本函数问题的正确函数应该由二次多项式模型表示

$$Y=\beta_0+\beta_1x^2+\beta_2x+\mu \tag{3.54}$$

如果设成了线性模型

$$Y=\beta_0+\beta_1x+\mu' \tag{3.55}$$

则误差项 μ' 就会表现为自相关。

例如：设置模型时应该创建两个解释变量去解释 Y，即

$$Y_t=\beta_0+\beta_1X_{1t}+\beta_2X_{2t}+\mu_t \tag{3.56}$$

可是在建立模型时却将模型设定为

$$Y_t=\beta_0+\beta_1X_{1t}+\nu_t \tag{3.57}$$

则 X_2 对于 Y 的影响就会归入随机误差项当中，从而造成随机误差项的自相关。

（三）数据处理造成的自相关

在进行回归分析建模的过程中，经常要对一些原始数据进行处理。如在处理一些具有季节性的时间序列资料时，经常都要消除季节性，对数据进行修匀处理。如果采用不恰当的方式对数据进行差分变化，通常都会带来自相关问题。

三、自相关的表现形式

（一）一阶自回归

当随机误差项 μ_t 只与其滞后一期值 μ_{t-1} 有关时，即

$$\mu_t=f(\mu_{t-1})+\nu_t \tag{3.58}$$

称 μ_t 具有一阶自回归形式。

（二）高阶自回归形式

当随机误差项 μ_t 不仅与前一期值有关，而且与其前若干期的值都有关时，即

$$u_t=f(u_{t-1},u_{t-2},\cdots,u_{t-m})+\nu_t \tag{3.59}$$

称 μ_t 具有高阶自回归形式。

计量经济模型中自相关最常见的形式是一阶线性自回归形式

$$\mu_t=\rho\mu_{t-1}+\nu_t \tag{3.60}$$

其中，ρ 是 μ_t 与 μ_{t-1} 的相关系数，ν_t 是满足基本假定的随机误差项。ρ 的取值范围是[-1,1]。当 $\rho>0$ 时，称 μ_t 存在正相关，当 $\rho<0$ 时，称 μ_t 存在负自相关，当 $\rho=0$ 时，称 μ_t 不存在自相关。μ_t 具有以下特点：

（1）$E(u_t)=0$；

（2）$Var(u_t)=\dfrac{\sigma_\nu^2}{1-\rho^2}=\sigma_u^2=$常数；

(3) $Cov(u_t, u_{t-s}) = \rho^s \sigma_u^2 (s \neq 0)$。

四、自相关性的后果

(一) 参数估计量非有效

虽然参数的估计量是无偏的,但是不再具有最小方差性。

(二) 参数显著性检验

在变量的显著性检验中,统计量是建立在参数方差正确估计的基础之上的,这只有当随机误差项具有同方差性和无序列相关时才能成立。当存在自相关性时,运用 OLS 估计法去估计参数及其方差,会低估参数估计量的方差。

(三) 模型预测失效

区间预测与参数估计量的方差有关,在方差有偏误的情况下,预测估计不准确,预测精度降低。所以,当模型出现序列相关性时,它的预测功能失效。

五、自相关的检验

(一) 图示检验法

图示法是一种直观的诊断方法,它是把给定的回归模型直接用最小二乘法估计参数,求出残差项 e_t,用 e_t 作为随机误差项 μ_t 的估计值,再描绘 e_t 的散点图。根据散点图来判断 e_t 的相关性。

(二) 自相关系数法

随机误差项 μ_t, μ_{t-1} 的自相关系数定义为

$$\rho = \frac{\sum_{t=2}^{n} u_t u_{t-1}}{\sqrt{\sum_{t=2}^{n} u_t^2}\sqrt{\sum_{t=2}^{n} u_{t-1}^2}} \tag{3.61}$$

相关系数 ρ 的取值范围是[-1,1],当 $\rho>0$ 时,表明误差序列存在正相关,当 $\rho<0$ 时,表明误差序列存在负相关。在实际应用中,误差序列 μ_t, μ_{t-1} 的真实值是未知的,需要用其估计值 e_t 代替,自相关系数的估计值为

$$\hat{\rho} = \frac{\sum_{t=2}^{n} e_t e_{t-1}}{\sqrt{\sum_{t=2}^{n} e_t^2}\sqrt{\sum_{t=2}^{n} e_{t-1}^2}} \tag{3.62}$$

$\hat{\rho}$ 作为自相关系数 ρ 的估计值与样本量有关,需要做统计显著性检验才能确定自相关性的存在,通常采用下面介绍的 DW 检验代替对 $\hat{\rho}$ 的检验。

(三) DW 检验

DW 检验是一种适合于小样本的检验方法。DW 检验只能用于检验随机误差项是否存在一阶自相关问题。这种检验方法是建立计量经济模型最常用的检验方法。

已知,随机误差项的一阶自回归形式为

$$\mu_t = \rho\mu_{t-1} + \nu_t \tag{3.63}$$

为了检验序列的相关性，构造的原假设是

$H_0:\rho=0$

然后构造 DW 统计量

$$DW=\frac{\sum_{t=2}^{n}(e_t-e_{t-1})^2}{\sum_{t=1}^{n}e_t^2}$$ 其中，$e_t=Y_t-\hat{Y}_t(t=1,2,\cdots,n)$。$0\leqslant DW\leqslant 4$

根据样本容量 n 和解释变量的数目 k'（不包括常数项），查 DW 分布表，得临界值 d_L 和 d_U，然后依据表 3-2 中的准则考察计算得到的 DW 值，以决定模型的自相关状态。

表 3-2　DW 检验决策规则

DW 值的范围	判断
$0\leqslant DW\leqslant d_L$	误差项 $\mu_1,\mu_2,\cdots,\mu_n$ 间存在正相关
$d_L\leqslant DW\leqslant d_U$	不能判定是否有自相关
$d_U\leqslant DW\leqslant 4-d_U$	误差项 $\mu_1,\mu_2,\cdots,\mu_n$ 间无自相关
$4-d_U\leqslant DW\leqslant 4-d_L$	不能判定是否有自相关
$4-d_L\leqslant DW\leqslant 4$	误差项 $\mu_1,\mu_2,\cdots,\mu_n$ 间存在负相关

需要注意的是 DW 检验有着广泛的应用，但是也有明显的缺点和局限性。

（1）DW 检验有两个不能确定相关性的区域，一旦 DW 值落在这两个区域，就无法判断相关性。这个时候只能增大样本容量或选取其他方法。

（2）DW 检验不适用于随机误差项具有高阶序列相关情形下的检验。

（3）DW 检验只适用于有常数项的回归模型与解释变量中不能含滞后的被解释变量，并且要求解释变量为非随机的和数据序列无缺失项。

（4）DW 统计量的上下界表要求 $n\geqslant 15$，这是因为样本如果再小，利用残差就很难对自相关的存在性做出比较正确的诊断。

（四）拉格朗日乘数法

拉格朗日乘数法（LM 检验）是由布劳殊与戈弗雷于 1978 年提出的，也被称为 GB 检验。这种方法适用于高阶序列相关以及模型中存在滞后被解释变量的情形，克服了 DW 检验的缺陷。

对于多元线性回归模型

$$Y_t=\beta_0+\beta_1X_{1t}+\beta_2X_{2t}+\cdots+\beta_kX_{kt}+\mu_t \tag{3.64}$$

假定误差项 μ_t 是 p 阶自回归 AR(p)模式

$$\mu_t=\rho_1\mu_{t-1}+\rho_2\mu_{t-2}+\cdots+\rho_p\mu_{t-p}+\nu_t\text{，其中 }\nu_t\text{ 为误差项}$$

现在检验的原假设是

$$H_0:\rho_1=\rho_2=\cdots=\rho_p=0$$

即不存在 p 阶的自相关。

检验步骤：

（1）用 OLS 估计多元线性回归模型，得到残差项 e_t。

（2）将 e_t 对多元线性回归模型的所有解释变量 X 以及第一步估计得到的残差滞后值 e_{t-1}，

$e_{t-2}, \cdots, e_{t-p}$做辅助回归，即

$$e_t=\alpha_0+a_1X_{1t}+\cdots+a_kX_{kt}+\hat{\rho}_1e_{t-1}+\hat{\rho}_2e_{t-2}+\cdots+\hat{\rho}_pe_{t-p}+\varepsilon_t$$

并且得到这个辅助回归的判定系数 R^2。

(3) 若样本容量很大，则有$(n-p)R^2\sim\chi^2(p)$，即$(n-p)R^2$ 服从自由度为 p 的卡方分布，在给定的显著性水平 α 下，若$(n-p)R^2>\chi^2_\alpha(p)$，则拒绝原假设，此时至少有一个 ρ 在统计上显著不为0，说明存在自相关。

六、补救措施

当回归模型中存在自相关时，首先要查明序列自相关产生的原因。如果是回归模型选用不当，则应改用适当的回归模型；如果是缺失重要的解释变量，则应该增加该解释变量；如果以上的方法都不能消除自相关，则应该采用差分法、自回归法、移动平均法等方法处理。下面主要介绍差分法的原理与应用。

差分法是将原模型变换为差分模型，分为一阶差分法和广义差分法。

1. 一阶差分法

一阶差分法是将原模型

$$Y_t=\beta_1+\beta_2X_{2t}+\cdots+\beta_kX_{kt}+\mu_t \tag{3.65}$$

变换为

$$\Delta Y_t=\beta_2\Delta X_{2t}+\cdots+\beta_k\Delta X_{kt}+\mu_t-\mu_{t-1} \tag{3.66}$$

其中，$\Delta Y_t=Y_t-Y_{t-1}$，$\Delta X_{it}=X_{it}-X_{it-1}(i=2,3,\cdots,k)$，如果原模型存在完全一阶正自相关，即$\mu_t=\mu_{t-1}+\nu_t$，其中 ν_t 为满足假定的误差项，那么对于式(3.66)的差分模型，则应满足经典假定，用普通最小二乘法估计式(3.66)差分模型，得到的参数估计量即为原模型参数的无偏、有效估计量。

在实际问题中，完全一阶正相关的情况并不多见，所以人们不是经常直接使用差分模型，对于非完全一阶正相关的情况，只要存在一定程度的一阶正相关，差分模型就可以在一定程度上克服自相关性。

2. 广义差分法

广义差分法可以克服所有类型的序列自相关带来的问题，一阶差分法是它的一个特例。如果模型的随机误差项存在如下关系

$\mu_t=\rho_1\mu_{t-1}+\rho_2\mu_{t-2}+\cdots+\rho_p\mu_{t-p}+\nu_t$，其中 ν_t 为误差项。

可以将原模型变换为

$$\begin{aligned}&Y_t-\rho_1Y_{t-1}-\rho_2Y_{t-2}-\cdots-\rho_pY_{t-p}\\=&\beta_1(1-\rho_1-\rho_2-\cdots-\rho_p)+\\&\beta_2(X_{2t}-\rho_1X_{2,t-1}-\rho_2X_{2,t-2}-\cdots-\rho_pX_{2,t-p})+\cdots+\\&\beta_k(X_{kt}-\rho_1X_{k,t-1}-\rho_2X_{k,t-2}-\cdots-\rho_pX_{p,t-p})+\nu_t\end{aligned}$$

上述模型即为广义差分模型，该模型不存在自相关问题。采用普通最小二乘法估计模型得到的参数估计量，就是原模型参数的无偏、有效估计量。

在进行一阶广义差分时，解释变量 X 与被解释变量 Y 均以差分形式出现，因而样本容量由 n 减少为 $n-1$，即丢失了第一个观测值。如果样本容量较大，减少一个观测值对估计结果影响不大。但是如果样本容量较小，减少一个观测值可能会对样本容量产生较大的影响。这时可以采

用普莱斯-温斯滕变换，将第一个样本观测值经过变换补充到差分序列中。如将第一个观测值变换为 $Y_1\sqrt{1-\rho^2}$ 和 $X_1\sqrt{1-\rho^2}$，此时，样本容量依然为 n，再使用普通最小二乘法估计参数。

七、案例分析及软件操作

【案例 3-5】 考察某地区居民农产品消费量 Y 和居民收入 X 之间的关系，数据见表 3-3。

表 3-3　农产品消费量和居民收入数据　　单位：亿元

时期	居民收入(X)	消费量(Y)
1	255.7	116.5
2	263.3	120.8
3	275.4	124.4
4	278.3	125.5
5	296.7	131.7
6	309.3	136.2
7	315.8	138.7
8	318.8	140.2
9	330.0	146.8
10	340.2	149.6
11	350.7	153.0
12	367.3	158.2
13	381.3	163.2
14	406.5	170.5
15	430.8	178.2
16	451.5	185.9

(一) EViews 操作教程

(1) 点击 File→New→Workfile 建立工作文件，见图 3-73。

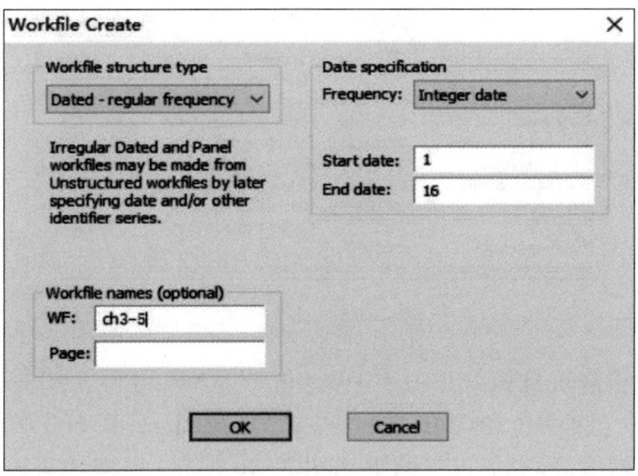

图 3-73　建立工作文件

(2) 生成工作表,在命令窗口中输入“data y x”命令,将生成一个有 X、Y 变量的工作表,然后直接输入数据(注意:在输入完最后一个数据的时候,需要单击回车键“Enter”),如图 3-74 所示。

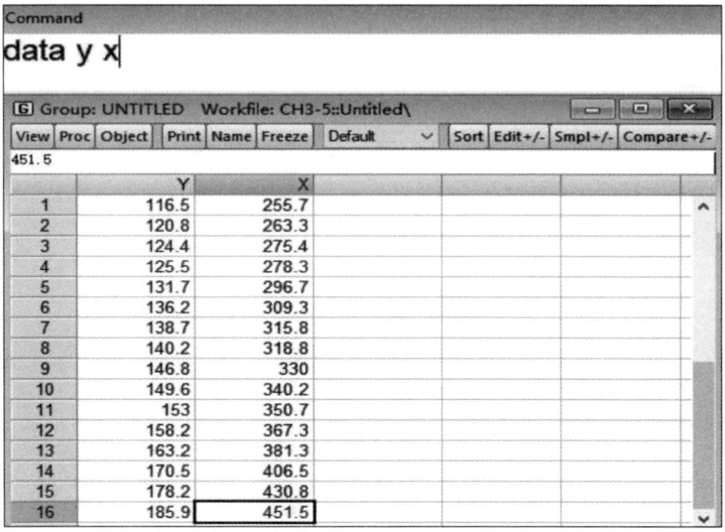

	Y	X
1	116.5	255.7
2	120.8	263.3
3	124.4	275.4
4	125.5	278.3
5	131.7	296.7
6	136.2	309.3
7	138.7	315.8
8	140.2	318.8
9	146.8	330
10	149.6	340.2
11	153	350.7
12	158.2	367.3
13	163.2	381.3
14	170.5	406.5
15	178.2	430.8
16	185.9	451.5

图 3-74 输入数据窗口

(3) 对农产品消费量 Y 和居民收入 X 进行回归,回归结果见图 3-75。通过图 3-75 可知,DW 统计值为 0.679 968。在 5%的显著性水平下,$n=16$,$k=1$,查表得到 $d_L=0.844$,$d_U=1.086$。由于 DW=0.679 968<d_L,所以存在正自相关。

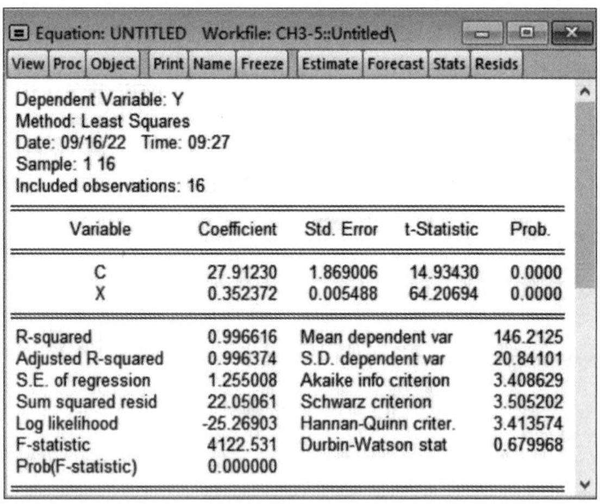

Dependent Variable: Y
Method: Least Squares
Date: 09/16/22 Time: 09:27
Sample: 1 16
Included observations: 16

Variable	Coefficient	Std. Error	t-Statistic	Prob.
C	27.91230	1.869006	14.93430	0.0000
X	0.352372	0.005488	64.20694	0.0000

R-squared	0.996616	Mean dependent var	146.2125
Adjusted R-squared	0.996374	S.D. dependent var	20.84101
S.E. of regression	1.255008	Akaike info criterion	3.408629
Sum squared resid	22.05061	Schwarz criterion	3.505202
Log likelihood	-25.26903	Hannan-Quinn criter.	3.413574
F-statistic	4122.531	Durbin-Watson stat	0.679968
Prob(F-statistic)	0.000000		

图 3-75 回归结果

(4) 运用广义差分法修正自相关。由于 DW=0.679 968,可得 $\hat{\rho}=1-0.679\ 968/2=0.660\ 016$。在命令窗口中输入“genr yl=y-0.660 016 * y(-1)”“genr xl=x-0.660 016 * x(-1)”作广义差分变换。再通过命令窗口输入“ls yl c xl”,结果如图 3-76 所示,根据结果可知 d_U<DW=1.838 146<4-d_U,表明误差项之间无自相关。

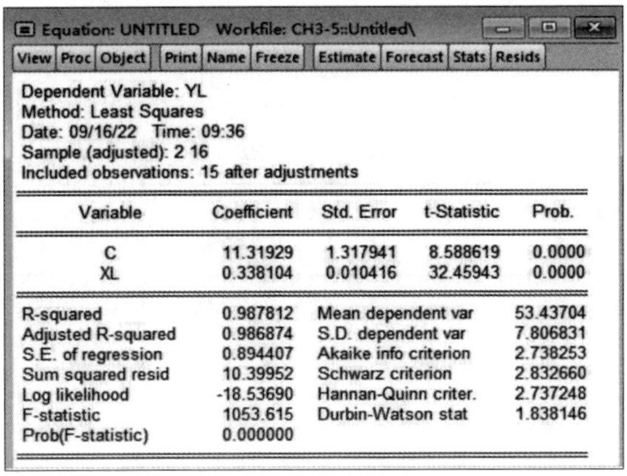

图 3-76　自相关修正后的结果

(二) Stata 操作教程

(1) 我们还是采用【案例 3-5】的例子，首先我们读取数据，如图 3-77 所示。

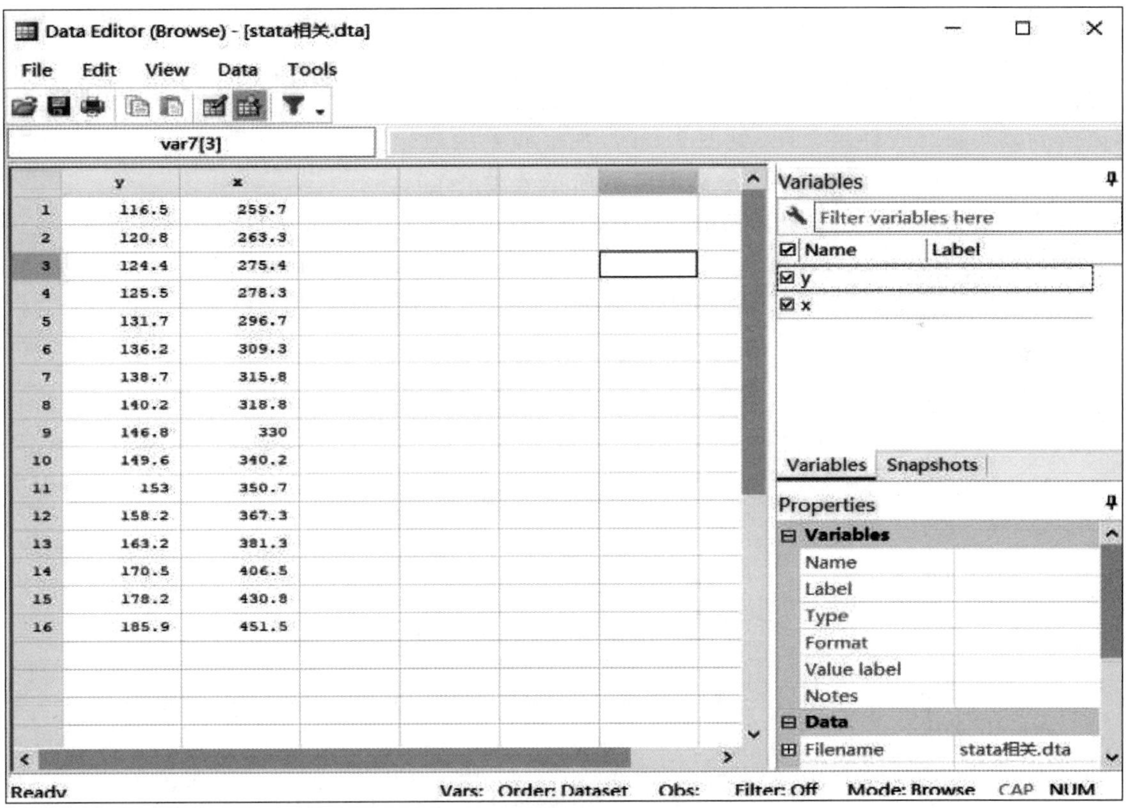

图 3-77　读取数据

(2) 进行回归，输入命令“reg y x”，回归结果见图 3-78。

(3) 图示法检验。

```
. use "C:\Users\lsh\Desktop\stata相关.dta"

. reg y x

      Source |       SS           df       MS      Number of obs   =        16
-------------+----------------------------------   F(1, 14)        =   4122.53
       Model |  6493.16689         1  6493.16689   Prob > F        =    0.0000
    Residual |  22.0506136        14  1.57504383   R-squared       =    0.9966
-------------+----------------------------------   Adj R-squared   =    0.9964
       Total |   6515.2175        15  434.347833   Root MSE        =     1.255

------------------------------------------------------------------------------
           y |      Coef.   Std. Err.      t    P>|t|     [95% Conf. Interval]
-------------+----------------------------------------------------------------
           x |   .3523723   .0054881    64.21   0.000     .3406016    .3641431
       _cons |    27.9123   1.869006    14.93   0.000     23.90368    31.92092
------------------------------------------------------------------------------
```

图 3-78　回归结果

输入“predict e1,res”,得到残差 e_1;

输入“tsset time”,让数据成为时间序列数据,以便于接下来的操作;

输入“twoway(scatter e1 L. e1)　(lfit e1 L. e1)”,操作命令见图 3-79。通过输入以上操作指令,最后得到残差和滞后一阶的散点图与线性拟合图,见图 3-80。观察残差的散点图和拟合图可以看出,残差 e_1 与其滞后一阶的残差存在一定的线性相关性,因此,扰动项可能存在自相关。

```
. tsset time
        time variable:  time, 1 to 16
                delta:  1 unit

. twoway(scatter e1 L.e1) (lfit e1 L.e1)
```

图 3-79　相关操作命令

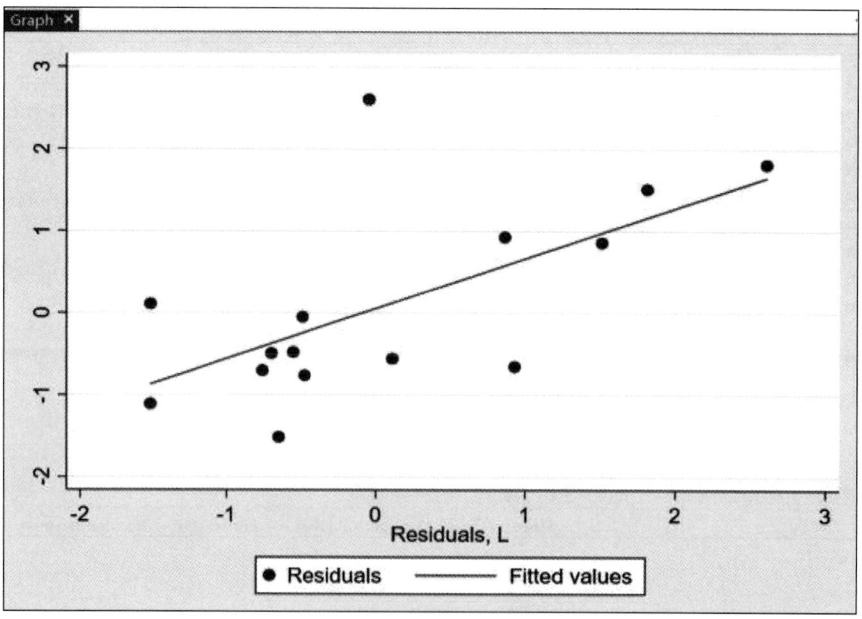

图 3-80　拟合图

(4) DW 检验。在进行回归之后,输入

estat dwaston

结果如下

Durbin-Watson d-statistic(2,16)= 0.679 967 5

由于 $n=16$,解释变量个数为 1,查 DW 分布表可得 $d_L=0.844$。这就表明该模型存在正自相关。

(5) LM 检验。直接输入

estat bgodfrey

结果见图 3-81。

```
. estat bgodfrey

Breusch-Godfrey LM test for autocorrelation
```

lags(p)	chi2	df	Prob > chi2
1	5.847	1	0.0156

H0: no serial correlation

图 3-81　LM 检验结果

在给定 $\alpha=0.05$ 的情况下,对应的 p 值为 0.015 6<0.05,拒绝原假设,说明方程扰动项存在自相关。

(6) 运用广义最小二乘法解决自相关。输入指令"prais y x",这样就可以得到广义最小二乘法的结果,如图 3-82 所示。通过结果可知,1.086<DW=1.841 261<4-1.086,表明随机误差项之间无自相关。

```
. prais y x

Iteration 0:  rho = 0.0000
Iteration 1:  rho = 0.6144
Iteration 2:  rho = 0.6336
Iteration 3:  rho = 0.6358
Iteration 4:  rho = 0.6361
Iteration 5:  rho = 0.6361
Iteration 6:  rho = 0.6361
Iteration 7:  rho = 0.6361

Prais-Winsten AR(1) regression -- iterated estimates
```

Source	SS	df	MS			
				Number of obs	=	16
				F(1, 14)	=	2097.69
Model	1959.92443	1	1959.92443	Prob > F	=	0.0000
Residual	13.0805356	14	.934323974	R-squared	=	0.9934
				Adj R-squared	=	0.9929
Total	1973.00497	15	131.533665	Root MSE	=	.9666

y	Coef.	Std. Err.	t	P>|t|	[95% Conf.	Interval]
x	.3504668	.0083083	42.18	0.000	.3326474	.3682862
_cons	28.32302	2.879463	9.84	0.000	22.14719	34.49886
rho	.6361055					

```
Durbin-Watson statistic (original)    0.679968
Durbin-Watson statistic (transformed) 1.841261
```

图 3-82　广义最小二乘法结果

本章习题

1. 相关分析与回归分析有何区别与联系？

2. 根据某县 2015 年第三季度居民消费收入调查数据，估计出来的居民消费函数是

$$\hat{y}=352.8+0.72x$$

其中 x 代表可支配收入，y 代表消费支出。

（1）解释该函数的经济意义。

（2）小张同学认为这个模型不符合实际情况。理由是，他家的收入比邻居高，但消费反而比邻居低。他的观点正确吗？

3. 根据数据集 wage. dta 中的男工人样本数据，进行如下练习：

（1）作 *educ*（受教育年数）对 *sibs*（兄弟姊妹的个数）、*meduc*（母亲受教育年数）、*feduc*（父亲受教育年数）的 OLS 回归。

（2）*sibs* 的系数是否符合你的预期？为了使受教育年数增加 5 年，在其他条件不变的前提下，从平均角度看，兄弟姊妹的个数应该变化多少？

（3）讨论父母受教育年数对子女受教育年数的影响。在逻辑上说得通吗？

（4）假设被调查者 Tomas 没有兄弟姊妹，父母都受了 12 年教育；被调查者 John 也没有兄弟姊妹，父母都受了 16 年教育。Tomas 和 John 的受教育年数预计相差多少？

4. 用 y 表示企业某产品的销售额，x 代表广告费支出额，均以百万元为计量单位，z 是产品单价（元/件）。根据 100 家同类企业的调查数据，估计出如下回归方程

$$\hat{y}=0.472+3.2x-0.05z$$
$$(1.37)\quad(0.22)\quad(0.06)$$
$$R^2=0.099$$

（1）解释两个斜率系数。它们在统计上显著吗？

（2）定义 z^* 为以元/箱为计量单位的产品单价（1 箱 = 100 件），替换上述模型中的 z。重新写出回归方程（包括各系数的标准误）。

第四章 时间序列计量经济模型

时间序列计量经济模型是用于分析时间序列数据的重要工具,可以揭示时间序列数据的内在规律和变化趋势。在本章中,我们将介绍几种常见的时间序列计量经济模型,包括 AR 模型、MA 模型、ARMA 模型、ARIMA 模型和协整模型。我们将详细介绍这些模型的理论概述、应用案例和软件操作。

通过学习本章内容,读者将能够掌握常见时间序列计量经济模型的原理和应用方法,以及使用计量经济学软件进行时间序列分析的技巧。这些知识和技能对于理解和预测时间序列数据的变化具有重要意义,本章的内容能够帮助读者更好地理解和应用时间序列计量经济模型。

重难点

1. AR 模型的结构、定阶方法和建模流程。
2. MA 模型的结构和定阶方法。
3. ARMA 模型的结构和定阶方法。
4. ARIMA 模型的结构、建模和预测方法。
5. 协整的概念、协整检验和误差修正模型(ECM)的建模步骤。

第一节 AR 模型原理、案例与软件操作

一、理论概述

(一)模型结构

AR 模型即自回归模型(auto regression model)。该模型是基础模型,是常用的平稳序列的拟合模型之一,是随机游走模型的一个简单扩展。该模型运用线性回归的方法将时间序列过去的时点进行线性组合,再加上白噪声序列,对当前时点进行预测,即每个时点都与前 p 个时点相关,所以称 AR 模型为自回归模型。模型简记为 AR(p),其模型结构通常如下

$$x_t=\phi_0+\phi_1x_{t-1}+\phi_2x_{t-2}+\cdots+\phi_px_{t-p}+\varepsilon_t,\phi_p\neq0 \tag{4.1}$$

$$\begin{cases}E(\varepsilon_t)=0,Var(\varepsilon_t)=\sigma_\varepsilon^2\\E(\varepsilon_t\varepsilon_s)=0,s\neq t\\E(\varepsilon_tx_s)=0,\forall s<t\end{cases} \tag{4.2}$$

在这里,AR(p) 模型简记为

$$x_t=\phi_0+\phi_1x_{t-1}+\phi_2x_{t-2}+\cdots+\phi_px_{t-p}+\varepsilon_t \tag{4.3}$$

（二）模型定阶

在实际运用 AR 模型进行预测的时候，AR(p) 模型中的 p 是未知的，一般利用偏自相关函数（PACF）和自相关函数（ACF）来进行定阶。AR 模型对偏自相关函数截尾，偏自相关函数在 p 阶之后应为 0，对自相关函数拖尾。其中，截尾是指快速收敛降为 0，拖尾是指逐渐衰减为 0。AR(p) 模型的性质具体如表 4-1 所示。

表 4-1　AR(p) 模型的性质

检验统计量	性质
自相关函数（ACF）	拖尾
偏自相关函数（PACF）	p 阶截尾

（三）模型建模流程

AR 模型以及后面的 MA 模型和 ARMA 模型的建模流程均如图 4-1 所示。

二、案例分析及软件操作

（一）数据来源和案例描述

【案例 4-1】 选取武汉市 2019 年 1 月共 31 天的每日平均气温为研究对象，数据来源于全国温室数据系统。我们希望利用目前的每日平均气温数据建立模型，根据所建立的模型去预测之后的每日平均气温。

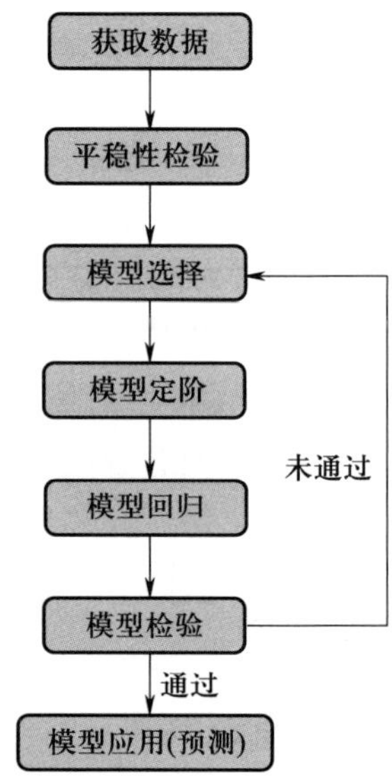

图 4-1　平稳时间序列建模流程

（二）EViews 操作过程

1. 导入观察值序列

将获取数据的 Excel 表格导入 EViews 当中。

方法一，在刚打开 EViews 的时候，会弹出一个窗口，在“EViews Workfiles”模块中选择“Open a Foreign file(such as Excel)”，在弹出的文件窗口中选择自己的 Excel 数据。

方法二，已经打开并使用了 EViews，想要新建工作区，在 EViews 上方的任务栏中依次单击“File→Open→Foreign Data as Workfile”，在弹出来的文件窗口中选择自己的 Excel 数据。

2. 平稳性检验

AR 模型建模的前提为时间序列是平稳时间序列，所以需要对原始时间序列进行平稳性检验。

（1）图示检验法

观察序列的时序图和自相关图，大致对序列平稳做出主观判断。如果时间序列的数值始终在一个常数附近随机波动，并且随机波动的范围有界，则可以初步判断该时间序列是一个平稳的序列。

在刚刚建立好的 Workfile 窗口中，选择要进行检验的序列“x”，双击点开序列 x，会弹出一个 Series 窗口，在 Series 窗口上方的任务栏中依次单击“View→Graph”，会弹出一个 Graph Options 窗口，如图 4-2 所示。默认其他选项，点击“OK”，得到原始时间序列的时序图，点击“Freeze”，将时序图固定为 Graph 窗口保存，如图 4-3 所示。

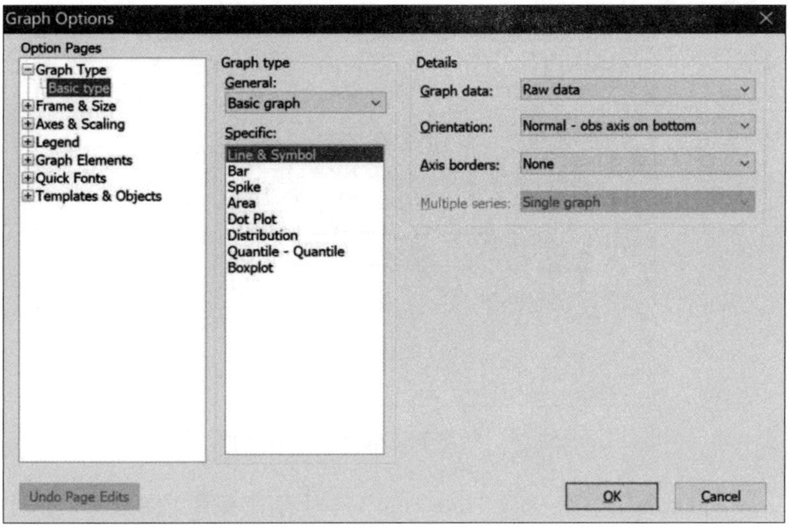

图 4-2 绘制时序图的对话框

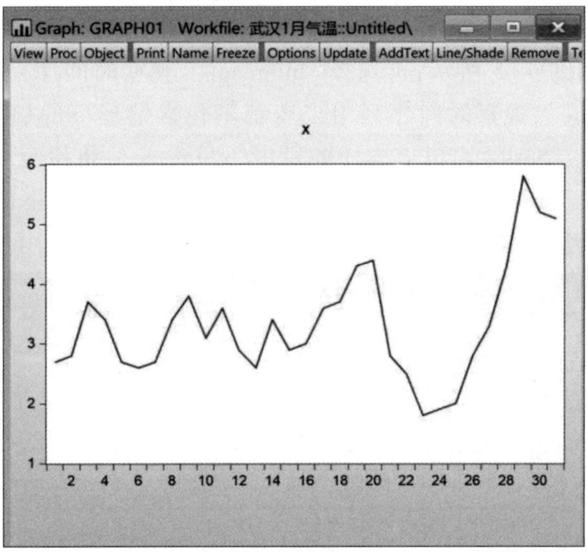

图 4-3 武汉 2019 年 1 月每日平均气温时序图

(2) 单位根检验

在建立好的 Workfile 窗口中,选择要进行检验的序列“x”,双击点开序列 x,会弹出一个 Series 窗口,在 Series 窗口上方的任务栏中依次单击“View→Unit Root Test”,会弹出一个 Unit Root Test 窗口,如图 4-4 所示。

“Test type”选项:选择默认的“Augmented Dickey-Fuller”。

“Test for unit root in”选项:在这里我们选择“Level”,它是对该序列进行单位根检验。如果选择“1st difference”则是对一阶差分后的序列进行单位根检验,如果选择“2nd difference”则是对二阶差分后的序列进行单位根检验。

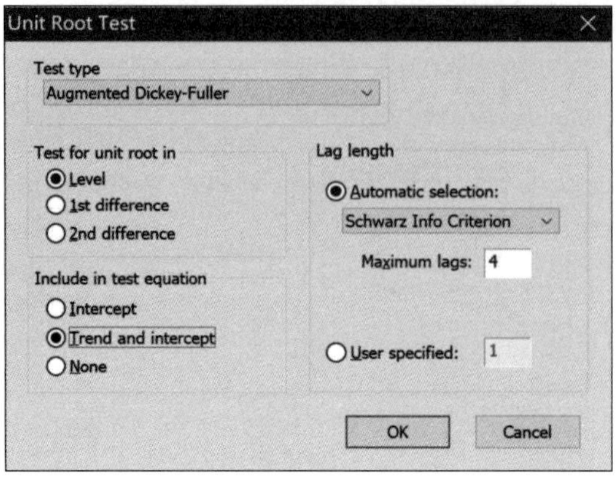

图 4-4 创建单位根检验的对话框

"Include in test equation"选项:选项"Intercept"是对存在截距项的时间序列进行检验,选项"Trend and intercept"是对存在时间趋势和截距项的时间序列进行检验,选项"None"是对二者都不存在的时间序列进行检验。

我们首先选择最复杂的情形"Trend and intercept",观察时间序列中包含时间趋势项和截距项情形下的检验结果,如图 4-5 所示;再选择"Intercept",观察时间序列中包含截距项情形下的检验结果;最后选择"None",观察时间序列中二者都不包含情形下的检验结果。在每次检验结果出现的 Series 窗口,点击 Series 窗口上方任务栏中的"Freeze",将检验结果固定为一个 Table 窗口放在旁边,并且可以在 Table 窗口点击"Name",给这个检验结果表格命名,从而保存每次的检验结果,方便之后不同检验结果的比较。

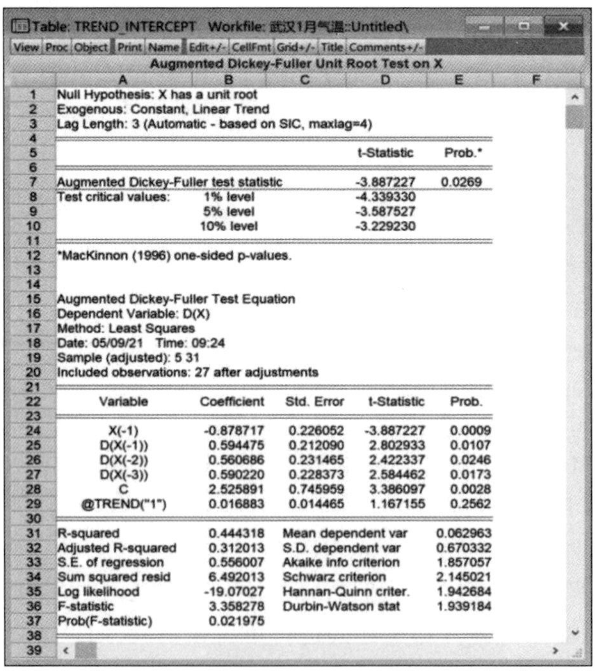

Augmented Dickey-Fuller Unit Root Test on X

Null Hypothesis: X has a unit root
Exogenous: Constant, Linear Trend
Lag Length: 3 (Automatic - based on SIC, maxlag=4)

		t-Statistic	Prob.*
Augmented Dickey-Fuller test statistic		-3.887227	0.0269
Test critical values:	1% level	-4.339330	
	5% level	-3.587527	
	10% level	-3.229230	

*MacKinnon (1996) one-sided p-values.

Augmented Dickey-Fuller Test Equation
Dependent Variable: D(X)
Method: Least Squares
Date: 05/09/21 Time: 09:24
Sample (adjusted): 5 31
Included observations: 27 after adjustments

Variable	Coefficient	Std. Error	t-Statistic	Prob.
X(-1)	-0.878717	0.226052	-3.887227	0.0009
D(X(-1))	0.594475	0.212090	2.802933	0.0107
D(X(-2))	0.560686	0.231465	2.422337	0.0246
D(X(-3))	0.590220	0.228373	2.584462	0.0173
C	2.525891	0.745959	3.386097	0.0028
@TREND("1")	0.016883	0.014465	1.167155	0.2562

R-squared	0.444318	Mean dependent var	0.062963
Adjusted R-squared	0.312013	S.D. dependent var	0.670332
S.E. of regression	0.556007	Akaike info criterion	1.857057
Sum squared resid	6.492013	Schwarz criterion	2.145021
Log likelihood	-19.07027	Hannan-Quinn criter.	1.942684
F-statistic	3.358278	Durbin-Watson stat	1.939184
Prob(F-statistic)	0.021975		

图 4-5 在"Trend and intercept"情形下的单位根检验

第一，观察单位根检验结果。如果 P 值小于显著性水平 0.05，则拒绝原假设“时间序列含有单位根”，说明时间序列是平稳时间序列；如果 P 值大于显著性水平 0.05，则不拒绝原假设“时间序列含有单位根”，说明时间序列是含有单位根的非平稳时间序列。只有当时间序列是平稳的情况下，再去观察系数的显著性和信息准则才是有效的。三种单位根检验结果具体如表 4-2 所示。

表 4-2　三种单位根检验结果

P 值	Trend and intercept	Intercept	None
Prob. *	0.026 9	0.007 6	0.750 9
时间序列	平稳	平稳	非平稳

第二，对比两种平稳情形下模型对应的 AIC、SC、HQ 信息准则值，发现在“Intercept”情况下的信息准则值是最小的，所以该时间序列是存在截距项的平稳时间序列，可以进行 AR 模型建模。具体情况如表 4-3 所示。

表 4-3　不同检验模型对应的 AIC、SC、HQ 信息准则值

具体情形	AIC	SC	HQ
Trend and intercept	1.857 057	2.145 021	1.942 684
Intercept	1.845 835	2.085 805	1.917 191

3. 模型定阶——滞后阶数的确定

(1) 观察 ACF 图和 PACF 图

通过观察 ACF 图和 PACF 图，我们可以从主观上判断模型的滞后阶数在什么范围之内，为后面确定具体的滞后阶数做准备。

在 Series 窗口中，在上方的任务栏中依次单击“View→Correlogram”，弹出窗口“Correlogram Specification”，其他所有选项用默认设置，点击“OK”，如图 4-6 所示。

得到 ACF 图和 PACF 图，点击“Freeze”将图形固定。观察 ACF 图的拖尾情况，观察 PACF 图的截尾情况，大致判断滞后阶数的范围在 1—3，如图 4-7 所示。

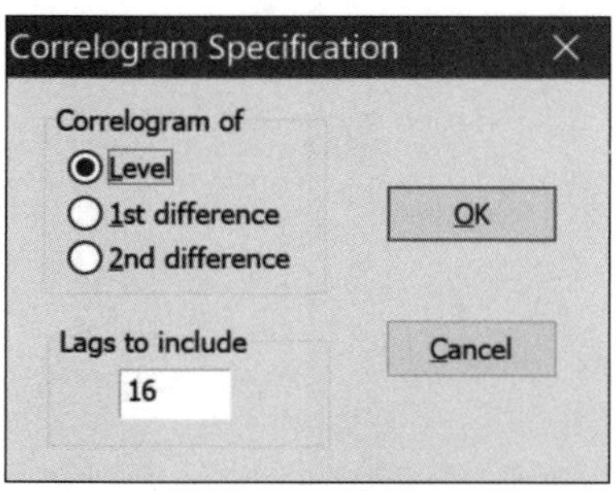

图 4-6　创建 ACF 图和 PACF 图窗口

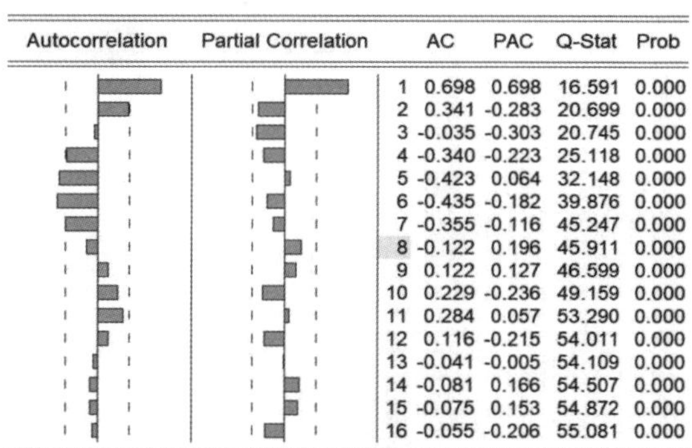

图 4-7　时间序列的 ACF 图和 PACF 图

(2) 观察 AIC、SC、HQ

参考 ACF 图和 PACF 图得到的滞后阶数的范围，尝试用不同的滞后阶数进行建模，并对不同的模型结果进行比较。

在 Workfile 窗口中，单击选中要建模的序列“x”，然后在 EViews 界面上方的任务栏中依次点击“Quick→Estimate Equation”，弹出 Equation Estimation 窗口，如图 4-8 所示。

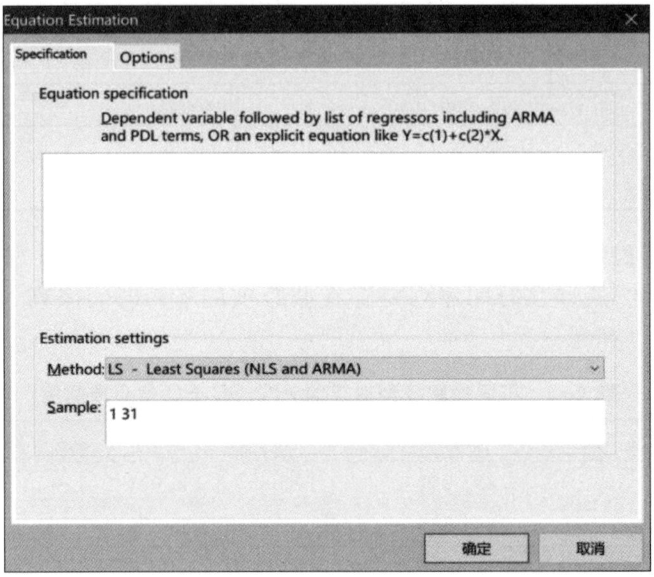

图 4-8 模型建模输入窗口

在“Specification”的“Equation specification”中输入模型，有两种输入方式。

第一种，输入“x c x(−1) x(−2) x(−3)”，如图 4-9 所示。其中 x(−1)、x(−2)、x(−3)分别表示 x_{t-1}、x_{t-2}、x_{t-3}。不改变“Options”中的选项，直接点击“确定”。模型输出结果如图 4-10 所示。

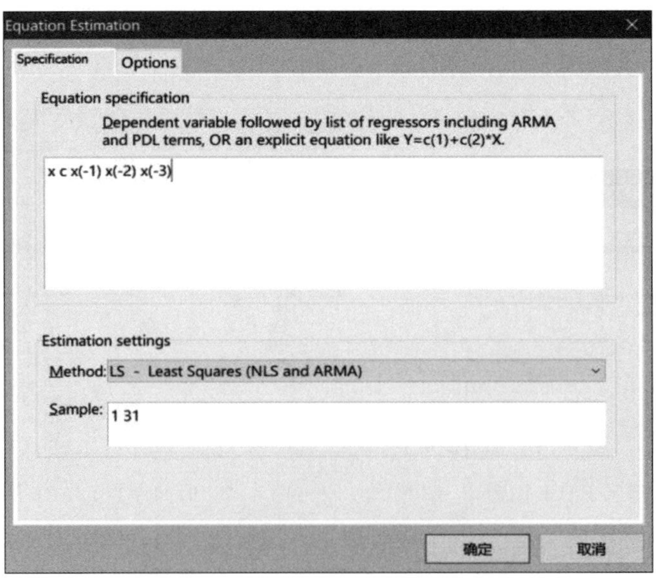

图 4-9 AR(3)模型的第一种输入方式

Variable	Coefficient	Std. Error	t-Statistic	Prob.
C	1.620971	0.634018	2.556663	0.0173
X(-1)	0.880338	0.194932	4.516127	0.0001
X(-2)	0.011233	0.266197	0.042200	0.9667
X(-3)	-0.391732	0.241892	-1.619449	0.1184

R-squared	0.645661	Mean dependent var	3.342857
Adjusted R-squared	0.601369	S.D. dependent var	0.982600
S.E. of regression	0.620386	Akaike info criterion	2.014615
Sum squared resid	9.237106	Schwarz criterion	2.204930
Log likelihood	-24.20462	Hannan-Quinn criter.	2.072797
F-statistic	14.57726	Durbin-Watson stat	2.185598
Prob(F-statistic)	0.000013		

图 4-10　AR(3)模型的第一种输入的输出结果

第二种，输入“x c ar(1 to 3)”，如图 4-11 所示。这个就是序列 x 的自回归模型 AR(3)。在“Options”中有四个模块，在“ARMA”模块中，“Method”选择“CLS”，即广义最小二乘法。在“Optimization”模块中，“Optimization method”选择“EViews legacy”，如图 4-12 所示。最后，点击“确定”。模型输出结果如图 4-13 所示。

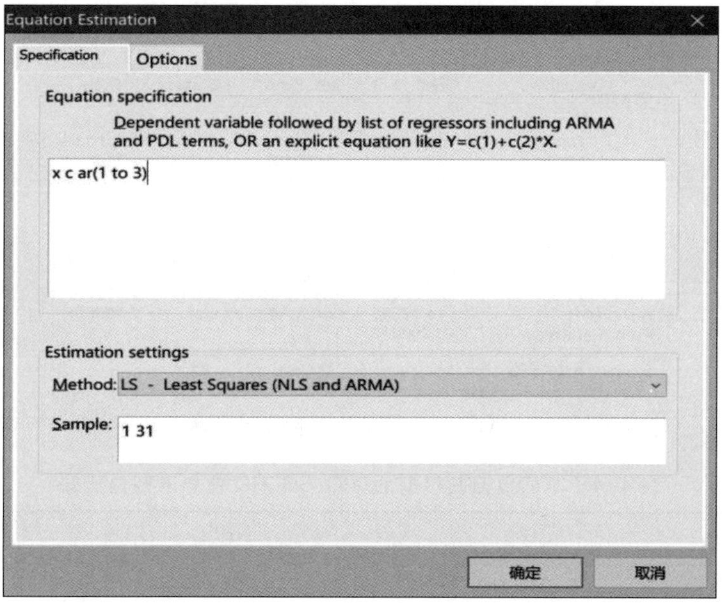

图 4-11　AR(3)模型的第二种输入方式

从图 4-13 的 Equation 窗口可以看到模型中每个变量对应的系数和各种检验值。对比两种不同的输入方法，可以发现只有截距项对应的系数是不相同的，其他的各种检验值都是相同的，所以使用不同的输入方法对模型的判断没有影响，只是模型方程的书写形式有所不同。

我们点击 Equation 窗口上方任务栏中的“Freeze”，将检验结果固定为一个 Table 窗口放在旁边，给这个检验结果表格命名，从而保存每次的检验结果，方便之后不同检验结果的比较。

选择不同的滞后阶数 1、2、3 进行建模，再对不同的 AR 模型进行比较，观察每个模型滞后变量对应的系数是否显著，比较每个模型的 AIC、SC、HQ 信息准则值，选择信息准则值最小的模型。综合判断选择 AR(3)模型，即确定模型的滞后阶数为 3，具体如表 4-4 所示。

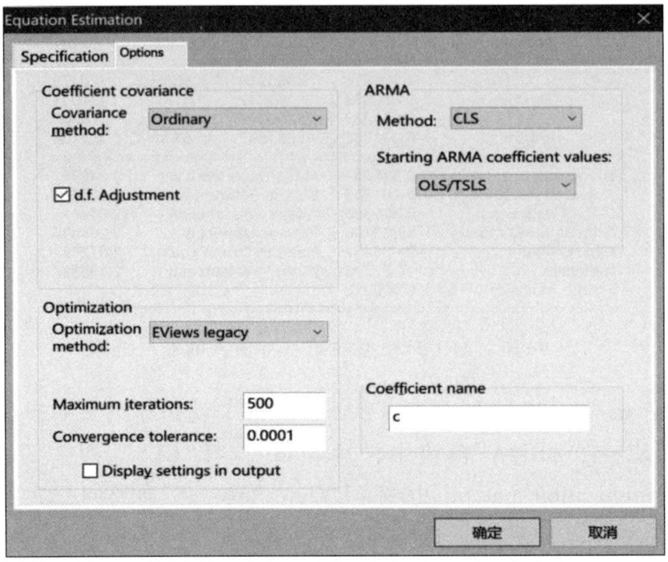

图 4-12 模型输入方法的选择窗口

Variable	Coefficient	Std. Error	t-Statistic	Prob.
C	3.240905	0.241791	13.40373	0.0000
AR(1)	0.880338	0.194932	4.516127	0.0001
AR(2)	0.011233	0.266197	0.042200	0.9667
AR(3)	-0.391732	0.241892	-1.619449	0.1184

R-squared	0.645661	Mean dependent var	3.342857
Adjusted R-squared	0.601369	S.D. dependent var	0.982600
S.E. of regression	0.620386	Akaike info criterion	2.014615
Sum squared resid	9.237106	Schwarz criterion	2.204930
Log likelihood	-24.20462	Hannan-Quinn criter.	2.072797
F-statistic	14.57726	Durbin-Watson stat	2.185598
Prob(F-statistic)	0.000013		

Inverted AR Roots	.71+.49i	.71-.49i	-.53

图 4-13 AR(3)模型的第二种输入的输出结果

表 4-4 不同自回归模型的 AIC、SC、HQ 信息准则值比较

模型	AIC	SC	HQ
AR(1)	2.014 881	2.108 294	2.044 764
AR(2)	2.049 585	2.191 030	2.093 884
AR(3)	2.014 615	2.204 930	2.072 797

4. 模型回归与检验

确定好模型阶数之后,用确定好的 AR(3)模型对模型进行回归。在“Equation specification”中,输入“x c ar(1 to 3)”,或者“x c x(−1) x(−2) x(−3)”,点击“确定”,弹出 Equation 窗口,可以看到模型中每个变量对应的系数。进一步检验该模型的残差序列。

(1) 残差序列白噪声检验

输入命令“predict e1,res”和“corrgram e1,lags(20)”检验建立好的 AR(3)模型的残差序列是否为白噪声序列。可以发现 P 值均显著大于 0.05,这表明 AR(3)模型可以充分提取时间序列的信息,如图 4-14 所示。

（2）残差序列相关检验

在 Equation 窗口上方的任务栏中依次点击“View→Residual Diagnostics→Serial Correlation LM Test”,弹出一个 Lag Specification 窗口,输入之前选择的模型滞后阶数,点击“OK”,如图 4-15 所示。可以得到序列相关检验结果,如图 4-16 所示。

观察“Breusch-Godfrey Serial Correlation LM Test”中“Obs * R-squared”对应的 P 值,由于 P 值大于显著性水平 0.05,所以不拒绝原假设“没有序列相关”,表明残差序列不相关。

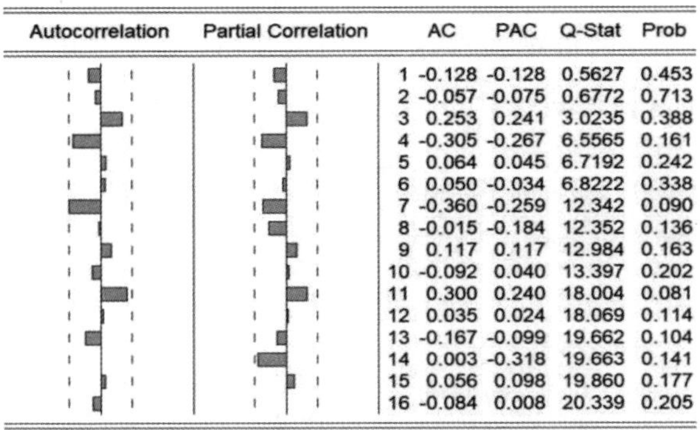

	AC	PAC	Q-Stat	Prob
1	-0.128	-0.128	0.5627	0.453
2	-0.057	-0.075	0.6772	0.713
3	0.253	0.241	3.0235	0.388
4	-0.305	-0.267	6.5565	0.161
5	0.064	0.045	6.7192	0.242
6	0.050	-0.034	6.8222	0.338
7	-0.360	-0.259	12.342	0.090
8	-0.015	-0.184	12.352	0.136
9	0.117	0.117	12.984	0.163
10	-0.092	0.040	13.397	0.202
11	0.300	0.240	18.004	0.081
12	0.035	0.024	18.069	0.114
13	-0.167	-0.099	19.662	0.104
14	0.003	-0.318	19.663	0.141
15	0.056	0.098	19.860	0.177
16	-0.084	0.008	20.339	0.205

图 4-14　AR(3)模型的残差序列检验

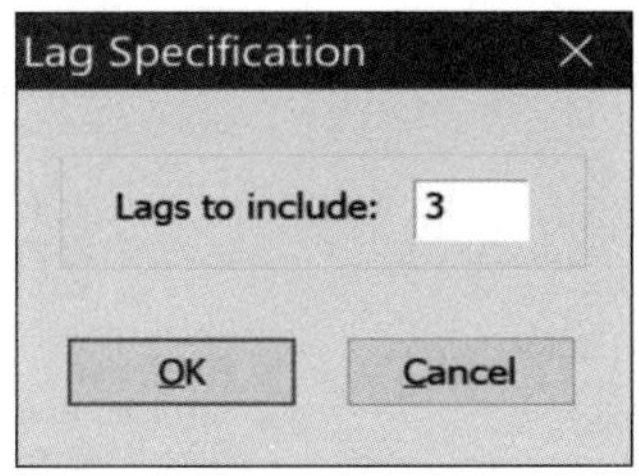

图 4-15　建模滞后阶数选择窗口

Breusch-Godfrey Serial Correlation LM Test:

F-statistic	0.889925	Prob. F(3,21)	0.4625
Obs*R-squared	3.158193	Prob. Chi-Square(3)	0.3679

图 4-16　残差序列相关检验结果

（3）残差异方差检验

在 Equation 窗口上方的任务栏中依次点击“View→Residual Diagnostics→Heteroskedasticity Tests”,弹出 Heteroskedasticity Tests 窗口,如图 4-17 所示,在“Test type”选项中选择“ARCH”,“Number of lags”填入滞后阶数 3,点击“OK”,可以得到异方差检验结果,如图 4-18 所示。

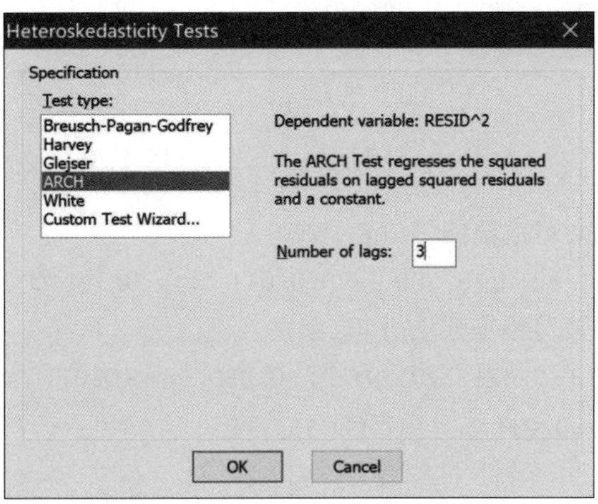

图 4-17　创建残差异方差检验窗口

Heteroskedasticity Test: ARCH

F-statistic	0.825241	Prob. F(3,21)	0.4947
Obs*R-squared	2.636473	Prob. Chi-Square(3)	0.4511

图 4-18 残差异方差检验结果

观察“Heteroskedasticity Test:ARCH”中“Obs * R-squared”对应的 P 值,由于 P 值大于显著性水平 0.05,则不拒绝原假设,即表明残差没有显著的异方差性。

5. 最终模型回归方程

根据滞后阶数进行建模有两种输入方法,分别得到两种结果,如图 4-19 所示,两种结果只有截距项是不一样的,其他变量的系数、标准差和检验统计量的值是相同的。

Variable	Coefficient	Std. Error	t-Statistic	Prob.
C	1.620971	0.634018	2.556663	0.0173
X(-1)	0.880338	0.194932	4.516127	0.0001
X(-2)	0.011233	0.266197	0.042200	0.9667
X(-3)	-0.391732	0.241892	-1.619449	0.1184

R-squared	0.645661	Mean dependent var	3.342857
Adjusted R-squared	0.601369	S.D. dependent var	0.982600
S.E. of regression	0.620386	Akaike info criterion	2.014615
Sum squared resid	9.237106	Schwarz criterion	2.204930
Log likelihood	-24.20462	Hannan-Quinn criter.	2.072797
F-statistic	14.57726	Durbin-Watson stat	2.185598
Prob(F-statistic)	0.000013		

(a)

Variable	Coefficient	Std. Error	t-Statistic	Prob.
C	3.240905	0.241791	13.40373	0.0000
AR(1)	0.880338	0.194932	4.516127	0.0001
AR(2)	0.011233	0.266197	0.042200	0.9667
AR(3)	-0.391732	0.241892	-1.619449	0.1184

R-squared	0.645661	Mean dependent var	3.342857
Adjusted R-squared	0.601369	S.D. dependent var	0.982600
S.E. of regression	0.620386	Akaike info criterion	2.014615
Sum squared resid	9.237106	Schwarz criterion	2.204930
Log likelihood	-24.20462	Hannan-Quinn criter.	2.072797
F-statistic	14.57726	Durbin-Watson stat	2.185598
Prob(F-statistic)	0.000013		

Inverted AR Roots	.71+.49i	.71-.49i	-.53

(b)

图 4-19 不同输入方式的自回归模型

如果根据图 4-19(a)来写模型回归方程,则是

$$x_t = 1.621\,0+0.880\,3x_{t-1}+0.011\,2x_{t-2}-0.391\,7x_{t-3}+\hat{v}_t \tag{4.4}$$

如果根据图 4-19(b)来写模型回归方程,则是

$$\begin{aligned} x_t &= 3.240\,9*(1-0.880\,3-0.011\,2+0.391\,7)+0.880\,3x_{t-1}+0.011\,2x_{t-2}-0.391\,7x_{t-3}+\hat{v}_t \\ &= 1.621\,0+0.880\,3x_{t-1}+0.011\,2x_{t-2}-0.391\,7x_{t-3}+\hat{v}_t \end{aligned} \tag{4.5}$$

6. 模型预测

用确定好的 AR(3)模型对模型进行预测。在之前的 Equation 窗口,点击上方任务栏中的

“Forecast”，会弹出 Forecast 窗口，Series names 模块中的“Forecast name”表示预测时间序列的名字，也可以自己命名，在 Method 模块中，选项“Dynamic forecast”表示动态预测，选项“Static forecast”表示静态预测。

首先进行静态预测。在 Method 模块中，选择“Static forecast”，给预测时间序列命名为“xf1”，再点击“OK”，如图 4-20 所示。

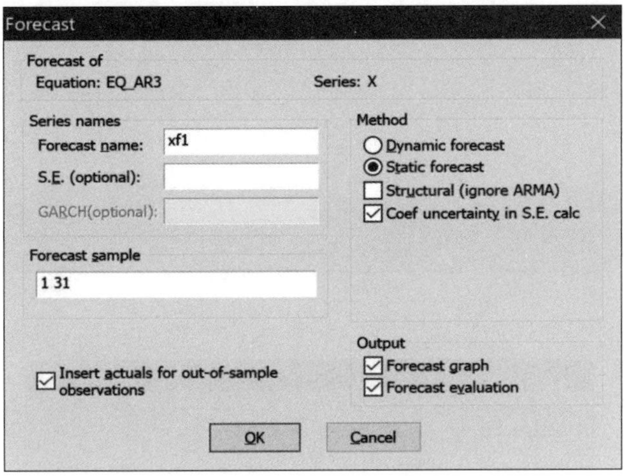

图 4-20　创建静态预测窗口

观察图 4-21 的静态预测结果，实线部分是预测值序列，上下两条虚线分别表示预测值 95% 的上下置信区间。“Root Mean Squared Error”表示预测的均方误差，这里为 0. 574 4，“Mean Absolute Error”表示绝对误差平均，这里为 0. 452 6。可以看到误差结果其实比较大，说明模型对该时间序列的预测效果不是很好。

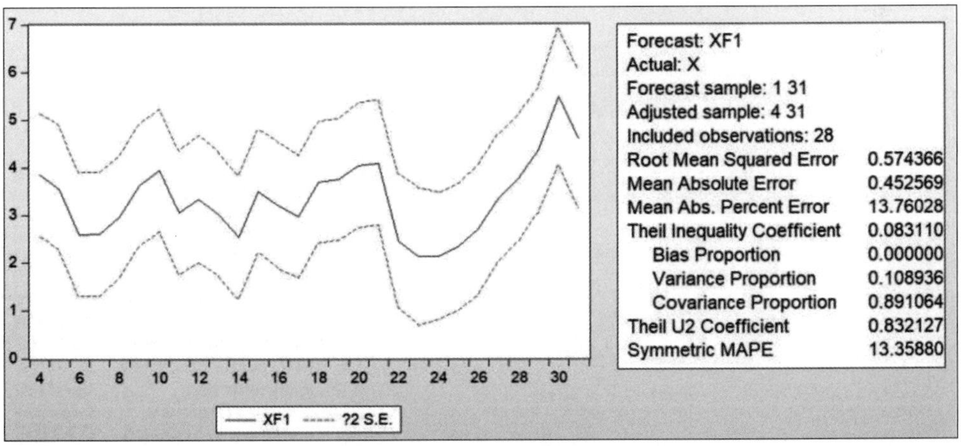

图 4-21　静态预测结果

然后进行动态预测。在 Workfile 窗口，双击上方任务栏下面的“Range”，会弹出 Workfile Structure 窗口，改变“Start date”和“End date”，扩大时间序列的范围区间，为动态预测做准备，如图 4-22 所示，点击“OK”。在 Method 模块中，选择“Dynamic forecast”，给预测时间序列命名为

“xf2”,再点击“OK”,如图 4-23 所示。

查看图 4-24 动态预测得到的预测时间序列 xf2,动态预测 2 月前 4 天的平均温度如表 4-5 所示。

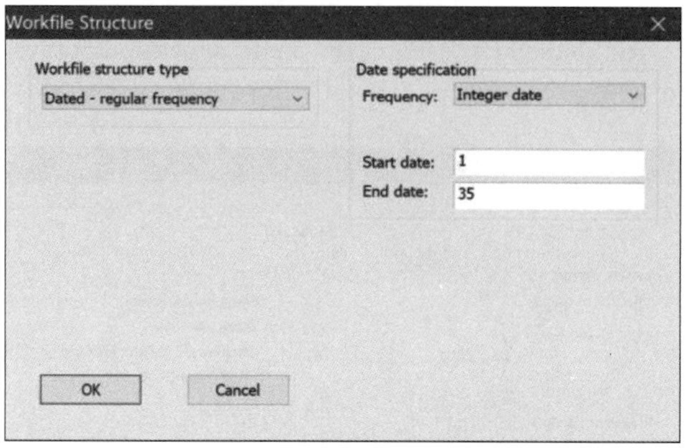

图 4-22 扩大时间序列的时间范围

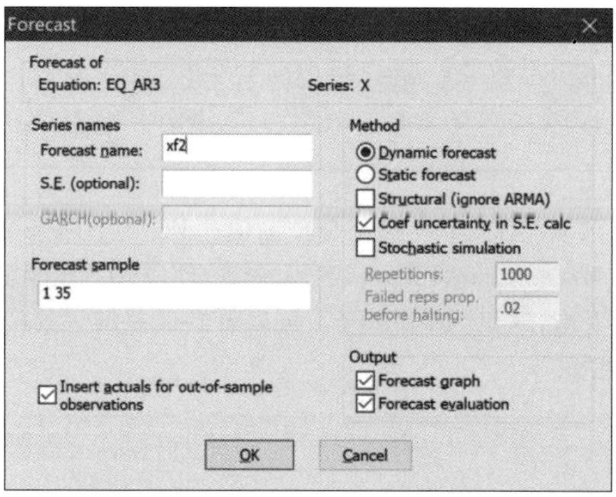

图 4-23 创建动态预测窗口

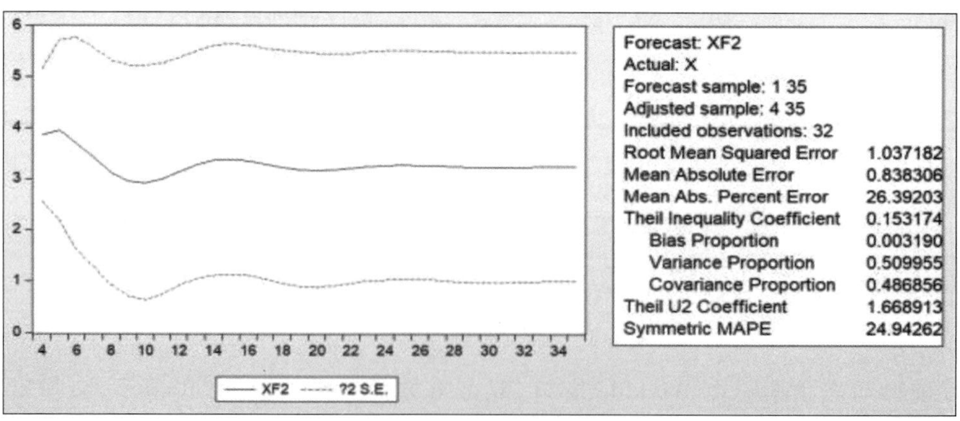

图 4-24 动态预测结果

表 4-5 动态预测的平均气温

日期	平均气温(℃)
2-1	3.23
2-2	3.24
2-3	3.24
2-4	3.25

(三) Stata 操作过程

1. 导入观察值序列

第一种,将数据复制粘贴到 Stata 中。点击 Stata 上方任务栏中的图标"Data Editor(Edit)",会弹出数据编辑窗口,我们可以将自己的数据复制粘贴进来,这里选择将数据的第一行作为变量名,如图 4-25 所示。由于日期显示比较复杂,所以输入"gen time = _n"生成数字来表示时间顺序,再输入"tsset time"指定 time 为时间序列数据。结果如图 4-25 所示。

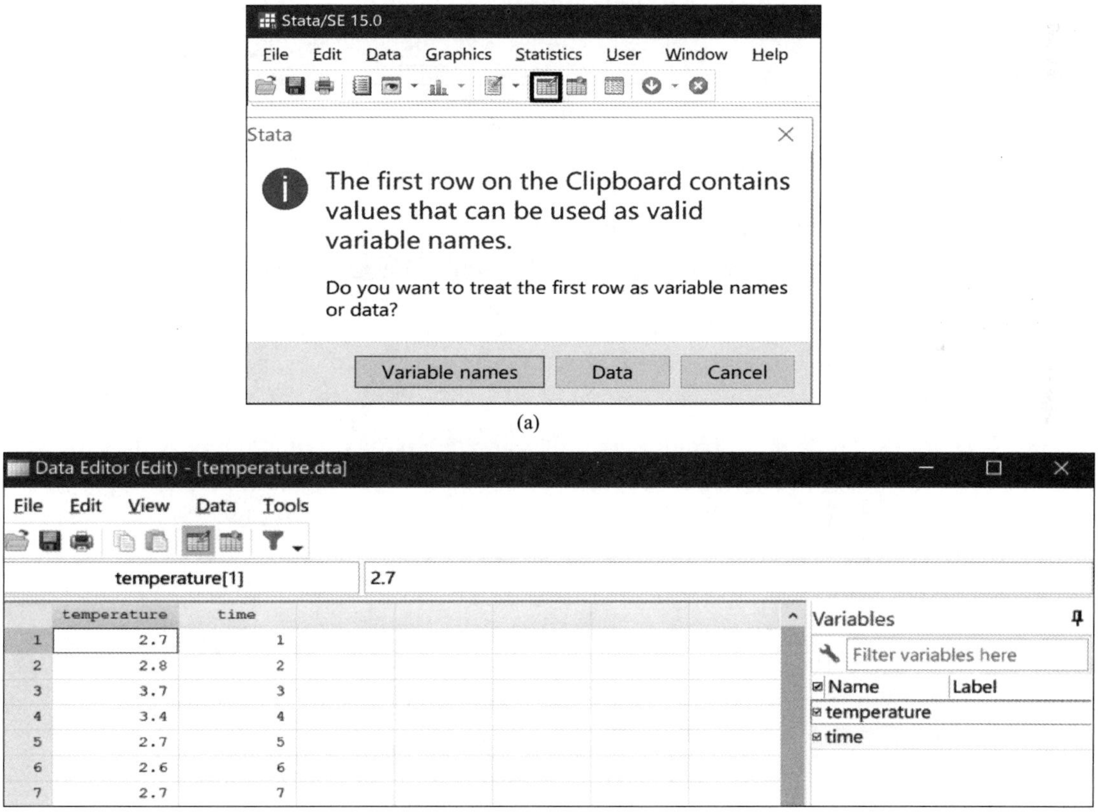

(a)

(b)

图 4-25 复制粘贴导入观察值序列

第二种,直接导入外部 Excel 数据。在 Stata 上方任务栏中依次点击"File→Import→Excel spreadsheet",会弹出 Import Excel 窗口,选择准备好的 Excel 数据,勾选"Import first row as variable names",

将第一行作为变量名。如图 4-26 所示。

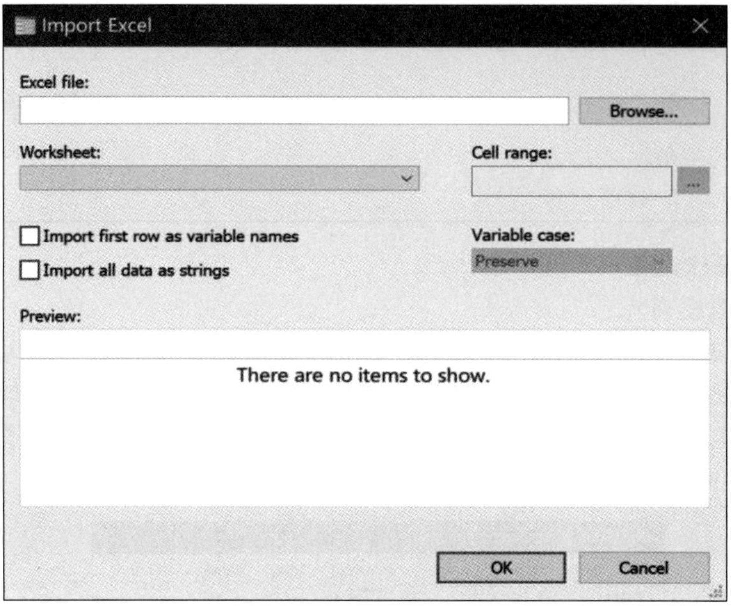

图 4-26 直接导入外部 Excel 数据

2. 平稳性检验

首先,观察序列的时序图,输入"tsline temperature"或者"line temperature time"画出时间序列的时序图,如图 4-27 所示,我们从时序图中可以大致判断序列是平稳的。

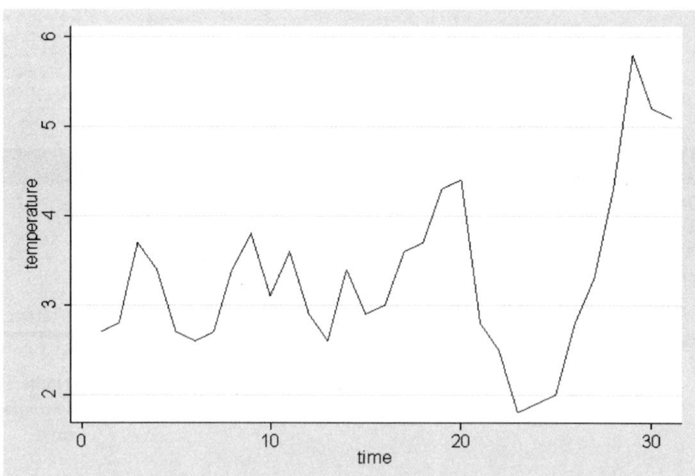

图 4-27 时间序列的时序图

再对序列进行单位根检验,输入"dfuller temperature,trend lags(3)",结果如图 4-28 所示,由于 P 值小于显著性水平,所以拒绝原假设"时间序列含有单位根",因此序列是包含截距项的平稳时间序列。

```
Augmented Dickey-Fuller test for unit root          Number of obs   =        27

                               ---------- Interpolated Dickey-Fuller ----------
                  Test         1% Critical       5% Critical      10% Critical
               Statistic           Value             Value             Value
-------------------------------------------------------------------------------
 Z(t)             -3.887            -4.362            -3.592            -3.235
-------------------------------------------------------------------------------
MacKinnon approximate p-value for Z(t) = 0.0126
```

图 4-28 时间序列的单位根检验

3. 模型定阶——滞后阶数的确定

首先,观察序列的自相关系数图和偏自相关系数图,大致观察模型的拖尾情况,输入“ac temperature”画出自相关系数图,如图 4-29 所示。输入“pac temperature”画出偏自相关系数图,如图 4-30 所示。

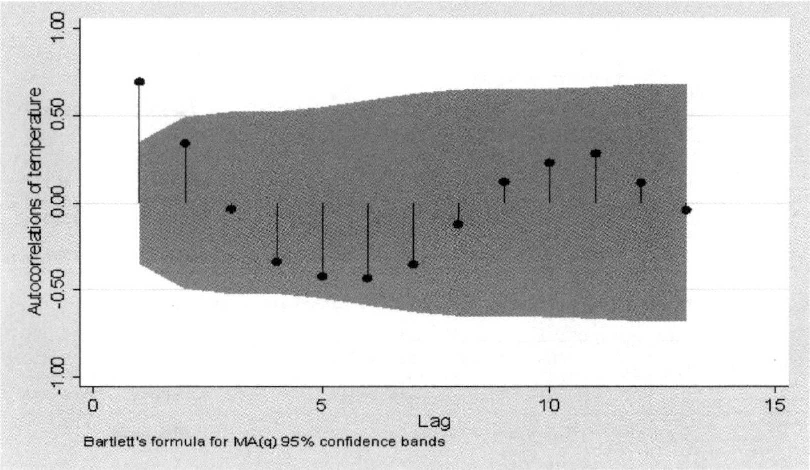

图 4-29 时间序列的自相关系数图

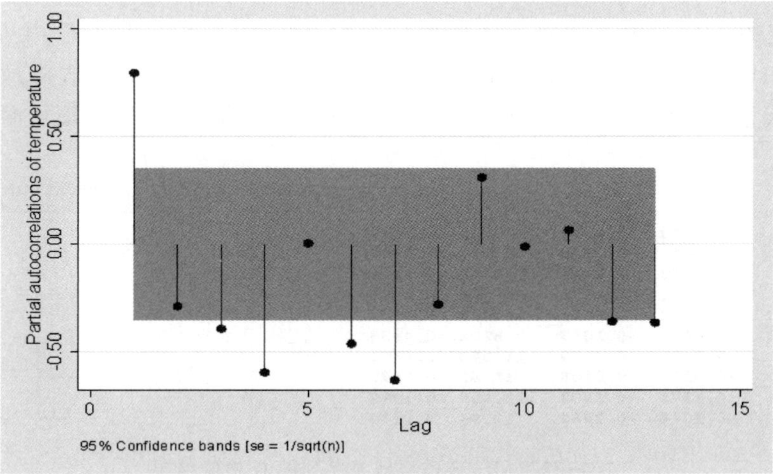

图 4-30 时间序列的偏自相关系数图

然后,尝试用不同的模型进行拟合,参照 EViews 操作中的结果,选择 AR(1)、AR(2)、AR(3)模型进行拟合,观察它们的 AIC 信息准则值。

对于 AR(1)模型的拟合,输入"arima temperature, ar(1)"或者"arima temperature, arima(1,0,0)",可以得到模型中的参数和检验值。再输入"estat ic",得到模型的 AIC 信息准则值。

对于 AR(2)模型的拟合,输入"arima temperature, ar(1/2)"或者"arima temperature, arima(2,0,0)",可以得到模型中的参数和检验值。再输入"estat ic",得到模型的 AIC 信息准则值。

对于 AR(3)模型的拟合,输入"arima temperature, ar(1/3)"或者"arima temperature, arima(3,0,0)",可以得到模型中的参数和检验值。再输入"estat ic",得到模型的 AIC 信息准则值。下面仅展示 AR(3)模型的拟合结果和 AIC 信息准则值,如图 4-31 所示。

ARIMA regression

Sample: 1 - 31　　　　Number of obs = 31

　　　　　　　　　　　Wald chi2(3) = 37.66

Log likelihood = -26.84341　　Prob > chi2 = 0.0000

temperature	Coef.	OPG Std. Err.	z	P>|z|	[95% Conf.	Interval]
temperature						
_cons	3.253181	.2564732	12.68	0.000	2.750503	3.755859
ARMA						
ar						
L1.	.8566316	.2375133	3.61	0.000	.3911142	1.322149
L2.	.0090858	.3151001	0.03	0.977	-.6084991	.6266708
L3.	-.3645946	.2601548	-1.40	0.161	-.8744886	.1452994
/sigma	.5619341	.0834846	6.73	0.000	.3983073	.7255609

Akaike's information criterion and Bayesian information criterion

Model	Obs	ll(null)	ll(model)	df	AIC	BIC
.	31	.	-26.84341	5	63.68682	70.85676

Note: N=Obs used in calculating BIC; see **[R] BIC note**.

图 4-31　AR(3)模型的拟合结果和 AIC 信息准则值

4. 模型回归与检验

对最后选定的 AR(3)模型的残差序列进行检验,输入"predict e1, res",生成该模型的残差序列并命名为 e1,再输入"corrgram e1, lag(10)"得到残差序列的 Q 检验结果,如图 4-32 所示。发现 P 值全都大于显著性水平 0.05,所以认为残差序列通过检验,充分提取了时间序列的信息。

LAG	AC	PAC	Q	Prob>Q	-1 0 1 [Autocorrelation]	-1 0 1 [Partial Autocor]
1	-0.1063	-0.1085	.38509	0.5349		
2	-0.0847	-0.0993	.63799	0.7269		
3	0.2118	0.2682	2.2764	0.5171		
4	-0.2960	-0.4079	5.596	0.2314		
5	0.0573	0.0414	5.7254	0.3339		
6	0.0482	-0.1049	5.8204	0.4436		
7	-0.3677	-0.4759	11.583	0.1151		
8	-0.0391	-0.6186	11.65	0.1675		
9	0.1278	-0.1703	12.409	0.1912		
10	-0.1044	-0.2860	12.94	0.2270		

图 4-32　AR(3)模型残差序列的 Q 检验结果

5. 模型预测

得到模型结构之后，使用 AR(3) 模型来对武汉市日平均气温进行预测。在 Stata 中可以进行样本内预测、样本外预测以及动态预测。

第一种，样本内预测。预测武汉市 2019 年 1 月 1 日至 2019 年 1 月 31 日的每日平均气温，使用命令"predict temperature_p1"，temperature_p1 是用来存放预测值的变量序列名。

第二种，样本外预测。预测武汉市 2019 年 2 月 1 日至 2019 年 2 月 5 日的每日平均气温，首先用命令"tsappend，add(5)"扩展时间区间，增加 5 个观测值；再使用命令"predict temperature_p2"得到样本外的一步预测值。输入命令"list time temperature_p2 in -5/ -1"查看武汉市 2019 年 2 月 1 日至 2019 年 2 月 5 日每日平均气温的预测结果，如图 4-33(a) 所示。

第三种，动态预测。在 2019 年 1 月 1 日至 2019 年 1 月 31 日采用该序列的真实值进行预测，2019 年 2 月 1 日至 2019 年 2 月 5 日采用动态预测。命令为"predict temperature_p3，dynamic(31)"，其中 dynamic( ) 括号中的数字表示从一步预测转换为动态预测的时间。输入命令"list time temperature_p3 in -5/ -1" 查看武汉市 2019 年 2 月 1 日至 2019 年 2 月 5 日每日平均气温的预测结果，如图 4-33(b) 所示。

time	tempera~2
32	3.9243567
33	3.1351116
34	2.484797
35	2.3491793
36	2.5148506

(a)

time	tempera~3
32	3.4638
33	2.7356993
34	2.3344827
35	2.3847028
36	2.689539

(b)

图 4-33　样本外预测和动态预测结果

第二节　MA 模型原理、案例与软件操作

一、理论概述

(一) 模型结构

MA 模型即移动平均模型(moving average model)，该模型也是基础模型，是常用的平稳序列的拟合模型之一。MA 模型不考虑历史数据，考虑的是随机误差，所以模型中随机变量 X_t 的取值 x_t 与之前的序列值无关，而是与前 q 期的随机扰动项相关。模型简记为 MA(q)，其模型结构通常如下

$$x_t=\mu+\varepsilon_t-\theta_1\varepsilon_{t-1}-\theta_2\varepsilon_{t-2}-\cdots-\theta_q\varepsilon_{t-q} \tag{4.6}$$

$$\begin{cases} E(\varepsilon_t)=0, Var(\varepsilon_t)=\delta_\varepsilon^2 \\ E(\varepsilon_t\varepsilon_s)=0, s\neq t \\ E(\varepsilon_t x_s)=0, \forall s<t \end{cases} \tag{4.7}$$

在这里，MA(q) 模型简记为

$$x_t=\mu+\varepsilon_t-\theta_1\varepsilon_{t-1}-\theta_2\varepsilon_{t-2}-\cdots-\theta_q\varepsilon_{t-q} \tag{4.8}$$

（二）模型定阶

在实际运用 MA(q)模型进行预测的时候，MA(q)模型中的 q 是未知的，一般利用偏自相关函数(PACF)和自相关函数(ACF)来进行定阶。MA(q)模型对偏自相关函数拖尾，对自相关函数 q 阶截尾。MA(q)模型的性质具体如表 4-6 所示。

表 4-6 MA(q)模型的性质

检验统计量	性质
自相关函数(ACF)	q 阶截尾
偏自相关函数(PACF)	拖尾

二、案例分析与软件操作

（一）数据来源和案例描述

【案例 4-2】 选取全国 2017 年 1 月至 2019 年 3 月的月度企业商品价格指数。我们希望利用目前的企业商品价格指数数据建立合适的模型，根据所建立的模型去预测之后的企业商品价格指数。

（二）EViews 操作过程

1. 导入观察值序列

新建工作区，在 EViews 上方的任务栏中依次单击“File→Open→Foreign Data as Workfile”，在弹出来的文件窗口中选择相应的 Excel 数据，如图 4-34 所示。

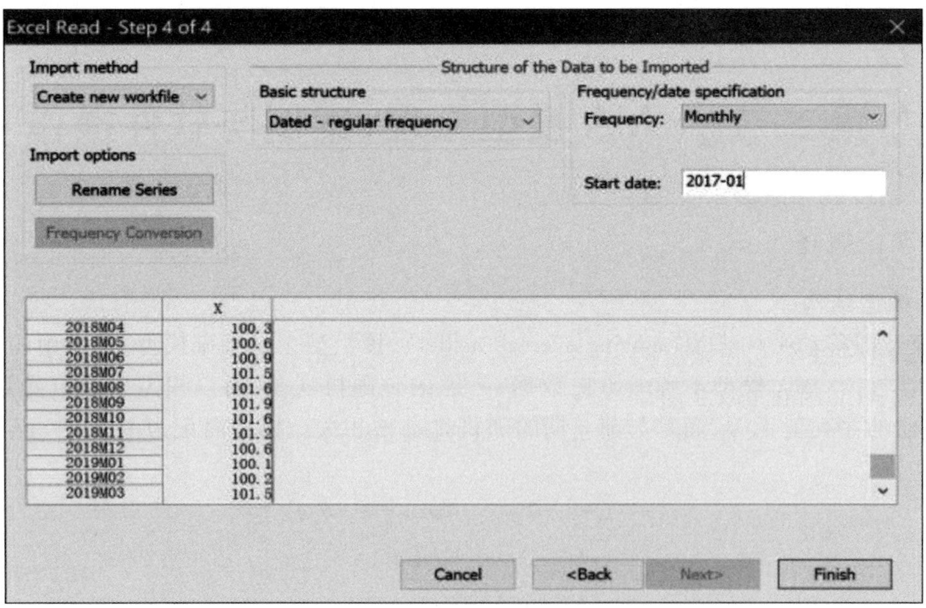

图 4-34 导入外部 Excel 数据

2. 平稳性检验

MA 模型建模的前提为时间序列是平稳时间序列，所以需要对原始时间序列进行平稳性检验。观察序列的时序图,大致对序列平稳做出主观判断,发现时间序列大致是平稳的,如图 4-35 所示。

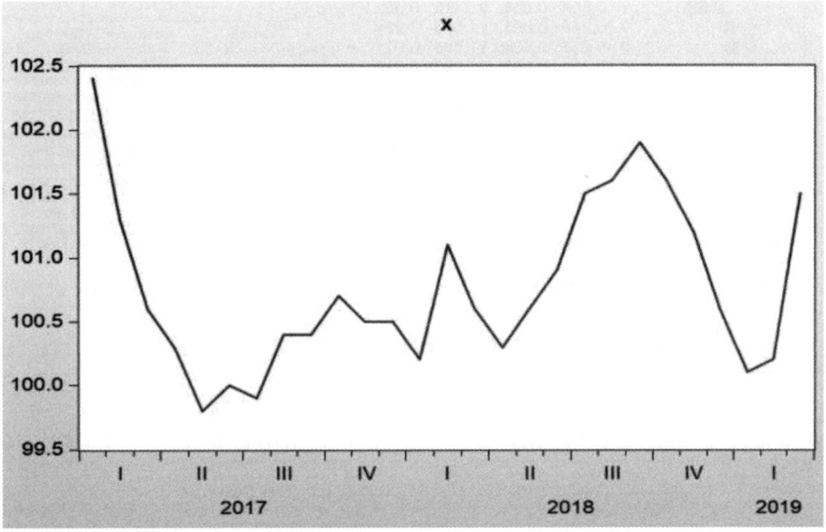

图 4-35　时间序列的时序图

然后,我们选择三种不同的情形对原始时间序列进行单位根检验,如果 P 值小于显著性水平 0.05,则拒绝原假设"时间序列含有单位根",说明时间序列是平稳时间序列;如果 P 值大于显著性水平 0.05,则不拒绝原假设"时间序列含有单位根",说明时间序列是含有单位根的非平稳时间序列。表 4-7 显示 P 值在"Intercept"情形下是小于显著性水平 0.05 的,所以序列是包含截距项的平稳时间序列。

表 4-7　三种情形单位根检验

P 值	Trend and intercept	Intercept	None
Prob. *	0.062 2	0.043 8	0.547 7
时间序列	非平稳	平稳	非平稳

3. 模型定阶——滞后阶数的确定

(1) 观察 ACF 图和 PACF 图

通过观察 ACF 图和 PACF 图,如图 4-36 所示,我们从主观上判断模型的滞后阶数为 1—3,为后面确定具体的滞后阶数做准备。

(2) 观察 AIC、SC、HQ

参考 ACF 图和 PACF 图得到的滞后阶数的范围,选择不同的滞后阶数 1、2、3 进行建模,再对不同的 MA 模型进行比较,观察每个模型滞后变量对应的系数是否显著。可以看出 MA(3)模型中最后一项对应的系数是不显著的,其他两个 MA 模型系数都是显著的,如图 4-37 所示。

再比较每个模型 AIC、SC、HQ 信息准则值,选择信息准则值最小的模型,综合判断选择 MA(2)模型,具体如表 4-8 所示。

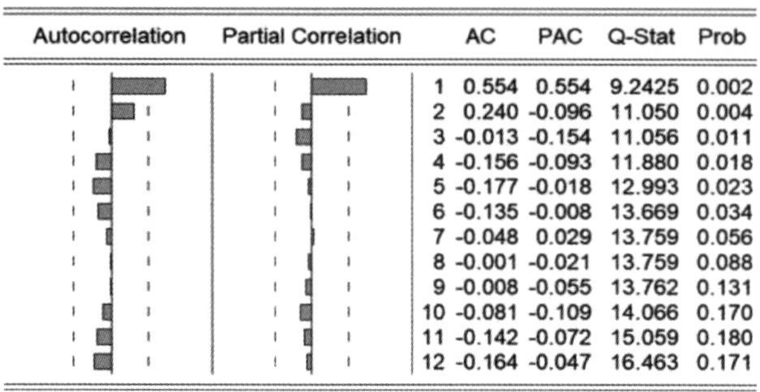

Autocorrelation	Partial Correlation		AC	PAC	Q-Stat	Prob
		1	0.554	0.554	9.2425	0.002
		2	0.240	-0.096	11.050	0.004
		3	-0.013	-0.154	11.056	0.011
		4	-0.156	-0.093	11.880	0.018
		5	-0.177	-0.018	12.993	0.023
		6	-0.135	-0.008	13.669	0.034
		7	-0.048	0.029	13.759	0.056
		8	-0.001	-0.021	13.759	0.088
		9	-0.008	-0.055	13.762	0.131
		10	-0.081	-0.109	14.066	0.170
		11	-0.142	-0.072	15.059	0.180
		12	-0.164	-0.047	16.463	0.171

图 4-36 时间序列的 ACF 图和 PACF 图

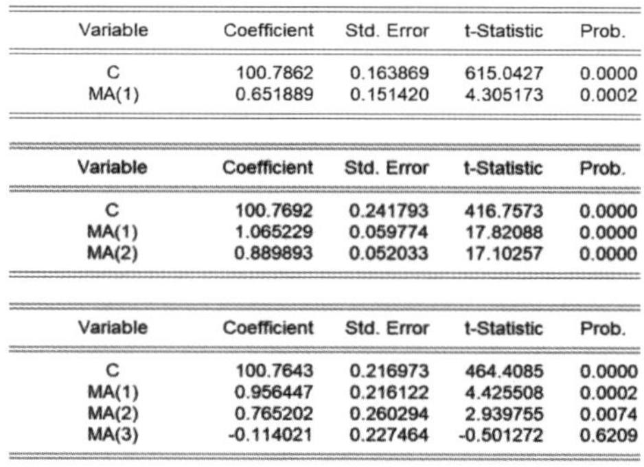

Variable	Coefficient	Std. Error	t-Statistic	Prob.
C	100.7862	0.163869	615.0427	0.0000
MA(1)	0.651889	0.151420	4.305173	0.0002

Variable	Coefficient	Std. Error	t-Statistic	Prob.
C	100.7692	0.241793	416.7573	0.0000
MA(1)	1.065229	0.059774	17.82088	0.0000
MA(2)	0.889893	0.052033	17.10257	0.0000

Variable	Coefficient	Std. Error	t-Statistic	Prob.
C	100.7643	0.216973	464.4085	0.0000
MA(1)	0.956447	0.216122	4.425508	0.0002
MA(2)	0.765202	0.260294	2.939755	0.0074
MA(3)	-0.114021	0.227464	-0.501272	0.6209

图 4-37 不同的 MA 模型的模型系数

表 4-8 不同 MA 模型的 AIC、SC、HQ 信息准则值比较表

模型	AIC	SC	HQ
MA(1)	1.597 185	1.693 172	1.625 727
MA(2)	1.234 298	1.378 280	1.277 111
MA(3)	1.295 763	1.487 739	1.352 848

4. 模型回归与检验

确定好模型阶数之后，用确定好的 MA(2) 模型对模型进行回归，进一步去检验该模型的残差序列。

(1) 残差序列白噪声检验

检验建立好的 MA(2) 模型的残差序列是否为白噪声序列。可以发现 P 值均显著大于 0.05，这表明 MA(2) 模型可以充分提取时间序列的信息，如图 4-38 所示。

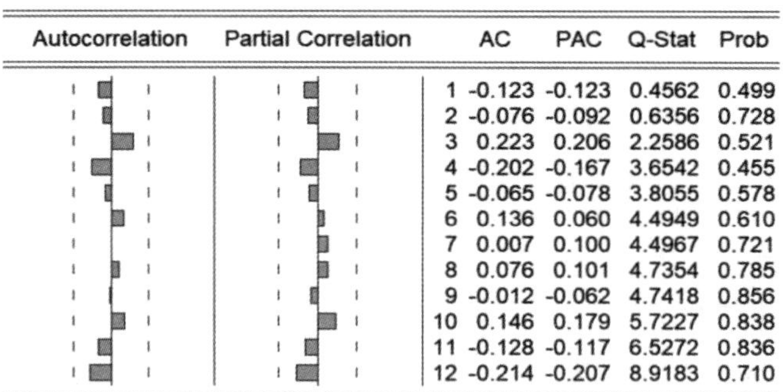

Autocorrelation	Partial Correlation		AC	PAC	Q-Stat	Prob
		1	-0.123	-0.123	0.4562	0.499
		2	-0.076	-0.092	0.6356	0.728
		3	0.223	0.206	2.2586	0.521
		4	-0.202	-0.167	3.6542	0.455
		5	-0.065	-0.078	3.8055	0.578
		6	0.136	0.060	4.4949	0.610
		7	0.007	0.100	4.4967	0.721
		8	0.076	0.101	4.7354	0.785
		9	-0.012	-0.062	4.7418	0.856
		10	0.146	0.179	5.7227	0.838
		11	-0.128	-0.117	6.5272	0.836
		12	-0.214	-0.207	8.9183	0.710

图 4-38 MA(2)模型残差序列白噪声检验

(2) 残差序列相关检验

观察"Breusch-Godfrey Serial Correlation LM Test"中"Obs * R-squared"对应的 P 值，如果 P 值大于显著性水平 0.05，则不拒绝原假设"没有序列相关"，即表明残差序列不相关。输入滞后阶数 2，"Obs * R-squared"对应的 P 值大于显著性水平，说明残差序列是不相关的，如图 4-39 所示。

Breusch-Godfrey Serial Correlation LM Test:

F-statistic	0.355706	Prob. F(2,22)	0.7046
Obs*R-squared	0.845747	Prob. Chi-Square(2)	0.6552

图 4-39　MA(2)模型残差序列相关检验结果

(3) 残差异方差检验

观察"Heteroskedasticity Test:ARCH"中"Obs * R-squared"对应的 P 值,如果 P 值大于显著性水平 0.05,则不拒绝原假设,即表明残差没有显著的异方差性。"Obs * R-squared"对应的 P 值大于显著性水平,所以残差没有显著的异方差,如图 4-40 所示。

Heteroskedasticity Test: ARCH

F-statistic	0.081327	Prob. F(2,22)	0.9222
Obs*R-squared	0.183478	Prob. Chi-Square(2)	0.9123

图 4-40　MA(2)模型残差异方差检验

5. 最终模型回归方程

$$x_t = 100.769\ 2+\hat{v}_t+1.065\ 229\hat{v}_{t-1}+0.889\ 893\hat{v}_{t-2} \tag{4.9}$$

6. 模型预测

用确定好的 MA(2)模型对序列进行预测。扩展时间序列的区间范围,进行静态预测。在 Method 模块中,选择"Static forecast",给预测时间序列命名为"xf1",再点击"OK",如图 4-41 所示。

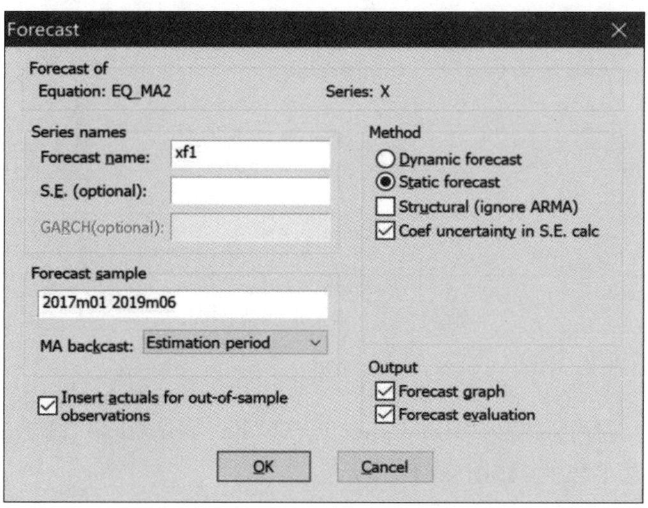

图 4-41　MA(2)模型的静态预测窗口

观察图 4-42 静态预测结果,实线部分是预测值序列,上下两条虚线分别表示预测值 95%的上下置信区间。Root Mean Squared Error 表示预测的均方误差为 0.401 4,Mean Absolute Error 表示平均绝对误差平均为 0.327 0。动态预测步骤与 AR 模型部分一样,此处不再赘述。

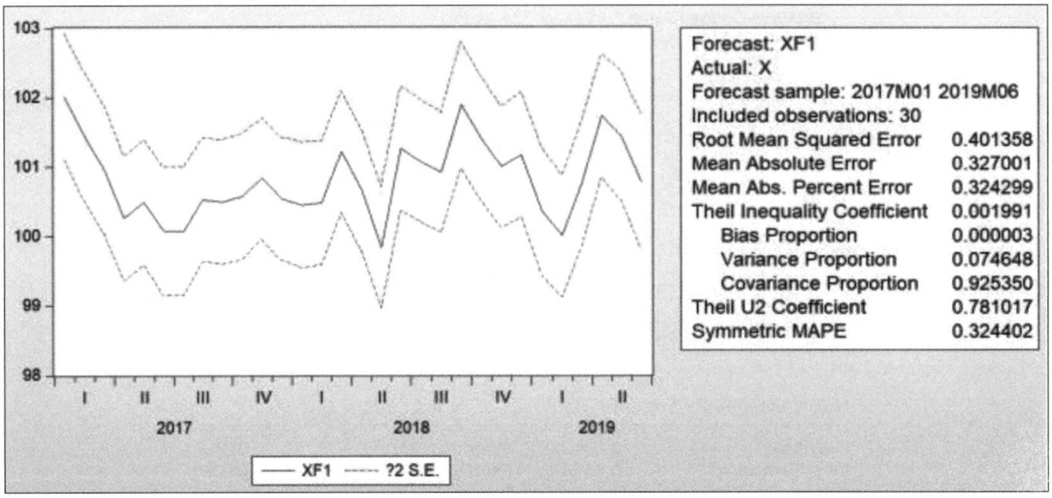

图 4-42　MA(2)模型的静态预测结果

(三) Stata 操作过程

1. 导入观察值序列

将数据复制粘贴到 Stata 中。由于日期显示比较复杂,所以输入“gen time = _n”生成数字来表示时间顺序,再输入“tsset time”指定 time 为时间序列数据,如图 4-43 所示。

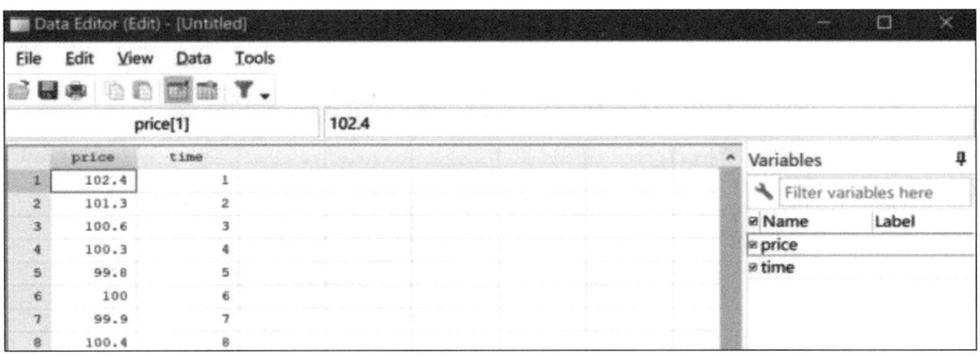

图 4-43　导入观察值序列

2. 平稳性检验

首先,观察序列的时序图,输入“tsline price”或者“line price time”画出时序图,我们从时序图中可以大致判断序列是平稳的,如图 4-44 所示。

再对序列进行单位根检验,输入“dfuller price,trend lags(3)”,如图 4-45 所示,P 值小于显著性水平,则拒绝原假设“时间序列含有单位根”,因此序列是包含截距项的平稳时间序列。

3. 模型定阶——滞后阶数的确定

首先,观察序列的自相关系数图和偏自相关系数图,大致观察模型的拖尾情况,输入“ac price”画出自相关系数图,如图 4-46 所示。输入“pac price”画出偏自相关系数图,如图 4-47 所示。

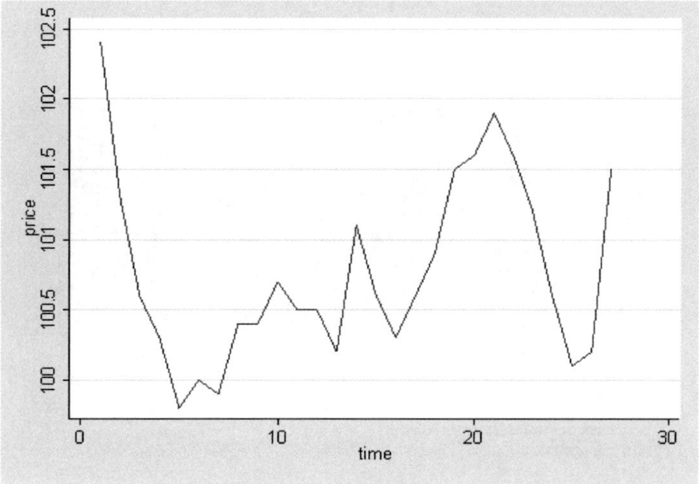

图 4-44　时序图

Augmented Dickey-Fuller test for unit root　　Number of obs = **23**

	Test Statistic	1% Critical Value	5% Critical Value	10% Critical Value
		Interpolated Dickey-Fuller		
Z(t)	**-3.812**	**-4.380**	**-3.600**	**-3.240**

MacKinnon approximate p-value for Z(t) = **0.0160**

图 4-45　时间序列的单位根检验结果

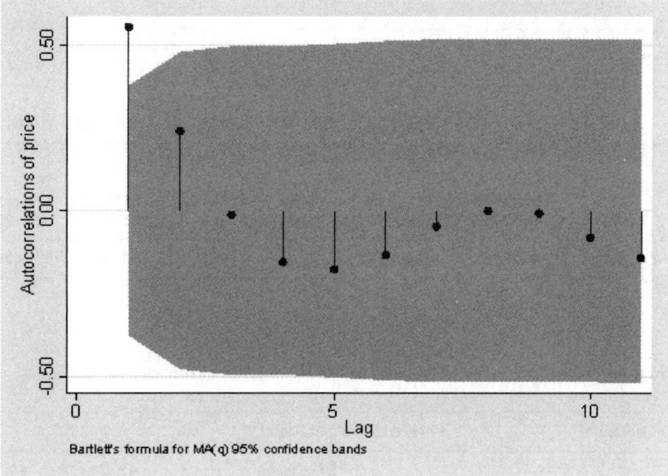

图 4-46　时间序列的自相关系数图

然后，尝试用不同的模型进行拟合，参照 EViews 操作中的结果，选择 MA(1)、MA(2)、MA(3)模型进行拟合，观察它们的 AIC 信息准则值。

对于 MA(1)模型的拟合，输入“arima price, ma(1)”或者“arima price, arima(0,0,1)”，可以得到模型中的参数和检验值。再输入“estat ic”，得到模型的 AIC 信息准则值。

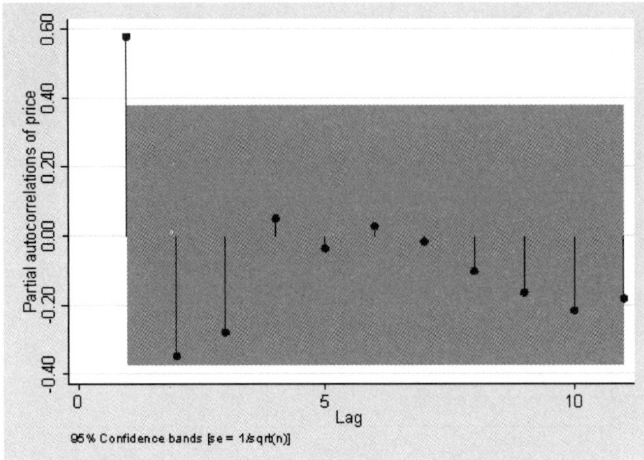

图 4-47 时间序列的偏自相关系数图

对于 MA(2)模型的拟合,输入“arima price,ma(1/2)”或者“arima price,arima(0,0,2)”,可以得到模型中的参数和检验值。再输入“estat ic”,得到模型的 AIC 信息准则值。

对于 MA(3)模型的拟合,输入“arima price,ma(1/3)”或者“arima price,arima(0,0,3)”,可以得到模型中的参数和检验值。再输入“estat ic”,得到模型的 AIC 信息准则值。

下面仅展示 MA(2)模型的拟合结果和 AIC 信息准则值,如图 4-48 所示。

ARIMA regression

Sample: **1 - 27**　　　　Number of obs = **27**

　　　　　　　　　　　　Wald chi2(**2**) = **24.10**

Log likelihood = **-17.65846**　　Prob > chi2 = **0.0000**

price	Coef.	OPG Std. Err.	z	P>|z|	[95% Conf.	Interval]
price						
_cons	**100.897**	**.2347265**	**429.85**	**0.000**	**100.437**	**101.3571**
ARMA						
ma						
L1.	**.9333105**	**.1926495**	**4.84**	**0.000**	**.5557245**	**1.310897**
L2.	**.7052453**	**.1999553**	**3.53**	**0.000**	**.3133401**	**1.097151**
/sigma	**.4506829**	**.080531**	**5.60**	**0.000**	**.292845**	**.6085208**

(a)

Akaike's information criterion and Bayesian information criterion

Model	Obs	ll(null)	ll(model)	df	AIC	BIC
.	**27**	.	**-17.65846**	**4**	**43.31692**	**48.50027**

Note: N=Obs used in calculating BIC; see **[R] BIC note.**

(b)

图 4-48 MA(2)模型的拟合结果和 AIC 信息准则值

4. 模型回归与检验

对最后选定的 MA(2)模型的残差序列进行检验,输入“predict e1,res”,生成该模型的残差序列并命名为 e1，再输入“corrgram e1，lag(10)”得到残差序列的 Q 检验结果，如图 4-49 所示。发现 P 值全都大于显著性水平 0.05，所以认为残差序列通过检验，已经充分提取时间序列的信息。

LAG	AC	PAC	Q	Prob>Q	-1 0 1 [Autocorrelation]	-1 0 1 [Partial Autocor]
1	-0.1214	-0.1495	.44397	0.5052		
2	-0.0184	-0.0303	.45458	0.7967		
3	0.1001	0.1275	.78141	0.8539		
4	-0.2417	-0.2792	2.7703	0.5970		
5	-0.0003	-0.0383	2.7703	0.7353		
6	-0.0172	-0.0445	2.7813	0.8357		
7	0.0248	0.1525	2.8055	0.9024		
8	0.0697	0.1586	3.0055	0.9340		
9	-0.0206	0.0478	3.0241	0.9633		
10	0.0586	0.0901	3.182	0.9768		

图 4-49　MA(2)模型的残差序列检验结果

5. 模型预测

得到模型结构之后，使用 MA(2)模型来对我国月度企业商品价格指数进行预测。在 Stata 中进行样本内预测、样本外预测以及动态预测的命令如下。

第一种，样本内预测。预测全国 2017 年 1 月至 2019 年 3 月的月度企业商品价格指数，使用命令“predict price_p1”，price_p1 表示用来存放预测值的变量序列名。

第二种，样本外预测。预测全国 2019 年 4 月至 2019 年 8 月的月度企业商品价格指数，首先用命令“tsappend，add(5)”扩展时间区间，增加 5 个观测值；再使用命令“predict price_p2”得到样本外的一步预测值。输入命令“list time price_p2 in -5/ -1”查看全国 2019 年 4 月至 2019 年 8 月的月度企业商品价格指数的预测结果，如图 4-50(a)所示。

第三种，动态预测。在 2017 年 1 月至 2019 年 3 月采用该序列的真实值进行预测，2019 年 4 月至 2019 年 8 月采用递推预测。命令为“predict price_p3，dynamic(27)”，其中 dynamic( )括号中的数字表示从一步预测转换为动态预测的时间。输入命令“list time price_p3 in -5/ -1”查看全国 2019 年 4 月至 2019 年 8 月的月度企业商品价格指数的预测结果，如图 4-50(b)所示。

time	price_p2
28	101.75747
29	101.55235
30	100.89702
31	100.89702
32	100.89702

(a)

time	price_p3
28	100.89019
29	100.89702
30	100.89702
31	100.89702
32	100.89702

(b)

图 4-50　样本外预测和动态预测结果

第三节　ARMA 模型原理、案例与软件操作

一、理论概述

(一) 模型结构

ARMA 模型即自回归移动平均模型(auto regressive moving average Model)，是研究平稳时间序列的重要模型，适用于平稳非白噪声序列。该模型是以 AR 模型和 MA 模型为基础，将这两个

模型混合构成的。所以,随机变量 X_t 的取值 x_t 不仅与之前的序列值有关,而且与前 q 期的随机扰动项有关。模型简记为 ARMA(p,q),其模型结构通常如下

$$x_t=\phi_0+\phi_1x_{t-1}+\phi_2x_{t-2}+\cdots+\phi_px_{t-p}+\varepsilon_t-\theta_1\varepsilon_{t-1}-\theta_2\varepsilon_{t-2}-\cdots-\theta_q\varepsilon_{t-q} \tag{4.10}$$

(二)模型定阶

在实际运用 ARMA 模型进行预测的时候,ARMA(p,q) 模型中的 p、q 是未知的,一般利用偏自相关函数(PACF)和自相关函数(ACF)来进行定阶。ARMA 模型对偏自相关函数拖尾,对自相关函数拖尾。ARMA(p,q) 模型的性质具体如表 4-9 所示。

表 4-9 ARMA(p,q)模型的性质

检验统计量	性质
自相关函数(ACF)	拖尾
偏自相关函数(PACF)	拖尾

二、案例分析与软件操作

(一)数据来源和案例描述

【案例 4-3】 选取全国 2015 年 1 月至 2019 年 6 月的月度企业所得税(单位:亿元)。我们希望利用目前的企业所得税数据找到合适的模型,根据所建立的模型去预测之后的企业所得税。

(二)EViews 操作过程

1. 导入观察值序列

将获取数据的 Excel 表格导入 EViews 当中。新建工作区,在 EViews 上方的任务栏中依次单击"File→Open→Foreign Data as Workfile",在弹出来的文件窗口中选择自己的 Excel 数据,如图 4-51 所示。

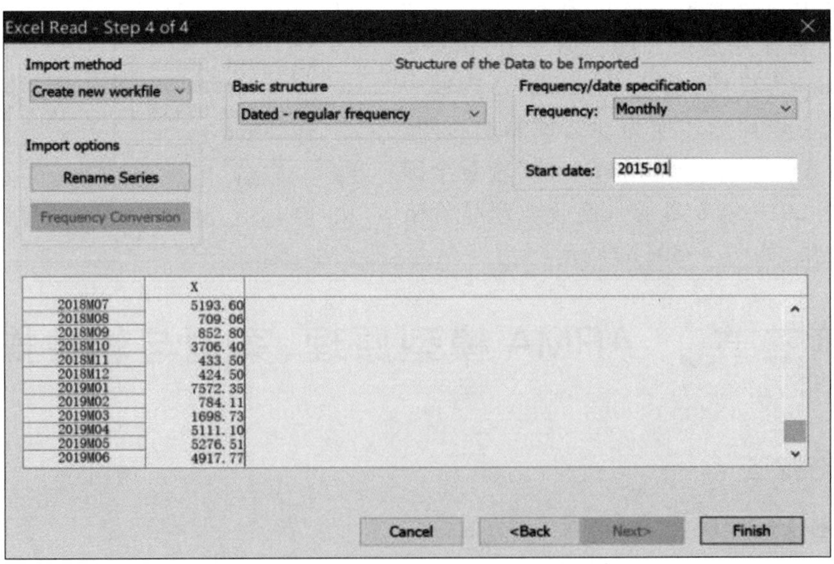

图 4-51 导入外部 Excel 数据

2. 平稳性检验

ARMA 模型建模的前提为时间序列是平稳时间序列，所以需要对原始时间序列进行平稳性检验。观察序列的时序图，大致对序列的平稳性做出主观判断，发现时间序列大致是平稳的，如图 4-52 所示。

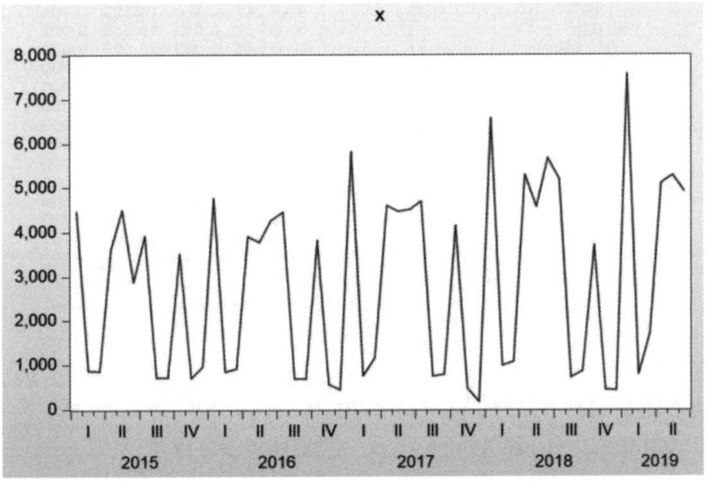

图 4-52 时间序列的时序图

然后，我们选择三种不同的情形对原始时间序列进行单位根检验，如果 *P* 值小于显著性水平 0.05，则拒绝原假设"时间序列含有单位根"，说明时间序列是平稳时间序列；如果 *P* 值大于显著性水平 0.05，则不拒绝原假设"时间序列含有单位根"，说明时间序列是含有单位根的非平稳时间序列。检验结果发现 *P* 值在"Trend and intercept"和"Intercept"情形下是小于显著性水平 0.05 的，具体如表 4-10 所示。

表 4-10 三种情形单位根检验

P 值	Trend and intercept	Intercept	None
Prob. *	0.004 4	0.001 6	0.507 1
时间序列	平稳	平稳	非平稳

再观察二者的 AIC、SC、HQ 信息准则值，选择信息准则值最小的，所以序列是包含截距项的平稳时间序列，具体如表 4-11 所示。

表 4-11 不同检验情形对应的 AIC、SC、HQ 信息准则值

具体情形	AIC	SC	HQ
Trend and intercept	17.931 51	18.160 95	18.018 88
Intercept	17.935 28	18.126 48	18.008 09

3. 模型定阶——滞后阶数的确定

(1) 观察 ACF 图和 PACF 图

通过观察 ACF 图和 PACF 图，我们从主观上判断模型的滞后阶数为 1—5，为后面确定具体

的滞后阶数做准备，如图 4-53 所示。

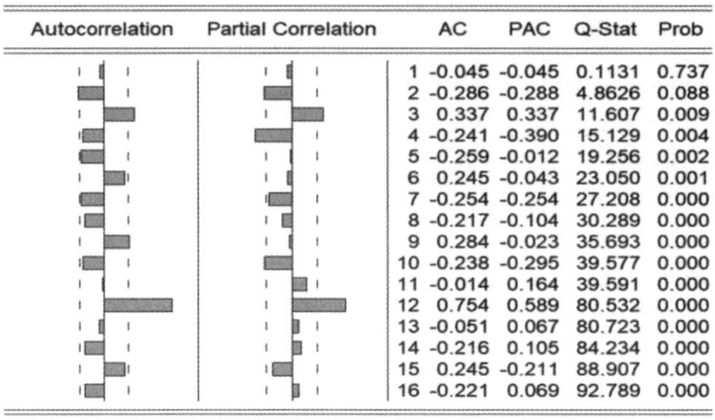

	AC	PAC	Q-Stat	Prob
1	-0.045	-0.045	0.1131	0.737
2	-0.286	-0.288	4.8626	0.088
3	0.337	0.337	11.607	0.009
4	-0.241	-0.390	15.129	0.004
5	-0.259	-0.012	19.256	0.002
6	0.245	-0.043	23.050	0.001
7	-0.254	-0.254	27.208	0.000
8	-0.217	-0.104	30.289	0.000
9	0.284	-0.023	35.693	0.000
10	-0.238	-0.295	39.577	0.000
11	-0.014	0.164	39.591	0.000
12	0.754	0.589	80.532	0.000
13	-0.051	0.067	80.723	0.000
14	-0.216	0.105	84.234	0.000
15	0.245	-0.211	88.907	0.000
16	-0.221	0.069	92.789	0.000

图 4-53 时间序列的 ACF 图和 PACF 图

（2）观察 AIC、SC、HQ

参考 ACF 图和 PACF 图得到的滞后阶数的范围，选择 AR 模型和 MA 模型的不同组合进行 AMRA 模型的建模。ARMA(1,1)模型的输入方式如图 4-54 所示。

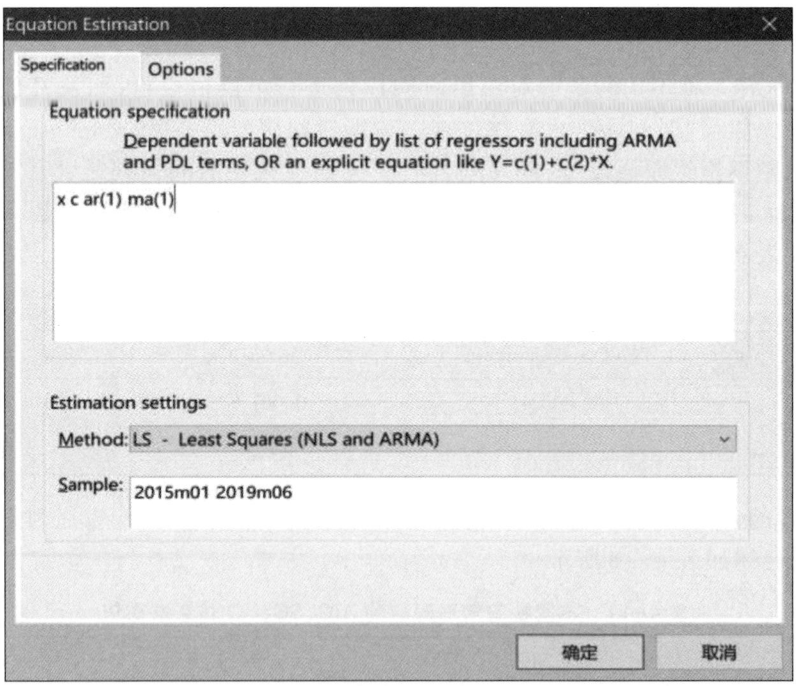

图 4-54 ARMA(1,1)模型的输入方式

建立了不同的 ARMA(p,q)模型，观察每个模型滞后变量对应的系数是否显著，系数都显著的模型有：ARMA(1,1)、ARMA(1,3)、ARMA(2,1)、ARMA(3,2)。

再比较每个模型 AIC、SC、HQ 信息准则值，选择信息准则值最小的模型，综合判断选择 ARMA(3,2)模型，具体如表 4-12 所示。

表 4-12　不同 ARMA 模型的 AIC、SC、HQ 信息准则值比较表

模型	AIC	SC	HQ
ARMA(1,1)	18.097 35	18.208 87	18.140 24
ARMA(1,3)	17.936 00	18.121 88	18.007 48
ARMA(2,1)	17.994 53	18.144 63	18.052 07
ARMA(3,2)	17.665 51	17.892 78	17.752 36

4. 模型回归与检验

确定好模型阶数之后,用确定好的 ARMA(3,2)模型对模型进行回归,进一步去检验该模型的残差序列。

(1) 残差序列白噪声检验

检验建立好的 ARMA(3,2)模型的残差序列是否为白噪声序列。可以发现 P 值均显著大于 0.05,这表明 ARMA(3,2)模型可以充分提取时间序列的信息,如图 4-55 所示。

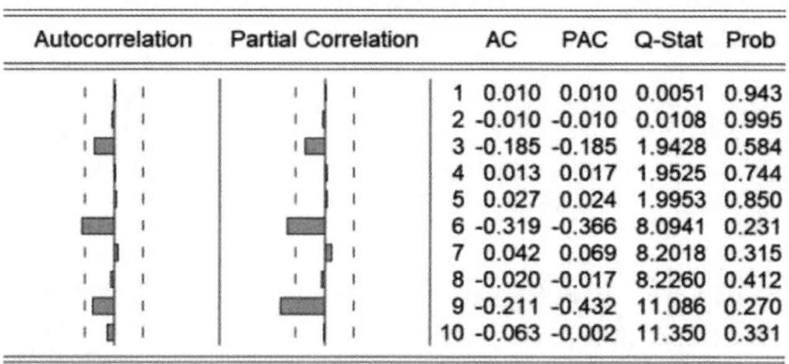

Autocorrelation	Partial Correlation		AC	PAC	Q-Stat	Prob
		1	0.010	0.010	0.0051	0.943
		2	-0.010	-0.010	0.0108	0.995
		3	-0.185	-0.185	1.9428	0.584
		4	0.013	0.017	1.9525	0.744
		5	0.027	0.024	1.9953	0.850
		6	-0.319	-0.366	8.0941	0.231
		7	0.042	0.069	8.2018	0.315
		8	-0.020	-0.017	8.2260	0.412
		9	-0.211	-0.432	11.086	0.270
		10	-0.063	-0.002	11.350	0.331

图 4-55　ARMA(3,2)模型残差序列白噪声检验

(2) 残差序列相关检验

观察"Breusch-Godfrey Serial Correlation LM Test"中"Obs * R-squared"对应的 P 值,如果 P 值大于显著性水平 0.05,则不拒绝原假设"没有序列相关",即表明残差序列不相关。输入滞后阶数 2,"Obs * R-squared"对应的 P 值大于显著性水平,说明残差序列是不相关的,如图 4-56 所示。

Breusch-Godfrey Serial Correlation LM Test:

F-statistic	0.102290	Prob. F(2,43)	0.9030
Obs*R-squared	0.241492	Prob. Chi-Square(2)	0.8863

图 4-56　ARMA(3,2)模型残差序列相关检验结果

(3) 残差异方差检验

观察"Heteroskedasticity Test:ARCH"中"Obs * R-squared"对应的 P 值,如果 P 值大于显著性水平 0.05,则不拒绝原假设,即表明残差没有显著的异方差。"Obs * R-squared"对应的 P 值大于显著性水平,所以残差没有显著的异方差,如图 4-57 所示。

Heteroskedasticity Test: ARCH

F-statistic	0.597881	Prob. F(1,48)	0.4432
Obs*R-squared	0.615131	Prob. Chi-Square(1)	0.4329

图 4-57 ARMA(3,2)模型残差异方差检验结果

5. 最终模型回归方程

$$x_t = 2\ 866.085 * (1+0.681\ 6+0.656\ 2-0.331\ 9)-0.681\ 6x_{t-1}-0.656\ 2x_{t-2}+0.331\ 9x_{t-3}+\hat{\nu}_t+1.119\ 4\hat{\nu}_{t-1}+0.922\ 1\hat{\nu}_{t-2} \quad (4.11)$$

$$=5\ 749.079\ 9-0.681\ 6x_{t-1}-0.656\ 2x_{t-2}+0.331\ 9x_{t-3}+\hat{\nu}_t+1.119\ 4\hat{\nu}_{t-1}+0.922\ 1\hat{\nu}_{t-2}$$

6. 模型预测

用确定好的 ARMA(3,2)模型对序列进行预测。扩展时间序列的区间范围,进行静态预测。在 Method 模块中,选择"Static forecast",给预测时间序列命名为"xf1",再点击"OK",如图 4-58 所示。

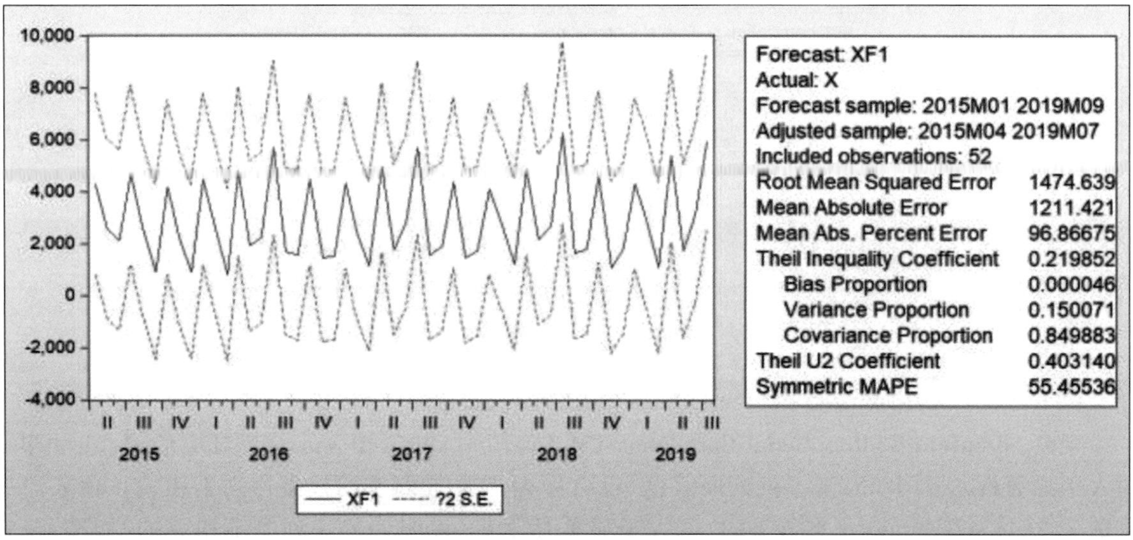

图 4-58 ARMA(3,2)模型静态预测结果

(三) Stata 操作过程

1. 导入观察值序列

导入观察值序列。由于日期不方便显示,这里输入"gen time = _n"生成数字来表示时间顺序,再输入"tsset time"指定 time 为时间序列数据,如图 4-59 所示。

2. 平稳性检验

首先,观察序列的时序图,输入"tsline tax"或者"line tax time"画出时序图,我们从时序图中可以大致判断序列是平稳的,如图 4-60 所示。

再对序列进行单位根检验,输入"dfuller tax,trend lags(3)",由于 P 值小于显著性水平,则拒绝原假设"时间序列含有单位根",因此序列是包含截距项的平稳时间序列,如图 4-61 所示。

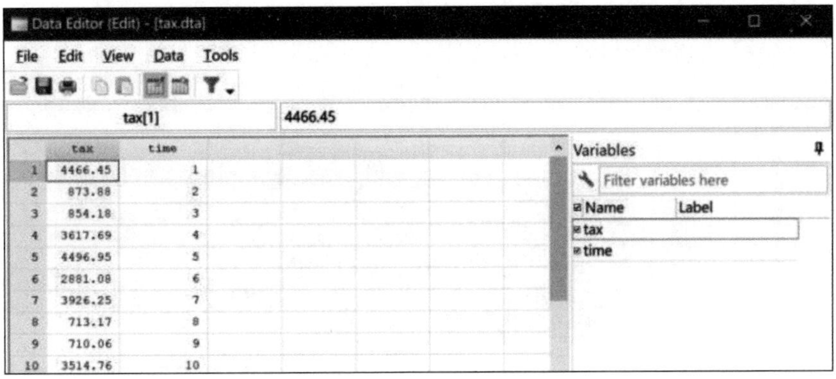

图 4-59　导入观察值序列

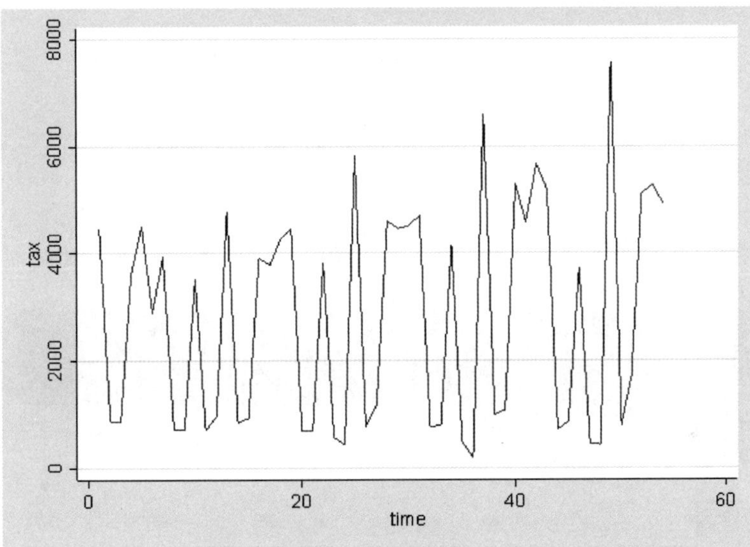

图 4-60　时序图

Augmented Dickey-Fuller test for unit root　　　Number of obs = 50

	Test Statistic	Interpolated Dickey-Fuller 1% Critical Value	5% Critical Value	10% Critical Value
Z(t)	**-4.451**	**-4.150**	**-3.500**	**-3.180**

MacKinnon approximate p-value for Z(t) = **0.0018**

图 4-61　时间序列的单位根检验结果

3. 模型定阶——滞后阶数的确定

首先，观察序列的自相关系数图和偏自相关系数图，大致观察模型的拖尾情况，输入“ac tax”画出自相关系数图，如图 4-62 所示。输入“pac tax”画出偏自相关系数图，如图 4-63 所示。

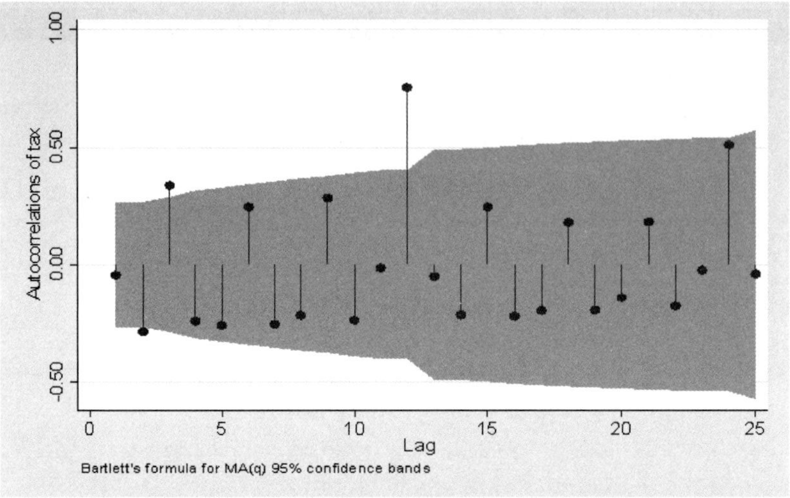

图 4-62 时间序列的自相关系数

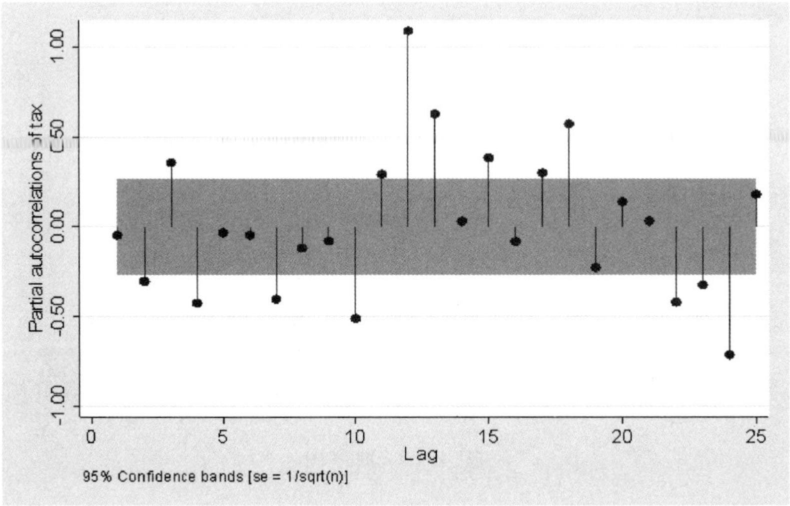

图 4-63 时间序列的偏自相关系数

然后,尝试用不同的模型进行拟合,参照 EViews 操作中的结果,选择 ARMA(1,1)、ARMA(1,3)、ARMA(2,1)、ARMA(3,2)这些系数显著的模型进行拟合,观察它们的 AIC 信息准则值。

对于 ARMA(1,1)模型的拟合,输入"arima tax,ar(1)ma(1)"或者"arima tax,arima(1,0,1)",可以得到模型中的参数和检验值。再输入"estat ic",得到模型的 AIC 信息准则值。

对于 ARMA(1,3)模型的拟合,输入"arima tax,ar(1)ma(1/3)"或者"arima tax,arima(1,0,3)",可以得到模型中的参数和检验值。再输入"estat ic",得到模型的 AIC 信息准则值。

对于 ARMA(2,1)模型的拟合,输入"arima tax,ar(1/2)ma(1)"或者"arima tax,arima(2,0,1)",可以得到模型中的参数和检验值。再输入"estat ic",得到模型的 AIC 信息准则值。

对于 ARMA(3,2)模型的拟合,输入"arima tax,ar(1/3)ma(1/2)"或者"arima tax,arima(3,0,2)",

可以得到模型中的参数和检验值。再输入“estat ic”,得到模型的 AIC 信息准则值。

下面仅展示 ARMA(3,2)模型的拟合结果和 AIC 信息准则值,如图 4-64 所示。

```
ARIMA regression

Sample:  1 - 54                                 Number of obs     =        54
                                                Wald chi2(5)      =   7267.50
Log likelihood = -472.2682                      Prob > chi2       =    0.0000

------------------------------------------------------------------------------
             |                 OPG
         tax |      Coef.   Std. Err.      z    P>|z|     [95% Conf. Interval]
-------------+----------------------------------------------------------------
tax          |
       _cons |    2809.84    447.873     6.27   0.000     1932.025    3687.655
-------------+----------------------------------------------------------------
ARMA         |
          ar |
         L1. |  -.7064153   .2001869    -3.53   0.000    -1.098774   -.3140562
         L2. |  -.6813292   .1730859    -3.94   0.000    -1.020571    -.342087
         L3. |   .3037625    .180529     1.68   0.092    -.0500678    .6575928
             |
          ma |
         L1. |   1.144026   1304.288     0.00   0.999    -2555.214    2557.502
         L2. |   1.000006   2280.139     0.00   1.000     -4467.99     4469.99
-------------+----------------------------------------------------------------
      /sigma |   1419.876    1618717     0.00   0.500            0     3174048
------------------------------------------------------------------------------

Akaike's information criterion and Bayesian information criterion

-----------------------------------------------------------------------------
       Model |        Obs  ll(null)  ll(model)      df         AIC        BIC
-------------+---------------------------------------------------------------
           . |         54         .  -472.2682       7    958.5364   972.4593
-----------------------------------------------------------------------------
               Note: N=Obs used in calculating BIC; see [R] BIC note.
```

图 4-64　ARMA(3,2)模型的拟合结果和 AIC 信息准则值

根据图 4-64 可知,AR 系数为-0.706、-0.681、0.304,MA 系数为 1.144、1.000,AIC 为 958.536。

4. 模型回归与检验

对最后选定的 ARMA(3,2)模型的残差序列进行检验,输入“predict e1,res”,生成该模型的残差序列并命名为 e1,再输入“corrgram e1,lag(10)”得到残差序列的 Q 检验结果,如图 4-65 所示。发现 P 值全都大于显著性水平 0.05,所以认为残差序列通过检验,已经充分提取了时间序列的信息。

LAG	AC	PAC	Q	Prob>Q	-1 0 1 [Autocorrelation]	-1 0 1 [Partial Autocor]
1	0.0383	0.0391	.08353	0.7726		
2	-0.0628	-0.0707	.31299	0.8551		
3	-0.1982	-0.2268	2.6426	0.4501		
4	0.0066	0.0075	2.6452	0.6188		
5	0.0400	0.0239	2.7441	0.7394		
6	-0.2276	-0.3814	6.0073	0.4224		
7	-0.0160	-0.0075	6.0237	0.5370		
8	-0.0041	-0.1022	6.0248	0.6445		
9	-0.1558	-0.4194	7.657	0.5690		
10	-0.1035	-0.2522	8.3935	0.5905		

图 4-65　ARMA(3,2)模型的残差序列检验结果

5. 模型预测

得到模型结构之后,使用 ARMA(3,2)模型来对我国月度企业所得税进行预测。在 Stata 中

进行样本内预测、样本外预测以及动态预测的命令如下。

第一种，样本内预测。预测我国 2015 年 1 月至 2019 年 6 月的月度企业所得税，使用命令"predict tax_p1"，tax_p1 表示用来存放预测值的变量序列名。

第二种，样本外预测。预测我国 2019 年 7 月至 2019 年 11 月的月度企业所得税，首先用命令"tsappend，add(5)"扩展时间区间，增加 5 个观测值；再使用命令"predict tax_p2"得到样本外的一步预测值。输入命令"list time tax_p2 in -5/ -1"查看 2019 年 7 月至 2019 年 11 月企业所得税的预测结果，如图 4-66(a)所示。

第三种，动态预测。在 2015 年 1 月至 2019 年 6 月采用该序列的真实值进行预测，2019 年 7 月至 2019 年 11 月采用递推预测。命令为"predict tax_p3，dynamic(54)"，其中 dynamic( ) 括号中的数字表示从一步预测转换为动态预测的时间。输入命令"list time tax_p3 in -5/ -1"查看 2019 年 7 月至 2019 年 11 月企业所得税的预测结果，如图 4-66(b)所示。

time	tax_p2
55	5970.2615
56	1883.8663
57	1950.9856
58	5007.4593
59	1561.2955

(a)

time	tax_p3
55	5108.2928
56	1907.6162
57	1893.5967
58	4769.9844
59	1775.3664

(b)

图 4-66 样本外预测和动态预测的预测结果

第四节 ARIMA 模型原理、案例与软件操作

一、理论概述

(一) 模型结构

前面所介绍的都是平稳时间序列模型，而在实际生活中我们碰到的时间序列数据大多是非平稳的，因此非平稳时间序列的分析方法更为重要。对非平稳时间序列的分析分为随机分析和确定性分析，而不管是哪种分析方法，分析的首要步骤都是要提取出时间序列的确定性信息。差分运算被认为是一种较简便的可以充分提取确定性信息的方法，对差分后平稳序列建立的 ARMA 模型就是此节介绍的 ARIMA 模型。

ARIMA 模型即自回归移动平均模型(autoregressive integrated moving average model)，简记为 ARIMA(p,d,q)，其中 p 和 q 分别表示自回归项数和移动平均项数，d 表示差分阶数。为了与 ARMA 模型有所区别，其模型结构通常表示如下：

$$\Phi(B)\nabla^{d}x_t=\Theta(B)\varepsilon_t \tag{4.12}$$

其中，$\Phi(B)=(1-\phi_1B-\phi_2B^2-\cdots-\phi_pB^p)$，$\Theta(B)=(1-\theta_1B-\theta_2B^2-\cdots-\theta_qB^q)$，与前面提到的一样，分别为自回归系数多项式和移动平均系数多项式；$\nabla^{d}x_t=(1-B)^{d}x_t$ 则表示 d 阶差分。

同时，上述模型与 ARMA 模型一样必须满足以下条件：

(1) 误差项序列是一个均值为 0、方差为 σ_{ε}^2 的白噪声序列

$$E(\varepsilon_t)=0, Var(\varepsilon_t)=\sigma_{\varepsilon}^2, E(\varepsilon_t\varepsilon_s)=0, s\neq t \tag{4.13}$$

(2) 当期误差项与序列过去的数值无关

$$E(x_s\varepsilon_t)=0, \forall s<t \tag{4.14}$$

特别地，ARIMA 模型实际上是 ARMA 模型与差分相结合而成的，当差分阶数 d 为 0 时，

ARIMA(p,d,q)其实是 ARMA(p,q)模型，当自回归项数 $p=0$ 时，ARIMA(p,d,q)模型记为 IMA(d,q)模型，当移动平均项数 $q=0$ 时，ARIMA(p,d,q)模型记为 ARI(p,d)模型。

还需要注意的是，对于 ARIMA 模型，在实际应用时并不是模型中所有系数都能取到非零值。当有些系数存在缺失时，即 $\exists\,\phi_i=0(1\leqslant i\leqslant p)$ 或 $\exists\,\theta_j=0(1\leqslant j\leqslant q)$ 时，该模型被称为疏系数模型。模型记法如下：

若 $\exists\,\phi_i=0(1\leqslant i\leqslant p)$，则记为 ARIMA($(p_1,\cdots,p_m),d,q$)，$p_1,\cdots,p_m$ 是自回归系数不为 0 的阶数；

若 $\exists\,\theta_j=0(1\leqslant j\leqslant q)$，则记为 ARIMA($p,d,(q_1,\cdots,q_n)$)，$q_1,\cdots,q_n$ 是移动平均系数不为 0 的阶数；

若以上两种情况都包含的话，则记为 ARIMA($(p_1,\cdots,p_m),d,(q_1,\cdots,q_n)$)，$p_1,\cdots,p_m,q_1,\cdots,q_n$ 是系数不为 0 的阶数。

（二）模型建模与预测

对某观察序列进行 ARIMA 模型建模，其建模的步骤如图 4-67 所示：

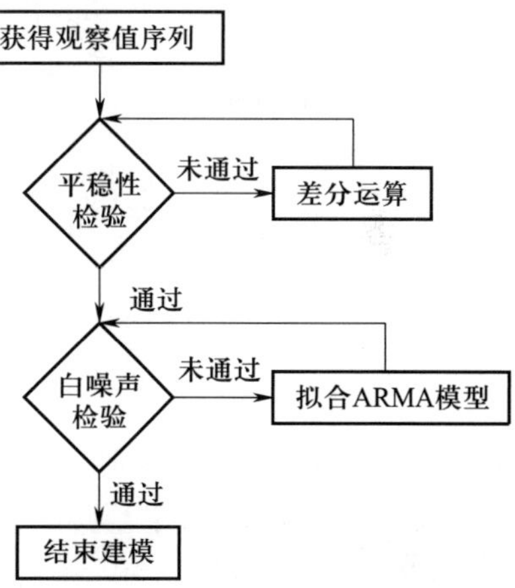

图 4-67 ARIMA 模型建模流程

使用最小均方误差预测原理来进行 ARIMA 模型的预测，对预测值的推导如下：

ARIMA 模型的结构为

$$\Phi(B)(1-B)^d x_t=\Theta(B)\varepsilon_t \tag{4.15}$$

可以将其表示为

$$x_t=\frac{\Theta(B)}{\Phi(B)(1-B)^d}\varepsilon_t=\psi(B)\varepsilon_t \tag{4.16}$$

其中，$\psi(B)=1+\psi_1B+\psi_2B^2+\cdots$，记 $\Phi(B)(1-B)^d=1-\tilde{\phi}_1B-\tilde{\phi}_2B^2-\cdots$，由此容易得到 $\psi_1,\psi_2,\cdots$ 取值的递推公式。

x_{t+l}的真实值为

$$x_{t+l}=e_t(l)+\hat{x}_t(l)=(\varepsilon_{t+l}+\Psi_1\varepsilon_{t+l-1}+\cdots+\Psi_{l-1}\varepsilon_{t+1})+(\Psi_l\varepsilon_t+\Psi_{l+1}\varepsilon_{t-1}+\cdots) \tag{4.17}$$

由于 t 期之后的误差是无法获得的，因此 x_{t+l}的估计值只能为如下式子所示

$$\hat{x}_t(l)=\Psi'_l\varepsilon_t+\Psi'_{l+1}\varepsilon_{t-1}+\cdots \tag{4.18}$$

该预测的均方误差为

$$E[x_{t+l}-\hat{x}_t(l)]^2=(1+\Psi_1^2+\cdots+\Psi_{l-1}^2)\sigma_\varepsilon^2+\sum_{j=0}^{\infty}(\Psi_{l+j}-\Psi'_j)^2\sigma_\varepsilon^2 \tag{4.19}$$

要使得均方误差最小，则需 $\Psi'_j=\Psi_{l+j}$，所以可得 l 期的预测值

$$\hat{x}_t(l)=\Psi_l\varepsilon_t+\Psi_{l+1}\varepsilon_{t-1}+\cdots \tag{4.20}$$

二、案例分析及软件操作

（一）数据来源和案例描述

【案例 4-4】 本案例主要介绍如何对我国国民收入序列进行 ARIMA 建模，使用的数据为我国 1978—2020 年的国民总收入年度数据，数据来源于国家统计局网站。

（二）EViews 操作过程

1. 平稳性检验

导入数据的操作与前面案例介绍的一样，在此不再进行介绍。将我国 1978—2020 年国民总收入（GNI）的年度数据导入 EViews 之后，将序列对象命名为“gni”。首先，通过 GNI 序列的时序图大致判断其平稳性，双击序列名“gni”，在序列对象菜单界面点击“View→Graph”，在弹出的“Graph Options”对话框（图 4-68）中选择“Graph typ→Specific”中的“Line & Symbol”，得到如图 4-69 所示的我国国民总收入的时序图。

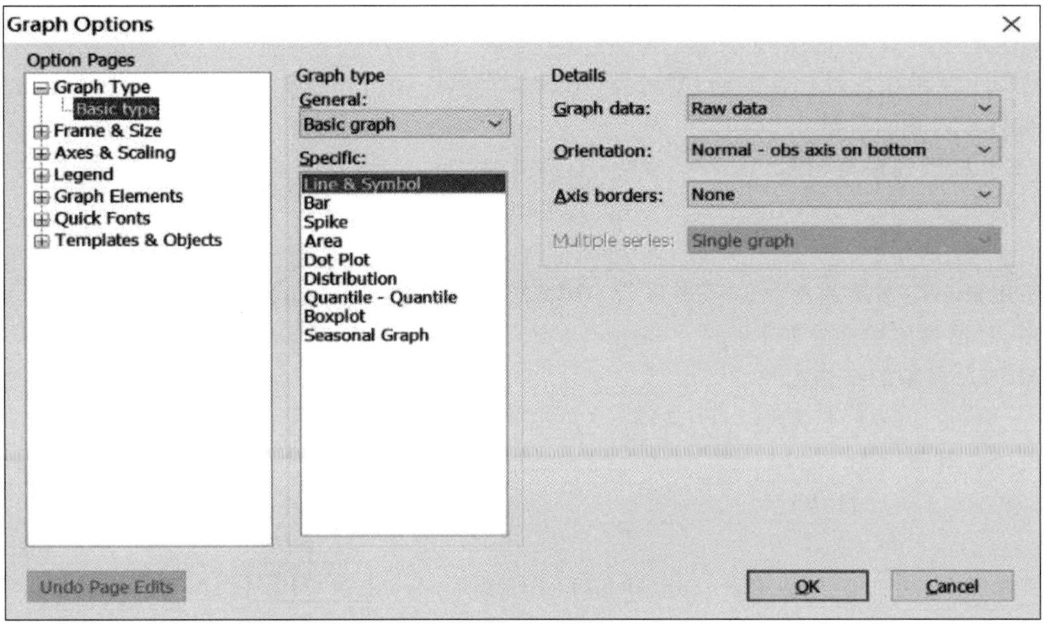

图 4-68 绘制时序图的对话框

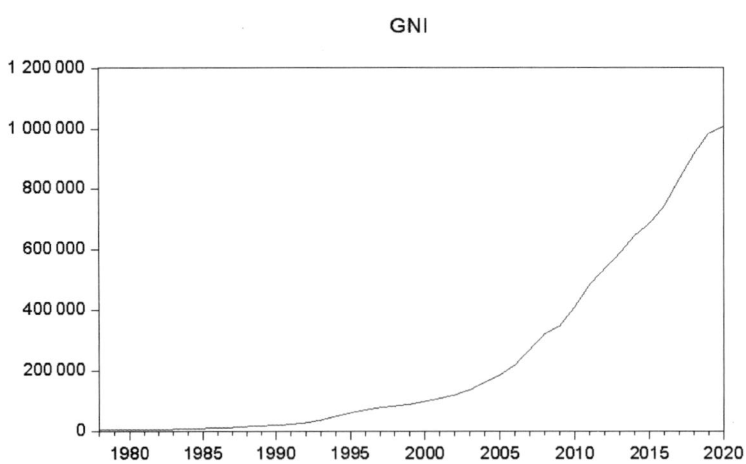

图 4-69 我国 1978—2020 年国民总收入（GNI）的时序图

观察图 4-69 可以得知，我国国民总收入呈现出指数上升的趋势，显然是不平稳的。

此外，通过自相关图也可以判断序列的平稳性。双击序列名“gni”，在序列对象菜单界面点击“View→Correlogram”，将会出现如图 4-70 所示的对话框，默认的设定是对原序列计算自相关系数，最大的滞后阶数为 20 阶，点击确定后即出现 GNI 序列的自相关图和偏自相关图（图 4-71）。

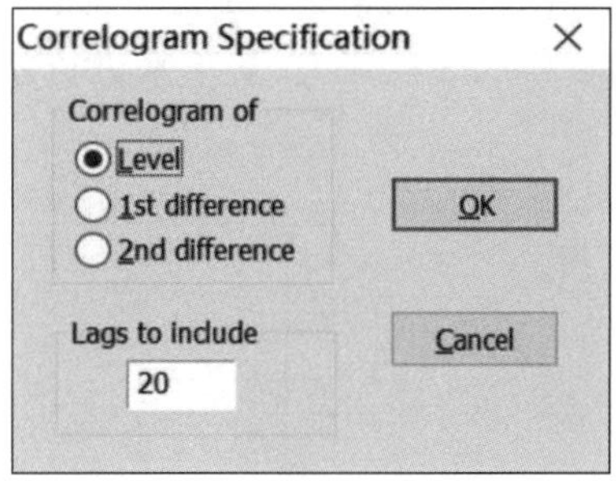

图 4-70　绘制相关图的对话框

由图 4-71 可以看到，原始 GNI 序列的自相关系数在滞后 8 阶时仍然处于两倍标准差之外，自相关系数衰减到 0 的速度比较缓慢。在一定时期内，自相关系数一开始保持为正，在延迟 14 阶后又一直为负，这是比较典型的非平稳序列自相关图形式。因此，可以得到与前面通过时序图判断平稳性相同的结论：我国 1978—2020 年国民总收入（GNI）序列是非平稳的。

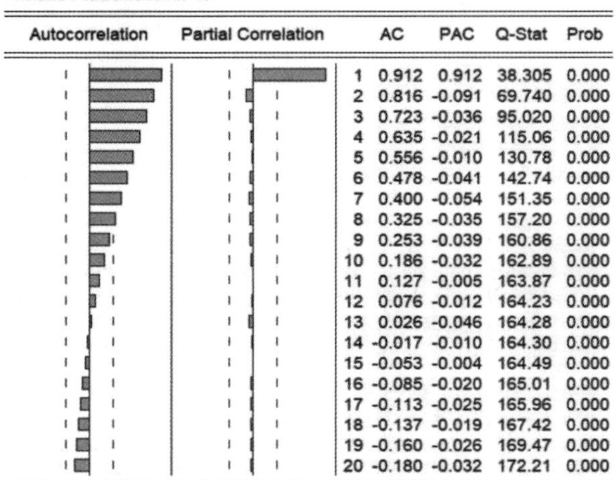

Sample: 1978 2020
Included observations: 43

Lag	AC	PAC	Q-Stat	Prob
1	0.912	0.912	38.305	0.000
2	0.816	-0.091	69.740	0.000
3	0.723	-0.036	95.020	0.000
4	0.635	-0.021	115.06	0.000
5	0.556	-0.010	130.78	0.000
6	0.478	-0.041	142.74	0.000
7	0.400	-0.054	151.35	0.000
8	0.325	-0.035	157.20	0.000
9	0.253	-0.039	160.86	0.000
10	0.186	-0.032	162.89	0.000
11	0.127	-0.005	163.87	0.000
12	0.076	-0.012	164.23	0.000
13	0.026	-0.046	164.28	0.000
14	-0.017	-0.010	164.30	0.000
15	-0.053	-0.004	164.49	0.000
16	-0.085	-0.020	165.01	0.000
17	-0.113	-0.025	165.96	0.000
18	-0.137	-0.019	167.42	0.000
19	-0.160	-0.026	169.47	0.000
20	-0.180	-0.032	172.21	0.000

图 4-71　我国 1978—2020 年国民总收入（GNI）的相关图

我国国民总收入呈现出指数上升的趋势，为了降低这种指数上升趋势带来的影响，对 GNI 序列进行取对数处理。在 EViews 中对序列取对数可以通过在命令窗口输入命令行“genr lngni = log(gni)”来实现，这一命令表示对 GNI 序列取对数并将取得的对数序列命名为“lngni”，如图 4-72 所示。这时在工作文件“Workfile”界面，就会出现新的对象“lngni”。

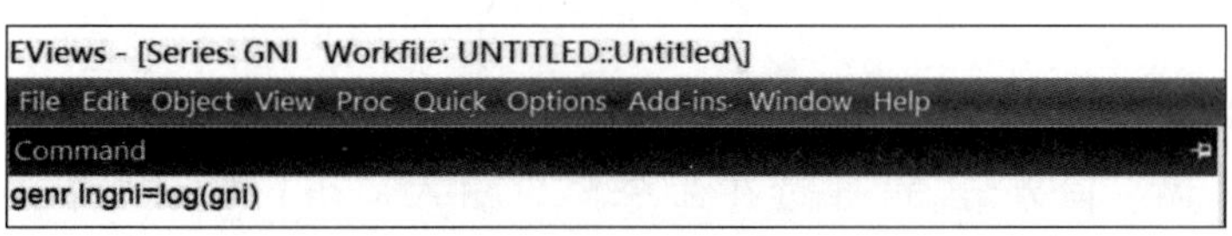

图 4-72　命令窗口

作出序列 LNGNI 的时序图和自相关图，观察其平稳性。

结合图 4-73 和图 4-74 可以发现,将原始 GNI 序列进行对数处理之后,我国国民收入的变化趋势由原来的指数上升变成了线性上升,此时序列 LNGNI 仍然是非平稳的。为了将该非平稳序列转换成平稳序列,接下来进行差分处理。

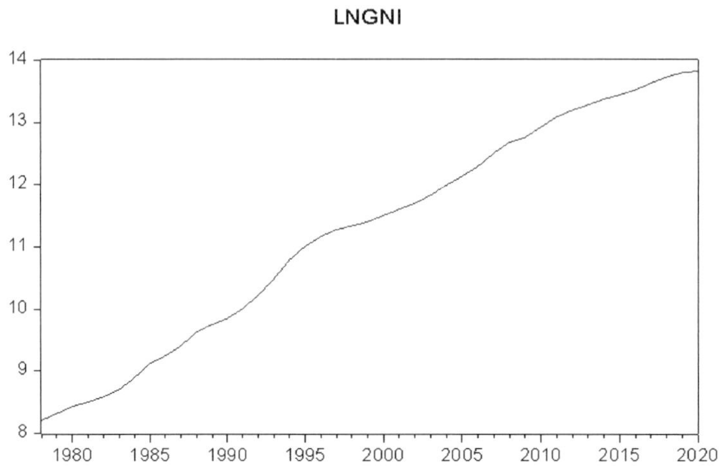

图 4-73 对数序列 LNGNI 的时序图

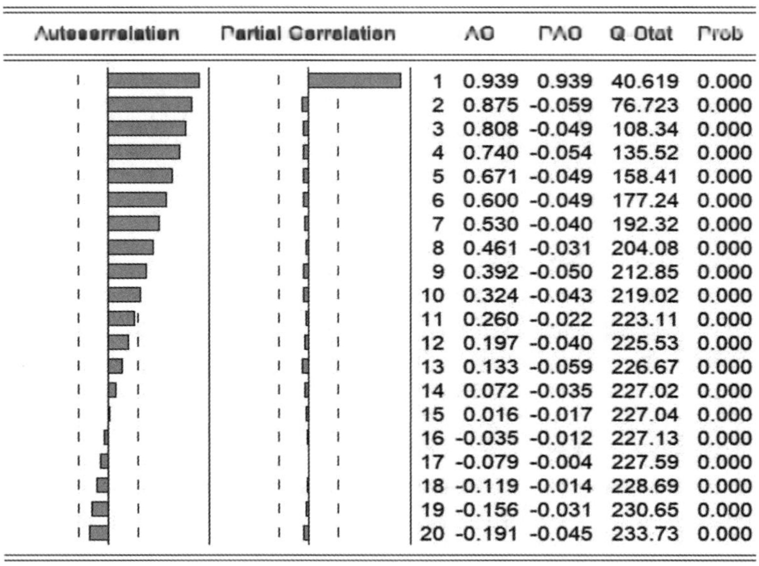

Sample: 1978 2020
Included observations: 43

Autocorrelation	Partial Correlation		AC	PAC	Q-Stat	Prob
		1	0.939	0.939	40.619	0.000
		2	0.875	-0.059	76.723	0.000
		3	0.808	-0.049	108.34	0.000
		4	0.740	-0.054	135.52	0.000
		5	0.671	-0.049	158.41	0.000
		6	0.600	-0.049	177.24	0.000
		7	0.530	-0.040	192.32	0.000
		8	0.461	-0.031	204.08	0.000
		9	0.392	-0.050	212.85	0.000
		10	0.324	-0.043	219.02	0.000
		11	0.260	-0.022	223.11	0.000
		12	0.197	-0.040	225.53	0.000
		13	0.133	-0.059	226.67	0.000
		14	0.072	-0.035	227.02	0.000
		15	0.016	-0.017	227.04	0.000
		16	-0.035	-0.012	227.13	0.000
		17	-0.079	-0.004	227.59	0.000
		18	-0.119	-0.014	228.69	0.000
		19	-0.156	-0.031	230.65	0.000
		20	-0.191	-0.045	233.73	0.000

图 4-74 对数序列 LNGNI 的相关图

2. 差分平稳化

对序列 LNGNI 做一阶差分,可通过在命令窗口输入命令行"genr dlngni = d(lngni)"来实现,得到新序列 DLNGNI,作出该序列的时序图和相关图。若要做二阶差分,则可在命令窗口输入命令行"genr 新序列名 = d(原序列名,2)",三阶差分也是类似做法,将括号里面的 2 改成 3 即可。

从图 4-75 可以看出，一阶差分之后，序列的线性趋势信息得到了充分的提取，序列没有明显的非平稳特征。再观察差分后序列 DLNGNI 的相关图(图 4-76)，序列的自相关系数除了延迟 1 阶时在两倍标准差之外，其余系数都在两倍标准差范围之内。这表示序列具有短期相关性，可以初步判断该序列是平稳的。

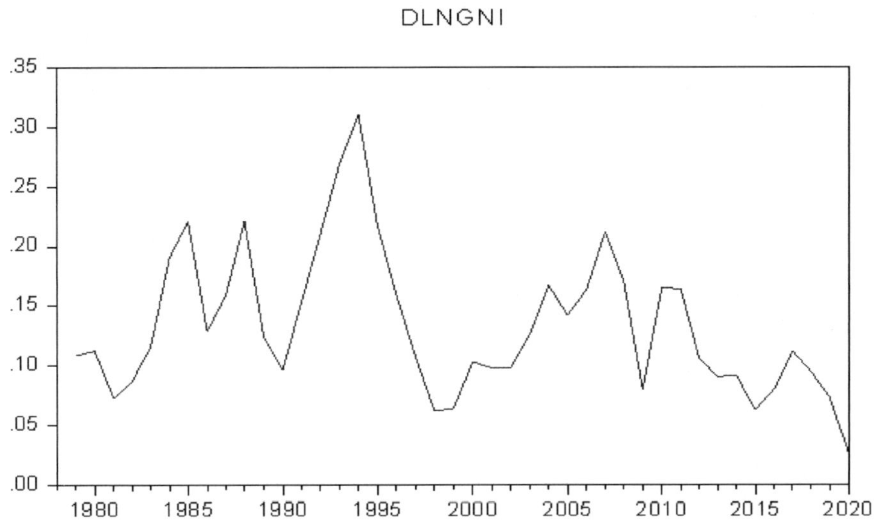

图 4-75 对数差分后序列 DLNGNI 的时序图

Sample: 1978 2020
Included observations: 42

Autocorrelation	Partial Correlation		AC	PAC	Q-Stat	Prob
		1	0.643	0.643	18.637	0.000
		2	0.270	-0.244	22.012	0.000
		3	0.138	0.143	22.915	0.000
		4	-0.032	-0.263	22.964	0.000
		5	-0.176	-0.029	24.510	0.000
		6	-0.121	0.102	25.265	0.000
		7	-0.066	-0.065	25.499	0.001
		8	-0.066	0.013	25.738	0.001
		9	-0.037	-0.032	25.815	0.002
		10	0.002	0.011	25.815	0.004
		11	-0.025	-0.053	25.853	0.007
		12	-0.116	-0.146	26.684	0.009
		13	-0.109	0.087	27.444	0.011
		14	-0.049	-0.007	27.600	0.016
		15	0.004	0.084	27.601	0.024
		16	0.098	0.089	28.277	0.029
		17	0.127	-0.101	29.477	0.030
		18	0.110	0.098	30.413	0.034
		19	0.111	-0.001	31.403	0.036
		20	0.014	-0.148	31.420	0.050

图 4-76 对数差分后序列 DLNGNI 的相关图

对序列 DLNGNI 进行单位根检验，进一步检验序列的平稳性。这里可以直接点击新建对象“DLNGNI”，在序列对象菜单界面点击“View→Unit Root Test”进行单位根检验，也可以双击序列名“LNGNI”，再在其菜单界面点击“View→Unit Root Test”，这两种操作都会出现如图 4-77 所示的对话框。对话框中各项目的解释如下：

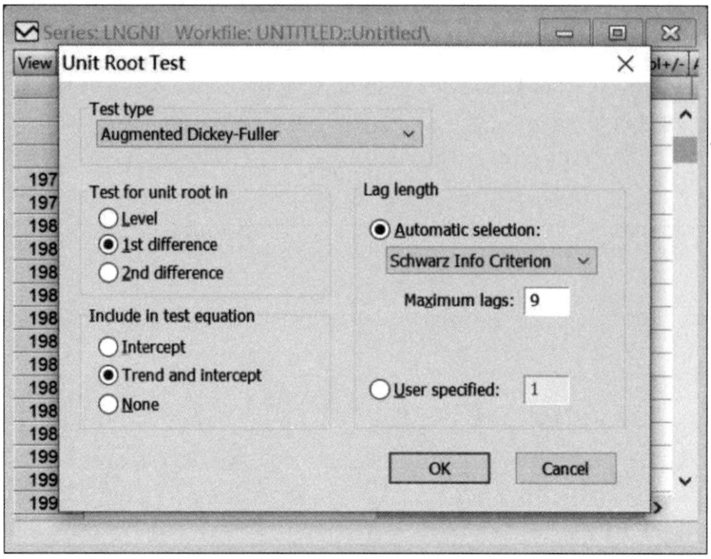

图 4-77　单位根检验对话框

在“Test type”中选择对序列进行哪种单位根检验，下拉列表中有 6 个检验方法，默认为 ADF 检验。

在“Test for unit root in”中选择对哪个序列进行检验。“Level”表示当前序列，“1st difference”为一次差分序列，“2nd difference”为二次差分序列，本例在进行单位根检验时使用的是第二个操作，即在对象“lngni”的菜单界面进行检验，所以是对序列 LNGNI 的一阶差分序列进行检验，故选“1st difference”。

在“Include in test equation”中选择检验方程的形式。“Intercept”表示检验方程中包括常数项，“Trend and intercept”表示包括常数项和趋势项，“None”表示两项都不包括。在进行单位根检验时，选择的顺序是先“Trend and intercept”，再“Intercept”，最后是“None”，只要三种检验方程的形式中有一个平稳性检验通过，就停止检验，表示序列是平稳的。

在“Lag length”中选择滞后阶数。此栏目下有“Automatic selection”和“User specified”两个选择，前者表示自动选择滞后阶数，后者表示用户自己确定阶数。默认为自动选择滞后阶数，在“Automatic selection”下拉列表中共有 7 个滞后阶数确定方法，默认为 SIC 准则。

在对话框设置好后，得到序列 DLNGNI 的单位根检验结果，如图 4-78 所示。

Exogenous: Constant, Linear Trend
Lag Length: 3 (Automatic - based on SIC, maxlag=9)

		t-Statistic	Prob.*
Augmented Dickey-Fuller test statistic		-3.661611	0.0376
Test critical values:	1% level	-4.219126	
	5% level	-3.533083	
	10% level	-3.198312	

*MacKinnon (1996) one-sided p-values.

图 4-78　序列 DLNGNI 的单位根检验结果

图 4-78 中,单位根检验的 t 统计量取值为-3.661 611,小于显著性水平为 0.1 和 0.05 时的 t 统计量临界值,可以拒绝"序列存在单位根"的原假设,即该序列不存在单位根,序列是平稳的。这一结论也可以通过伴随概率得出,图 4-78 中伴随概率为 0.037 6,在显著性水平为 0.1 或 0.05 的情况下,可以拒绝原假设。

经过上面的各种检验,我们可以得知,在将对数序列 LNGNI 取一阶差分之后,序列由原先的不平稳变成了平稳。

3. 白噪声检验

进行平稳性检验之后,还需要对序列进行白噪声检验,即随机性检验。若序列为白噪声序列,则序列观察值之间不相关,此时对观察值序列进行分析是没有意义的。序列是否为白噪声序列可以通过 Q 统计量来检验。图 4-76 所示的相关图中,第五列"Q-Stat"即为 Q 统计量,第六列为相应的伴随概率。由图 4-76 可知,在每一个延迟阶数下,其 Q 统计量对应的 P 值都是小于 0.1 的,可以拒绝原假设,认为该序列是非白噪声序列。

4. 模型定阶与参数估计

非平稳序列 GNI 经过一阶对数差分之后变为平稳序列,对平稳序列 DLNGNI 进行 ARMA 建模。观察序列 DLNGNI 的自相关图和偏自相关图(见图 4-76),以此来判断 p 与 q 的取值。由图 4-76 可知,除了 1 阶自相关系数在两倍标准差之外,其余阶数的自相关系数都在两倍标准差之内。对于偏自相关系数,延迟 1 阶时是在两倍标准差范围之外的,延迟 2 阶和延迟 4 阶时其偏自相关系数与两倍标准差十分接近。综合以上结论,考虑使用以下模型对序列 DLNGNI 进行拟合:ARMA(1,1),MA(1),AR(1),AR(4),AR(1,2,4)。

下面进行模型的参数估计。需要注意的是,在 EViews10 中,点击"Quick→Estimate Equation",在弹出的对话框中输入"d(lngni,1)c ar(1)ma(1)",默认估计方法,最后点击确认得到的是采用极大似然法估计的结果(见图 4-79),而在早期版本的 EViews 中,得到的是最小二乘法估计的结果。本案例使用 EViews10 进行操作,要对参数进行最小二乘估计,需要在弹出的对话框中进行设置,在图 4-80 右侧"ARMA"项目下"Method"的下拉列表中选择"CLS",在左侧"Optimization"中选择"EViews legacy",这样设置后得到的参数估计结果与早期 EViews 版本中用最小二乘法得到的结果一致。图 4-81、图 4-82、图 4-83、图 4-84 和图 4-85 分别对应ARMA(1,1)、MA(1)、AR(1)、AR(4)和 AR(1,2,4)的模型参数估计结果。

5. 模型检验

对拟合模型的参数显著性进行检验。观察前面四个拟合模型的参数估计结果,可以发现,图 4-81 中最后两行"Inverted AR Roots"和"Inverted MA Roots"的值都小于 1,表示该 ARMA(1,1)模型是平稳可逆的;图 4-82 中的"Inverted MA Roots"的值都小于 1,表示该 MA(1)模型是平稳可逆的;图 4-83,图 4-84 和图 4-85 中最后一行"Inverted AR Roots"显示的结果无论是复根还是实根,其值均小于 1,这也说明这些模型都是平稳的。

再关注这五个图中各参数估计值对应的 t 统计量和 P 值,可以看到,ARMA(1,1)、MA(1)、AR(1)和AR(4)模型的参数估计值对应的 P 值均小于 0.1,在显著性水平为 0.1 时可以拒绝原假设,即参数是显著的,而 AR(1,2,4)模型中有两个参数的 P 值大于 0.1,不能拒绝原假设,这两个参数不显著。

对参数显著性检验通过的四个模型进一步进行模型显著性检验。在获得参数估计结果之后的界面，点击“View→Residual Diagnostics→Correlogram-Q-statistics”，得到如图 4-86、图 4-87、图 4-88和图 4-89 所示的检验结果。

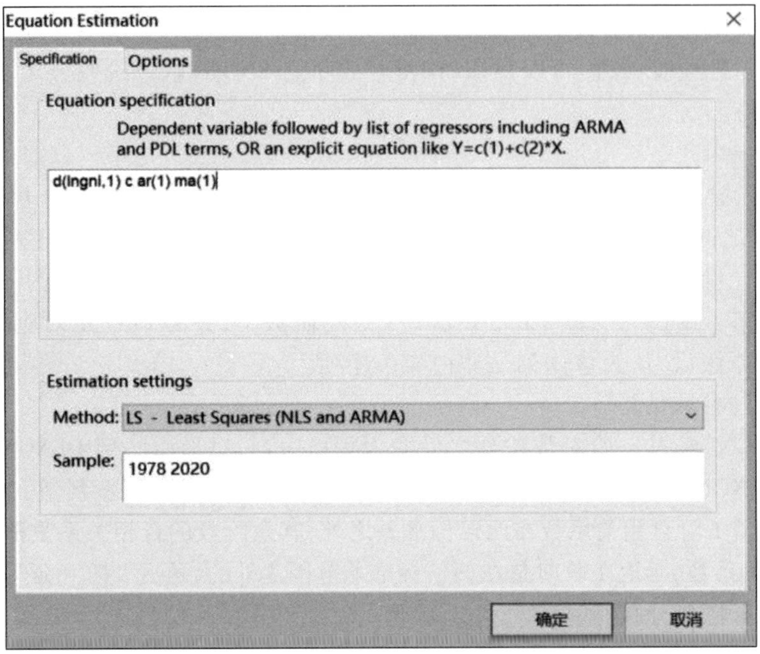

图 4-79　参数估计对话框

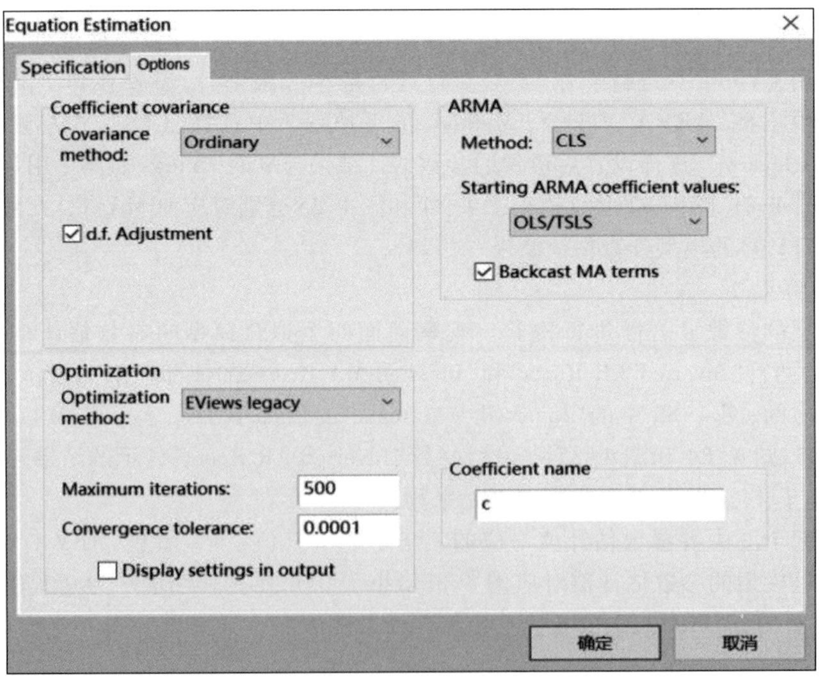

图 4-80　进行相关设置的对话框

Sample (adjusted): 1980 2020
Included observations: 41 after adjustments
Convergence achieved after 14 iterations
MA Backcast: 1979

Variable	Coefficient	Std. Error	t-Statistic	Prob.
C	0.131076	0.018338	7.147909	0.0000
AR(1)	0.411062	0.185351	2.217751	0.0326
MA(1)	0.646007	0.149302	4.326855	0.0001

R-squared	0.548159	Mean dependent var	0.134287
Adjusted R-squared	0.524378	S.D. dependent var	0.061048
S.E. of regression	0.042102	Akaike info criterion	-3.427086
Sum squared resid	0.067358	Schwarz criterion	-3.301702
Log likelihood	73.25526	Hannan-Quinn criter.	-3.381428
F-statistic	23.05021	Durbin-Watson stat	1.936215
Prob(F-statistic)	0.000000		

Inverted AR Roots	.41
Inverted MA Roots	-.65

图 4-81　ARMA(1,1)模型参数估计结果

Sample (adjusted): 1979 2020
Included observations: 42 after adjustments
Convergence achieved after 36 iterations
MA Backcast: 1978

Variable	Coefficient	Std. Error	t-Statistic	Prob.
C	0.132461	0.011913	11.11880	0.0000
MA(1)	0.771029	0.098345	7.840076	0.0000

R-squared	0.489069	Mean dependent var	0.133674
Adjusted R-squared	0.476295	S.D. dependent var	0.060430
S.E. of regression	0.043731	Akaike info criterion	-3.375053
Sum squared resid	0.076497	Schwarz criterion	-3.292307
Log likelihood	72.87611	Hannan-Quinn criter.	-3.344723
F-statistic	38.28840	Durbin-Watson stat	1.399928
Prob(F-statistic)	0.000000		

Inverted MA Roots	-.77

图 4-82　MA(1)模型参数估计结果

Sample (adjusted): 1980 2020
Included observations: 41 after adjustments
Convergence achieved after 3 iterations

Variable	Coefficient	Std. Error	t-Statistic	Prob.
C	0.129557	0.023928	5.414482	0.0000
AR(1)	0.699011	0.123464	5.661652	0.0000

R-squared	0.451124	Mean dependent var	0.134287
Adjusted R-squared	0.437050	S.D. dependent var	0.061048
S.E. of regression	0.045804	Akaike info criterion	-3.281323
Sum squared resid	0.081824	Schwarz criterion	-3.197734
Log likelihood	69.26713	Hannan-Quinn criter.	-3.250885
F-statistic	32.05430	Durbin-Watson stat	1.572153
Prob(F-statistic)	0.000002		

Inverted AR Roots	.70

图 4-83　AR(1)模型参数估计结果

Sample (adjusted): 1983 2020
Included observations: 38 after adjustments
Convergence achieved after 3 iterations

Variable	Coefficient	Std. Error	t-Statistic	Prob.
C	0.135448	0.015725	8.613549	0.0000
AR(1)	1.025043	0.168573	6.080721	0.0000
AR(2)	-0.651299	0.224238	-2.904496	0.0065
AR(3)	0.541374	0.223612	2.421039	0.0211
AR(4)	-0.361228	0.167375	-2.158201	0.0383

R-squared	0.569576	Mean dependent var	0.137739
Adjusted R-squared	0.517403	S.D. dependent var	0.061968
S.E. of regression	0.043049	Akaike info criterion	-3.330885
Sum squared resid	0.061156	Schwarz criterion	-3.115413
Log likelihood	68.28682	Hannan-Quinn criter.	-3.254222
F-statistic	10.91713	Durbin-Watson stat	1.805134
Prob(F-statistic)	0.000009		

Inverted AR Roots	.71-.38i	.71+.38i	-.20-.72i	-.20+.72i

图 4-84 AR(4)模型参数估计结果

Sample (adjusted): 1983 2020
Included observations: 38 after adjustments
Convergence achieved after 3 iterations

Variable	Coefficient	Std. Error	t-Statistic	Prob.
C	0.136046	0.015530	8.760036	0.0000
AR(1)	0.879253	0.168330	5.223374	0.0000
AR(2)	-0.274518	0.172596	-1.590525	0.1210
AR(4)	-0.087010	0.131745	-0.660445	0.5134

R-squared	0.493124	Mean dependent var	0.137739
Adjusted R-squared	0.448400	S.D. dependent var	0.061968
S.E. of regression	0.046024	Akaike info criterion	-3.220022
Sum squared resid	0.072018	Schwarz criterion	-3.047645
Log likelihood	65.18042	Hannan-Quinn criter.	-3.158691
F-statistic	11.02585	Durbin-Watson stat	1.788348
Prob(F-statistic)	0.000033		

Inverted AR Roots	.62-.41i	.62+.41i	-.18+.36i	-.18-.36i

图 4-85 AR(1,2,4)模型参数估计结果

Sample: 1978 2020
Included observations: 41
Q-statistic probabilities adjusted for 2 ARMA terms

Autocorrelation	Partial Correlation		AC	PAC	Q-Stat	Prob
		1	-0.002	-0.002	0.0002	
		2	-0.033	-0.033	0.0484	
		3	0.124	0.124	0.7676	0.381
		4	0.032	0.032	0.8171	0.665
		5	-0.271	-0.267	4.4098	0.220
		6	0.154	0.155	5.5994	0.231
		7	-0.055	-0.088	5.7548	0.331
		8	-0.006	0.075	5.7567	0.451
		9	0.024	-0.000	5.7884	0.565
		10	0.035	-0.037	5.8570	0.663
		11	-0.053	0.034	6.0219	0.738
		12	0.019	-0.056	6.0433	0.812
		13	-0.109	-0.078	6.7937	0.816
		14	0.033	0.045	6.8649	0.866
		15	-0.102	-0.127	7.5684	0.871
		16	0.145	0.214	9.0606	0.827
		17	0.002	-0.049	9.0609	0.874
		18	-0.012	-0.034	9.0725	0.910
		19	0.100	0.166	9.8670	0.909
		20	0.075	-0.081	10.337	0.920

图 4-86 ARMA(1,1)模型残差白噪声检验结果

Sample (adjusted): 1979 2020
Q-statistic probabilities adjusted for 1 ARMA term

Autocorrelation	Partial Correlation		AC	PAC	Q-Stat	Prob
		1	0.261	0.261	3.0688	
		2	0.198	0.139	4.8787	0.027
		3	0.062	-0.021	5.0580	0.080
		4	0.055	0.020	5.2064	0.157
		5	-0.233	-0.279	7.9267	0.094
		6	0.060	0.192	8.1087	0.150
		7	-0.092	-0.089	8.5576	0.200
		8	0.010	0.041	8.5635	0.286
		9	-0.039	-0.012	8.6474	0.373
		10	0.037	-0.045	8.7279	0.463
		11	-0.062	0.024	8.9568	0.536
		12	-0.010	-0.074	8.9630	0.625
		13	-0.145	-0.097	10.307	0.589
		14	0.025	0.098	10.347	0.665
		15	-0.063	-0.059	10.622	0.715
		16	0.140	0.197	12.024	0.677
		17	0.035	-0.056	12.117	0.736
		18	0.079	-0.036	12.601	0.762
		19	0.076	0.158	13.065	0.788
		20	0.056	-0.144	13.331	0.821

图 4-87 MA(1)模型残差白噪声检验结果

Sample: 1978 2020
Included observations: 41
Q-statistic probabilities adjusted for 1 ARMA term

Autocorrelation	Partial Correlation		AC	PAC	Q-Stat	Prob
		1	0.188	0.188	1.5536	
		2	-0.245	-0.290	4.2637	0.039
		3	0.093	0.234	4.6666	0.097
		4	-0.047	-0.245	4.7701	0.189
		5	-0.258	-0.100	8.0289	0.091
		6	0.033	0.059	8.0832	0.152
		7	0.051	-0.093	8.2186	0.223
		8	-0.016	0.113	8.2318	0.313
		9	0.049	-0.058	8.3658	0.399
		10	0.056	0.052	8.5467	0.480
		11	0.006	0.019	8.5492	0.575
		12	-0.055	-0.089	8.7320	0.647
		13	-0.050	0.029	8.8911	0.712
		14	-0.027	-0.071	8.9382	0.778
		15	-0.052	-0.020	9.1202	0.823
		16	0.098	0.156	9.7986	0.832
		17	0.033	-0.154	9.8774	0.873
		18	-0.036	0.123	9.9744	0.905
		19	0.137	0.071	11.474	0.873
		20	0.016	-0.111	11.496	0.906

图 4-88 AR(1)模型残差白噪声检验结果

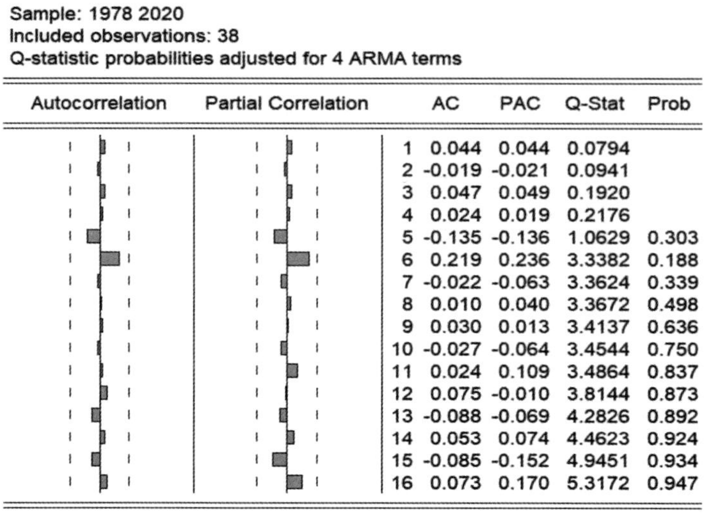

Sample: 1978 2020
Included observations: 38
Q-statistic probabilities adjusted for 4 ARMA terms

Autocorrelation	Partial Correlation		AC	PAC	Q-Stat	Prob
		1	0.044	0.044	0.0794	
		2	-0.019	-0.021	0.0941	
		3	0.047	0.049	0.1920	
		4	0.024	0.019	0.2176	
		5	-0.135	-0.136	1.0629	0.303
		6	0.219	0.236	3.3382	0.188
		7	-0.022	-0.063	3.3624	0.339
		8	0.010	0.040	3.3672	0.498
		9	0.030	0.013	3.4137	0.636
		10	-0.027	-0.064	3.4544	0.750
		11	0.024	0.109	3.4864	0.837
		12	0.075	-0.010	3.8144	0.873
		13	-0.088	-0.069	4.2826	0.892
		14	0.053	0.074	4.4623	0.924
		15	-0.085	-0.152	4.9451	0.934
		16	0.073	0.170	5.3172	0.947

图 4-89　AR(4)模型残差白噪声检验结果

可以看到,在图 4-86 和图 4-89 中残差白噪声检验的 p 值均显著大于 0.1,这表明对序列 DLNGNI 进行 ARMA(1,1)和 AR(4)模型拟合,可以充分提取序列的信息,模型是显著有效的。而对序列进行 MA(1)和 AR(1)模型拟合,虽然其残差序列存在少量阶数 Q 统计量对应的 p 值小于 0.05,但其余阶数的 p 值都是大于 0.05 的,因此也可以认为模型是显著有效的。

6. 模型优化

通过上述分析,对序列 DLNGNI 进行模型拟合,只有 ARMA(1,1)、MA(1)、AR(1)和 AR(4)模型通过参数显著性检验和模型整体显著性检验。接下来需要对这四个模型进行比较,利用 AIC 准则和 SBC 准则来判断相对最优拟合模型,以上四个模型的比较结果如表 4-13 所示:

表 4-13　模型的比较结果

模型	R^2	调整 R^2	AIC 准则	SBC 准则
ARMA(1,1)	0.548 159	0.524 378	−3.427 086	−3.301 702
MA(1)	0.489 069	0.476 295	−3.375 053	−3.292 307
AR(1)	0.451 124	0.437 050	−3.281 323	−3.197 734
AR(4)	0.569 576	0.517 403	−3.330 885	−3.115 413

AIC 值和 SBC 值越小越好。结果显示,在四个模型中,ARMA(1,1)模型在 AIC 准则和 SBC 准则下的值都小于其他三个模型,因此 ARMA(1,1)模型为相对最优模型。

7. 模型结构

上述对一阶差分后序列 DLNGNI 的 ARMA(1,1)建模,实际上是对原序列建立 ARIMA(1,1,1)模型。EViews10 的输出格式是表示对序列($\Delta LNGNI_t-0.131\ 1$)进行 ARMA 建模,故该模型的表达式如下

$$\Delta LNGNI_t=0.131\ 1+0.411\ 1(\Delta LNGNI_{t-1}-0.131\ 1)+u_t+0.646\ 0u_{t-1} \tag{4.21}$$

整理之后得到

$$\Delta LNGNI_t=0.077\ 2+0.411\ 1\Delta LNGNI_{t-1}+u_t+0.646\ 0u_{t-1} \tag{4.22}$$

8. 模型预测

利用 ARIMA(1,1,1)模型拟合我国 1978 年至 2020 年的国民总收入,并进行相应的预测分析。在参数估计窗口,点击工具栏中的“Forecast”,在“Series to forecast”下选择对序列 LNGNI 进行预测,在“Series names”下确定预测序列的名字,默认为原始序列名后加 f;在“Method”处有动态预测(Dynamic forecast)和静态预测(Static forecast)两个选择;在“Forecast sample”处设置预测的范围。

本案例选择静态预测并且是样本内预测,故在预测范围内输入“1978 2020”;最后点击确定得到预测结果,如图 4-90 所示。

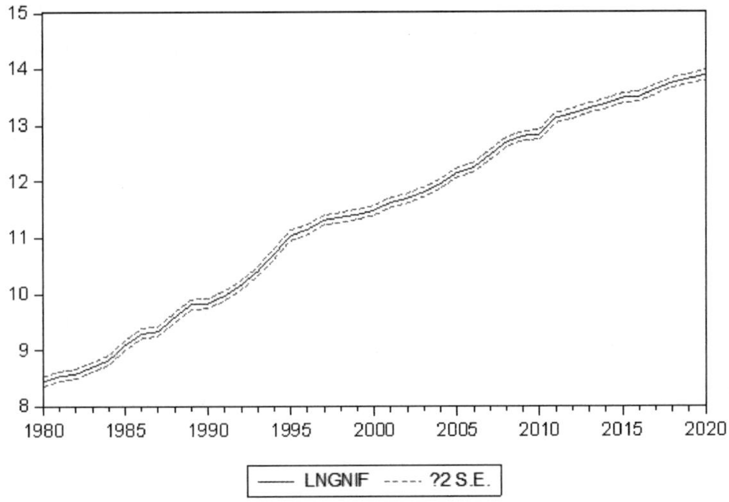

Forecast: LNGNIF	
Actual: LNGNI	
Forecast sample: 1978 2020	
Adjusted sample: 1980 2020	
Included observations: 41	
Root Mean Squared Error	0.040532
Mean Absolute Error	0.033497
Mean Abs. Percent Error	0.303442
Theil Inequality Coefficient	0.001761
Bias Proportion	0.000005
Variance Proportion	0.056857
Covariance Proportion	0.943138
Theil U2 Coefficient	0.272574
Symmetric MAPE	0.303574

图 4-90 静态预测结果

观察预测结果图,实线部分是预测值序列,上下两条虚线分别表示预测值 95%的上下置信区间。由以上预测结果的右边区域可知,此次预测的均方误差为 0. 040 532,平均绝对误差为 0. 033 497,平均相对误差绝对值为 0. 303 442,泰尔不等系数为 0. 001 761。

点击工作文件窗口的新对象“lngnif”,就可以看到模型对我国国民总收入对数序列 1980 年至 2020 年的预测值,最后可将其还原成原始序列的预测值。

如果要进行动态预测,在预测之前,需要扩展时间区间,在命令窗口输入“expand 1978 2025”。然后在预测窗口设置预测序列名为“lngiff”,选择“Method”为 Dynamic forecast,设置预测范围为“1978 2025”,点击确定得到如图 4-91 的预测结果。

图 4-91 的相关解释与图 4-90 静态预测的解释相同。点击工作文件窗口的新对象“lngniff”,就可以看到模型对我国国民总收入对数序列 1980—2025 年的预测值(如图 4-92 所示),将其进行指数运算得到原始序列的预测值。

(三) Stata 操作过程

案例具体内容分析见前面的 EViews 操作,这里主要介绍 Stata 中的相关命令。

1. 平稳性检验

在 Stata 中点击“File→Import→Excel spreadsheet”,导入准备好的数据,数据中主要变量包括“time = 1978—2020, gni = 国民总收入”。使用命令“tsset time, yearly”将变量“time”设定为时间变量,再绘制出我国国民总收入的时序图,命令为“tsline gni”,也可使用命令“line gni time”。

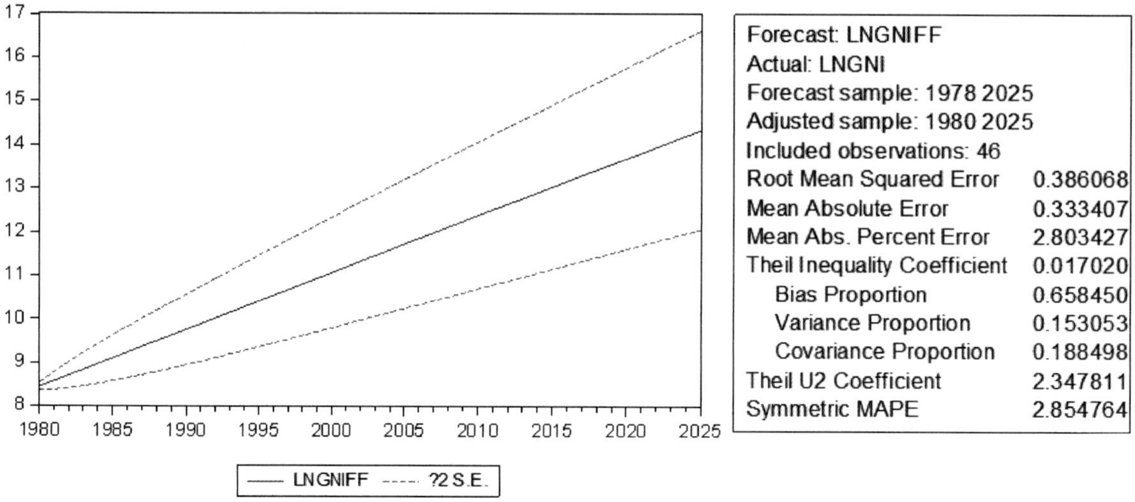

图 4-91 动态预测结果

可知我国国民总收入序列具有指数上升趋势，对 GNI 进行对数处理，命令为"gen lngni = ln(gni)"，然后绘制新生成对数序列 LNGNI 的时序图与自相关图。绘制自相关图的命令为"ac lngni"。

2021	13.81989
2022	13.95097
2023	14.08204
2024	14.21312
2025	14.34419

图 4-92 动态预测后五期的结果

2. 差分平稳化

对序列 LNGNI 做一阶差分，输入命令"gen dlngni = D. lngni"，得到新序列 DLNGNI。若要进行二阶差分，则输入命令"gen 新变量 = D2. 变量"。

该序列的时序图如图 4-93 所示。

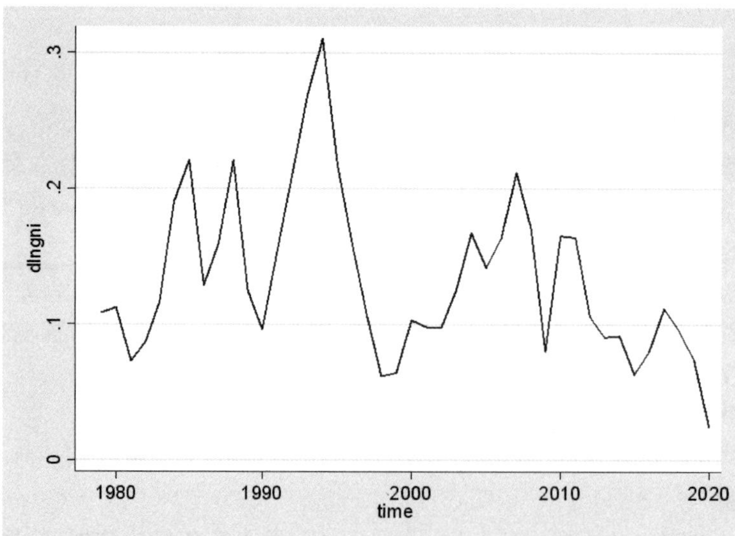

图 4-93 一阶差分序列 DLNGNI 的时序图

进一步进行单位根检验，事先根据 Schwert(1998)建议的最大滞后阶数 $p_{\max}=[12\cdot(T/100)^{1/4}]$ 计算出最大滞后阶数为 9，然后按照滞后阶数从大到小的序贯规则进行检验，直至序列为平稳序列。输入命令"dfuller dlngni, trend lags(3)"进行检验。

由图 4-94 可知，检验统计量的值为-3. 662，小于 5%和 10%显著性水平下的临界值，故可以拒绝原假设，判定该序列是平稳序列。

Augmented Dickey-Fuller test for unit root   Number of obs = 38

	Test Statistic	Interpolated Dickey-Fuller 1% Critical Value	5% Critical Value	10% Critical Value
Z(t)	-3.662	-4.260	-3.548	-3.209

MacKinnon approximate p-value for Z(t) = 0.0250

图 4-94 一阶差分序列 DLNGNI 的单位根检验结果

3. 白噪声检验

使用命令"corrgram dlngni, lags(20)"计算对数差分序列 DLNGNI 前 20 阶自相关与偏自相关系数。滞后阶数可自己选择，为了与前面 EViews 操作结果一致，选择滞后阶数为 20。

由图 4-95 可知，对所有延迟阶数的 Q 统计量，其检验 p 值都是小于 0. 1 的，故可以拒绝原假设，判定序列为非白噪声序列。

LAG	AC	PAC	Q	Prob>Q
1	0.6430	0.6990	18.637	0.0000
2	0.2703	-0.2919	22.012	0.0000
3	0.1380	0.2125	22.915	0.0000
4	-0.0318	-0.3612	22.964	0.0001
5	-0.1760	0.1371	24.51	0.0002
6	-0.1213	0.0550	25.265	0.0003
7	-0.0665	-0.0342	25.499	0.0006
8	-0.0663	0.1247	25.738	0.0012
9	-0.0372	-0.2011	25.815	0.0022
10	0.0015	0.1115	25.815	0.0040
11	-0.0250	-0.0381	25.853	0.0068
12	-0.1162	-0.1076	26.684	0.0086
13	-0.1092	0.0519	27.444	0.0108
14	-0.0486	-0.1181	27.6	0.0161
15	0.0039	0.2217	27.601	0.0242
16	0.0976	0.2649	28.277	0.0293
17	0.1274	-0.0038	29.477	0.0304
18	0.1102	0.4513	30.413	0.0336
19	0.1110	0.1356	31.403	0.0364
20	0.0141	.	31.42	0.0499

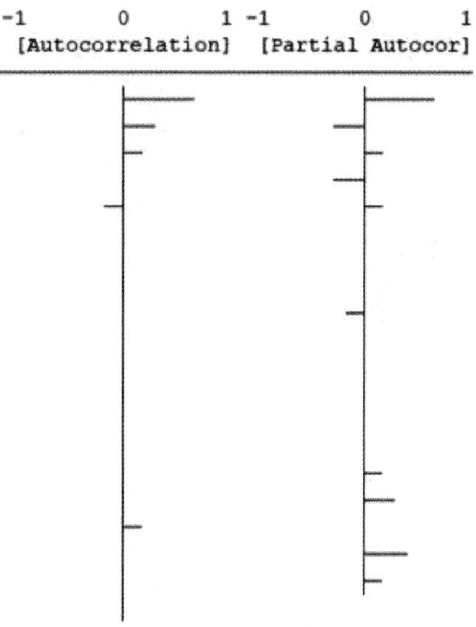

图 4-95 序列 DLNGNI 的相关系数及 Q 统计量

4. 模型定阶

依据序列 DLNGNI 的自相关图和偏自相关图来进行模型定阶。绘制自相关图的命令为：ac dlngni；绘制偏自相关图的命令为：pac dlngni。所得结果如图 4-96 和图 4-97 所示。

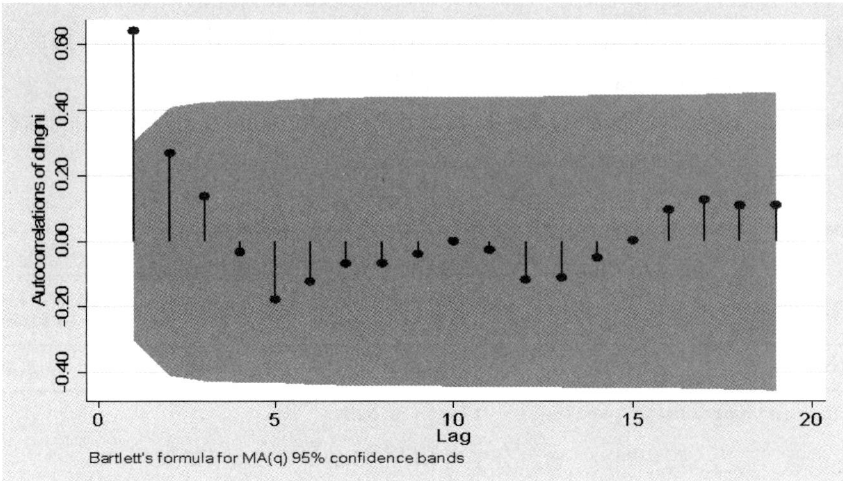

图 4-96 序列 DLNGNI 的自相关图

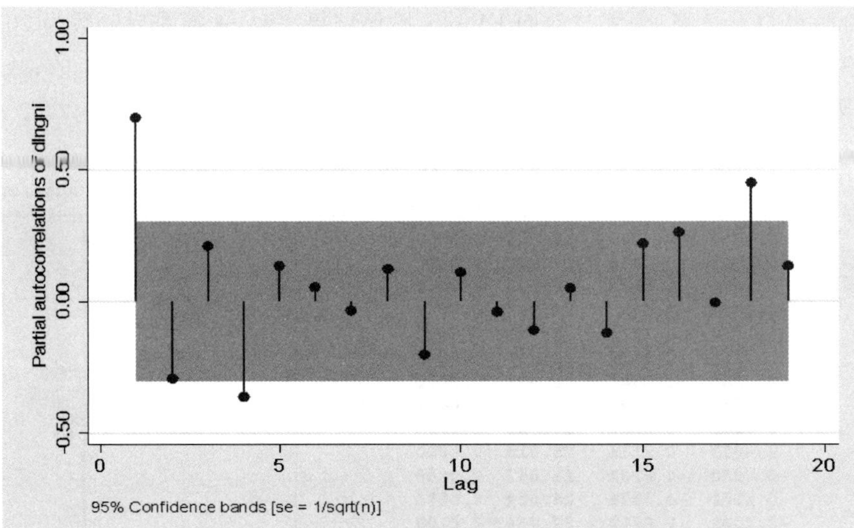

图 4-97 序列 DLNGNI 的偏自相关图

考虑使用以下模型对序列 DLNGNI 进行拟合:ARMA(1,1)、MA(1)、AR(1)、AR(4)、AR(1,2,4)。

5. 模型估计与检验

首先估计 ARMA(1,1)模型,可以使用命令"arima dlngni,ar(1/1)ma(1/1)nolog"或"arima lngni,arima(1,1,1)nolog",后者的一般格式是"arima 原序列,arima(p,d,q)nolog"。本案例运行命令"arima dlngni,ar(1/1)ma(1/1)nolog",得到该模型的参数估计结果,如图 4-98 所示。

接着进行模型显著性检验,首先输入命令"predict e1,res"生成该模型残差序列,并命名为 e1,再输入命令"corrgram e1,lags(20)",查看残差序列 e1 的 Q 统计量,如图 4-99 所示。

最后计算该模型的信息准则,命令为"estat ic",所得结果如图 4-100 所示。

按以上命令格式,依次估计并检验其余四个模型。

```
ARIMA regression

Sample:  1979 - 2020                            Number of obs     =         42
                                                Wald chi2(2)      =      49.43
Log likelihood =  74.76538                      Prob > chi2       =     0.0000
```

dlngni	Coef.	OPG Std. Err.	z	P>|z|	[95% Conf.	Interval]
dlngni						
_cons	.129317	.0192596	6.71	0.000	.0915688	.1670652
ARMA						
ar L1.	.4042515	.1721568	2.35	0.019	.0668305	.7416725
ma L1.	.6277556	.194092	3.23	0.001	.2473423	1.008169
/sigma	.0402542	.0056579	7.11	0.000	.029165	.0513434

Note: The test of the variance against zero is one sided, and the two-sided confidence interval is truncated at zero.

图 4-98　ARMA(1,1)模型的参数估计结果

```
                                          -1       0       1 -1       0       1
 LAG       AC       PAC      Q     Prob>Q  [Autocorrelation]  [Partial Autocor]
-------------------------------------------------------------------------------
 1       0.0109   0.0111  .00534  0.9417
 2      -0.0214  -0.0239  .02646  0.9869
 3       0.1259   0.1342  .77772  0.8548
 4       0.0309   0.0311  .82407  0.9352
 5      -0.2684  -0.2912   4.422  0.4904
 6       0.1207   0.1441  5.1701  0.5222
 7      -0.0257  -0.0614   5.205  0.6350
 8      -0.0150   0.1086  5.2173  0.7341
 9       0.0036   0.0031   5.218  0.8149
 10      0.0510  -0.0308  5.3682  0.8653
 11     -0.0486   0.0486  5.5092  0.9040
 12      0.0075  -0.0690  5.5127  0.9386
 13     -0.1164  -0.1071  6.3759  0.9314
 14      0.0235   0.0452  6.4122  0.9550
 15     -0.1278  -0.1810  7.5305  0.9412
 16      0.1566   0.4237  9.2741  0.9017
 17     -0.0027   0.0031  9.2747  0.9312
 18     -0.0034   0.1460  9.2756  0.9530
 19      0.1063   0.5126  10.183  0.9483
 20      0.0820        .  10.748  0.9525
```

图 4-99　ARMA(1,1)模型的 Q 统计量

Akaike's information criterion and Bayesian information criterion

Model	Obs	ll(null)	ll(model)	df	AIC	BIC
.	42	.	74.76538	4	-141.5308	-134.5801

Note: N=Obs used in calculating BIC; see **[R] BIC note**.

图 4-100　ARMA(1,1)模型的信息准则

输入命令“arima dlngni,ma(1/1) nolog”,估计 MA(1)模型,结果如图 4-101 所示。

输入命令“predict e2,res”和“corrgram e2,lags(20)”,进行残差白噪声检验,结果如图 4-102 所示。

输入命令“estat ic”计算信息准则,结果如图 4-103 所示。

```
Sample: 2 thru 42                              Number of obs     =         41
                                               Wald chi2(1)      =      30.21
Log likelihood = 71.79192                      Prob > chi2       =     0.0000
```

dlngni	Coefficient	OPG std. err.	z	P>|z|	[95% conf.	interval]
dlngni						
_cons	.1350388	.0139062	9.71	0.000	.1077832	.1622945
ARMA						
ma L1.	.7442633	.1354204	5.50	0.000	.4788442	1.009682
/sigma	.0415936	.005962	6.98	0.000	.0299083	.0532789

图 4-101　MA(1)模型的参数估计结果

LAG	AC	PAC	Q	Prob>Q	-1 0 1 [Autocorrelation]	-1 0 1 [Partial autocor]
1	0.2665	0.2725	3.1304	0.0768		
2	0.1762	0.1199	4.5343	0.1036		
3	0.0664	0.0006	4.7387	0.1920		
4	0.0283	-0.0054	4.7768	0.3110		
5	-0.3181	-0.3860	9.7323	0.0832		
6	0.0063	0.2059	9.7342	0.1363		
7	-0.1195	-0.1203	10.475	0.1632		
8	-0.0260	0.0635	10.511	0.2310		
9	-0.0768	-0.0759	10.836	0.2871		
10	0.1144	0.0438	11.58	0.3142		
11	-0.1231	-0.1641	12.47	0.3294		
12	-0.0339	-0.0600	12.54	0.4033		
13	-0.1159	-0.0765	13.386	0.4185		
14	0.0462	0.1090	13.525	0.4857		
15	-0.1067	-0.1341	14.297	0.5032		
16	0.1882	0.4245	16.795	0.3990		
17	0.0439	0.0408	16.937	0.4587		
18	0.0823	0.3486	17.456	0.4920		
19	0.0608	.	17.752	0.5391		
20	0.0676	.	18.136	0.5785		

图 4-102　MA(1)模型的 Q 统计量

Model	N	ll(null)	ll(model)	df	AIC	BIC
.	41	.	71.79192	3	-137.5838	-132.4431

图 4-103　MA(1)模型的信息准则

输入命令 “arima dlngni,ar(1/1)nolog”,估计 AR(1)模型,结果如图 4-104 所示。

输入命令“predict e3,res”和“corrgram e3,lags(20)”,进行残差白噪声检验,结果如图 4-105 所示。

输入命令“estat ic”计算信息准则,结果如图 4-106 所示。

输入命令 “arima dlngni,ar(1/4)nolog”估计 AR(4)模型,结果如图 4-107 所示。

ARIMA regression

Sample: **1979 - 2020**		Number of obs =	**42**
		Wald chi2(1) =	**35.29**
Log likelihood = **71.08436**		Prob > chi2 =	**0.0000**

dlngni	Coef.	OPG Std. Err.	z	P>|z|	[95% Conf. Interval]	
dlngni						
_cons	.127412	.0254531	5.01	0.000	.0775248	.1772993
ARMA						
ar						
L1.	.684552	.1152263	5.94	0.000	.4587126	.9103913
/sigma	.0442037	.0068199	6.48	0.000	.030837	.0575703

Note: The test of the variance against zero is one sided, and the two-sided confidence interval is truncated at zero.

图 4-104　AR(1)模型的参数估计结果

LAG	AC	PAC	Q	Prob>Q	-1 0 1 [Autocorrelation]	-1 0 1 [Partial Autocor]
1	0.1974	0.2082	1.7558	0.1851		
2	-0.2218	-0.2859	4.0287	0.1334		
3	0.0955	0.2496	4.4607	0.2158		
4	-0.0483	-0.2816	4.5742	0.3338		
5	-0.2694	-0.1016	8.1991	0.1456		
6	0.0196	0.0384	8.2189	0.2225		
7	0.0648	-0.0709	8.4403	0.2954		
8	-0.0223	0.1646	8.4674	0.3892		
9	0.0316	-0.1291	8.5235	0.4824		
10	0.0713	0.0816	8.8167	0.5496		
11	0.0140	0.0375	8.8284	0.6377		
12	-0.0659	-0.1062	9.0959	0.6947		
13	-0.0661	0.0121	9.3739	0.7442		
14	-0.0464	-0.2089	9.5161	0.7966		
15	-0.0701	-0.0249	9.8522	0.8289		
16	0.1053	0.3053	10.641	0.8311		
17	0.0412	-0.1483	10.766	0.8685		
18	-0.0228	0.4167	10.806	0.9024		
19	0.1477	0.1877	12.558	0.8604		
20	0.0204	.	12.593	0.8942		

图 4-105　AR(1)模型的 Q 统计量

Akaike's information criterion and Bayesian information criterion

Model	Obs	ll(null)	ll(model)	df	AIC	BIC
.	42	.	71.08436	3	-136.1687	-130.9557

Note: N=Obs used in calculating BIC; see **[R] BIC note**.

图 4-106　AR(1)模型的信息准则

输入命令“predict e4,res”和“corrgram e4,lags(20)”,进行残差白噪声检验,结果如图 4-108 所示。

输入命令“estat ic”计算信息准则,结果如图 4-109 所示。

ARIMA regression

Sample: 1979 - 2020	Number of obs	=	42
	Wald chi2(4)	=	62.43
Log likelihood = 76.05664	Prob > chi2	=	0.0000

dlngni	Coef.	OPG Std. Err.	z	P>|z|	[95% Conf. Interval]	
dlngni						
_cons	.1317552	.01572	8.38	0.000	.1009446	.1625659
ARMA						
ar						
L1.	1.006904	.1638705	6.14	0.000	.6857241	1.328085
L2.	-.6232403	.2859081	-2.18	0.029	-1.18361	-.0628707
L3.	.5194047	.2611282	1.99	0.047	.0076028	1.031207
L4.	-.3367891	.1847725	-1.82	0.068	-.6989366	.0253584
/sigma	.0389064	.0050777	7.66	0.000	.0289543	.0488584

Note: The test of the variance against zero is one sided, and the two-sided confidence interval is truncated at zero.

图 4-107 AR(4)模型的参数估计结果

LAG	AC	PAC	Q	Prob>Q	-1 0 1 [Autocorrelation]	-1 0 1 [Partial Autocor]
1	0.0588	0.0643	.15588	0.6930		
2	0.0048	0.0028	.15694	0.9245		
3	-0.0034	-0.0062	.15748	0.9841		
4	0.0060	0.0111	[illegible]	0.9970		
5	-0.1103	-0.1313	.76743	0.9791		
6	0.1604	0.2116	2.0881	0.9114		
7	-0.0197	-0.0376	2.1085	0.9536		
8	0.0305	0.0573	2.1592	0.9757		
9	0.0199	0.0415	2.1815	0.9883		
10	-0.0038	-0.0058	2.1823	0.9947		
11	-0.0229	0.0383	2.2136	0.9976		
12	-0.0018	-0.0651	2.2138	0.9990		
13	-0.1615	-0.1470	3.8756	0.9924		
14	0.0415	0.1280	3.9895	0.9955		
15	-0.1113	-0.1538	4.8369	0.9934		
16	0.1170	0.3524	5.8094	0.9900		
17	0.0196	0.0963	5.8377	0.9942		
18	0.0378	0.2203	5.9475	0.9964		
19	0.0517	0.5082	6.1625	0.9975		
20	0.0135	.	6.1778	0.9986		

图 4-108 AR(4)模型的 Q 统计量

Akaike's information criterion and Bayesian information criterion

Model	Obs	ll(null)	ll(model)	df	AIC	BIC
.	42	.	76.05664	6	-140.1133	-129.6873

Note: N=Obs used in calculating BIC; see **[R] BIC note**.

图 4-109 AR(4)模型的信息准则

输入命令“arima dlngni,ar(1 2 4)nolog”,估计 AR(1,2,4)模型,结果如图 4-110 所示。

由于该模型有两个参数的检验 P 值大于 0.1,没有通过系数显著性检验,因此淘汰该模型,不再进行其他检验。

```
ARIMA regression

Sample:  1979 - 2020                            Number of obs     =         42
                                                Wald chi2(3)      =      54.21
Log likelihood =   72.9149                      Prob > chi2       =     0.0000

------------------------------------------------------------------------------
             |                 OPG
      dlngni |      Coef.   Std. Err.      z    P>|z|     [95% Conf. Interval]
-------------+----------------------------------------------------------------
dlngni       |
       _cons |   .1320601   .0160226     8.24   0.000     .1006564    .1634638
-------------+----------------------------------------------------------------
ARMA         |
          ar |
         L1. |   .8631268   .1291006     6.69   0.000     .6100943    1.116159
         L2. |  -.2544325   .1769198    -1.44   0.150     -.601189     .092324
         L4. |  -.0752786   .1348764    -0.56   0.577    -.3396314    .1890742
-------------+----------------------------------------------------------------
      /sigma |    .042208   .0060116     7.02   0.000     .0304254    .0539905
------------------------------------------------------------------------------
Note: The test of the variance against zero is one sided, and the two-sided
      confidence interval is truncated at zero.
```

图 4-110　AR(1,2,4)模型的参数估计结果

6. 模型优化

将上面的估计和检验结果汇总,结果见表 4-14。

表 4-14　模型估计与检验结果汇总

模型	参数显著性检验	模型显著性检验	AIC	BIC
ARMA(1,1)	通过	通过	-141.530 8	-134.580 1
MA(1)	通过	通过	-137.583 8	-132.443 1
AR(1)	通过	通过	-136.168 7	-130.955 7
AR(4)	通过	通过	-140.113 3	-129.687 3
AR(1,2,4)	未通过	—	—	—

比较 ARMA(1,1)模型、MA(1)模型、AR(1)模型与 AR(4)模型的信息准则,ARMA(1,1)模型的 AIC 值与 BIC 值在四个模型中都是最小的,因此选择 ARMA(1,1)模型为最终的拟合模型。

7. 模型结构

同样,在 Stata 中也是对中心化变量进行建模,模型结构写法与 EViews 操作介绍中的一致,不再赘述。

8. 模型预测

得到模型结构之后,使用 ARIMA(1,1,1)模型来对我国国民总收入进行预测。在 Stata 中进行样本内预测、样本外预测以及动态预测的命令如下:

样本内预测命令:预测我国国民总收入对数差分序列 1978—2020 年的预测值,使用命令"predict dlngni_1",dlngni_1 表示用来存放预测值的变量序列名。

样本外预测命令:本案例选择预测我国 2021—2025 年的国民总收入,首先用命令"tsappend, add(5)"扩展时间区间,增加 5 个观测值;再使用命令"predict dlngni_2"得到我国国民总收入对数差分序列的样本外一步预测值。

动态预测命令:对序列 DLNGNI 进行动态预测,在 2020 年及以前采用该序列的真实值进行预测,2021 年及以后的预测值采用递推预测。命令为"predict dlngni_3, dynamic(2020)",其中

dynamic( )括号中的数字表示从一步预测转换为动态预测的时间。

输入命令“list time dlngni_2 dlngni_3 in -5/ -1”查看2021年至2025年预测结果,见图4-111。

time	dlngni_2	dlngni_3
2021	.0458175	.113799
2022	.0955622	.1230438
2023	.1156716	.1267811
2024	.1238008	.1282918
2025	.1270871	.1289026

图4-111 DLNGNI序列2021年至2025年的预测结果

以上预测是对序列DLNGNI进行的预测,要得到原始序列的预测值,还需要对其进行还原。

此外,也可以使用命令“predict flngni,y”对未差分序列进行预测,不过需要注意,如果要对未差分序列LNGNI进行预测,在对ARMA(1,1)模型进行参数估计时要使用命令“arima lngni,arima(1,1,1)”,并且预测只能得到样本外一步预测值,在本案例中则只能得到样本外2021年的预测值。

第五节 协整及误差修正模型原理、案例与软件操作

一、理论概述

(一)协整的概念

在涉及时间序列的建模分析中,为了避免伪回归的出现,人们通常选择对平稳序列进行建模,或将非平稳序列通过差分、取对数等手段转化为平稳序列,再进行建模。Engle和Granger在1987年首次提出协整的概念,协整概念的提出使得非平稳时间序列在一定条件下也能构建回归模型。

在介绍协整的具体定义之前,先介绍单整的概念。在对序列$\{y_t\}$进行平稳性检验时,若序列是平稳的,则称之为零阶单整,记为$\{y_t\}\sim \mathrm{I}(0)$;若序列是非平稳的,需要经过$d$阶差分才能转化为平稳序列,则称该序列是$d$阶单整序列,记为$\{y_t\}\sim \mathrm{I}(d)$。

所谓协整,指的是两个及以上非平稳序列经过某种线性组合之后的序列是平稳的序列,此时我们就称这些非平稳序列之间具有长期均衡关系,即协整关系。

假设有两个一阶单整序列$\{y_{1t}\}$、$\{y_{2t}\}$,如果满足$\alpha y_{1t}+\beta y_{2t}\sim \mathrm{I}(0)$,则称这两个序列是协整的,并且称$(\alpha,-\beta)$为协整系数。

需要注意的是,变量间要具有协整关系需满足以下条件:① 变量序列是非平稳的;② 变量是同阶单整的。

(二)协整检验

当变量序列是同阶单整的时候,如何判断序列之间是否有协整关系呢?此时需要对变量序列进行协整检验。常见的协整检验方法有Engle-Granger两步法检验(EG两步法)和Johansen协整检验。后者是针对两个以上变量的协整检验,因此在本节内容中,仅介绍EG两步检验方法。

假设变量序列$\{x_t\}$、$\{y_t\}$均为一阶单整序列,EG检验的假设条件为

原假设H_0:两个变量序列之间不具有协整关系;

备择假设H_1:两个变量序列之间具有协整关系。

对以上两个变量序列进行EG两步法检验,具体步骤如下:

(1) 构建协整回归模型,并使用最小二乘法进行参数估计。

以变量 y_t 为被解释变量,变量 x_t 为解释变量,构建如下回归模型

$$y_t=\beta_0+\beta_1 x_t+u_t \tag{4.23}$$

OLS 估计后得到

$$y_t=\hat{\beta}_0+\hat{\beta}_1 x_t+\varepsilon_t \tag{4.24}$$

(2) 对回归的残差序列进行平稳性检验。

回归后,对残差序列 $\{\varepsilon_t\}$ 进行 ADF 单位根检验,检验该序列的平稳性。若残差序列是平稳的,则接受 EG 检验的原假设,即变量 y_t 与 x_t 存在协整关系,反之则两变量间不存在协整关系。

需要注意的是,EG 检验中对残差序列进行 ADF 检验,其 ADF 统计量的临界值与一般 ADF 单位根检验的临界值不同,需要查阅协整检验临界值表来判断残差平稳性。

(三) 误差修正模型(ECM)及建模步骤

误差修正模型最早是由 Sarger 在 1964 年提出的,之后其主要形式是由 Davidson、Hendry、Srba 和 Yeo 于 1978 年提出的,因此也称为 DHSY 模型。

由协整的概念可知,若变量间存在协整关系,则变量间是存在长期均衡关系的。而这种长期均衡关系的形成则是因为存在着一种调节机制,即误差修正机制能够调整对长期均衡的偏离。根据 Engle 与 Granger 在 1987 年提出的 Granger 表述定理,若变量之间存在协整关系,则它们之间的短期非均衡关系总能由一个误差修正模型表述。

假设有两个非平稳序列 $\{x_t\}$、$\{y_t\}$,以 y_t 的(1,1)阶自回归分布滞后模型为例,介绍误差修正模型的构造。

$$y_t=\alpha+\beta_0 x_t+\beta_1 x_{t-1}+\beta_2 y_{t-1}+\varepsilon_t \tag{4.25}$$

在式子两边同时减去 y_{t-1},并在式子右端 $\pm\beta_0 x_{t-1}$ 则有

$$\begin{aligned} y_t-y_{t-1}&=\alpha+\beta_0 x_t+\beta_1 x_{t-1}+\beta_2 y_{t-1}+\varepsilon_t-y_{t-1} \\ &=\alpha+\beta_0(x_t-x_{t-1})+(\beta_0+\beta_1)x_{t-1}+(\beta_2-1)y_{t-1}+\varepsilon_t \\ &=\beta_0(x_t-x_{t-1})+(\beta_2-1)\left[y_{t-1}-\frac{\alpha}{1-\beta_2}-\frac{\beta_0+\beta_1}{1-\beta_2}x_{t-1}\right]+\varepsilon_t \end{aligned} \tag{4.26}$$

整理得到

$$\Delta y_t=\beta_0\Delta x_t+\lambda(y_{t-1}-\alpha_0-\alpha_1 x_{t-1})+\varepsilon_t \tag{4.27}$$

令 $y_{t-1}-\alpha_0-\alpha_1 x_{t-1}=ecm_{t-1}$,便可得到如下的误差修正模型

$$\Delta y_t=\beta_0\Delta x_t+\lambda ecm_{t-1}+\varepsilon_t \tag{4.28}$$

其中,λecm_{t-1} 表示误差修正项,λ 表示修正系数,其取值一般在 -1 到 0 之间。当 $t-1$ 期 y_{t-1} 正向偏离长期均衡时,ecm_{t-1} 为正,λecm_{t-1} 为负,使得 Δy_t 减少;当 $t-1$ 期 y_{t-1} 负向偏离长期均衡时,ecm_{t-1} 为负,λecm_{t-1} 为正,使得 Δy_t 增加,由此可看出误差修正项是负反馈机制。

建立误差修正模型的具体步骤为:

(1) 建立长期关系模型。检验变量 y 与 x 的协整关系,建立协整回归方程,并使用 OLS 估计其系数。

(2) 建立短期动态关系。将第一步协整回归误差项的滞后一期 e_{t-1} 作为解释变量,建立误差修正模型,使用 OLS 估计出系数。

二、案例分析与软件操作

（一）数据来源和案例描述

【案例 4-5】 本案例主要介绍如何对我国能源消费量序列与国内生产总值序列进行协整检验以及建立误差修正模型，使用我国 2000—2020 年的能源消费量与国内生产总值的年度数据，数据来源于国家统计局网站。

（二）EViews 操作过程

1. 平稳性检验

将能源消费量序列（EN）与国内生产总值序列（GDP）导入 EViews10，为了减少序列的异方差性，对 EN 序列与 GDP 序列取自然对数，得到序列 LEN 和序列 LGDP。由于协整关系是针对非平稳序列进行的，并且要求这些序列是同阶单整的，因此在进行协整分析之前需要对序列进行平稳性检验。首先通过时序图（图 4-112、图 4-113）粗略查看序列的平稳性，具体的操作过程在前面的案例中已经介绍，这里不再赘述。

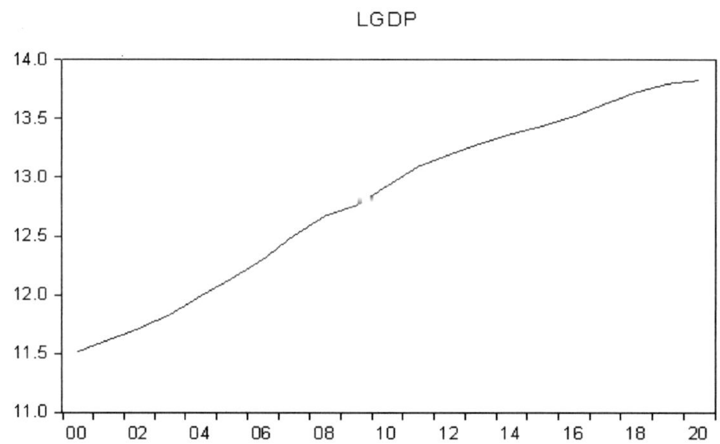

图 4-112 我国 2000—2020 年国内生产总值对数序列的时序图

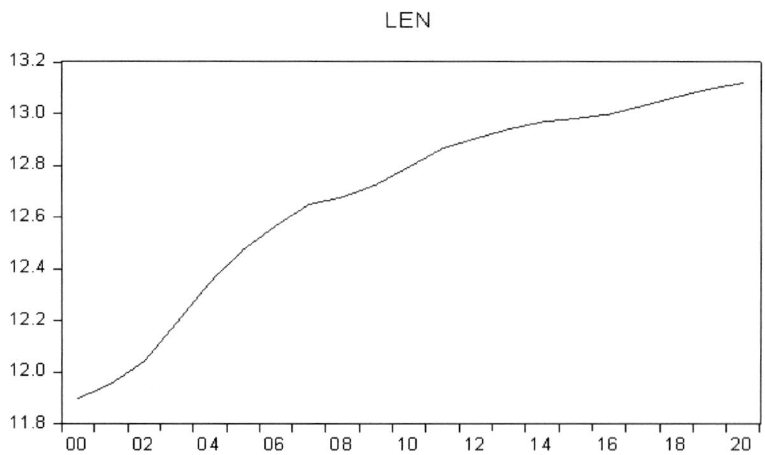

图 4-113 我国 2000—2020 年能源消费量对数序列的时序图

从图 4-112 和图 4-113 可以看出,序列 LEN 和序列 LGDP 具有明显的长期上升趋势,显然是非平稳的。进一步对这两个序列做 ADF 单位根检验(操作见前面的案例),单位根检验结果整理如表 4-15 所示。

表 4-15　ADF 单位根检验结果汇总

变量	t 统计量	1%临界值	5%临界值	10%临界值	P 值	结论
LEN	-0.876 747	-4.498 307	-3.658 446	-3.268 973	0.939 2	非平稳
ΔLEN	-2.846 712	-4.532 598	-3.673 616	-3.277 364	0.199 4	非平稳
$\Delta^2 LEN$	-5.380 330	-4.800 080	-3.791 172	-3.342 253	0.004 1	平稳
LGDP	0.785 132	-4.498 307	-3.658 446	-3.268 973	0.999 3	非平稳
$\Delta LGDP$	-3.221 303	-4.571 559	-3.690 814	-3.286 909	0.111 4	非平稳
$\Delta^2 LGDP$	-5.785 889	-4.616 209	-3.710 482	-3.297 799	0.001 3	平稳

单位根检验结果显示,序列 LEN 和序列 LGDP 经过二阶差分之后变成平稳序列,即两序列均是二阶单整 I(2),符合协整分析的要求。

2. 协整检验

对时序数据进行协整检验通常有 Johansen 协整检验和 EG 检验两种方法,前者适用于多变量模型,后者更适合两变量模型。由于本案例研究的是能源消费量与国内生产总值两变量,因此选用 EG 两步法对序列 LEN 和序列 LGDP 进行协整检验。

首先,建立变量 LEN 与变量 LGDP 的回归方程

$$LEN_t=\beta_0+\beta_1 LGDP_t+u_t \tag{4.29}$$

在 EViews10 中同时选中 LEN 与 LGDP,点击鼠标右键"Open→as Equation",在弹出的对话框下方选择估计方法(Method)为协整回归(COINTREG-Cointegrating Regression)。点击确认之后,会再次弹出一个对话框,如图 4-114 所示,其中"Trend specification"表示协整回归的模型,下拉列表有四个选项,"Constant(Level)"表示含有常数项,"Linear trend"表示含有时间趋势项,"Quadratic trend"表示含有时间趋势平方项,"None"表示以上都不含。根据本案例对回归模型的设定,在此选择"Constant(Level)",其余按照默认的设定即可,点击确认,得到协整回归的结果如图 4-115 所示。

得到协整回归模型如下

$$\begin{gathered}LEN=6.546\ 989+0.477\ 582LGDP+\hat{u}_t\\ t=(14.617\ 75)\ (13.743\ 99)\end{gathered} \tag{4.30}$$

由图 4-115 模型估计结果可知,模型的拟合优度 $R^2=0.948\ 500$,调整之后的 R^2 取值为 0.945 639,由此可知本案例所建立的回归模型对数据拟合得比较好。同时注意到 LGDP 的系数为正,这说明我国能源消费量与国内生产总值是同方向变化的,我国能源消费会随着国内生产总值的增加而增加。

接下来对残差序列的平稳性进行检验。在回归界面点击"View→Cointegration Tests",在弹出的对话框中选择"Engle-Granger",即 EG 检验,其余的按照默认设定即可,如图 4-116 所示。点击确定得到检验结果,如图 4-117。

对图 4-117 的信息进行整理,如表 4-16 所示。

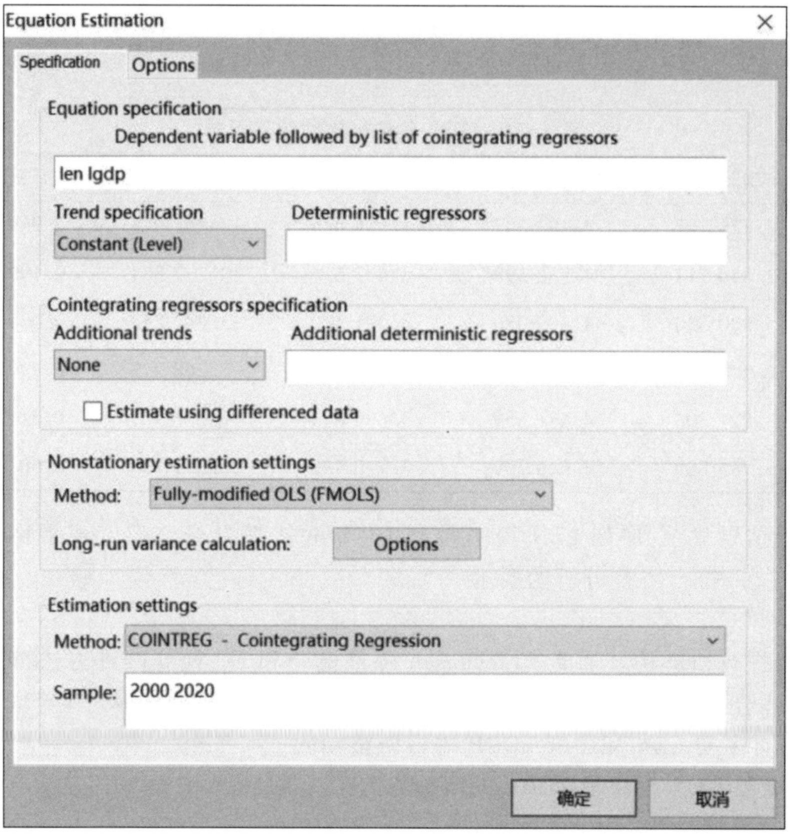

图 4-114 协整回归对话框

Sample (adjusted): 2001 2020
Included observations: 20 after adjustments
Cointegrating equation deterministics: C
Long-run covariance estimate (Bartlett kernel, Newey-West fixed bandwidth = 3.0000)

Variable	Coefficient	Std. Error	t-Statistic	Prob.
LGDP	0.477582	0.034748	13.74399	0.0000
C	6.546989	0.447879	14.61775	0.0000

R-squared	0.948500	Mean dependent var	12.71940
Adjusted R-squared	0.945639	S.D. dependent var	0.354519
S.E. of regression	0.082658	Sum squared resid	0.122981
Long-run variance	0.012403		

图 4-115 协整回归输出结果

表 4-16 EG 检验结果

因变量	EG 统计量	P 值
LEN	-3.739 831	0.044 6

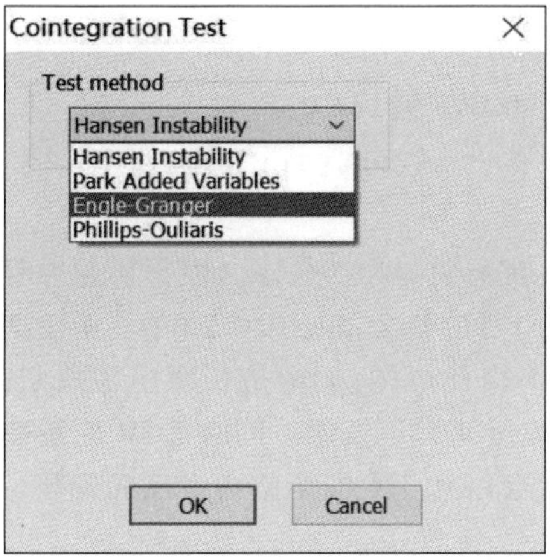

图 4-116 残差平稳性检验对话框

Equation: UNTITLED
Specification: LEN LGDP C
Cointegrating equation deterministics: C
Null hypothesis: Series are not cointegrated
Automatic lag specification (lag=1 based on Schwarz Info Criterion, maxlag=4)

	Value	Prob.*
Engle-Granger tau-statistic	-3.739831	0.0446
Engle-Granger z-statistic	-18.29001	0.0160

*MacKinnon (1996) p-values.
Warning: p-values may not be accurate for fewer than 20 observations.

图 4-117 EG 检验结果

检验结果显示，检验 P 值为 0.044 6，在 0.1 的显著性水平下可以拒绝原假设，即残差序列是平稳的。即判定我国能源消费量 LEN 与国内生产总值 LGDP 之间存在协整关系。

3. 误差修正模型的建立

由上述分析可知，我国能源消费量 LEN 与国内生产总值 LGDP 之间存在协整关系，可以对这两个变量建立误差修正模型。

令 $ECM=\hat{u}_t$，将其作为误差修正项，建立如下的误差修正模型（ECM 模型）

$$\Delta LEN_t=\beta_0+\beta_1\Delta LGDP_t+\lambda ECM_{t-1}+\varepsilon_t \tag{4.31}$$

为了估计该模型，首先在 EViews10 中得到残差序列，在前面的协整回归结果输出界面点击“Proc→Make Residual Series”，并在弹出的对话框中将该残差序列命名为“ecm”；接着在 EViews10 的工具栏中点击“Quick→Estimate Equation”，之后输入“d(len) c d(lgdp) ecm(-1)”，使用最小二乘估计方法，最后得到误差修正模型的估计结果，如图 4-118 所示。

Sample (adjusted): 2002 2020
Included observations: 19 after adjustments

Variable	Coefficient	Std. Error	t-Statistic	Prob.
C	-0.032247	0.020652	-1.561463	0.1380
D(LGDP)	0.896888	0.181504	4.941428	0.0001
ECM(-1)	-0.375961	0.109166	-3.443951	0.0033

R-squared	0.610261	Mean dependent var	0.061245
Adjusted R-squared	0.561544	S.D. dependent var	0.044188
S.E. of regression	0.029260	Akaike info criterion	-4.081283
Sum squared resid	0.013698	Schwarz criterion	-3.932161
Log likelihood	41.77219	Hannan-Quinn criter.	-4.056046
F-statistic	12.52656	Durbin-Watson stat	1.173283
Prob(F-statistic)	0.000532		

图 4-118 误差修正模型估计结果

以上估计结果显示，ECM 系数为-0.375 961，符合$-1<\lambda<0$的要求。另外，在 10%的显著性水平下，误差修正模型 ECM 项系数与 D(LGDP)项系数均是显著的，常数项系数检验的 P 值，略微大于 0.1，可以认为是显著的；模型 F 检验的 P 值为 0.000 532，可以拒绝原假设，即该模型整

体是显著的。

最后估计得到下式

$$\Delta LEN_t = -0.032\ 247 + 0.896\ 888 \Delta LGDP_t - 0.375\ 961 ECM_{t-1} \quad (4.32)$$
$$(-1.561\ 463) \quad (4.941\ 428) \quad (-3.443\ 951)$$

4. 结果分析

协整检验结果表明,我国能源消费量与经济增长之间具有长期的均衡关系。根据协整方程和误差修正模型,从长期来说,我国经济增长每变动 1%,能源消费量就会增加 0.477 6%。就短期而言,我国经济增长每变动 1%,能源消费量会增加 0.896 9%。由此可知,无论是长期还是短期,经济增长对能源消费量都具有正向的促进作用,并且这种影响短期大于长期。同时 ECM 的系数为 -0.376,表明当我国能源消费量与其长期均衡水平偏离时,会以 0.376 的调整力度反向调整。

(三) Stata 操作过程

案例具体内容分析见前面的 EViews 操作,这里主要介绍 Stata 中的相关命令。

1. 平稳性检验

首先使用命令"tsset time, yearly"将变量"time"设定为时间变量,再采用命令"gen len = log(en)"和"gen lgdp = log(gdp)"获得对数序列 LEN、LGDP。

绘制序列的时序图,命令为"tsline len""tsline lgdp",结果如图 4-119 和图 4-120 所示。

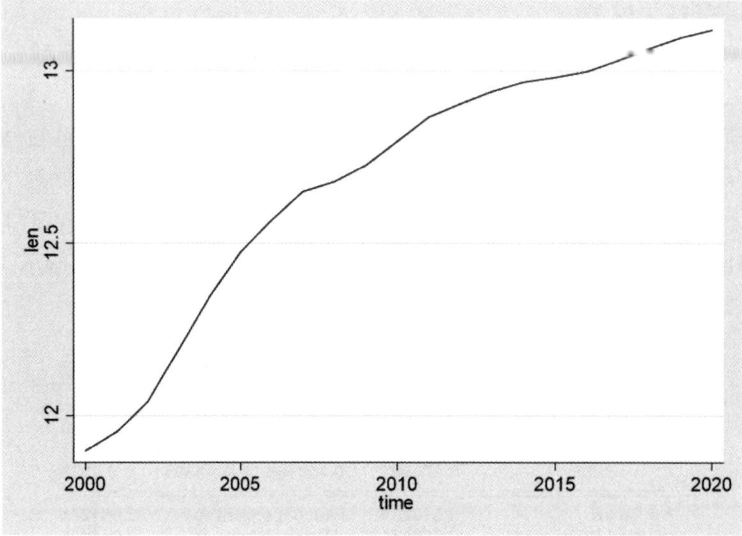

图 4-119 LEN 序列时序图

显然这两个序列都有明显的上升趋势,是非平稳的。接下来进行差分序列的单位根检验。

输入命令"gen dlen = D. len"和"gen dlgdp = D. lgdp"生成能源消费量与国内生产总值对数序列的一阶差分序列。

输入命令"dfuller dlen"和"dfuller dlgdp"进行单位根检验,结果如图 4-121 和图 4-122 所示。

我国能源消费量序列与国内生产总值序列经过一阶差分后的序列仍然是不平稳的。此时,对这两个序列进行二阶差分,得到二阶差分序列,命令分别为"gen d2len = D2. len"和"gen d2lgdp =

D2. lgdp”。使用与前面相同的命令对新生成的两个序列进行单位根检验，检验结果（图 4-123）表明能源消费量序列与国内生产总值序列经过二阶差分之后由原来的不平稳序列转换为平稳时间序列。

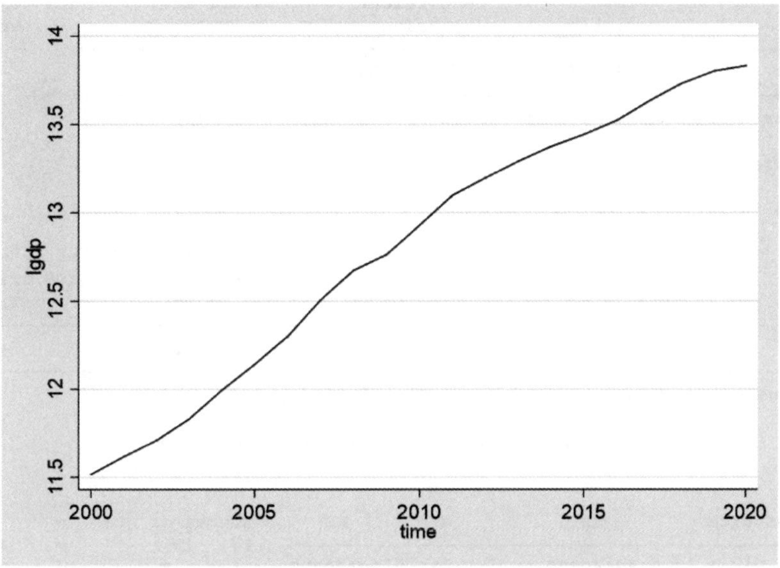

图 4-120　LGDP 序列时序图

```
. dfuller dlen

Dickey-Fuller test for unit root                   Number of obs   =        19

                               ---------- Interpolated Dickey-Fuller ---------
                  Test         1% Critical       5% Critical      10% Critical
               Statistic           Value             Value             Value
------------------------------------------------------------------------------
 Z(t)             -1.147            -3.750            -3.000            -2.630
------------------------------------------------------------------------------
MacKinnon approximate p-value for Z(t) = 0.6959
```

图 4-121　DLEN 序列单位根检验结果

```
. dfuller dlgdp

Dickey-Fuller test for unit root                   Number of obs   =        19

                               ---------- Interpolated Dickey-Fuller ---------
                  Test         1% Critical       5% Critical      10% Critical
               Statistic           Value             Value             Value
------------------------------------------------------------------------------
 Z(t)             -1.562            -3.750            -3.000            -2.630
------------------------------------------------------------------------------
MacKinnon approximate p-value for Z(t) = 0.5027
```

图 4-122　DLGDP 序列单位根检验结果

2. 协整检验

输入命令“regress len lgdp”进行回归，得到协整回归方程，结果如图 4-124 所示。

```
. dfuller d2len

Dickey-Fuller test for unit root                    Number of obs   =        18

                               ---------- Interpolated Dickey-Fuller ---------
                  Test         1% Critical       5% Critical      10% Critical
               Statistic           Value             Value             Value
------------------------------------------------------------------------------
 Z(t)             -3.155            -3.750            -3.000            -2.630
------------------------------------------------------------------------------
MacKinnon approximate p-value for Z(t) = 0.0227

. dfuller d2lgdp

Dickey-Fuller test for unit root                    Number of obs   =        18

                               ---------- Interpolated Dickey-Fuller ---------
                  Test         1% Critical       5% Critical      10% Critical
               Statistic           Value             Value             Value
------------------------------------------------------------------------------
 Z(t)             -4.320            -3.750            -3.000            -2.630
------------------------------------------------------------------------------
MacKinnon approximate p-value for Z(t) = 0.0004
```

图 4-123　二阶差分后序列的单位根检验结果

```
      Source |       SS           df       MS      Number of obs   =        21
-------------+----------------------------------   F(1, 19)        =    403.65
       Model |  2.89440772         1  2.89440772   Prob > F        =    0.0000
    Residual |  .136241842        19  .007170623   R-squared       =    0.9550
-------------+----------------------------------   Adj R-squared   =    0.9527
       Total |  3.03064956        20  .151532478   Root MSE        =    .08468

------------------------------------------------------------------------------
         len |      Coef.   Std. Err.      t    P>|t|     [95% Conf. Interval]
-------------+----------------------------------------------------------------
        lgdp |   .4907844   .0244281    20.09   0.000     .4396559     .541913
       _cons |   6.395886   .3133422    20.41   0.000     5.740053    7.051719
------------------------------------------------------------------------------
```

图 4-124　协整回归结果

由图 4-119 可知模型拟合优度 $R^2=0.955$，调整后的 $R^2=0.953$，与 EViews 结果一致。

输入命令"predict e,residual"计算出回归的残差，并命名为序列 e。

接着对该残差序列进行 ADF 单位根检验，事先根据 Schwert(1998)建议的最大滞后阶数 $p_{\max}=[12\cdot(T/100)^{1/4}]$ 计算出最大滞后阶数为 8，然后按照滞后阶数从大到小的序贯规则进行检验，直至序列平稳为止。因此输入命令"dfuller e,lags(8)"，结果如图 4-125 所示。

```
Augmented Dickey-Fuller test for unit root          Number of obs   =        12

                               ---------- Interpolated Dickey-Fuller ---------
                  Test         1% Critical       5% Critical      10% Critical
               Statistic           Value             Value             Value
------------------------------------------------------------------------------
 Z(t)             -4.421            -3.750            -3.000            -2.630
------------------------------------------------------------------------------
MacKinnon approximate p-value for Z(t) = 0.0003
```

图 4-125　残差序列单位根检验

从图 4-125 可以看出，滞后阶数为 8 阶时，残差序列检验统计量的值为-4.421。由前面的理论介绍部分可知，在 EG 两步法中 ADF 检验的临界值与一般 ADF 单位根检验不同，需要查看临界值表，根据 Mackinnon(1991)给出的协整检验临界值表以及临界值计算公式，计算得到 1%水平下的临界值为-3.253。-4.421 小于临界值-3.253，因此可以拒绝原假设，即我国能源消费量与国内生产总值是具有长期均衡关系的。

3. 误差修正模型的建立

输入命令"gen ecm=e"，将回归残差作为误差修正项；再使用命令"reg dlen dlgdp l.ecm"建立误差修正模型，结果如图 4-126 所示。

Source	SS	df	MS
Model	.018015443	2	.009007721
Residual	.017150007	17	.001008824
Total	.035165449	19	.001850813

Number of obs	=	20
F(2, 17)	=	8.93
Prob > F	=	0.0022
R-squared	=	0.5123
Adj R-squared	=	0.4549
Root MSE	=	.03176

dlen	Coef.	Std. Err.	t	P>|t|	[95% Conf.	Interval]
dlgdp	.8600349	.2035246	4.23	0.001	.4306355	1.289434
ecm						
L1.	-.2834317	.109816	-2.58	0.019	-.5151232	-.0517402
_cons	-.0376244	.0244046	-1.54	0.142	-.0891136	.0138647

图 4-126 误差修正模型参数估计

可知，Stata 操作结果与 EViews 结果基本一致。

本章习题

1. 平稳性对时间序列回归有何意义？

2. DF、ADF 和 PP 检验分布适用于什么情况下的单位根检验？如何选择检验模型？

3. 说明协整关系与误差修正机制的一致性。

4. ARMA 模型与横截面数据多元线性回归模型有何不同之处？对于 ARMA 模型，平稳性检验和白噪声检验分别意味着什么？

5. 假定 y 的初值(即第 0 期的观测值)为 0，u 服从标准正态分布。应用 Stata 对如下 AR 过程进行数据模拟，分别生成一个长度为 100 的时间序列。利用时间序列动态图形或自相关系数，初步判断各随机过程的平稳性：

(1) $y_t=0.25+y_{t-1}+u_t$

(2) $y_t=0.25-0.7y_{t-1}+u_t$

(3) $y_t=0.25+0.7y_{t-1}+0.8y_{t-2}+u_t$

第五章 面板数据模型

面板数据是一种特殊的数据结构，它包含了多个个体（或者叫观察单位）在不同时间点上的观测数据。面板数据模型能够更好地捕捉个体和时间的变化，并且能够提供更准确的估计结果。在本章中，我们将介绍面板数据模型，包括独立混合横截面数据模型的原理、案例和软件操作，以及面板数据模型的分类、估计和检验。

通过学习本章内容，读者将能够理解面板数据模型的基本原理，并能够运用相应的软件进行实际操作。

重难点

1. 独立混合横截面数据模型的结构和假设，以及如何进行参数估计和假设检验。如何使用 EViews 和 Stata 软件进行独立混合横截面数据模型的操作和分析。

2. 固定效应模型和随机效应模型的特点和假设条件。

3. 固定效应模型和随机效应模型的估计方法，以及面板数据模型的假设检验方法。如何使用 EViews 和 Stata 软件进行面板数据模型的估计和检验。

在实证研究中，很少会出现纯粹的横截面数据或是纯粹的时间序列数据，而常常是兼有时间序列和横截面数据两个方面的特征（面板数据）。因此，对这类数据进行研究常能清晰地解决实际问题。本章将分别介绍独立混合横截面数据及面板数据的各类模型及分析方法，最后将通过实际案例进一步讲解。

第一节 独立混合横截面数据模型原理、案例与软件操作

一、独立混合横截面数据模型原理

独立混合横截面数据（independently pooled cross section）是指在不同时点分别从一个大总体里进行随机抽样所形成的数据。以金融数据为例，若我们每隔一个季度都随机抽取一些股票的股价、净利润、净资产、总负债等指标，或每年都抽取某几个省份的地区生产总值、总人数、消费支出、能源消耗量等数据，把这些不同时点抽取的随机样本合并起来，这样一份数据就被称为独立混合截面数据，如图 5-1 所示。由于在每个时点上都是进行的随机抽样，混合截面数据即由独立抽取的观测值构成，也就是说，每季抽取的股票、每年抽取的省份可能不相同。

使用独立混合横截面数据的好处在于，其一是相较于截面数据增加了样本量，可使对参数的估计更加准确；其二是将不同年份的横截面数据混合在一起能较好地分析某些重要变量的影响；

code	market_cap	net_profit	total_current_assets	total_liability	time
1	20.5400026	0.231838212	6.248397791	1.642805255	2015q1
2	23.17999943	0.603251662	10.75164926	1.590781831	2015q1
3	24.5400026	0.4035001	7.41261562	2.337792579	2015q1
4	24.64999706	0.439179289	6.547781339	1.352462339	2015q2
5	25.72999797	0.357196693	10.66324028	1.463502457	2015q2
6	27.12000157	0.117963234	6.684523525	2.010568294	2015q2
7	27.27999833	0.430291907	11.7486304	2.160575768	2015q3
8	28.10999503	0.792493221	13.99405972	3.59085971	2015q3
9	28.70000244	0.393656028	9.477474785	9.315989977	2015q3
10	29.06999974	0.401705966	10.20713296	10.46157708	2015q4
11	29.43999705	-0.605254137	9.333623315	9.769197981	2015q4
12	29.70000053	0.382547503	6.922225468	2.126119979	2015q4
13	31.08000164	0.285131187	6.815315604	1.806108774	2016q1
14	31.70000002	0.298021669	10.41208186	1.594972283	2016q1
15	31.80999759	0.628332234	10.26129574	10.24737265	2016q1

图 5-1 独立混合横截面数据示意图

其三是这类数据能显示一个关键变量如何随时间的变化而改变。

独立混合横截面数据与一般的截面数据的区别在于,由于抽取样本的时间不同,很可能导致观测结果并不服从同一分布,如随着我国经济稳步发展,每年公司的盈利存在上升趋势;各个省份的消费支出、能源产出的分布都会发生变化。在处理横截面数据的过程中,由于各个数据都是在同一时点下获得的,我们便可认为样本中的每一个数据对最终结果的作用都是相同的。而在混合截面数据中,因为受时间的影响,不同时点上抽样的数据可能对最终回归的结果产生不同的影响,因此不能简单地直接使用 OLS 进行估计。对于这种情况,常用的做法是增加时间虚拟变量,允许在不同年份中截距项有不同的值以控制时间对因变量的影响。

以每季度抽取公司股票数据为例,OLS 回归模型如下

$$price_{it}=\alpha+\sum_{k=1}^{K}\beta_k X_{kit}+\mu_{it} \tag{5.1}$$

其中 $price_{it}$ 为公司股价,也即被解释变量,α 表示截距项,X_{kit} 为解释变量,包括每股收益、每股流动资产、每股负债等,β_k 为相应的回归系数,μ_{it} 为误差项。

引入时间虚拟变量后,模型变为

$$price_{it}=\alpha+\sum_{k=1}^{K-1}\gamma_k U(time)_{kit}+\sum_{k=1}^{K}\beta_k X_{kit}+\mu_{it} \tag{5.2}$$

其中 $U(time)_{kit}$ 代表观测期,为避免完全的多重共线性,$U(time)_{kit}$ 的数量为全部观测期个数减 1。当数据属于某一观测期时,该期 $U(time)_{kit}$ 为 1,其他时期的 $U(time)_{kit}$ 为 0。以此,便可通过调整截距来控制不同时点观测值对因变量的影响问题。

二、案例分析与软件操作

【案例 5-1】 我们收集了 2015 年第一季度至 2019 年第四季度白酒板块 5 只股票的总市值、总流动资产、总负债、净利润等数据,依总股本标准,判断这些因素是否对股价(每股市值)有显著影响,从而帮助我们做出投资决策。

（一）EViews 操作

第一步,创建工作文档。如图 5-2 至图 5-4 进行操作,点击“File→New→Workfile”,在“Workfile Create”文本框的“Workfile structure type”选择“Dated-regular frequency”,“Frequency”方框中选“Quarterly”,“Start date”和“End date”输入数据的起止期间,“WF”输入工作文档的名称,点击“OK”,即跳出新建的工作文档界面。

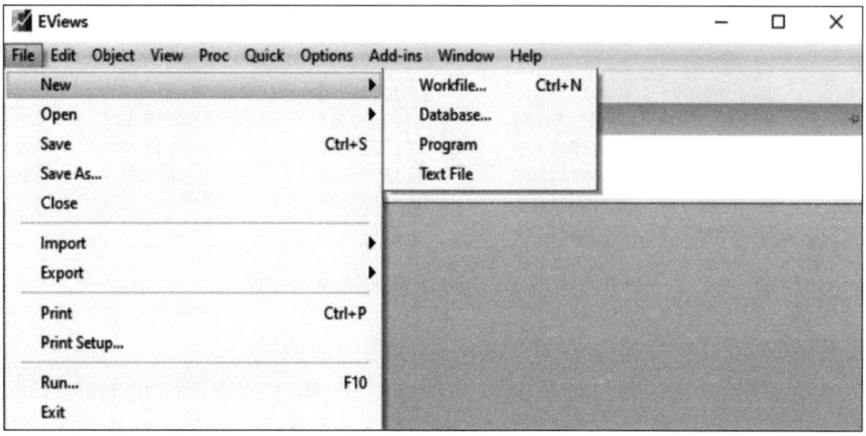

图 5-2 创建工作文档步骤 1

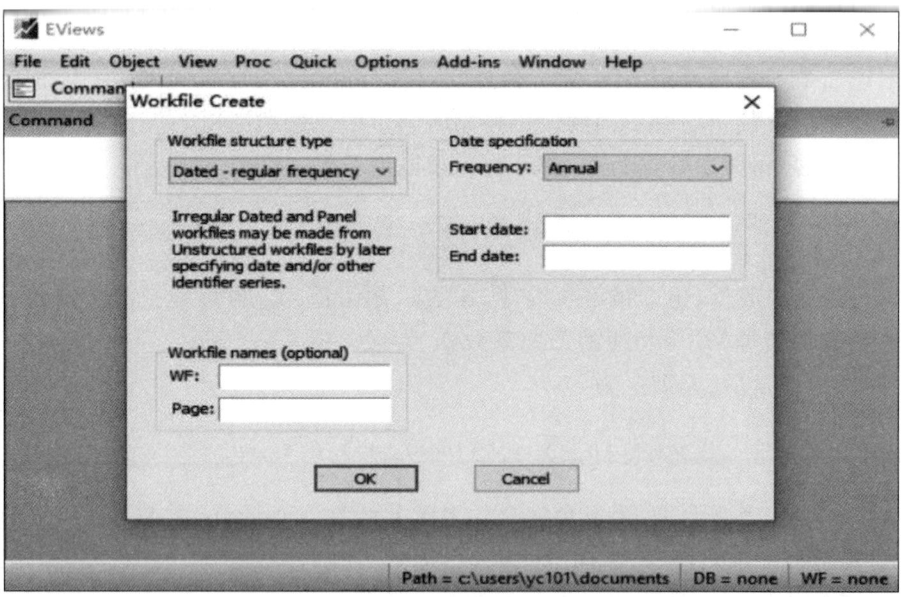

图 5-3 创建工作文档步骤 2

第二步,创建 Pool 对象。这里以创建 Pool 对象的方式建立面板数据文件,操作如图 5-5,在“Object→New Object”文本框的“Type of object”选择“Pool”,“Name for object ”输入新对象的名称。

第三步,构建面板数据。在图 5-6 所示的 Pool 界面中输入每一个时点的个体名称。本例中应输入五只股票的代码,为了方便起见,本例子仅输入 1—5 来代替。

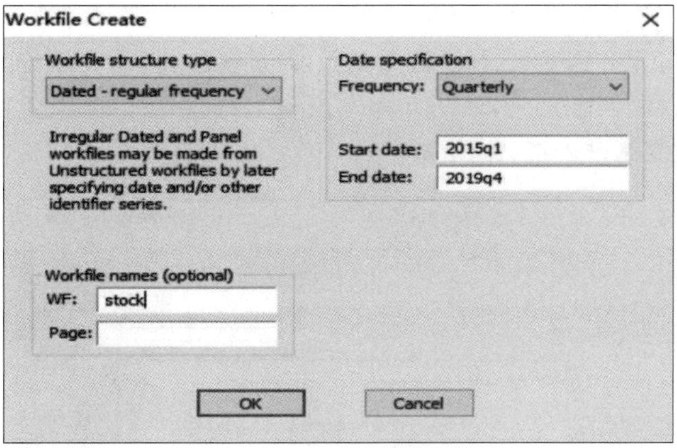

图 5-4　创建工作文档步骤 3

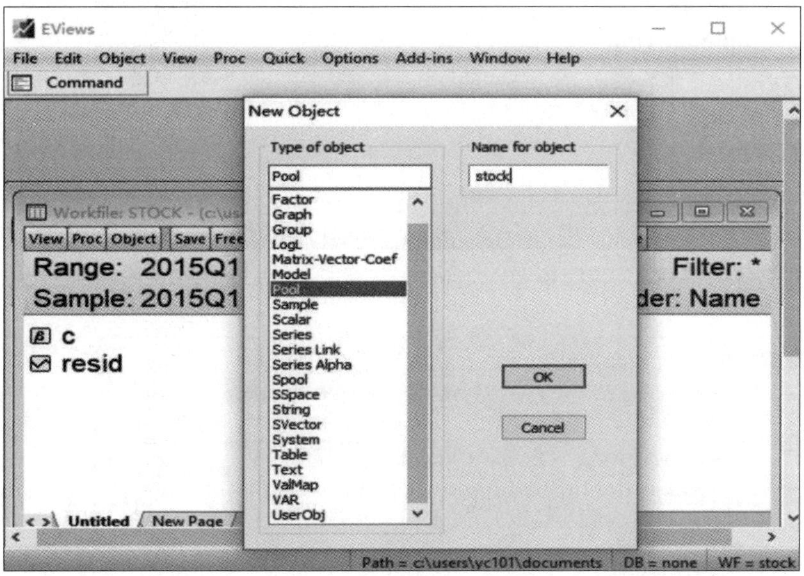

图 5-5　创建工作对象

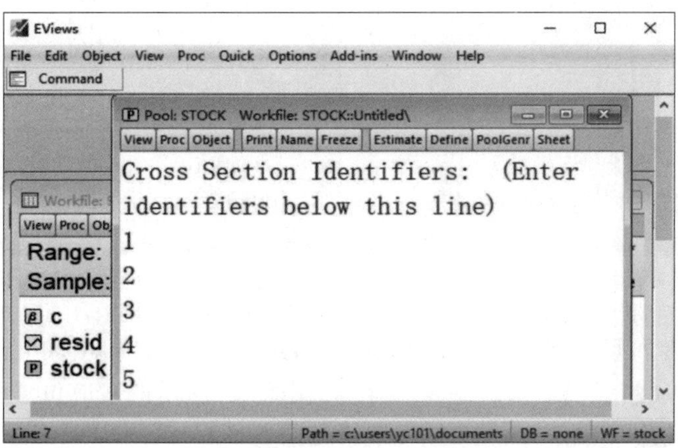

图 5-6　构建面板数据步骤 1

完成后点击“Sheet”进行定义，此时会跳出“Series List”对话框，此时输入对于每个时点、每个个体的特征名称，也即自变量和因变量，每个变量名后加上问号，并以空格符分离，如图 5-7 所示。

点击“OK”，面板数据创建完成，见图 5-8。点击“Proc→Import Pool Data...”，选择对应文件打开，或将对应数据复制进表格，见图 5-9。

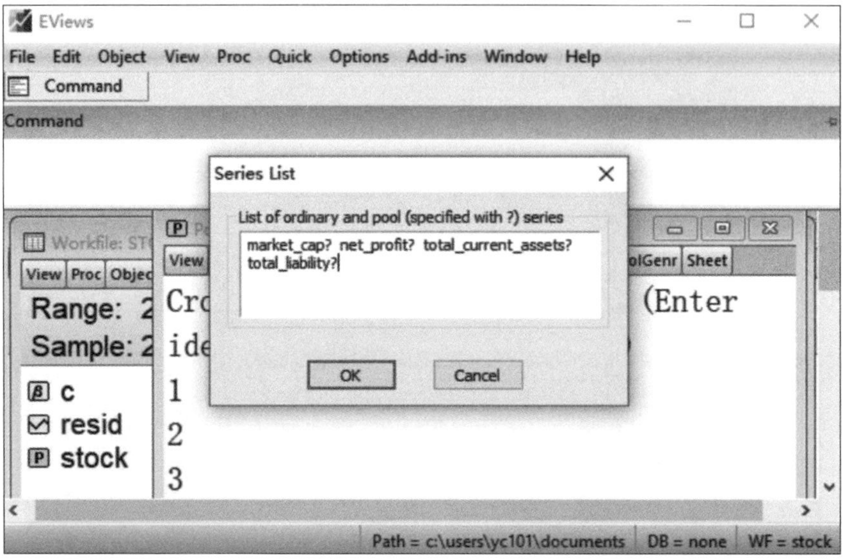

图 5-7 构建面板数据步骤 2

图 5-8 构建面板数据步骤 3

第四步，建立混合回归模型。在图 5-10 的 Pool 界面中点击“Estimate”，打开估计窗口。

在“Dependent variable”中输入因变量名称，在图 5-11 所示的对应位置中输入截距项以及各自变量名称，点击“确定”，则模型建立完毕，结果见图 5-12。

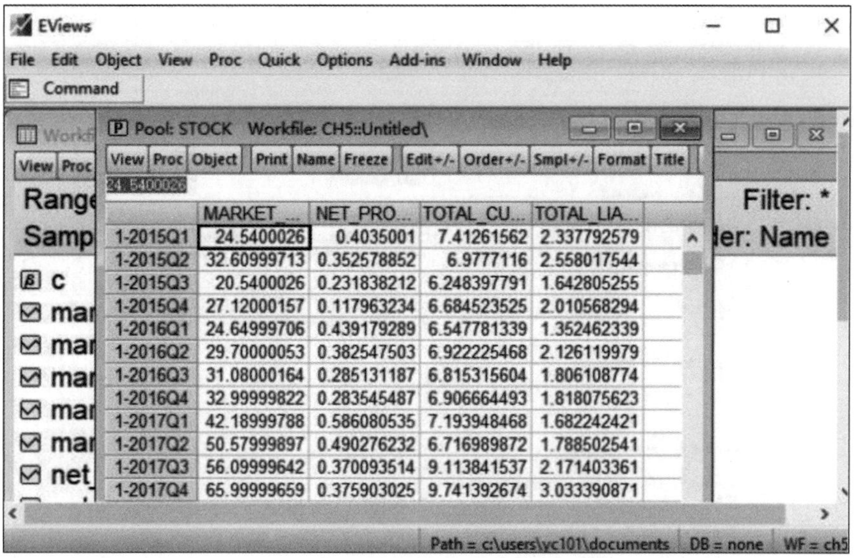

图 5-9　构建面板数据步骤 4

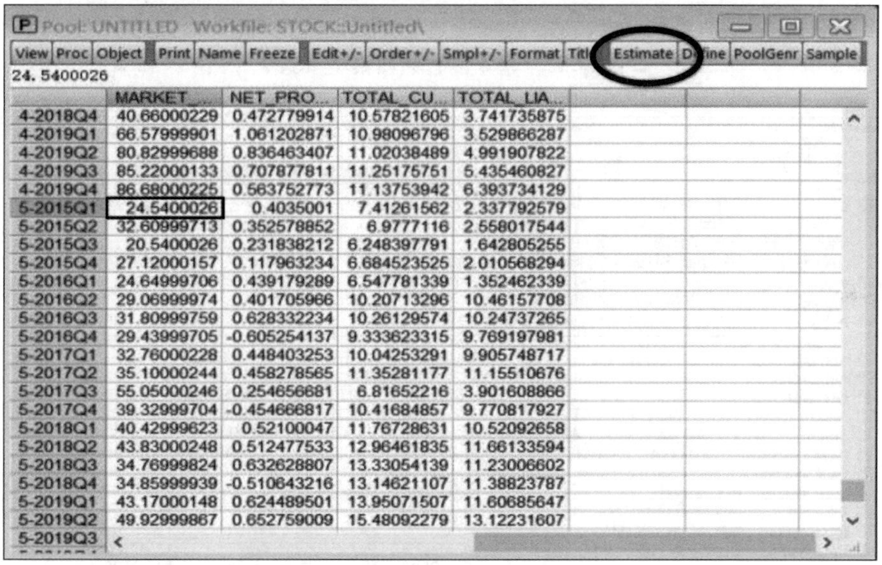

图 5-10　建立混合回归模型步骤 1

根据混合回归模型的结果(见图 5-12)可以看出,F-stat 的值很大,表明模型的线性关系显著。同时 Adj-R-squared 达到了 92.3%,说明模型的拟合效果较好。而每股净利润回归系数的 t 值小于 2,说明在 5%的显著性水平下,本例中每股净利润对股价的影响并不显著。剔除每股净利润后,再次使用混合回归模型进行回归,结果见图 5-13,回归结果为:每股净资产每上升 1 元,股价平均上涨 9.40 元;每股总负债每上升 1 元,股价平均下跌 5.59 元。

(二) Stata 操作

第一步,导入处理好的数据,此处以 csv 文件为例。依次点击"文件"→"导入"→"文本数据(分隔符,＊.csv 等)",如图 5-14 所示。

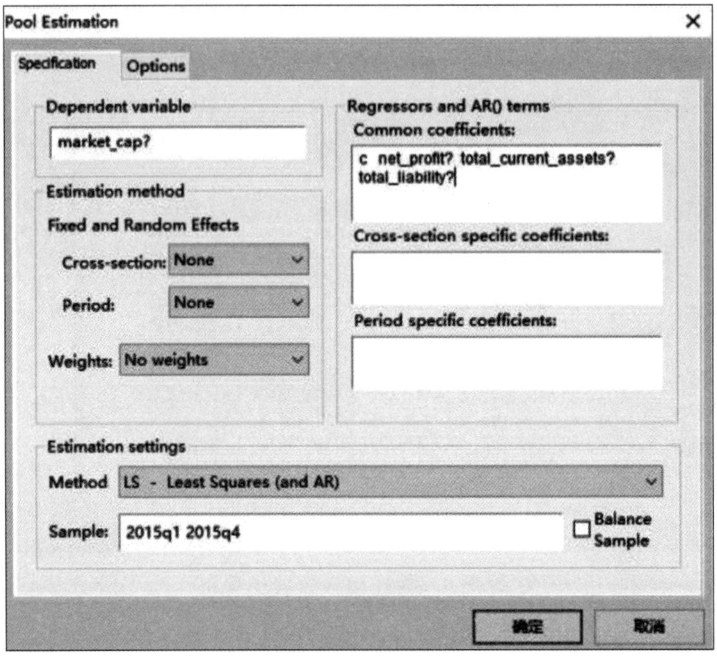

图 5-11 建立混合回归模型步骤 2

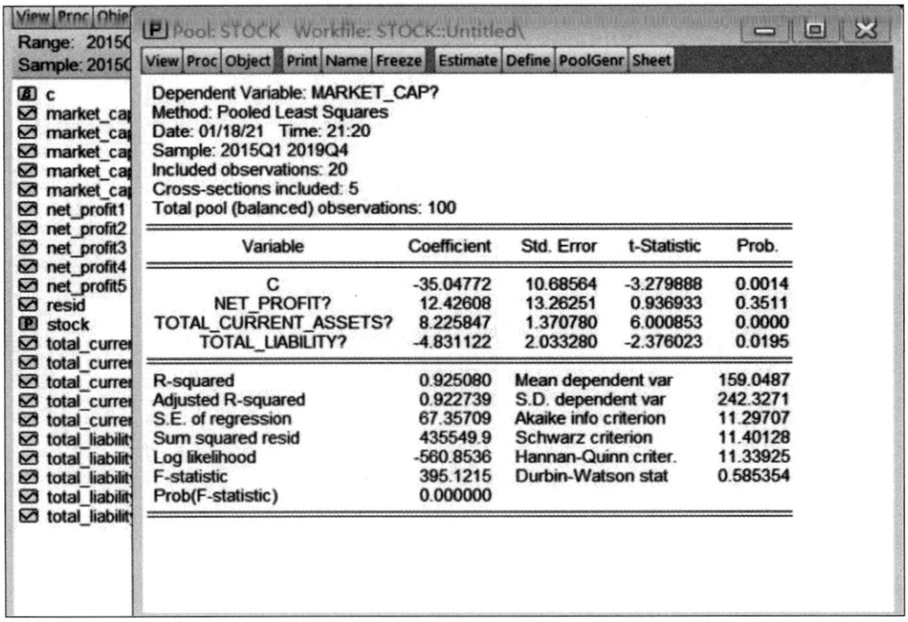

图 5-12 建立混合回归模型步骤 3

在导入选项中根据需求进行设置，由于 Stata 在处理面板数据时无法处理 str 类型，故将 code 和 time 进行转换，如图 5-15 所示。并点击“确定”，完成数据创建。

第二步，导入完成后，在命令行键入“xtset code time”对个体变量和时间变量进行设置，如图 5-16 所示。

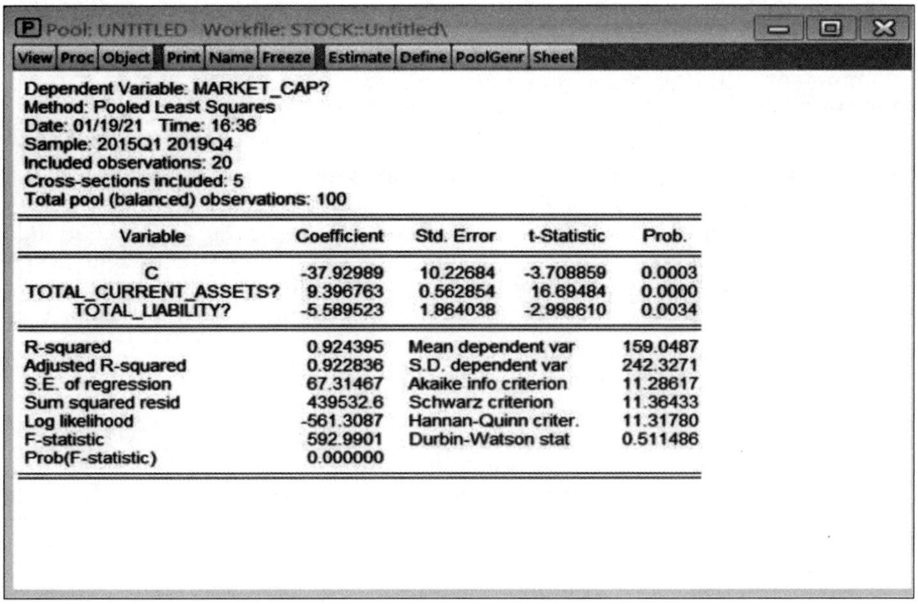

图 5-13　混合回归模型结果图

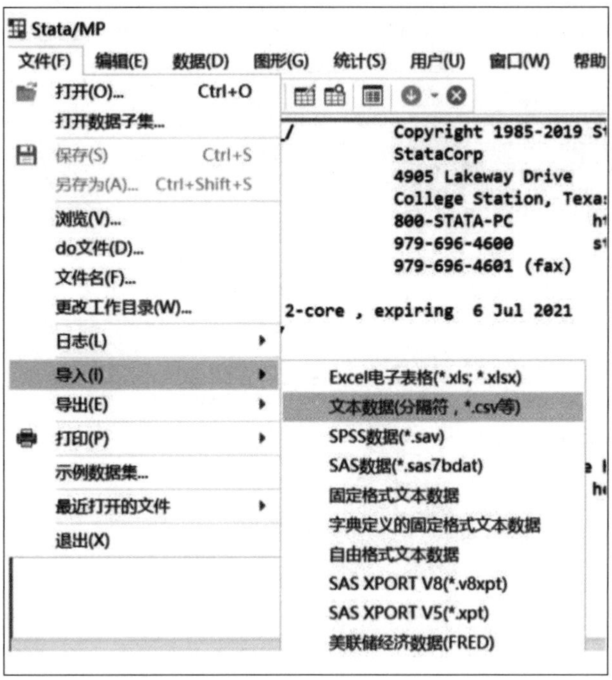

图 5-14　Stata 导入数据步骤 1

在命令行键入“xtdes”查看数据信息，如图 5-17 所示，结果如图 5-18 所示。

第三步，建立混合回归模型。在命令行键入“xtreg market_cap net_profit total_current_assets total_liability”，得到回归结果，如图 5-19 所示。

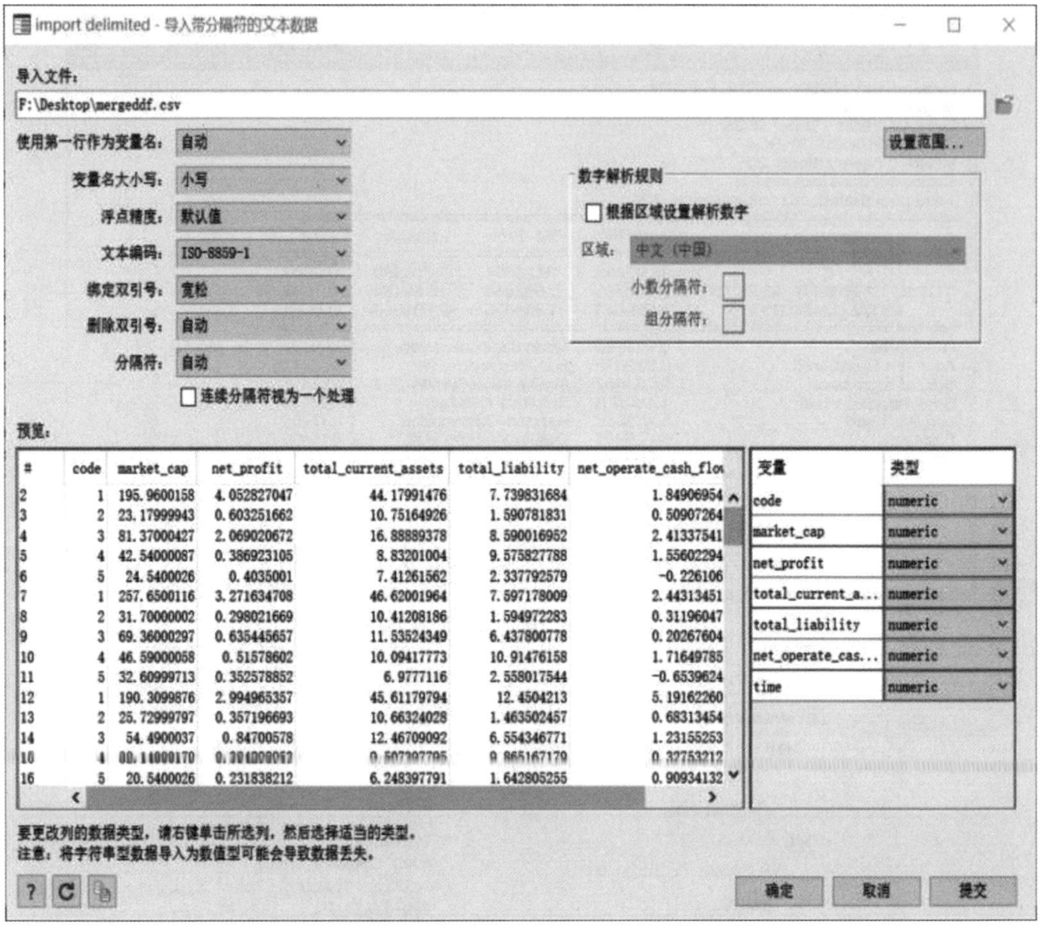

图 5-15　Stata 导入数据步骤 2

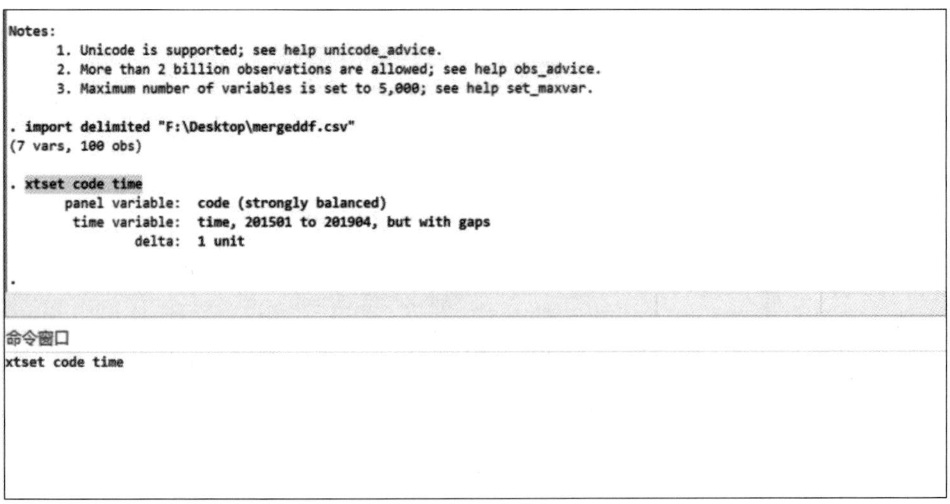

图 5-16　Stata 创建面板数据

```
Notes:
      1. Unicode is supported; see help unicode_advice.
      2. More than 2 billion observations are allowed; see help obs_advi
      3. Maximum number of variables is set to 5,000; see help set_maxva

. import delimited "F:\Desktop\mergeddf.csv"
(7 vars, 100 obs)

. xtset code time
       panel variable:  code (strongly balanced)
        time variable:  time, 201501 to 201904, but with gaps
                delta:  1 unit

.

命令窗口
xtdes
```

图 5-17 Stata 观察面板数据

```
. xtdes

    code:  1, 2, ..., 5                                     n =          5
    time:  201501, 201502, ..., 201904                      T =         20
           Delta(time) = 1 unit
           Span(time)  = 404 periods
           (code*time uniquely identifies each observation)

Distribution of T_i:   min      5%     25%       50%       75%     95%     max
                        20      20      20        20        20      20      20

     Freq.  Percent    Cum. |  Pattern*
 ---------------------------+-------------------------------------------------------------------
>  ____________
         5   100.00  100.00 |  4.......................4.......................4.......................4......
> ..........4
 ---------------------------+-------------------------------------------------------------------
>  ____________
         5   100.00         |  X.......................X.......................X.......................X......
> ..........X
 ---------------------------+-------------------------------------------------------------------
>  ____________
 *Each column represents 4 periods.
```

图 5-18 Stata 面板数据结果展示

```
. xtreg market_cap net_profit total_current_assets total_liability

Random-effects GLS regression                   Number of obs     =        100
Group variable: time                            Number of groups  =         20

R-sq:                                           Obs per group:
     within  = 0.9369                                         min =          5
     between = 0.8783                                         avg =        5.0
     overall = 0.9251                                         max =          5

                                                Wald chi2(3)      =    1185.36
corr(u_i, X)   = 0 (assumed)                    Prob > chi2       =     0.0000

------------------------------------------------------------------------------
          market_cap |      Coef.   Std. Err.      z    P>|z|     [95% Conf. Interval]
---------------------+--------------------------------------------------------
          net_profit |   12.42608   13.26251     0.94   0.349    -13.56797    38.42013
total_current_assets |   8.225848    1.37078     6.00   0.000     5.539169    10.91253
     total_liability |  -4.831123   2.033281    -2.38   0.018    -8.816279   -.8459661
               _cons |  -35.04772   10.68564    -3.28   0.001    -55.99119   -14.10424
---------------------+--------------------------------------------------------
             sigma_u |          0
             sigma_e |  64.693993
                 rho |          0   (fraction of variance due to u_i)
------------------------------------------------------------------------------

.
```

图 5-19 Stata 建立混合回归模型

从图 5-19 可知，Stata 操作结果与 Eviews 结果基本一致。

第二节 面板数据模型分类、估计与检验

面板数据(Panel Data)也称“平行数据”，是指在时间序列上取多个截面，在这些截面上同时选取样本观测值所构成的样本数据。一般来说，这些观测值既包括对样本单位在某一时期内多个特征的观测，也包括对这些特征在一段时间内的连续观测。由于同时包含了时间序列数据和横截面数据的特征，故而也被称为 TS-CS 数据(Time Series-Cross Section)。

面板数据与独立混合横截面数据的区别在于，独立混合横截面数据是指在不同时点分别从一个大总体里进行随机抽样，每个时点上抽出的观测值不一定相同，而面板数据则是对一组个体(如公司、省份、居民等)连续观察多期得到的资料，其观察的个体是固定的。若我们每隔一个季度都抽取同样几只股票的股价、净利润、净资产、总负债等指标，或每年都抽取我国几个省份的地区生产总值、总人数、消费支出、能源消耗量等数据，将这些数据结合起来，则构成了面板数据。

当描述截面数据时，常用下标表示个体，如 Y_i 表示第 i 个个体的变量 Y。当描述面板数据时，便需要加入时间下标来同时表示个体和时期。因此，面板数据及其双下标表示为

$$Y_{it}(i=1,2,\cdots,N;t=1,2,\cdots,T)$$

其中，i 表示面板数据中的不同个体，N 表示个体总数；t 对应面板数据中不同时点或时期，T 对应观测期数。当个体 i 保持不变时，$Y_{.t}$，$t=1,2,\cdots,T$ 表示第 i 个个体的时间序列，当时间 t 保持不变时，$Y_{i.}$，$i=1,2,\cdots,N$ 表示第 t 期横截面上的截面数据。如果 T 较小，而 N 较大，则这种面板数据被称为“短面板”，反之，如果 T 较大而 N 较小，则被称作“长面板”。

面板数据在实证研究中运用频繁，以面板数据进行分析的模型也被称作“面板数据模型”，其优势如下。

(1) 能更好地识别和度量时间序列数据或横截面数据不可发觉的潜在因素对被解释变量的影响，即可以解决遗漏变量的问题。由于遗漏变量常常是由不可观测的个体差异造成的，若这种个体差异不随时间而改变，则面板数据可较好地解决此类问题。

(2) 提供更多动态行为的信息。由于面板数据同时结合了时间序列及横截面数据的特征，故可以解决单独截面数据或时间序列数据不能解决的问题，使得模型设定更合理，提供了更多有效信息，降低了经济变量间的多重共线性，提高了估计精度与估计量的有效性。

(3) 样本容量较大。有效样本容量不足一直是经济计量方法应用时面临的难题，而面板数据可以有效解决样本容量不足的问题。

一、模型分类、估计及检验

面板数据的建模方法主要有三种，分别是固定效应模型、随机效应模型以及混合模型。这些模型的差异主要反映在对“个体效应”的处理上。一般来说，固定效应模型假设个体效应在组内是固定不变的，个体间的差异反映在每个个体都有一个特定的截距项上，此时截距项 α_i 与自变量 X_{it} 相关即 $Corr(\alpha_i,X_{it})\neq 0$；而随机效应模型则假设所有的个体具有相同的截距项，个体间的差异是随机的，这些差异主要反映在随机干扰项的设定上，即 $Corr(\alpha_i,X_{it})=0$。

基于此，一种常见的观点认为，当抽样总体较小时，我们应该使用固定效应模型，而当抽样总

体很大时，应采用随机效应模型。然而，在具体的实例应用中，大小总体并没有一个严格的界限。因此，有些学者认为，区分固定效应模型和随机效应模型应当检验二者的假设条件是否满足。

（一）混合效应模型

若固定时间，不同个体之间不存在显著性差异；若固定个体，不同时间之间也不存在显著性差异，即既不存在显著的随时间变化的效应，也不存在随个体变化的效应，此时便可利用如下的混合效应模型

$$Y_{it}=\alpha+\sum_{k=1}^{K}\beta_k X_{kit}+\mu_{it},i=1,2,\cdots,N,t=1,2,\cdots,T,k=1,2,\cdots,K$$

其中，Y_{it}为被解释变量，α 表示截距项，X_{kit}为解释变量，β_k 为相应的回归系数，μ_{it}为误差项。若写作矩阵形式，则

$$\boldsymbol{Y}=\boldsymbol{\alpha}+\boldsymbol{X\beta}+\boldsymbol{U} \tag{5.3}$$

其中

$$\boldsymbol{\alpha}=\begin{bmatrix}\alpha_1\\ \alpha_2\\ \vdots\\ \alpha_N\end{bmatrix}_{N\times 1},\boldsymbol{X}=\begin{bmatrix}X_1\\ X_2\\ \vdots\\ X_N\end{bmatrix}_{NT\times K},\boldsymbol{\beta}=\begin{bmatrix}\beta_1\\ \beta_2\\ \vdots\\ \beta_N\end{bmatrix}_{K\times 1},\boldsymbol{U}=\begin{bmatrix}U_1\\ U_2\\ \vdots\\ U_N\end{bmatrix}_{N\times 1}$$

混合效应模型的特点是对任何个体或时间，回归系数 α 和 β_k 均不会发生变化，即可以直接把面板数据混合在一起使用 OLS 进行参数估计。当 $Cov(X_{it},\mu_{it})=0$ 时，模型参数的混合最小二乘估计量都是一致的。

（二）固定效应模型

若自变量对因变量的效应不随个体和时间变化，并且解释因变量的信息不够完整，即自变量中遗漏了一些影响因变量的不可观测且随个体或时间变化的潜在因素时，可以引入虚拟变量来反映潜在因素对因变量的影响，通常称此种模型为固定效应模型。其特点在于解释变量的效应不随时间或个体的变化而变化，模型的一般形式如下

$$Y_{it}=\gamma_0+\sum_{k=1}^{K-1}\gamma_k D_k+\sum_{k=1}^{K}\beta_k X_{kit}+\mu_{it} \tag{5.4}$$

其中

$$D_i=\begin{cases}1, & \text{如果属于第 } i \text{ 个个体},i=1,2,\cdots,N\\ 0, & \text{其他}\end{cases} \tag{5.5}$$

若写作矩阵形式，则

$$\boldsymbol{Y}=\boldsymbol{M\alpha}+\boldsymbol{X\beta}+\boldsymbol{U} \tag{5.6}$$

其中

$$\boldsymbol{Y}=\begin{bmatrix}Y_1\\ Y_2\\ \vdots\\ Y_N\end{bmatrix}_{NT\times 1},\boldsymbol{M}=\begin{bmatrix}1_T & 0 & \cdots & 0\\ 0 & 1_T & \cdots & 0\\ \vdots & \vdots & & \vdots\\ 0 & 0 & \cdots & 1_T\end{bmatrix}_{NT\times NT},\boldsymbol{1}_T=\begin{bmatrix}1\\ 1\\ \vdots\\ 1\end{bmatrix}_{T\times 1}$$

$$\boldsymbol{\alpha}=\begin{bmatrix}\alpha_1\\\alpha_2\\\vdots\\\alpha_N\end{bmatrix}_{N\times 1},\boldsymbol{X}=\begin{bmatrix}X_1\\X_2\\\vdots\\X_N\end{bmatrix}_{NT\times K},\boldsymbol{\beta}=\begin{bmatrix}\beta_1\\\beta_2\\\vdots\\\beta_N\end{bmatrix}_{K\times 1},\boldsymbol{U}=\begin{bmatrix}U_1\\U_2\\\vdots\\U_N\end{bmatrix}_{N\times 1}$$

1. 固定效应模型的估计

对面板数据用 OLS 方法估计时，应满足以下 5 个假定条件：

（1）$E(U_i)=0$；

（2）$E(U_iU_i^{\mathrm{T}})=\sigma^2 I_T$；

（3）$E(U_iU_j^{\mathrm{T}})=0, i\neq j$；

（4）$E(\boldsymbol{X}^T\boldsymbol{U})=0$；

（5）自变量之间不存在完全的多重共线性。

当满足上述条件时，模型为包含了 N 个虚拟变量的多元线性回归模型，用最小二乘法可以求解。但当 N 较大时，由于引入的虚拟变量过多，自由度下降剧烈，使估计的精度与效率都大幅降低。因此，在实际情况中，一般采用“个体中心化”OLS 算法或组内离差(within)估计法来进行估计。

假设原方程为

$$Y_{it}=\alpha_i+\beta_i X_{it}+\mu_{it} \tag{5.7}$$

给定第 i 个个体，将上式两边对时间取平均可得

$$\overline{Y}_i=\alpha_i+\beta_i\overline{X}_i+\overline{\mu}_i \tag{5.8}$$

两式作差，得

$$Y_{it}-\overline{Y}_i=\beta_i(X_{it}-\overline{X}_i)+(\mu_{it}-\overline{\mu}_i) \tag{5.9}$$

令

$$\widetilde{Y}_{it}=Y_{it}-\overline{Y}_i,\widetilde{X}_{it}=X_{it}-\overline{X}_i,\widetilde{\mu}_{it}=\mu_{it}-\overline{\mu}_i \tag{5.10}$$

则有

$$\widetilde{Y}_{it}=\beta_i\widetilde{X}_{it}+\widetilde{\mu}_{it} \tag{5.11}$$

此时，便可用 OLS 方法一致地估计 β，称其为固定效应估计量(Fixed Effects Estimator)，记作 $\hat{\beta}_{FE}$，也称“组内估计量”。

个体固定效应模型的优势在于即使个体特征 u_i 与解释变量 X_{it} 相关，只要使用组内估计量，就可以得到一致估计，即使存在不随时间改变的遗漏变量，也可得到无偏一致估计，而其缺点在于模型无法估计不随时间而变的变量的效应。

2. 固定效应模型的检验

固定效应模型可以分为三种类型：个体固定效应模型、时间固定效应模型和双向固定效应模型。个体固定效应模型假设个体固定效应是一个与解释变量无关的个体特征，用于控制个体特征对因变量的影响。时间固定效应模型假设时间固定效应是一个与解释变量无关的时间特征，用于控制时间特征对因变量的影响。双向固定效应模型同时考虑了个体固定效应和时间固定效应，用于控制个体特征和时间特征对因变量的影响。

由于固定效应模型的形式多样，对固定效应的检验也有所区别。对于固定效应模型而言，它与混合回归模型的区别在于截距项的不同。混合回归模型的截距项全部相同，而固定效应模型

的截距项随个体或时间的变化而变化。因此，相对于混合回归模型，是否有必要构建固定效应模型便是我们的检验目的。

（1）个体固定效应模型

原假设：模型中不同个体的截距项相同（$\alpha_0=\alpha_1=\cdots=\alpha_N=0$）

备择假设：模型中不同个体的截距项不同（$\alpha_i(i=1,2,\cdots,N)$不全为0）

则 F 统计量为

$$F=\frac{(SSE_r-SSE_f)/[(NT-K-1)-(NT-N-K)]}{SSE_f/(NT-N-K)}=\frac{(SSE_r-SSE_f)/(N-1)}{SSE_f/(NT-N-K)}$$

其中，SSE_r、SSE_f 分别表示混合效应模型与个体固定效应模型的残差平方和。个体固定效应模型多出了 $N-1$ 个个体截距项。

在给定的显著性水平下，计算 F 统计量的值，并将其与 F 分布表中的相应临界值进行比较，若拒绝原假设，则应建立个体固定效应模型，反之，则建立混合效应模型。

时间固定效应模型与双向固定效应模型的检验方法与上述一致。

（2）时间固定效应模型

与个体固定效应相似，时间固定效应模型能控制个体间相同但随时间变化的变量，表示如下

$$Y_{it}=\varphi_0+\sum_{t=1}^{T-1}\varphi_t W_t+\sum_{k=1}^{K}\beta_k X_{kit}+\mu_{it} \tag{5.12}$$

其中

$$W_t=\begin{cases}1, & \text{如果属于第 } t \text{ 个时点}, t=1,2,\cdots,T\\ 0, & \text{其他}\end{cases} \tag{5.13}$$

其估计与检验方法和个体固定效应模型相同，全部的估计参数均具有无偏性和一致性。

（3）双向固定效应模型

若某些遗漏变量不随时间变化，而其他遗漏变量不随个体而变化，即对于不同的时间序列或个体，模型的截距项均不相同，则应在模型中同时加入个体与时间效应，建立双向固定效应模型，表示如下

$$Y_{it}=\alpha_0+\sum_{t=1}^{T-1}\varphi_t W_t+\sum_{k=1}^{K-1}\gamma_k D_k+\sum_{k=1}^{K}\beta_k X_{kit}+\mu_{it} \tag{5.14}$$

其中

$$D_i=\begin{cases}1, & \text{如果属于第 } i \text{ 个个体}, i=1,2,\cdots,N\\ 0, & \text{其他}\end{cases} \tag{5.15}$$

$$W_t=\begin{cases}1, & \text{如果属于第 } t \text{ 个时点}, t=1,2,\cdots,T\\ 0, & \text{其他}\end{cases} \tag{5.16}$$

（三）随机效应模型

对于面板数据而言，除了前面提到的混合效应模型和固定效应模型之外，还存在随机效应模型。在固定效应模型中采用虚拟变量，是因为解释因变量的信息不够完整，而虚拟变量数目较多将导致模型的自由度下降，使得模型估计的精度和效率下降。此外，在实证研究中，其随机误差难以满足面板数据 OLS 回归的基本假定。因而，便有一种相对精确的模型可用于弥补这些不足，即随机效应模型。

对于固定效应模型,其模型形式为

$$Y_{it}=\alpha_i+\sum_{k=1}^{K}\beta_k X_{kit}+\mu_{it} \tag{5.17}$$

其中,α_i 作为一个随机变量,表示模型的个体效应,而对于随机效应模型,假定其误差项在不同个体和不同时间上均存在一定的相关性,则有

$$Y_{it}=\alpha_0+\sum_{k=1}^{K}\beta_k X_{kit}+\nu_{it} \tag{5.18}$$

其中

$$\nu_{it}=\lambda_i+\delta_i+\mu_{it} \tag{5.19}$$

在随机效应模型中,随机误差被分为两部分,第一部分包括 λ_i 和 δ_i,是不随时间变化的误差项,分别表示来自个体或时间固定时产生的随机误差分量,另一部分是随时间变化的误差项 μ_{it}。同时,假定 λ_i、δ_i 与 μ_{it}三者之间不存在相关关系。

随机效应模型与固定效应模型的区别在于以下三点:

(1) 随机效应模型将固定效应模型的个体和时间效应归入随机误差项中,在对模型估计时就能节省自由度,只需在正态假定的条件下估计时间与个体随机误差分类的均值与方差,因此更加灵活。

(2) 固定效应模型通过组内离差的方法消除掉不随时间改变的变量,这一方面保证了模型的无偏性,另一方面使模型无法估计不随时间改变的变量的影响,而这在随机效应模型中是可以实现的。

(3) 随机效应模型比固定效应模型的结果更加有效,但其条件也更加苛刻。在一般的固定效应模型中有 $Cov(\alpha_i,X_{it})\neq 0$,但对于随机效应模型,必须满足 $Cov(\alpha_i,X_{it})=0$。

1. 个体随机效应模型

(1) 定义

个体随机效应模型即随机误差项中只包含了来自个体的随机误差分量与随机干扰项,基本形式如下

$$Y_{it}=\alpha_0+\sum_{k=1}^{K}\beta_k X_{kit}+\lambda_i+\mu_{it} \tag{5.20}$$

其中 λ_i 属于第 i 个个体的随机误差,不随时间变化。λ_i 需要满足的条件如下

$$E(\lambda_i)=0$$
$$E(\lambda_i^2)=\sigma_\lambda^2$$
$$E(\lambda_i\lambda_j)=0,i\neq j,i,j=1,2,\cdots,N$$

μ_{it}需要满足的条件如下

$$E(\mu_{it})=0$$
$$E(\mu_{it}^2)=\sigma_\mu^2$$
$$E(\mu_{it}\mu_{js})=0,i\neq j,i,j=1,2,\cdots,N,t,s=1,2,\cdots,T$$

此外,还需满足以下两个条件

$$E(\mu_{it}\lambda_j)=0,i\neq j,i,j=1,2,\cdots,N,t=1,2,\cdots,T$$

X_{it}与 μ_{it}独立且 X_{it}与 λ_j 独立。

以矩阵的形式表示,有

$$\boldsymbol{Y}=\boldsymbol{M\eta}+\boldsymbol{X\beta}+\boldsymbol{W}$$

$$\boldsymbol{Y}=\begin{bmatrix}Y_1\\Y_2\\\vdots\\Y_N\end{bmatrix}_{NT\times 1},\boldsymbol{M}=\begin{bmatrix}1_T&0&\cdots&0\\0&1_T&\cdots&0\\\vdots&\vdots&&\vdots\\0&0&\cdots&1_T\end{bmatrix}_{NT\times NT},\boldsymbol{1}_T=\begin{bmatrix}1\\1\\\vdots\\1\end{bmatrix}_{T\times 1}$$

$$\boldsymbol{\eta}=\begin{bmatrix}\eta_1\\\eta_2\\\vdots\\\eta_N\end{bmatrix}_{N\times 1},\boldsymbol{X}=\begin{bmatrix}X_1\\X_2\\\vdots\\X_N\end{bmatrix}_{NT\times K},\boldsymbol{\beta}=\begin{bmatrix}\beta_1\\\beta_2\\\vdots\\\beta_N\end{bmatrix}_{K\times 1},\boldsymbol{W}=\begin{bmatrix}W_1\\W_2\\\vdots\\W_N\end{bmatrix}_{N\times 1}$$

(2) 个体随机效应模型的估计

对于随机效应模型,一般采用 FGLS 方法进行估计。假设原方程为

$$Y_{it}=\alpha_0+\lambda_i+\sum_{k=1}^{K}\beta_kX_{kit}+\mu_{it}=\eta_i+\sum_{k=1}^{K}\beta_kX_{kit}+\mu_{it} \tag{5.21}$$

第一步,利用离差估计法估计随机干扰项 μ_{it}。利用离差估计法估计出式(5.21)的参数值,代入模型可得估计的误差项 $\hat{\mu}_{it}$,进而得到误差项方差估计量为 $\hat{\sigma}_{\mu}^2=\dfrac{\sum\hat{\mu}_{it}^2}{NT-T-K-1}$

第二步,估计来自个体的随机误差分量。首先将式(5.21)各个变量对时间取平均得

$$\overline{Y}_i=\frac{1}{T}\sum_{t=1}^{T}Y_{it},\overline{X}_{ki}=\frac{1}{T}\sum_{t=1}^{T}X_{kit}$$

其次以上述时间均值重新设定回归模型,即

$$\overline{Y}_i=\theta_0+\sum_{k=1}^{K}\theta_k\overline{X}_{ki}+\lambda_i \tag{5.22}$$

然后用最小二乘法进行估计,可得其误差项方差的估计量 $\hat{\sigma}_{\lambda}^2=\dfrac{T\sum\hat{\lambda}_i^2}{N-K}$,由于在计算 $\hat{\sigma}_{\mu}^2$ 时,剔除了来自个体的随机误差,仅保留了其随机干扰项的部分,故 $\hat{\sigma}_{\lambda}^2$ 总是大于 $\hat{\sigma}_{\mu}^2$,因此计算校正系数

$$\rho=1-\frac{\hat{\sigma}_{\mu}^2}{\hat{\sigma}_{\lambda}^2}$$

然后以该校正系数对变量进行修正,其实质可理解为将样本中的 N 个个体相对于截距项 α_0 的偏离剔除掉,新的变量如下

$$Y_{it}^*=Y_{it}-\rho\overline{Y}_i,X_{kit}^*=X_{kit}-\rho\overline{X}_{ki}$$

最后,用上述修正过的变量重新设定模型,即

$$Y_{it}^*=\beta_0+\sum_{k=1}^{K}\beta_kX_{ki}^*+\mu_{it} \tag{5.23}$$

第三步,用 OLS 方法对上式进行估计,得到的估计量即为个体随机效应模型的最佳线性无偏估计量。将参数 β_k 的估计结果代入原模型,即可得出截距项 α_0 的估计值。

(3) 个体随机效应模型的检验

由于随机效应模型的形式多样,对随机效应的检验也有所区别。混合回归模型的截距项全

部相同,不存在个体效应,而个体随机效应模型中个体之间有显著差别。它与混合效应模型的差异可看作随机误差项的差异。因此,便可通过检验误差项的随机性来判断相对于混合效应模型,是否有必要构建随机效应模型。

其实质是残差项随机性的检验,检验方法为 Breusch 与 Pagan 基于拉格朗日乘数法提出的 LM 检验。

对于个体随机效应模型:

原假设:模型的残差项随机($\hat{\sigma}_{\lambda}^{2}=0$)

备择假设:模型的残差项非随机($\hat{\sigma}_{\lambda}^{2}\neq 0$)

LM 检验的检验统计量如下

$$LM=\frac{NT}{2(T-1)}\left[\frac{\sum_{i=1}^{N}\left[\sum_{t=1}^{T}\hat{\mu}_{it}\right]^{2}}{\sum_{i=1}^{N}\sum_{t=1}^{T}\hat{\mu}_{it}^{2}}-1\right]^{2} \tag{5.24}$$

其中,$\hat{\mu}_{it}$表示由混合效应模型计算出的残差。LM 统计量服从自由度为 1 的χ^2 分布,即$LM\sim\chi^2(1)$。在给定的显著性水平下,计算 LM 统计量的值,并将其与χ^2 分布表中的相应临界值进行比较,若拒绝原假设,则应建立个体随机效应模型,反之,则建立混合效应模型。

2. 时间随机效应模型

和个体随机效应相似,时间随机效应模型即随机误差项中只包含了来自时间的随机误差分量与随机干扰项,基本形式如下

$$Y_{it}=\alpha_0+\sum_{k=1}^{K}\beta_k X_{kit}+\delta_t+\mu_{it} \tag{5.25}$$

其中 δ_t 为属于第 t 个时点的随机误差,不随个体而变化。其估计与检验方法与个体随机效应模型相同,全部估计参数均是一致有效的。

3. 双向随机效应模型

若模型的随机误差项中既包含来自不同个体的随机误差分量,也包含来自不同时间的随机误差分量,则应在模型中同时考虑个体与时间效应,建立双向随机效应模型,表示如下

$$Y_{it}=\alpha_0+\sum_{k=1}^{K}\beta_k X_{kit}+\lambda_i+\delta_t+\mu_{it} \tag{5.26}$$

其中 δ_t 为属于第 t 个时点的随机误差,不随个体而变化。λ_i 为属于第 i 个个体的随机误差,不随时间而变化。其估计和检验方法与个体随机效应模型相同,全部估计参数均是一致有效的。

二、固定效应模型与随机效应模型的比较

在实证研究中,既可以使用固定效应模型,也可使用随机效应模型,对于一个实际问题,便可使用 Hausman 方法来检验哪种模型更适合。

Hausman 检验也称 H 检验,是指对同一参数的两个估计量差异的显著性检验。由于 H 检验首先于 1978 年由 Hausman 提出,是在 Durbin(1914)和 Wu(1973)研究的基础上发展起来的,因此 H 检验也被称作 Wu-Hausman 检验和 Durbin-Wu-Hausman 检验。

对于固定效应模型,通常使用离差估计法;而对于随机效应模型,常常使用的是 FGLS。若固

定效应模型更适合对一个实际问题建模，则其误差项不含来自个体或时间的随机误差分类，此时用离差估计法得到的参数是一致估计量，而 FGLS 得到的估计量是非一致的；若随机效应模型更适合对一个实际问题建模，则两种方法得到的估计量均是一致的。即若 $Cov(\alpha_i, X_{it})=0$，则随机效应模型更合适，反之，固定效应模型更合适。因此，便可通过 H 统计量检验 $\hat{\beta}_{FGLS}$ 与 $\hat{\beta}_{\omega}$ 是否相等来判断面板数据模型中是否存在固定效应。

原假设：个体效应与解释变量无关（$Cov(\alpha_i, X_{it})=0$）

备择假设：个体效应与解释变量有关（$Cov(\alpha_i, X_{it})\neq 0$）

H 检验的检验统计量如下

$$H=(\hat{\beta}_{\omega}-\hat{\beta}_{FGLS})^{\mathrm{T}}[Var(\hat{\beta}_{\omega}-\hat{\beta}_{FGLS})]^{-1}(\hat{\beta}_{\omega}-\hat{\beta}_{FGLS}) \tag{5.27}$$

其中，H 统计量服从自由度为 1 的 χ^2 分布，即 $H \sim \chi^2(1)$。在给定的显著性水平下，计算 H 统计量的值，并将其与 χ^2 分布表中的相应临界值进行比较，若拒绝原假设，则应使用固定效应模型，若没有充分的理由拒绝原假设，则应使用随机效应模型。

多数实证研究采用固定效应模型。

第三节　面板数据模型建模案例与软件操作

【案例 5-2】　本节案例同第一节案例，收集 2015 年第一季度至 2019 年第四季度白酒板块 5 只股票的总市值、总流动资产、总负债、净利润等数据，依总股本标准，判断这些因素是否对股价（每股市值）有显著影响，从而帮助我们做出投资决策。

一、EViews 操作

第一步，创建工作文档。如图 5-20 至图 5-22 进行操作，点击“File→New→Workfile”，在“Workfile Create”文本框的“Workfile structure type”选择“Dated-regular frequency”，“Frequency”方框中选“Quarterly”，“Start date”和“End date”输入数据的起止期间，“WF”输入工作文档的名称，点击“OK”，即跳出新建的工作文档界面。

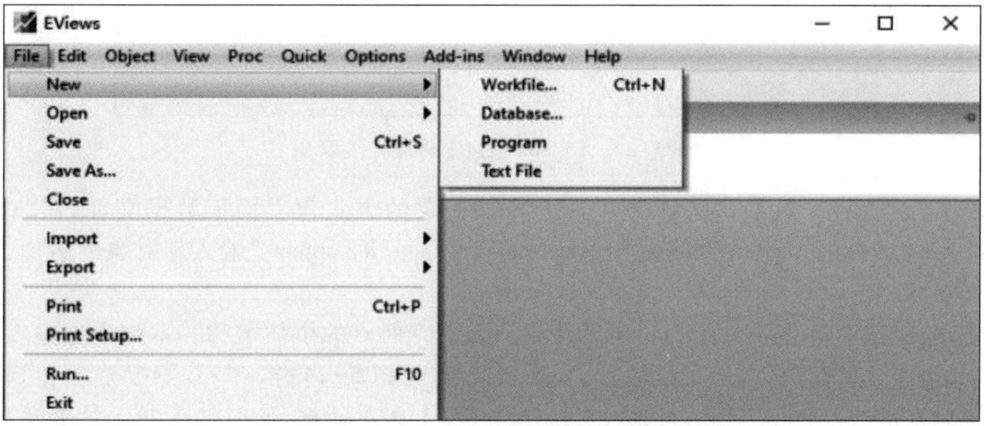

图 5-20　EViews 创建工作文档步骤 1

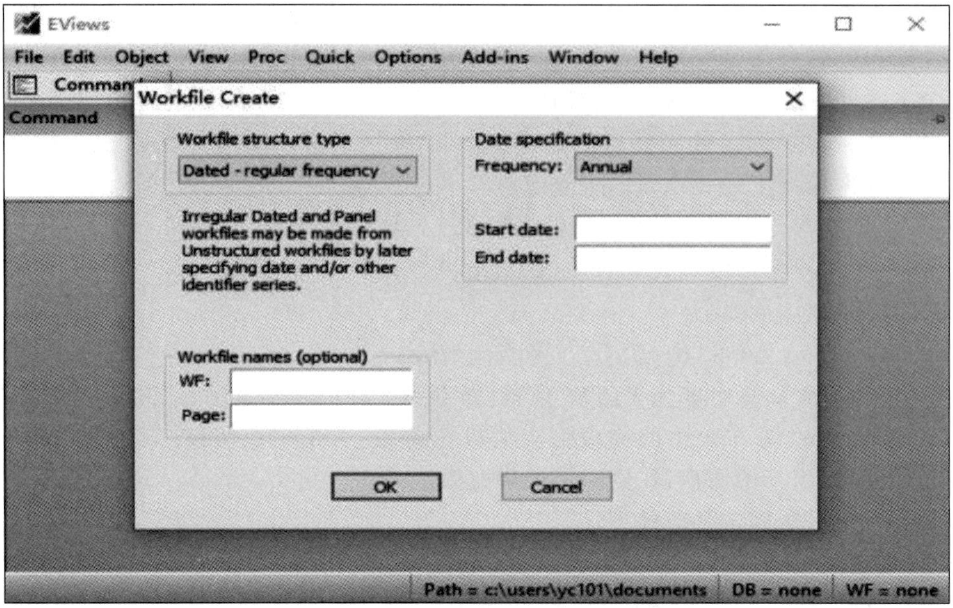

图 5-21 EViews 创建工作文档步骤 2

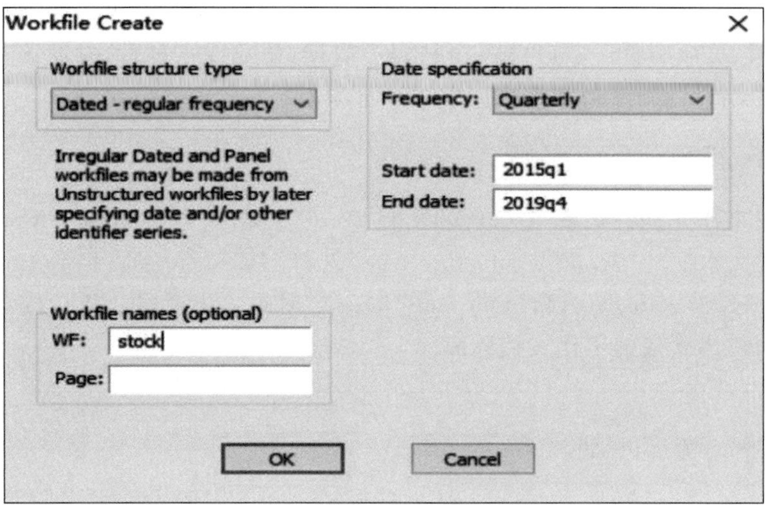

图 5-22 EViews 创建工作文档步骤 3

第二步，创建 Pool 对象。这里仍以创建 Pool 对象的方式建立面板数据文件，在"Object→New Object"文本框的"Type of object"选择"Pool"，"Name for object "输入新对象的名称，操作见图 5-23。

第三步，构建面板数据。在 Pool 界面中输入每一个时点的个体名称。本例中应输入五只股票的代码，为了方便起见，本例子仅输入 1—5 来代替，见图 5-24。

完成后点击"Sheet"进行定义，此时会跳出 Series List 对话框，此时输入对于每个时点、每个个体的特征名称，也即自变量和因变量，每个变量名后加上问号，并以空格符分离，如图 5-25 所示。

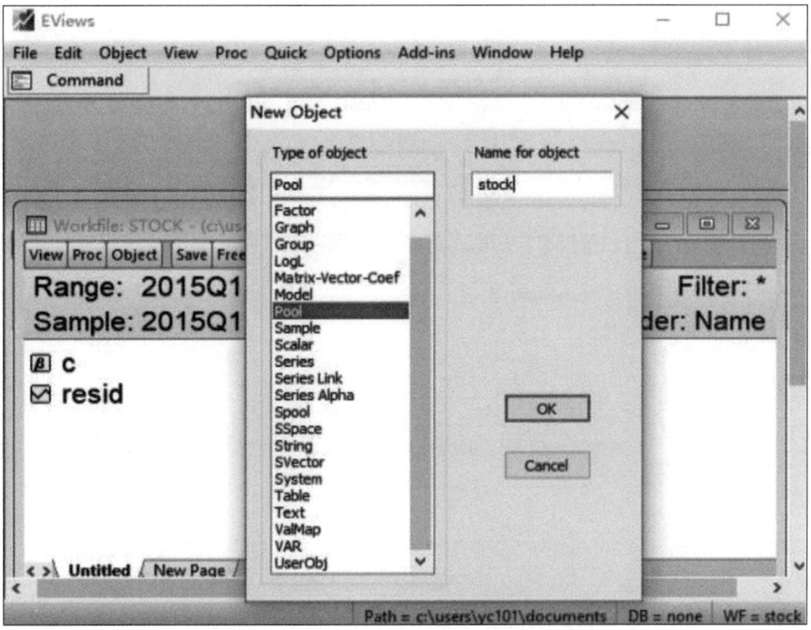

图 5-23　EViews 创建工作对象步骤 1

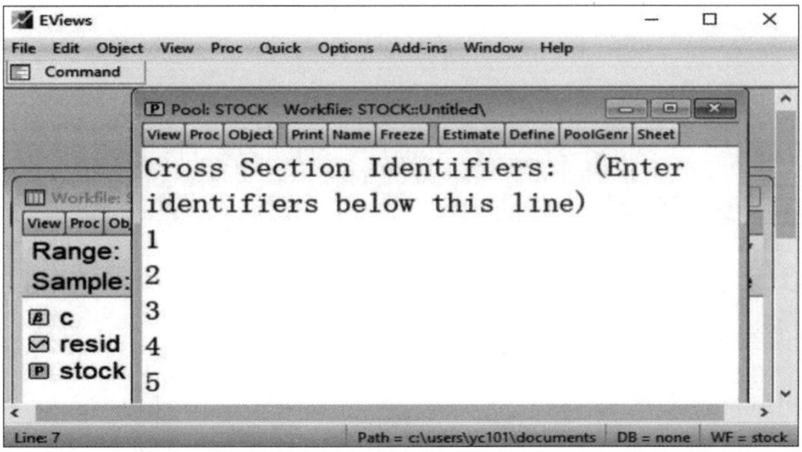

图 5-24　EViews 创建工作对象步骤 2

点击“OK”，面板数据创建完成，如图 5-26 所示。点击“Proc→Import Pool Data...”，选择对应文件打开。或将对应数据复制进表格。如图 5-27 所示。

第四步，建立回归模型。

首先，我们采用个体固定效应回归模型，在回归方程中截距项只和个体有关，也就意味着认为不同股票之间的差异不随时间发生改变。在图 5-28 所示的 Pool 界面中点击“Estimate”，打开估计窗口。

在 Dependent variable 中输入因变量名称，在图 5-29 所示的右上对应位置中输入截距项以及各自变量名称，对 Estimation method→Fixed and Random Effects 中的 Cross-section 选择“Fixed”项。最后点击“确定”，模型建立完毕。

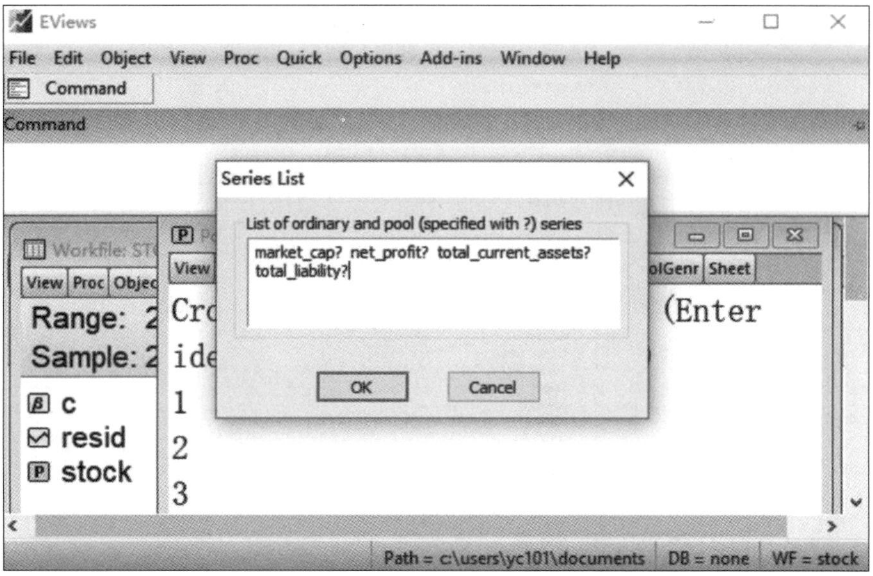

图 5-25 EViews 创建工作对象步骤 3

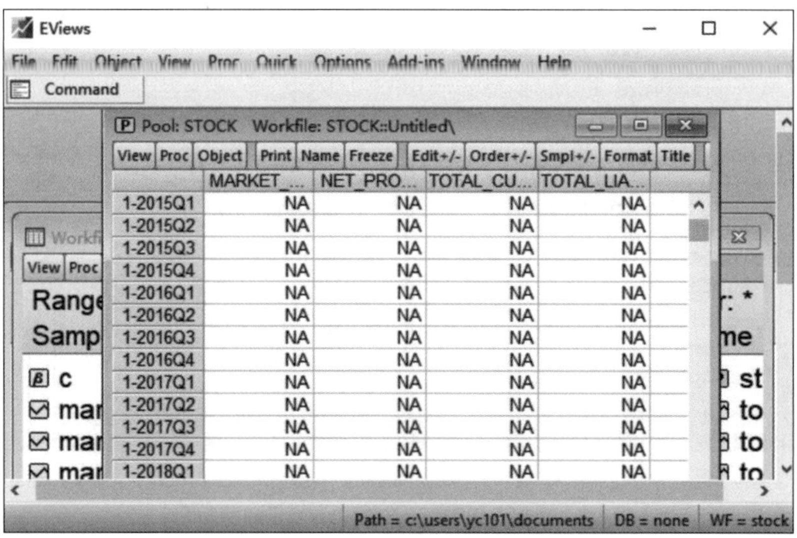

图 5-26 EViews 创建工作对象步骤 4

根据个体固定效应回归模型的结果(图 5-30)可以看出,F-stat 的值很大,模型的线性关系显著。同时 Adj-R-squared 达到了 96.5%,说明模型的拟合效果较好。而每股净利润回归系数的 t 值的绝对值小于 2,说明在 5%的显著性水平下,本例中每股净利润对股价的影响并不显著。

其次,我们采用随机效应回归模型,它的优势是增加了同时与个体和时间相关的因子,但更加复杂。在图 5-30 所示的 Pool 界面中点击“Estimate”,打开估计窗口。

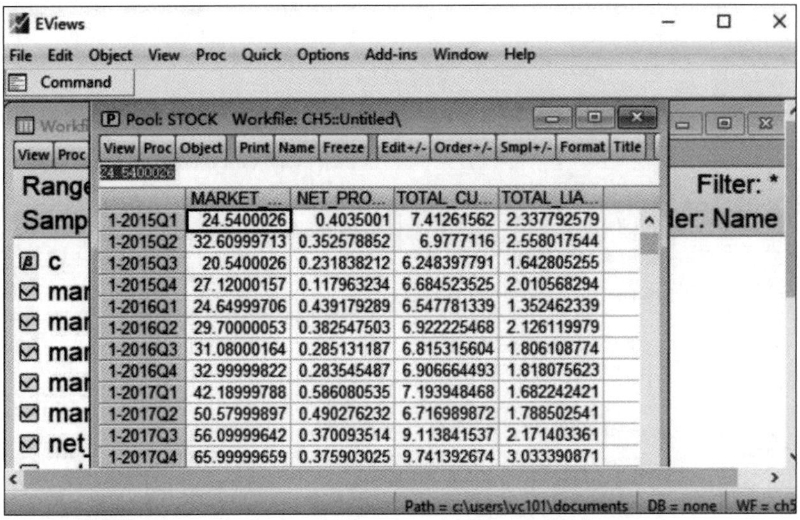

图 5-27　EViews 创建工作对象步骤 5

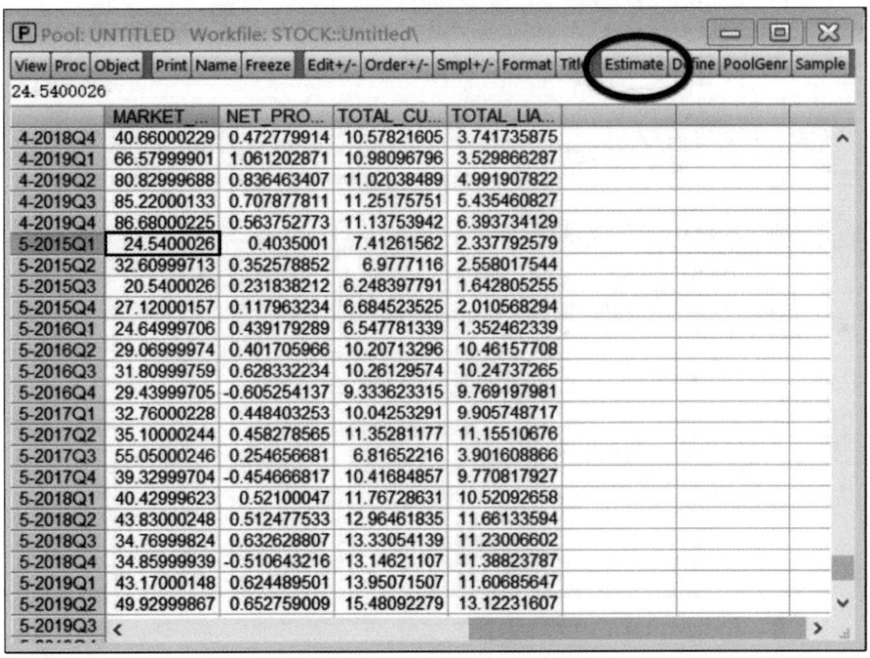

图 5-28　EViews 建立回归模型步骤 1

在 Dependent variable 中输入因变量名称，在图 5-31 所示的右上对应位置中输入截距项以及各自变量名称，对 Estimation method→Fixed and Random Effects 中的 Cross-section 选择 Random 选项。最后点击“确定”，模型建立完毕。

从个体随机效应回归模型的结果(图 5-32)可以看出，F-statistic 的值很大，模型的线性关系显著。同时 Adjusted R-squared 达到了 89.1%，说明模型的拟合效果较好。而每股净利润回归系数的 t 值的绝对值小于 2，说明在 5%的显著性水平下，本例中每股净利润对股价的影响并不显著。

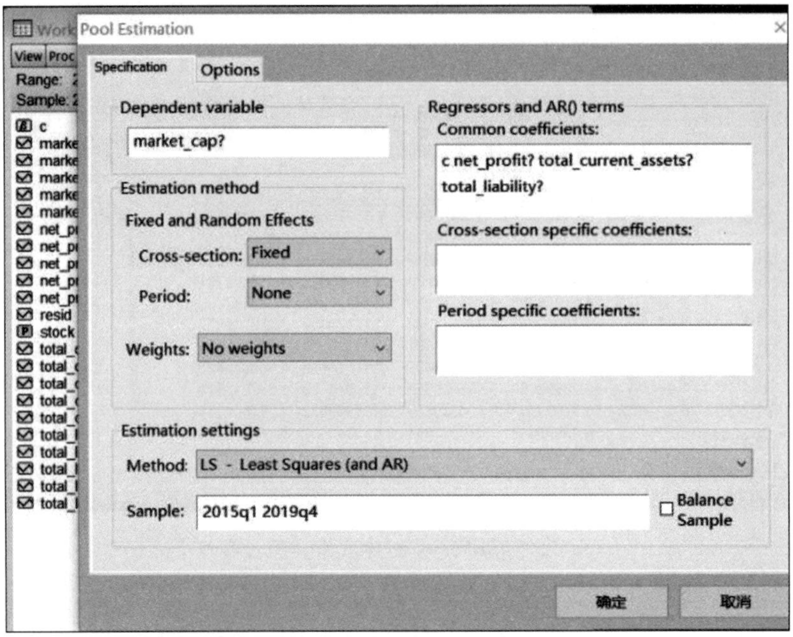

图 5-29 EViews 建立回归模型步骤 2

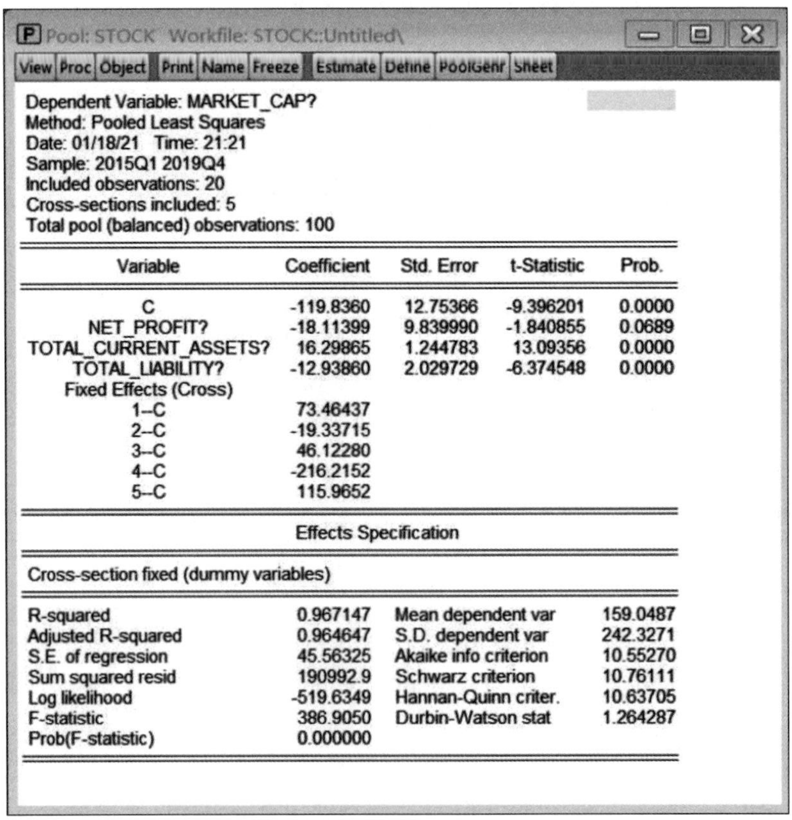

Dependent Variable: MARKET_CAP?
Method: Pooled Least Squares
Date: 01/18/21 Time: 21:21
Sample: 2015Q1 2019Q4
Included observations: 20
Cross-sections included: 5
Total pool (balanced) observations: 100

Variable	Coefficient	Std. Error	t-Statistic	Prob.
C	-119.8360	12.75366	-9.396201	0.0000
NET_PROFIT?	-18.11399	9.839990	-1.840855	0.0689
TOTAL_CURRENT_ASSETS?	16.29865	1.244783	13.09356	0.0000
TOTAL_LIABILITY?	-12.93860	2.029729	-6.374548	0.0000
Fixed Effects (Cross)				
1--C	73.46437			
2--C	-19.33715			
3--C	46.12280			
4--C	-216.2152			
5--C	115.9652			

Effects Specification

Cross-section fixed (dummy variables)

R-squared	0.967147	Mean dependent var	159.0487
Adjusted R-squared	0.964647	S.D. dependent var	242.3271
S.E. of regression	45.56325	Akaike info criterion	10.55270
Sum squared resid	190992.9	Schwarz criterion	10.76111
Log likelihood	-519.6349	Hannan-Quinn criter.	10.63705
F-statistic	386.9050	Durbin-Watson stat	1.264287
Prob(F-statistic)	0.000000		

图 5-30 EViews 建立回归模型步骤 3

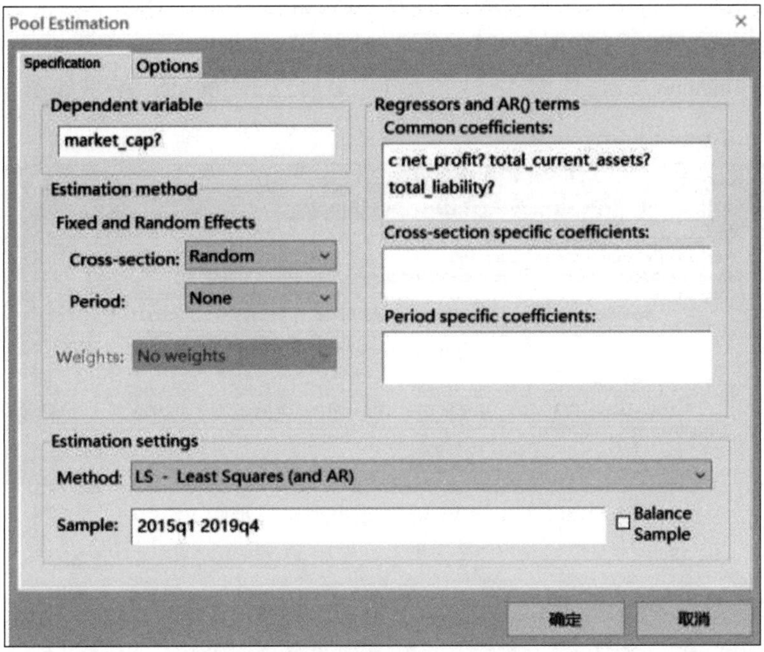

图 5-31 EViews 建立回归模型步骤 4

Dependent Variable: MARKET_CAP?
Method: Pooled EGLS (Cross-section random effects)
Date: 08/19/24 Time: 12:18
Sample: 2015Q1 2019Q4
Included observations: 20
Cross-sections included: 5
Total pool (balanced) observations: 100
Swamy and Arora estimator of component variances

Variable	Coefficient	Std. Error	t-Statistic	Prob.
C	-46.83121	9.968219	-4.698051	0.0000
NET_PROFIT?	2.695001	9.344086	0.288418	0.7736
TOTAL_CURRENT_ASSET...	10.32438	1.035933	9.966260	0.0000
TOTAL_LIABILITY?	-7.668626	1.651097	-4.644564	0.0000
Random Effects (Cross)				
1--C	15.11405			
2--C	-17.96303			
3--C	8.125208			
4--C	-33.87010			
5--C	28.59387			

Effects Specification

	S.D.	Rho
Cross-section random	11.67448	0.0616
Idiosyncratic random	45.56325	0.9384

Weighted Statistics

Root MSE	61.72186	R-squared	0.894745
Mean dependent var	104.5777	Adjusted R-squared	0.891455
S.D. dependent var	191.2050	S.E. of regression	62.99461
Sum squared resid	380958.8	F-statistic	272.0226
Durbin-Watson stat	0.616082	Prob(F-statistic)	0.000000

Unweighted Statistics

R-squared	0.918823	Mean dependent var	159.0487
Sum squared resid	471924.6	Durbin-Watson stat	0.497329

图 5-32 EViews 建立回归模型步骤 5

第五步，模型选择。到底采用哪种模型更为合适，就可以通过 Hausman 检验来进行评判。

在 Pool 界面点击“View”（如图 5-33 所示），选择 Fixed→Random Effects Testing→Correlated Random Effects→Hausman Test（如图 5-34 所示）。最后点击“确定”，结果如图 5-35 所示。

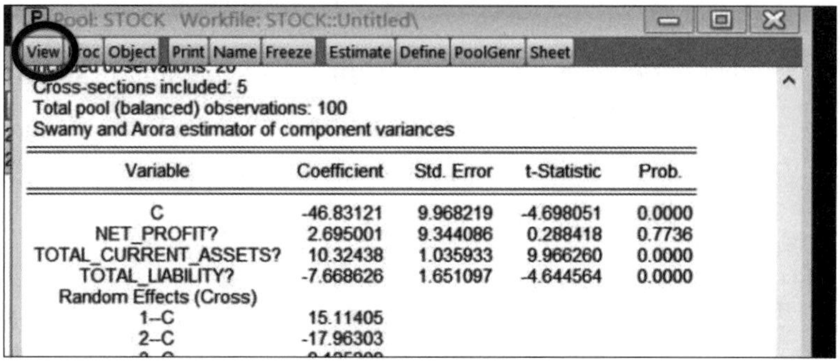

图 5-33 EViews 面板模型选择步骤 1

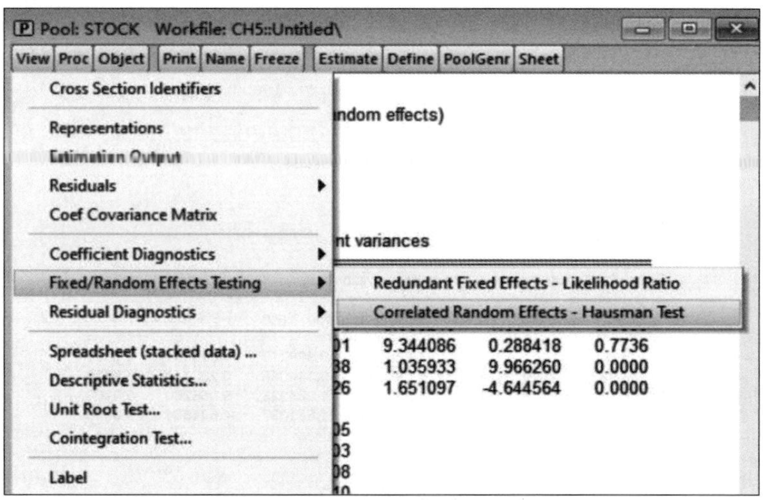

图 5-34 EViews 面板模型选择步骤 2

这里 $P<0.05$，说明可以拒绝原假设（随机效应回归模型），故对于这个问题，采用固定效应回归模型更为合适。此外，由于每股净利润是不显著的，因此我们将这个解释变量删除，再用个体固定效应回归模型进行回归。回归结果（图 5-36）为：每股净资产每上升 1 元，股价平均上涨 13.75 元；每股总负债每上升 1 元，股价平均下跌 8.88 元。

二、Stata 操作

第一步，导入处理好的数据，此处以 csv 文件为例。依次点击“文件”→“导入”→“文本数据（分隔符，*.csv 等）”，见图 5-37。

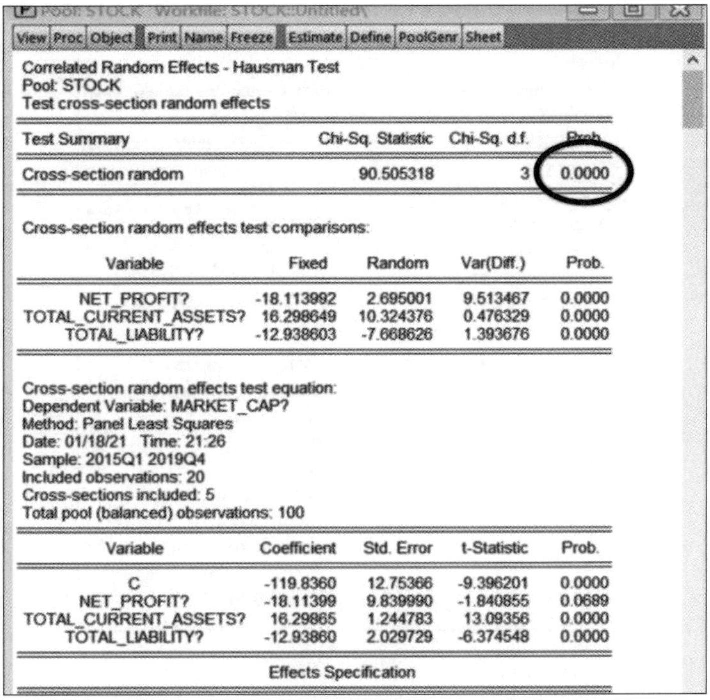

Pool: STOCK Workfile: STOCK::Untitled\

View Proc Object Print Name Freeze Estimate Define PoolGenr Sheet

Correlated Random Effects - Hausman Test
Pool: STOCK
Test cross-section random effects

Test Summary	Chi-Sq. Statistic	Chi-Sq. d.f.	Prob.
Cross-section random	90.505318	3	0.0000

Cross-section random effects test comparisons:

Variable	Fixed	Random	Var(Diff.)	Prob.
NET_PROFIT?	-18.113992	2.695001	9.513467	0.0000
TOTAL_CURRENT_ASSETS?	16.298649	10.324376	0.476329	0.0000
TOTAL_LIABILITY?	-12.938603	-7.668626	1.393676	0.0000

Cross-section random effects test equation:
Dependent Variable: MARKET_CAP?
Method: Panel Least Squares
Date: 01/18/21 Time: 21:26
Sample: 2015Q1 2019Q4
Included observations: 20
Cross-sections included: 5
Total pool (balanced) observations: 100

Variable	Coefficient	Std. Error	t-Statistic	Prob.
C	-119.8360	12.75366	-9.396201	0.0000
NET_PROFIT?	-18.11399	9.839990	-1.840855	0.0689
TOTAL_CURRENT_ASSETS?	16.29865	1.244783	13.09356	0.0000
TOTAL_LIABILITY?	-12.93860	2.029729	-6.374548	0.0000

Effects Specification

图 5-35 EViews 面板模型 Hausman 检验结果

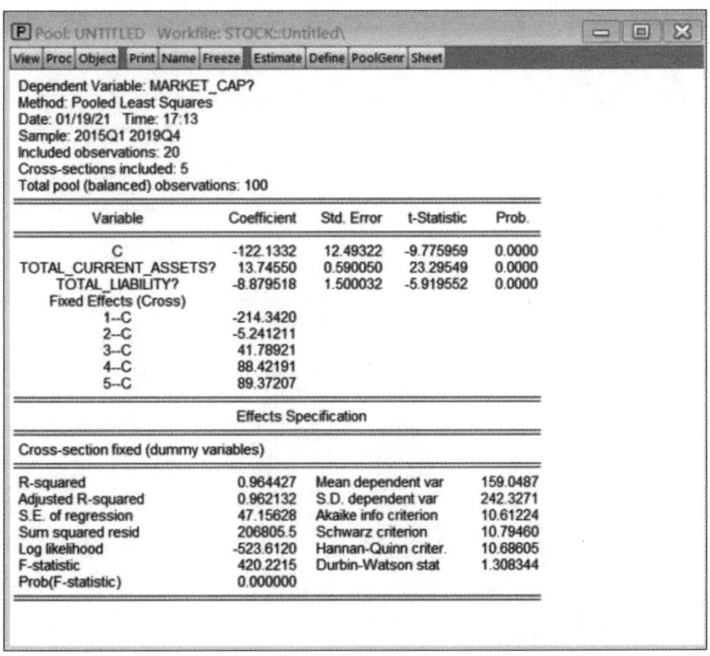

Pool: UNTITLED Workfile: STOCK::Untitled\

View Proc Object Print Name Freeze Estimate Define PoolGenr Sheet

Dependent Variable: MARKET_CAP?
Method: Pooled Least Squares
Date: 01/19/21 Time: 17:13
Sample: 2015Q1 2019Q4
Included observations: 20
Cross-sections included: 5
Total pool (balanced) observations: 100

Variable	Coefficient	Std. Error	t-Statistic	Prob.
C	-122.1332	12.49322	-9.775959	0.0000
TOTAL_CURRENT_ASSETS?	13.74550	0.590050	23.29549	0.0000
TOTAL_LIABILITY?	-8.879518	1.500032	-5.919552	0.0000
Fixed Effects (Cross)				
1--C	-214.3420			
2--C	-5.241211			
3--C	41.78921			
4--C	88.42191			
5--C	89.37207			

Effects Specification

Cross-section fixed (dummy variables)

R-squared	0.964427	Mean dependent var	159.0487
Adjusted R-squared	0.962132	S.D. dependent var	242.3271
S.E. of regression	47.15628	Akaike info criterion	10.61224
Sum squared resid	206805.5	Schwarz criterion	10.79460
Log likelihood	-523.6120	Hannan-Quinn criter.	10.68605
F-statistic	420.2215	Durbin-Watson stat	1.308344
Prob(F-statistic)	0.000000		

图 5-36 EViews 固定效应模型结果

在导入选项中根据需求进行设置,并点击“确定”,完成数据创建,见图 5-38。

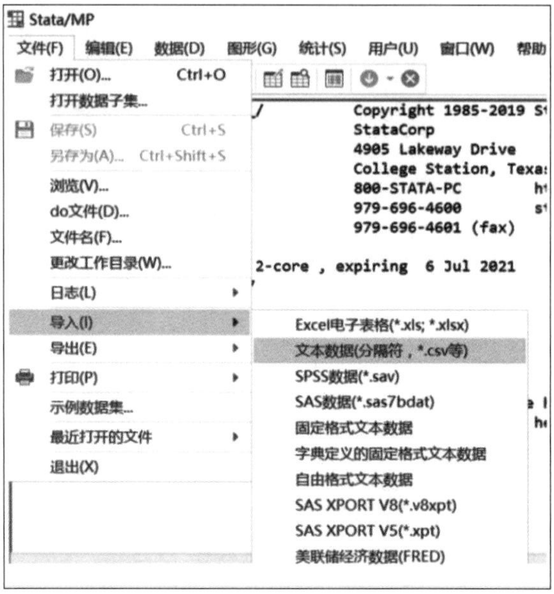

图 5-37 Stata 导入数据步骤 1

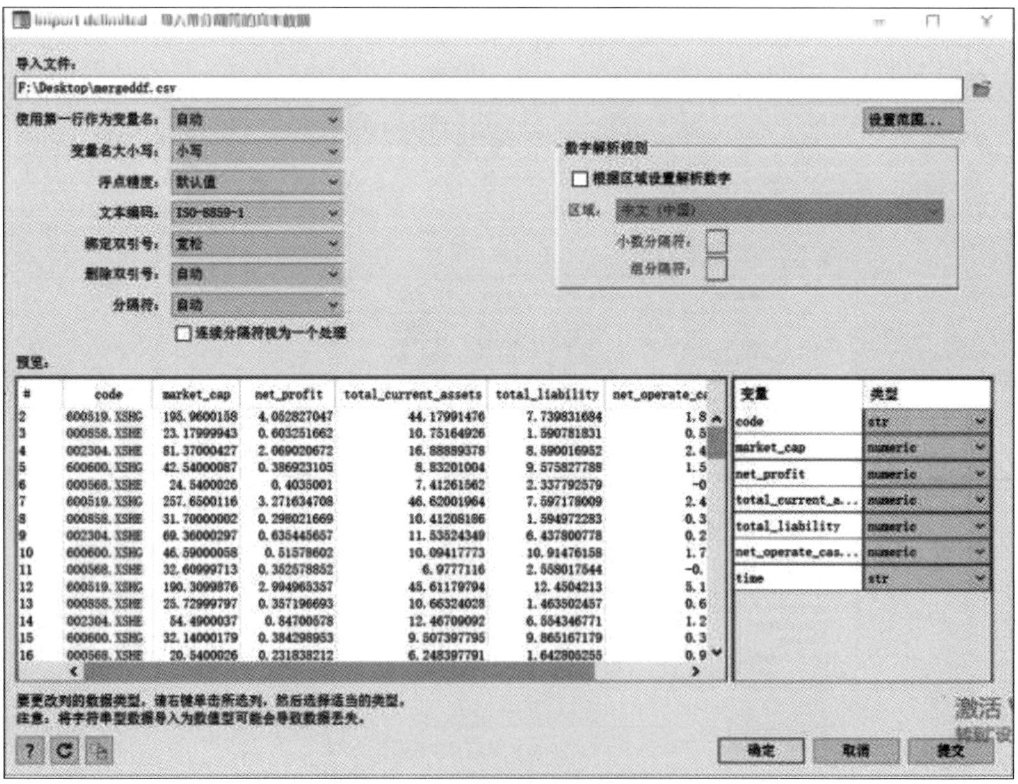

图 5-38 Stata 导入数据步骤 2

导入完成后,在命令行键入“xtset code time”对个体变量和时间变量进行设置,如图 5-39 所示。

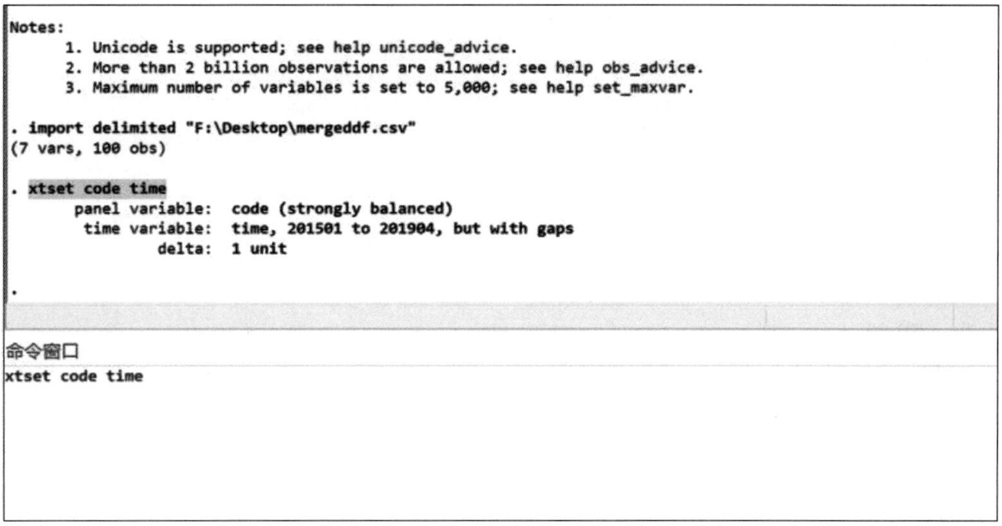

图 5-39　Stata 导入数据步骤 3

在命令窗口键入“xtdes”查看数据信息,命令见图 5-40,结果如图 5-41 所示。

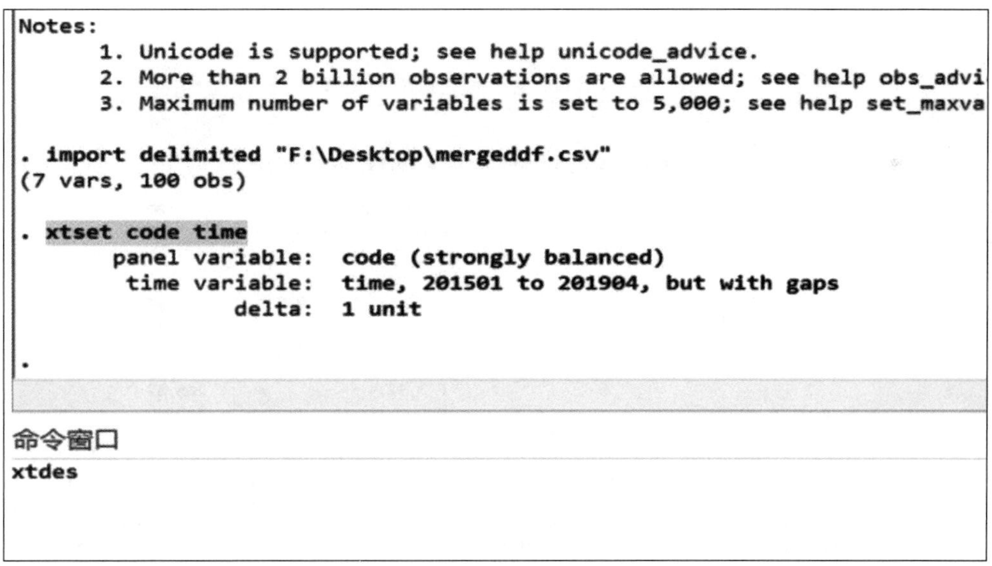

图 5-40　Stata 查看面板数据步骤 1

第二步,建立模型。首先,我们采用个体固定效应回归模型,在回归方程中截距项只和个体有关,也就意味着认为不同股票之间的差异不随时间发生改变。在命令行键入如图 5-42 所示的命令,fe 表示采用固定效应模型,est store fixed 表示将回归结果保存为 fixed。

得到回归结果如图 5-43 所示。

```
. xtdes

    code:  1, 2, ..., 5                                      n =          5
    time:  201501, 201502, ..., 201904                       T =         20
           Delta(time) = 1 unit
           Span(time)  = 404 periods
           (code*time uniquely identifies each observation)

Distribution of T_i:   min      5%     25%       50%       75%     95%     max
                        20      20      20        20        20      20      20

     Freq.  Percent    Cum. |  Pattern*
 ---------------------------+------------------------------------------------------------------------------------------------
> ------------
        5    100.00  100.00 |  4........................4........................4........................4......
> ..........4
 ---------------------------+------------------------------------------------------------------------------------------------
> ------------
        5    100.00         |  X........................X........................X........................X......
> ..........X
 ---------------------------+------------------------------------------------------------------------------------------------
> ------------
  *Each column represents 4 periods.
```

图 5-41 Stata 查看面板数据步骤 2

```
命令窗口
xtreg market_cap net_profit total_current_assets total_liability,fe
est store fixed
```

图 5-42 Stata 建立固定效应面板模型

```
. xtreg market_cap net_profit total_current_assets total_liability,fe

Fixed-effects (within) regression               Number of obs     =        100
Group variable: code                            Number of groups  =          5

R-sq:                                           Obs per group:
     within  = 0.8964                                         min =         20
     between = 0.9874                                         avg =       20.0
     overall = 0.9226                                         max =         20

                                                F(3,92)           =     265.37
corr(u_i, Xb)  = -0.9027                        Prob > F          =     0.0000

------------------------------------------------------------------------------------
          market_cap |      Coef.   Std. Err.      t    P>|t|     [95% Conf. Interval]
---------------------+--------------------------------------------------------------
          net_profit |  -15.26607   10.03712    -1.52   0.132    -35.20066    4.668525
total_current_assets |   15.35124   1.207435    12.71   0.000     12.95317    17.74931
     total_liability |  -10.14118   1.704951    -5.95   0.000    -13.52736   -6.754998
               _cons |  -126.8993   12.79558    -9.92   0.000    -152.3125   -101.4862
---------------------+--------------------------------------------------------------
             sigma_u |  129.42761
             sigma_e |  46.826802
                 rho |  .88425255   (fraction of variance due to u_i)
------------------------------------------------------------------------------------
F test that all u_i=0: F(4, 92) = 26.66                      Prob > F = 0.0000
```

图 5-43 Stata 固定效应模型结果

F-statistic 的值很大,模型的线性关系显著。corr(u_i,Xb)为个体效应和解释变量之间的相关系数,该值接近 0 时比较适合采用随机效应回归模型。而每股净利润回归系数的 t 值的绝对值小于 2,说明在 5%的显著性水平下,本例中每股净利润对股价的影响并不显著。sigma_u 代表个体效应的标准差,sigma_e 代表干扰项的标准差,rho 为个体效应的波动占总波动的比率,这里为 88%左右。

其次,采用随机效应回归模型,它的优势是增加了同时与个体和时间相关的因子,但更加复杂,Stata 代码如图 5-44 所示。

```
命令窗口
xtreg market_cap net_profit total_current_assets total_liability,re
est store random
```

图 5-44　Stata 随机效应模型命令

得到回归结果如图 5-45 所示。

```
. xtreg market_cap net_profit total_current_assets total_liability,re

Random-effects GLS regression                   Number of obs     =        100
Group variable: code                            Number of groups  =          5

R-sq:                                           Obs per group:
     within  = 0.8904                                         min =         20
     between = 0.9900                                         avg =       20.0
     overall = 0.9247                                         max =         20

                                                Wald chi2(3)      =     889.93
corr(u_i, X)   = 0 (assumed)                    Prob > chi2       =     0.0000

----------------------------------------------------------------------------------
          market_cap |      Coef.   Std. Err.      z    P>|z|     [95% Conf. Interval]
---------------------+------------------------------------------------------------
          net_profit |   5.725884   13.10148     0.44   0.662    -19.95254    31.40431
total_current_assets |   9.522868   1.401387     6.80   0.000     6.776201    12.26954
     total_liability |    -6.3296   2.095911    -3.02   0.003    -10.43751    -2.22169
               _cons |  -43.69419   12.67521    -3.45   0.001    -68.53714   -18.85123
---------------------+------------------------------------------------------------
             sigma_u |  9.3081173
             sigma_e |  46.826802
                 rho |  .03801062   (fraction of variance due to u_i)
```

图 5-45　Stata 随机效应模型展示

根据个体随机效应回归模型的结果可以看出,F-statistic 的值很大,模型的线性关系显著。同时 Adj-R-squared 达到了 89%,说明模型的拟合效果较好。而每股净利润回归系数的 z 值的绝对值小于 2,说明在 5%的显著性水平下,本例中每股净利润对股价的影响并不显著。

第三步,模型选择。到底采用哪种模型更为合适,就可以通过 Hausman 检验来进行评判。由于进行个体固定效应和随机效应回归时已经将回归结果分别保存在了 fixed 和 random 中,此时可直接调用,命令见图 5-46,结果见图 5-47。

由图 5-47 可知,$P=0.000\ 0<0.05$,说明可以拒绝原假设(随机效应回归模型)。故对于这个问题,采用固定效应回归模型更为合适。此外,由于每股净利润是不显著的,因此我们将这个

解释变量剔除，再用个体固定效应回归模型进行回归，结果见图 5-48。由回归结果可知：每股净资产每上升 1 元，股价平均上涨 13.75 元；每股总负债每上升 1 元，股价平均下跌 8.88 元。

```
命令窗口
hausman fixed random
```

图 5-46 Stata 面板模型 Hausman 检验命令

```
. hausman fixed random

                 ---- Coefficients ----
             |      (b)          (B)            (b-B)     sqrt(diag(V_b-V_B))
             |     fixed        random        Difference          S.E.
-------------+----------------------------------------------------------------
  net_profit |   -15.26607     5.725884       -20.99195               .
total_curr~s |    15.35124     9.522868        5.828371               .
total_liab~y |   -10.14118      -6.3296       -3.811577               .
------------------------------------------------------------------------------
                           b = consistent under Ho and Ha; obtained from xtreg
            B = inconsistent under Ha, efficient under Ho; obtained from xtreg

    Test:  Ho:  difference in coefficients not systematic

                  chi2(3) = (b-B)'[(V_b-V_B)^(-1)](b-B)
                          =      104.59
                Prob>chi2 =      0.0000
                (V_b-V_B is not positive definite)
```

图 5-47 Stata 面板模型 Hausman 检验结果

```
. xtreg market_cap total_current_assets total_liability,fe

Fixed-effects (within) regression               Number of obs      =       100
Group variable: code                            Number of groups   =         5

R-sq:                                           Obs per group:
     within  = 0.8938                                         min =         20
     between = 0.9894                                         avg =       20.0
     overall = 0.9243                                         max =         20

                                                F(2,93)            =    391.38
corr(u_i, Xb)  = -0.9036                        Prob > F           =    0.0000

------------------------------------------------------------------------------
          market_cap |      Coef.   Std. Err.      t    P>|t|     [95% Conf. Interval]
---------------------+--------------------------------------------------------
total_current_assets |    13.7455   .5900498    23.30   0.000     12.57378    14.91722
     total_liability |  -8.879519   1.500032    -5.92   0.000    -11.85829   -5.900753
               _cons |  -122.1332   12.49322    -9.78   0.000    -146.9422   -97.32411
---------------------+--------------------------------------------------------
             sigma_u |  126.01796
             sigma_e |   47.15628
                 rho |   .8771716   (fraction of variance due to u_i)
------------------------------------------------------------------------------
F test that all u_i=0: F(4, 93) = 26.16                      Prob > F = 0.0000

.
```

图 5-48 Stata 最优面板模型结果

本章习题

1. 举例说明什么是合并数据，什么是面板数据，Stata 如何定义面板数据。

2. 面板数据模型分为哪几类？什么是固定效应和随机效应？

3. 使用数据集 traffic. dta，完成以下面板数据分析：

(1) 标识面板数据。

(2) 对面板数据进行概率统计。

(3) 估计混合估计模型。

(4) 建立固定效应变截距模型，并将其与步骤(3)模型比较选优。

(5) 建立随机效应变截距模型，并与步骤(4)模型比较选优。

(6) 建立固定效应变系数模型，并将其与步骤(4)模型比较选优。

(7) 建立随机效应变系数模型，并将其与步骤(6)模型比较选优。

(8) 建立双向固定效应变截距模型，并将其与步骤(6)模型比较选优。

第六章 联立方程组模型

在本章中,我们将介绍联立方程组模型的相关内容。联立方程组模型是一种多个方程同时存在的模型,其中各个方程之间存在着相互依赖和影响关系。通过建立联立方程组模型,我们可以更全面地分析变量之间的关系,以及它们对整体系统的影响。

通过学习本章的内容,读者将能够了解联立方程组模型的基本问题和建模方法,并且能够使用相应的软件进行实际操作。本章内容将为读者进一步探索联立方程组模型提供基础。

重难点

1. 联立方程组模型的基本概念、产生的问题、模型的形式和识别方法。
2. 联立方程组模型的应用需要注意的问题,通过软件工具对模型进行建立、参数估计和结果分析。
3. 通过时间序列数据和面板数据进行联立方程组模型的案例分析与软件操作。

第一节 联立方程组模型的基本原理

一、联立方程组模型的基本概念

本章以前所讨论的都是假定经济变量之间的关系为简单的单向关系,我们建立单一方程模型来揭示其中的单向依赖关系。然而在实际的经济问题中,诸多经济变量之间的关系是极为错综复杂的,对这种关系,若仍以单一方程模型来描述,显然是不恰当的。在很多情况下,诸多经济变量间是相互依存、互为因果的,这时只有建立多方程联立的模型才能更加全面、真实地描述经济系统的运行机制。

联立方程组模型是根据某些经济理论和某些假设条件,区分各种不同的经济变量,建立一组方程式来描述经济变量之间的关系,下面给出两个例子来加以说明。

凯恩斯收入决定模型

$$\text{消费方程}\ C=a_0+a_1Y_t+u_{1t} \tag{6.1}$$

$$\text{投资方程}\ I_t=b_0+b_1Y_t+b_2Y_{t-1}+u_{2t} \tag{6.2}$$

$$\text{收入方程}\ Y_t=C_t+I_t+G_t \tag{6.3}$$

其中,C 为消费支出,I 为投资,Y 为国民收入,G 为政府支出,Y_{t-1} 为 Y_t 的滞后值,u_1,u_2 为随机干扰项,剩下的 a_0,a_1,b_0,b_1,b_2 为参数。

工资-价格模型

$$W_t=\alpha_0+\alpha_1UN_t+\alpha_2P_t+u_{1t} \tag{6.4}$$

$$P_t=\beta_0+\beta_1 W_t+\beta_2 R_t+\beta_3 M_t+u_{2t} \tag{6.5}$$

其中,W 为货币工资变化率,UN 为失业率,P 为价格变化率,R 为资本变化率,M 为进口原材料变化率,t 为时间,u_1、u_2为随机干扰项。

下面为一些联立方程组模型的相关概念。

(1) 内生变量。由模型系统决定其取值的变量称为内生变量。内生变量受模型中其他变量的影响,也可影响其他内生变量,即内生变量是某个方程中的被解释变量,同时又可能是同一模型某些方程中的解释变量。在单一方程模型中,内生变量就是被解释变量。

(2) 外生变量。由模型系统以外的因素决定其取值的变量称为外生变量。外生变量只影响模型中的其他变量,但不受它们影响,因此只能在方程中作解释变量。

(3) 前定变量。外生变量和滞后内生变量合称为前定变量。前定变量影响现期模型中的其他变量,但不受它们影响,因此只能在现期的方程中作解释变量。

(4) 行为方程。解释居民、企业和政府的经济行为,描述他们对外部影响如何做出反应的方程称为行为方程,如上面提到的消费方程和投资方程。

(5) 技术方程。技术方程是解释生产要素的投入与生产成果的产出之间工艺技术关系的方程。生产函数就是常见的技术方程。

(6) 制度方程。由政府所颁布的法律、法令和规章制度所决定的方程称为制度方程。如根据税收制度建立的税收方程就是制度方程。

(7) 恒等式。联立方程组模型中,经常包括恒等式。一些用来描述某种平衡关系的恒等式,称为平衡方程,如市场均衡模型中表述总需求等于总供给的恒等式就是平衡方程,另外一些表示某个变量的定义的恒等式,称为定义方程。如凯恩斯收入决定模型中的收入方程,它将国民收入定义为消费支出、投资额以及政府支出三者之和,这就是定义方程。

此外,从数理性质上划分,也可以将方程划分为随机方程和非随机方程两种,包含随机干扰项的方程称为随机方程,不包含随机干扰项的方程称为非随机方程。

二、联立方程组模型产生的问题

在联立方程组模型中,一些变量可能在某一个方程中作为解释变量,而在另一个方程中作为被解释变量。这会导致解释变量和随机干扰项之间存在相关关系,从而违背最小二乘法估计理论的重要假定。如果直接使用最小二乘法,就会产生参数估计量是有偏的、非一致的问题,这种现象称为联立性偏误。

三、联立方程组模型的形式

联立方程组模型按照方程的形式可以分为结构式模型和简化式模型。

(一) 结构式模型

每一个方程都把内生变量表示为其他内生变量、前定变量和随机干扰项的函数,描述经济变量关系结构的联立方程组称为结构式模型。下面是一个简单的宏观经济模型

$$\begin{cases} C_t=\alpha_0+\alpha_1 Y_t+u_t \\ Y_t=C_t+S_t \end{cases} \tag{6.6}$$

其中,C 为消费性支出,Y 表示收入,S 表示储蓄,u 为随机干扰项。第一个方程是消费函数,

第二个方程是定义方程。C 和 Y 均为内生变量，S 为前定变量，该模型是结构式模型。结构式模型中的参数称为结构式参数，它表示每个解释变量对被解释变量的直接影响，其中正负号代表影响的方向，绝对值表示影响的程度。

（二）简化式模型

把模型中每个内生变量表示为前定变量和随机干扰项的函数，就得到一个新的模型，称此模型为简化式模型。将上面式子中的内生变量用前定变量和干扰项来表示，则得到该模型的简化式

$$\begin{cases} C_t = \dfrac{\alpha_0}{1-\alpha_1} + \dfrac{\alpha_1}{1-\alpha_1} S_t + \dfrac{1}{1-\alpha_1} u_t \\ Y_t = \dfrac{\alpha_0}{1-\alpha_1} + \dfrac{1}{1-\alpha_1} S_t + \dfrac{1}{1-\alpha_1} u_t \end{cases} \tag{6.7}$$

简化式模型的一般表达式为

$$\begin{cases} C_t = \pi_0 + \pi_1 S_t + v_{1t} \\ Y_t = \pi_2 + \pi_3 S_t + v_{2t} \end{cases} \tag{6.8}$$

式中，简化式参数 π_i 是结构式参数 α_i 的函数，v_{1t} 和 v_{2t} 是简化式方程的干扰项，简化式参数与结构式参数的关系为

$$\pi_0 = \frac{\alpha_0}{1-\alpha_1}, \pi_1 = \frac{\alpha_1}{1-\alpha_1}, v_{1t} = \frac{1}{1-\alpha_1} u_t$$

$$\pi_2 = \frac{\alpha_0}{1-\alpha_1}, \pi_3 = \frac{1}{1-\alpha_1}, v_{2t} = \frac{1}{1-\alpha_1} u_t$$

简化式参数是前定变量对内生变量的直接影响和间接影响的总度量。

四、联立方程组模型的识别

模型的识别问题实际上就是模型的估计或评价问题，识别的概念是经济计量学的基本概念，下面从线性组合方程唯一的统计形式入手，给出结构式方程识别的概念。

若联立方程组模型的某一方程与模型中其他任何方程及任何线性组合方程的内生变量、前定变量不完全相同，则称此结构方程具有唯一的统计形式；否则就称此结构方程不具有唯一的统计形式。

定义：若某一结构方程具有唯一的统计形式，则称此方程是可以识别的；否则就称此方程是不可识别的。若线性联立方程组中的每个结构模型都是可以识别的，则称此模型是可以识别的，否则就称此模型是不可识别的。

模型识别的条件有两个，即阶条件和秩条件。阶条件是必要条件，秩条件是充分必要条件，判断模型的识别情况，要将两个条件结合起来，灵活运用。

设结构式模型所含方程的总数（或内生变量总数）为 M，模型包含的变量总数（包含前定变量和内生变量）为 H，待识别的方程包含的变量总数（包含内生变量和前定变量）为 G。下面对方程可识别的阶条件、秩条件进行讨论。

阶条件：若某一结构式方程是可以识别的，则模型中方程数减 1 小于或等于此方程排斥的变数总量，即

$$M-1 \leqslant H-G \tag{6.9}$$

式中，等号成立为恰好识别，不等号成立为过度识别。

应用阶条件时要注意，阶条件是必要条件，不是充分条件，因此不能仅从不等式 $M-1\leqslant H-G$ 的成立来断定方程是可识别的，但是如果阶条件不成立，那么方程一定是不可识别的。

秩条件：在具有 M 个方程的结构式模型中，任何一个方程可以识别的充分必要条件是：不包括在该方程中的变量的参数所组成的矩阵 A 的秩为 $M-1$，即 $r(A)=M-1$。秩条件是充分必要条件，也就是说，如果秩条件成立，则方程是可识别的，若不成立，则方程是不可识别的。但秩条件不能断定方程是恰好识别的还是过度识别的，因此需要将秩条件和阶条件结合起来，才能完成方程的识别性判断。

五、联立方程组模型的估计方法

（一）间接最小二乘法

间接最小二乘法（ILS）有三个假设条件：

（1）被估计的结构方程必须是恰好识别的。

（2）简化式方程的随机干扰项必须满足最小二乘法的假定。

（3）前定变量之间不存在完全的多重共线性。

间接最小二乘法包含以下三个步骤：

第一步，将结构式模型转化为简化式模型，也就是把每一个内生变量表示为前定变量和随机干扰项的函数。

第二步，对简化式模型的各方程用最小二乘法估计参数，从而得到简化式参数估计值。

第三步，把简化式参数的估计值代入结构式参数与简化式参数的关系式，从而得到结构式参数的估计值。

在满足间接最小二乘法的假定条件的情况下，简化式参数估计量是最佳线性无偏估计量，而结构式参数的估计量则是有偏、一致估计量。

（二）工具变量法

工具变量法（IV）的思路是，用合适的预定变量作为工具变量代替结构方程中的内生变量，从而降低解释变量与随机误差项之间的相关程度，再利用最小二乘法进行参数估计。

然而，在实践中，找到一个既有经济意义，又满足条件的工具变量很困难，当存在满足条件的工具变量时，选择也具有任意性，检验工具变量与随机误差项不相关具有很大的困难，因此，工具变量法的价值主要在理论方面。

（三）二阶段最小二乘法

二阶段最小二乘法（2SLS）是工具变量法的特例。在联立方程模型中，内生解释变量与外生变量均相关（直接相关或间接相关）。当外生变量较多时，就无法判断选用哪个外生变量作为工具变量才是最好的。二阶段最小二乘法的思路就是将所有的外生变量结合起来产生一个复合变量，作为最优工具变量。具体方法就是将内生解释变量对联立方程组模型中所有外生变量回归，得到内生解释变量的估计值，将这个估计量作为工具变量，对结构方程使用普通最小二乘法。

二阶段最小二乘法必须满足以下假设条件：

（1）被估计的方程必须是可识别的，特别地，二阶段最小二乘法适用于过度识别方程。

（2）结构式模型中的各随机干扰项必须满足最小二乘法经典假定，即零期望值、同方差、无自相关且与全部前定变量无关。

（3）所有前定变量之间不存在高度多重共线性。

（4）解释变量之间不是完全共线性的。

（5）样本容量足够大。至少观测值数目必须大于前定变量的数目，以保证简化式参数估计值有意义。

二阶段最小二乘法的估计步骤如下。第一步将待估计方程的内生解释变量 Y_t 对联立方程模型的全部前定变量回归。即估计简化式方程，计算内生解释变量 Y_t 的估计值 $\hat{Y}_t$。第二步将第一步得到的内生变量的估计值 $\hat{Y}_t$ 作为工具变量代替内生解释变量 Y_t，对该结构方程使用普通最小二乘法估计结构式参数。

（四）三阶段最小二乘法（3SLS）

前面的 ILS 和 2SLS 方法中，只使用了联立方程组的部分信息，也没有考虑到不同方程中随机误差项之间存在着同期相关的可能，在使用系统估计方法时，这个潜在的可能就必须加以考虑，3SLS 就是考虑这种可能的一种常见的估计方法，在估计过程中要使用三次最小二乘法，其前两次与 2SLS 方法没有本质区别，而最后一次是使用广义最小二乘法（GLS）来消除不同方程的同期相关。

在使用 3SLS 方法估计时，方程组要满足以下条件：

（1）联立方程组中的每个方程都可以识别，而且模型设定要正确。

（2）每个方程的随机误差项无自相关，但允许不同方程的随机误差项同期相关。

（3）需要有较大的样本数据作为支撑，因而对数据要求比 2SLS 更高。

第二节 时间序列数据联立方程组模型案例与软件操作

一、案例说明

【案例 6-1】 下面的案例以 2001—2020 年我国国内生产总值、居民消费总额、投资总额以及政府消费数据作为数据集，构建了一个宏观经济模型，完整的结构式模型为

$$\begin{cases} C_t = \alpha_0 + \alpha_1 Y_t + \alpha_2 C_{t-1} + \mu_{1t} \\ I_t = \beta_0 + \beta_1 Y_t + \mu_{2t} \\ Y_t = I_t + C_t + G_t \end{cases} \tag{6.10}$$

其中，Y_t 代表 t 时期的国内生产总值，C_t 表示 t 时期的居民消费总额，I_t 表示 t 时期的投资总额，G_t 表示 t 时期的政府消费，C_{t-1} 表示 $t-1$ 期居民消费总额。

容易判断：这里的国内生产总值、居民消费总额以及投资总额为内生变量，政府消费与常数项是外生变量，而政府消费、前期居民消费总额与常数项为前定变量。根据前面的理论易知，第一个方程为恰好识别，第二个方程为过度识别，为此，我们可以对第一个方程用工具变量法来估计，对第二个方程使用二阶段最小二乘法来进行估计。

二、EViews 软件操作

第一步，建立工作文件，生成序列对象，导入时序数据，操作过程同前，结果见图 6-1。

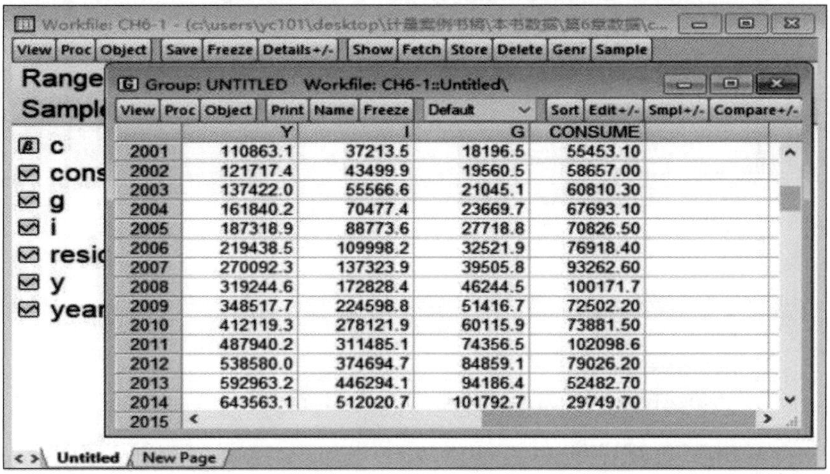

图 6-1 导入数据

第二步，对第一个方程进行估计，在 EViews 软件中，在 Workfile 中选择“Object”，点击“New object”，选择“Equation”，命名为 object1，点击“ok”键，如图 6-2 所示。

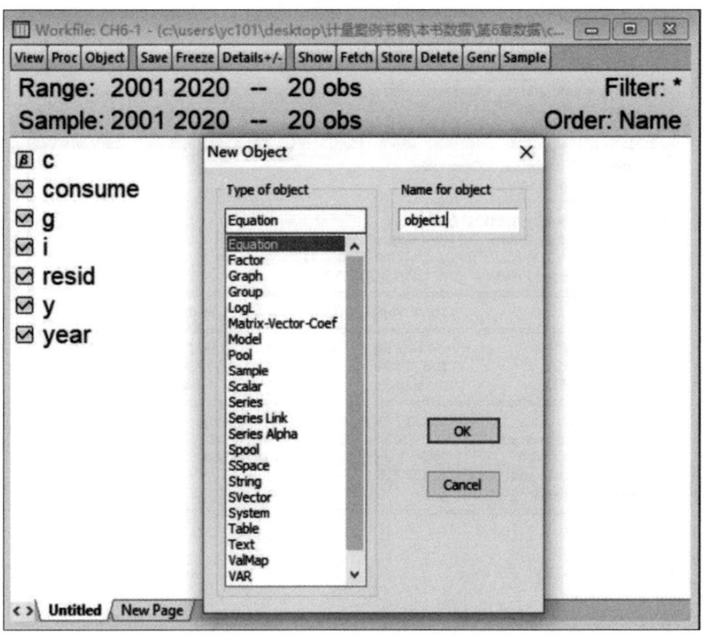

图 6-2 对第一个方程进行估计

第三步，在新出现的 Equation Specification 中输入方程，Instrucment list 中输入工具变量，Method 选择“TSLS”方法，如图 6-3 所示。

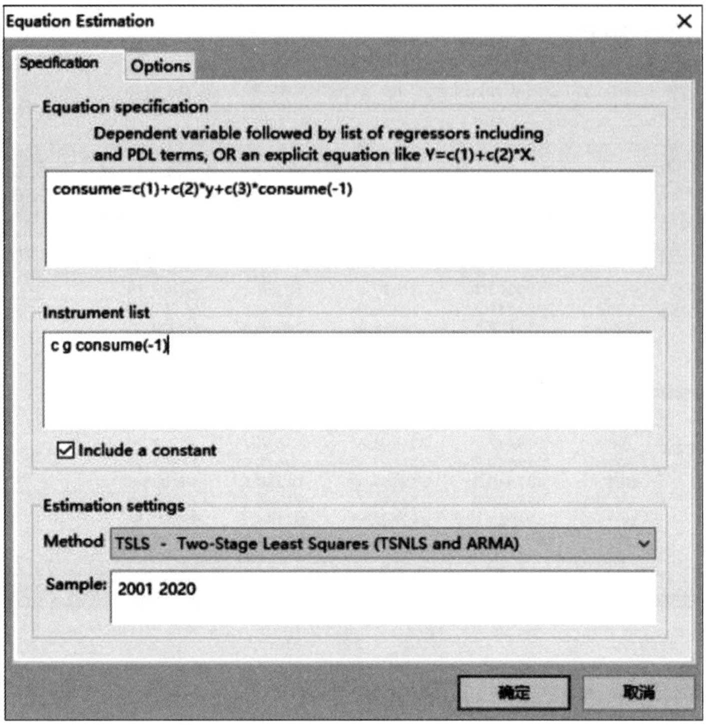

图 6-3　输入数据

第四步，点击“确定”，得到估计结果，见图 6-4。

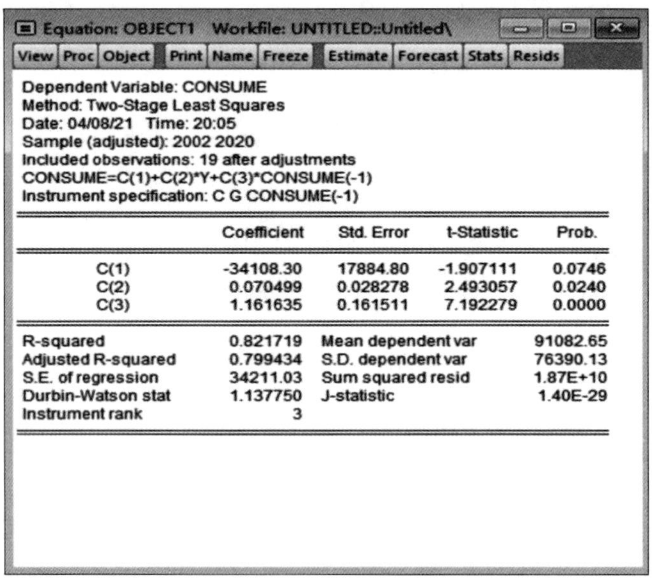

图 6-4　第一个方程估计结果

第五步，第二个方程的估计与上述步骤类似，建立 object2，输入第二个方程以及工具变量，选择 TSLS 方法，见图 6-5。

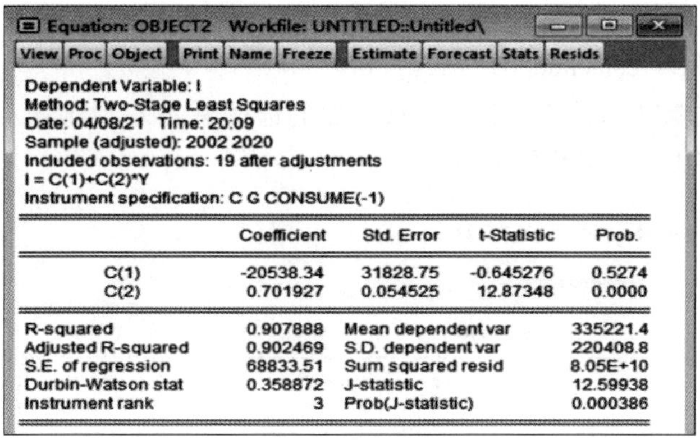

Equation: OBJECT2　Workfile: UNTITLED::Untitled\

View | Proc | Object | Print | Name | Freeze | Estimate | Forecast | Stats | Resids

Dependent Variable: I
Method: Two-Stage Least Squares
Date: 04/08/21　Time: 20:09
Sample (adjusted): 2002 2020
Included observations: 19 after adjustments
I = C(1)+C(2)*Y
Instrument specification: C G CONSUME(-1)

	Coefficient	Std. Error	t-Statistic	Prob.
C(1)	-20538.34	31828.75	-0.645276	0.5274
C(2)	0.701927	0.054525	12.87348	0.0000

R-squared	0.907888	Mean dependent var	335221.4
Adjusted R-squared	0.902469	S.D. dependent var	220408.8
S.E. of regression	68833.51	Sum squared resid	8.05E+10
Durbin-Watson stat	0.358872	J-statistic	12.59938
Instrument rank	3	Prob(J-statistic)	0.000386

图 6-5　第二个方程的估计结果

综合可得联立方程组模型为

$$\begin{cases} C_t = -341\ 08.30 + 0.070\ 499Y_t + 1.161\ 635C_{t-1} \\ I_t = -205\ 38.34 + 0.701\ 927Y_t \\ Y_t = I_t + C_t + G_t \end{cases} \tag{6.11}$$

三、Stata 软件操作

第一步，点击 Stata，找到 Data Editer，将数据输入其中并生成上一期的值，见图 6-6。

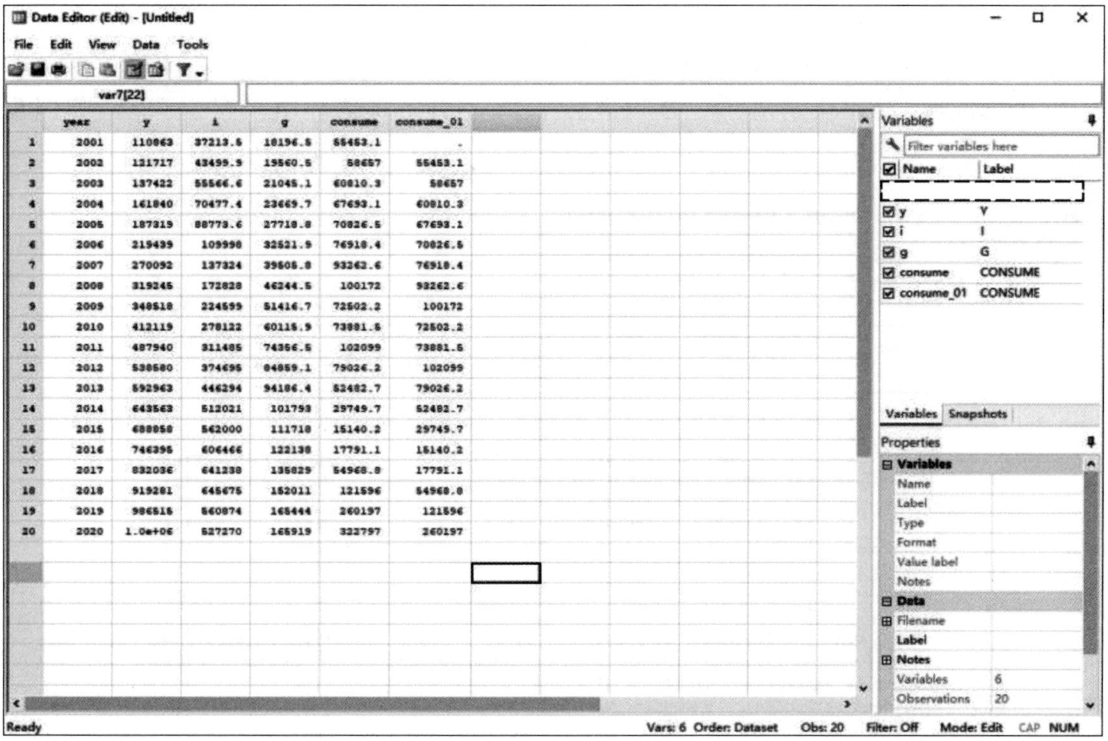

	year	y	i	g	consume	consume_01
1	2001	110863	37213.5	18196.5	55453.1	.
2	2002	121717	43499.5	19560.5	58657	55453.1
3	2003	137422	55566.6	21045.1	60810.3	58657
4	2004	161840	70477.4	23669.7	67693.1	60810.3
5	2005	187319	88773.6	27718.8	70826.5	67693.1
6	2006	219439	109998	32521.9	76918.4	70826.5
7	2007	270092	137324	39505.8	93262.6	76918.4
8	2008	319245	172828	46244.5	100172	93262.6
9	2009	348518	224599	51416.7	72502.2	100172
10	2010	412119	278122	60115.9	73881.5	72502.2
11	2011	487940	311485	74356.5	102099	73881.5
12	2012	538580	374695	84859.1	79026.2	102099
13	2013	592963	446294	94186.4	52482.7	79026.2
14	2014	643563	512021	101793	29749.7	52482.7
15	2015	688858	562000	111718	15140.2	29749.7
16	2016	746395	606466	122138	17791.1	15140.2
17	2017	832036	641238	135829	54968.8	17791.1
18	2018	919281	645675	152011	121596	54968.8
19	2019	986515	560874	165444	260197	121596
20	2020	1.0e+06	527270	165919	322797	260197

图 6-6　Stata 输入数据

第二步,用 OLS 对每个方程进行单一方程估计。

输入:reg3(consume y consume_01)(i,y),ols

其中,命令 reg3 的默认估计方法为 3SLS,但加上选择项“ols”后则表示进行单一方程 OLS 估计。将估计结果存为 OLS,结果见图 6-7。

```
. reg3(consume y consume_01)(i y),ols

Multivariate regression
----------------------------------------------------------------------
Equation          Obs   Parms        RMSE    "R-sq"     F-Stat        P
----------------------------------------------------------------------
consume            19       2    34199.53    0.8218      36.90   0.0000
i                  19       1    68826.72    0.9079     167.59   0.0000
----------------------------------------------------------------------

------------------------------------------------------------------------------
             |      Coef.   Std. Err.      t    P>|t|     [95% Conf. Interval]
-------------+----------------------------------------------------------------
consume      |
           y |   .0675699   .0282373     2.39   0.023     .0101207    .1250191
  consume_01 |   1.166414   .1614424     7.22   0.000     .8379571    1.494871
       _cons |  -32991.81   17871.59    -1.85   0.074    -69351.83    3368.202
-------------+----------------------------------------------------------------
i            |
           y |   .7050808   .0544641    12.95   0.000     .5942727    .8158889
       _cons |  -22136.89   31801.18    -0.70   0.491    -86836.87    42563.09
------------------------------------------------------------------------------
```

图 6-7 单一方程 OLS 估计结果

下面对单一方程进行 2SLS 估计:

输入:reg3(consume y consume_01)(i,y),2sls

其中,选择项“2sls”表示对单一方程进行 2SLS 估计。将估计结果存为 2SLS,如图 6-8 所示。

```
. reg3(consume y consume_01)(i,y),2sls

Two-stage least-squares regression
----------------------------------------------------------------------
Equation          Obs   Parms        RMSE    "R-sq"     F-Stat        P
----------------------------------------------------------------------
consume            19       2    34199.53    0.8218      36.90   0.0000
i                  19       1    220408.8    0.0000      43.95   0.0000
----------------------------------------------------------------------

------------------------------------------------------------------------------
             |      Coef.   Std. Err.      t    P>|t|     [95% Conf. Interval]
-------------+----------------------------------------------------------------
consume      |
           y |   .0675699   .0282373     2.39   0.022     .0101848     .124955
  consume_01 |   1.166414   .1614424     7.22   0.000     .8383237    1.494505
       _cons |  -32991.81   17871.59    -1.85   0.074    -69311.24    3327.619
-------------+----------------------------------------------------------------
i            |
       _cons |   335221.4   50565.24     6.63   0.000     232460.5    437982.3
------------------------------------------------------------------------------
Endogenous variables:  consume i
Exogenous variables:   y consume_01
```

图 6-8 单一方程 2SLS 估计结果

最后进行 3SLS 估计,将结果存为 3SLS,结果如图 6-9 所示。

```
. reg3(consume y consume_01)(i,y)

Three-stage least-squares regression
----------------------------------------------------------------------
Equation          Obs   Parms        RMSE    "R-sq"       chi2        P
----------------------------------------------------------------------
consume            19       2    31735.73    0.8178      93.90   0.0000
i                  19       1    214530.2    0.0000      46.39   0.0000
----------------------------------------------------------------------

------------------------------------------------------------------------------
             |      Coef.   Std. Err.      z    P>|z|     [95% Conf. Interval]
-------------+----------------------------------------------------------------
consume      |
           y |   .0845326   .0256113     3.30   0.001     .0343354    .1347298
  consume_01 |   1.140648   .1464287     7.79   0.000     .8536531    1.427643
       _cons |  -39604.78   16246.47    -2.44   0.015    -71447.27   -7762.295
-------------+----------------------------------------------------------------
i            |
       _cons |   335221.4   49216.59     6.81   0.000     238758.6    431684.1
------------------------------------------------------------------------------
Endogenous variables:   consume i
Exogenous variables:    y consume_01
------------------------------------------------------------------------------
```

图 6-9　单一方程 3SLS 估计结果

从图 6-7、图 6-8 以及图 6-9 知,单一方程的 2SLS 与 3SLS 系数估计基本一致,但是与单一方程的 OLS 估计有较大差别。

第三节　面板数据联立方程组模型案例与软件操作

一、案例说明

【案例 6-2】　下面的案例以 2001—2019 年我国中部六省的地区生产总值、居民消费总额、投资总额以及政府消费数据作为数据集,构建一个宏观经济模型,完整的结构式模型为

$$\begin{cases} C_t = \alpha_0 + \alpha_1 Y_t + \alpha_2 C_{t-1} + \mu_{1t} \\ I_t = \beta_0 + \beta_1 Y_t + \mu_{2t} \\ Y_t = I_t + C_t + G_t \end{cases} \tag{6.12}$$

其中,Y_t 表示 t 期的地区生产总值,C_t 表示 t 期的地区居民消费总额,I_t 表示 t 期的地区投资总额,G_t 表示 t 期的地区政府消费,C_{t-1} 表示 $t-1$ 期的居民消费总额。

容易判断:这里的地区生产总值、居民消费总额以及投资总额为内生变量,政府消费与常数项是外生变量,而政府消费、前期居民消费总额与常数项同时也为前定变量。根据前面的理论易知,第一个方程为恰好识别,第二个方程为过度识别,为此,我们可以对第一个方程用工具变量法来估计,对第二个方程使用二阶段最小二乘法来进行估计。

二、EViews 软件操作

第一步,导入面板数据,新建一个 Workfile,选择 Panel Balanced,将 Start Date 和 End Date 改

为 2001 和 2019，因为有六个省份，section 改为 6，之后点击“Object”，在 Type 下选择“Pool”，点击“OK”；接下来将指标域用字母表示出来，切勿重名；再点击“sheet”，将指标输入，用空格隔开，最后将数据复制进去结束，如图 6-10 所示。

	CONSUME	G	Y	I
	CONSUME	G	Y	I
1-01	1975.2	391.98	3880.5	1513.32
1-02	2198.4	218.26	4212.8	1796.14
1-03	2358.7	229.54	4757.5	2169.26
1-04	2667.5	351.09	5546.8	2528.21
1-05	2985.9	656.57	6469.7	2827.23
1-06	3461.1	774.32	7531.8	3296.38
1-07	4115.8	1520.87	9451.4	3814.73
1-08	5109.7	2480.6	11497.5	3907.2
1-09	5928.4	2646.78	13192.1	4616.92
1-10	7014.4	3809.55	16226.9	5402.95
1-11	8363.3	6000.27	19942.5	5578.93
1-12	9682.4	6796.1	22590.9	6112.4
1-13	11035.9	7495.04	25378	6847.06
1-14	12449.3	8868.57	28242.1	6924.23
1-15	14003.2	8844.81	30344	7495.99
1-16	15649.2	9759.91	33353	7943.89
1-17	17394.1	11470.46	37235	8370.44
1-18	20598.2	12649.44779	42022	8774.352206
1-19	22722.3	13487.78108	45429	9218.918922
2-01	1511.1	1146.5	3831.9	1174.3
2-02	1678.9	1124.64	4151.5	1347.96
2-03	1816.3	1253.38	4660	1590.32
2-04	2069.8	1400.24	5542.6	2072.56
2-05	2474.3	1266.53	6369.9	2629.07
2-06	2869.4	1386.68	7431.6	3175.52
2-07	3419.2	1711.54	9285.5	4154.76
2-08	4222.6	1550.76	11307.4	5534.04
2-09	4913.7	155.72	12772.8	7703.38
2-10	5952.6	-41.88	15574.3	9663.58
2-11	7209	[illegible]	[illegible]	[illegible]
2-12	8318.7	-1634.7	21207.2	14523.2
2-13	9509.5	-3805.7	23545.2	17841.4
2-14	10723.5	-6085.12	25881.3	21242.92
2-15	12024	-8530.48	28538.6	25045.08
2-16	13436.5	-10936.33	30853.5	28353.33
2-17	14854.9	-12986.03	33828.1	31959.23
2-18	15134.3	-7321.124926	36329.7	28516.52493
2-19	16683.9	-7233.706324	39894.1	30443.90632
3-01	1979.8	2009.14	5533	1544.06

图 6-10 面板数据的输入

第二步，估计第一个方程，与单个方程的联立方程组模型类似，选择“New Object”，估计方法还是选择 TSLS，输入第一个方程和工具变量，点击“确定”，如图6-11至图 6-13 所示，结果如图 6-14 所示。

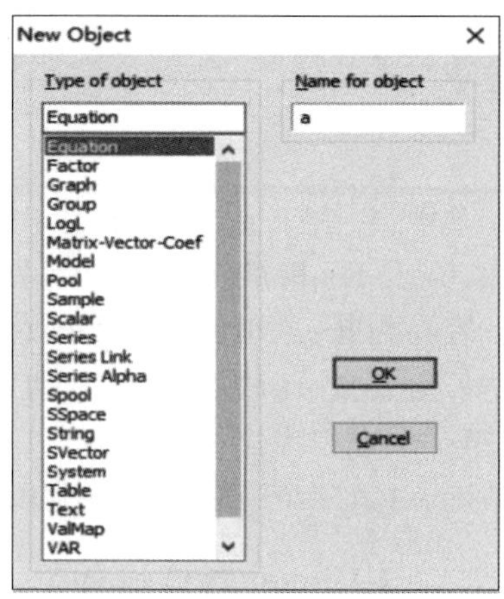

图 6-11 步骤 1

第三步，估计第二个方程，操作方法与上面一样，结果见图 6-15。

最后，得到估计方程为

$$\begin{cases} C_t = 326.83 - 0.066\,437 Y_t + 1.270\,192 C_{t-1} \\ I_t = -760.333\,1 + 0.740\,444\,7 Y_t \\ Y_t = I_t + C_t + G_t \end{cases} \tag{6.13}$$

总结起来，其实面板数据的联立方程组模型估计和时间序列数据联立方程组模型的 EView 操作方法是一样的，主要差别是在数据的输入上，剩下的就是建立方程，选择估计方法。

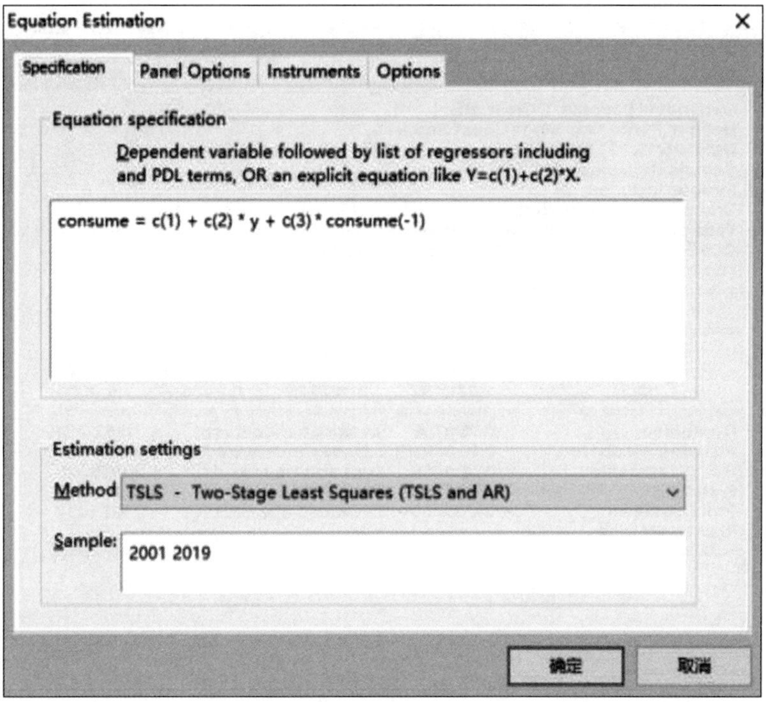

图 6-12　步骤 2

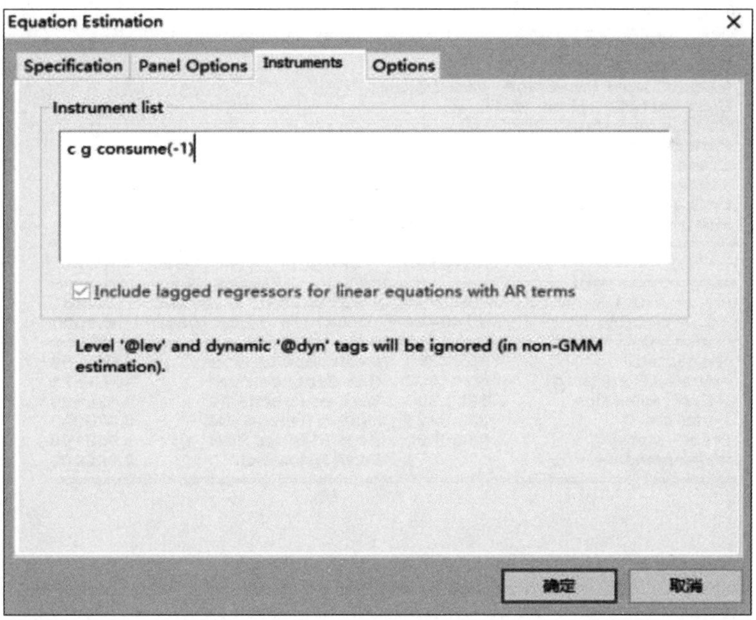

图 6-13　步骤 3

三、Stata 软件操作

第一步，将数据导入 Stata 中，并生成上一期的 CONSUME 数据，如图 6-16 所示。

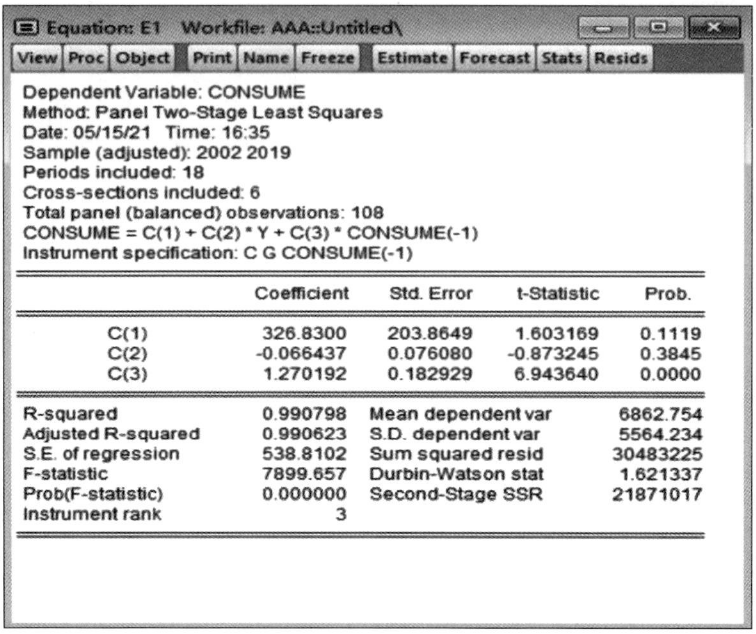

Equation: E1 Workfile: AAA::Untitled\

View | Proc | Object | Print | Name | Freeze | Estimate | Forecast | Stats | Resids

Dependent Variable: CONSUME
Method: Panel Two-Stage Least Squares
Date: 05/15/21 Time: 16:35
Sample (adjusted): 2002 2019
Periods included: 18
Cross-sections included: 6
Total panel (balanced) observations: 108
CONSUME = C(1) + C(2) * Y + C(3) * CONSUME(-1)
Instrument specification: C G CONSUME(-1)

	Coefficient	Std. Error	t-Statistic	Prob.
C(1)	326.8300	203.8649	1.603169	0.1119
C(2)	-0.066437	0.076080	-0.873245	0.3845
C(3)	1.270192	0.182929	6.943640	0.0000

R-squared	0.990798	Mean dependent var	6862.754
Adjusted R-squared	0.990623	S.D. dependent var	5564.234
S.E. of regression	538.8102	Sum squared resid	30483225
F-statistic	7899.657	Durbin-Watson stat	1.621337
Prob(F-statistic)	0.000000	Second-Stage SSR	21871017
Instrument rank	3		

图 6-14 模型第一个方程估计结果

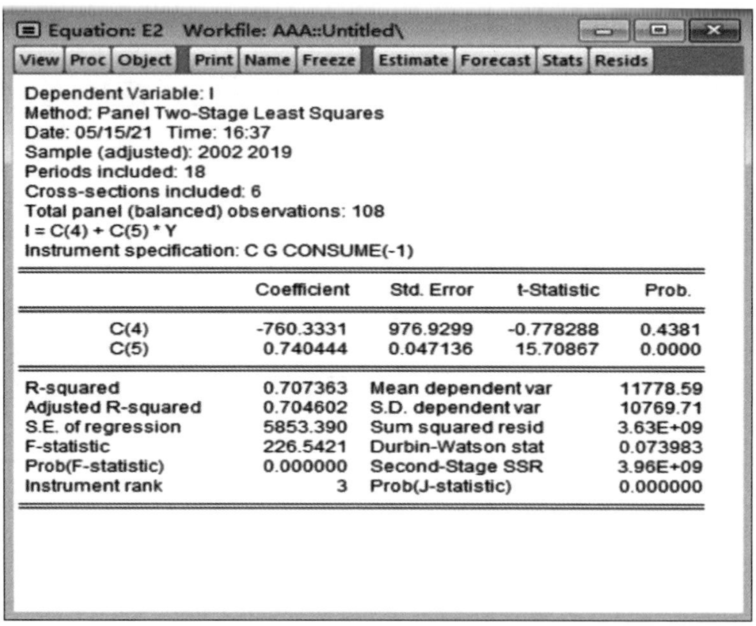

Equation: E2 Workfile: AAA::Untitled\

View | Proc | Object | Print | Name | Freeze | Estimate | Forecast | Stats | Resids

Dependent Variable: I
Method: Panel Two-Stage Least Squares
Date: 05/15/21 Time: 16:37
Sample (adjusted): 2002 2019
Periods included: 18
Cross-sections included: 6
Total panel (balanced) observations: 108
I = C(4) + C(5) * Y
Instrument specification: C G CONSUME(-1)

	Coefficient	Std. Error	t-Statistic	Prob.
C(4)	-760.3331	976.9299	-0.778288	0.4381
C(5)	0.740444	0.047136	15.70867	0.0000

R-squared	0.707363	Mean dependent var	11778.59
Adjusted R-squared	0.704602	S.D. dependent var	10769.71
S.E. of regression	5853.390	Sum squared resid	3.63E+09
F-statistic	226.5421	Durbin-Watson stat	0.073983
Prob(F-statistic)	0.000000	Second-Stage SSR	3.96E+09
Instrument rank	3	Prob(J-statistic)	0.000000

图 6-15 模型第二个方程估计结果

第二步，将数据设置为面板数据的格式，输入“xtset id year”，见图 6-17。

第三步，与前面的类似，这里我们直接采用 2SLS 估计法对第一个方程进行估计，输入“reg3 (CONSUME y CONSUME_01)(i,y)”，选择“2SLS”，结果如图 6-18 所示。

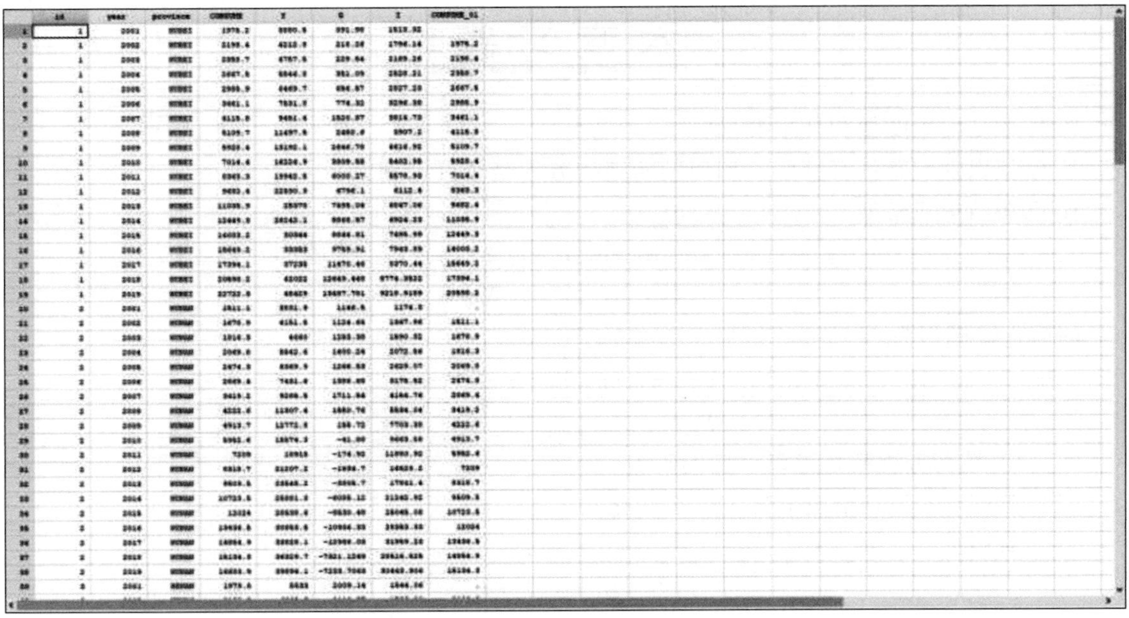

图 6-16　Stata 数据输入

```
. xtset id year
       panel variable:  id (strongly balanced)
        time variable:  year, 2001 to 2019
                delta:  1 unit
```

图 6-17　设置面板数据格式

```
Two-stage least-squares regression

Equation             Obs  Parms        RMSE    "R-sq"     F-Stat        P

CONSUME              108      2    459.7262    0.9933    7784.79   0.0000
id                   108      1    1.715787    0.0000     449.40   0.0000


              Coef.   Std. Err.      t    P>|t|     [95% Conf. Interval]

CONSUME
        year   6.036332   14.81256    0.41   0.684    -23.16244    35.23511
  CONSUME_01   1.105879   .0154684   71.49   0.000     1.075387     1.13637
       _cons  -11945.39   29704.43   -0.40   0.688    -70499.26    46608.48

id
       _cons        3.5   .1651017   21.20   0.000     3.174549    3.825451

Endogenous variables:  CONSUME id
Exogenous variables:   year CONSUME_01
```

图 6-18　估计结果

本章习题

1. 什么是内生变量和外生变量？

2. 模型识别的条件有哪些？如何判断结构方程是否可识别？

3. 已知结构式模型

$$Y_{1t}=\beta_{10}+\beta_{11}Y_{2t}+r_{11}X_{1t}+u_{1t}$$
$$Y_{2t}=\beta_{20}+\beta_{21}Y_{1t}+r_{21}X_{2t}+u_{2t}$$

的简化式模型为

$$Y_{1t}=\pi_{10}+\pi_{11}Y_{2t}+\pi_{12}X_{2t}+w_t$$
$$Y_{2t}=\pi_{20}+\pi_{21}Y_{1t}+\pi_{22}X_{2t}+v_t$$

问:(1) 结构方程都是可以识别的吗？

(2) 若 $r_{11}=0$,识别情况会发生什么变化？

4. 设有模型

$$C_t=\beta_{10}+\beta_{11}Y_t+u_{1t}$$
$$I_t=\beta_{20}+\beta_{21}Y_t+\beta_{22}Y_{t-1}+u_{2t}$$
$$Y_t=C_t+I_t+G_t$$

其中,C_t=消费支出,I_t=投资支出,Y_t=收入,G_t=政府支出,G_t 与 Y_{t-1} 为前定变量。试解答以下问题:

(1) 求简化式方程,确定结构方程的可识别性;

(2) 用什么方法估计恰好识别和过度识别方程的参数,为什么？

第七章 条件异方差模型

在金融领域中，我们经常遇到的一个问题是，数据的方差并不是常数，而是随时间的推移发生变化。为了能够更准确地分析和预测金融数据的波动性，我们需要使用条件异方差模型。条件异方差模型是一类考虑了方差变化的时间序列模型。

通过学习本章的内容，读者将能够了解条件异方差模型的基本原理和建模方法，并且能够使用相应的软件进行实际操作。本章内容将为读者进一步探索条件异方差模型提供基础。

重难点

1. 自回归条件异方差模型的理论概述，其基本原理和假设条件；理解模型在实际问题中的应用；使用相应软件进行自回归条件异方差模型的建立和分析。

2. 广义自回归条件异方差模型的概念和基本原理，其与自回归条件异方差模型的区别和扩展；广义自回归条件异方差模型的应用；使用软件进行广义自回归条件异方差模型的建模和分析。

3. 其他类型条件异方差模型的理论概述，包括 E-GARCH、T-GARCH 等模型；使用软件进行其他类型条件异方差模型的建模和分析。

4. 多变量 GARCH 模型的理论概述，多变量 GARCH 模型在实际问题中的应用，模型建立和参数估计以及使用软件进行多变量 GARCH 模型的建模和分析。

第一节 自回归条件异方差模型原理、案例与软件操作

一、理论概述

（一）自回归条件异方差模型

1982 年，恩格尔提出了自回归条件异方差（ARCH）模型，该模型被广泛地应用于经济学的各个领域。自回归条件异方差模型是用来建立条件方差模型并对其进行预测的。时间序列数据通常存在一种特殊的异方差，即“自回归条件异方差”。当本期或过去若干期的波动即方差较大（小）时，未来几期的波动也就是方差很可能较大（小）；也就是说，方差大的观测值似乎集聚在一起，方差小的观测值似乎也集聚在一起，这个现象被称为“波动集聚”或“扎堆”。ARCH 模型中考虑了方差的波动性，可以更好地预测方差。

ARCH 模型主要是对模型中的随机扰动项 u_t 进行建模，从而更加充分地提取残差中的信息。ARCH 模型中随机扰动项 u_t 的条件方差是一个随时间变化而发生变化的量，也就是存在条

件异方差，并且这个条件异方差可以用随机扰动项 u_t 延迟值的二次函数来表示。ARCH 模型的一般表达式为

$$\begin{cases} Z_t = x_t'\beta + u_t \\ Var(u_t) = \sigma_t^2 = \alpha_0 + \alpha_1 u_{t-1}^2 + \cdots + \alpha_q u_{t-p}^2 \\ \alpha_0 > 0, \alpha_i \geqslant 0 (i = 1, \cdots, p) \end{cases} \tag{7.1}$$

其中，$\sum_{i=1}^{p} \alpha_i u_{t-i}^2$ 表示 ARCH 项，其含义为过去较大的扰动会倾向于引起另一个较大的扰动。为了保证对所有随机扰动项 u_t 的实现，条件方差都是严格为正，线性 ARCH 模型要求 $\alpha_0 > 0, \alpha_i \geqslant 0, i = 1, \cdots, p$。

当然，ARCH 模型仍存在一些不足：用 ARCH 模型研究长记忆的时间序列数据时，当 p 比较小时，u_t 的自相关函数衰减得很快，而当 p 比较大时，不仅大大增加了计算量，而且会带来多重共线性的问题。

（二）ARCH 模型的建模步骤

（1）数据的平稳性检验。序列平稳是模型估计的有效前提，因此，在建立模型之前需要对时间序列数据进行平稳性检验。若序列存在不平稳的现象，我们一般使用对数化处理、差分处理等方法使得序列平稳化。

（2）建立均值方程。如果有必要，建立一个计量经济模型来消除线性依赖。

（3）对均值方程残差进行 ARCH 效应检验。在拟合 ARCH 模型的初期阶段，为确认序列的异方差是否由自相关引起，需要对时间序列数据的残差进行 ARCH 效应检验，常用的两种统计方法为 LM 检验和残差平方相关图。① LM 检验。LM 检验又称拉格朗日乘数检验，它是 Engle 在 1982 年提出的，用来检验时间序列残差的大小是否受到最近残差值的影响，即序列是否存在相关效应。其原假设为，对于给定的阶数，残差不存在异方差性。在原假设下 F 统计量的有限样本分布未知，LM 检验统计量往往渐近服从于 $\chi^2(p)$ 分布。② 残差平方相关图。残差平方相关图显示了残差平方序列直到任意指定的滞后阶数后的自相关系数和偏自相关系数，并计算出相应滞后阶数的 Q 统计量。残差平方相关图可用于检验残差序列中是否存在 ARCH 效应，当自相关系数和偏自相关系数在所有滞后阶数下都为 0，并且 Q 检验统计量不显著，则说明该残差序列不存在 ARCH 效应；反之，则说明该残差序列存在 ARCH 效应。

（4）模型定阶

在通过 ARCH 效应检验后，说明均值方程中的残差序列存在条件异方差。通过分析均值方程中残差平方的自相关图和偏自相关图，对 ARCH 模型进行定阶。

（5）模型估计

在确定模型的阶数后，利用软件进行模型拟合。本章选择利用 EViews 以及 Stata 建立 ARCH 模型，具体步骤见案例分析部分。

（6）模型验证

对模型再次进行 ARCH 效应检验，如果 ARCH 效应依然存在，说明残差项可能具有高阶异方差性，那么将继续采用 GARCH 模型对时间序列数据进行建模，来消除异方差；如果 ARCH 效应消失，说明异方差性已经被消除，模型拟合效果较好。

（三）ARCH 模型的优缺点

ARCH 模型可以模拟波动率集聚，其随机扰动项具有厚尾分布的特征。但是 ARCH 模型也具有缺点：

（1）ARCH 模型中正扰动项与负扰动项对波动率的影响相同，但在实际情况中，资产收益率的正负扰动项对波动率的影响并不相同，往往较大的负扰动项比相同程度下的正扰动项对波动率的影响程度更大。

（2）ARCH 模型对模型参数具有较为严格的约束条件。

（3）ARCH 模型仅可以体现条件方差的变化，但不可以解释其变化的原因。

（4）ARCH 模型对波动率的预测结果会偏高。

二、案例分析

【案例 7-1】 为了研究股票价格指数的波动特征，本节选用上证 50 指数自发布之日（2004 年 1 月 2 日）起至 2020 年 12 月 31 日的日收盘价格作为时间序列数据。上证 50 指数是由上海证券市场规模大、流动性好的最具有代表性的 50 只股票组成的样本股，综合反映了上海证券交易所最具有市场影响力的一批优质大盘企业的整体状况，故分析上证 50 指数的波动具有一定的代表性。

（一）基于 EViews 的上证 50 指数 ARCH 模型的建立

（1）上证 50 指数的平稳性检验

对上证 50 指数时间序列数据选用 ADF 检验方法进行平稳性检验。对该序列进行 ADF 检验，首先要打开 Series 窗口，点击 View 键，选择 Unit Root Test 功能。在弹出的对话框中，选择 ADF 检验。其次，选择是对序列本身（Level）、一次差分序列（1st difference），还是二次差分序列（2nd difference）进行单位根检验。再次，需要设定方程中是否包含截距项（Intercept）、截距项和趋势项（Trend and intercept）或者什么都不包括（None）。最后，设定检验方程中包括的滞后差分项的个数，如图 7-1 所示。

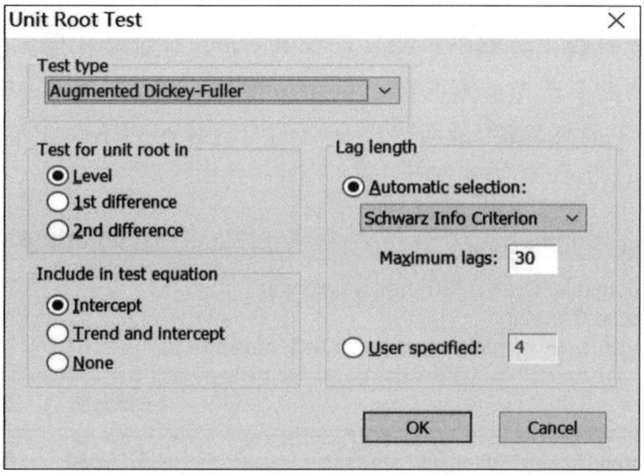

图 7-1 单位根检验示例

点击“OK”键，出现图 7-2 的检验结果。图 7-2 第一行显示了 ADF 统计量的结果以及相应的 P 值，下面三行依次显示了 t 统计量在 1%、5%、10% 显著水平下的 ADF 统计量的临界值。图 7-2

中 ADF 统计量的值均大于三个显著性水平下的临界值,说明该序列存在单位根,认为该序列不平稳。

Augmented Dickey-Fuller Unit Root Test on SZ50

Null Hypothesis: SZ50 has a unit root
Exogenous: Constant
Lag Length: 6 (Automatic - based on SIC, maxlag=30)

		t-Statistic	Prob.*
Augmented Dickey-Fuller test statistic		-1.275953	0.6429
Test critical values:	1% level	-3.431751	
	5% level	-2.862044	
	10% level	-2.567082	

图 7-2 单位根检验结果

上证 50 指数的原始数据是非平稳序列,对原始序列进行对数化处理,图 7-3 为上证 50 指数收盘价格的对数序列的单位根检验结果图。图 7-3 显示 ADF 统计量的值仍然均大于三个显著性水平下的临界值,说明该对数化序列存在单位根,认为该对数化序列不平稳。

Augmented Dickey-Fuller Unit Root Test on LNSZ50

Null Hypothesis: LNSZ50 has a unit root
Exogenous: Constant
Lag Length: 0 (Automatic - based on SIC, maxlag=30)

		t-Statistic	Prob.*
Augmented Dickey-Fuller test statistic		-1.329099	0.6181
Test critical values:	1% level	-3.431749	
	5% level	-2.862043	
	10% level	-2.567081	

图 7-3 对数化序列的单位根检验结果

因为上证 50 指数的对数化数据仍是非平稳序列,所以对对数化序列进行一阶差分,图 7-4 为上证 50 指数收盘价格的一阶差分对数序列的单位根检验结果。图 7-4 显示 ADF 统计量的值均小于三个显著性水平下的临界值,说明该差分后的对数化序列不存在单位根,可认为该差分后的对数化序列平稳。

Augmented Dickey-Fuller Unit Root Test on D(LNSZ50)

Null Hypothesis: D(LNSZ50) has a unit root
Exogenous: Constant
Lag Length: 0 (Automatic - based on SIC, maxlag=30)

		t-Statistic	Prob.*
Augmented Dickey-Fuller test statistic		-63.76832	0.0001
Test critical values:	1% level	-3.431749	
	5% level	-2.862043	
	10% level	-2.567081	

图 7-4 一阶差分对数化序列的单位根检验结果

（2）均值方程的建立

由上述平稳性检验可知，上证 50 指数的收盘价格序列是对数差分平稳序列。在 EViews 中，要想取得自相关图和偏自相关图，首先要打开 Series 窗口，点击"View"键，选择"Correlogram"功能；其次，在弹出的对话框中，选择是对序列本身（Level）、一次差分序列（1st difference），还是二次差分序列（2nd difference）画其自相关图；最后，在 Lags to include 下选择滞后阶数。点击"OK"键，即可得出自相关图。图 7-5 为对数差分序列的自相关图和偏自相关图。图的左侧给出对数差分序列的自相关图和偏自相关图，右侧给出相对于每一个滞后期的估计的自相关系数和偏自相关系数的值，以及其相对应的 Q 统计量的值和 P 值。根据图 7-5 的结果可知，对数差分序列 Dlnsz50 的自相关系数和偏自相关系数 4 阶截尾，考虑对其建立 ARMA(3,3)模型。

Autocorrelation	Partial Correlation		AC	PAC	Q-Stat	Prob
		1	0.008	0.008	0.2864	0.593
		2	-0.016	-0.016	1.2875	0.525
		3	0.028	0.029	4.6368	0.200
		4	0.041	0.041	11.697	0.020
		5	-0.015	-0.015	12.603	0.027
		6	-0.075	-0.075	36.191	0.000
		7	0.026	0.025	39.096	0.000
		8	0.010	0.006	39.471	0.000
		9	0.015	0.021	40.427	0.000
		10	0.017	0.022	41.684	0.000

图 7-5　一阶差分对数化序列的自相关图与偏自相关图

在 EViews 主菜单中点击"Quick"键，选择"Estimate Equation"功能。在弹出的对话框"Equation specification"中输入 ARMA(3,3)模型的估计命令：

DLnsz50　　c　　AR(1)　　AR(2)　　AR(3)　　MA(1)　　MA(2)　　MA(3)

点击"OK"键可得到如图 7-6 的估计结果。

根据图 7-6 中的 ARMA(3,3)模型模拟结果，AR(3)、MA(3)两项的系数不具有显著性，因此点击"Estimate"键，从估计命令中剔除这两项，继续估计，得到估计结果（如图 7-7），对应的模型表达式为

$$\mathrm{Dln}sz50_t = 0.142\mathrm{Dln}sz50_{t-1} - 0.943\mathrm{Dln}sz50_{t-2} + u_t - 0.159u_{t-1} + 0.925u_{t-2}$$

（3）上证 50 指数波动模型的 ARCH 效应检验

首先，我们作出上述模型残差序列的时序图，可以直接点击图 7-7 窗口上方的"resid"键得到，结果如图 7-8。观察图 7-8 可知，波动存在"集群"现象。除此之外，残差在一段较长的时间内波动较小，小幅度波动集群效应前后伴随着较小的波动，而在另一段较长的时间内波动较大。综合以上的残差序列走势特征，可以认为在误差项中可能存在条件异方差。

我们通过 ARCH-LM 检验考察 ARMA(2,2)模型中是否存在自回归条件异方差。操作方法是，在窗口中点击"View"键，选择"Residual Diagnostics→Heteroskedasticity Tests"功能。在图 7-9 中的 Number of lags 后填写滞后阶数，然后点击"OK"键，输出结果见图 7-10。图 7-10 由上下两部分组成，上半部分给出 LM 的检验结果，下部分为检验方程的回归结果。

Dependent Variable: DLNSZ50
Method: ARMA Maximum Likelihood (OPG - BHHH)
Date: 04/23/21 Time: 11:50
Sample: 1/05/2004 12/31/2020
Included observations: 4131
Convergence achieved after 66 iterations
Coefficient covariance computed using outer product of gradients

Variable	Coefficient	Std. Error	t-Statistic	Prob.
C	0.000311	0.000280	1.109193	0.2674
AR(1)	0.606998	0.239868	2.530552	0.0114
AR(2)	-0.980254	0.045900	-21.35610	0.0000
AR(3)	0.425343	0.227172	1.872341	0.0612
MA(1)	-0.598357	0.244136	-2.450919	0.0143
MA(2)	0.964012	0.052016	18.53293	0.0000
MA(3)	-0.383727	0.228360	-1.680362	0.0930
SIGMASQ	0.000286	3.74E-06	76.38799	0.0000

R-squared	0.006904	Mean dependent var	0.000310
Adjusted R-squared	0.005218	S.D. dependent var	0.016972
S.E. of regression	0.016927	Akaike info criterion	-5.317830
Sum squared resid	1.181372	Schwarz criterion	-5.305579
Log likelihood	10991.98	Hannan-Quinn criter.	-5.313495
F-statistic	4.094569	Durbin-Watson stat	1.999698
Prob(F-statistic)	0.000173		

图 7-6 ARMA(3,3)模型模拟结果

Dependent Variable: DLNSZ50
Method: ARMA Maximum Likelihood (OPG - BHHH)
Date: 04/23/21 Time: 11:45
Sample: 1/05/2004 12/31/2020
Included observations: 4131
Convergence achieved after 35 iterations
Coefficient covariance computed using outer product of gradients

Variable	Coefficient	Std. Error	t-Statistic	Prob.
AR(1)	0.142280	0.021425	6.640747	0.0000
AR(2)	-0.942542	0.019648	-47.97113	0.0000
MA(1)	-0.159140	0.024329	-6.541254	0.0000
MA(2)	0.924672	0.022820	40.52030	0.0000
SIGMASQ	0.000286	3.69E-06	77.54243	0.0000

R-squared	0.005428	Mean dependent var	0.000310
Adjusted R-squared	0.004464	S.D. dependent var	0.016972
S.E. of regression	0.016934	Akaike info criterion	-5.317797
Sum squared resid	1.183127	Schwarz criterion	-5.310140
Log likelihood	10988.91	Hannan-Quinn criter.	-5.315087
Durbin-Watson stat	1.946928		

Inverted AR Roots	.07+.97i	.07-.97i

图 7-7 ARMA(2,2)模型模拟结果

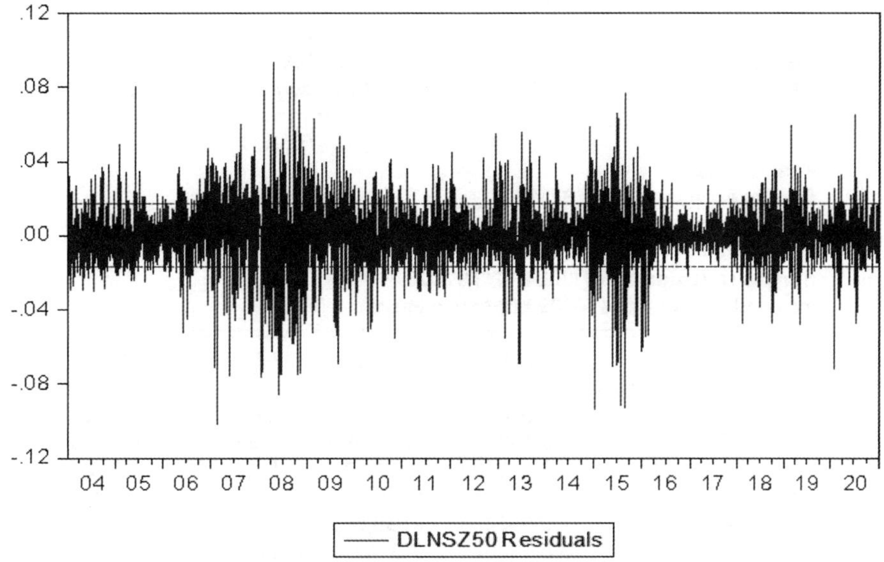

图 7-8 ARMA(2,2)残差时序图

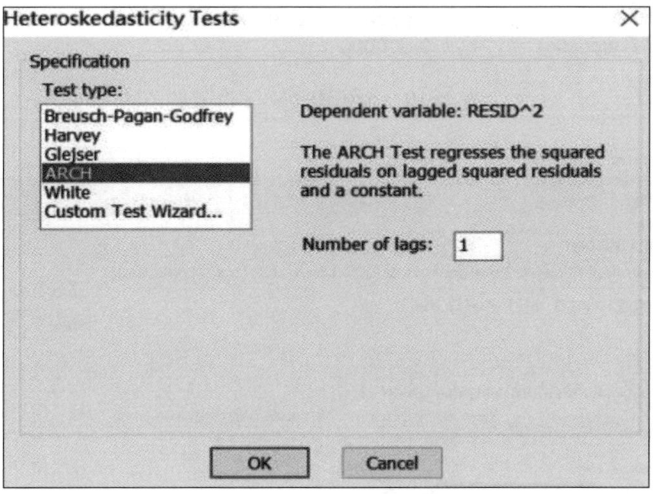

图 7-9 ARCH-LM 检验操作图

在图 7-10 中,观察可知

$F=93.8$,对应的 P 值 $=0.0000<0.01$

$$LM=TR^2=4\ 129\times0.043\ 48=179.5, \text{对应的 } P \text{ 值}=0.000\ 0<0.01$$

由于 F 统计量和 LM 统计量所对应的 P 值均小于 0.01,显然 F 统计量和 LM 统计量的值都落在了临界值的右边,即落在拒绝域,应拒绝原假设。故残差的平方序列存在 2 阶自相关,即模型误差序列存在自回归条件异方差。因此,我们应该在 ARMA(2,2)模型的基础上建立 ARCH 模型。

(4) 上证 50 指数的 ARCH 模型建立

在图 7-10 的窗口中点击"Estimate"键,在弹出的"Equation Specification"对话框中,在"Method"下拉菜单中选择"ARCH",点击"OK"键,就会弹出图 7-11 的对话框。

Heteroskedasticity Test: ARCH

F-statistic	93.78416	Prob. F(2,4126)	0.0000
Obs*R-squared	179.5427	Prob. Chi-Square(2)	0.0000

Test Equation:
Dependent Variable: RESID^2
Method: Least Squares
Date: 04/23/21 Time: 12:30
Sample (adjusted): 1/07/2004 12/31/2020
Included observations: 4129 after adjustments

Variable	Coefficient	Std. Error	t-Statistic	Prob.
C	0.000207	1.21E-05	17.12392	0.0000
RESID^2(-1)	0.133586	0.015413	8.667335	0.0000
RESID^2(-2)	0.140586	0.015398	9.130291	0.0000

R-squared	0.043483	Mean dependent var	0.000286
Adjusted R-squared	0.043020	S.D. dependent var	0.000701
S.E. of regression	0.000686	Akaike info criterion	-11.73064
Sum squared resid	0.001942	Schwarz criterion	-11.72604
Log likelihood	24220.90	Hannan-Quinn criter.	-11.72901
F-statistic	93.78416	Durbin-Watson stat	2.040183
Prob(F-statistic)	0.000000		

图 7-10 ARCH-LM 检验结果

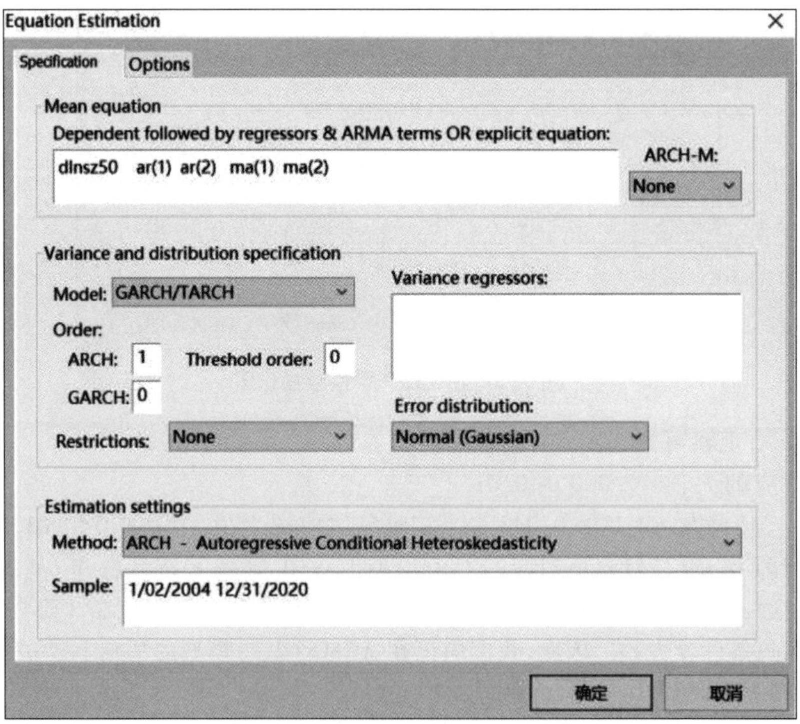

图 7-11 ARCH 模型建立操作图

在图 7-11 中,在“Model”下拉菜单中选择“GARCH/TARCH”,之后在“Order”中 ARCH 后面填写最大滞后期,在 GARCH 中要填写 0,之后点击“确定”即可。本章应建立 ARCH(1)模型,输出结果如图 7-12 所示。

Dependent Variable: DLNSZ50
Method: ML ARCH - Normal distribution (OPG - BHHH / Marquardt steps)
Date: 04/23/21 Time: 12:57
Sample (adjusted): 1/05/2004 12/31/2020
Included observations: 4131 after adjustments
Convergence not achieved after 500 iterations
Coefficient covariance computed using outer product of gradients
Presample variance: backcast (parameter = 0.7)
GARCH = C(5) + C(6)*RESID(-1)^2

Variable	Coefficient	Std. Error	z-Statistic	Prob.
AR(1)	-0.096220	0.000144	-669.0657	0.0000
AR(2)	-0.053604	3.99E-05	-1344.136	0.0000
MA(1)	-46125.47	383.9029	-120.1488	0.0000
MA(2)	-10299.31	86.93624	-118.4697	0.0000
		Variance Equation		
C	4.43E-16	6.70E-17	6.620285	0.0000
RESID(-1)^2	83.02425	0.828490	100.2115	0.0000

R-squared	1.000000	Mean dependent var	0.000310
Adjusted R-squared	1.000000	S.D. dependent var	0.016972
S.E. of regression	3.71E-07	Akaike info criterion	-22.45458
Sum squared resid	5.69E-10	Schwarz criterion	-22.44539
Log likelihood	46385.93	Hannan-Quinn criter.	-22.45133
Durbin-Watson stat	2.244206		

Inverted AR Roots	-.05+.23i	-.05-.23i
Inverted MA Roots	4612...	-.22

图 7-12　ARCH 模型结果

根据图 7-12 ARCH 模型的估计结果,其各项的估计系数均显著,因此我们写出该 ARCH 模型的具体表达式

$$\begin{cases} \mathrm{Dln}sz50_t = -0.0962\mathrm{Dln}sz50_{t-1} - 0.0536\mathrm{Dln}sz50_{t-2} + u_t - 46125.47u_{t-1} - 10299.31u_{t-2} \\ Var(u_t) = \sigma_t^2 = 4.43\times10^{-16} + 83.024u_{t-1}^2 \end{cases}$$

(5) 模型的检验

在建立了 ARCH 模型的均值方程和方差方程后,我们再对估计模型进行异方差检验,查看方程式是否仍存在 ARCH 效应,该步骤的 ARCH 效应检验与第三步中的操作相同。如果依然存在 ARCH 效应,说明残差项可能具有高阶异方差性;如果不存在 ARCH 效应,说明异方差性已经被消除,模型拟合效果良好。图 7-13 为 ARCH 效应检验的结果。

根据图 7-13 中的 ARCH-LM 检验结果,由于 F 统计量和 LM 统计量的 P 值分别为 0.898 9 和 0.898 9,均大于 5%的显著性水平,故不能拒绝原假设。可判断该方程的残差序列已经不存在 ARCH 效应。

Heteroskedasticity Test: ARCH

F-statistic	0.016134	Prob. F(1,4128)	0.8989
Obs*R-squared	0.016141	Prob. Chi-Square(1)	0.8989

Test Equation:
Dependent Variable: WGT_RESID^2
Method: Least Squares
Date: 04/23/21 Time: 16:22
Sample (adjusted): 1/06/2004 12/31/2020
Included observations: 4130 after adjustments

Variable	Coefficient	Std. Error	t-Statistic	Prob.
C	2.726476	0.951938	2.864131	0.0042
WGT_RESID^2(-1)	-0.001977	0.015564	-0.127018	0.8989

R-squared	0.000004	Mean dependent var	2.721097
Adjusted R-squared	-0.000238	S.D. dependent var	61.10854
S.E. of regression	61.11582	Akaike info criterion	11.06390
Sum squared resid	15418673	Schwarz criterion	11.06697
Log likelihood	-22844.96	Hannan-Quinn criter.	11.06499
F-statistic	0.016134	Durbin-Watson stat	1.999976
Prob(F-statistic)	0.898932		

图 7-13 ARCH 模型的 ARCH 效应检验结果

（二）基于 Stata 的上证 50 指数 ARCH 模型的建立

下面以 Stata 为例，研究股票价格指数的波动特征，依然选用上证 50 指数自发布之日（2004 年 1 月 2 日）起至 2021 年 3 月 21 日的日收盘价格作为时间序列数据。

首先，对数据进行平稳性检验，具体操作见第四章，这里不再赘述。由于 logc（对数收盘价格）为非平稳序列，定义其一阶差分为“d_logc”。

```
use sz50. dta,clear
tsset trade_date
```

如果这条命令执行成功，则会显示以下语句。

```
time variable:  trade_date,02jan2004 to 12mar2021,but with gaps
        delta:  1 day
```

通过自相关图与偏自相关图可以更加直观地看出均值方程的滞后阶数，下面是画自相关图与偏自相关图的语句。

```
ac d_logc,lags(10)
pac d_logc,lags(10)
```

自相关图如图 7-14 所示，偏自相关图如图 7-15 所示。

根据自相关图与偏自相关图的结果，五阶自相关系数在 5%的显著性水平上显著不为 0，三阶偏自相关系数在 5%的显著性水平下显著不为 0，故选择 ARMA(5,3)模型，运行语句如下：

```
arima d_logc,ar(1/5)  ma(1/3)
```

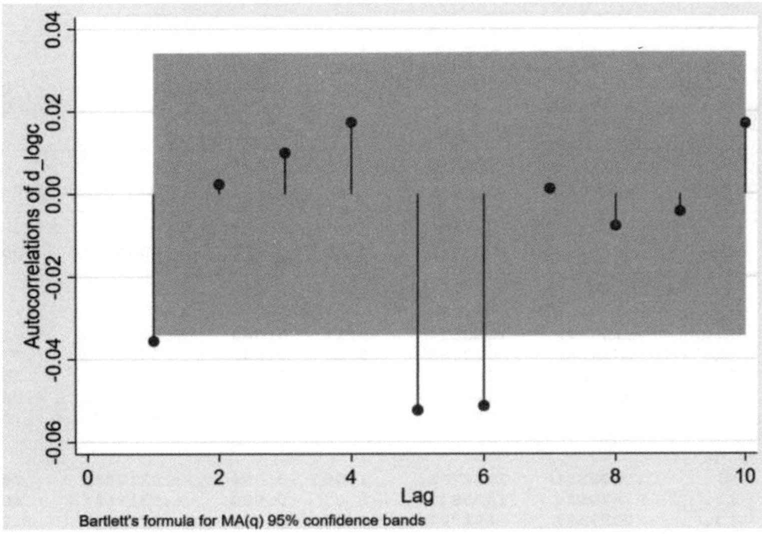

图 7-14　一阶差分对数化序列的自相关图

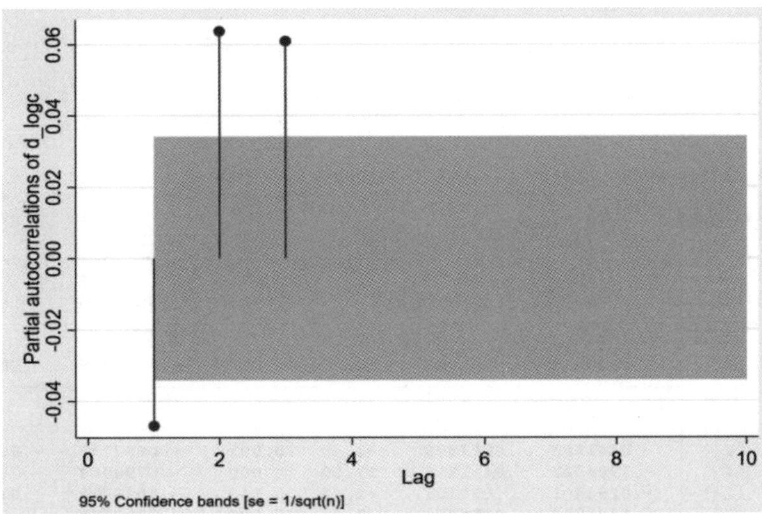

图 7-15　一阶差分对数化序列的偏自相关图

运行结果如图 7-16 所示。

根据图 7-16 的拟合结果,模型中滞后 3 阶的自相关系数与滞后 1 阶和 3 阶的偏自相关系数均不显著。因此,考虑更加简洁的模型,将滞后 3 阶的自相关系数与滞后 1 阶和 3 阶的偏自相关系数与变量略去,下面是操作语句。

arima d_logc,ar(1 2 4 5)　ma(2)

运行结果如图 7-17 所示。

根据图 7-17 的模拟结果,模型中滞后 4 阶的自相关系数不显著。因此,在上述模型的基础上考虑更加简洁的模型,将滞后 4 阶的自相关系数与变量略去,下面是操作语句。

ARIMA regression

Sample: **06jan2004 - 12mar2021, but with gaps**　　Number of obs = **3299**
　　Wald chi2(**8**) = **295.37**
Log likelihood = **9019.305**　　Prob > chi2 = **0.0000**

d_logc	Coef.	OPG Std. Err.	z	P>|z|	[95% Conf.	Interval]
d_logc						
_cons	.0000267	.0002541	0.11	0.916	-.0004714	.0005248
ARMA						
ar						
L1.	-.4155149	.1969636	-2.11	0.035	-.8015565	-.0294733
L2.	.721563	.13039	5.53	0.000	.4660033	.9771227
L3.	.2642804	.1500639	1.76	0.078	-.0298394	.5584002
L4.	-.0880283	.0228146	-3.86	0.000	-.1327441	-.0433126
L5.	-.1627903	.0320273	-5.08	0.000	-.2255626	-.100018
ma						
L1.	.3698391	.1997711	1.85	0.064	-.0217052	.7613833
L2.	-.670539	.1333833	-5.03	0.000	-.9319654	-.4091125
L3.	-.0839587	.1481827	-0.57	0.571	-.3743914	.206474
/sigma	.0155437	.0001219	127.46	0.000	.0153047	.0157827

Note: The test of the variance against zero is one sided, and the two-sided confidence interval is truncated at zero.

图 7-16　ARMA(5,3)模型拟合结果

ARIMA regression

Sample: **06jan2004 - 12mar2021, but with gaps**　　Number of obs = **3299**
　　Wald chi2(**5**) = **499.32**
Log likelihood = **9025.693**　　Prob > chi2 = **0.0000**

d_logc	Coef.	OPG Std. Err.	z	P>|z|	[95% Conf.	Interval]
d_logc						
_cons	.0000563	.0002786	0.20	0.840	-.0004898	.0006024
ARMA						
ar						
L1.	-.0441905	.0127996	-3.45	0.001	-.0692772	-.0191038
L2.	-.7904522	.0451816	-17.50	0.000	-.8790064	-.7018979
L4.	-.0294401	.020353	-1.45	0.148	-.0693313	.0104511
L5.	.0586254	.0154894	3.78	0.000	.0282668	.088984
ma						
L2.	.8852833	.0461055	19.20	0.000	.7949182	.9756485
/sigma	.0154857	.000131	118.18	0.000	.0152289	.0157425

Note: The test of the variance against zero is one sided, and the two-sided confidence interval is truncated at zero.

图 7-17　ARMA(5,3)模型修正拟合结果

arima d_logc,ar(1 2 5)　ma(2)

运行结果如图 7-18 所示。

根据图 7-18 的模型拟合结果发现,各项系数均显著。接下来,检查残差项是否存在自相关效应,操作语句如下。

```
ARIMA regression

Sample:  06jan2004 - 12mar2021, but with gaps    Number of obs     =      3299
                                                 Wald chi2(4)      =    533.05
Log likelihood =  9025.122                       Prob > chi2       =    0.0000

------------------------------------------------------------------------------
             |                 OPG
      d_logc |      Coef.   Std. Err.      z    P>|z|     [95% Conf. Interval]
-------------+----------------------------------------------------------------
d_logc       |
       _cons |   .0000556   .0002806     0.20   0.843    -.0004944    .0006055
-------------+----------------------------------------------------------------
ARMA         |
          ar |
         L1. |      -.045   .0128499    -3.50   0.000    -.0701854   -.0198146
         L2. |  -.7932425   .0430549   -18.42   0.000    -.8776286   -.7088564
         L5. |   .0578738   .0153957     3.76   0.000     .0276987    .0880488
             |
          ma |
         L2. |   .9033751   .0406234    22.24   0.000     .8237546    .9829955
-------------+----------------------------------------------------------------
      /sigma |   .0154997   .0001303   118.97   0.000     .0152443     .015755
------------------------------------------------------------------------------
Note: The test of the variance against zero is one sided, and the two-sided
      confidence interval is truncated at zero.
```

图 7-18 ARMA(5,3)模型最终修正拟合结果

predict e1,res

corrgram e1,lags(10)

运行结果如图 7-19 所示。

```
                                          -1       0       1 -1       0       1
LAG       AC       PAC      Q     Prob>Q  [Autocorrelation]  [Partial Autocor]
-------------------------------------------------------------------------------
1       0.0037   0.0051   .04452  0.8329           |                 |
2      -0.0067  -0.0135   .19384  0.9076           |                 |
3       0.0010   0.0067   .19689  0.9781           |                 |
4      -0.0128        .   .73773  0.9466           |
5      -0.0155        .   1.5288  0.9097           |
6      -0.0267        .   3.8949  0.6909           |
7      -0.0297        .   6.8185  0.4480           |
8      -0.0201        .   8.1535  0.4186           |
9      -0.0032        .   8.1884  0.5153           |
10      0.0143        .   8.8635  0.5451           |
```

图 7-19 残差自相关与偏自相关检验图

根据图 7-19,残差并不存在自相关效应。接下来,检查残差平方是否存在 ARCH 效应,操作语句如下。

g e2=e1^2

ac e2

pac e2

图 7-20 为残差平方的自相关图,图 7-21 为残差平方的偏自相关图。

接下来,对残差平方自相关与偏自相关的检验结果进行 Q 检验,操作语句如下。

corrgram e2,lags(10)

结果见图 7-22。

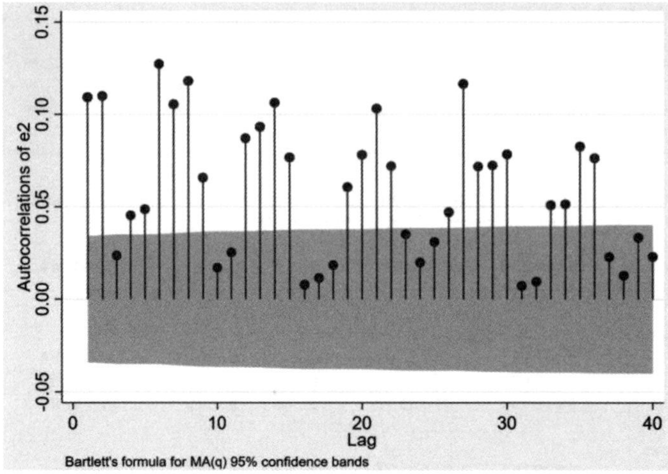

图 7-20 残差平方的自相关图

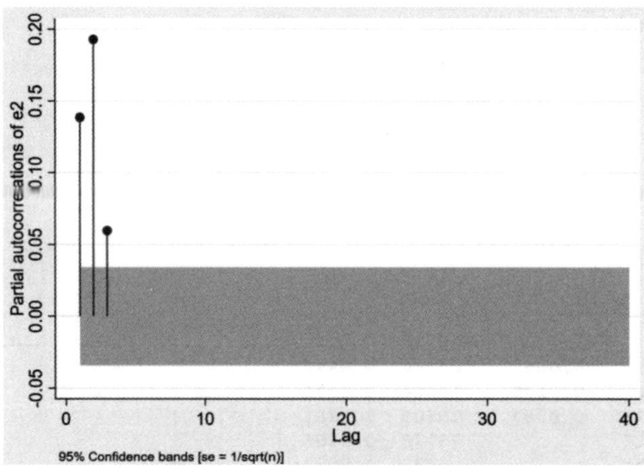

图 7-21 残差平方的偏自相关图

```
. corrgram e2,lags(10)
(note: time series has 865 gaps)

                                               -1       0       1 -1       0       1
 LAG       AC       PAC       Q     Prob>Q  [Autocorrelation]  [Partial Autocor]
-------------------------------------------------------------------------------------
1         0.1092   0.1386   39.409  0.0000
2         0.1099   0.1928   79.318  0.0000
3         0.0236   0.0596   81.151  0.0000
4         0.0453        .   87.932  0.0000
5         0.0486        .   95.745  0.0000
6         0.1272        .   149.27  0.0000
7         0.1055        .   186.07  0.0000
8         0.1181        .   232.19  0.0000
9         0.0656        .   246.46  0.0000
10        0.0171        .   247.42  0.0000
```

图 7-22 残差平方 Q 检验结果

从以上结果可以看出，无论是自相关图、偏自相关图，还是 Q 检验，均显示残差平方之间存在自相关，即扰动项存在条件异方差性。因此，考察 ARCH 模型，操作语句如下。

arch d_logc,ar(1 2 5)　ma(2)　arch(1)

运行结果见图 7-23。图 7-23 中显示所有的 ARCH 项均显著，故 ARCH 模型的估计有意义。

```
ARCH family regression -- ARMA disturbances

Sample: 06jan2004 - 12mar2021, but with gaps      Number of obs   =      3,299
Distribution: Gaussian                            Wald chi2(4)    =     122.66
Log likelihood =  9072.504                        Prob > chi2     =     0.0000
```

d_logc	Coef.	OPG Std. Err.	z	P>|z|	[95% Conf.	Interval]
d_logc						
_cons	-.0000598	.0002562	-0.23	0.815	-.0005619	.0004422
ARMA						
ar						
L1.	.0071565	.0079254	0.90	0.367	-.008377	.02269
L2.	6.593265	6.423489	1.03	0.305	-5.996543	19.18307
L5.	-.0166815	.0162141	-1.03	0.304	-.0484605	.0150975
ma						
L2.	-6.515281	6.422076	-1.01	0.310	-19.10232	6.071757
ARCH						
arch						
L1.	.2212347	.0214209	10.33	0.000	.1792506	.2632188
_cons	.0001954	4.69e-06	41.68	0.000	.0001862	.0002046

图 7-23　ARCH 模型拟合结果

第二节　广义自回归条件异方差模型原理、案例与软件操作

一、理论概述

（一）GARCH 模型定义

1986 年，Bollerslev 提出了广义自回归条件异方差模型，也就是 GARCH 模型。GARCH 模型对 ARCH 模型进行了改进，该模型在 ARCH 模型的方差方程中加入了条件方差自身的滞后项。GARCH 模型弥补了 ARCH 模型中随机扰动项 ε_t 存在高阶异方差并且参数较多，难以精确估计的缺点。GARCH 模型的一般形式为

$$\begin{cases} Z_t = x_t'\beta + u_t \\ \sigma_t^2 = \alpha_0 + \sum_{i=1}^{p} \alpha_i u_{t-i}^2 + \sum_{j=1}^{q} \beta_j \sigma_{t-j}^2 \\ \alpha_0 > 0, \alpha_i \geqslant 0, \beta_j \geqslant 0 (i = 1, \cdots, p) \end{cases} \tag{7.2}$$

式(7.2)中,ARCH 项的滞后阶数用 p 表示,GARCH 项的滞后阶数用 q 表示,$\sum_{i=1}^{p} \alpha_i u_{t-i}^2$ 是 ARCH 项,$\sum_{j=1}^{q} \beta_j \sigma_{t-j}^2$ 是 GARCH 项。α_i 和 β_j 表示波动冲击的强度,波动冲击的持久度用 α_i 和 β_j 的参数和表示,当 α_i 和 β_j 的参数之和接近于 1 时,认为波动带来的冲击会缓慢消失;当参数之和小于 1 时,那么我们认为波动带来的冲击会迅速消失。当参数之和大于 1 时,那么我们认为波动带来的冲击不仅不会消失,而且还会扩散。如果 ARCH 项和 GARCH 项两项的系数全都高度显著不为 0,那么我们认为这个时间序列具有波动集群性。

与 ARCH 模型相比,一个较为简单的 GARCH 模型就可以代表一个高阶 ARCH 模型,从而使得模型的识别和估计都变得比较容易。

(二) GARCH 模型的建模步骤

GARCH 模型的建模步骤与 ARCH 模型类似,这里不再详细讲述。

(三) 与 ARCH 模型比较

ARCH 模型在实际应用中很难准确估计,主要原因在于残差的条件方差依赖于前期的变化。GARCH 模型降低了参数估计的复杂程度,简单的低阶 GARCH 模型可以替代高阶 ARCH 模型来分析以及预测具有波动性特征的样本。GARCH 模型可以表示成 GARCH(p,q),当 p 为 0 时,GARCH 模型就演变成了 ARCH 模型。

二、案例分析

【案例 7-1 续】 本节的数据仍然选用上证 50 指数自发布之日(2004 年 1 月 2 日)起至 2020 年年底的日收盘价格作为时间序列数据。由于 GARCH 模型与 ARCH 模型的建模过程一致,仅仅在第四步骤中,模型建立步骤的操作有所不同,故本节续前节,从第四步骤开始,不再讲解前三个步骤的操作。

(一) 基于 EViews 的上证 50 指数 GARCH 模型的建立

(1) 上证 50 指数的平稳性检验。

(2) 均值方程的建立。

(3) 上证 50 指数波动模型的 ARCH 效应检验。

以上步骤与第一节的操作相同,详细操作与解析参考第一节。

(4) 上证 50 指数的 GARCH 模型建立

建立 GARCH 模型的操作方法,在图 7-10 的窗口中点击“Estimate”键,在弹出的“Equation Specification”对话框中,在“Method”下拉菜单中选择“ARCH”,点击“OK”键,就会弹出如图 7-24 所示的对话框。

在图 7-24 中,在“Model”下拉菜单中选择“GARCH/TARCH”,之后在“Order”中 ARCH 后面填写最大滞后期,并且 GARCH 中也要填写最大滞后期,之后点击“确定”即可。本章建立 GARCH(1,1)模型,输出结果如图 7-25 所示。

根据图 7-25 中的 GARCH(1,1)模型的估计结果,我们写出该 GARCH(1,1)模型的具体表达式

$$\begin{cases} \mathrm{Dln}sz50_t = 0.179\mathrm{Dln}sz50_{t-1} + 0.801\mathrm{Dln}sz50_{t-2} + u_t - 0.155u_{t-1} - 0.819u_{t-2} \\ Var(u_t) = \sigma_t^2 = 1.71\times10^{-6} + 0.070u_{t-1}^2 + 0.926\sigma_{t-1}^2 \end{cases}$$

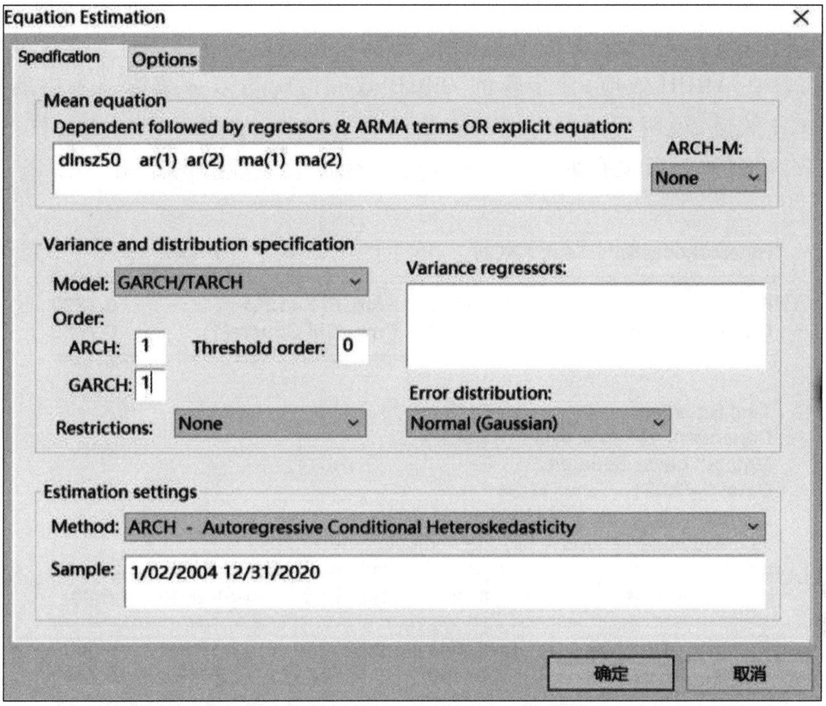

图 7-24　GARCH 模型建立操作图

Dependent Variable: DLNSZ50
Method: ML ARCH - Normal distribution (BFGS / Marquardt steps)
Date: 04/23/21　Time: 17:14
Sample (adjusted): 1/05/2004 12/31/2020
Included observations: 4131 after adjustments
Convergence achieved after 73 iterations
Coefficient covariance computed using outer product of gradients
Presample variance: backcast (parameter = 0.7)
GARCH = C(5) + C(6)*RESID(-1)^2 + C(7)*GARCH(-1)

Variable	Coefficient	Std. Error	z-Statistic	Prob.
AR(1)	0.178506	0.143732	1.241936	0.2143
AR(2)	0.800831	0.141303	5.667454	0.0000
MA(1)	-0.155125	0.138000	-1.124094	0.2610
MA(2)	-0.818507	0.135052	-6.060690	0.0000
		Variance Equation		
C	1.71E-06	2.96E-07	5.769159	0.0000
RESID(-1)^2	0.070455	0.004061	17.34761	0.0000
GARCH(-1)	0.926087	0.003791	244.2711	0.0000

R-squared	0.002280	Mean dependent var	0.000310
Adjusted R-squared	0.001555	S.D. dependent var	0.016972
S.E. of regression	0.016958	Akaike info criterion	-5.594854
Sum squared resid	1.186873	Schwarz criterion	-5.584134
Log likelihood	11563.17	Hannan-Quinn criter.	-5.591060
Durbin-Watson stat	2.029171		

Inverted AR Roots	.99	-.81

图 7-25　GARCH 模型模拟结果图

(5) 模型的检验

在建立了 GARCH(1,1)模型的均值方程和方差方程后,我们对估计模型进行异方差检验,查看方程式是否存在 ARCH 效应,该步骤的 ARCH 效应检验与第一节第三步中的操作相同。如果依然存在 ARCH 效应,说明残差项可能具有高阶异方差性;如果不存在 ARCH 效应,说明异方差性已经被消除,模型拟合效果良好。图 7-26 为 ARCH 效应检验的结果。

Heteroskedasticity Test: ARCH

F-statistic	0.071641	Prob. F(1,4128)	0.7890
Obs*R-squared	0.071674	Prob. Chi-Square(1)	0.7889

Test Equation:
Dependent Variable: WGT_RESID^2
Method: Least Squares
Date: 04/23/21 Time: 17:34
Sample (adjusted): 1/06/2004 12/31/2020
Included observations: 4130 after adjustments

Variable	Coefficient	Std. Error	t-Statistic	Prob.
C	0.993643	0.035254	28.18486	0.0000
WGT_RESID^2(-1)	0.004166	0.015565	0.267658	0.7890

R-squared	0.000017	Mean dependent var	0.997800
Adjusted R-squared	-0.000225	S.D. dependent var	2.033772
S.E. of regression	2.034001	Akaike info criterion	4.258370
Sum squared resid	17078.19	Schwarz criterion	4.261434
Log likelihood	-8791.535	Hannan-Quinn criter.	4.259455
F-statistic	0.071641	Durbin-Watson stat	1.999641
Prob(F-statistic)	0.788976		

图 7-26　GARCH(1,1)模型的 ARCH 效应检验结果

根据图 7-26 中的 ARCH 检验结果,由于 F 统计量及 LM 统计量对应的 P 值分别为 0.789 0 和 0.788 9,均大于 5%的显著性水平,故不能拒绝原假设。由此可以判断该方程的残差序列已经不存在 ARCH 效应。

(二) 基于 Stata 的上证 50 指数 GARCH 模型的建立

本节的数据仍然选用上证 50 指数的自发布之日(2004 年 1 月 2 日)起至 2020 年年底的日收盘价格作为时间序列数据。由于 GARCH 模型与 ARCH 模型的建模过程一致,仅仅在模型建立步骤的操作不同,故本节续前节,从建模步骤开始,不再进行前面步骤的操作,具体的操作语句如下。

```
arch d_logc,ar(1 2 5)  ma(2)  arch(1)  garch(1)
```

操作结果如图 7-27 所示。

从图 7-27 可知,所有的 ARCH 项与 GARCH 项系数均显著,方程的估计有意义。

ARCH family regression -- ARMA disturbances

Sample: 06jan2004 - 12mar2021, but with gaps　　Number of obs = 3,299
Distribution: Gaussian　　Wald chi2(4) = 98.39
Log likelihood = 9129.897　　Prob > chi2 = 0.0000

d_logc	Coef.	OPG Std. Err.	z	P>|z|	[95% Conf.	Interval]
d_logc						
_cons	-.0000112	.0002498	-0.04	0.964	-.0005007	.0004783
ARMA						
ar						
L1.	-.0014197	.0123446	-0.12	0.908	-.0256147	.0227753
L2.	-60.27805	524.2911	-0.11	0.908	-1087.87	967.3137
L5.	.0017005	.0147756	0.12	0.908	-.027259	.0306601
ma						
L2.	60.35028	524.2922	0.12	0.908	-967.2435	1087.944
ARCH						
arch						
L1.	.1956905	.0201343	9.72	0.000	.156228	.235153
garch						
L1.	.8882224	.1011467	8.78	0.000	.6899785	1.086466
_cons	-.0000195	.0000216	-0.90	0.367	-.0000618	.0000228

图 7-27　GARCH 模型模拟结果

第三节　其他类型的条件异方差模型原理、案例与软件操作

一、理论概述

（一）T-GARCH 模型

T-GARCH 模型对条件方差方程做了进一步改进，最初经常用于股票市场的研究，探寻股票价格对价格上涨消息和价格下跌消息波动的“杠杆效应”。T-GARCH 模型可以用于拟合时间序列数据具有的异方差性以及波动集群性，同时能解决方差建模时估计精度较低的问题。T-GARCH 模型的条件方差表达形式为

$$\sigma_t^2=\alpha_0+\sum_{i=1}^{q}\alpha_i u_{t-i}^2+\phi u_{t-1}^2 d_{t-1}+\sum_{j=1}^{p}\beta_j\sigma_{t-j}^2 \tag{7.3}$$

接下来，我们写出 T-GARCH(1,1)模型的条件异方差方程，并对系数做出解释

$$\sigma_t^2=\alpha_0+\alpha_1 u_{t-1}^2+\phi u_{t-1}^2 d_{t-1}+\beta_1\sigma_{t-1}^2 \tag{7.4}$$

公式(7.4)中，d_{t-1}是一个虚拟变量，当 $u_{t-1}<0$ 时，表示获得一个价格上涨的消息，此时 $d_{t-1}=1$；当 $u_{t-1}\geqslant 0$ 时，表示获得一个价格下跌的消息，此时 $d_{t-1}=0$。在 T-GARCH 模型中，α_1 表示价格上涨消息对条件方差的影响，$\alpha_1+\phi$ 表示价格下跌消息对条件方差的影响。当 $\phi\neq 0$ 时，表明该序列波动呈现出非对称性的特征；当 $\phi>0$ 时，表明与价格上涨消息的影响相比，价格下跌消息带来的影响使得价格波动更大；当 $\phi<0$ 时，表明与价格下跌消息的影响相比，价格上涨消息带来的影响使得价格波动更大。

（二）E-GARCH 模型

1991 年，Nelson 对条件方差方程再次做了改进，提出了 E-GARCH 模型，公式(7.5)是 E-GARCH 模型的条件方差表达式。

$$\ln\sigma_t^2=\alpha_0+\sum_{j=1}^{p}\beta_l\ln\sigma_{t-j}^2+\sum_{i=1}^{q}\left(\alpha_i\left|\frac{u_{t-i}}{\sqrt{\sigma_{t-i}^2}}\right|+\gamma\frac{u_{t-i}}{\sqrt{\sigma_{t-i}^2}}\right) \tag{7.5}$$

接下来，我们写出 E-GARCH(1,1)模型的条件异方差方程，并对系数做出解释：

$$\ln\sigma_t^2=\alpha_0+\beta\ln\sigma_{t-1}^2+\alpha\left|\frac{u_{t-1}}{\sqrt{\sigma_{t-1}^2}}\right|+\gamma\frac{u_{t-1}}{\sqrt{\sigma_{t-1}^2}}$$

其中，$\alpha+\gamma$ 表示价格上涨消息对 $\ln\sigma_t^2$ 的影响程度，$\alpha-\gamma$ 表示利空消息对 $\ln\sigma_t^2$ 的影响程度。当 $\gamma\neq0$时，说明该时间序列数据波动呈现出非对称性；当 $\gamma>0$ 时，说明与价格下跌消息的影响相比，价格上涨消息带来的影响使得价格波动更大；当 $\gamma<0$ 时，说明与价格上涨消息的影响相比，价格下跌消息带来的影响使得价格波动更大。

二、案例分析

【案例 7-1 续】 本节的数据与前两节的一致，仍然选用上证 50 指数自发布之日(2004 年 1 月 2 日)起至 2020 年年底的日收盘价格作为时间序列数据。由于 T-GARCH、E-GARCH 模型与 ARCH 模型的建模过程一致，仅仅在第四步中，模型建立步骤的操作不同，故本节续前节，从第四步开始，不再进行前三个步骤的操作演示与详解。

（一）上证 50 指数的 T-GARCH 模型的建立

1. 基于 EViews 的 T-GARCH 模型的建立

(1) 上证 50 指数的平稳性检验。

(2) 均值方程的建立。

(3) 上证 50 指数波动模型的 ARCH 效应检验。

以上步骤与第一节的操作相同，详细操作与解析参考第一节。

(4) 上证 50 指数的 T-GARCH 模型建立。

接下来，我们建立 T-GARCH 模型考察信息冲击曲线的对称性。在图 7-10 的窗口中点击“Estimate”键，在弹出的“Equation specification”对话框中，在“Method”下拉菜单中选择“ARCH”，点击“OK”键，就会弹出如图 7-28 的对话框。

在图 7-28 中，要想建立 T-GARCH 模型，需要在“Model”下拉菜单中选择“ARCH/TARCH”，之后在“Order”中 ARCH 后面填写最大滞后期，同时 GARCH 中要填写最大滞后期，在 Threshold order 中填写滞后期数，之后点击“确定”，输出结果如图 7-29 所示。

根据图 7-29 中 T-GARCH 模型的估计结果，写出该 T-GARCH 模型的具体表达式

$$\begin{cases}\text{Dlnsz}50_t=0.178\text{Dlnsz}50_{t-1}+0.802\text{Dlnsz}50_{t-2}+u_t-0.154u_{t-1}-0.819u_{t-2}\\ Var(u_t)=\sigma_t^2=1.86\times10^{-6}+0.065u_{t-1}^2+0.924\sigma_{t-1}^2+0.015u_{t-1}^2d_{t-1}\end{cases}$$

因为 $u_{t-1}^2d_{t-1}$项的系数具有显著性，所以 T-GARCH 模型中存在信息冲击曲线的非对称性。

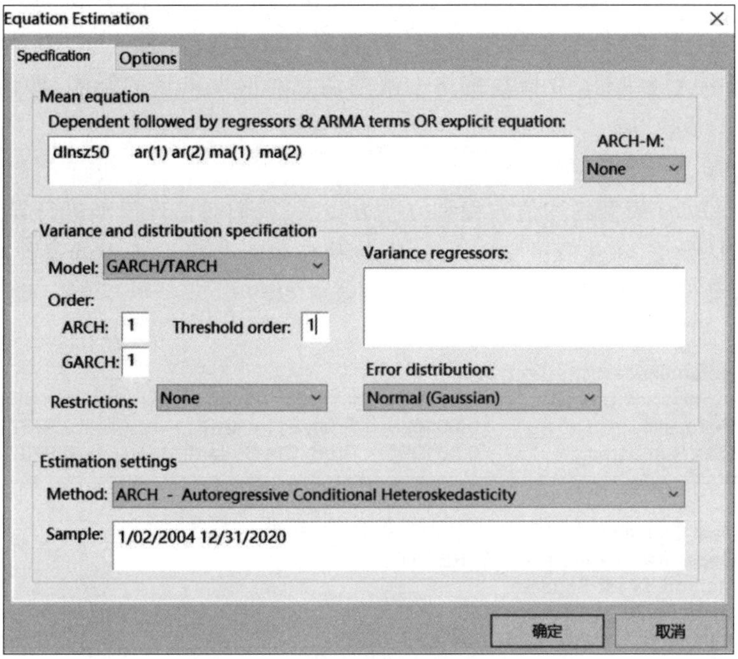

图 7-28 T-GARCH 模型建立操作界面

Dependent Variable: DLNSZ50
Method: ML ARCH - Normal distribution (BFGS / Marquardt steps)
Date: 04/23/21 Time: 19:18
Sample (adjusted): 1/05/2004 12/31/2020
Included observations: 4131 after adjustments
Convergence achieved after 62 iterations
Coefficient covariance computed using outer product of gradients
Presample variance: backcast (parameter = 0.7)
GARCH = C(5) + C(6)*RESID(-1)^2 + C(7)*RESID(-1)^2*(RESID(-1)<0) +
C(8)*GARCH(-1)

Variable	Coefficient	Std. Error	z-Statistic	Prob.
AR(1)	0.177554	0.146251	1.214035	0.2247
AR(2)	0.802360	0.143956	5.573662	0.0000
MA(1)	-0.154188	0.140224	-1.099583	0.2715
MA(2)	-0.819430	0.137338	-5.966514	0.0000
Variance Equation				
C	1.86E-06	3.09E-07	6.031074	0.0000
RESID(-1)^2	0.064674	0.005073	12.74787	0.0000
RESID(-1)^2*(RESID(-1)<0)	0.015162	0.006123	2.476120	0.0133
GARCH(-1)	0.923977	0.003844	240.3681	0.0000

R-squared	0.002417	Mean dependent var	0.000310
Adjusted R-squared	0.001692	S.D. dependent var	0.016972
S.E. of regression	0.016957	Akaike info criterion	-5.595015
Sum squared resid	1.186710	Schwarz criterion	-5.582764
Log likelihood	11564.50	Hannan-Quinn criter.	-5.590680
Durbin-Watson stat	2.029403		

图 7-29 T-GARCH 模型模拟结果

在 T-GARCH 模型中，T-GARCH 项系数的值为 0.015，其对应的 P 值为 0.013，故拒绝原假设，这个结果反映出上证 50 指数价格具有“杠杆效应”的特征，并且上证 50 指数价格下跌的消息对股票市场的影响大于上证 50 指数价格上涨的消息对股票市场的影响，即信息冲击曲线存在非对称性。

（5）模型的检验

在建立了 T-GARCH 模型的均值方程和方差方程后，我们对估计模型进行异方差检验，检验方程式是否存在 ARCH 效应，该步骤的 ARCH 效应检验与第一节第三步中的操作相同。图 7-30 为 ARCH-LM 检验结果。

Heteroskedasticity Test: ARCH

F-statistic	0.001089	Prob. F(1,4128)	0.9737
Obs*R-squared	0.001090	Prob. Chi-Square(1)	0.9737

Test Equation:
Dependent Variable: WGT_RESID^2
Method: Least Squares
Date: 04/23/21 Time: 19:35
Sample (adjusted): 1/06/2004 12/31/2020
Included observations: 4130 after adjustments

Variable	Coefficient	Std. Error	t-Statistic	Prob.
C	0.997367	0.035151	28.37346	0.0000
WGT_RESID^2(-1)	0.000514	0.015565	0.033005	0.9737

R-squared	0.000000	Mean dependent var	0.997880
Adjusted R-squared	-0.000242	S.D. dependent var	2.026332
S.E. of regression	2.026577	Akaike info criterion	4.251057
Sum squared resid	16953.75	Schwarz criterion	4.254121
Log likelihood	-8776.433	Hannan-Quinn criter.	4.252141
F-statistic	0.001089	Durbin-Watson stat	1.999520
Prob(F-statistic)	0.973672		

图 7-30 T-GARCH 模型 ARCH-LM 效应检验结果

根据图 7-30 中的 ARCH-LM 检验结果，由于 F 统计量和 LM 统计量的 P 值都是 0.973 7，大于 5%的显著性水平，故不能拒绝原假设。可判断出具有该方程的残差序列已经不存在 ARCH 效应。

2. 基于 Stata 的 T-GARCH 模型的建立

本节仍然采用上证 50 指数自发布之日（2004 年 1 月 2 日）起至 2020 年年底的日收盘价格作为时间序列数据。由于 T-GARCH 模型与 ARCH 模型的建模过程一致，仅仅在模型建立步骤的操作不同，故本节续前节，从建模步骤开始，不再进行前面步骤的操作，具体的操作语句如下。

命令语句为

```
arch d_logc,ar(1 2 5)  ma(2)  arch(1)  garch(1)  tgarch(1)
```

运行结果见图 7-31。

d_logc	Coef.	OPG Std. Err.	z	P>|z|	[95% Conf.	Interval]
d_logc						
_cons	-.0001058	.0002566	-0.41	0.680	-.0006088	.0003971
ARMA						
ar						
L1.	-.0010957	.000577	-1.90	0.058	-.0022266	.0000352
L2.	-84.41839	.0304775	-2769.86	0.000	-84.47812	-84.35865
L5.	.0012209	.000281	4.34	0.000	.0006701	.0017717
ma						
L2.	84.49358	.	.	.	.	.
ARCH						
arch						
L1.	.234937	.0284688	8.25	0.000	.1791392	.2907347
tarch						
L1.	-.0777856	.029256	-2.66	0.008	-.1351262	-.020445
garch						
L1.	.9031929	.1011688	8.93	0.000	.7049058	1.10148
_cons	-.0000203	.0000216	-0.94	0.347	-.0000626	.000022

图 7-31 T-GARCH(1,1)模型模拟结果

根据图 7-31 可知,所有的 ARCH 项与 T-GARCH 项系数均显著,方程的估计有意义。

这个结果反映出上证 50 指数价格具有“杠杆效应”的特征,并且上证 50 指数价格下跌的消息对股票市场的影响大于上证 50 指数价格上涨的消息对股票市场的影响,即信息冲击曲线存在非对称性。

(二) 上证 50 指数的 E-GARCH 模型的建立

1. 基于 EViews 的 E-GARCH 模型的建立

(1) 上证 50 指数的平稳性检验。

(2) 均值方程的建立。

(3) 上证 50 指数波动模型的 ARCH 效应检验。

以上步骤与第一节的操作相同,详细操作与解析参考第一节。

(4) 上证 50 指数的 E-GARCH 模型建立。

接下来,我们建立 E-GARCH 模型考察信息冲击曲线的对称性。在图 7-10 的窗口中点击“Estimate”键,在弹出的“Equation specification”对话框中,在“Method”下拉菜单中选择“ARCH”,点击“OK”键,就会弹出如图 7-32 所示的对话框。

在图 7-32 中,在“Model”下拉菜单中选 GARCH/TARCH,之后在“Order”中 ARCH 后面填写最大滞后期,同时 GARCH 中要填写最大滞后期,在 Asymmetric order 中填写非对称部分滞后期数,之后点击确定,输出结果如图 7-33 所示。

根据图 7-33 中 T-GARCH 模型的估计结果,写出该 E-GARCH 模型的具体表达式

$$\begin{cases} \mathrm{Dln}sz50_t = 0.180\mathrm{Dln}sz50_{t-1} + 0.799\mathrm{Dln}sz50_{t-2} + u_t - 0.161u_{t-1} - 0.812u_{t-2} \\ \ln\sigma_t^2 = -0.207 + 0.157\left|\dfrac{u_{t-1}}{\sigma_{t-1}}\right| - 0.012\left(\dfrac{u_{t-1}}{\sigma_{t-1}}\right) + 0.989\ln(\sigma_{t-1}^2) \end{cases}$$

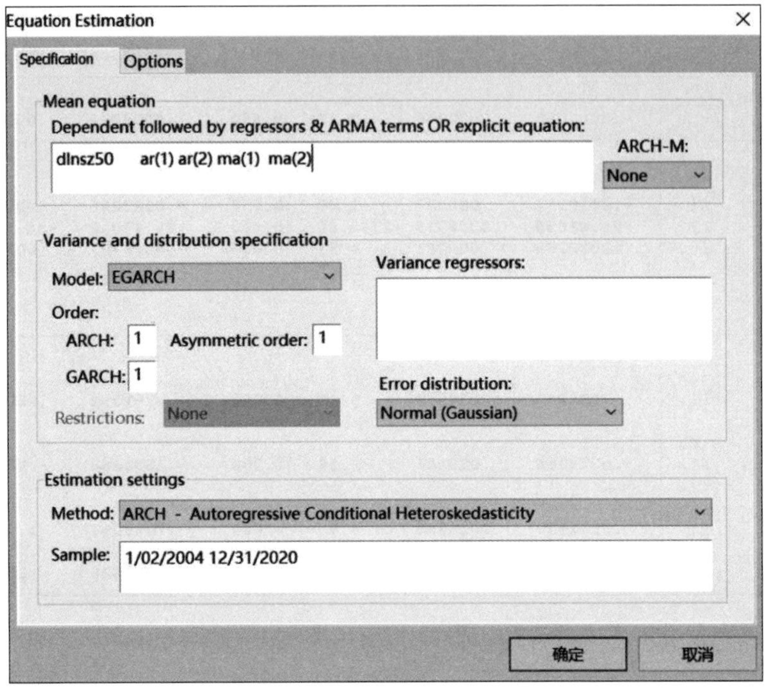

图 7-32 E-GARCH 模型建立操作图

Dependent Variable: DLNSZ50
Method: ML ARCH - Normal distribution (BFGS / Marquardt steps)
Date: 04/23/21 Time: 19:47
Sample (adjusted): 1/05/2004 12/31/2020
Included observations: 4131 after adjustments
Convergence achieved after 100 iterations
Coefficient covariance computed using outer product of gradients
Presample variance: backcast (parameter = 0.7)
LOG(GARCH) = C(5) + C(6)*ABS(RESID(-1)/@SQRT(GARCH(-1))) +
C(7)*RESID(-1)/@SQRT(GARCH(-1)) + C(8)*LOG(GARCH(-1))

Variable	Coefficient	Std. Error	z-Statistic	Prob.
AR(1)	0.179682	0.183760	0.977807	0.3282
AR(2)	0.798559	0.180377	4.427175	0.0000
MA(1)	-0.160540	0.178560	-0.899082	0.3686
MA(2)	-0.811617	0.174413	-4.653413	0.0000
Variance Equation				
C(5)	-0.206527	0.015298	-13.50001	0.0000
C(6)	0.156821	0.008135	19.27634	0.0000
C(7)	-0.011984	0.004521	-2.650980	0.0080
C(8)	0.989202	0.001623	609.5410	0.0000

R-squared	0.002381	Mean dependent var	0.000310
Adjusted R-squared	0.001656	S.D. dependent var	0.016972
S.E. of regression	0.016958	Akaike info criterion	-5.596125
Sum squared resid	1.186752	Schwarz criterion	-5.583874
Log likelihood	11566.80	Hannan-Quinn criter.	-5.591790
Durbin-Watson stat	2.020928		

图 7-33 E-GARCH 模型模拟结果

因为方差方程中的系数具有显著性,所以 E-GARCH 模型中存在信息冲击曲线的非对称性。

在 E-GARCH 模型中,E-GARCH 方差方程中系数的值均显著不为 0,故拒绝原假设,这个结果反映上证 50 指数具有"杠杆效应"的特征,并且上证 50 指数价格下跌的消息对股票市场的影响大于上证 50 指数价格上涨的消息对股票市场的影响。这个研究结果与 T-GARCH 模型中的研究结果相同,即信息冲击曲线存在非对称性。

(5) 模型的检验

在建立了 E-GARCH 模型的均值方程和方差方程后,我们对估计模型进行异方差检验,检验方程式是否存在 ARCH 效应,该步骤的 ARCH 效应检验与第一节第三步中的操作相同。图 7-34 为 ARCH-LM 检验结果。

Heteroskedasticity Test: ARCH

F-statistic	0.225878	Prob. F(1,4128)	0.6346
Obs*R-squared	0.225975	Prob. Chi-Square(1)	0.6345

Test Equation:
Dependent Variable: WGT_RESID^2
Method: Least Squares
Date: 04/23/21 Time: 20:01
Sample (adjusted): 1/06/2004 12/31/2020
Included observations: 4130 after adjustments

Variable	Coefficient	Std. Error	t-Statistic	Prob.
C	0.990808	0.035314	28.05742	0.0000
WGT_RESID^2(-1)	0.007397	0.015564	0.475266	0.6346

R-squared	0.000055	Mean dependent var	0.998191
Adjusted R-squared	-0.000188	S.D. dependent var	2.037839
S.E. of regression	2.038030	Akaike info criterion	4.262328
Sum squared resid	17145.92	Schwarz criterion	4.265392
Log likelihood	-8799.708	Hannan-Quinn criter.	4.263413
F-statistic	0.225878	Durbin-Watson stat	1.999885
Prob(F-statistic)	0.634622		

图 7-34 E-GARCH 模型 ARCH 效应检验结果

根据图 7-34 中的 ARCH-LM 检验结果,由于 F 统计量和 LM 统计量的 P 值分为 0.634 6 和 0.634 5,均大于 5%的显著性水平,故不能拒绝原假设,可判断出具有该方程的残差序列已经不存在 ARCH 效应。

2. 基于 Stata 的 E-GARCH 模型的建立

本节的数据仍然选用上证 50 指数的自发布之日(2004 年 1 月 2 日)起至 2020 年年底的日收盘价格作为时间序列数据。由于 T-GARCH 模型与 ARCH 模型的建模过程一致,仅仅在模型建立步骤的操作不同,故本节续前节,从建模步骤开始,不再进行前面步骤的操作,具体的操作语句如下。

```
arch d_logc,ar(1 2 5) ma(2) arch(1) garch(1) egarch(1)
```

运行结果见图 7-35。

d_logc	Coef.	OPG Std. Err.	z	P>|z|	[95% Conf. Interval]	
d_logc						
_cons	-.0000244	.0002597	-0.09	0.925	-.0005334	.0004846
ARMA						
ar						
L1.	-.0017557	.0130841	-0.13	0.893	-.0274001	.0238887
L2.	-47.74811	355.9183	-0.13	0.893	-745.3351	649.8388
L5.	.0018806	.0139867	0.13	0.893	-.0255328	.0292939
ma						
L2.	47.83275	355.9197	0.13	0.893	-649.757	745.4225
ARCH						
egarch						
L1.	1.402662	.1959131	7.16	0.000	1.018679	1.786644
arch						
L1.	392.2977	37.01727	10.60	0.000	319.7452	464.8502
garch						
L1.	-531.3402	293.6648	-1.81	0.070	-1106.912	44.23218
_cons	3.357723	1.698181	1.98	0.048	.0293494	6.686096

图 7-35 EGARCH 模型模拟结果

根据图 7-35 可知，所有的 ARCH 项与 E-GARCH 项系数均显著，方程的估计有意义。

在 T-GARCH 模型中，T-GARCH 方差方程中系数的值均显著不为 0，故拒绝原假设，这个结果反映上证 50 指数具有“杠杆效应”的特征，并且上证 50 指数价格下跌的消息对股票市场的影响大于上证 50 指数价格上涨的消息对股票市场的影响。这个研究结果与 T-GARCH 模型中的研究结果相同，即信息冲击曲线存在非对称性。

第四节 多变量 GARCH 模型原理、案例与软件操作

一、理论概述

单变量模型在考察多个资产波动的相关性方面是缺乏效率的，因为单变量模型只是对单个资产的条件波动进行刻画，为了能够更好地刻画多个资产之间的波动相关性，学者们提出了多变量模型来估计资产之间的相关性，并且随着对资产收益序列分布的进一步认识，峰度、偏度和资产收益的水平效应亦被考虑到建模中。本节首先对多变量 GARCH 模型做一个总体概述，提出一般的多变量 GARCH 模型，即 MGARCH(p,q)，然后分别介绍对角半向量化 GARCH 模型（DVECH）、常条件相关模型（CCC）、动态条件相关模型（DCC）和可变条件相关模型（VCC）四个模型。

从概念上看，单变量的 GARCH 模型不难推广到多变量 GARCH 模型，即让当期扰动项 $\boldsymbol{\varepsilon}_t$ 的条件协方差矩阵 H_t 依赖于上一期扰动项的“平方项”$\boldsymbol{\varepsilon}_{t-1}\boldsymbol{\varepsilon}'_{t-1}$ 与上一期的条件协方差矩阵 $\boldsymbol{H}_{t-1}$。

首先看一个最简单的双变量模型

$$\boldsymbol{y}_t \equiv \begin{pmatrix} y_{1t} \\ y_{2t} \end{pmatrix} = \begin{pmatrix} c_{11} & c_{12} & c_{13} \\ c_{21} & c_{22} & c_{23} \end{pmatrix} \begin{pmatrix} x_{1t} \\ x_{2t} \\ x_{3t} \end{pmatrix} + \begin{pmatrix} \varepsilon_{1t} \\ \varepsilon_{2t} \end{pmatrix} \equiv \boldsymbol{C}\boldsymbol{x}_t + \boldsymbol{\varepsilon}_t \tag{7.6}$$

其中，$\boldsymbol{C} \equiv \begin{pmatrix} c_{11} & c_{12} & c_{13} \\ c_{21} & c_{22} & c_{23} \end{pmatrix}$为待估系数矩阵，$\boldsymbol{x}_t \equiv \begin{pmatrix} x_{1t} \\ x_{2t} \\ x_{3t} \end{pmatrix}$为解释变量，记扰动项 $\boldsymbol{\varepsilon}_t$ 的条件协方差矩阵为

$$\boldsymbol{H}_t \equiv Var\begin{pmatrix} \varepsilon_{1t} \\ \varepsilon_{2t} \end{pmatrix} = \begin{pmatrix} \sigma_{11,t}^2 & \sigma_{12,t}^2 \\ \sigma_{21,t}^2 & \sigma_{22,t}^2 \end{pmatrix} \tag{7.7}$$

其中，条件协方差矩阵 $\boldsymbol{H}_t$ 是一个对称矩阵，其下三角的元素包含了所有的信息，可以将该对称矩阵的下三角元素取出，并组成一个列向量，即

$$vech\begin{pmatrix} \sigma_{11,t}^2 & \sigma_{12,t}^2 \\ \sigma_{21,t}^2 & \sigma_{22,t}^2 \end{pmatrix} \equiv \begin{pmatrix} \sigma_{11,t}^2 \\ \sigma_{21,t}^2 \\ \sigma_{22,t}^2 \end{pmatrix} \tag{7.8}$$

其中，vech 称为“半向量化算子”，类似地，也可将“平方项”矩阵 $\boldsymbol{\varepsilon}_{t-1}\boldsymbol{\varepsilon}'_{t-1}$ 进行如上的半向量化

$$\begin{aligned} vech(\boldsymbol{\varepsilon}_{t-1}\boldsymbol{\varepsilon}'_{t-1}) &= vech\left[\begin{pmatrix} \varepsilon_{1,t-1} \\ \varepsilon_{2,t-1} \end{pmatrix}(\varepsilon_{1,t-1} \quad \varepsilon_{2,t-1})\right] \\ &= vech\begin{pmatrix} \varepsilon_{1,t-1}^2 & \varepsilon_{1,t-1}\varepsilon_{2,t-1} \\ \varepsilon_{1,t-1}\varepsilon_{2,t-1} & \varepsilon_{2,t-1}^2 \end{pmatrix} \\ &= \begin{pmatrix} \varepsilon_{1,t-1}^2 \\ \varepsilon_{1,t-1}\varepsilon_{2,t-1} \\ \varepsilon_{2,t-1}^2 \end{pmatrix} \end{aligned} \tag{7.9}$$

令 $vech(\boldsymbol{H}_t) \equiv \boldsymbol{h}_t$，借助 vech 算子，Bollerslev、Engle 和 Wooldridge 在 1988 年提出一个一般的多变量 GARCH(p,q)模型，即 MGARCH(p,q)

$$h_t = \boldsymbol{\gamma} + \sum_{i=1}^{p} \boldsymbol{A}_i vech(\boldsymbol{\varepsilon}_{t-1}\boldsymbol{\varepsilon}'_{t-1}) + \sum_{j=1}^{q} \boldsymbol{B}_j h_{t-j} \tag{7.10}$$

其中，$\boldsymbol{\gamma}$ 是待估计的常数向量，$\boldsymbol{A}_i$ 和 $\boldsymbol{B}_j$ 分别是待估计的系数矩阵。再考虑前面那个最简单的例子，让 $p=1, q=1$，那么方程(7.10)可以写成以下形式

$$\begin{pmatrix} \sigma_{11,t}^2 \\ \sigma_{21,t}^2 \\ \sigma_{22,t}^2 \end{pmatrix} = \begin{pmatrix} \gamma_1 \\ \gamma_2 \\ \gamma_3 \end{pmatrix} + \begin{pmatrix} a_{11} & a_{12} & a_{13} \\ a_{21} & a_{22} & a_{23} \\ a_{31} & a_{32} & a_{33} \end{pmatrix} \begin{pmatrix} \varepsilon_{1,t-1}^2 \\ \varepsilon_{1,t-1}\varepsilon_{2,t-1} \\ \varepsilon_{2,t-1}^2 \end{pmatrix} + \begin{pmatrix} b_{11} & b_{12} & b_{13} \\ b_{21} & b_{22} & b_{23} \\ b_{31} & b_{32} & b_{33} \end{pmatrix} \begin{pmatrix} \sigma_{11,t-1}^2 \\ \sigma_{21,t-1}^2 \\ \sigma_{22,t-1}^2 \end{pmatrix} \tag{7.11}$$

由上式可知

$$\sigma_{11,t}^2 = \gamma_1 + a_{11}\varepsilon_{1,t-1}^2 + a_{12}\varepsilon_{1,t-1}\varepsilon_{2,t-1} + a_{13}\varepsilon_{2,t-1}^2 + b_{11}\sigma_{11,t-1}^2 + b_{12}\sigma_{21,t-1}^2 + b_{13}\sigma_{22,t-1}^2 \tag{7.12}$$

$$\sigma_{21,t}^2=\gamma_2+a_{21}\varepsilon_{1,t-1}^2+a_{22}\varepsilon_{1,t-1}\varepsilon_{2,t-1}+a_{23}\varepsilon_{2,t-1}^2+b_{21}\sigma_{11,t-1}^2 b_{22}\sigma_{21,t-1}^2+b_{23}\sigma_{22,t-1}^2 \tag{7.13}$$

$$\sigma_{22,t}^2=\gamma_3+a_{31}\varepsilon_{1,t-1}^2+a_{32}\varepsilon_{1,t-1}\varepsilon_{2,t-1}+a_{33}\varepsilon_{2,t-1}^2+b_{31}\sigma_{11,t-1}^2+b_{32}\sigma_{21,t-1}^2+b_{33}\sigma_{22,t-1}^2 \tag{7.14}$$

从上面几个方程可以看出，就算是对最简单的 MGARCH(1,1)模型，也有很多待估参数，因此，MGARCH(p,q)模型可能过于灵活，不便于拟合数据。随后，学者在 MGARCH(p,q)模型的基础上进行了改进，并提出了对角半向量化 GARCH 模型(DVECH)、常条件相关模型(CCC)、动态条件相关模型(DCC)和可变条件相关模型(VCC)四个模型，下面将对这四个模型分别进行介绍。

(一) 对角半向量化 GARCH 模型(DVECH)

1. 模型的定义

Bollerslev、Engle 和 Wooldridge 在 1988 年通过施加系数矩阵 $\boldsymbol{A}_i$ 和 $\boldsymbol{B}_j$ 为对角矩阵的约束，推导出"对角半向量化 GARCH"模型(Diagonal Vech GARCH)，简称 DVECH。对角半向量化 GARCH 模型先约束系数矩阵 $\boldsymbol{A}_i$ 和 $\boldsymbol{B}_j$ 中除了主对角线上的元素外全为 0，再对待估参数进行拟合。对角化结构意味着每一个条件方差和每一个条件协方差依赖于它自己的过去，而不依赖于其他条件方差和协方差的过去。

2. 模型的建模步骤

"对角半向量化 GARCH"模型是在 MGARCH 的基础上，约束方程(7.11)中的两个系数矩阵为对角矩阵，方程写成如下形式

$$\begin{pmatrix}\sigma_{11,t}^2\\ \sigma_{21,t}^2\\ \sigma_{22,t}^2\end{pmatrix}=\begin{pmatrix}\gamma_1\\ \gamma_2\\ \gamma_3\end{pmatrix}+\begin{pmatrix}a_{11}&0&0\\0&a_{22}&0\\0&0&a_{33}\end{pmatrix}\begin{pmatrix}\varepsilon_{1,t-1}^2\\ \varepsilon_{1,t-1}\varepsilon_{2,t-1}\\ \varepsilon_{2,t-1}^2\end{pmatrix}+\begin{pmatrix}b_{11}&0&0\\0&b_{22}&0\\0&0&b_{33}\end{pmatrix}\begin{pmatrix}\sigma_{11,t-1}^2\\ \sigma_{21,t-1}^2\\ \sigma_{22,t-1}^2\end{pmatrix} \tag{7.15}$$

因此，方程(7.12)、(7.13)、(7.14)也相应地简化为

$$\sigma_{11,t}^2=\gamma_1+a_{11}\varepsilon_{1,t-1}^2+b_{11}\sigma_{11,t-1}^2 \tag{7.16}$$

$$\sigma_{21,t}^2=\gamma_2+a_{22}\varepsilon_{1,t-1}\varepsilon_{2,t-1}+b_{22}\sigma_{21,t-1}^2 \tag{7.17}$$

$$\sigma_{22,t}^2=\gamma_3+a_{33}\varepsilon_{2,t-1}^2+b_{33}\sigma_{22,t-1}^2 \tag{7.18}$$

可以看出，虽然 DVECH 模型在计算上相对 MGARCH 模型有一定的优势，但是也存在一定的困难之处，首先，在任何时期 t，都需要保证条件协方差矩阵 $\boldsymbol{H}_t$ 为正定矩阵；其次对非对角元素施加了复杂的约束，且待估计的参数仍然较多。因此，学者提出了一类条件相关模型。

(二) 条件相关模型

为了应对 DVECH 的不足之处，学者提出了一类"条件相关模型(conditional correlation model)"，条件相关(CC)模型使用单变量 GARCH 模型的非线性组合来表示条件协方差，从其构造方法可知，条件相关模型可以自然地保证条件协方差矩阵 H_t 为正定矩阵。CC 模型结构简单，减少了待估计参数数量，便于参数估计。随着时间序列数量的增加，条件相关模型的参数增长率要低于 DVECH 模型。

在条件相关模型中，$\boldsymbol{H}_t$ 分解为条件相关矩阵 $\boldsymbol{R}_t$ 和条件方差对角矩阵 $\boldsymbol{D}_t$，如式(7.19)所示

$$\boldsymbol{H}_t=\boldsymbol{D}_t^{\frac{1}{2}}\boldsymbol{R}_t\boldsymbol{D}_t^{\frac{1}{2}} \tag{7.19}$$

其中，$\boldsymbol{D}_t$ 为条件方差对角矩阵，而 $\boldsymbol{R}_t$ 为条件相关系数矩阵，表达式分别如下

$$\boldsymbol{D}_t=\begin{pmatrix}\sigma_{11,t}&\cdots&0\\ \vdots&&\vdots\\ 0&\cdots&\sigma_{mm,t}\end{pmatrix} \tag{7.20}$$

$$R_t=\begin{pmatrix}1 & \rho_{12,t} & \cdots & \rho_{1m,t}\\ \rho_{12,t} & 1 & \cdots & \rho_{2m,t}\\ \vdots & \vdots & \ddots & \vdots\\ \rho_{1m,t} & \rho_{2m,t} & \cdots & 1\end{pmatrix} \tag{7.21}$$

由上式可知，$\boldsymbol{H}_t$ 的 (i,j) 元素，即变量 i 与变量 j 在时期 t 的条件协方差 $\sigma_{ij,t}$ 可以写成以下形式

$$\sigma_{ij,t}=\rho_{ij,t}\sqrt{\sigma_{ii,t}\sigma_{jj,t}} \tag{7.22}$$

其中，$\rho_{ij,t}$ 为变量 i 与变量 j 在时期 t 的条件相关系数，而 $\sigma_{ii,t}$、$\sigma_{jj,t}$ 分别为变量 i 与变量 j 在时期 t 的条件方差。条件相关模型让条件方差 $\sigma_{ii,t}(\forall i=1,2,\cdots,m)$（假设共有 m 个变量）服从一维的 GARCH 过程，进而可以集中研究条件相关系数 $\rho_{ij,t}$ 的行为。

根据对 $\boldsymbol{R}_t$ 的假设条件的不同，条件相关模型又可分为常条件相关模型（CCC）、动态条件相关模型（DCC）和可变条件相关模型（VCC）三个模型。

1. 常条件相关模型（CCC）

Bollerslev 于 1990 年提出了一种可以使得方差方程的估计系数较为精简的模型，即 CCC-GARCH 模型。该模型假设条件相关系数为一个不随时间变化的固定常数，即 $\rho_{ij,t}\equiv\rho_{ij}$，那么 R_t 为常数矩阵，因此该模型被称为“常条件相关模型”（constant conditional correlation，CCC）。常条件相关模型的优势是可以方便地估计模型参数，经济意义明确，但是模型假设变量间的相关系数是不变的，这明显与现实中的情况不相符。因此，2002 年，Engle 和 Sheppard、Tse 和 Tsui 分别提出了“动态条件相关模型（DCC）”与“可变条件相关模型（VCC）”。

2. 动态条件相关模型（DCC）

2002 年，Engle 和 Sheppard 提出了“动态条件相关模型”（Dynamic Conditional Correlation，DCC），动态条件相关模型假设变量之间的相关系数会随着时间变动而变动，$\rho_{ij,t}$ 由标准化扰动项的几何加权平均来决定，如式（7.23）所示

$$\rho_{ij,t}=\frac{\sum_{s=1}^{t-1}\lambda^s\tilde{\varepsilon}_{i,t-s}\tilde{\varepsilon}_{j,t-s}}{\sqrt{\left(\sum_{s=1}^{t-1}\lambda^s\tilde{\varepsilon}_{i,t-s}^2\right)\left(\sum_{s=1}^{t-1}\lambda^s\tilde{\varepsilon}_{j,t-s}^2\right)}} \tag{7.23}$$

其中，$\tilde{\varepsilon}_{i,t-s}$ 为将扰动项的方差标准化为 1 后得到的结果，λ^s 为几何权重，该权重确定规则如下：离时期 t 越远，则权重依几何级数减少。通过矩阵的形式来表示，则 R_t 的动态过程由以下两个方程来决定

$$\boldsymbol{R}_t=\mathrm{diag}(\boldsymbol{Q}_t)^{-\frac{1}{2}}\boldsymbol{Q}_t\mathrm{diag}(\boldsymbol{Q}_t)^{-\frac{1}{2}} \tag{7.24}$$

$$\boldsymbol{Q}_t=(1-\lambda_1-\lambda_2)\boldsymbol{R}+\lambda_1\tilde{\boldsymbol{\varepsilon}}_{t-1}\tilde{\boldsymbol{\varepsilon}}_{t-1}'+\lambda_2\boldsymbol{Q}_{t-1} \tag{7.25}$$

其中，$\tilde{\varepsilon}_t$ 为标准化的扰动项，即 $\tilde{\boldsymbol{\varepsilon}}_t=\boldsymbol{D}_t^{-1/2}\boldsymbol{\varepsilon}_t$，由于 $\boldsymbol{R}_t$ 中的元素不一定介于 -1 到 1 之间，所以也可称为“条件准相关系数矩阵”（matrix of conditional quasicorrelations），参数 λ_1 和参数 λ_2 均是非负数，且 λ_1、λ_2 满足以下条件

$$0\leqslant\lambda_1+\lambda_2<1$$

可以看出，$\boldsymbol{R}_t$ 的动态过程由参数 λ_1、λ_2 决定。特别地，如果 $\lambda_1=\lambda_2=0$，则动态条件相关模型

可以简化为常条件相关模型，因此，在实际操作中，我们可以通过检验假设“$\lambda_1=\lambda_2=0$”是否成立来决定选择动态条件相关模型还是常条件相关模型，如果假设成立，就选择常条件相关模型，否则选择动态条件相关模型。

动态条件相关模型是在常条件相关模型上的改进，它比常条件相关模型灵活得多，并且不需要为合理数量的级数引入不可估计的参数。

3. 可变条件相关模型

Tse 和 Tsui 在 2002 年提出了另一种对常条件相关模型的改进方法，即“可变条件相关模型”(varying conditional correlation, VCC)，其中每个时期的条件相关系数是一个非时变分量的加权和，衡量残差之间的近期相关性和上一时期的条件相关性，为了更加简洁，所有的条件相关性都被限制为遵循同样的动态过程，可变条件相关模型假设 $\boldsymbol{R}_t$ 服从类似于 ARMA 的过程，如式(7.26)所示

$$\boldsymbol{R}_t=(1-\lambda_1-\lambda_2)\boldsymbol{R}+\lambda_1\boldsymbol{\Psi}_{t-1}+\lambda_2\boldsymbol{R}_{t-1} \tag{7.26}$$

其中，$\boldsymbol{R}$ 为 $\boldsymbol{R}_t$ 的均值，$\boldsymbol{\Psi}_{t-1}$ 为对标准化扰动项 $\tilde{\boldsymbol{\varepsilon}}_t$ 的相关系数矩阵的滚动估计量(rolling estimator)，即在方程(7.23)中，令 $\lambda=1$(简单平均，而非加权平均)；参数 λ_1 与 λ_2 皆非负，且 λ_1、λ_2 满足以下条件

$$0\leqslant\lambda_1+\lambda_2<1$$

对于多维 GARCH 模型，通常假设扰动项 $\boldsymbol{\varepsilon}_t$ 服从多维正态分布，然后进行极大似然估计(MLE)。如果扰动项不服从正态分布，则进行拟极大似然估计，在大样本的情况下仍然是一致且渐进正态的。拟极大似然估计和极大似然估计的估计系数是相同的，只是在对协方差矩阵(标准误)的估计上不同。另外，也可以假设扰动项 $\boldsymbol{\varepsilon}_t$ 服从多维 t 分布，再进行极大似然估计。如果扰动项 $\boldsymbol{\varepsilon}_t$ 服从多维 t 分布的假设为真，则基于多维 t 分布假设的极大似然估计是一致且有效的；而基于多维正态分布假设的极大似然估计依然是一致的，但并非最有效的。反之，如果扰动项 $\boldsymbol{\varepsilon}_t$ 服从多维 t 分布的假设为假，即扰动项 $\boldsymbol{\varepsilon}_t$ 并非来自多维 t 分布或多维正态分布，则基于多维 t 分布假设的极大似然估计是不一致的，而基于多维正态分布假设的拟极大似然估计依然是一致的，但并非最有效的。

由于在 EViews 中没有提供以上几个多变量 GARCH 模型的菜单操作，因此接下来将分别介绍对角半向量化 GARCH 模型、常条件相关模型、动态条件相关模型和可变条件相关模型的 Stata 操作。

二、案例分析

【案例 7-2】 本节以 2005 年 2 月 23 日(上证 50etf 上市日期)至 2021 年 4 月 1 日上证指数和上证 50etf 每天的涨跌幅为例，分别介绍对角半向量化 GARCH 模型、常条件相关模型、动态条件相关模型和可变条件相关模型的 Stata 操作。

在 Stata15 中，估计多维 GARCH 模型的一般命令为

mgarch model eq … eq, arch(#) garch(#) constraints(#) het(varlist) dist(t) robust noconstant

其中，“model”可以是 dvech、ccc、dcc 或者 vcc，分别表示使用 DVECH 模型、CCC 模型、DCC 模型和 VCC 模型；

字段“arch(#)”表示 ARCH 项；

字段“garch(#)”表示 GARCH 项；

字段“constraints(#)”用来表示对参数的约束；

字段“het(varlist)”用来指定条件方差方程中的额外解释变量；

字段“dist(t)”假设扰动项服从多维 t 分布，默认假设服从多维正态分布；

字段“robust”表示使用稳健标准误，进行拟极大似然估计；

字段“noconstant”表示忽略常数项；

每个“eq”代表一个方程，其一般格式为(depvars = indepvars, noconstant)。

打开 Stata15，首先按如下步骤导入数据集。

点击图 7-36 中的方框位置，将数据复制到弹出的表格中，得到如图 7-37 所示结果。

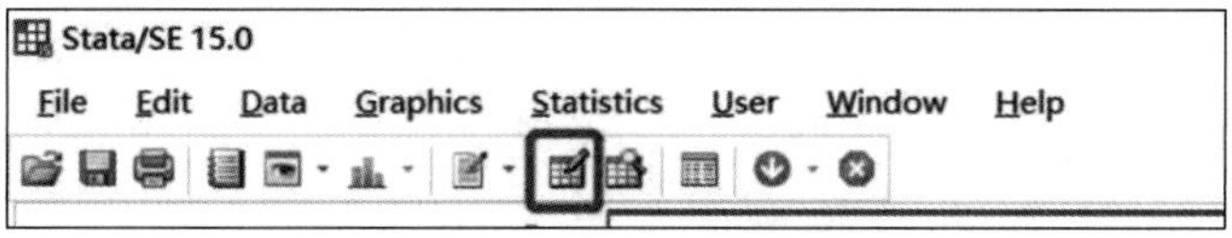

图 7-36 数据输入框按钮

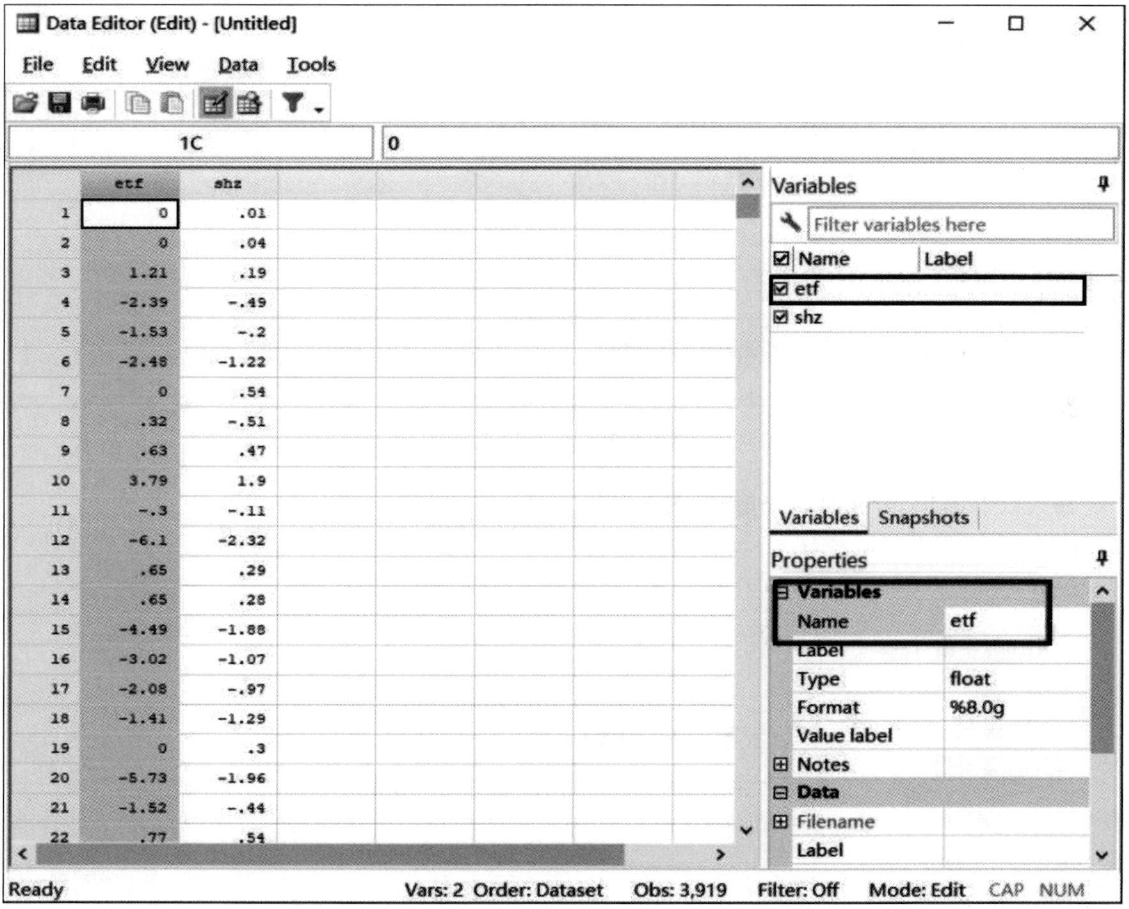

图 7-37 输入数据集

可在图 7-37 中方框所示位置对变量进行命名，接下来点击图 7-38 中方框位置，弹出命令输入界面见图 7-39。

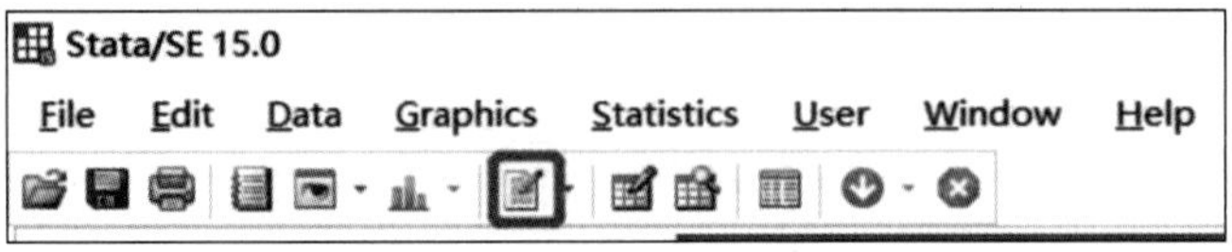

图 7-38 命令框按钮

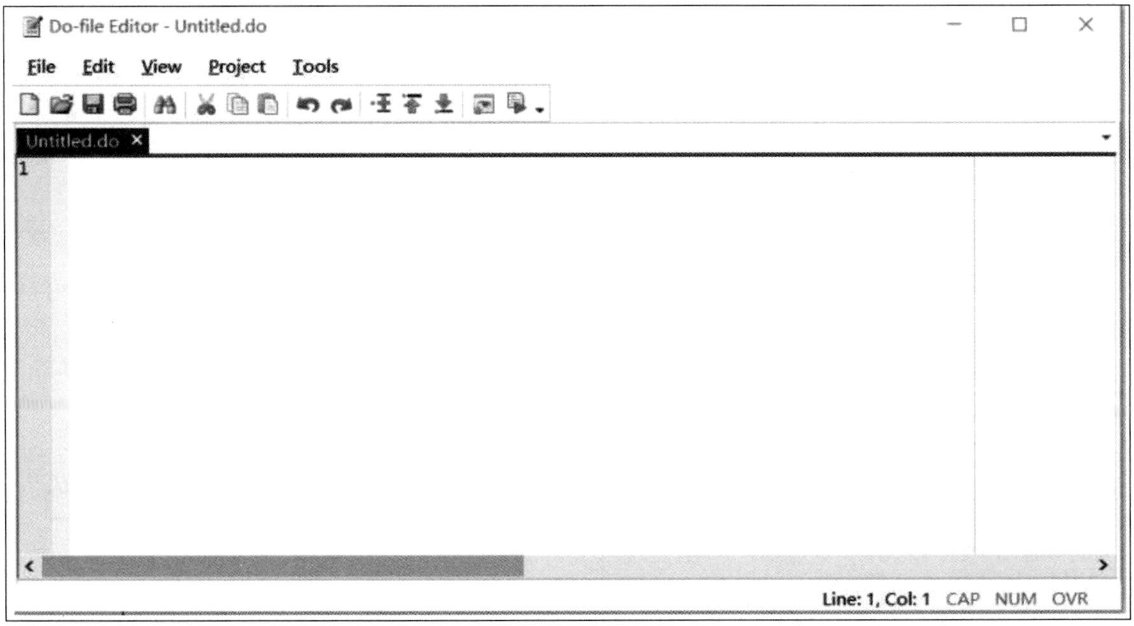

图 7-39 命令输入框

输入以下语句，定义时间变量，见图 7-40。

```
gen t=_n
tsset t
```

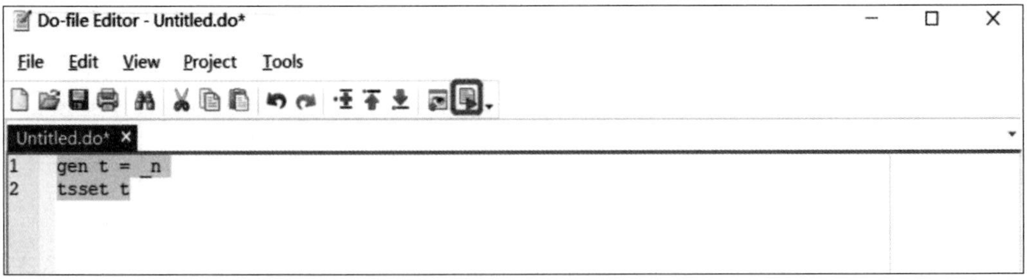

图 7-40 定义时间变量

在图 7-40 中点击方框中的执行按钮,定义时间变量,输出结果见图 7-41。

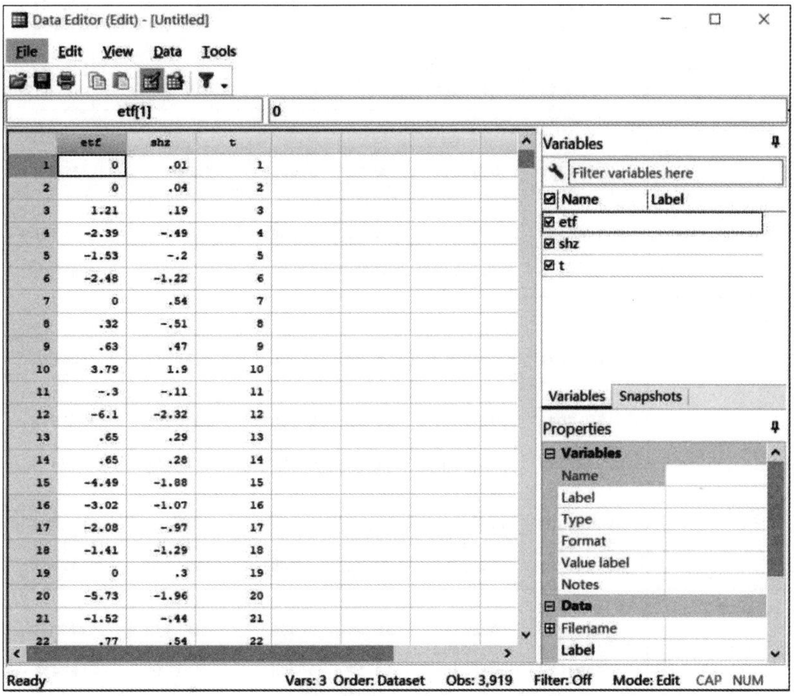

图 7-41　带时间变量序列的数据集

可以看到,此时多了一列变量"t",就是所定义的时间序列变量。这是建模前的准备工作,接下来对不同模型进行建模。

(一) 基于 Stata 的对角半向量化 GARCH 模型(DVECH)

以 2005 年 2 月 23 日至 2021 年 4 月 1 日上证指数和上证 50etf 每天的涨跌幅为例,进行对角半向量化 GARCH 模型的建模。将带有上证指数和上证 50etf 每天涨跌幅的数据集导入 Stata15 中,进行 VAR(1)建模,并带 ARCH(1)扰动项,对角半向量化 GARCH 模型的建模命令如下

```
mgarch dvech(shz etf=L.shz L.etf),arch(1)nolog
```

其中,字段"shz"是上证指数每天涨跌幅对应的数据,字段"etf"是上证 50etf 每天涨跌幅对应的数据,L.shz 表示上证指数涨跌幅的一阶滞后项,L.etf 表示上证 50etf 涨跌幅的一阶滞后项,带 ARCH(1)扰动项,字段"nolog"是不显示迭代过程的命令,在命令框中运行此命令,得到的结果如图 7-42 所示。

图 7-42 中,Sigma0 那三行对应的就是方程(7.10)中的常数向量 $\boldsymbol{\gamma}$ 的估计值,可以看出,在 5% 的显著性水平下,系数都显著不为 0;L. ARCH 表示扰动项 ARCH(1)的估计结果,1_1,2_1,2_2 分别表示 $\varepsilon_{1,t-1}^2$、$\varepsilon_{1,t-1}$、$\varepsilon_{2,t-1}$ 和 $\varepsilon_{2,t-1}^2$ 的系数的估计结果,从图 7-42 可以看出,这三个系数都显著为正。图中"shz"一行表示以 shz(即上证指数每天涨跌幅)为被解释变量,L1.shz、L1.etf 为解释变量的方程,解释变量 L1.shz、L1.etf 的系数都是显著不为 0 的,根据图 7-42 中的结果,以上证指数涨跌

Diagonal vech MGARCH model

Sample: 2 - 3919	Number of obs	=	3,918
Distribution: Gaussian	Wald chi2(4)	=	581.62
Log likelihood = -12523.07	Prob > chi2	=	0.0000

	Coef.	Std. Err.	z	P>|z|	[95% Conf.	Interval]
shz						
shz L1.	.0943828	.0334109	2.82	0.005	.0288986	.1598671
etf L1.	-.1087203	.0170004	-6.40	0.000	-.1420405	-.0754
_cons	.0104979	.0228699	0.46	0.646	-.0343262	.055322
etf						
shz L1.	.2580692	.043153	5.98	0.000	.1734909	.3426475
etf L1.	-.3537009	.0236387	-14.96	0.000	-.400032	-.3073698
_cons	.0427915	.0326365	1.31	0.190	-.0211748	.1067578
Sigma0						
1_1	1.884366	.0509581	36.98	0.000	1.78449	1.984242
2_1	2.476029	.0689762	35.90	0.000	2.340838	2.61122
2_2	3.774729	.1035381	36.46	0.000	3.571798	3.97766
L.ARCH						
1_1	.4269332	.0258117	16.54	0.000	.3763432	.4775233
2_1	.4639676	.0260488	17.81	0.000	.412913	.5150222
2_2	.5294285	.0291406	18.17	0.000	.472314	.5865431

图 7-42 DVECH 模型结果

幅为被解释变量,滞后一期的上证指数涨跌幅、滞后一期的上证 50etf 涨跌幅为解释变量所得到的方程为

$$shz=0.01+0.09L1.shz-0.11L1.etf$$

以上证 50etf 涨跌幅为被解释变量,滞后一期的上证指数涨跌幅、滞后一期的上证 50etf 涨跌幅为解释变量所得到的方程为

$$etf=0.04+0.26L1.shz-0.35L1.etf$$

但是两个方程的常数项都是不显著的(在 5%的显著性水平下),因此,可以将常数项去掉,运行以下命令

```
mgarch dvech(shz etf=L.shz L.etf,noconstant),arch(1) nolog
```

得到的结果如图 7-43。

图 7-43 显示,不带常数项后,所有解释变量的系数都显著不为 0(在 5%的显著性水平下)。根据图中数据,以上证指数涨跌幅为被解释变量,滞后一期的上证指数涨跌幅、滞后一期的上证 50etf 涨跌幅为解释变量所得到的方程为

$$shz=0.09L1.shz-0.11L1.etf$$

以上证 50etf 涨跌幅为被解释变量,滞后一期的上证指数涨跌幅、滞后一期的上证 50etf 涨跌幅为解释变量所得到的方程为

$$etf=0.26L1.shz-0.35L1.etf$$

从图 7-43 中数据及上面两个方程可以看出,上证 50etf 的涨跌幅和滞后一期的上证指数涨

```
Diagonal vech MGARCH model

Sample: 2 - 3919                              Number of obs     =      3,918
Distribution: Gaussian                        Wald chi2(4)      =     579.26
Log likelihood = -12525.58                    Prob > chi2       =     0.0000
```

		Coef.	Std. Err.	z	P>|z|	[95% Conf. Interval]	
shz							
	shz L1.	.0920712	.0333946	2.76	0.006	.026619	.1575234
	etf L1.	-.107863	.0169859	-6.35	0.000	-.1411548	-.0745712
etf							
	shz L1.	.2556727	.0431221	5.93	0.000	.1711548	.3401905
	etf L1.	-.3529921	.0236977	-14.90	0.000	-.3994387	-.3065455
Sigma0							
	1_1	1.881863	.0508873	36.98	0.000	1.782125	1.9816
	2_1	2.472814	.0689236	35.88	0.000	2.337726	2.607902
	2_2	3.774367	.1035366	36.45	0.000	3.571439	3.977295
L.ARCH							
	1_1	.4282339	.0258511	16.57	0.000	.3775667	.4789012
	2_1	.4652053	.0260938	17.83	0.000	.4140624	.5163482
	2_2	.529775	.0291528	18.17	0.000	.4726365	.5869134

图 7-43　不带常数项的 DVECH 模型结果

跌幅有显著的正相关关系，即前一期上证指数上涨（下跌）时，当期上证 50etf 倾向于上涨（下跌）。

（二）基于 Stata 的常条件相关模型（CCC）

对角半向量化模型待估参数仍然较多，接下来用常条件相关模型对数据进行拟合。数据集仍然是上例使用的数据集，包含 2005 年 2 月 23 日至 2021 年 4 月 1 日上证指数和上证 50etf 每天的涨跌幅，进行 VAR（1）建模，并带 ARCH（1）扰动项，常条件相关模型的建模命令如下

```
mgarch ccc(shz etf=L.shz L.etf),arch(1)nolog
```

上面命令语句中的字段代表的意思和前面对角半向量化 GARCH 模型命令语句基本一致，“ccc”表示使用常条件相关模型，上面命令在 Stata15 中运行得到的结果如图 7-44 所示。

根据图 7-44，以上证指数涨跌幅为被解释变量，滞后一期的上证指数涨跌幅、滞后一期的上证 50etf 涨跌幅为解释变量所得到的方程为

$$shz = 0.01 + 0.24L1.shz - 0.21L1.etf$$

以上证 50etf 涨跌幅为被解释变量，滞后一期的上证指数涨跌幅、滞后一期的上证 50etf 涨跌幅为解释变量所得到的方程为

$$etf = 0.06 + 0.40L1.shz - 0.46L1.etf$$

```
Constant conditional correlation MGARCH model

Sample: 2 - 3919                              Number of obs     =      3,918
Distribution: Gaussian                        Wald chi2(4)      =     750.13
Log likelihood = -12728.21                    Prob > chi2       =     0.0000

------------------------------------------------------------------------------
               |      Coef.   Std. Err.      z    P>|z|     [95% Conf. Interval]
---------------+--------------------------------------------------------------
shz            |
           shz |
           L1. |    .239452   .0282393     8.48   0.000      .184104       .2948
               |
           etf |
           L1. |   -.208706   .0161719   -12.91   0.000    -.2404022   -.1770097
               |
         _cons |    .013873   .0215449     0.64   0.520    -.0283542    .0561003
---------------+--------------------------------------------------------------
ARCH_shz       |
          arch |
           L1. |   .3548657   .0224052    15.84   0.000     .3109523    .3987791
               |
         _cons |   1.857866   .0492621    37.71   0.000     1.761314    1.954418
---------------+--------------------------------------------------------------
etf            |
           shz |
           L1. |   .4000167   .0359491    11.13   0.000     .3295579    .4704756
               |
           etf |
           L1. |  -.4642098   .0208245   -22.29   0.000     -.505025   -.4233945
               |
         _cons |   .0580734   .0320384     1.81   0.070    -.0047206    .1208674
---------------+--------------------------------------------------------------
ARCH_etf       |
          arch |
           L1. |    .480361   .0277131    17.33   0.000     .4260444    .5346776
               |
         _cons |   3.825517   .1038453    36.84   0.000     3.621984     4.02905
---------------+--------------------------------------------------------------
corr(shz,etf)  |   .9096968    .002779   327.35   0.000     .9042501    .9151435
------------------------------------------------------------------------------
```

图 7-44 CCC 模型结果

从图 7-44 可以看出，方程中的常数项系数均不显著(在 5%的显著性水平下)，因此，可以在执行建模命令的时候加上字段“noconstant”，不带常数项，命令如下

mgarch ccc(shz etf=L. shz L. etf, noconstant), arch(1) nolog

得到图 7-45 的结果，以上证指数涨跌幅为被解释变量，滞后一期的上证指数涨跌幅、滞后一期的上证 50etf 涨跌幅为解释变量所得到的方程为

$$shz=0.23L1.shz-0.21L1.etf$$

以上证 50etf 涨跌幅为被解释变量，滞后一期的上证指数涨跌幅、滞后一期的上证 50etf 涨跌幅为解释变量所得到的方程为

$$etf=0.39L1.shz-0.46L1.etf$$

由图 7-45 的结果可以看出，不带常数项之后，所有的系数都是显著的，图 7-45 中最后一行数据显示，上证指数涨跌幅和上证 50etf 涨跌幅的相关系数为 0.91，且是显著的(在 5%的显著性水平下)，上证指数涨跌幅和上证 50etf 涨跌幅之间有显著的正相关关系，这意味着上证指数上涨(下跌)的时候，上证 50etf 通常也是上涨(下跌)的，上证 50etf 对上证指数有比较好的代表性。

Constant conditional correlation MGARCH model

Sample: 2 - 3919	Number of obs = 3,918
Distribution: Gaussian	Wald chi2(4) = 739.21
Log likelihood = -12732.06	Prob > chi2 = 0.0000

	Coef.	Std. Err.	z	P>|z|	[95% Conf.	Interval]
shz						
shz L1.	.2338823	.0281205	8.32	0.000	.178767	.2889975
etf L1.	-.2055084	.0161037	-12.76	0.000	-.2370711	-.1739457
ARCH_shz						
arch L1.	.3526165	.0223194	15.80	0.000	.3088714	.3963617
_cons	1.85959	.0493038	37.72	0.000	1.762957	1.956224
etf						
shz L1.	.3926249	.0356702	11.01	0.000	.3227126	.4625372
etf L1.	-.4593368	.0206894	-22.20	0.000	-.4998872	-.4187864
ARCH_etf						
arch L1.	.4782331	.0275768	17.34	0.000	.4241834	.5322827
_cons	3.832009	.1039422	36.87	0.000	3.628286	4.035732
corr(shz,etf)	.9095217	.0027839	326.71	0.000	.9040654	.914978

图 7-45 不带常数项的 CCC 模型结果

（三）基于 Stata 的动态条件相关模型（DCC）

常条件相关模型假设条件相关系数为常数，不随时间而变，这在实际情况中可能并不现实，故下面采用动态条件相关模型，在 Stata15 中动态条件相关模型的建模语句如下

mgarch dcc(shz etf = L. shz L. etf) ,arch(1) nolog

结果如图 7-46 所示。

根据图 7-46，以上证指数涨跌幅为被解释变量，滞后一期的上证指数涨跌幅、滞后一期的上证 50etf 涨跌幅为解释变量所得到的方程为

$$shz = 0.04 - 0.26L1.shz + 0.34L1.etf$$

以上证 50etf 涨跌幅为被解释变量，滞后一期的上证指数涨跌幅、滞后一期的上证 50etf 涨跌幅为解释变量所得到的方程为

$$etf = 0.09 - 0.57L1.shz + 0.59L1.etf$$

从图 7-46 可以看出，以上证指数涨跌幅为被解释变量的方程中，常数项是不显著的（在 5% 的显著性水平下），因此，在这一方程中可以不带常数项，对应的命令语句如下

mgarch dcc(shz = L. shz L. etf, noconstant) (etf = L. shz L. etf) ,arch(1) nolog

Dynamic conditional correlation MGARCH model

Sample: 2 - 3919		Number of obs =	3,918
Distribution: Gaussian		Wald chi2(4) =	494.01
Log likelihood = -12400.63		Prob > chi2 =	0.0000

	Coef.	Std. Err.	z	P>|z|	[95% Conf. Interval]	
shz						
shz L1.	-.2639359	.0378777	-6.97	0.000	-.3381748	-.1896969
etf L1.	.3386433	.0218229	15.52	0.000	.2958711	.3814154
_cons	.0385824	.0233809	1.65	0.099	-.0072433	.0844082
ARCH_shz						
arch L1.	.3770586	.0235929	15.98	0.000	.3308173	.4232999
_cons	2.489708	.0768929	32.38	0.000	2.339001	2.640415
etf						
shz L1.	-.5669355	.0483495	-11.73	0.000	-.6616988	-.4721722
etf L1.	.5915925	.0306768	19.28	0.000	.531467	.6517179
_cons	.0894967	.0319711	2.80	0.005	.0268346	.1521589
ARCH_etf						
arch L1.	.4458625	.0271875	16.40	0.000	.3925761	.499149
_cons	4.732319	.1435214	32.97	0.000	4.451023	5.013616
corr(shz,etf)	.961812	.0029642	324.48	0.000	.9560022	.9676217
Adjustment						
lambda1	.0473704	.0035349	13.40	0.000	.0404421	.0542987
lambda2	.8924713	.0064746	137.84	0.000	.8797814	.9051612

图 7-46 DCC 模型结果

得到结果如图 7-47 所示。

根据图 7-47,以上证指数涨跌幅为被解释变量,滞后一期的上证指数涨跌幅、滞后一期的上证 50etf 涨跌幅为解释变量所得到的方程为

$$shz=-0.26L1.shz+0.34L1.etf$$

以上证 50etf 涨跌幅为被解释变量,滞后一期的上证指数涨跌幅、滞后一期的上证 50etf 涨跌幅为解释变量所得到的方程为

$$etf=0.04-0.57L1.shz+0.59L1.etf$$

由图 7-47 可以看出,所有系数都是显著的,上证指数涨跌幅和上证 50etf 涨跌幅的条件准相关系数为 0.96,且为显著的(在 5%的显著性水平下)。图 7-47 最后两行中,lambda1 即是 λ_1,lambda2 即是 λ_2,可以看出,λ_1 和 λ_2 满足:$0\leqslant\lambda_1+\lambda_2<1$,且 λ_1 和 λ_2 都是显著为正的(在 5%的显著性水平下),所以应该使用动态条件相关模型而不是常条件相关模型。

(四)基于 Stata 的可变条件相关模型(VCC)

在使用本数据集进行可变条件相关模型的拟合时,如果使用一阶滞后的上证指数涨跌幅和一阶滞后上证 50etf 涨跌幅作为解释变量,在 Stata 中输入如下命令

```
mgarch vcc(shz etf=L.shz L.etf),arch(1) nolog
```

```
Dynamic conditional correlation MGARCH model

Sample: 2 - 3919                              Number of obs     =      3,918
Distribution: Gaussian                        Wald chi2(4)      =     510.42
Log likelihood = -12401.99                    Prob > chi2       =     0.0000
```

	Coef.	Std. Err.	z	P>|z|	[95% Conf. Interval]	
shz						
shz L1.	-.2647138	.0377054	-7.02	0.000	-.3386151	-.1908125
etf L1.	.3408136	.0216126	15.77	0.000	.2984536	.3831736
ARCH_shz						
arch L1.	.3795852	.0236254	16.07	0.000	.3332802	.4258901
_cons	2.484317	.0767161	32.38	0.000	2.333956	2.634678
etf						
shz L1.	-.5683394	.0481429	-11.81	0.000	-.6626977	-.4739811
etf L1.	.5948821	.0304244	19.55	0.000	.5352514	.6545128
_cons	.0399394	.0109537	3.65	0.000	.0184705	.0614083
ARCH_etf						
arch L1.	.4473328	.0272308	16.43	0.000	.3939614	.5007043
_cons	4.726775	.1433397	32.98	0.000	4.445834	5.007715
corr(shz,etf)	.9617247	.0029668	324.17	0.000	.95591	.9675395
Adjustment						
lambda1	.0476753	.0035553	13.41	0.000	.0407069	.0546436
lambda2	.8918397	.0064927	137.36	0.000	.8791144	.9045651

图 7-47　去掉不显著项的 DCC 模型结果

结果不收敛，所以本例使用二阶滞后的上证指数涨跌幅和二阶滞后上证 50etf 涨跌幅作为解释变量，相应命令如下

```
mgarch vcc(shz etf=L2.shz L2.etf),arch(1) nolog
```

得到的结果如图 7-48 所示。

根据图 7-48 的结果，以上证指数涨跌幅为被解释变量，滞后二期的上证指数涨跌幅、滞后二期的上证 50etf 涨跌幅为解释变量所得到的方程为

$$shz=0.02-0.11L2.shz+0.07L2.etf$$

以上证 50etf 涨跌幅为被解释变量，滞后二期的上证指数涨跌幅、滞后二期的上证 50etf 涨跌幅为解释变量所得到的方程为

$$etf=0.07-0.17L2.shz+0.10L2.etf$$

去掉不显著的常数项，执行以下命令

```
mgarch vcc(shz etf=L2.shz L2.etf,noconstant),arch(1) nolog
```

Varying conditional correlation MGARCH model

Sample: 3 - 3919	Number of obs	=	3,917
Distribution: Gaussian	Wald chi2(4)	=	17.91
Log likelihood = -12685.36	Prob > chi2	=	0.0013

	Coef.	Std. Err.	z	P>|z|	[95% Conf.	Interval]
shz						
shz L2.	-.1149199	.028891	-3.98	0.000	-.1715453	-.0582946
etf L2.	.0668164	.0203796	3.28	0.001	.0268732	.1067596
_cons	.0208087	.0265177	0.78	0.433	-.0311651	.0727824
ARCH_shz						
arch L1.	.2926049	.022914	12.77	0.000	.2476943	.3375156
_cons	2.66701	.0743088	35.89	0.000	2.521368	2.812653
etf						
shz L2.	-.1706264	.0418638	-4.08	0.000	-.2526779	-.0885749
etf L2.	.0980643	.0306662	3.20	0.001	.0379596	.1581689
_cons	.0663608	.0378235	1.75	0.079	-.0077718	.1404935
ARCH_etf						
arch L1.	.2712302	.0227153	11.94	0.000	.226709	.3157513
_cons	5.610428	.1384674	40.52	0.000	5.339037	5.881819
corr(shz,etf)	.9629955	.0043543	221.16	0.000	.9544611	.9715298
Adjustment						
lambda1	.0001479	.0000665	2.23	0.026	.0000176	.0002781
lambda2	.9984397	.0001699	5877.34	0.000	.9981067	.9987726

图 7-48 VCC 模型结果

得到结果如图 7-49 所示。

根据图 7-49 的结果，以上证指数涨跌幅为被解释变量，滞后二期的上证指数涨跌幅、滞后二期的上证 50etf 涨跌幅为解释变量所得到的方程为

$$shz=-0.12L2.shz+0.07L2.etf$$

以上证 50etf 涨跌幅为被解释变量，滞后二期的上证指数涨跌幅、滞后二期的上证 50etf 涨跌幅为解释变量所得到的方程为

$$etf=-0.18L2.shz+0.10L2.etf$$

图 7-49 结果显示，上证指数涨跌幅和上证 50etf 涨跌幅的条件准相关系数为 0.96，且是显著的，在图 7-49 最后两行中，λ_1 和 λ_2 都是显著为正的（在 5%的显著性水平下），所以应该使用可变条件相关模型而不是常条件相关模型。

Varying conditional correlation MGARCH model

Sample: 3 - 3919	Number of obs = 3,917
Distribution: Gaussian	Wald chi2(4) = 18.48
Log likelihood = -12690.12	Prob > chi2 = 0.0010

	Coef.	Std. Err.	z	P>|z|	[95% Conf.	Interval]
shz						
shz L2.	-.1182095	.0294817	-4.01	0.000	-.1759927	-.0604264
etf L2.	.0688395	.0208795	3.30	0.001	.0279165	.1097626
ARCH_shz						
arch L1.	.2918277	.0228178	12.79	0.000	.2471056	.3365498
_cons	2.669978	.0743428	35.91	0.000	2.524269	2.815687
etf						
shz L2.	-.1772718	.042555	-4.17	0.000	-.260678	-.0938656
etf L2.	.1031372	.0314002	3.28	0.001	.0415939	.1646805
ARCH_etf						
arch L1.	.2715813	.0227693	11.93	0.000	.2269543	.3162083
_cons	5.619287	.1386881	40.52	0.000	5.347463	5.891111
corr(shz,etf)	.9632124	.0043539	221.23	0.000	.9546789	.9717458
Adjustment						
lambda1	.0001496	.0000657	2.28	0.023	.0000208	.0002785
lambda2	.9984455	.0001686	5923.07	0.000	.9981151	.9987759

图 7-49 不带常数项的 VCC 模型结果

本章习题

1. 在一个回归模型中，假设误差项具有条件异方差性质，可以使用 ARCH 模型来建模。请简要说明 ARCH 模型的基本原理，并解释如何对 ARCH 模型进行估计和检验。

2. 假设你有一个面板数据集，其中包含多个公司的收入和员工数量。你想研究收入和员工数量之间的关系，并考虑到可能存在的条件异方差性。请提出一个可以处理条件异方差的面板数据模型，并解释该模型的优势和应用。

3. 在金融领域中，经常出现的问题是如何预测股票收益率，并考虑到可能存在的条件异方差性。请提出一个适用于预测股票收益率的条件异方差模型，并解释该模型的理论基础。

4. 假设你有一个时间序列数据集，其中包含了某个城市每月的房屋销售价格。你想研究房屋销售价格的波动，并考虑到可能存在的条件异方差性。请提出一个可以处理条件异方差的时间序列模型，并解释该模型的适用性和限制。

第八章 向量自回归模型

本章将介绍向量自回归模型(VAR)及其在经济学中的应用。

通过本章的学习,读者将能够掌握 VAR 模型及其在经济学中的应用,了解 VAR 模型与协整的关系,掌握 VAR 模型中协整向量的估计与检验方法,了解 SVAR 模型的基本原理和应用。

第一节 向量自回归模型原理、案例与软件操作

1980 年,西姆斯(Sims)提出向量自回归模型(vector autoregressive model)。该模型采用多方程联立的形式,它不以经济理论为基础,在模型的每一个方程中,内生变量对模型的全部内生变量的滞后值进行回归,从而估计全部内生变量的动态关系。

、向量自回归模型原理

(一) VAR 模型定义

VAR 模型是自回归模型的联立形式,所以称向量自回归模型。假设 y_{1t}、y_{2t}之间存在关系,如果分别建立两个自回归模型

$$y_{1,t}=f(y_{1,t-1},y_{1,t-2},\cdots)$$

$$y_{2,t}=f(y_{2,t-1},y_{2,t-2},\cdots)$$

则无法捕捉两个变量之间的关系。如果采用联立的形式,就可以建立起两个变量之间的关系。VAR 模型的结构与两个参数有关,一个是所含变量个数 N,另一个是最大滞后阶数 k。

以两个变量 y_{1t}、y_{2t}滞后 1 期的 VAR 模型为例

$$\begin{cases} y_{1,t}=\mu_1+\pi_{11.1}y_{1,t-1}+\pi_{12.1}y_{2,t-1}+u_{1t} \\ y_{2,t}=\mu_2+\pi_{21.1}y_{1,t-1}+\pi_{22.1}y_{2,t-1}+u_{2t} \end{cases} \tag{8.1}$$

其中

$$u_{1t},u_{2t}\sim \mathrm{IID}(0,\sigma^2),Cov(u_{1t},u_{2t})=0$$

写成矩阵形式是

$$\begin{bmatrix} y_{1t} \\ y_{2t} \end{bmatrix}=\begin{bmatrix} \mu_1 \\ \mu_2 \end{bmatrix}+\begin{bmatrix} \pi_{11.1} & \pi_{12.1} \\ \pi_{21.1} & \pi_{22.1} \end{bmatrix}\begin{bmatrix} y_{1,t-1} \\ y_{2,t-1} \end{bmatrix}+\begin{bmatrix} u_{1t} \\ u_{2t} \end{bmatrix} \tag{8.2}$$

设

$$\boldsymbol{Y}_t=\begin{bmatrix} y_{1t} \\ y_{2t} \end{bmatrix},\boldsymbol{\mu}=\begin{bmatrix} \mu_1 \\ \mu_2 \end{bmatrix},\boldsymbol{\Pi}_1=\begin{bmatrix} \pi_{11.1} & \pi_{12.1} \\ \pi_{21.1} & \pi_{22.1} \end{bmatrix},\boldsymbol{u}_t=\begin{bmatrix} u_{1t} \\ u_{2t} \end{bmatrix}$$

则

$$\boldsymbol{Y}_t=\boldsymbol{\mu}+\boldsymbol{\Pi}_1\boldsymbol{Y}_{t-1}+\boldsymbol{u}_t \tag{8.3}$$

那么，含有 N 个变量、滞后 k 期的 VAR 模型表示如下

$$\boldsymbol{Y}_t=\boldsymbol{\mu}+\boldsymbol{\Pi}_1\boldsymbol{Y}_{t-1}+\boldsymbol{\Pi}_2\boldsymbol{Y}_{t-2}+\cdots+\boldsymbol{\Pi}_k\boldsymbol{Y}_{t-k}+\boldsymbol{u}_t,\boldsymbol{u}_t\sim\mathrm{IID}(\boldsymbol{0},\boldsymbol{\Omega}) \tag{8.4}$$

其中

$$\boldsymbol{Y}_t=(y_{1,t}\quad y_{2,t}\quad\cdots\quad y_{N,t})'$$

$$\boldsymbol{\mu}=(\mu_1\quad\mu_2\quad\cdots\quad\mu_N)'$$

$$\boldsymbol{\Pi}_j=\begin{bmatrix}\pi_{11.j} & \pi_{12.j} & \cdots & \pi_{1N.j}\\ \pi_{21.j} & \pi_{22.j} & \cdots & \pi_{2N.j}\\ \vdots & \vdots & & \vdots\\ \pi_{N1.j} & \pi_{N2.j} & \cdots & \pi_{NN.j}\end{bmatrix},j=1,2,\cdots,k$$

$$\boldsymbol{u}_t=(u_{1,t}\quad u_{2,t}\quad\cdots\quad u_{N,t})'$$

$\boldsymbol{Y}_t$ 为 $N\times1$ 阶时间序列列向量。$\boldsymbol{\mu}$ 为 N 维常数项列向量。$\boldsymbol{\Pi}_1,\cdots,\boldsymbol{\Pi}_k$ 均为 $N\times N$ 的参数矩阵，$\boldsymbol{u}_t\sim\mathrm{IID}(\boldsymbol{0},\boldsymbol{\Omega})$ 是 N 维随机误差列向量，其中每一个方程的误差项都是非自相关的，但不同方程对应的随机误差之间可能相关。

因为 VAR 模型中每个方程的右侧只含有内生变量的滞后项，它们与 $\boldsymbol{u}_t$ 是不相关的，所以可以用 OLS 法依次估计每一个方程，得到的参数估计量都具有一致性。

VAR 模型的特点是：

（1）不以严格的经济理论为依据。在建模过程中只需明确两件事：① 共有哪些变量是相互有关系的，把有关系的变量包括在 VAR 模型中；② 确定滞后期 k，使模型能反映出变量间相互影响的绝大部分。

（2）VAR 模型对参数不施加零约束。无论参数估计值有无显著性，都保留在模型中。

（3）VAR 模型的解释变量中不包括任何当期变量，所有与联立方程组模型有关的问题在 VAR 模型中都不存在。

（4）VAR 模型有相当多的参数需要估计。比如一个 VAR 模型含有 3 个变量，最大滞后期 $k=3$，则有 $kN^2=3\times3^2=27$ 个参数需要估计。当样本容量较小时，参数的估计量误差较大。

（5）无约束 VAR 模型可以用于预测。由于在 VAR 模型中每个方程的右侧都不含有当期变量，这种模型用于预测的优点是不必对解释变量在预测期内的取值做任何预测。

（二）VAR 模型的稳定性特征

稳定性是指当把一个脉动冲击施加在 VAR 模型中某一个方程的新息（innovation）过程上时，随着时间的推移，分析这个冲击是否会逐渐地消失。如果是逐渐地消失，那么系统是稳定的；否则，系统是不稳定的。

下面以一阶 VAR 模型

$$\boldsymbol{Y}_t=\boldsymbol{\mu}+\boldsymbol{\Pi}_1\boldsymbol{Y}_{t-1}+\boldsymbol{u}_t \tag{8.5}$$

为例。当 $t=1$ 时，有

$$\boldsymbol{Y}_1=\boldsymbol{\mu}+\boldsymbol{\Pi}_1\boldsymbol{Y}_0+\boldsymbol{u}_1 \tag{8.6}$$

当 $t=2$ 时，采用迭代方式计算

$$\begin{aligned}\boldsymbol{Y}_2&=\boldsymbol{\mu}+\boldsymbol{\Pi}_1\boldsymbol{Y}_1+\boldsymbol{u}_2=\boldsymbol{\mu}+\boldsymbol{\Pi}_1(\boldsymbol{\mu}+\boldsymbol{\Pi}_1\boldsymbol{Y}_0+\boldsymbol{u}_1)+\boldsymbol{u}_2\\&=(\boldsymbol{I}+\boldsymbol{\Pi}_1)\boldsymbol{\mu}+\boldsymbol{\Pi}_1^2\boldsymbol{Y}_0+\boldsymbol{\Pi}_1\boldsymbol{u}_1+\boldsymbol{u}_2\end{aligned}\tag{8.7}$$

当 $t=3$ 时，进一步迭代

$$\begin{aligned}\boldsymbol{Y}_3&=\boldsymbol{\mu}+\boldsymbol{\Pi}_1\boldsymbol{Y}_2+\boldsymbol{u}_3=\boldsymbol{\mu}+\boldsymbol{\Pi}_1[(\boldsymbol{I}+\boldsymbol{\Pi}_1)\boldsymbol{\mu}+\boldsymbol{\Pi}_1^2\boldsymbol{Y}_0+\boldsymbol{\Pi}_1\boldsymbol{u}_1+\boldsymbol{u}_2]+\boldsymbol{u}_3\\&=(\boldsymbol{I}+\boldsymbol{\Pi}_1+\boldsymbol{\Pi}_1^2)\boldsymbol{\mu}+\boldsymbol{\Pi}_1^3\boldsymbol{Y}_0+\boldsymbol{\Pi}_1^2\boldsymbol{u}_1+\boldsymbol{\Pi}_1\boldsymbol{u}_2+\boldsymbol{u}_3\end{aligned}\tag{8.8}$$

…………

对于 t 期，按上述形式推导

$$\boldsymbol{Y}_t=(\boldsymbol{I}+\boldsymbol{\Pi}_1+\boldsymbol{\Pi}_1^2+\cdots+\boldsymbol{\Pi}_1^{t-1})\boldsymbol{\mu}+\boldsymbol{\Pi}_1^t\boldsymbol{Y}_0+\sum_{i=0}^{-1}\boldsymbol{\Pi}_1^i\boldsymbol{u}_{t-i}\tag{8.9}$$

由上式可知，$\Pi_1^0=\boldsymbol{I}$。通过上述变换，把 $\boldsymbol{Y}_t$ 表示成了漂移项向量 μ、初始值向量 $\boldsymbol{Y}_0$ 和新息向量 $\boldsymbol{u}_t$ 的函数。可见系统是否稳定取决于漂移项向量 μ、初始值向量 $\boldsymbol{Y}_0$ 和新息向量 $\boldsymbol{u}_t$ 经受冲击后的表现。

假定模型是稳定的，将有如下 3 个结论。

（1）假设当 $t=1$ 时，对 μ 施加一个单位的冲击，那么到 t 期的影响是

$$(\boldsymbol{I}+\boldsymbol{\Pi}_1+\boldsymbol{\Pi}_1^2+\cdots+\boldsymbol{\Pi}_1^{t-1})$$

当 $t\to\infty$ 时，此影响是一个有限值 $(\boldsymbol{I}-\boldsymbol{\Pi}_1)^{-1}$。

（2）假设在初始值 $\boldsymbol{Y}_0$ 上施加一个单位的冲击，到 t 期的影响是 $\boldsymbol{\Pi}_1^t$。随着 $t\to\infty$，$\Pi_1^t\to0$，影响消失（因为对于平稳的 VAR 模型，$\boldsymbol{\Pi}_1$ 中的元素小于 1，所以随着 $t\to\infty$，取 t 次方后，$\Pi_1^t\to0$）。

（3）从 $\sum_{i=0}^{t-1}\Pi_1^i\boldsymbol{u}_{t-i}$ 项可以看出，白噪声中的冲击离 t 期越远，影响力就越小。$\sum_{i=0}^{t-1}\Pi_1^i=(\boldsymbol{I}-\Pi_1)^{-1}$ 被称作长期乘子矩阵，是对 $\sum_{i=0}^{t-1}\Pi_1^i\boldsymbol{u}_{t-i}$ 求期望得到的。

从对单一方程的分析知道，含有单位根的自回归过程对新息中的脉动冲击有长久的记忆能力。同理，含有单位根的 VAR 模型也是非平稳过程。当新息中存在脉动冲击时，VAR 模型中内生变量的响应不会随时间的推移而消失。

（三）VAR 模型稳定的条件

VAR 模型稳定的充分与必要条件是 $\boldsymbol{\Pi}_1$（见（8.3）式）的所有特征值都要在单位圆以内（在以横轴为实数轴、纵轴为虚数轴的坐标体系中，以原点为圆心、半径为 1 的圆称为单位圆），或特征值的模都要小于 1。

先回顾单方程情形。以 AR(2) 过程

$$y_t=\phi_1y_{t-1}+\phi_2y_{t-2}+u_t\tag{8.10}$$

为例。改写为

$$(1-\phi_1L-\phi_2L^2)y_t=\Phi(L)y_t=u_t\tag{8.11}$$

y_t 稳定的条件是 $\Phi(L)=0$ 的根必须在单位圆以外。

对于 VAR 模型，用特征方程判别稳定性。以（8.3）式 $\boldsymbol{Y}_t=\boldsymbol{\mu}+\boldsymbol{\Pi}_1\boldsymbol{Y}_{t-1}+\boldsymbol{u}_t$ 为例，改写为

$$(\boldsymbol{I}-\boldsymbol{\Pi}_1L)\boldsymbol{Y}_t=\boldsymbol{\mu}+\boldsymbol{u}_t\tag{8.12}$$

其中，$\boldsymbol{A}(L)=(\boldsymbol{I}-\boldsymbol{\Pi}_1L)$。VAR 模型稳定的条件是特征方程 $|\boldsymbol{\Pi}_1-\lambda\boldsymbol{I}|=0$ 的根都在单位圆以内，

特征方程 $|\boldsymbol{\Pi}_1-\lambda\boldsymbol{I}|=0$ 的根就是 $\boldsymbol{\Pi}_1$ 的特征值。

VAR 模型的稳定性也可以用相反的特征方程(reverse characteristic function) $|\boldsymbol{I}-L\boldsymbol{\Pi}_1|=0$ 判别,即保持 VAR 模型平稳的条件是相反的特征方程 $|\boldsymbol{I}-L\boldsymbol{\Pi}_1|=0$ 的根都在单位圆以外。

注意:

(1) 特征方程与相反的特征方程的根互为倒数,$\lambda=1/L$。

(2) 在单方程模型中,通常用相反的特征方程 $\Phi(L)=0$ 的根描述模型的稳定性,而在 VAR 模型中通常用特征方程 $|\boldsymbol{\Pi}_1-\lambda\boldsymbol{I}|=0$ 的根描述模型的稳定性,即单变量过程稳定的条件是相反的特征方程 $\Phi(L)=0$ 的根都要在单位圆以外。VAR 模型稳定的条件是,相反的特征方程 $|\boldsymbol{I}-L\boldsymbol{\Pi}_1|=0$ 的根都要在单位圆以外,或特征方程 $|\boldsymbol{\Pi}_1-\lambda\boldsymbol{I}|=0$ 的根都要在单位圆以内。

对于 $k>1$ 的 k 阶 VAR 模型可以通过友矩阵变换(companion form),改写成 1 阶分块矩阵的 VAR 模型形式,然后利用其特征方程的根判别稳定性。具体变换过程如下。

给出 k 阶 VAR 模型

$$\boldsymbol{Y}_t=\boldsymbol{\mu}+\boldsymbol{\Pi}_1\boldsymbol{Y}_{t-1}+\boldsymbol{\Pi}_2\boldsymbol{Y}_{t-2}+\cdots+\boldsymbol{\Pi}_k\boldsymbol{Y}_{t-k}+\boldsymbol{u}_t \tag{8.13}$$

再给出如下等式

$$\boldsymbol{Y}_{t-1}=\boldsymbol{Y}_{t-1}$$

$$\boldsymbol{Y}_{t-2}=\boldsymbol{Y}_{t-2}$$

$$\cdots\cdots\cdots\cdots$$

$$\boldsymbol{Y}_{t-k+1}=\boldsymbol{Y}_{t-k+1}$$

把以上 k 个等式写成分块矩阵形式

$$\begin{bmatrix}\boldsymbol{Y}_t\\ \boldsymbol{Y}_{t-1}\\ \boldsymbol{Y}_{t-2}\\ \vdots\\ \boldsymbol{Y}_{t-k+1}\end{bmatrix}_{NK\times1}=\begin{bmatrix}\boldsymbol{\mu}\\ \boldsymbol{0}\\ \boldsymbol{0}\\ \vdots\\ \boldsymbol{0}\end{bmatrix}_{NK\times1}+\begin{bmatrix}\boldsymbol{\Pi}_1 & \boldsymbol{\Pi}_2 & \cdots & \boldsymbol{\Pi}_{k-1} & \boldsymbol{\Pi}_k\\ \boldsymbol{I} & \boldsymbol{0} & \cdots & \boldsymbol{0} & \boldsymbol{0}\\ \boldsymbol{0} & \boldsymbol{I} & \cdots & \boldsymbol{0} & \boldsymbol{0}\\ \vdots & \vdots & & \vdots & \vdots\\ \boldsymbol{0} & \boldsymbol{0} & \cdots & \boldsymbol{I} & \boldsymbol{0}\end{bmatrix}_{NK\times NK}\begin{bmatrix}\boldsymbol{Y}_{t-1}\\ \boldsymbol{Y}_{t-2}\\ \boldsymbol{Y}_{t-3}\\ \vdots\\ \boldsymbol{Y}_{t-k}\end{bmatrix}_{NK\times1}+\begin{bmatrix}\boldsymbol{u}_t\\ \boldsymbol{0}\\ \boldsymbol{0}\\ \vdots\\ \boldsymbol{0}\end{bmatrix}_{NK\times1} \tag{8.14}$$

令

$$\mathbf{Y}_t=(\boldsymbol{Y}_{t-1}\boldsymbol{Y}_{t-2}\cdots\boldsymbol{Y}_{t-k+1})'$$

$$\mathbf{A}_0=(\boldsymbol{\mu}\quad \boldsymbol{0}\quad \boldsymbol{0}\quad \cdots\quad \boldsymbol{0})'_{NK\times1}$$

$$\mathbf{A}_1=\begin{bmatrix}\boldsymbol{\Pi}_1 & \boldsymbol{\Pi}_2 & \cdots & \boldsymbol{\Pi}_{k-1} & \boldsymbol{\Pi}_k\\ \boldsymbol{I} & \boldsymbol{0} & \cdots & \boldsymbol{0} & \boldsymbol{0}\\ \boldsymbol{0} & \boldsymbol{I} & \cdots & \boldsymbol{0} & \boldsymbol{0}\\ \vdots & \vdots & & \vdots & \vdots\\ \boldsymbol{0} & \boldsymbol{0} & \cdots & \boldsymbol{I} & \boldsymbol{0}\end{bmatrix}_{NK\times NK}$$

$$\mathbf{U}_t=(\boldsymbol{u}_t\quad \boldsymbol{0}\quad \boldsymbol{0}\quad \cdots\quad \boldsymbol{0})'_{NK\times1}$$

则上式可写为

$$\mathbf{Y}_t=\mathbf{A}_0+\mathbf{A}_1\mathbf{Y}_{t-1}+\mathbf{U}_t \tag{8.15}$$

注意,用友矩阵变换的矩阵(向量)用正黑体字母表示。k 阶 VAR 模型用友矩阵表示成了 1 阶分块矩阵的 VAR 模型。

VAR 模型的稳定性要求 $\boldsymbol{A}_1$ 的全部特征值，即特征方程 $|\boldsymbol{A}_1-\lambda\boldsymbol{I}|=0$ 的全部根必须在单位圆以内或相反的特征方程 $|\boldsymbol{I}-L\boldsymbol{A}_1|=0$ 的全部根必须在单位圆以外。

（四）VAR 模型的脉冲响应函数和方差分解

由于 VAR 模型参数的 OLS 估计量只具有一致性，单个参数估计值的经济解释是很困难的。要想对一个 VAR 模型做出分析，通常是观察系统的脉冲响应函数和方差分解。

1. 脉冲响应函数

脉冲响应函数描述一个内生变量对误差冲击的反应。具体地说，它描述的是在随机误差项上施加一个标准差大小的冲击后对内生变量的当期值和未来值所带来的影响。

对于如下 VAR 模型，如果 $y_{1,t}$ 表示 GDP，$y_{2,t}$ 表示货币供应量

$$\begin{cases}y_{1,t}=\mu_1+\pi_{11.1}y_{1,t-1}+\pi_{12.1}y_{2,t-1}+u_{1t}\\ y_{2,t}=\mu_2+\pi_{21.1}y_{1,t-1}+\pi_{22.1}y_{2,t-1}+u_{2t}\end{cases}\tag{8.16}$$

在模型(8.16)中，如果误差 u_{1t} 和 u_{2t} 不相关，就很容易解释单个参数估计值的经济意义。u_{1t} 是 $y_{1,t}$ 的误差项，u_{2t} 是 $y_{2,t}$ 的误差项。u_{2t} 的脉冲响应函数衡量当期一个标准差的货币冲击对 GDP 和货币供应量的当前值和未来值的影响。

VAR 模型可以表示成为无限阶的向量 MA(∞)过程，具体方法是把 VAR(k)模型通过友矩阵变换改写成一个 VAR(1)模型。

$$\begin{aligned}&\boldsymbol{Y}_t=\boldsymbol{A}_1\boldsymbol{Y}_{t-1}+\boldsymbol{U}_t\\&(\boldsymbol{I}-L\boldsymbol{A}_1)\boldsymbol{Y}_t=\boldsymbol{U}_t\\&\boldsymbol{Y}_t=(\boldsymbol{I}-L\boldsymbol{A}_1)^{-1}\boldsymbol{U}_t\\&\quad=\boldsymbol{U}_t+\boldsymbol{A}_1\boldsymbol{U}_{t-1}+\boldsymbol{A}_1^2\boldsymbol{U}_{t-2}+\cdots+\boldsymbol{A}_1^s\boldsymbol{U}_{t-s}+\cdots\end{aligned}$$

这是一个无限阶的向量 MA(∞)过程，或写成

$$\boldsymbol{Y}_{t+s}=\boldsymbol{U}_{t+s}+\boldsymbol{A}_1\boldsymbol{U}_{t+s-1}+\boldsymbol{A}_1^2\boldsymbol{U}_{t+s-2}+\cdots+\boldsymbol{A}_1^s\boldsymbol{U}_t+\cdots$$

$$\boldsymbol{Y}_{t+s}=\boldsymbol{U}_{t+s}+\boldsymbol{\Psi}_1\boldsymbol{U}_{t+s-1}+\boldsymbol{\Psi}_2\boldsymbol{U}_{t+s-2}+\cdots+\boldsymbol{\Psi}_s\boldsymbol{U}_t+\cdots\tag{8.17}$$

其中

$$\boldsymbol{\Psi}_1=\boldsymbol{A}_1,\boldsymbol{\Psi}_2=\boldsymbol{A}_1^2,\cdots,\boldsymbol{\Psi}_s=\boldsymbol{A}_1^s,$$

显然，由(8.17)式有下式成立

$$\boldsymbol{\Psi}_s=\frac{\partial\boldsymbol{Y}_{t+s}}{\partial\boldsymbol{U}_t}$$

$\boldsymbol{\Psi}_s$ 中第 i 行第 j 列元素表示的是，当其他误差项在任何时期都不变的条件下，第 j 个变量对应的误差项 u_{jt} 在 t 期受到一个单位的冲击后，对第 i 个内生变量在 $t+s$ 期造成的影响。

把 $\boldsymbol{\Psi}_s$ 中第 i 行第 j 列元素

$$\frac{\partial y_{i,t+s}}{\partial_{u_{jt}}},s=1,2,3,\cdots$$

称作脉冲响应函数(impulse-response function)，脉冲响应函数描述了其他变量在 t 期以及以前各期保持不变的前提下，$y_{i,t+s}$ 对 $y_{j,t}$ 一次冲击的响应过程。

脉冲响应函数解释困难是因为误差项从来都不是完全非相关的。当误差项相关时，它们有一个共同的组成部分，不能被任何特定的变量所识别。为处理这一问题，常引入一个变换矩阵

$\boldsymbol{M}$ 与 $\boldsymbol{u}_t$ 相乘，

$$\boldsymbol{v}_t=\boldsymbol{M}\boldsymbol{u}_t\sim(\boldsymbol{0},\boldsymbol{\Omega})$$

从而把 $\boldsymbol{u}_t$ 的方差协方差矩阵变换为一个对角矩阵 $\boldsymbol{\Omega}$，使误差项正交。现在有多种方法。其中一种变换方法称作乔利斯基(Cholesky)分解法。

乔利斯基分解法将原误差项中相关的部分归因于 VAR 模型中第一个变量的随机扰动项。

虽然乔利斯基分解被广泛应用，但在共同部分的归属上仍存在一定的随意性。因为方程顺序的改变将会影响脉冲响应函数的结果，所以在解释脉冲响应函数时需特别谨慎。

由于 VAR 模型可以表示成无限阶的向量 MA(∞)过程。

$$\boldsymbol{Y}_t=\boldsymbol{\mu}+\boldsymbol{u}_t+\boldsymbol{\Psi}_1\boldsymbol{u}_{t-1}+\boldsymbol{\Psi}_2\boldsymbol{u}_{t-2}+\cdots \tag{8.18}$$

对于 u_t 中的每一个误差项，内生变量都对应着一个脉冲响应函数。如一个含有 4 个内生变量的 VAR 将有 16 个脉冲响应函数。

2. 方差分解

另一个评价 VAR 模型的方法是方差分解，方差分解用于分析每个变量对系统波动的贡献程度。该方法通常基于以下步骤进行。

(1) 估计 VAR 模型。

使用最大似然估计等方法估计 VAR 模型的系数。

(2) 计算协方差矩阵。

使用 VAR 模型的估计结果，计算系统中每个变量的协方差矩阵，该协方差矩阵反映了变量之间的联动关系。

(3) 进行方差分解。

方差分解是通过计算每个变量在系统波动中的贡献来进行的。具体而言，方差分解将系统波动分解为自身冲击(idiosyncratic shocks)和来自其他变量的冲击(cross-impacts)。这种分解可以通过计算协方差矩阵的特征值和特征向量来实现。

(4) 分析结果。

方差分解的结果可以用来评估每个变量对系统波动的贡献。通过比较每个变量的贡献度，可以了解系统中哪些变量对整体波动起主导作用，哪些变量受其他变量的影响较大。

(五) VAR 模型滞后期 k 的选择

建立 VAR 模型除了要满足平稳性条件外，还应该正确确定滞后期 k。如果滞后期太少，误差项的自相关会很严重，并导致参数估计的非一致性。正如在第四章介绍 ADF 检验的原理一样，在 VAR 模型中适当加大 k 值(增加滞后变量个数)，可以消除误差项中存在的自相关。但从另一方面看，k 值又不宜过大。k 值过大会导致自由度减小，直接影响模型参数估计量的有效性。下面介绍几种选择 k 值的方法。

(1) 用 LR 统计量选择 k 值。LR(似然比)统计量定义为

$$LR=-2(\log L_{(k)}-\log L_{(k+1)})\sim\chi^2_{(N^2)} \tag{8.19}$$

其中，$\log L_{(k)}$ 和 $\log L_{(k+1)}$ 分别是 VAR(k)和 VAR(k+1)模型的极大似然估计值。k 表示 VAR 模型中滞后变量的最大滞后期。LR 统计量渐近服从 $\chi^2_{(N^2)}$ 分布。显然，当 VAR 模型滞后期的增加不会给极大似然函数值带来显著性增大时，即 LR 统计量的值小于临界值时，新增加的滞后变量

对 VAR 模型毫无意义。应该注意，当样本容量与被估参数个数相比不够充分大时，LR 的有限样本分布与 LR 渐近分布存在很大差异。

（2）用赤池（Akaike）信息准则（AIC）选择 k 值。

$$AIC = \log\left(\sum_{t=1}^{T} \hat{u}_t^2 \Big/ T\right) + \frac{2k}{T} \tag{8.20}$$

其中，$\hat{u}_t$ 表示残差，T 表示样本容量，k 表示最大滞后期。选择 k 值的原则是在增加 k 值的过程中使 AIC 的值达到最小。

（3）用施瓦茨（Schwartz）准则（SC）选择 k 值。

$$SC = \log\left(\sum_{t=1}^{T} \hat{u}_t^2 \Big/ T\right) + \frac{k\log T}{T} \tag{8.21}$$

其中，$\hat{u}_t$ 表示残差，T 表示样本容量，k 表示最大滞后期。选择最佳 k 值的原则是在增加 k 值的过程中使 SC 值达到最小。

（六）格兰杰非因果性检验

VAR 模型还可用来检验一个变量与另一个变量是否存在因果关系。计量经济学中格兰杰（Granger）非因果性定义如下：

如果由 y_t 和 x_t 滞后值所决定的 y_t 的条件分布与仅由 y_t 滞后值所决定的条件分布相同，即

$$f(y_t \mid y_{t-1}, \cdots, x_{t-1}, \cdots) = f(y_t \mid y_{t-1}, \cdots) \tag{8.22}$$

则称 x_{t-1} 对 y_t 存在格兰杰非因果性。

格兰杰非因果性的另一种表述是其他条件不变，若加上 x_t 的滞后变量后对 y_t 的预测精度不存在显著性改善，则称 x_{t-1} 对 y_t 存在格兰杰非因果性关系。

通常总是把 x_{t-1} 对 y_t 存在非因果关系表述为 x_t（去掉下标 -1）对 y_t 存在非因果关系（严格讲，这种表述是不正确的）。在实际中，除了使用格兰杰非因果性概念外，也使用“格兰杰因果性”概念。顾名思义，这个概念首先由格兰杰（Granger，1969）提出，西姆斯（Sims，1972）也提出因果性定义，这两个定义是一致的。

根据以上定义，x_t 对 y_t 是否存在因果关系的检验可通过检验 VAR 模型以 y_t 为被解释变量的方程中是否可以把 x_t 的全部滞后变量剔除掉而完成。比如，VAR 模型中以 y_t 为被解释变量的方程表示如下

$$y_t = \sum_{i=1}^{k} \alpha_i y_{t-i} + \sum_{i=1}^{k} \beta_i x_{t-i} + u_{1t} \tag{8.23}$$

如有必要，常数项、趋势项、季节虚拟变量等都可以包括在上式中。则检验 x_t 对 y_t 存在格兰杰非因果性的零假设是

$$H_0: \beta_1 = \beta_2 = \cdots = \beta_k = 0$$

如果 x_t 的任何一个滞后变量的回归参数的估计值存在显著性，则结论应是 x_t 对 y_t 存在格兰杰因果关系。上述检验可用 F 统计量完成。

$$F = \frac{(SSE_r - SSE_u)/k}{SSE_u/(T-kN)} \tag{8.24}$$

其中，SSE_r 表示施加约束（零假设成立）后的残差平方和，SSE_u 表示不施加约束条件下的残差平方和，k 表示最大滞后期，N 表示 VAR 模型中所含当期变量个数，T 表示样本容量。在零假设成立条件下，F 统计量近似服从 $F_{(k,T-kN)}$ 分布。用样本计算的 F 值如果落在临界值以内，不拒绝原假设，即 x_t 对 y_t 不存在格兰杰因果关系。

二、案例分析与软件操作

【案例 8-1】 分析外商投资对经济增长的影响，数据来源于国家统计局网站 1985—2020 年全国外商实际投资额和国内生产总值。

（一）EViews 软件操作

1. 导入数据

首先建立工作文件，方法前面已经介绍，此处不再重复。在命令栏输入“data lnfdi lngdp”，从 Excel 文件中复制数据到序列对象 lnfdi、lngdp 中，结果见图 8-1。

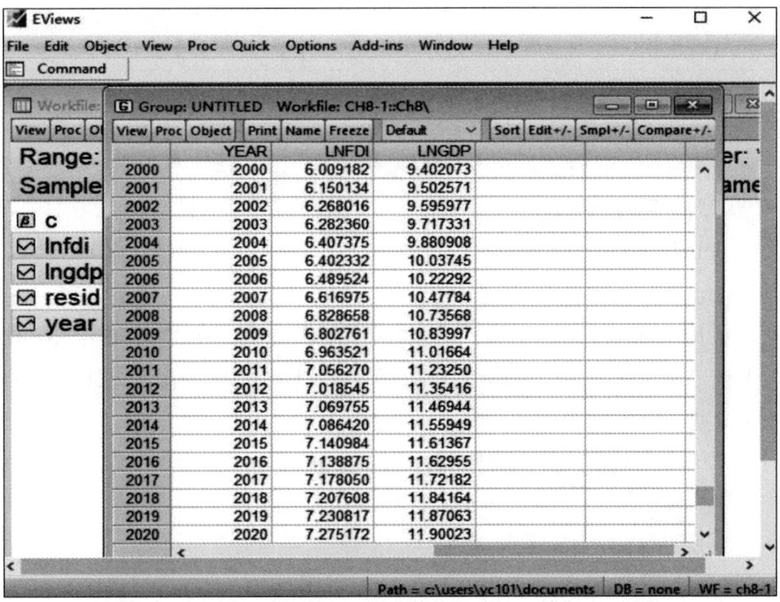

	YEAR	LNFDI	LNGDP
2000	2000	6.009182	9.402073
2001	2001	6.150134	9.502571
2002	2002	6.268016	9.595977
2003	2003	6.282360	9.717331
2004	2004	6.407375	9.880908
2005	2005	6.402332	10.03745
2006	2006	6.489524	10.22292
2007	2007	6.616975	10.47784
2008	2008	6.828658	10.73568
2009	2009	6.802761	10.83997
2010	2010	6.963521	11.01664
2011	2011	7.056270	11.23250
2012	2012	7.018545	11.35416
2013	2013	7.069755	11.46944
2014	2014	7.086420	11.55949
2015	2015	7.140984	11.61367
2016	2016	7.138875	11.62955
2017	2017	7.178050	11.72182
2018	2018	7.207608	11.84164
2019	2019	7.230817	11.87063
2020	2020	7.275172	11.90023

图 8-1　导入数据

2. 单位根检验

对 LNFDI 做单位根检验，单击“View→Unit Root Tets→Augmented Dickey-Fuller”，选择 ADF 检验，根据 SC 信息来选择滞后阶数。可对水平（Level）、一阶差分（1st difference）和二阶差分（2nd difference）这三种序列检验在含有截距项（Intercept）、含有时间趋势和截距项（Trend and Intercept）以及不含有时间趋势也不含有截距项（None）的情形下是否平稳。如果 P 值大于 0.05，则不拒绝原假设，认为存在单位根。

本案例对 LNFDI 进行单位根检验，LNFDI 在水平下不平稳。一阶差分含时间趋势和截距项的检验，不拒绝原假设；一阶差分含截距项的检验，拒绝原假设，但是检验 C（截距项）是否存在的 P 值为 0.156 8，不显著；一阶差分既不含时间趋势也不含截距项的检验，拒绝原假设，对比 Akaike info criterion（AIC）、Schwarz criterion（SC）、Hannan-Quinn criter（HQ）的情况，含最小值多的为情况三，状态为检验(0,0,0)。

同样方式检验 LNGDP，一阶差分含截距项的检验，拒绝原假设，检验 C 是否存在的 P 值为 0.000 8，小于 0.01，故截距项显著，所以 LNGDP 的一阶差分含截距项。对比 Akaike info criterion (AIC)、Schwarz criterion(SC)、Hannan-Quinn criter(HQ)三者都最小的情况为只含截距项，检验状态是(C,0,0)。表 8-1 是模型变量的 ADF 检验结果。

表 8-1 模型变量的 ADF 检验结果

变量	检验类型	ADF 检验值	5%水平下的 ADF 统计量临界值	结论
LNFDI	(C,T,1)/ (C,0,2)/ (0,0,2)	-1.674 420/ -2.203 932/ 1.336 041	-3.548 490/ -2.954 021/ -1.951 332	不平稳
D(LNFDI)	(0,0,0)	-2.847 891	-1.951 000	平稳*
LNGDP	(C,T,0)/ (C,0,0)/ (0,0,0)	-2.574 470/ 1.150 928/ 7.145 717	-3.544 282/ -2.948 404/ -1.950 687	不平稳
D(LNGDP)	(C,0,0)	-4.719 798	-2.951 125	平稳*

注：检验类型中的 C、T、K 表示单位根平稳性检验中的常数项、时间趋势项和滞后阶数；D 表示原序列对数的一阶差分形式，* 表示变量差分后在 1%的显著性水平下通过 ADF 平稳性检验。

3. 确定 VAR 模型滞后阶数

在命令栏输入：genr dlngdp = d(lngdp)

genr dlnfdi = d(lnfdi)

选定"dlnfdi"，按下 Ctrl 键，一起选定"dlngdp"，点击右键，在菜单中点击"Open→as VAR"，构建 VAR 模型，单击"View→Lag Structure→Lag Length Criteria"，结果见图 8-2，确认最优阶数为 * 最多那行对应的阶数，本例为 4 阶。

VAR Lag Order Selection Criteria
Endogenous variables: DLNFDI DLNGDP
Exogenous variables: C
Date: 04/27/21 Time: 18:03
Sample: 1985 2020
Included observations: 29

Lag	LogL	LR	FPE	AIC	SC	HQ
0	31.27651	NA	0.000455	-2.019069	-1.924773	-1.989537
1	40.52205	16.57822	0.000317	-2.380831	-2.097942*	-2.292234
2	46.78179	10.36094	0.000273	-2.536675	-2.065194	-2.389013
3	50.31791	5.365155	0.000286	-2.504684	-1.844610	-2.297957
4	57.68660	10.16371*	0.000232*	-2.737007*	-1.888340	-2.471215*
5	57.95228	0.329817	0.000311	-2.479468	-1.442209	-2.154611
6	62.53087	5.052228	0.000317	-2.519370	-1.293519	-2.135449

* indicates lag order selected by the criterion
LR: sequential modified LR test statistic (each test at 5% level)
FPE: Final prediction error
AIC: Akaike information criterion
SC: Schwarz information criterion
HQ: Hannan-Quinn information criterion

图 8-2 确认最优阶数

4. 格兰杰因果检验

单击"View→Lag Structure→Granger Causality→Block Exogeneity Tests"，结果见图 8-3，可知 FDI 是 GDP 的格兰杰原因，GDP 不是 FDI 的格兰杰原因。

单击"Lag Structure→AR Roots Graph"，图 8-4 中点均在单位圆内，说明检验是稳定的。

VAR Granger Causality/Block Exogeneity Wald Tests
Date: 04/27/21 Time: 18:06
Sample: 1985 2020
Included observations: 31

Dependent variable: DLNFDI

Excluded	Chi-sq	df	Prob.
DLNGDP	14.13168	4	0.0069
All	14.13168	4	0.0069

Dependent variable: DLNGDP

Excluded	Chi-sq	df	Prob.
DLNFDI	6.723249	4	0.1513
All	6.723249	4	0.1513

图 8-3 格兰杰检验结果

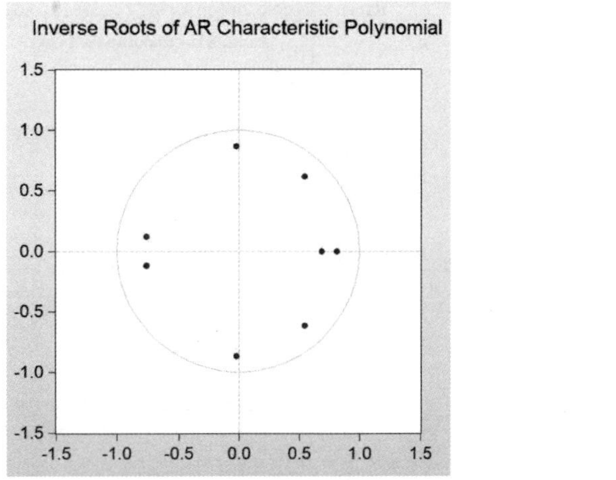

图 8-4 AR 单位根

5. 脉冲响应和方差分解

单击“View→Impulse Response”,结果见图 8-5。

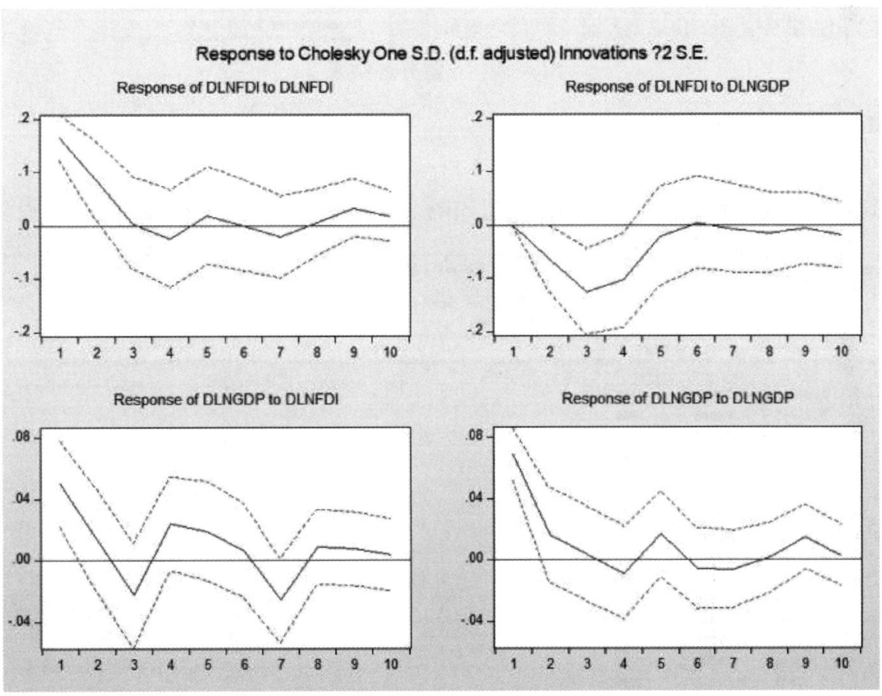

图 8-5 脉冲响应结果

其直观展示了 dlnfdi 与 dlngdp 的滞后项对各自的冲击效应,可以看出,随着滞后项的推移,相应的冲击逐渐收敛于 0。

单击“View→Variance Decomposition”,结果见图 8-6。

可以看出,随着时间的推移,dlnfdi 和 dlngdp 的标准差中来自此二者的贡献比例逐渐稳定。以 dlnfdi 为例,dlngdp 最终贡献的标准差比例占 46%。

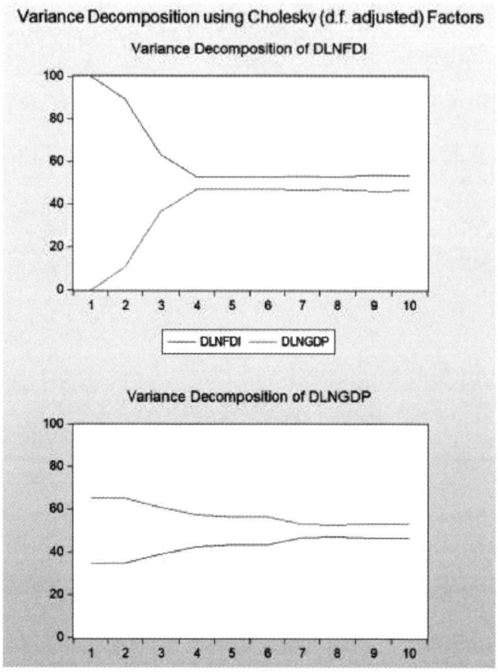

Variance Decomposition using Cholesky (d.f. adjusted) Factors

Variance Decomposition of DLNFDI:

Period	S.E.	DLNFDI	DLNGDP
1	0.164410	100.0000	0.000000
2	0.195845	89.23571	10.76429
3	0.232685	63.24794	36.75206
4	0.256016	53.18944	46.81056
5	0.257633	53.05103	46.94897
6	0.257666	53.03745	46.96255
7	0.258694	53.33366	46.66634
8	0.259159	53.17678	46.82322
9	0.261317	53.88425	46.11575
10	0.262581	53.73765	46.26235

Variance Decomposition of DLNGDP:

Period	S.E.	DLNFDI	DLNGDP
1	0.085103	34.59879	65.40121
2	0.087607	34.94887	65.05113
3	0.090515	38.89154	61.10846
4	0.094018	42.47835	57.52165
5	0.097255	43.32210	56.67790
6	0.097616	43.36223	56.63777
7	0.101194	46.88183	53.11817
8	0.101572	47.26121	52.73879
9	0.102861	46.56708	53.43292
10	0.102931	46.59847	53.40153

Cholesky Ordering: DLNFDI DLNGDP

图 8-6 方差分解结果

（二）Stata 软件操作

1. 导入数据

从 Excel 文件中复制数据到数据编辑器中，如图 8-7 所示，命令栏输入“tsset year”设置时间变量。

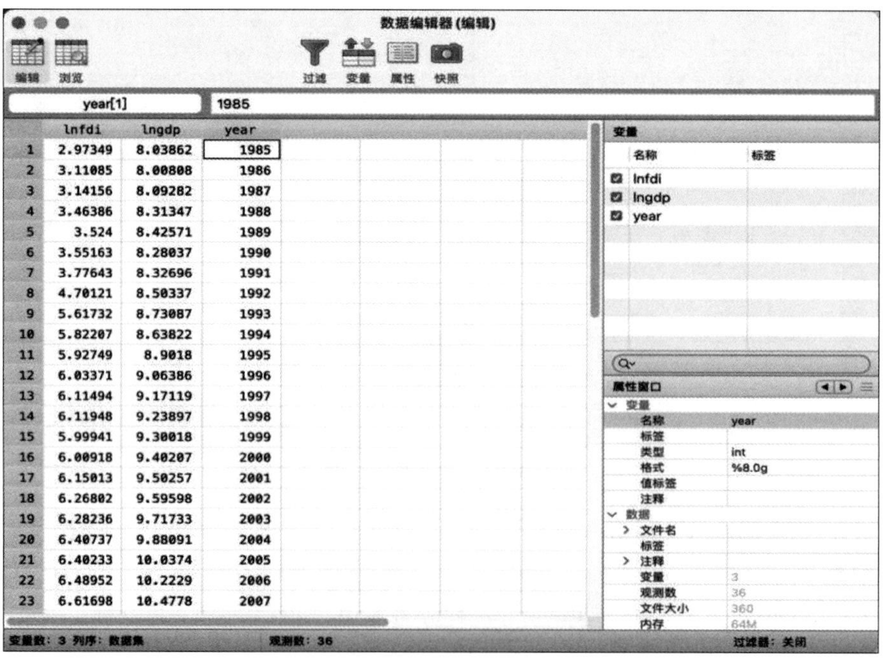

图 8-7 导入数据

2. 单位根检验

dfuller lnfdi//DF 检验,在 5%水平下,原序列不平稳

gen dlnfdi = d. lnfdi//生成一阶差分序列

dfuller dlnfdi//结果见图 8-8,可知一阶差分平稳

dfuller lngdp //检验结果为原序列不平稳

gen dlngdp = d. lngdp//生成一阶差分序列

dfuller dlngdp//结果见图 8-9,可知一阶差分平稳

```
Dickey-Fuller test for unit root                   Number of obs   =         3
> 4

                           ———————— Interpolated Dickey-Fuller ————————
> -
                 Test         1% Critical       5% Critical      10% Critica
> l
              Statistic           Value             Value            Value
——————————————————————————————————————————————————————————————————————————————
> -
 Z(t)           -3.063           -3.689            -2.975           -2.61
> 9
——————————————————————————————————————————————————————————————————————————————
> -
MacKinnon approximate p-value for Z(t) = 0.0294
```

图 8-8　LNFDI 一阶差分平稳性检验结果

```
Dickey-Fuller test for unit root                   Number of obs   =        34

                           ———————— Interpolated Dickey-Fuller ————————
                 Test         1% Critical       5% Critical      10% Critical
              Statistic           Value             Value            Value
——————————————————————————————————————————————————————————————————————————————
 Z(t)           -5.121           -3.689            -2.975           -2.619
——————————————————————————————————————————————————————————————————————————————
MacKinnon approximate p-value for Z(t) = 0.0000
```

图 8-9　LNGDP 一阶差分平稳性检验结果

3. 模型定阶

varsoc dlnfdi dlngdp,maxlag(6)

结果见图 8-10,可知最优滞后阶数为 4。

```
Selection-order criteria
Sample:  1992 - 2020                               Number of obs     =      29

  lag     LL        LR      df    p      FPE        AIC       HQIC      SBIC
  0    35.8823                        .000331   -2.33671  -2.30718  -2.24241
  1    45.5541   19.344     4  0.001  .000224   -2.72787  -2.63927  -2.44498
  2    54.0197   16.931     4  0.002  .000166   -3.03584  -2.88818  -2.56436*
  3    58.3343   8.6291     4  0.071  .000164   -3.05754  -2.85081  -2.39746
  4     65.357   14.046*    4  0.007  .000136*    -3.266* -3.00021* -2.41734
  5    67.1619   3.6097     4  0.461  .000165   -3.11461  -2.78976  -2.07735
  6    71.2846   8.2454     4  0.083  .000173   -3.12308  -2.73915  -1.89722

Endogenous:  dlnfdi dlngdp
 Exogenous:  _cons
```

图 8-10　选择最优滞后阶数

4. 拟合模型

var dlnfdi dlngdp,lag(1/4)

est store var1//对结果进行保存，之后进行模型阶数选择或者平稳性检验，就可以用到这个结果，估计结果见图 8-11。

Vector autoregression

Sample: 1990 - 2020		Number of obs	=	31
Log likelihood =	63.27627	AIC	=	-2.92105
FPE =	.0001912	HQIC	=	-2.649631
Det(Sigma_ml) =	.0000578	SBIC	=	-2.088412

Equation	Parms	RMSE	R-sq	chi2	P>chi2
dlnfdi	9	.158173	0.6433	55.90014	0.0000
dlngdp	9	.082138	0.4171	22.18545	0.0046

	Coef.	Std. Err.	z	P>|z|	[95% Conf. Interval]	
dlnfdi						
dlnfdi						
L1.	.8878862	.1880757	4.72	0.000	.5192645	1.256508
L2.	-.1292282	.2248283	-0.57	0.565	-.5698836	.3114272
L3.	-.2335238	.2172437	-1.07	0.282	-.6593136	.192266
L4.	.2292612	.172156	1.33	0.183	-.1081583	.5666807
dlngdp						
L1.	-.9272155	.3496166	-2.65	0.008	-1.612451	-.2419795
L2.	-.7163497	.3411983	-2.10	0.036	-1.385086	-.0476134
L3.	.2303943	.3785733	0.61	0.543	-.5115956	.9723843
L4.	.460189	.3188428	1.44	0.149	-.1647314	1.08511

图 8-11　拟合 VAR 模型结果

可以看出，dlnfdi 的当期值可以由 dlnfdi 和 dlngdp 的 1 至 4 阶滞后项同时预测，尽管仅有 dlnfdi 的 1 阶滞后项和 dlngdp 的 1、2 阶滞后项显著，但参数显著性并不是关注的重点，直接用其进行预测即可。

5. 格兰杰因果检验

vargranger

检验结果见图 8-12。

Granger causality Wald tests

Equation	Excluded	chi2	df	Prob > chi2
dlnfdi	dlngdp	16.876	4	0.002
dlnfdi	ALL	16.876	4	0.002
dlngdp	dlnfdi	9.5284	4	0.049
dlngdp	ALL	9.5284	4	0.049

图 8-12　格兰杰检验结果

可以看出，检验的 P 值均在 5% 的显著性水平下显著，即 dlnfdi 和 dlngdp 互为格兰杰因果原因。

6. 模型平稳性检验

varstable，graph

检验结果见图 8-13。

7. 脉冲响应分析

irf create irf_result，set(irf_result) replace

irf graph oirf

运行结果见图 8-14。

8. 方差分解

irf graph fevd

irf table fevd,irf(irf_result)impulse(dlnfdi)response(dlngdp)

运行结果见图 8-15。

Eigenvalue stability condition

Eigenvalue	Modulus
-.03108645 + .8677036*i*	.86826
-.03108645 - .8677036*i*	.86826
.506899 + .6415377*i*	.817629
.506899 - .6415377*i*	.817629
.8123858 + .04435215*i*	.813596
.8123858 - .04435215*i*	.813596
-.7502249 + .1043709*i*	.75745
-.7502249 - .1043709*i*	.75745

All the eigenvalues lie inside the unit circle.
VAR satisfies stability condition.

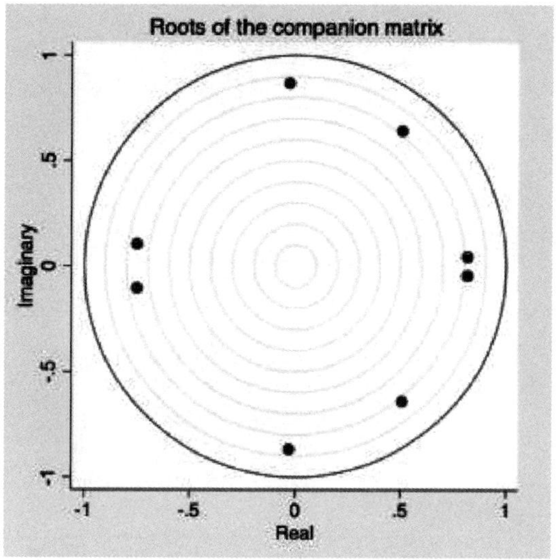

图 8-13　AR 单位根检验结果

可以看出,单位根都在单位圆内,即时间序列平稳。

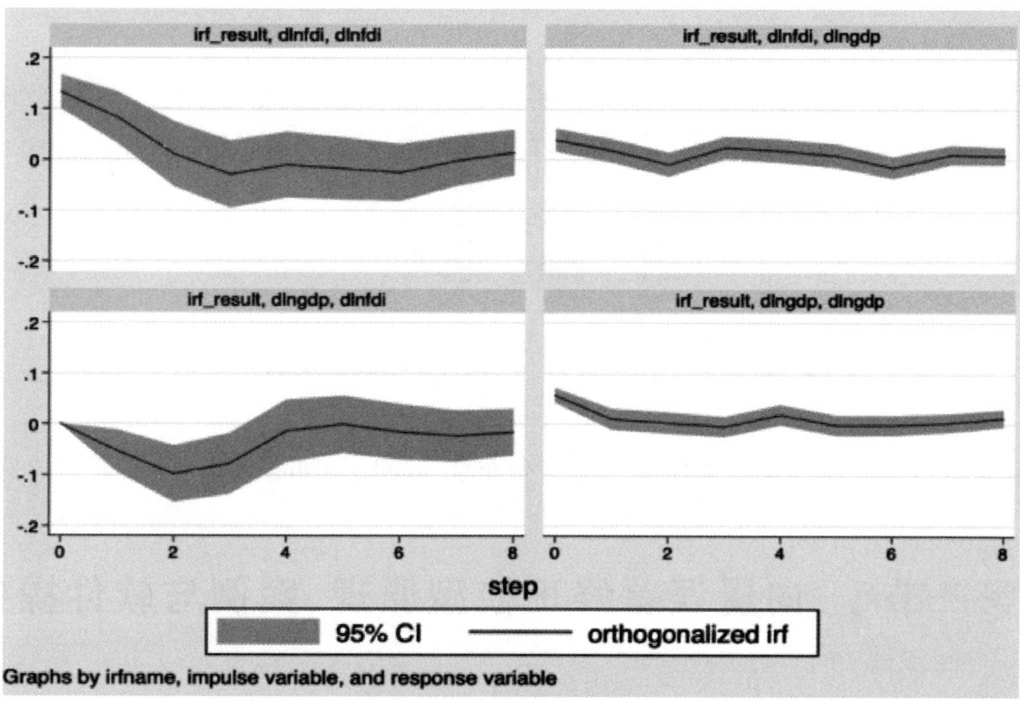

图 8-14　脉冲响应结果

可以看出,其直观展示了 dlnfdi 和 dlngdp 的滞后项对各自的冲击效应。随着滞后项的推移,相应的冲击逐渐趋于 0。

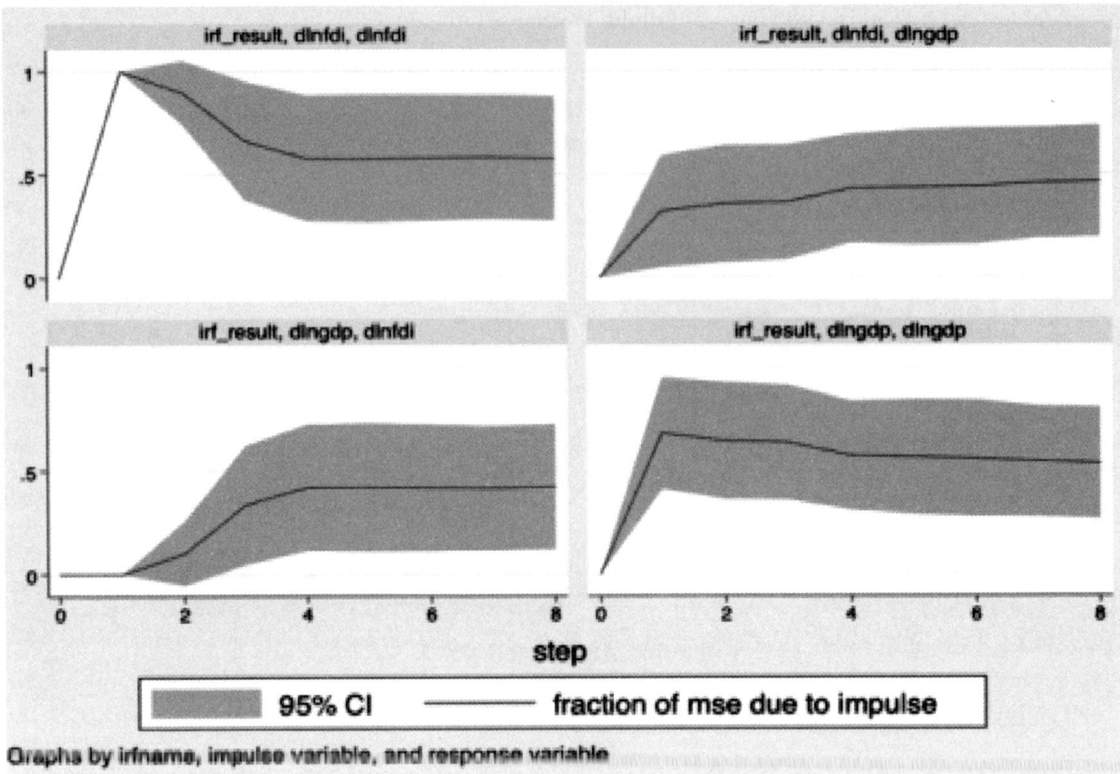

Results from irf_result

step	(1) fevd	(1) Lower	(1) Upper
0	0	0	0
1	.319795	.04898	.59061
2	.356274	.072213	.640335
3	.364367	.086295	.64244
4	.428269	.16434	.692198
5	.434877	.156873	.712881
6	.441069	.158967	.723171
7	.456946	.188655	.725237
8	.464889	.194187	.735591

95% lower and upper bounds reported
(1) irfname = irf_result, impulse = dlnfdi, and response = dlngdp

图 8-15 方差分解结果

与图 8-14 一致，随着时间的推移，对应内生变量（dlnfdi）对 dlngdp 标准差的贡献比例逐渐稳定。

第二节 向量误差修正模型原理、案例与软件操作

一、VAR 模型与协整

如果 VAR 模型

$$\boldsymbol{Y}_t=\boldsymbol{\Pi}_1\boldsymbol{Y}_{t-1}+\boldsymbol{\Pi}_2\boldsymbol{Y}_{t-1}+\cdots+\boldsymbol{\Pi}_k\boldsymbol{Y}_{t-k}+\boldsymbol{u}_t,\boldsymbol{u}_t\sim \text{I. I. D}(\boldsymbol{0},\boldsymbol{\Omega}) \tag{8.25}$$

的内生变量都含有单位根,那么可以用这些变量的一阶差分序列建立一个平稳的 VAR 模型

$$\Delta \boldsymbol{Y}_t = \boldsymbol{\Pi}_1 \Delta_{Y_{t-1}} + \boldsymbol{\Pi}_2 \Delta_{Y_{t-2}} + \cdots + \boldsymbol{\Pi}_k \Delta_{Y_{t-k}} + \boldsymbol{u}_t^* \tag{8.26}$$

然而,当这些变量存在协整关系时,这种建模方法不是最好的选择。如果 $Y_t \sim I(1)$,且非平稳变量间存在协整关系,那么非平稳变量的由协整向量组成的线性组合是平稳的。这时,采用差分的方法构造 VAR 模型虽然是平稳的,但不是最好的选择。因为单纯的差分 VAR 模型将丢失重要的非均衡误差信息,不过这种非均衡误差以及差分变量可以构造平稳的 VAR 模型,从而得到一类重要的模型,这就是向量误差修正模型。

下面推导向量误差修正(VEC)模型的一般形式。

对于 $k=1$ 的 VAR 模型,$\boldsymbol{Y}_t = \Pi_1 \boldsymbol{Y}_{t-1} + \boldsymbol{u}_t$,两侧同减 $\boldsymbol{Y}_{t-1}$,得

$$\Delta \boldsymbol{Y}_t = (\boldsymbol{\Pi}_1 - \boldsymbol{I}) \boldsymbol{Y}_{t-1} + \boldsymbol{u}_t \tag{8.27}$$

对于 $k=2$ 的 VAR 模型,$\boldsymbol{Y}_t = \Pi_1 \boldsymbol{Y}_{t-1} + \Pi_2 \boldsymbol{Y}_{t-2} + \boldsymbol{u}_t$,两侧同减 $\boldsymbol{Y}_{t-1}$,在右侧加、减 $\Pi_2 \boldsymbol{Y}_{t-1}$,并整理得

$$\Delta \boldsymbol{Y}_t = (\boldsymbol{\Pi}_1 + \boldsymbol{\Pi}_2 - \boldsymbol{I}) \boldsymbol{Y}_{t-1} - \Pi_2 \Delta \boldsymbol{Y}_{t-1} + \boldsymbol{u}_t \tag{8.28}$$

对于 $k=3$ 的 VAR 模型,$\boldsymbol{Y}_t = \boldsymbol{\Pi}_1 \boldsymbol{Y}_{t-1} + \boldsymbol{\Pi}_2 \boldsymbol{Y}_{t-2} + \boldsymbol{\Pi}_3 \boldsymbol{Y}_{t-3} + \boldsymbol{u}_t$,两侧同减 $\boldsymbol{Y}_{t-1}$,在右侧加、减 $\Pi_2 \boldsymbol{Y}_{t-1}$ 和 $\Pi_3 \boldsymbol{Y}_{t-1}$ 并整理得

$$\begin{aligned}\Delta \boldsymbol{Y}_t &= (\Pi_1 + \Pi_2 + \Pi_3 - \boldsymbol{I}) \boldsymbol{Y}_{t-1} - \Pi_2 \boldsymbol{Y}_{t-1} - \Pi_3 \boldsymbol{Y}_{t-1} + \Pi_2 \boldsymbol{Y}_{t-2} + \Pi_3 \boldsymbol{Y}_{t-3} + \boldsymbol{u}_t \\ &= (\Pi_1 + \Pi_2 + \Pi_3 - \boldsymbol{I}) \boldsymbol{Y}_{t-1} - \Pi_2 \Delta \boldsymbol{Y}_{t-1} - \Pi_3 \boldsymbol{Y}_{t-1} + \Pi_3 \boldsymbol{Y}_{t-3} + \boldsymbol{u}_t\end{aligned}$$

在右侧加、减 $\Pi_3 Y_{t-2}$ 并整理得

$$\begin{aligned}\Delta \boldsymbol{Y}_t &= (\boldsymbol{\Pi}_1 + \boldsymbol{\Pi}_2 + \boldsymbol{\Pi}_3 - \boldsymbol{I}) \boldsymbol{Y}_{t-1} - \boldsymbol{\Pi}_2 \Delta \boldsymbol{Y}_{t-1} - \boldsymbol{\Pi}_3 \boldsymbol{Y}_{t-1} + \boldsymbol{\Pi}_3 \boldsymbol{Y}_{t-2} - \boldsymbol{\Pi}_3 \boldsymbol{Y}_{t-2} + \boldsymbol{\Pi}_3 \boldsymbol{Y}_{t-3} + \boldsymbol{u}_t \\ &= (\boldsymbol{\Pi}_1 + \boldsymbol{\Pi}_2 + \boldsymbol{\Pi}_3 - \boldsymbol{I}) \boldsymbol{Y}_{t-1} - \boldsymbol{\Pi}_2 \Delta \boldsymbol{Y}_{t-1} - \boldsymbol{\Pi}_3 \Delta \boldsymbol{Y}_{t-1} - \boldsymbol{\Pi}_3 \Delta \boldsymbol{Y}_{t-2} + \boldsymbol{u}_t \\ &= (\boldsymbol{\Pi}_1 + \boldsymbol{\Pi}_2 + \boldsymbol{\Pi}_3 - \boldsymbol{I}) \boldsymbol{Y}_{t-1} - (\boldsymbol{\Pi}_2 + \boldsymbol{\Pi}_3) \Delta \boldsymbol{Y}_{t-1} - \boldsymbol{\Pi}_3 \Delta \boldsymbol{Y}_{t-2} + \boldsymbol{u}_t\end{aligned} \tag{8.29}$$

对于 k 阶 VAR 模型,$\boldsymbol{Y}_t = \boldsymbol{\Pi}_1 \boldsymbol{Y}_{t-1} + \boldsymbol{\Pi}_2 \boldsymbol{Y}_{t-2} + \cdots + \boldsymbol{\Pi}_k \boldsymbol{Y}_{t-k} + \boldsymbol{u}_t$,利用 $k=1,2,3$ 的 VAR 模型的推导规律,见式(8.27)—(8.29),其向量误差修正模型(VEC)的表达式是

$$\begin{aligned}\Delta \boldsymbol{Y}_t = &(\boldsymbol{\Pi}_1 + \boldsymbol{\Pi}_2 + \cdots + \boldsymbol{\Pi}_k - \boldsymbol{I}) \boldsymbol{Y}_{t-1} - (\boldsymbol{\Pi}_2 + \boldsymbol{\Pi}_3 + \cdots + \boldsymbol{\Pi}_k) \Delta \boldsymbol{Y}_{t-1} - \\ &(\boldsymbol{\Pi}_3 + \cdots + \boldsymbol{\Pi}_k) \Delta \boldsymbol{Y}_{t-2} - \cdots - \boldsymbol{\Pi}_k \Delta \boldsymbol{Y}_{t-(k-1)} + \boldsymbol{u}_t\end{aligned} \tag{8.30}$$

令

$$\Gamma_j = -\sum_{i=j+1}^{k} \boldsymbol{\Pi}_i, j = 1, 2, \cdots, k-1$$

$$\Pi = -\Gamma_0 - \boldsymbol{I} = \sum_{i=1}^{k} \Pi_i - \boldsymbol{I} = \Pi_1 + \Pi_2 + \cdots + \Pi_k - \boldsymbol{I} \tag{8.31}$$

则上式写为

$$\Delta \boldsymbol{Y}_t = \Pi_{Y_{t-1}} + \Gamma_1 \Delta \boldsymbol{Y}_{t-1} + \Gamma_2 \Delta \boldsymbol{Y}_{t-2} + \cdots + \Gamma_{k-1} \Delta \boldsymbol{Y}_{t-(k-1)} + \boldsymbol{u}_t \tag{8.32}$$

这是向量误差修正模型(VEC)的一般表达式。$\boldsymbol{\Pi}$ 称为压缩矩阵(影响矩阵)。Π 是全部参数矩阵的和减一个单位阵。Π 为多项式矩阵,其中每一个元素都是一个多项式,运算规则与一般矩阵相同。

根据 Granger 定理,向量误差修正模型(VEC)的表达式是

$$\boldsymbol{A}^{\dagger}(L)(1-L)\boldsymbol{Y}_t = \boldsymbol{\alpha\beta}'\boldsymbol{Y}_{t-1} + \boldsymbol{d}(L)\boldsymbol{u}_t \tag{8.33}$$

其中 $\boldsymbol{A}^{\dagger}(L)$ 是多项式矩阵 $A(L)$ 分离出因子 $(1-L)$ 后降低一阶的多项式矩阵,$d(L)$ 是由滞后算子表示的多项式矩阵。

式(8.33)与式(8.32)完全相同。其中

$$A^{\dagger}(L)(1-L)Y_t=A^{\dagger}(L)\Delta Y_t=\Delta Y_t-\Gamma_1\Delta Y_{t-1}-\Gamma_2\Delta_{Y_{t-2}}-\cdots-\Gamma_{k-1}\Delta Y_{t-(k-1)}$$

$$d(L)u_t=u_t$$

在这里 $d(L)$ 退化为单位阵。

若 $Y_t\sim CI(1,1)$，比较(8.32)和(8.33)式，必然有

$$\Pi=\alpha\beta'$$

其中，β 是协整矩阵，α 是调整系数矩阵。α 和 β 都是 $N\times r$ 阶矩阵，表示有 r 个协整向量 β_1，$\beta_2,\cdots,\beta_r$，存在 r 个协整关系。因为 $Y_t\sim I(1)$，所以 $\Delta Y_t\sim I(0)$。将从模型(8.30)变换为模型(8.32)称为协整变换。压缩矩阵 Π 决定模型(8.32)是否存在，以及以什么规模存在协整关系。因为 $\Delta Y_t\sim I(0)$，所以除了 $\Pi_{Y_{t-k}}$，模型(8.32)中各项都是平稳的。而对于 $\Pi_{Y_{t-k}}$ 有如下三种可能。

(1) 当 Y_t 的分量不存在协整关系，Π 的特征根为零，$\Pi=0$。

(2) 若 $\text{rank}(\Pi)=N$(满秩)，保证 $\Pi_{Y_{t-k}}$ 平稳的唯一一种可能是 $Y_t\sim I(1)$。

(3) 当 $Y_t\sim I(1)$，若保证 $\Pi_{Y_{t-k}}$ 平稳，只有一种可能，即 Y_t 的分量存在协整关系，$\beta' Y_t\sim I(0)$。

VEC 模型是带有误差修正机制的关于 ΔY_t 的 VAR 模型。增加 ΔY_{t-1} 滞后项的目的是吸收 u_t 中的自相关成分，使其变为白噪声。

假定 $Y_t\sim I(1)$ 具有一般性。如果某个变量的单整阶数高于 1，可通过差分取其相应单整阶数为 1 的序列加入模型。上式也可以加入位移项与趋势项。

若 $\Pi=\alpha\beta'$ 成立，且存在 r 个协整关系，则 $\Pi_{Y_{t-k}}$ 的一般表达式是

$$\Pi_{Y_{t,1}}=\alpha\beta' Y_{t,1}=\begin{pmatrix}\alpha_{11}&\cdots&\alpha_{1r}\\ \alpha_{21}&\cdots&\alpha_{2r}\\ \vdots&&\vdots\\ \alpha_{N1}&\cdots&\alpha_{Nr}\end{pmatrix}_{N\times r}\begin{pmatrix}\beta_{11}&\cdots&\beta_{1N}\\ \vdots&&\vdots\\ \beta_{r1}&\cdots&\beta_{rN}\end{pmatrix}_{r\times N}\begin{pmatrix}y_{1,t-1}\\ y_{2,t-1}\\ \vdots\\ y_{N,t-1}\end{pmatrix}_{N\times 1}$$

$$=\begin{pmatrix}\alpha_{11}&\cdots&\alpha_{1r}\\ \alpha_{21}&\cdots&\alpha_{2r}\\ \vdots&&\vdots\\ \alpha_{N1}&\cdots&\alpha_{Nr}\end{pmatrix}_{N\times r}\begin{pmatrix}\beta_{11}y_{1,t-1}+\cdots+\beta_{1N}y_{N,t-1}\\ \vdots\\ \beta_{r1}y_{1,t-1}+\cdots+\beta_{rN}y_{N,t-1}\end{pmatrix}_{r\times 1}$$

$$=\begin{pmatrix}\alpha_{11}(\beta_{11}y_{1,t-1}+\cdots+\beta_{1N}y_{N,t-1})+\cdots+\alpha_{1r}(\beta_{r1}y_{1,t-1}+\cdots+\beta_{rN}y_{N,t-1})\\ \vdots\\ \alpha_{N1}(\beta_{11}y_{1,t-1}+\cdots+\beta_{1N}y_{N,t-1})+\cdots+\alpha_{Nr}(\beta_{r1}y_{1,t-1}+\cdots+\beta_{rN}y_{N,t-1})\end{pmatrix}_{N\times 1}\tag{8.34}$$

为便于理解，现在以 $N=2,k=1$ 的 VEC 模型为例，说明 VEC 模型中的协整关系。

二、VAR 模型中协整向量的估计与检验

(一) VAR 模型中协整向量的估计

此估计方法由 Johansen 提出，假定条件是 $u_t\sim \text{I. I. D}(0,\Omega)$。实际中这个条件比较容易满足。

给定 VAR 模型

$$Y_t = \Pi_1 Y_{t-1} + \Pi_2 Y_{t-1} + \cdots + \Pi_k Y_{t-k} + \Phi D_t + u_t, u_t \sim \mathrm{I.\,I.\,D}(\mathbf{0}, \Omega) \tag{8.35}$$

其中,Y_t 是 N 维列向量,D_t 表示 d 维确定项向量(d 表示确定性变量个数),用来描述常数项 μ、时间趋势项 t、季节虚拟变量(如果需要)和其他一些有必要设置的虚拟变量。Φ 是确定性变量 D_t 的 $N\times d$ 系数矩阵,其中每一行对应 VAR 模型中的一个方程。上式的向量误差修正模型形式是

$$\Delta Y_t = \Pi + \Gamma_1 \Delta Y_{t-1} + \Gamma_2 \Delta Y_{t-2} + \cdots + \Gamma_{k-1} \Delta Y_{t-(k-1)} + \Phi_{D_t} + u_t \tag{8.36}$$

其中

$$\Gamma_j = \sum_{i=j+1}^{k} \Pi_i, j = 1, 2, \cdots, k-1,$$

$$\Pi = \Gamma_0 - I = \sum_{i=1}^{k} \Pi_i - I = \Pi_1 + \Pi_2 + \cdots + \Pi_k - I$$

正确地估计协整参数矩阵 $\boldsymbol{\beta}$ 的秩 r 非常重要。若 r 被正确估计,则所有误差修正项都是平稳的,即模型(8.36)中的所有项都是平稳的,参数估计量具有一致性。任何高估或低估 r 值都会给参数估计与推断带来错误。当低估 r 值时,将导致把余下的误差修正项并入模型的随机误差项 u_t。而高估 r 值将会把非协整向量带入协整参数矩阵中。N 维的 $\Pi_{Y_{t-k}}$将由 $I(0)$项(协整向量与变量的积)和 $I(1)$项(非协整向量与变量的积)混合而成,从而导致回归参数估计量及其相应统计量的非正态性分布。当用 t 检验临界值做显著性检验时就会得出错误结论。估计的第一步是用样本数据确定协整参数矩阵 $\boldsymbol{\beta}$ 的秩 r。对于任何 $r\leqslant N$ 的情形,模型(8.36)的零假设是

$$H_0: \mathrm{rank}(\Pi) \leqslant r \text{ 或 } \Pi = \alpha\beta' \tag{8.37}$$

其中,$\boldsymbol{\alpha}$ 和 $\boldsymbol{\beta}$ 是 $N\times r$ 矩阵。注意,这一步只能估计 r,无法估计 $\boldsymbol{\alpha}$ 和 $\boldsymbol{\beta}$,因为对 VAR 模型(8.36)来说,$\boldsymbol{\alpha}$ 和 $\boldsymbol{\beta}$ 是“过多参数”的,无法与 r 同时估计。

接下来构造协整检验统计量 LR,估计协整向量个数 r,估计 $\boldsymbol{\alpha}$ 和 $\boldsymbol{\beta}$。把模型(8.36)看作数据生成系统,且 $0<r<N$,$u_t \sim \mathrm{I.\,I.\,D}(\mathbf{0}, \Omega)$,则对数似然函数是

$$\log L(\Gamma_1, \cdots, \Gamma_{k-1}, \Pi, \Omega \mid Y_1, \cdots, Y_T) = -\frac{TN}{2}\log(2\pi) - \frac{T}{2}\log|\Omega| - \frac{1}{2}\sum_{t=1}^{T} u_t' \Omega^{-1} u_t \tag{8.38}$$

利用上式求关于 Ω 的集中对数似然函数,即把 Ω 看作给定值条件下的对数似然函数。

$$\log L(\Gamma_1, \cdots, \Gamma_{k-1}, \Pi \mid Y_1, \cdots, Y_T) = C_0 - \frac{T}{2}\log|\hat{\Omega}| \tag{8.39}$$

其中,$\hat{\Omega} = \frac{1}{T}\sum_{t=1}^{T} \hat{u}_t \hat{u}_t'$

为便于书写,给出如下符号

$$Z_{0t} = \Delta Y_t$$

$$Z_{1t} = Y_{t-1}$$

$$Z_{2t} = (\Delta Y_{t-1}, \Delta Y_{t-2}, \cdots, \Delta Y_{t-(k-1)}, D_t)'$$

$$\Gamma = (\Gamma_1, \Gamma_2, \cdots, \Gamma_{k-1}, \Phi)'$$

其中,Z_{0t}和 Z_{1t}是 N 维的,列向量 Z_{2t}是 $N(k-1)+d$ 维的,Γ 是 $N\times[N(k-1)+d]$的。则式(8.36)

可改写为

$$Z_{0t}=\boldsymbol{\Pi}Z_{1t}+\boldsymbol{\Gamma}Z_{2t}+\boldsymbol{u}_t \tag{8.40}$$

（二）VAR 模型中协整向量的检验

检验存在 r 个协整向量，即$(N-r)$个非协整向量，或者$(N-r)$个单位根，可以表达为相应$(N-r)$个特征值 $\lambda_{r+1},\cdots,\lambda_N$ 为 0。对式(8.36)：

(1) 首先从检验 $r=0$ 开始。即 VAR 模型(8.36)中不存在协整向量(含有 N 个单位根)。如果 $r=0$ 不能被拒绝(LR<临界值)，说明 N 个变量间不存在协整关系，检验到此终止，不能建立 VEC 模型。如果 $r=0$ 被拒绝(LR>临界值)，则应继续进行下面的检验。

(2) $r\leqslant 1$。即 VAR 模型(8.36)中存在 1 个协整向量(含有 $N-1$ 个单位根)。如果 $r\leqslant 1$ 不能被拒绝(LR<临界值)，检验到此终止。如果 $r\leqslant 1$ 被拒绝，则应继续进行下面的检验。

…………

(3) $r\leqslant N-1$。即 VAR 模型(8.36)中存在 $N-1$ 个协整向量(含有 1 个单位根)。如果 $r\leqslant N-1$ 不能被拒绝(LR<临界值)，检验到此终止。如果 $r\leqslant N-1$ 被拒绝，说明 $r=N$。

在检验过程中，比如 $r\leqslant r^*-1$ 已经被拒绝，但 $r\leqslant r^*$ 不能被拒绝，则结论是 VAR 模型(8.36)中存在 r^* 个协整向量。

(4) 协整检验过程中的每一步检验都属于右单端检验。

（三）VEC 模型中确定项的处理

1. 常数项的处理

VEC 模型中常数项的位置可分 3 种情形讨论。位置不同，相应的协整检验用表也不同。

(1) 常数项 $\boldsymbol{\mu}$ 完全属于协整空间。那么可以把 $\boldsymbol{\mu}$ 写成如下形式

$$\boldsymbol{\mu}=\boldsymbol{\alpha}\boldsymbol{\mu}_1$$

其中，$\boldsymbol{\mu}$ 是 N 维的，$\boldsymbol{\alpha}$ 是 $N\times r$ 的，$\boldsymbol{\mu}_1$ 是 r 维的。以 VAR 模型 $\boldsymbol{Y}_t=\boldsymbol{\mu}+\boldsymbol{\Pi}_1\boldsymbol{Y}_{t-1}+\boldsymbol{u}_t$ 为例，相应的 VEC 模型形式是

$$\Delta\boldsymbol{Y}_t=\alpha\boldsymbol{\beta}'\boldsymbol{Y}_{t-1}+\boldsymbol{\alpha}\boldsymbol{\mu}_1+\boldsymbol{u}_t=\alpha(\boldsymbol{\beta}',\boldsymbol{\mu}_1)\begin{bmatrix}\boldsymbol{Y}_{t-1}\\1\end{bmatrix}+\boldsymbol{u}_t \tag{8.41}$$

(2) 常数项 $\boldsymbol{\mu}$ 的一部分进入协整空间，一部分属于数据空间(VAR 的常数项)。下面介绍怎样把 $\boldsymbol{\mu}$ 分离成两部分。因为 $\boldsymbol{\alpha}$ 是 $N\times r$ 的，构造一个 $N\times(N-r)$ 矩阵 $\boldsymbol{\alpha}_\perp$，使 $\boldsymbol{\alpha}'\boldsymbol{\alpha}_\perp=0$，$\boldsymbol{\alpha}$ 与 $\boldsymbol{\alpha}_\perp$ 正交。定义 $\boldsymbol{\alpha}_\perp$ 的目的是要把 $\boldsymbol{\mu}$ 分离成相互无关的两部分

$$\boldsymbol{\mu}=\boldsymbol{\alpha}\boldsymbol{\mu}_1+\boldsymbol{\alpha}_\perp\boldsymbol{\mu}_2 \tag{8.42}$$

显然 $\boldsymbol{\alpha}\boldsymbol{\mu}_1$ 能进入协整空间(见式(8.41))，$\boldsymbol{\mu}_1$ 属于协整空间的常数项。因为 $\boldsymbol{\alpha}$ 与 $\boldsymbol{\alpha}_\perp$ 是正交的，$\boldsymbol{\alpha}_\perp\boldsymbol{\mu}_2$ 不能进入协整空间，$\boldsymbol{\mu}_2$ 属于数据空间的常数项。

$$\begin{aligned}\Delta\boldsymbol{Y}_t&=\boldsymbol{\mu}+\boldsymbol{\alpha}\boldsymbol{\beta}'\boldsymbol{Y}_{t-1}+\boldsymbol{u}_t=\boldsymbol{\alpha}\boldsymbol{\mu}_1+\boldsymbol{\alpha}_\perp\boldsymbol{\mu}_2+\boldsymbol{\alpha}\boldsymbol{\beta}'\boldsymbol{Y}_{t-1}+\boldsymbol{u}_t\\&=\boldsymbol{\alpha}_\perp\boldsymbol{\mu}_2+\boldsymbol{\alpha}(\boldsymbol{\beta}',\boldsymbol{\mu}_1)\begin{bmatrix}\boldsymbol{Y}_{t-1}\\1\end{bmatrix}+\boldsymbol{u}_t\end{aligned} \tag{8.43}$$

下面介绍 $\boldsymbol{\mu}_1$、$\boldsymbol{\mu}_2$ 的求法。用 $(\boldsymbol{\alpha}'\boldsymbol{\alpha})^{-1}\boldsymbol{\alpha}'$ 左乘式(8.42)，得

$$(\boldsymbol{\alpha}'\boldsymbol{\alpha})^{-1}\boldsymbol{\alpha}'\boldsymbol{\mu}=(\boldsymbol{\alpha}'\boldsymbol{\alpha})^{-1}\boldsymbol{\alpha}'\boldsymbol{\alpha}\boldsymbol{\mu}_1+(\boldsymbol{\alpha}'\boldsymbol{\alpha})^{-1}\boldsymbol{\alpha}'\boldsymbol{\alpha}_\perp\boldsymbol{\mu}_2=\boldsymbol{\mu}_1 \tag{8.44}$$

上式是 $\boldsymbol{\mu}_1$ 的计算公式。

用 $(\boldsymbol{\alpha}'_\perp\boldsymbol{\alpha}_\perp)^{-1}\boldsymbol{\alpha}'_\perp$ 左乘式(8.42)，得

$$(\boldsymbol{\alpha}'_{\perp}\boldsymbol{\alpha}_{\perp})^{-1}\boldsymbol{\alpha}'_{\perp}\boldsymbol{\mu}=(\boldsymbol{\alpha}'_{\perp}\boldsymbol{\alpha}_{\perp})^{-1}\boldsymbol{\alpha}'_{\perp}\boldsymbol{\alpha}\boldsymbol{\mu}_{1}+(\boldsymbol{\alpha}'_{\perp}\boldsymbol{\alpha}_{\perp})^{-1}\boldsymbol{\alpha}'_{\perp}\boldsymbol{\alpha}_{\perp}\boldsymbol{\mu}_{2}=\boldsymbol{\mu}_{2} \tag{8.45}$$

上式是 $\boldsymbol{\mu}_2$ 的计算公式。

(3) 常数项只进入数据空间(VAR 的常数项),不进入协整空间。

对于式(8.42),当 $\boldsymbol{\alpha}\boldsymbol{\mu}_1=0$ 时,$\boldsymbol{\mu}=\boldsymbol{\alpha}_{\perp}\boldsymbol{\mu}_2$。常数项只进入数据空间

$$\Delta\boldsymbol{Y}_t=\&\boldsymbol{\mu}+\boldsymbol{\alpha}\boldsymbol{\beta}'\boldsymbol{Y}_{t-1}+\boldsymbol{u}_t=\boldsymbol{\alpha}_{\perp}\boldsymbol{\mu}_2+\boldsymbol{\alpha}\boldsymbol{\beta}'\boldsymbol{Y}_{t-1}+\boldsymbol{u}_t \tag{8.46}$$

2. 趋势项的处理

同理,对时间趋势项 t 的系数 $\boldsymbol{\delta}$ 也可以做上述分解。

$$\boldsymbol{\delta}=\boldsymbol{\alpha}\boldsymbol{\delta}_1+\boldsymbol{\alpha}_{\perp}\boldsymbol{\delta}_2 \tag{8.47}$$

$\boldsymbol{\alpha}\boldsymbol{\delta}_1$ 进入协整空间,表示变量协整关系中也存在线性趋势。$\boldsymbol{\alpha}_{\perp}\boldsymbol{\delta}_2$ 进入数据空间(VAR 的常数项),表示原变量中存在二次方的时间趋势项,或差分变量中存在一次方的时间趋势项。

三、案例分析与软件操作

【案例 8-2】 用 VEC 模型分析外商直接投资对经济增长的影响,数据来源于国家统计局 1985—2020 年全国外商直接投资额和国内生产总值。

(一) EViews 软件操作

1. 导入数据

在命令栏输入“data lnfdi lngdp”,从 Excel 文件中复制数据到 Workfile 里,如图 8-16 所示。

	LNFDI	LNGDP
1985	2.21480251	8.022069263
1986	2.652431777	8.048100192
1987	2.973486665	8.038622304
1988	3.110845081	8.008084505
1989	3.141562722	8.092819068
1990	3.463859143	8.313472376
1991	3.524004811	8.425709312
1992	3.551626861	8.280372531
1993	3.776432351	8.326958834
1994	4.701207374	8.503370905

图 8-16　导入数据

2. 构建 VAR 模型

对 lnfdi 和 lngdp 建立 VAR 模型,Exogenous Variables 框中的常数 c 需删除。如图 8-17 所示。

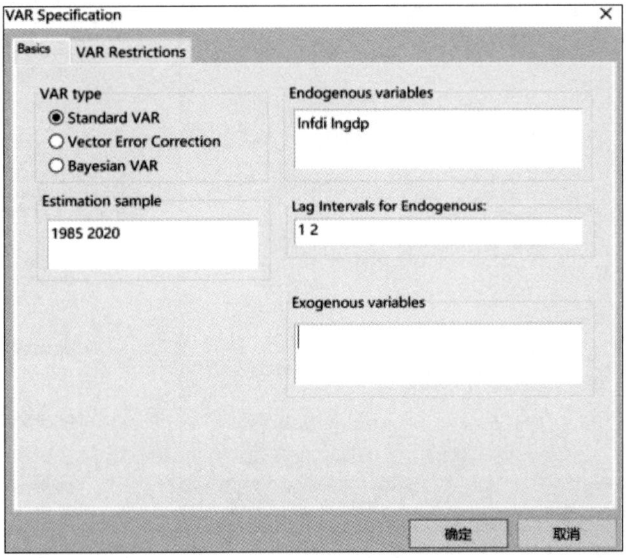

图 8-17　构建 VAR 模型

3. 确定 VAR 模型滞后阶数

确认最优阶数为 * 最多的 5 阶。确认结果见图 8-18。

VAR Lag Order Selection Criteria
Endogenous variables: LNFDI LNGDP
Exogenous variables:
Date: 04/27/21 Time: 18:21
Sample: 1985 2020
Included observations: 30

Lag	LogL	LR	FPE	AIC	SC	HQ
1	39.85094	NA	0.000314	-2.390063	-2.203237	-2.330296
2	48.85038	15.59902	0.000226	-2.723359	-2.349706*	-2.603824
3	52.93279	6.531861	0.000226	-2.728853	-2.168374	-2.549551
4	57.81236	7.156698	0.000217	-2.787491	-2.040185	-2.548421
5	65.71337	10.53468*	0.000172*	-3.047558*	-2.113426	-2.748721*
6	68.52697	3.376329	0.000194	-2.968465	-1.847507	-2.609861

* indicates lag order selected by the criterion
LR: sequential modified LR test statistic (each test at 5% level)
FPE: Final prediction error
AIC: Akaike information criterion
SC: Schwarz information criterion
HQ: Hannan-Quinn information criterion

图 8-18 确认最优阶数

4. 协整检验

单击“View→Cointegration Test”,序列为一阶单整,滞后阶数应该比原来估计的少 1,即由原本的 1-5 修改为 1-4,构建 VEC 模型,如图 8-19 所示。单击“View→Cointegration Test”,得出 VEC 模型的数学表达式,结果见图 8-20,表达式见图 8-21。

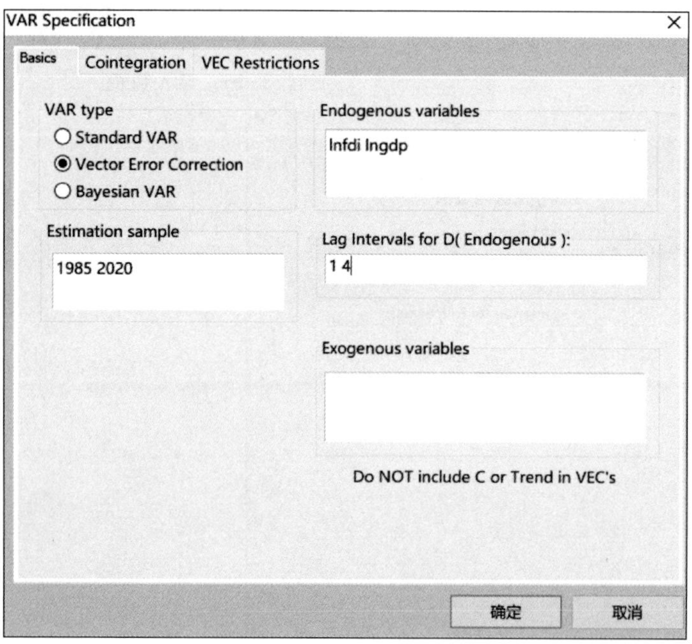

图 8-19 构建 VEC 模型

Vector Error Correction Estimates
Date: 04/27/21 Time: 18:29
Sample (adjusted): 1990 2020
Included observations: 31 after adjustments
Standard errors in ( ) & t-statistics in [ ]

Cointegrating Eq:	CointEq1	
LNFDI(-1)	1.000000	
LNGDP(-1)	-0.590475 (0.06414) [-9.20589]	
Error Correction:	**D(LNFDI)**	**D(LNGDP)**
CointEq1	-0.109574 (0.04561) [-2.40215]	-0.006547 (0.02609) [-0.25091]
D(LNFDI(-1))	0.824808 (0.21262) [3.87919]	0.077617 (0.12163) [0.63816]
D(LNFDI(-2))	0.033557 (0.25907) [0.12953]	-0.157126 (0.14820) [-1.06026]
D(LNFDI(-3))	-0.203756 (0.25363) [-0.80336]	0.340442 (0.14508) [2.34656]
D(LNFDI(-4))	0.184913 (0.21010) [0.88011]	-0.150879 (0.12018) [-1.25541]

图 8-20 VEC 模型

```
Estimation Proc:
===============================
EC(A,1) 1 4 LNFDI LNGDP

VAR Model:
===============================
D(LNFDI) = A(1,1)*(B(1,1)*LNFDI(-1) + B(1,2)*LNGDP(-1)) + C(1,1)*D(LNFDI(-1)) + C(1,2)*D(LNFDI(-2)) + C(1,3)
*D(LNFDI(-3)) + C(1,4)*D(LNFDI(-4)) + C(1,5)*D(LNGDP(-1)) + C(1,6)*D(LNGDP(-2)) + C(1,7)*D(LNGDP(-3)) + C
(1,8)*D(LNGDP(-4))

D(LNGDP) = A(2,1)*(B(1,1)*LNFDI(-1) + B(1,2)*LNGDP(-1)) + C(2,1)*D(LNFDI(-1)) + C(2,2)*D(LNFDI(-2)) + C(2,3)
*D(LNFDI(-3)) + C(2,4)*D(LNFDI(-4)) + C(2,5)*D(LNGDP(-1)) + C(2,6)*D(LNGDP(-2)) + C(2,7)*D(LNGDP(-3)) + C
(2,8)*D(LNGDP(-4))

VAR Model - Substituted Coefficients:
===============================
D(LNFDI) = - 0.109574120177*( LNFDI(-1) - 0.590474940924*LNGDP(-1) ) + 0.824808305661*D(LNFDI(-1)) +
0.0335569500345*D(LNFDI(-2)) - 0.203756118857*D(LNFDI(-3)) + 0.184912694099*D(LNFDI(-4)) - 0.548332906699*D
(LNGDP(-1)) - 0.56100600293*D(LNGDP(-2)) + 0.457476105474*D(LNGDP(-3)) + 0.898392451197*D(LNGDP(-4))

D(LNGDP) = - 0.00654691768779*( LNFDI(-1) - 0.590474940924*LNGDP(-1) ) + 0.0776167464452*D(LNFDI(-1)) -
0.157126056571*D(LNFDI(-2)) + 0.340441801468*D(LNFDI(-3)) - 0.150878961*D(LNFDI(-4)) + 0.299312829877*D
(LNGDP(-1)) + 0.132256939107*D(LNGDP(-2)) - 0.0994468170859*D(LNGDP(-3)) + 0.518358990631*D(LNGDP(-4))
```

图 8-21　VEC 模型表达式

可以看出，在“VAR Model-Substituted Coefficients”部分分别给出了 dlnfdi 和 dlngdp 当期预测值的表达式。

（二）Stata 软件操作

1. 导入数据

从 Excel 文件中复制数据到数据编辑器里，命令栏输入“tsset year”设置时间变量，如图 8-22 所示。

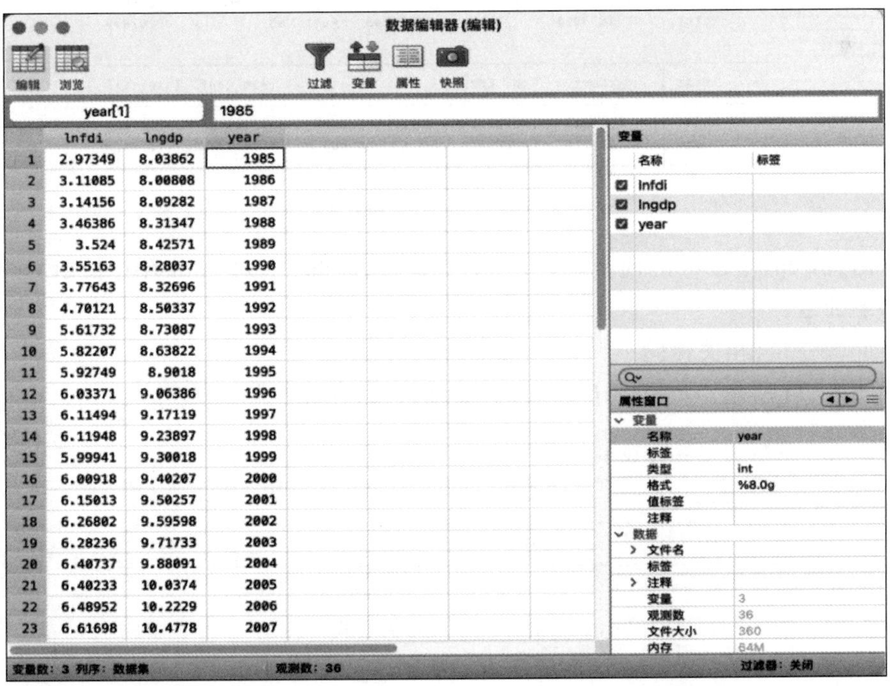

图 8-22　导入数据

2. Johansen 协整检验

输入如下命令：

vecrank lnfdi dlngdp

结果如图 8-23 所示。

Johansen tests for cointegration

Trend: constant　　Number of obs = 33

Sample: 1988 - 2020　　Lags = 2

maximum rank	parms	LL	eigenvalue	trace statistic	5% critical value
0	6	44.885227	.	22.0744	15.41
1	9	53.747055	0.41555	4.3507	3.76
2	10	55.922417	0.12352		

图 8-23　Johansen 协整检验

可以看出，0 阶及 1 阶协整检验的 trace statistic 均大于 5%显著性水平下的临界值，说明该模型存在 1 个以上的协整关系，即至少存在 2 个协整关系。

3. 构建 VEC 模型

输入如下命令：

reg lnfdi lngdp//探究长期回归关系。

结果如图 8-24 所示。

Source	SS	df	MS
Model	51.5081743	1	51.5081743
Residual	15.6751325	34	.461033308
Total	67.1833068	35	1.91952305

Number of obs	=	36
F(1, 34)	=	111.72
Prob > F	=	0.0000
R-squared	=	0.7667
Adj R-squared	=	0.7598
Root MSE	=	.67899

lnfdi	Coef.	Std. Err.	t	P>|t|	[95% Conf.	Interval]
lngdp	.9125316	.0863328	10.57	0.000	.7370822	1.087981
_cons	-3.137778	.8627653	-3.64	0.001	-4.891128	-1.384428

图 8-24　长期回归关系

可以看出，lngdp 对 lnfdi 的回归系数在 1%上显著，即 lngdp 对 lnfdi 存在长期影响。

输入如下命令：

estat bgodfrey//自相关检验

结果如图 8-25 所示。P 值小于 0.05，拒绝原假设，存在自相关关系。

Breusch-Godfrey LM test for autocorrelation

lags(*p*)	chi2	df	Prob > chi2
1	29.587	1	0.0000

H0: no serial correlation

图 8-25　自相关检验

输入如下命令：

predict ecm,residual

reg lnfdi dlngdp ecm//探究短期回归关系。

结果如图 8-26 所示。

```
      Source |       SS           df       MS      Number of obs   =         3
> 5
-------------+----------------------------------   F(2, 32)        =       1.8
> 8
       Model |  .167952523         2  .083976262   Prob > F        =    0.168
> 7
    Residual |  1.42748456        32  .044608893   R-squared       =    0.105
> 3
-------------+----------------------------------   Adj R-squared   =    0.049
> 3
       Total |  1.59543708        34   .04692462   Root MSE        =     .2112
> 1

------------------------------------------------------------------------------
> -
      dlnfdi |      Coef.   Std. Err.      t    P>|t|     [95% Conf. Interval
> ]
-------------+----------------------------------------------------------------
> -
      dlngdp |   .7409893   .4103239     1.81   0.080    -.0948131    1.57679
> 2
         ecm |   .0103358   .0585138     0.18   0.861    -.1088528    .129524
> 5
       _cons |   .0407893   .0572402     0.71   0.481    -.0758052    .157383
> 8
-------------+----------------------------------------------------------------
> -
```

图 8-26　短期回归关系

可以看出，lngdp 对 lnfdi 的回归系数在 10%上显著，即 lngdp 对 lnfdi 存在短期影响。

第三节　结构向量自回归模型原理、案例与软件操作

VAR 模型实际上把当期关系隐含到了随机扰动项之中，若变量之间不仅存在滞后影响，还存在同期影响关系，则建立 VAR 模型不太适合，这种情况下需要进行结构分析。虽然 VAR 模型被证实为有效的方法，但是存在参数过多的问题。实际分析中，只有所含经济变量较少的 VAR 模型才可以通过 OLS 和极大似然估计得到满意的估计结果。而结构向量自回归模型（Structural VAR，SVAR）是在 VAR 模型基础上加入变量间的同期影响关系。

自 Sims（1980）开创 SVAR 模型以来，SVAR 的理论与应用研究取得了巨大进展。目前，SVAR 模型及其拓展模型已广泛应用于宏观经济学、货币金融学、能源经济学和农业经济学等学科领域。近年来有不少学者使用该模型分析宏观经济问题，研究成果主要集中在货币政策传导机制和价格波动中。

对于 SVAR 模型的识别问题，其基本思想就是，通过一定的约束条件，使得估计出的 VAR 模型对应的系数矩阵、对应的方差矩阵等统计量的个数不少于 SVAR 模型中待求未知量的个数。

我们知道，SVAR 模型与 VAR 模型有着内在的联系，而 SVAR 模型的识别正是基于这种联系上，欲通过对 VAR 模型的估计结果，估计出 SVAR 模型中的待估计未知量。要想获得 SVAR 模型中的结构性系数，首先需要考虑所谓的“排序”（order）问题。什么是排序问题呢？简单地解

释，排序问题就是对比 SVAR 模型中待估计量的个数与 VAR 模型中可估计对应量的个数。

比较含有 n 个变量的 VAR(p)与 SVAR(p)模型的这些数字关系，SVAR(p)模型要比VAR(p)模型多 n^2 个待估计未知量。因此，如果希望通过估计 VAR 模型，然后利用 VAR 与 SVAR 的内在联系再估计出 SVAR 模型的所有系数，那么就必须对 SVAR 模型施加 n^2 个约束条件。

常见的一个约束条件是令矩阵 $\boldsymbol{A}_n$ 的对角线上的元素都为 1，但是这个约束只能获得 n 个限制条件，所以如果要保证 SVAR 模型能够被识别，就还需要至少 $n(n-1)$ 个限制条件。当约束条件多于这个标准，则称为“过度识别”(over-identified)，反之则称为“不足识别”(under-identified)。

一、对结构冲击项(structural shocks)的方差协方差矩阵约束

与 Watson(1994)的讨论相似，我们使用一个二元的 SVAR(p)模型对这种约束方法进行介绍。假定 SVAR 模型中包含的两个变量分别是真实 GDP 增长率和货币供给增长率，分别使用 y_{1t} 和 y_{2t} 来表示这两个变量。这样，我们就可以获得由总供给和货币供给反应方程组成的 SVAR 模型，即

$$y_{1t}+\gamma_{12}^{(0)}y_{2t}=\sum_{i=1}^{p}\gamma_{11}^{(i)}y_{1,t-i}+\sum_{i=1}^{p}\gamma_{12}^{(i)}y_{2,t-i}+u_{1t} \tag{8.48}$$

$$y_{2t}+\gamma_{21}^{(0)}y_{1t}=\sum_{i=1}^{p}\gamma_{21}^{(i)}y_{1,t-i}+\sum_{i=1}^{p}\gamma_{22}^{(i)}y_{2,t-i}+u_{2t} \tag{8.49}$$

模型(8.48)可以解释为总供给等式，因为当期的经济增长率是当期和滞后的货币供给增长率以及滞后的经济增长率的函数。这样，u_{1t}就具有一定的经济含义，它表示总供给或者生产率冲击。

模型(8.49)是一个货币需求反应函数，它刻画了当期的货币供给增长率如何受到当期的经济增长率和这两个变量的历史观测值的影响。在这个方程中，u_{2t}就可以解释为货币供给冲击。

注意，这里限制 Ω_u 为对角矩阵，只给出了 $n(n-1)/2$ 个约束条件，还需要至少 $n(n-1)/2$ 个额外的约束条件。另外的约束条件如何获得呢？通常可以考虑采用下面介绍的方法。

(一) 对 A_0 矩阵的约束

尚缺的 $n(n-1)/2$ 个额外约束条件，可以考虑通过对矩阵进行适当的限制来获得。从经济理论角度出发，我们可以考虑货币政策对现实经济影响普遍存在的时滞特点，从而假定当期的货币政策冲击对当期的经济产出并不马上产生影响。这样，u_{2t}对 y_{1t}的影响乘数(impact multiplier)应该为 0，即

$$\frac{\partial y_{1t}}{\partial u_{2t}}=0 \tag{8.50}$$

如果限制了这个条件，那么考查(8.48)和(8.49)就知道，这个假设实质上要求 $\gamma_{12}^{(0)}=0$。这个限制条件，加上前面介绍的对矩阵 $\boldsymbol{\Omega}_u$ 的限制条件，对应的 SVAR 模型就可以被识别了。

(二) 长期关系约束

在 SVAR 的识别过程中，还有一种著名的约束条件，被称为长期关系(long-run relationship)约束条件。这种约束的实质可以通过下面的公式说明，即

$$\boldsymbol{\Gamma}(1)=\boldsymbol{\Gamma}_0-\sum_{i=1}^{p}\boldsymbol{\Gamma}_i \tag{8.51}$$

长期关系约束条件限制矩阵 $\boldsymbol{\Gamma}(1)$是一个下三角矩阵，从而就可以获得 $n(n-1)/2$ 个约束条件。这就是 Blanchard 和 Quah(1989)最初提出的长期关系约束条件，随后 Watson(1994)以及其

他研究人员对这种约束条件的理论和应用做了进一步讨论。

实际上，以上介绍的识别 SVAR 模型要求的约束条件的方法，是一般性的讨论，实践研究者可以根据这里介绍的方法，结合手中研究的具体问题来制定识别系统的约束条件。很多时候，这些约束条件需要利用计量软件编制一定的程序实现。当然，利用前人研究出来的一些既定程序，可以提高实际分析 SVAR 模型的效率。例如，WinRATS 学习群经常会提供一些已有的处理 SVAR 模型的 WinRATS 程序。当然，不同的计量软件在处理问题的灵活程度上还是存在一定差别的，例如 GAUSS 编程工具在处理 SVAR 问题时就具有更大的灵活性，功能也更加强大。

二、案例分析与软件操作

【案例 8-3】 利用 1985—2016 年外商直接投资（FDI）、国内生产总值（GDP）、出口额（EX），假定随机干扰项存在同期的相互影响，估计 SVAR 模型。数据来源于国家统计局网站。

（一）EViews 软件操作

1. 导入数据

建立工作文件，在命令栏输入“data lnfdi lngdp lnexport”，从 Excel 文件中复制数据到 Workfile 里，界面见图 8-27。

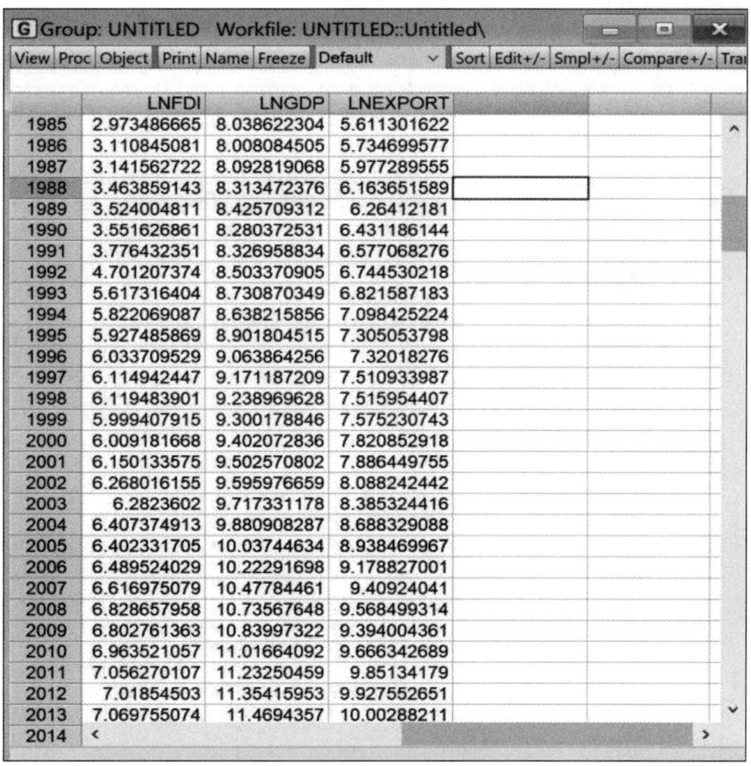

	LNFDI	LNGDP	LNEXPORT
1985	2.973486665	8.038622304	5.611301622
1986	3.110845081	8.008084505	5.734699577
1987	3.141562722	8.092819068	5.977289555
1988	3.463859143	8.313472376	6.163651589
1989	3.524004811	8.425709312	6.26412181
1990	3.551626861	8.280372531	6.431186144
1991	3.776432351	8.326958834	6.577068276
1992	4.701207374	8.503370905	6.744530218
1993	5.617316404	8.730870349	6.821587183
1994	5.822069087	8.638215856	7.098425224
1995	5.927485869	8.901804515	7.305053798
1996	6.033709529	9.063864256	7.32018276
1997	6.114942447	9.171187209	7.510933987
1998	6.119483901	9.238969628	7.515954407
1999	5.999407915	9.300178846	7.575230743
2000	6.009181668	9.402072836	7.820852918
2001	6.150133575	9.502570802	7.886449755
2002	6.268016155	9.595976659	8.088242442
2003	6.2823602	9.717331178	8.385324416
2004	6.407374913	9.880908287	8.688329088
2005	6.402331705	10.03744634	8.938469967
2006	6.489524029	10.22291698	9.178827001
2007	6.616975079	10.47784461	9.40924041
2008	6.828657958	10.73567648	9.568499314
2009	6.802761363	10.83997322	9.394004361
2010	6.963521057	11.01664092	9.666342689
2011	7.056270107	11.23250459	9.85134179
2012	7.01854503	11.35415953	9.927552651
2013	7.069755074	11.4694357	10.00288211
2014			

图 8-27　导入数据

2. 单位根检验

单位根检验方法同案例 8-1，各变量序列 ADF 检验结果如表 8-2 所示。

表 8-2　模型变量的 ADF 检验结果

变量	检验类型	ADF 检验值	5%水平下的 t 统计量临界值	结论
LnFDI	(C,T,1)/ (C,0,2)/ (0,0,2)	-1.674 420/ -2.203 932/ 1.336 041	-3.548 490/ -2.954 021/ -1.951 332	不平稳
D(LnFDI)	(0,0,0)	-2.847 891	-1.951 000	平稳*
LnGDP	(C,T,0)/ (C,0,0)/ (0,0,0)	-2.574 470/ 1.150 928/ 7.145 717	-3.544 282/ -2.948 404/ -1.950 687	不平稳
D(LnGDP)	(C,0,0)	-4.719 798	-2.951 125	平稳*
Lnexport	(C,T,0)/ (C,0,0)/ (0,0,0)	0.039 772/ -2.149 575/ 5.849 687	-3.544 284/ -2.948 404/ -1.950 687	不平稳
D(Lnexport)	(C,0,0)	-4.471 379	-2.951 125	平稳*

注：检验类型中的 C、T、K 表示单位根平稳性检验中的常数项、时间趋势项和滞后阶数，D 表示原序列对数的一阶差分形式，* 表示变量差分后在 1%的显著性水平下通过 ADF 平稳性检验。

3. 构建 SVAR 模型

先构建 VAR 模型，确认最优阶数为 * 最多的 2 阶。单击“Proc→Estimate Structural Factorization”，构建 SVAR 模型，结果见图 8-28。

```
Structural VAR Estimates

Structural VAR Estimates
Date: 04/28/21   Time: 14:34
Sample (adjusted): 1988 2020
Included observations: 33 after adjustments
Estimation method: Maximum likelihood via Newton-Raphson (analytic
     derivatives)
Convergence achieved after 6 iterations
Structural VAR is just-identified

Model: Ae = Bu where E[uu']=I
A =
        1          0          0
        C(1)       1          0
        C(2)       C(3)       1
B =
        C(4)       0          0
        0          C(5)       0
        0          0          C(6)

                  Coefficient   Std. Error   z-Statistic   Prob.

        C(1)      -0.284882     0.227217     -1.253785     0.2099
        C(2)      -0.095273     0.115221     -0.826878     0.4083
        C(3)      -0.270551     0.086243     -3.137059     0.0017
        C(4)       0.116882     0.014387      8.124037     0.0000
        C(5)       0.152562     0.018779      8.124037     0.0000
        C(6)       0.075584     0.009304      8.124037     0.0000

Log likelihood    77.63125
```

图 8-28　SVAR 模型

4. 脉冲响应分析

单击“Impulse→Impulse Definition→Structural Decomposition”得到脉冲响应结果，如图 8-29 所示。

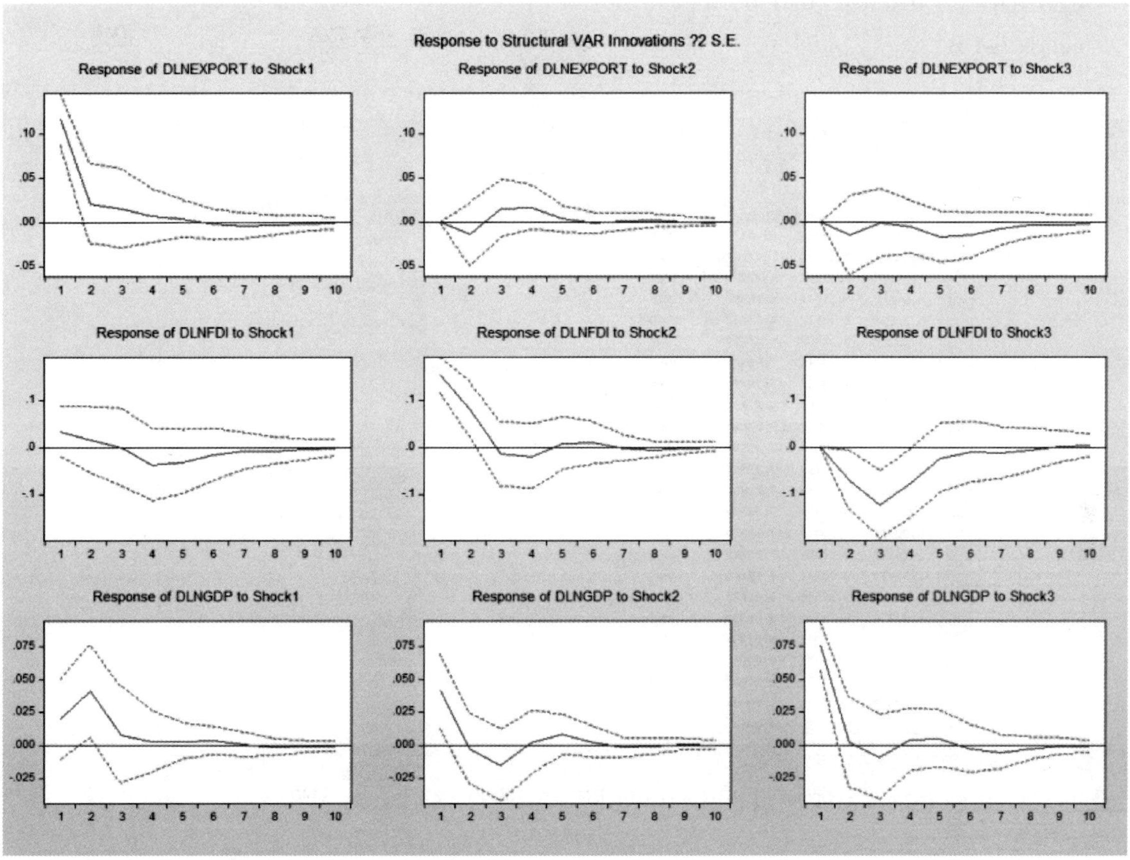

图 8-29 脉冲响应结果

可以看出，随着滞后项的推移，dlnexport、dlnfdi 和 dlngdp 三者之间相应的冲击逐渐收敛于 0。

（二）Stata 软件操作

1. 导入数据

从 Excel 文件中复制数据到数据编辑器里，命令栏输入“tsset year”设置时间变量，如图 8-30 所示。

2. 单位根检验

从图 8-31 可知，Lnexport 为一阶差分平稳序列。

3. 确认最优滞后阶数

输入以下命令

varsoc dlngdp dlnfdi dlnexport,maxlag(3)

结果如图 8-32 所示，可以看到最优滞后阶数为 3。

4. 拟合模型

设定 ***A***、***B*** 矩阵，命令如下

```
matrix A=(1,0,0\.,1,0\.,.,1)
matrix list A
matrix B=(.,0,0\0,.,0\0,0,.)
matrix list B
```

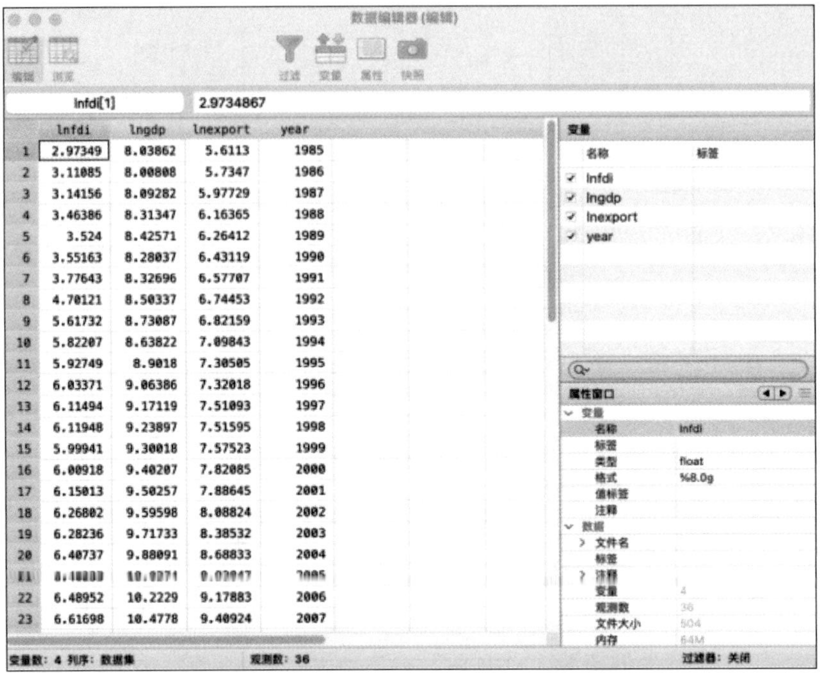

	lnfdi	lngdp	lnexport	year
1	2.97349	8.03862	5.6113	1985
2	3.11085	8.00808	5.7347	1986
3	3.14156	8.09282	5.97729	1987
4	3.46386	8.31347	6.16365	1988
5	3.524	8.42571	6.26412	1989
6	3.55163	8.28037	6.43119	1990
7	3.77643	8.32696	6.57707	1991
8	4.70121	8.50337	6.74453	1992
9	5.61732	8.73087	6.82159	1993
10	5.82207	8.63822	7.09843	1994
11	5.92749	8.9018	7.30505	1995
12	6.03371	9.06386	7.32018	1996
13	6.11494	9.17119	7.51093	1997
14	6.11948	9.23897	7.51595	1998
15	5.99941	9.30018	7.57523	1999
16	6.00918	9.40207	7.82085	2000
17	6.15013	9.50257	7.88645	2001
18	6.26802	9.59598	8.08824	2002
19	6.28236	9.71733	8.38532	2003
20	6.40737	9.88091	8.68833	2004
21	[illegible]	[illegible]	[illegible]	[illegible]
22	6.48952	10.2229	9.17883	2006
23	6.61698	10.4778	9.40924	2007

图 8-30 导入数据

```
Dickey-Fuller test for unit root                   Number of obs   =        34

                               ---------- Interpolated Dickey-Fuller ---------
                  Test         1% Critical       5% Critical      10% Critical
               Statistic           Value             Value             Value
------------------------------------------------------------------------------
 Z(t)             -4.471            -3.689            -2.975            -2.619
------------------------------------------------------------------------------
MacKinnon approximate p-value for Z(t) = 0.0002
```

图 8-31 Lnexport 一阶差分平稳性检验

```
Selection-order criteria
Sample:  1989 - 2020                         Number of obs     =        32
+---------------------------------------------------------------------------+
|lag |    LL      LR      df    p      FPE       AIC       HQIC      SBIC    |
|----+----------------------------------------------------------------------|
|  0 |  61.8458                       5.1e-06  -3.67786  -3.63231  -3.54045* |
|  1 |  76.0388  28.386    9  0.001  3.7e-06  -4.00242  -3.82023* -3.45277  |
|  2 |  85.7056  19.334    9  0.023  3.6e-06   -4.0441  -3.72526  -3.08221  |
|  3 |  96.8168  22.222*   9  0.008  3.3e-06* -4.17605* -3.72057  -2.80192  |
+---------------------------------------------------------------------------+
 Endogenous:  dlngdp dlnfdi dlnexport
  Exogenous:  _cons
```

图 8-32 选择最优滞后阶数

A、***B*** 矩阵设定结果见图 8-33。

```
A[3,3]                       symmetric B[3,3]
     c1   c2   c3                 c1   c2   c3
r1    1    0    0            r1    .
r2    .    1    0            r2    0    .
r3    .    .    1            r3    0    0    .
```

图 8-33　A、B 矩阵

在命令窗口输入以下命令

svar dlngdp dlnfdi dlnexport,aeq(A)beq(B)lag(1/3)nolog　// 构建 SVAR 模型

运行结果见图 8-34。

```
Sample:  1989 - 2020                           Number of obs     =        32
Exactly identified model                       Log likelihood    =   96.8168
```

	Coef.	Std. Err.	z	P>|z|	[95% Conf.	Interval]
/a_1_1	1	(constrained)				
/a_2_1	-.9211524	.2639547	-3.49	0.000	-1.438494	-.4038108
/a_3_1	-.4883107	.2424048	-2.01	0.044	-.9634153	-.0132061
/a_1_2	0	(constrained)				
/a_2_2	1	(constrained)				
/a_3_2	.096696	.1381672	0.70	0.484	-.1741067	.3674987
/a_1_3	0	(constrained)				
/a_2_3	0	(constrained)				
/a_3_3	1	(constrained)				
/b_1_1	.0733461	.0091683	8.00	0.000	.0553766	.0913156
/b_2_1	0	(constrained)				
/b_3_1	0	(constrained)				
/b_1_2	0	(constrained)				
/b_2_2	.109517	.0136896	8.00	0.000	.0826858	.1363481
/b_3_2	0	(constrained)				
/b_1_3	0	(constrained)				
/b_2_3	0	(constrained)				
/b_3_3	.0855975	.0106997	8.00	0.000	.0646265	.1065685

图 8-34　拟合模型结果

5. 模型平稳性检验

在命令窗口输入以下命令

varstable,graph

运行结果见图 8-35。

6. 脉冲响应分析

命令如下

irf create irf_svar,set(irf_svar)

irf graph sirf

运行结果见图 8-36。

7. 方差分解

命令如下

irf graph sfevd

运行结果见图 8-37。

```
Eigenvalue stability condition
```

Eigenvalue	Modulus
.7482473 + .3473717*i*	.824949
.7482473 - .3473717*i*	.824949
-.3986693 + .6034274*i*	.72323
-.3986693 - .6034274*i*	.72323
-.00237621 + .7051791*i*	.705183
-.00237621 - .7051791*i*	.705183
-.6537721	.653772
.4750317 + .1667159*i*	.503437
.4750317 - .1667159*i*	.503437

```
All the eigenvalues lie inside the unit circle.
VAR satisfies stability condition.
```

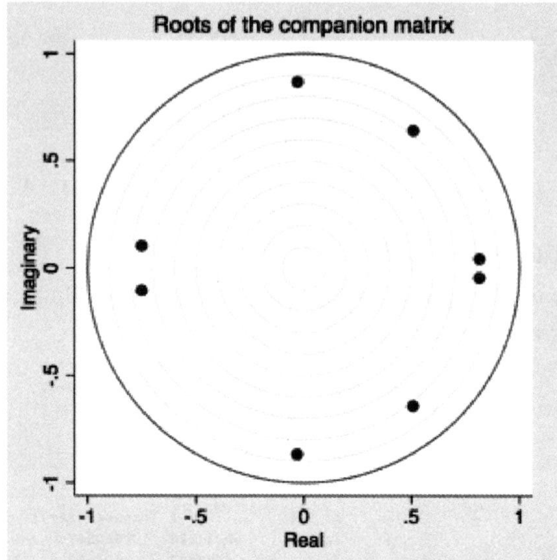

图 8-35　AR 单位根检验结果

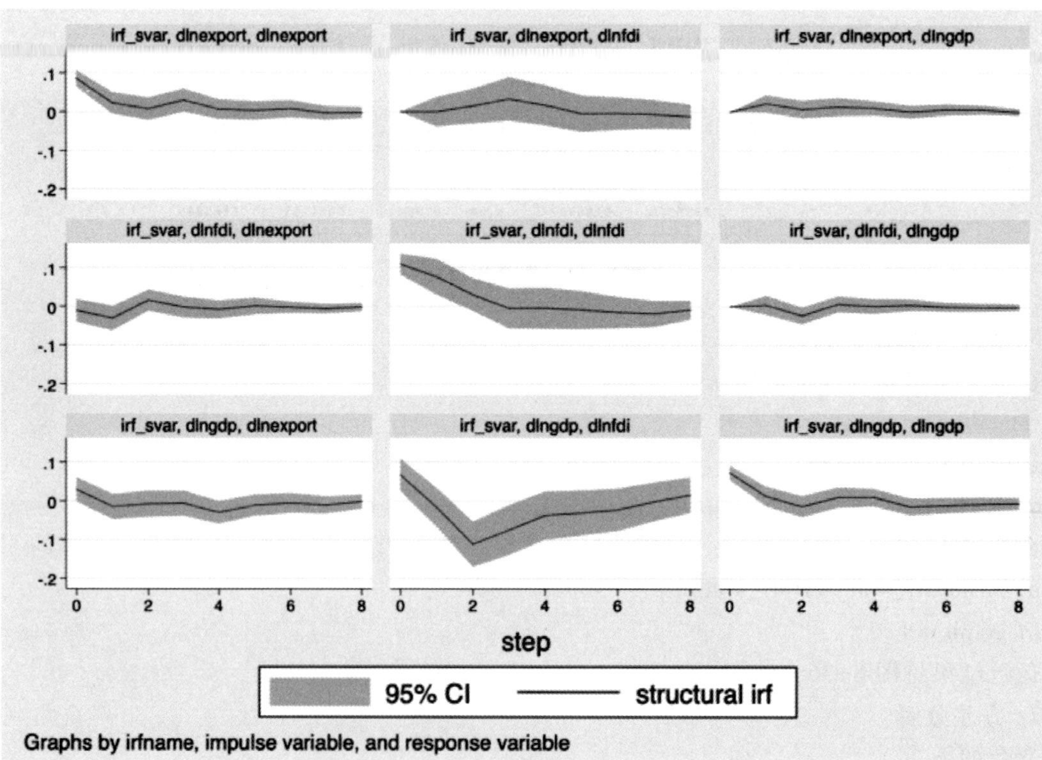

图 8-36　脉冲响应结果

从图 8-36 可以看出，随着滞后项的推移，dlnexport、dlnfdi 和 dlngdp 三者之间相应的冲击逐渐收敛于 0。

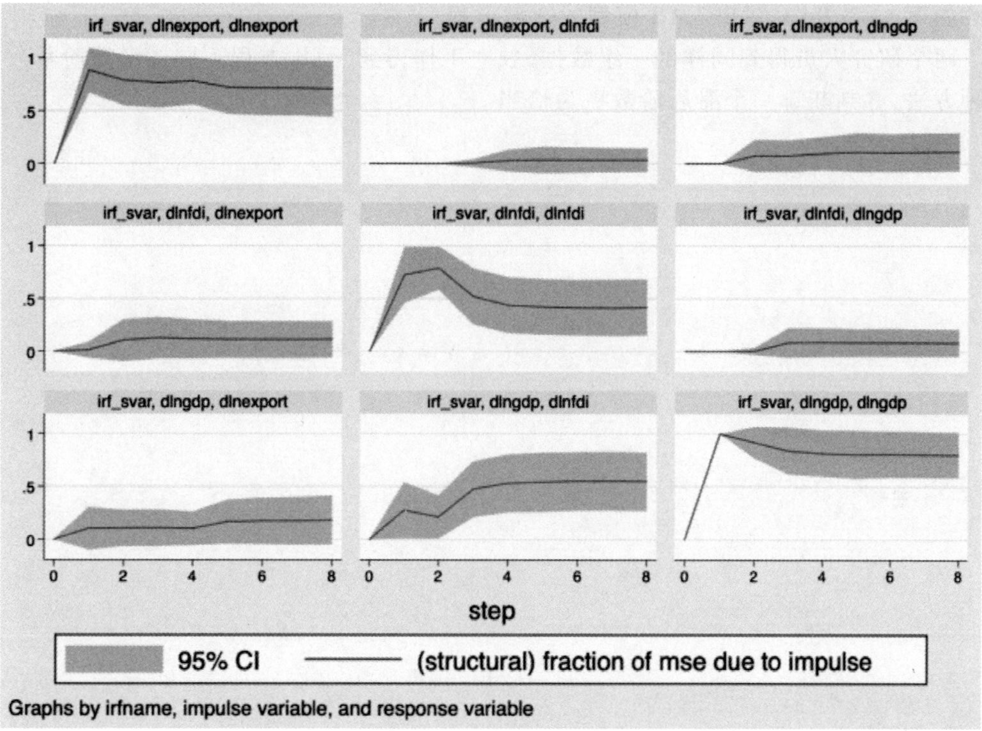

图 8-37 方差分解结果

和图 8-36 一致，随着时间的推移，dlnexport、dlnfdi 和 dlngdp 三者之间标准差的相互贡献比例逐渐稳定。

本章习题

1. 向量自回归（VAR）模型中的滞后阶数 k 是个非常重要的参数，k 值过大或过小会对模型产生什么样的影响？同时 k 值的确定方法有哪几种（写出两种方法）？

2. VAR 模型中脉冲响应函数是模型中一个内生变量的冲击给其他内生变量带来的影响，试结合两变量 VAR 模型阐述脉冲响应函数的基本思想。

3. Johansen 在 1998 年提出了一种以 VAR 为基础的检验回归系数的方法，那么 Johansen 协整检验的基本思想是什么？它的检验方法有哪几种？请详细阐述。

4. 试阐述向量误差修正模型（VEC）与向量自回归模型（VAR）之间的关系并简单推导如何由向量自回归模型（VAR）得到向量误差修正模型（VEC）。

5. 做向量自回归模型（VAR）的一般步骤是什么？试做简单阐述。

6. 若 $\boldsymbol{y}_t=\boldsymbol{\beta}_0+\sum_{i=1}^{k}\boldsymbol{\beta}_i\boldsymbol{y}_{t-i}+\boldsymbol{\mu}_t$,$\boldsymbol{y}_t$ 是 p 个变量的 k 阶滞后所决定的 p 维向量变量,$\boldsymbol{\mu}_t$ 是 p 维误差向量,$\boldsymbol{\beta}_0$ 是 p 维常数向量,$\boldsymbol{\beta}_i$ 是 y 的第 i 阶之后的 $p\times p$ 系数矩阵。

(1) 如果 $p=2,k=3$,写出 VAR 模型的全部方程。

(2) 两个研究人员得到同样的一组数据,独立工作得到 VAR 方程不同的滞后阶数。描述和评价两种方法,并判断哪一个滞后阶数更为恰当。

第九章 其他常用回归模型

本章主要介绍了其他常用的回归模型,包括二项及多项选择模型、排序选择模型、受限因变量模型、计数模型、门限回归模型、分位数回归模型和非参数回归模型。每个模型都包括原理、案例和软件操作三个部分。

第一节 二项及多项选择模型原理、案例与软件操作

一、二项及多项选择模型原理

离散选择模型(discrete choice model,DCM),又可称为“定性反应模型”。在经济学和社会学领域都有广泛的应用。例如,消费者在购买汽车的时候通常会比较几个不同的品牌,如福特、比亚迪,等等。如果将消费者选择福特汽车记为 $Y=0$,选择比亚迪汽车记为 $Y=1$,那么在研究消费者选择何种汽车品牌的时候,由于因变量不是一个连续的变量($Y=0,1$),传统的线性回归模型就有一定的局限,因为根据线性概率模型所作的预测值可能出现 $\hat{Y}>0$ 或 $\hat{Y}<0$ 的不现实情形。

离散选择模型的划分有多种方法。根据备选方案集中备选方案的数量可以将离散选择模型分为二项选择模型(binomial choicemodels)和多项选择模型(multinomialchoice models)。顾名思义,二项选择模型是指备选方案集中仅有两个选项,如{“是”,“否”}{“买”,“不买”}{“受伤”,“未受伤”}{“感染”,“未感染”}等。二项选择模型是学习其他离散选择模型的基础。多项选择模型中的方案数量为 3 个或 3 个以上,如购买车辆时选择{“品牌 1”、“品牌 2”、“品牌 3”}、交通事故的严重等级{“仅财产损失”、“受伤”、“死亡”}等。本节将重点介绍以上两个常用的离散选择模型。

(一)二项选择模型

当个体的选择只有两种情况时,我们可以利用线性概率模型(LPM)

$$\boldsymbol{y}_i=\beta_1 x_{i1}+\beta_2 x_{i2}+\cdots+\beta_k x_{ik}+\boldsymbol{\varepsilon}_i=\boldsymbol{x}_i'\boldsymbol{\beta}+\boldsymbol{\varepsilon}_i(i=1,2,\cdots,n) \tag{9.1}$$

其中 $\boldsymbol{x}_i=(x_{i1},x_{i2},\cdots,x_{ik})'$,$\boldsymbol{\beta}=(\beta_1,\beta_2,\cdots,\beta_n)'$

但直接使用线性模型是不合适的,第一,y 的拟合值不一定能够限定在 0 到 1 之间;第二,模型残差项的部分假定也不能满足。为使 y 介于[0,1]之间,在给定 x 的情况下,考虑 y 的两点分布概率

$$\begin{cases} P(y=1 \mid x)=F(x,\beta) \\ P(y=0 \mid x)=1-F(x,\beta) \end{cases} \tag{9.2}$$

我们称 $F(x,\beta)$ 为“连接函数”,因为 y 的取值只能为 0 或者 1,故 y 服从两点分布。通过选择合适的连接函数,可以让 y 介于[0,1]之间,并将 $\hat{y}$ 理解为“$y=1$”发生的概率,因为

$$E(y \mid x)=1 \cdot P(y=1 \mid x)+0 \cdot P(y=0 \mid x)=P(y=1 \mid x) \tag{9.3}$$

若连接函数为标准正态累积分布函数,则有

$$P(y=1 \mid x)=F(x,\beta)=\boldsymbol{\Phi}(\boldsymbol{x}'\boldsymbol{\beta})=\int_{-\infty}^{x'\beta}\phi(t)\,\mathrm{d}t \tag{9.4}$$

此模型称为“Probit”模型。

若连接函数为 logistic(逻辑分布)的累积分布函数,则有

$$P(y=1 \mid x)=F(x,\beta)=\Lambda(\boldsymbol{x}'\boldsymbol{\beta})=\frac{\exp(\boldsymbol{x}'\boldsymbol{\beta})}{1+\exp(\boldsymbol{x}'\boldsymbol{\beta})} \tag{9.5}$$

其中,函数 $\Lambda(z)=\dfrac{\exp(z)}{1+\exp(z)}$

此模型称为“Logit”模型,其中逻辑分布函数关于原点对称,期望为 0,方差为$\dfrac{\pi^2}{3}$(大于标准正态的方差),具有厚尾(fat tails)特征。

实际生活中,我们常用 Logit 模型,其优势在于逻辑分布的累积分布函数有解析表达式(标准正态没有),故计算更为方便;而且 Logit 的回归系数更易解释其经济意义。

Probit 模型与 Logit 模型实质上都是非线性模型,无法通过变量转换变为线性模型。对于非线性模型,常使用最大似然估计(MLE)而不是 OLS 的估计方法。

(二)多项选择模型

当个体的选择结果可能大于两种时,可以使用多项选择模型。假设个体 i 选择第 j 种方法的效用为

$$U_{ij}=x_i'\beta_j+\varepsilon_{ij}(i=1,2,\cdots,n;j=1,2,\cdots,J) \tag{9.6}$$

故当个体选择方案 j 时,当且仅当选择方案 j 效用最大时,有

$$P(y_i=j \mid x_i)=P(U_{ij}>U_{ik},\ \forall\, k\neq j) \tag{9.7}$$

显然,个体选择各项方案的概率和为 1。因此,有

$$\sum_{j=1}^{J}P(y_i=j \mid x_i)=1 \tag{9.8}$$

我们通常将某方案选为参照方案(如方案 1),假定$\{\varepsilon_{ij}\}$为独立同分布且服从 I 型极值分布,令其相应系数 $\beta_1=0$。由此,个体 i 选择方案 j 的概率为

$$P(y_i=j \mid x_i)=\begin{cases}\dfrac{1}{1+\sum\limits_{k=2}^{J}\exp(x_i'\beta_k)} & (j=1)\\[2ex] \dfrac{\exp(x_i'\beta_j)}{1+\sum\limits_{k=2}^{J}\exp(x_i'\beta_k)} & (j=2,\cdots,J)\end{cases} \tag{9.9}$$

其中,$j=1$ 为参照方案。此模型为“多项 Logit 模型”,常用极大似然估计方法进行估计。其似然函数与对数似然函数分别为

$$L_i=(\beta_1,\cdots,\beta_J)=\prod_{j=1}^{J}[P(y_i=j \mid x_i)]^{1(y_i=j)} \tag{9.10}$$

$$\ln L_i(\beta_1,\cdots,\beta_J)=\sum_{j=1}^{J}1(y_i=j)\cdot\ln P(y_i=j \mid x_i) \tag{9.11}$$

其中，1(·)为示性函数，如果括号中条件成立，则取值为 1，反之为 0。

此外，若$\{\varepsilon_{i1},\varepsilon_{i2},\cdots,\varepsilon_{iJ}\}$服从 J 维正态分布，则得到“多项 Probit 模型”。

二、案例分析与软件操作

【案例 9-1】 假设你是一所大学的系主任，你想根据每位申请者两次考试的实际情况来确定他们被录取的机会。你有 100 位申请者的历史数据，可以用来作为模型样本。其中，变量 exam1 表示第一次考试的学生成绩，exam2 表示第二次考试的学生成绩，admitted 表示学生是否被录取(0 为未录取，1 为录取)。

(一) EViews 软件操作

创建 EViews 工作文件，方法同前，界面如图 9-1 所示，选择数据类型为 Unstructred/Undated，输入观测值为 100。

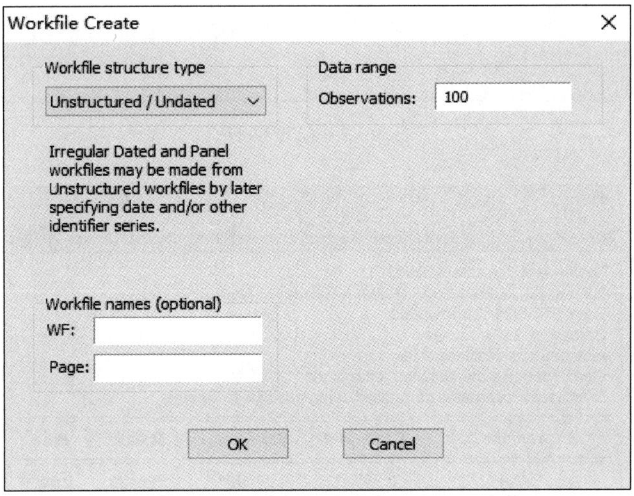

图 9-1　建立数据集

在命令框中输入 data exam1 exam2 admitted，见图 9-2，创建相应的序列分别为第一次考试成绩、第二次考试成绩、是否被录取，并将数据导入 EViews。

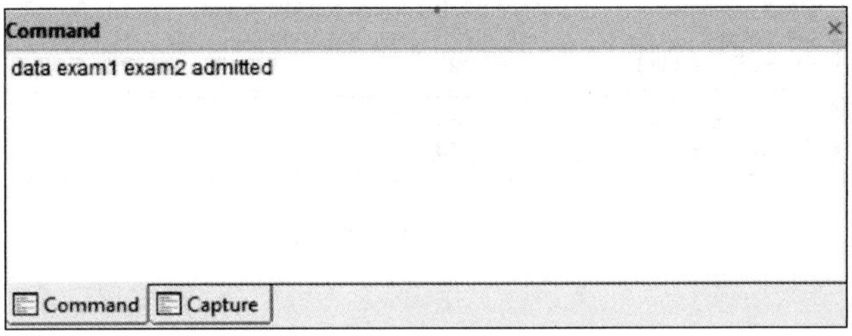

图 9-2　创建序列

在方程估计界面中，估计方法选择 Binary Choice(二项选择模型)，并分别利用 Probit 模型和 Logit 模型进行拟合，见图 9-3。

Logit 和 Probit 对应的参数估计结果分别如图 9-4、图 9-5 所示。

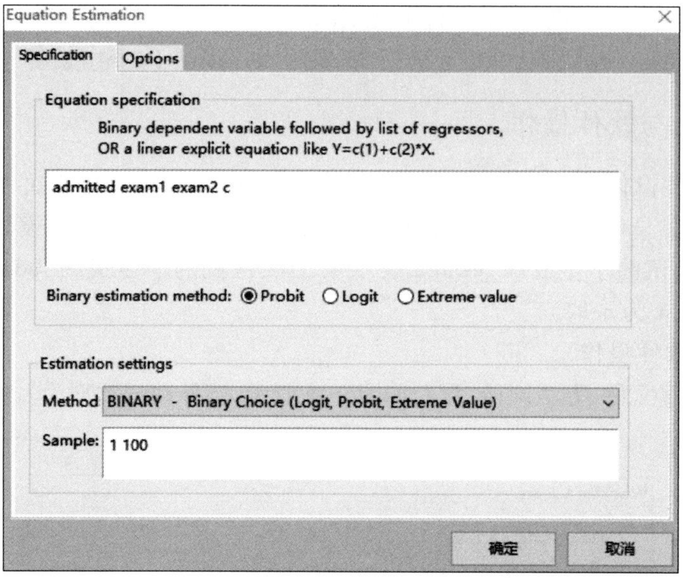

图 9-3 模型估计

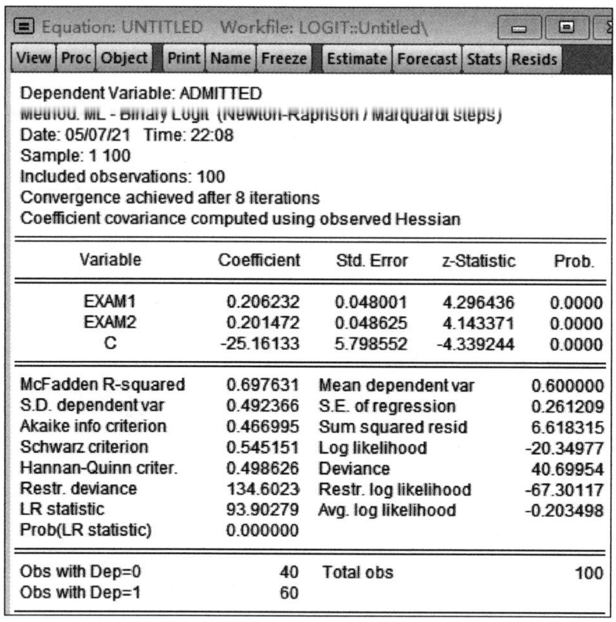

Equation: UNTITLED Workfile: LOGIT::Untitled\

View | Proc | Object | Print | Name | Freeze | Estimate | Forecast | Stats | Resids

Dependent Variable: ADMITTED
Method: ML - Binary Logit (Newton-Raphson / Marquardt steps)
Date: 05/07/21 Time: 22:08
Sample: 1 100
Included observations: 100
Convergence achieved after 8 iterations
Coefficient covariance computed using observed Hessian

Variable	Coefficient	Std. Error	z-Statistic	Prob.
EXAM1	0.206232	0.048001	4.296436	0.0000
EXAM2	0.201472	0.048625	4.143371	0.0000
C	-25.16133	5.798552	-4.339244	0.0000

McFadden R-squared	0.697631	Mean dependent var	0.600000
S.D. dependent var	0.492366	S.E. of regression	0.261209
Akaike info criterion	0.466995	Sum squared resid	6.618315
Schwarz criterion	0.545151	Log likelihood	-20.34977
Hannan-Quinn criter.	0.498626	Deviance	40.69954
Restr. deviance	134.6023	Restr. log likelihood	-67.30117
LR statistic	93.90279	Avg. log likelihood	-0.203498
Prob(LR statistic)	0.000000		

Obs with Dep=0	40	Total obs	100
Obs with Dep=1	60		

图 9-4 回归结果(一)

Logit 模型为

$$y^* = 0.206\ 2exam1 + 0.201\ 5exam2 - 25.161\ 3$$

Probit 模型为

$$y^* = 0.119\ 4exam1 + 0.117\ 7exam2 - 14.669\ 8$$

在两个模型中,EXAM1 和 EXAM2 的参数估计值的 Z 统计量比较大,说明这两个变量在统计上是显著的,这两个变量对因变量有显著的影响。

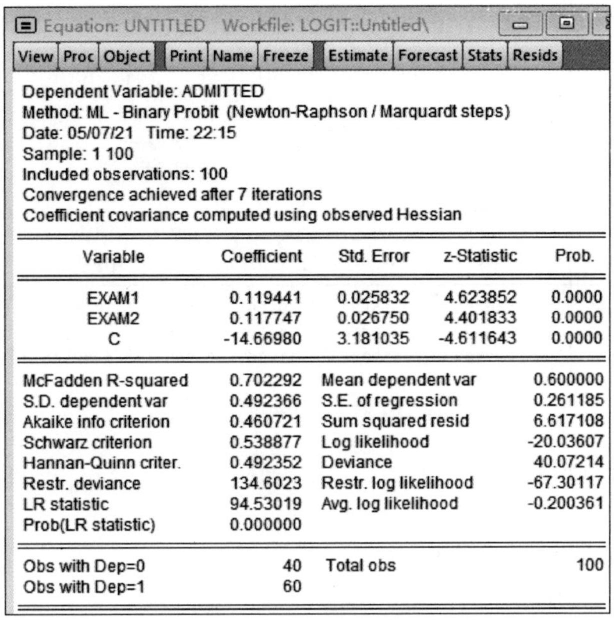

Equation: UNTITLED　Workfile: LOGIT::Untitled\

View | Proc | Object | Print | Name | Freeze | Estimate | Forecast | Stats | Resids

Dependent Variable: ADMITTED
Method: ML - Binary Probit (Newton-Raphson / Marquardt steps)
Date: 05/07/21　Time: 22:15
Sample: 1 100
Included observations: 100
Convergence achieved after 7 iterations
Coefficient covariance computed using observed Hessian

Variable	Coefficient	Std. Error	z-Statistic	Prob.
EXAM1	0.119441	0.025832	4.623852	0.0000
EXAM2	0.117747	0.026750	4.401833	0.0000
C	-14.66980	3.181035	-4.611643	0.0000

McFadden R-squared	0.702292	Mean dependent var	0.600000
S.D. dependent var	0.492366	S.E. of regression	0.261185
Akaike info criterion	0.460721	Sum squared resid	6.617108
Schwarz criterion	0.538877	Log likelihood	-20.03607
Hannan-Quinn criter.	0.492352	Deviance	40.07214
Restr. deviance	134.6023	Restr. log likelihood	-67.30117
LR statistic	94.53019	Avg. log likelihood	-0.200361
Prob(LR statistic)	0.000000		

Obs with Dep=0	40	Total obs	100
Obs with Dep=1	60		

图 9-5　回归结果(二)

我们还可以点击 Forecast 对模型的样本的概率(Probability)或是潜变量(Index)进行预测，如图 9-6 所示。

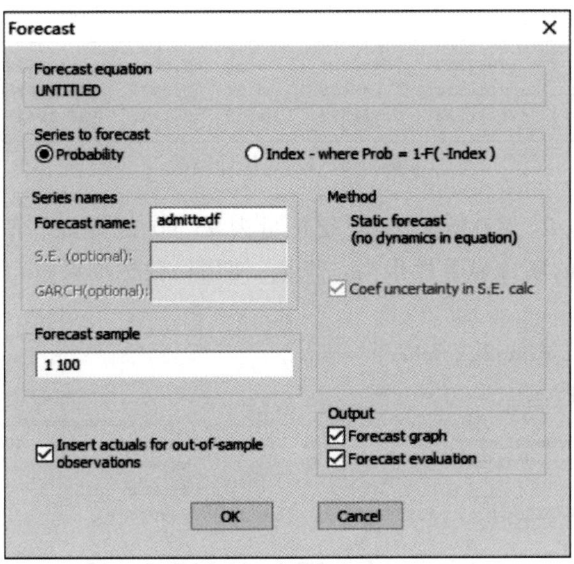

图 9-6　模型预测

(二) Stata 软件操作

作为对照，首先使用 OLS 进行线性概率模型(LPM)估计。

估计命令如下

```
. reg admitted exam1 exam2,r
```

结果如图 9-7 所示。

```
Linear regression                               Number of obs     =        100
                                                F(2, 97)          =     173.27
                                                Prob > F          =     0.0000
                                                R-squared         =     0.6063
                                                Root MSE          =     .31212
```

admitted	Coef.	Robust Std. Err.	t	P>|t|	[95% Conf.	Interval]
exam1	.0148409	.0015972	9.29	0.000	.0116708	.0180109
exam2	.0139422	.001718	8.12	0.000	.0105325	.0173519
_cons	-1.297497	.1152096	-11.26	0.000	-1.526156	-1.068838

图 9-7 OLS 估计

其次,使用 Logit 进行估计。

估计命令如下

. logit admitted exam1 exam2,nolog

估计结果如图 9-8 所示。

```
Logistic regression                             Number of obs     =        100
                                                LR chi2(2)        =      93.90
                                                Prob > chi2       =     0.0000
Log likelihood =  -20.34977                     Pseudo R2         =     0.6976
```

admitted	Coef.	Std. Err.	z	P>|z|	[95% Conf.	Interval]
exam1	.2062317	.0480006	4.30	0.000	.1121522	.3003112
exam2	.2014716	.048625	4.14	0.000	.1061683	.2967749
_cons	-25.16133	5.798552	-4.34	0.000	-36.52628	-13.79638

图 9-8 Logit 估计结果

图 9-8 结果显示,准 R^2 为 0.697 6,LR 统计量为 93.90,对应的 p 值为 0.000 0,故整个方程所有系数(除常数项外)的联合显著性很高。下面,使用稳健标准误进行 Logit 估计。

估计命令如下

. logit admitted exam1 exam2,r nolog

估计结果如图 9-9 所示。

```
Logistic regression                             Number of obs     =        100
                                                Wald chi2(2)      =      30.42
                                                Prob > chi2       =     0.0000
Log pseudolikelihood =  -20.34977               Pseudo R2         =     0.6976
```

admitted	Coef.	Robust Std. Err.	z	P>|z|	[95% Conf.	Interval]
exam1	.2062317	.0416988	4.95	0.000	.1245036	.2879598
exam2	.2014716	.0392823	5.13	0.000	.1244797	.2784635
_cons	-25.16133	4.444163	-5.66	0.000	-33.87173	-16.45093

图 9-9 稳健标准误 Logit 估计

对比图 9-8 和图 9-9 可知，稳健标准误与普通标准误的估计结果非常接近，故大致可以不必担心模型设定问题。由于各解释变量的最小变化量至少为一单位，为了便于解释回归结果，下面让 Stata 汇报几率比而非系数。

估计命令如下

. logit admitted exam1 exam2, or nolog

结果如图 9-10 所示。

```
Logistic regression                             Number of obs     =        100
                                                LR chi2(2)        =      93.90
                                                Prob > chi2       =     0.0000
Log likelihood =  -20.34977                     Pseudo R2         =     0.6976
```

admitted	Odds Ratio	Std. Err.	z	P>|z|	[95% Conf.	Interval]
exam1	1.229038	.0589946	4.30	0.000	1.118683	1.350279
exam2	1.223201	.0594782	4.14	0.000	1.112009	1.345512
_cons	1.18e-11	6.85e-11	-4.34	0.000	1.37e-16	1.02e-06

Note: cons estimates baseline odds.

图 9-10 稳健标准误 Logit 估计结果

图 9-10 显示，在给定其他变量的情况下，第一次考试成绩每增加 1 分，被录取的几率比增加 22.903 8%；在给定其他变量的情况下，第二次考试成绩每增加 1 分，被录取的几率比增加 22.320 1%。为了与 OLS 估计的回归系数进行比较，计算 Logit 模型的平均边际效应。

估计命令如下

. margins, dydx(*)

结果如图 9-11 所示。

```
Average marginal effects                        Number of obs     =        100
Model VCE    : OIM

Expression   : Pr(admitted), predict()
dy/dx w.r.t. : exam1 exam2
```

	Delta-method					
	dy/dx	Std. Err.	z	P>|z|	[95% Conf.	Interval]
exam1	.0128238	.0005541	23.14	0.000	.0117377	.0139099
exam2	.0125278	.0009861	12.71	0.000	.0105952	.0144605

图 9-11 平均边际效应

直观上看，Logit 模型的平均边际效应与 OLS 回归系数相差不大。为了演示下面计算在样本均值处的边际效应。

估计命令如下

. margins, dydx(*) atmeans

结果如图 9-12 所示。

对比图 9-11 与图 9-12 的输出结果可知，在样本均值处的边际效应与平均边际效应有所不同。

```
Conditional marginal effects                    Number of obs     =        100
Model VCE    : OIM

Expression   : Pr(admitted), predict()
dy/dx w.r.t. : exam1 exam2
at           : exam1           =    65.64427 (mean)
               exam2           =      66.222 (mean)

------------------------------------------------------------------------------
             |            Delta-method
             |      dy/dx   Std. Err.      z    P>|z|     [95% Conf. Interval]
-------------+----------------------------------------------------------------
       exam1 |   .0265926    .007809     3.41   0.001     .0112872    .0418981
       exam2 |   .0259788   .0073611     3.53   0.000     .0115513    .0404064
------------------------------------------------------------------------------
```

图 9-12　均值处边际效应

下面计算 Logit 模型准确预测的比率。

估计命令为

. estat clas

预测结果见图 9-13。

```
Logistic model for admitted

              -------- True --------
Classified |         D            ~D  |      Total
-----------+--------------------------+-----------
     +     |        55             6  |         61
     -     |         5            34  |         39
-----------+--------------------------+-----------
   Total   |        60            40  |        100

Classified + if predicted Pr(D) >= .5
True D defined as admitted != 0
--------------------------------------------------
Sensitivity                     Pr( +| D)   91.67%
Specificity                     Pr( -|~D)   85.00%
Positive predictive value       Pr( D| +)   90.16%
Negative predictive value       Pr(~D| -)   87.18%
--------------------------------------------------
False + rate for true ~D        Pr( +|~D)   15.00%
False - rate for true D         Pr( -| D)    8.33%
False + rate for classified +   Pr(~D| +)    9.84%
False - rate for classified -   Pr( D| -)   12.82%
--------------------------------------------------
Correctly classified                        89.00%
--------------------------------------------------
```

图 9-13　正确预测率

图 9-13 的结果显示，正确预测的比率为(55+34)/100=89%。

类似地，可以对此模型进行 Probit 估计。

估计命令如下

. probit admitted exam1 exam2, nolog

结果如图 9-14 所示。

下面考察 Probit 模型的边际效应与预测准确度。

估计命令如下

```
Probit regression                               Number of obs     =        100
                                                LR chi2(2)        =      94.53
                                                Prob > chi2       =     0.0000
Log likelihood = -20.036072                     Pseudo R2         =     0.7023
```

admitted	Coef.	Std. Err.	z	P>|z|	[95% Conf.	Interval]
exam1	.1194414	.0258316	4.62	0.000	.0688124	.1700704
exam2	.1177469	.0267495	4.40	0.000	.0653188	.170175
_cons	-14.6698	3.181036	-4.61	0.000	-20.90451	-8.435084

Note: 0 failures and 4 successes completely determined.

图 9-14 Probit 估计

. margins, dydx(*)

. estat clas

结果如图 9-15 和图 9-16 所示。

```
Average marginal effects                        Number of obs     =        100
Model VCE    : OIM

Expression   : Pr(admitted), predict()
dy/dx w.r.t. : exam1 exam2
```

	dy/dx	Delta-method Std. Err.	z	P>|z|	[95% Conf.	Interval]
exam1	.0129878	.0004808	27.01	0.000	.0120454	.0139301
exam2	.0128035	.0009087	14.09	0.000	.0110225	.0145845

图 9-15 Probit 边际效应

Probit model for admitted

Classified	True D	True ~D	Total
+	55	5	60
-	5	35	40
Total	60	40	100

Classified + if predicted Pr(D) >= .5
True D defined as admitted != 0

Sensitivity	Pr(+| D)	91.67%
Specificity	Pr(-|~D)	87.50%
Positive predictive value	Pr(D| +)	91.67%
Negative predictive value	Pr(~D| -)	87.50%
False + rate for true ~D	Pr(+|~D)	12.50%
False - rate for true D	Pr(-| D)	8.33%
False + rate for classified +	Pr(~D| +)	8.33%
False - rate for classified -	Pr(D| -)	12.50%
Correctly classified		90.00%

图 9-16 Probit 预测的准确率

从图 9-15 和图 9-16 可以看出,Probit 模型的边际效应、准 R^2 以及正确预测比率与 Logit 模型几乎完全相同,故该案例使用两种模型均可。

第二节 排序选择模型原理、案例与软件操作

一、排序选择模型原理

当因变量的多种选择存在着可排顺序的特征时,我们可以选用排序选择模型。如债券的信用等级(标准·普尔公司信用等级标准从高到低划分为:AAA 级、AA 级、A 级、BBB 级、BB 级、B 级、CCC 级、CC 级 C 级和 D 级);消费者对某类消费品的偏好(十分喜欢、喜欢、无所谓、厌恶等)。

我们称这些可以存在先后顺序的数据为排序数据,对于此类数据,我们需要使用排序选择模型(或称排序因变量模型)。

我们假定:$y^*=\boldsymbol{x}_i'\boldsymbol{\beta}+\varepsilon$($y^*$ 不可观测),那么选择规则可表示为

$$y=\begin{cases}0, y^* \leqslant r_0 \\ 1, r_0<y^* \leqslant r_1 \\ 2, r_1<y^* \leqslant r_2 \\ \cdots\cdots \\ J, r_{J-1} \leqslant y^*\end{cases} \tag{9.12}$$

$r_0<r_1<r_2<\cdots<r_{J-1}$ 为待估参数,称为"切点"。

同时我们假设,ε 服从均值为 0、标准差为 1 的标准正态分布,那么有

$$\begin{aligned} P(y=0 \mid x) &= P(y^* \leqslant r_0 \mid x)=P(\boldsymbol{x}'\boldsymbol{\beta}+\varepsilon \leqslant r_0 \mid x) \\ &= P(\varepsilon \leqslant r_0-\boldsymbol{x}'\boldsymbol{\beta} \mid x)=\Phi(r_0-\boldsymbol{x}'\boldsymbol{\beta}) \end{aligned} \tag{9.13}$$

$$\begin{aligned} P(y=1 \mid x) &= P(r_0<y^* \leqslant r_1 \mid x) \\ &= P(y^* \leqslant r_1 \mid x)-P(y^* \leqslant r_0 \mid x) \\ &= P(\boldsymbol{x}'\boldsymbol{\beta}+\varepsilon \leqslant r_1 \mid x)-\Phi(r_0-\boldsymbol{x}'\boldsymbol{\beta}) \\ &= P(\varepsilon \leqslant r_1-\boldsymbol{x}'\boldsymbol{\beta} \mid x)-\Phi(r_0-\boldsymbol{x}'\boldsymbol{\beta}) \\ &= \Phi(r_1-\boldsymbol{x}'\boldsymbol{\beta})-\Phi(r_0-\boldsymbol{x}'\boldsymbol{\beta}) \end{aligned} \tag{9.14}$$

…………

$$P(y=J \mid x)=1-\Phi(r_{J-1}-\boldsymbol{x}'\boldsymbol{\beta}) \tag{9.15}$$

二、案例分析与软件操作

在这个案例中,你需要构建一个排序选择模型来判断市民收入与政府政策支持率的关系。

【案例 9-2】 在一项调查政府支持率的民意测验中,由于政府出台了一项对某一收入水平人群有利的政策,而使得不同收入水平人群对其支持率产生了变化。通过调查,我们已经获取了 24 位市民的相关样本数据,其中,变量 *INC* 代表市民收入,变量 *Y* 代表市民对该项政策持有的态度(0、1、2 分别代表支持、中立、不支持)

(一) EViews 软件操作

创建 EViews 工作文件并导入数据,观测值选择为 24 个,操作界面见图 9-17。

输入 data inc y,创建相应的序列分别为市民收入与市民态度,见图 9-18。

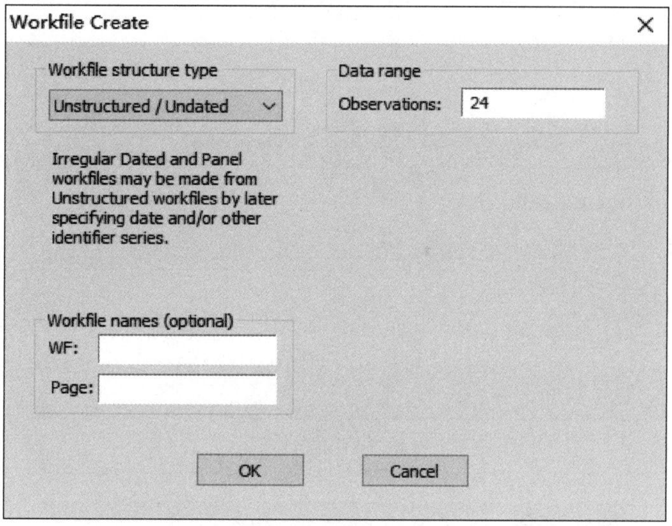

图 9-17　创建工作文件

图 9-18　创建序列

与二元选择模型不同的是,因为常数项会与临界值混淆,因此 EViews 会忽略常数项,则我们只需要建立 y 与 inc 的模型。

单击"Quick→Estimate Equation",弹出界面见图 9-19,其中 Method 指的是估计方法,这里我们选择 Ordered Choice 排序选择模型;Error distribution 指的是残差项所服从的分布,一般我们选择 Normal 即服从正态分布。

若模型估计收敛,EViews 会显示出估计结果。本例结果见图 9-20,可以看出,模型估计结果为 $y^* = 0.008751inc$,说明收入越高,指标值越大。在本例子中,即不支持该项政策的概率越大。两个临界值分别为 8.093 和 11.598。

(二) Stata 软件操作

首先进行 ordered probit 估计,命令如下

```
. oprobit y inc,nolog
```

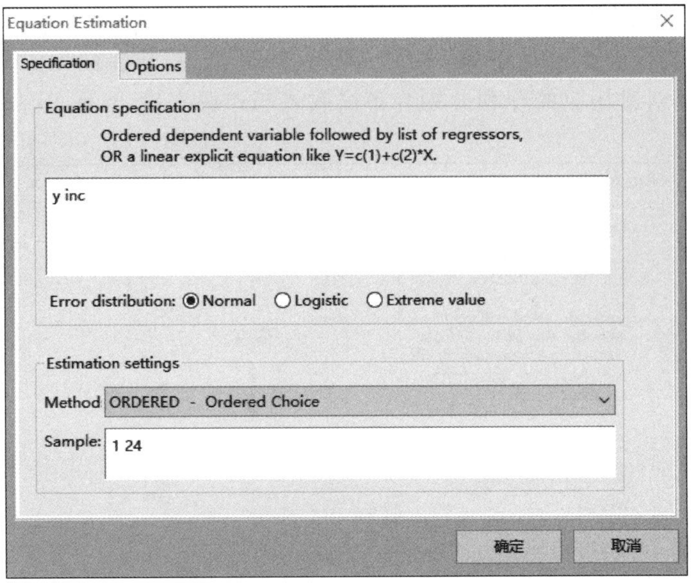

图 9-19 模型估计

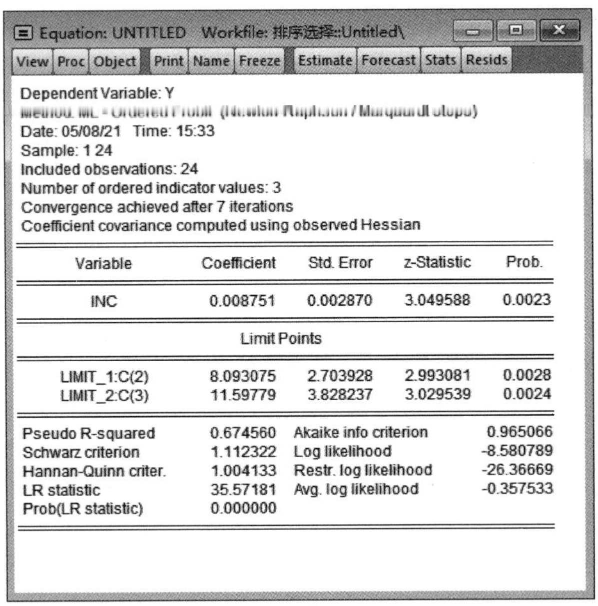

图 9-20 估计结果

结果如图 9-21 所示。

在图 9-21 中，"cut1，cut2"为切点的估计值，准 R^2 为 0.674 6，解释变量 inc 的 p 值为 0.002，也比较显著。根据该模型，可以预测每位市民对政策的持有态度，并列出第一个观测值的预测结果，命令如下

```
. predict p0 p1 p2
. list p0 p1 p2 in 1/1
```

```
Ordered probit regr- ssion                          Number of obs   =        24
                                                    LR chi2(1)      =     35.57
                                                    Prob > chi2     =    0.0000
Log likelihood = -8.5807888                         Pseudo R2       =    0.6746
```

y	Coef.	Std. Err.	z	P>|z|	[95% Conf.	Interval]
inc	.0087515	.0028697	3.05	0.002	.0031269	.0143761
/cut1	8.093074	2.703928			2.793473	13.39268
/cut2	11.59779	3.828236			4.094587	19.101

	p0	p1	p2
1.	.99948051	.00051949	5.826e-12

图 9-21　Probit 估计

下面进行 ordered logit 估计，然后预测每位市民对政策的持有态度，并列出第一个观测值的预测结果，命令如下

. ologit y inc, nolog

. predict r0 r1 r2

. list r0 r1 r2 in 1/1

结果如图 9-22 所示。

```
Ordered logistic regression                         Number of obs   =        24
                                                    LR chi2(1)      =     35.10
                                                    Prob > chi2     =    0.0000
Log likelihood = -8.8167731                         Pseudo R2       =    0.6656
```

y	Coef.	Std. Err.	z	P>|z|	[95% Conf.	Interval]
inc	.0148501	.0050586	2.94	0.003	.0049353	.0247648
/cut1	13.72611	4.776624			4.364104	23.08812
/cut2	19.68654	6.738356			6.479607	32.89348

	r0	r1	r2
1.	.99616054	.00382952	9.939e-06

图 9-22　Logit 估计

根据上述结果可知，虽然 ordered logit 与 ordered probit 模型的系数与切点估计有所差别，但预测市民对政策的持有态度结果却很接近。

第三节 受限因变量模型原理、案例与软件操作

一、受限因变量模型原理

当被解释变量的取值范围受到限制时，我们称其为“受限被解释变量”。在现实问题中，当我们只能得到部分数据时，那我们就需要从总体这个受限部分的样本推导总体特征，这就是受限因变量模型。

受限因变量模型包括删失回归(censored regression)模型、断尾回归(truncated regression)模型、样本选择(sample selection)模型等，下面我们重点介绍受限因变量模型中最常见的两类：删失回归与断尾回归模型。

(一) 删失回归模型

删失问题，即把因变量处于某一范围内的观测值用一个相同的值替代。这种问题在调查活动中居多，如当限定商品购买时，如购买上限为100，那么对于购买量为100的个体，其实际需求量可能远大于100。这也可以理解为，部分样本的自变量对应的因变量观测值无法获得。

所以说，“删失”并不是将数据从样本中删去，其本质上是对出现删失数据时的普通回归模型做适当处理。

对于模型 $\boldsymbol{y}_i=\boldsymbol{x}_i'\boldsymbol{\beta}+\boldsymbol{\varepsilon}_i$，我们设置一个指标变量 y_i^*，将模型转变为指标变量回归模型：$y_i^*=\boldsymbol{x}_i'\boldsymbol{\beta}+\boldsymbol{\sigma\varepsilon}_i$。其中，$\boldsymbol{\sigma}$ 为比例参数，它的作用是表示 y 的似然函数，其意义就是原始模型中残差的标准差，而观测值 y 由指标变量对应得到

$$y_i=\begin{cases}0 & (y_i^*\leqslant 0)\\ y_i^* & (y_i^*>0)\end{cases}\tag{9.16}$$

这时称模型为规范的删失模型(Tobit 模型)，在 Tobit 模型中，所有为负值的指标变量 y_i^* 相应取0，这时称这些数据是左删失。同时，我们也可以取左、右两个临界值。

$$y_i=\begin{cases}\underline{c}_i(y_i^*\leqslant\underline{c}_i)\\ y_i^*(\underline{c}_i\leqslant y_i^*\leqslant\bar{c}_i)\\ \bar{c}_i(y_i^*\geqslant\bar{c}_i)\end{cases}\tag{9.17}$$

其中，$\underline{c}_i$ 与 $\bar{c}_i$ 是临界点的值，如果没有左临界点，我们可以令 $\underline{c}_i=-\infty$；若是无右临界点，我们可以令 $\bar{c}_i=+\infty$。规范模型中相当于令 $\underline{c}_i=-\infty$，$\bar{c}_i=+\infty$。我们可以根据误差项的分布定义 y_i 的概率值，得到相应的似然函数，并得到 $\boldsymbol{\beta}$ 和 $\boldsymbol{\sigma}$ 的估计值。

(二) 断尾回归模型

断尾问题，即不能从全部个体，而是只能从一小部分个体中随机抽取样本观测值，而这部分个体的观测值都大于或者小于某一个定值。这样实际上等同于截掉全部样本的两端或一端。

例如，我们研究居民收入问题时，理论上的居民收入范围应该在零到无穷大之间，但实际上我们只可能获得其中一个子区间的样本。或者说，对应因变量的特定取值范围内，或是没有全部自变量的观测值，或是无法得到因变量的观测值。

对于线性模型 $y_i = x_i'\beta + \varepsilon_i$ 中被观察的被解释变量是断尾变量的回归,我们假定 $\varepsilon_i \sim N(0, \sigma^2)$,那么断尾正态分布为

$$
\begin{aligned}
f(y \mid y>a) &= \frac{f(y)}{1-\Phi(\alpha)} \\
&= \frac{(2\pi\sigma^2)^{-1/2} e^{-(y-\beta x_i')^2/2\sigma^2}}{1-\Phi(\alpha)} \\
&= \frac{(1/\sigma)\phi((x-\beta x_i')/\sigma)}{1-\Phi(\alpha)}
\end{aligned} \tag{9.18}
$$

其中,$\phi(\cdot)$和 $\Phi(\cdot)$分别是标准正态分布的概率密度与分布函数。

给定样本$(y_1, x_1), \cdots, (y_n, x_n)$,对数似然函数为

$$
\ln L = -\frac{n}{2}[\ln(2\pi) + \ln\sigma^2] \tag{9.19}
$$

二、案例分析与软件操作

在这个案例中,你需要构建一个受限因变量模型来研究已婚妇女的劳动实践供给问题。

【案例 9-3】 在一次调查中,调查人员一共调查了 50 位受访者,由于部分受访者没有提供实际劳动数据,则只能将这些数据视为零对待,但需要利用全部调查数据,因此需要构建删失回归模型。其中,各变量分别为:y(已婚妇女工作时间/年),x_1(未成年子女个数),x_2(年龄),x_3(受教育年限),x_4(丈夫的收入)。

(一) EViews 软件操作

创建 EViews 工作文件,选择观测值为 50,见图 9-23。

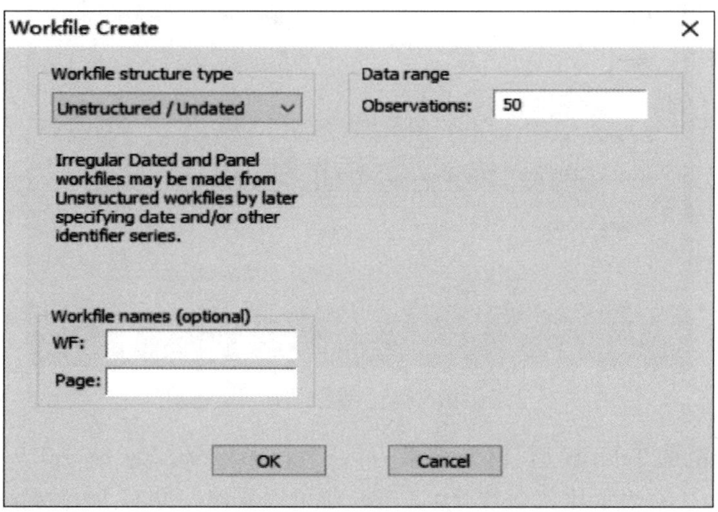

图 9-23　创建工作文件

在命令窗口输入 data y c x1 x2 x3 x4,创建序列并导入数据。如图 9-24 所示。

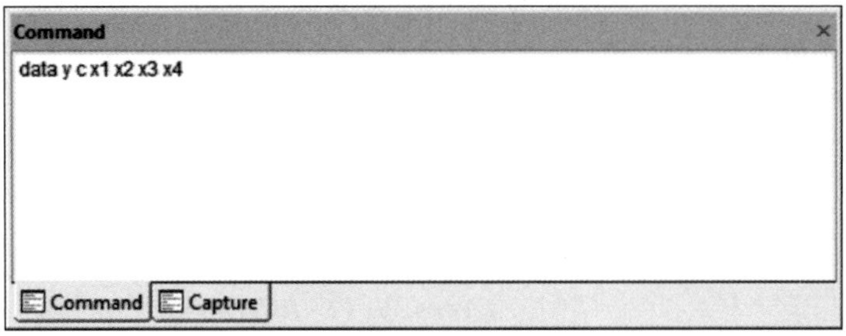

图 9-24 创建序列

在图 9-25 所示的 Equation Estimation 方程估计中选择 CENSORED 方法，输入待估变量 y、c、x1、x2、x3、x4，残差分布一般仍默认选择 Normal 正态分布。在 Dependent variable censoring points 中，Left 和 Right 分别为左右的临界值，此例中我们只有左删失。

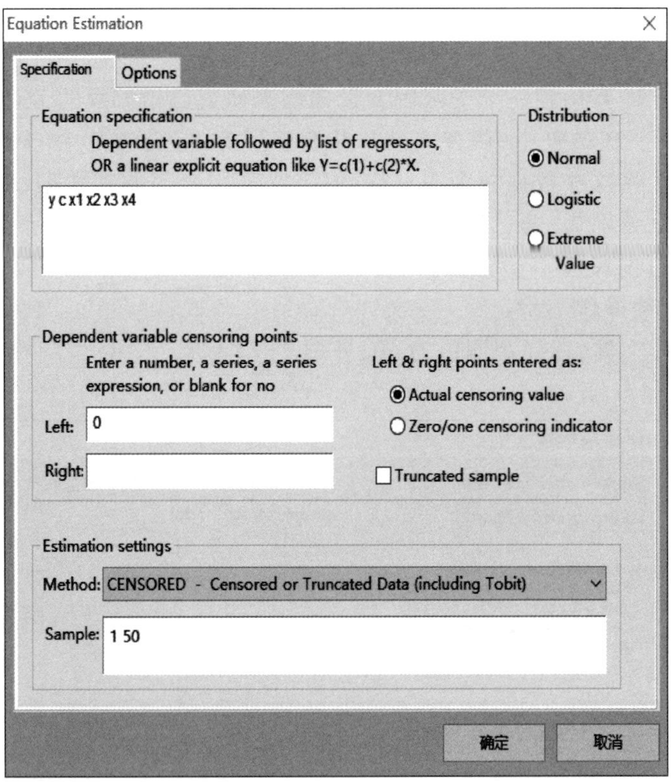

图 9-25 模型估计

本例是一个规范的 Tobit 模型，模型结果为：$y^* = 18.633 - 6.204\ 8x_1 - 0.941\ 5x_2 + 3.049\ 5x_3 + 0.000\ 2x_4$。SCALEC(6)表示比例参数 $\hat{\sigma} = 22.79$，还可以看出一共有 18 个观测值做了删失处理。

从图 9-26 可以看出，x_1 在 10%的显著性水平下为负，x_2 在 1%的显著性水平下为负，x_3 在 5%的显著性水平下为正，x_4 并不显著。

Equation: UNTITLED Workfile: 受限因变量::Untitled\

View | Proc | Object | Print | Name | Freeze | Estimate | Forecast | Stats | Resids

Dependent Variable: Y
Method: ML - Censored Normal (TOBIT) (Newton-Raphson / Marquardt steps)
Date: 05/08/21 Time: 17:11
Sample: 1 50
Included observations: 50
Left censoring (value) at zero
Convergence achieved after 5 iterations
Coefficient covariance computed using observed Hessian

Variable	Coefficient	Std. Error	z-Statistic	Prob.
C	18.63303	20.64496	0.902546	0.3668
X1	-6.204832	3.179638	-1.951427	0.0510
X2	-0.941534	0.326982	-2.879471	0.0040
X3	3.049497	1.346220	2.265230	0.0235
X4	0.000156	0.000170	0.915396	0.3600
Error Distribution				
SCALE:C(6)	22.79078	3.102863	7.345082	0.0000

Mean dependent var	19.16000	S.D. dependent var	19.02454
S.E. of regression	17.27325	Akaike info criterion	6.628115
Sum squared resid	13128.06	Schwarz criterion	6.857558
Log likelihood	-159.7029	Hannan-Quinn criter.	6.715488
Avg. log likelihood	-3.194058		

Left censored obs	18	Right censored obs	0
Uncensored obs	32	Total obs	50

图 9-26 估计结果

(二) Stata 软件操作

作为对照,首先对样本数据进行 OLS 回归。

估计命令如下

. reg y x1 x2 x3 x4

结果如图 9-27 所示。

Source	SS	df	MS
Model	4935.27462	4	1233.81866
Residual	12799.4454	45	284.432119
Total	17734.72	49	361.933061

Number of obs	=	50
F(4, 45)	=	4.34
Prob > F	=	0.0047
R-squared	=	0.2783
Adj R-squared	=	0.2141
Root MSE	=	16.865

y	Coef.	Std. Err.	t	P>|t|	[95% Conf.	Interval]
x1	-4.162991	2.173576	-1.92	0.062	-8.540798	.2148165
x2	-.5338416	.2154768	-2.48	0.017	-.9678342	-.0998491
x3	2.427355	.946764	2.56	0.014	.5204748	4.334236
x4	.0001388	.0001212	1.15	0.258	-.0001052	.0003828
_cons	13.01377	14.72568	0.88	0.382	-16.64526	42.67281

图 9-27 OLS 估计

下面进行删失回归,假设在“$y=0$”处存在左截尾。

估计命令如下

. truncreg y x1 x2 x3 x4,ll(0)nolog

结果如图 9-28 所示。

```
Truncated regression
Limit:   lower =          0                 Number of obs     =         32
         upper =       +inf                 Wald chi2(4)      =      16.63
Log likelihood = -124.20355                 Prob > chi2       =     0.0023
```

y	Coef.	Std. Err.	z	P>|z|	[95% Conf. Interval]	
x1	.2723508	2.300806	0.12	0.906	-4.237147	4.781848
x2	-.1460125	.2417694	-0.60	0.546	-.6198717	.3278468
x3	2.643468	.9378657	2.82	0.005	.8052848	4.481651
x4	.000212	.0001139	1.86	0.063	-.0000112	.0004352
_cons	-4.10165	15.48976	-0.26	0.791	-34.46103	26.25773
/sigma	12.74843	1.853608	6.88	0.000	9.11543	16.38144

图 9-28　删失回归估计

比较以上两图结果可知,删失回归的结果与 OLS 回归的结果存在较大差别。删失回归模型的结果表明,已婚妇女的工作时间与其受教育年限、其丈夫的收入之间有较大关系,并且受教育年限对其工作时间的影响更大。

第四节　计数模型原理、案例与软件操作

一、计数模型原理

所谓计数模型,主要是指被解释变量只能取非负整数,即 1,2,3,4,…比如专利个数、奥运金牌个数、子女个数等。

在这些问题的研究中,被解释变量 Y 有如下三个属性:

(1) 被解释变量为计数资料,取非负整数,即 $Y=0,1,2,3,4,\cdots$;

(2) 样本集中在比较少的离散值(这里要注意区分因变量是连续变量还是计数变量);

(3) 研究的是对因变量平均变化的影响。

在本节中,主要介绍两种主要的计数模型,一个是泊松回归(Poisson Regression)模型,另一个是负二项回归(Negative Binomial Regression)模型。

(一) 泊松回归模型

泊松回归模型是用来作为计数资料或者列联表分析的一种回归分析技术。泊松回归假设被解释变量 Y 服从泊松分布,并假设该被解释变量期望值的对数可表示为未知参数的线性组合。泊松回归模型有时(特别是当用作列联表模型时)又被称作对数-线性模型。

假设我们得到一组相互独立的变量组成的向量 $\boldsymbol{x}\in\mathbf{R}^n$,其泊松回归的模型形式为

$$\log(E(Y\mid\boldsymbol{x}))=\boldsymbol{\alpha}+\boldsymbol{\beta}'\boldsymbol{x},\boldsymbol{\alpha}\in\mathbf{R}^n \tag{9.20}$$

亦可简洁地表示为 $\log(E(Y\mid x))=\boldsymbol{\theta}'\boldsymbol{x}$。其中 $\boldsymbol{x}$ 是 $n+1$ 维的向量,由 n 个独立的自变量与一

个常数变量组成。因此,当已知泊松回归模型当中的 $\boldsymbol{\theta}$ 和解释变量 $\boldsymbol{x}$,其满足泊松分布的被解释变量的期望值可以由下式来预测

$$E(Y \mid \boldsymbol{x}) = \exp(\boldsymbol{\theta}'\boldsymbol{x}) \tag{9.21}$$

其中 Y 是被解释变量的观测值,相应的解释变量为 $\boldsymbol{x}$,可由极大似然估计的方法来估计参数 $\boldsymbol{\theta}$。极大似然估计不能通过解析表达式获得解析解,这是由其对数似然函数为凸函数的特性所决定的,我们可通过 Newton-Raphson 或其他基于梯度下降的思想方法来进行参数估计。

在之前的学习中,我们已经了解到泊松分布的概率密度函数为

$$p(y \mid \boldsymbol{x};\boldsymbol{\theta}) = \frac{\exp(y\boldsymbol{\theta}'\boldsymbol{x}) - \exp(\boldsymbol{\theta}'\boldsymbol{x})}{y!} \tag{9.22}$$

现已知解释变量的观测值为由 m 个向量组成的 $\boldsymbol{x}_i \in \mathrm{R}^{n+1}$,对应的 m 个被解释变量的观测值为 $y_1, y_2, \cdots, y_m \in \mathrm{R}$。若同时已知 $\boldsymbol{\theta}$,则该组观测值所对应的联合概率可由下式表达

$$p(y_1, \cdots, y_m \mid \boldsymbol{x}_1, \cdots, \boldsymbol{x}_m;\boldsymbol{\theta}) = \prod_{i=1}^{m} \frac{\exp(y_i\boldsymbol{\theta}'\boldsymbol{x}_i) - \exp(\boldsymbol{\theta}'\boldsymbol{x}_i)}{y_i!} \tag{9.23}$$

极大似然方法估计 θ 的核心思想是,找到使得基于当前观测值的联合概率尽可能达到最大的 $\boldsymbol{\theta}$(可理解为:变量的取值为当前观测值,与取值为其他任何数值相比,是发生概率最高的事件)。既然目标是寻找到最优的 $\boldsymbol{\theta}$,可以先将上式的等号左边简单表达为关于 $\boldsymbol{\theta}$ 的表达式

$$L(\boldsymbol{\theta} \mid x, Y) = \prod_{i=1}^{m} \frac{\exp(y_i\boldsymbol{\theta}'\boldsymbol{x}_i) - \exp(\boldsymbol{\theta}'\boldsymbol{x}_i)}{y_i!} \tag{9.24}$$

注意等号右边的表达式并未改写,但通常难以计算,因而采用其对数变化后的表达式,即

$$l(\theta \mid x, Y) = \log L(\theta \mid x, Y) = \sum_{i=1}^{m} [y_i\boldsymbol{\theta}'\boldsymbol{x}_i - \boldsymbol{\theta}'\boldsymbol{x}_i - \log(y_i!)] \tag{9.25}$$

由于 θ 仅出现在似然函数的前两项,因而在极大化似然函数的运算过程中,可以只考虑前两项。可以删去第三项,待优化的似然函数可以简洁地表达为

$$l(\theta \mid x, Y) = \sum_{i=1}^{m} (y_i\boldsymbol{\theta}'\boldsymbol{x}_i - \boldsymbol{\theta}'\boldsymbol{x}_i) \tag{9.26}$$

为了找到极大值,需要求解方程

$$\frac{\partial l(\theta \mid x, Y)}{\partial \theta} = 0 \tag{9.27}$$

它是一个凸函数,可以考虑使用标准的凸优化方法来求解 θ 的最优值。可采用的方法有 Newton-Raphson 与 Iterative Weighted Least Square(IWLS)算法。先给 θ 一组初始值,IWLS 是通过多次迭代更新直到 θ 收敛来求得 θ 的值的。

(二)负二项回归模型

泊松回归的局限是泊松分布的期望与方差一定相等,被称为"均等分散",但这个特征常与实际数据不符。如果被解释变量的方差明显大于期望,即存在"过度分散"现象,通常的处理方法是,在条件期望函数的对数表达式中加入一项 ε_i,即

$$\ln\lambda_i = x_i'\beta + \varepsilon_i \tag{9.28}$$

其中,随机变量 ε_i 表示条件期望函数中不可观测部分或个体的异质性。

有关负二项分布,简单介绍如下。假设某事件在一次实验中成功的概率为 $\theta(0<\theta<1)$。记 Y

为第 J 次成功前失败的总次数，那么离散型随机变量 Y 的分布律为

$$P(Y=y \mid \theta,J)=C_{y+J-1}^{J-1}\theta^{J}(1-\theta)^{y} \quad (y=0,1,2,\cdots) \tag{9.29}$$

由于第 $(y+J)$ 次一定成功，故只要在前面的 $(y+J-1)$ 次中找出成功的 $(J-1)$ 次的组合次数即可。如果 $J=1$，则称为几何分布。可以证明，负二项回归模型的条件期望仍为 $E(Y_i \mid x_i)=\mu_i$（负二项回归不影响条件期望），而条件方差为

$$Var(Y_i \mid x_i)=\mu_i+\alpha\mu_i^2>\mu_i=E(Y_i \mid x_i) \tag{9.30}$$

这表明，在负二项回归中，条件方差大于条件期望（在泊松回归中二者相等）。由于条件方差的表达式包含条件期望 μ_i 的平方项，故也称为"NB2 模型"。从条件方差的方程可以看出，条件方差是关于 α 的增函数，故 α 称为"过度分散"参数。特别地，当 $\alpha \to 0$ 时，泊松回归实际上是负二项回归的特例。因此，在进行负二项回归后，只需要对原假设"$H_0:\alpha=0$"进行检验，即可确定应使用负二项回归还是泊松回归。

从实际意义的角度看，负二项回归描述了在不同地区、不同时间的情况下，所要研究的个体事件发生的概率不等，有的发生概率高，有的发生概率低，可能存在一定的聚集性。

二、案例分析与软件操作

【案例 9-4】 为了研究犯罪率的影响因素，某地政府在当地居民中开展问卷调查，对该地区民众进行抽样调查，一共抽取了 2 725 人作为样本，调查采集的数据主要包含以下重要变量：*narr*（被捕次数），*pcnv*（有前科的比例），*avgsen*（平均判刑月数），*tottime*（18 岁以上入狱总月数），*ptime*（入狱月数），*qemp*（就业季度数），*inc*（合法收入），*black*（是否是黑人，*black*=1 代表黑人），*hispan*（是否是拉丁裔，*hispan*=1 代表拉丁裔）。在本案例中，我们试图探究被捕次数与其他因素之间的关系。

（一）EViews 软件操作

创建 EViews 工作文件，输入观测值数为 2725，见图 9-29。

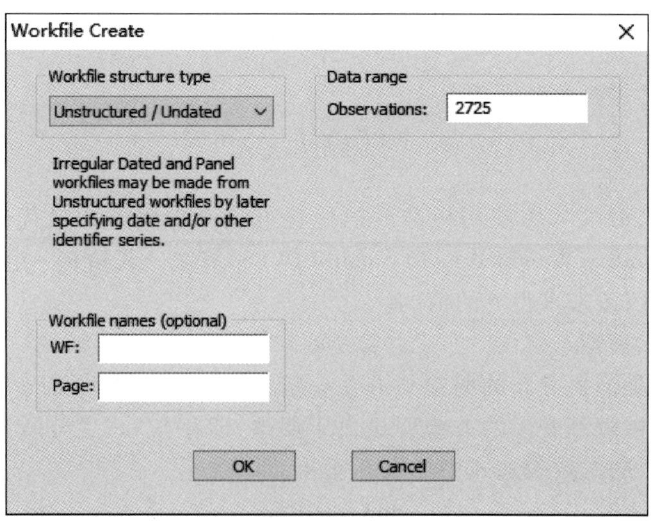

图 9-29 创建工作文件

输入 data narr c pcnv avgsen tottime ptime qemp inc black hispan，创建变量并导入数据。如图 9-30 所示。

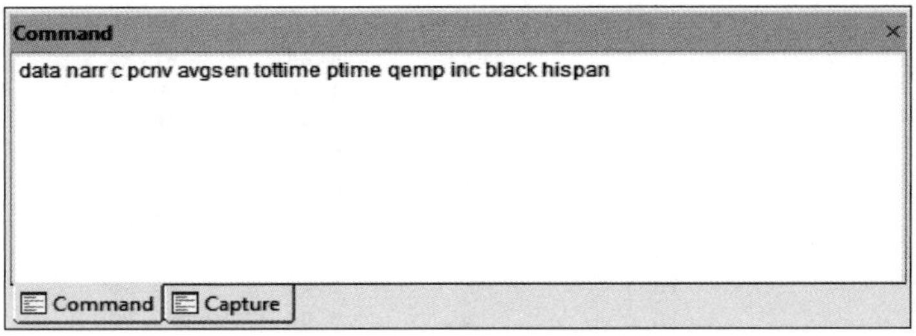

图 9-30　创建序列

在 Equation Estimation 方程估计中的 Method 方法中选择 COUNT 计数模型，并输入变量，这里我们分别尝试泊松回归和负二项回归。泊松回归的结果如图 9-31 所示。

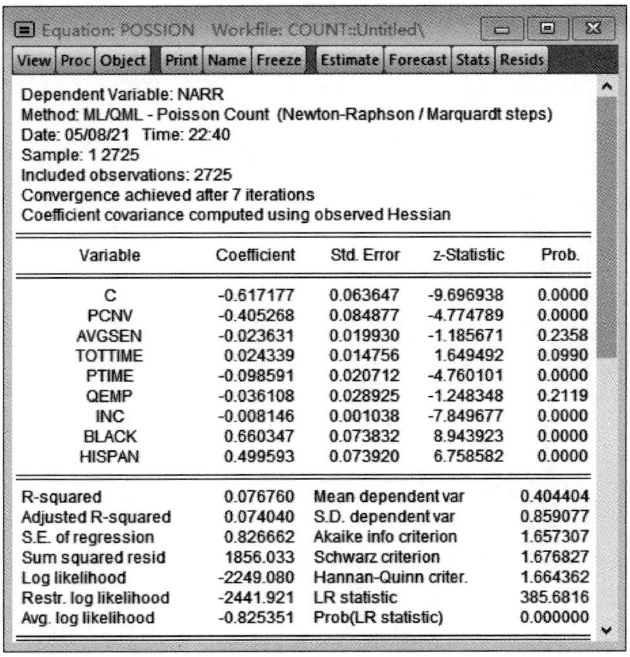
Equation: POSSION　Workfile: COUNT::Untitled\

View | Proc | Object | Print | Name | Freeze | Estimate | Forecast | Stats | Resids

Dependent Variable: NARR
Method: ML/QML - Poisson Count (Newton-Raphson / Marquardt steps)
Date: 05/08/21　Time: 22:40
Sample: 1 2725
Included observations: 2725
Convergence achieved after 7 iterations
Coefficient covariance computed using observed Hessian

Variable	Coefficient	Std. Error	z-Statistic	Prob.
C	-0.617177	0.063647	-9.696938	0.0000
PCNV	-0.405268	0.084877	-4.774789	0.0000
AVGSEN	-0.023631	0.019930	-1.185671	0.2358
TOTTIME	0.024339	0.014756	1.649492	0.0990
PTIME	-0.098591	0.020712	-4.760101	0.0000
QEMP	-0.036108	0.028925	-1.248348	0.2119
INC	-0.008146	0.001038	-7.849677	0.0000
BLACK	0.660347	0.073832	8.943923	0.0000
HISPAN	0.499593	0.073920	6.758582	0.0000

R-squared	0.076760	Mean dependent var	0.404404
Adjusted R-squared	0.074040	S.D. dependent var	0.859077
S.E. of regression	0.826662	Akaike info criterion	1.657307
Sum squared resid	1856.033	Schwarz criterion	1.676827
Log likelihood	-2249.080	Hannan-Quinn criter.	1.664362
Restr. log likelihood	-2441.921	LR statistic	385.6816
Avg. log likelihood	-0.825351	Prob(LR statistic)	0.000000

图 9-31　估计结果

（二）Stata 软件操作

在使用 Stata 软件导入数据后，首先查看被解释变量 *narr*（被捕次数）的分布情况。

命令如下

```
. tab narr
```

结果如图 9-32 所示。

从图 9-32 可以看出，在容量为 2 725 人的样本中，截至调查时，总共 1 970 人从未被逮捕。然而，在这些调查人群中，单人最高被捕记录为 12 次。更直观地，可以查看直方图来了解被解释变量的具体分布状况。

narr	Freq.	Percent	Cum.
0	1,970	72.29	72.29
1	559	20.51	92.81
2	121	4.44	97.25
3	42	1.54	98.79
4	12	0.44	99.23
5	13	0.48	99.71
6	4	0.15	99.85
7	1	0.04	99.89
9	1	0.04	99.93
10	1	0.04	99.96
12	1	0.04	100.00
Total	2,725	100.00	

图 9-32 数据描述

画直方图的命令如下

. histogram narr,discrete frequency

其中,选择项“discrete”表示 *narr* 为离散型变量,而“frequency”表示纵坐标为频数。

结果如图 9-33 所示。

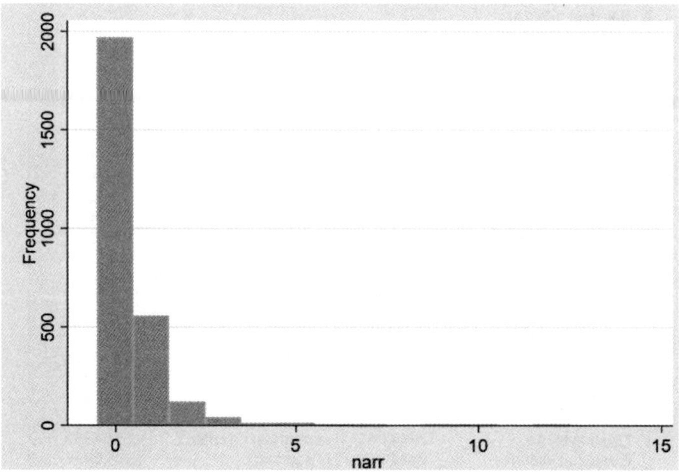

图 9-33 数据分布

显然,被解释变量被捕次数为计数数据。尽管如此,为了起到对照效果,我们仍然首选 OLS 回归方法进行分析。

估计命令如下

. reg narr pcnv avgsen tottime ptime qemp inc black hispan,r

估计结果如图 9-34 所示。

虽然可决系数 R^2 仅仅为 0.07,但多数解释变量在显著性水平为 0.05 的条件下显著。因此,接下来我们进行泊松回归,并使用稳健标准误。

估计命令如下

. poisson narr pcnv avgsen tottime ptime qemp inc black hispan,r nolog

```
Linear regression                               Number of obs     =      2,725
                                                F(8, 2716)        =      29.10
                                                Prob > F          =     0.0000
                                                R-squared         =     0.0723
                                                Root MSE          =     .82865
```

narr	Coef.	Robust Std. Err.	t	P>|t|	[95% Conf.	Interval]
pcnv	-.1332344	.0335975	-3.97	0.000	-.1991136	-.0673551
avgsen	-.0113177	.0141402	-0.80	0.424	-.0390445	.016409
tottime	.0120224	.0131749	0.91	0.362	-.0138114	.0378563
ptime	-.0408417	.006789	-6.02	0.000	-.0541537	-.0275296
qemp	-.0505398	.0141808	-3.56	0.000	-.0783459	-.0227336
inc	-.0014887	.0002294	-6.49	0.000	-.0019385	-.0010388
black	.3265035	.0584825	5.58	0.000	.2118288	.4411782
hispan	.1939144	.0401803	4.83	0.000	.1151273	.2727014
_cons	.5686855	.0402437	14.13	0.000	.489774	.6475969

图 9-34 OLS 回归

估计结果如图 9-35 所示。

```
Poisson regression                              Number of obs     =      2,725
                                                Wald chi2(8)      =     245.65
                                                Prob > chi2       =     0.0000
Log pseudolikelihood = -2249.0801               Pseudo R2         =     0.0790
```

narr	Coef.	Robust Std. Err.	z	P>|z|	[95% Conf.	Interval]
pcnv	-.4052683	.1011874	-4.01	0.000	-.6035919	-.2069447
avgsen	-.0236308	.0235749	-1.00	0.316	-.0698367	.0225752
tottime	.0243395	.0205298	1.19	0.236	-.0158982	.0645771
ptime	-.098591	.0223129	-4.42	0.000	-.1423235	-.0548584
qemp	-.0361079	.0341832	-1.06	0.291	-.1031058	.03089
inc	-.0081463	.0012306	-6.62	0.000	-.0105582	-.0057345
black	.6603471	.0995567	6.63	0.000	.4652195	.8554747
hispan	.4995934	.0924134	5.41	0.000	.3184665	.6807204
_cons	-.617177	.083212	-7.42	0.000	-.7802696	-.4540844

图 9-35 泊松回归

尽管泊松回归得到的估计系数与 OLS 回归结果差别很大,但二者并不具备可比性。为了便于比较,我们选择计算泊松回归的平均边际效应。

命令如下

. margins,dydx(*)

运行结果见图 9-36 所示。

从图 9-36 可知,泊松回归模型的平均边际效应与 OLS 的回归系数很接近。为了便于解释泊松回归模型的系数,下面计算发生率比。

命令如下

. poisson narr pcnv avgsen tottime ptime qemp inc black hispan,r irr nolog

估计结果如图 9-37 所示。

```
Average marginal effects                        Number of obs     =      2,725
Model VCE    : Robust

Expression   : Predicted number of events, predict()
dy/dx w.r.t. : pcnv avgsen tottime ptime qemp inc black hispan
```

	dy/dx	Delta-method Std. Err.	z	P>|z|	[95% Conf.	Interval]
pcnv	-.163892	.0404602	-4.05	0.000	-.2431925	-.0845914
avgsen	-.0095564	.0095619	-1.00	0.318	-.0282973	.0091846
tottime	.009843	.0083229	1.18	0.237	-.0064695	.0261555
ptime	-.0398706	.0091696	-4.35	0.000	-.0578426	-.0218985
qemp	-.0146022	.0139326	-1.05	0.295	-.0419095	.0127052
inc	-.0032944	.000517	-6.37	0.000	-.0043078	-.002281
black	.2670468	.0420853	6.35	0.000	.1845611	.3495324
hispan	.2020374	.0383023	5.27	0.000	.1269663	.2771085

图 9-36 平均边际效用

从图 9-37 我们可以看出，在给定其他变量的情况下，黑人被捕的平均次数比白人被捕的平均次数高出 93.55%；其他变量的效应也可类似地解释。但是，值得注意的是，使用泊松回归模型的前提之一是被解释变量的期望与方差相等。为此，在分析时，我们需要考查被解释变量 *narr* 的统计特征，命令如下

. sum narr, detail

结果如图 9-38 所示。

```
Poisson regression                              Number of obs     =      2,725
                                                Wald chi2(8)      =     245.65
                                                Prob > chi2       =     0.0000
Log pseudolikelihood = -2249.0801               Pseudo R2         =     0.0790
```

narr	IRR	Robust Std. Err.	z	P>|z|	[95% Conf.	Interval]
pcnv	.6667979	.0674715	-4.01	0.000	.5468439	.8130646
avgsen	.9766463	.0230244	-1.00	0.316	.9325461	1.022832
tottime	1.024638	.0210356	1.19	0.236	.9842275	1.066708
ptime	.9061133	.020218	-4.42	0.000	.8673406	.9466191
qemp	.9645362	.032971	-1.06	0.291	.9020315	1.031372
inc	.9918868	.0012206	-6.62	0.000	.9894973	.9942819
black	1.935464	.1926885	6.63	0.000	1.592364	2.352491
hispan	1.648051	.152302	5.41	0.000	1.375018	1.9753
_cons	.5394652	.04489	-7.42	0.000	.4582825	.6350291

图 9-37 发生率比

结果显示，样本方差（Variance）几乎是样本均值（Mean）的两倍。为此，下面进行负二项回归（NB2），命令如下

. nbreg narr pcnv avgsen tottime ptime qemp inc black hispan, r nolog

结果如图 9-39 所示。

图 9-39 显示，alpha 的 95%置信区间为（0.698 2，1.238 6），故可在 5%的显著性水平上拒绝过度分散参数“alpha = 0”的原假设（对应于泊松回归），即认为应使用负二项回归。

narr				
	Percentiles	Smallest		
1%	0	0		
5%	0	0		
10%	0	0	Obs	2,725
25%	0	0	Sum of Wgt.	2,725
50%	0		Mean	.4044037
		Largest	Std. Dev.	.8590768
75%	1	7		
90%	1	9	Variance	.7380129
95%	2	10	Skewness	4.111134
99%	4	12	Kurtosis	32.66587

图 9-38 数据描述

```
Negative binomial regression                    Number of obs     =      2,725
                                                Wald chi2(8)      =     246.14
Dispersion           = mean                     Prob > chi2       =     0.0000
Log pseudolikelihood =  -2157.807               Pseudo R2         =     0.0580
```

narr	Coef.	Robust Std. Err.	z	P>|z|	[95% Conf.	Interval]
pcnv	-.4810353	.1013782	-4.74	0.000	-.6797329	-.2823378
avgsen	-.0172683	.0243991	-0.71	0.479	-.0650897	.0305531
tottime	.019646	.0202056	0.97	0.331	-.0199563	.0592483
ptime	-.1075829	.0230951	-4.66	0.000	-.1528486	-.0623173
qemp	-.0486715	.0354558	-1.37	0.170	-.1181637	.0208206
inc	-.0077739	.0012151	-6.40	0.000	-.0101554	-.0053924
black	.6549914	.0981701	6.67	0.000	.4625816	.8474012
hispan	.5052301	.0925055	5.46	0.000	.3239226	.6865376
_cons	-.5795977	.0868033	-6.68	0.000	-.7497291	-.4094664
/lnalpha	-.0726263	.1462118			-.3591962	.2139436
alpha	.9299483	.1359694			.6982373	1.238553

图 9-39 回归结果

假设条件方差参数 alpha 依赖于 *pcnv* 与 *ptime*，可进行以下广义负二项回归。命令如下

. gnbreg narr pcnv avgsen tottime ptime qemp inc black hispan, r lna(pcnv ptime) nolog

结果如图 9-40 所示。

从图 9-40 的结果可以看出，条件方差方程(lnalpha)的两个变量均高度显著，广义负二项回归的对数似然函数(-2 130.914)也大于相应的负二项回归(-2 157.807)，表明模型的拟合优度提高了。由于被解释变量的大多数取值为 0，下面考虑零膨胀泊松回归，命令如下

. zip narr pcnv avgsen tottime ptime qemp inc black hispan, inf(_cons) vuong nolog

结果如图 9-41 所示。

图 9-41 显示，Vuong 统计量为 3.23，远远大于 1.96，故拒绝“标准泊松回归”，认为应该使用“零膨胀泊松回归”。

下面进行零膨胀负二项回归，命令如下

```
Generalized negative binomial regression         Number of obs     =      2,725
                                                 Wald chi2(8)      =     199.29
                                                 Prob > chi2       =     0.0000
Log pseudolikelihood =  -2130.914                Pseudo R2         =     0.0502

------------------------------------------------------------------------------
             |               Robust
        narr |      Coef.   Std. Err.      z    P>|z|     [95% Conf. Interval]
-------------+----------------------------------------------------------------
narr         |
        pcnv |  -.4068959   .1097562    -3.71   0.000    -.6220142   -.1917777
      avgsen |  -.0138684   .0271464    -0.51   0.609    -.0670743    .0393375
     tottime |   .0172097    .021146     0.81   0.416    -.0242357    .0586551
       ptime |   .1661693   .0740234     2.24   0.025     .0210861    .3112526
        qemp |  -.0296983   .0342098    -0.87   0.385    -.0967482    .0373516
         inc |  -.0075437   .0011973    -6.30   0.000    -.0098905    -.005197
       black |   .6387793   .0983055     6.50   0.000     .4461041    .8314546
      hispan |   .4111873    .090931     4.52   0.000     .2329658    .5894087
       _cons |  -.6503506   .0857932    -7.58   0.000    -.8185022   -.4821989
-------------+----------------------------------------------------------------
lnalpha      |
        pcnv |   2.027242   .4697475     4.32   0.000     1.106554     2.94793
       ptime |   .3518465    .043223     8.14   0.000      .267131     .436562
       _cons |  -.9758758   .3269439    -2.98   0.003    -1.616674   -.3350776
------------------------------------------------------------------------------
```

图 9-40 回归结果

```
Zero-inflated Poisson regression                Number of obs     =      2,725
                                                Nonzero obs       =        755
                                                Zero obs          =      1,970

Inflation model = logit                         LR chi2(8)        =     289.33
Log likelihood  = -2205.179                     Prob > chi2       =     0.0000

------------------------------------------------------------------------------
        narr |      Coef.   Std. Err.      z    P>|z|     [95% Conf. Interval]
-------------+----------------------------------------------------------------
narr         |
        pcnv |  -.3654048   .0965572    -3.78   0.000    -.5546534   -.1761563
      avgsen |    -.03163    .024053    -1.32   0.189    -.0787729     .015513
     tottime |   .0319527   .0179615     1.78   0.075    -.0032511    .0671565
       ptime |  -.1033062   .0235837    -4.38   0.000    -.1495295    -.057083
        qemp |  -.0674647   .0322241    -2.09   0.036    -.1306228   -.0043065
         inc |  -.0074837   .0010872    -6.88   0.000    -.0096145   -.0053528
       black |   .6031505   .0833893     7.23   0.000     .4397106    .7665905
      hispan |   .4903307   .0827097     5.93   0.000     .3282227    .6524387
       _cons |  -.1414779   .0837148    -1.69   0.091    -.3055558    .0226001
-------------+----------------------------------------------------------------
inflate      |
       _cons |  -.5977484   .1258713    -4.75   0.000    -.8444516   -.3510453
------------------------------------------------------------------------------
Vuong test of zip vs. standard Poisson:            z =     3.23  Pr>z = 0.0006
```

图 9-41 回归结果

. zinb narr pcnv avgsen tottime ptime qemp inc black hispan,inf(_cons) vuong nocon nolog

结果如图 9-42 所示。

其中,选择项“nocon”表示不带常数项。图 9-42 显示,alpha 的 95% 置信区间为(0.377 3, 0.882 2),故可在 5%的显著性水平上拒绝“alpha = 0”的原假设(对应于泊松回归),即认为应使用负二项回归。Vuong 统计量为-3.97,远远小于-1.96,故拒绝“零膨胀负二项回归”,认为应使用“标准负二项回归”。总之,在以上各种模型设定中,更倾向于选择标准负二项回归。

```
Zero-inflated negative binomial regression          Number of obs     =     2,725
                                                    Nonzero obs       =       755
                                                    Zero obs          =     1,970

Inflation model = logit                             Wald chi2(8)      =    294.37
Log likelihood  = -2176.753                         Prob > chi2       =    0.0000

------------------------------------------------------------------------------
        narr |      Coef.   Std. Err.      z    P>|z|     [95% Conf. Interval]
-------------+----------------------------------------------------------------
narr         |
        pcnv |  -.6433835   .1041052    -6.18   0.000    -.8474259   -.4393411
      avgsen |  -.0232209   .0268527    -0.86   0.387    -.0758512    .0294094
     tottime |   .0232418   .0198585     1.17   0.242    -.0156801    .0621637
       ptime |  -.1229762   .0254776    -4.83   0.000    -.1729113   -.0730411
        qemp |  -.1363407   .0319732    -4.26   0.000    -.1990071   -.0736744
         inc |  -.0071351   .0011322    -6.30   0.000    -.0093543    -.004916
       black |   .4490109   .0850937     5.28   0.000     .2822304    .6157914
      hispan |   .3784266    .087718     4.31   0.000     .2065024    .5503507
-------------+----------------------------------------------------------------
inflate      |
       _cons |  -1.319028   .2669779    -4.94   0.000    -1.842295    -.795761
-------------+----------------------------------------------------------------
    /lnalpha |  -.5500554   .2166955    -2.54   0.011    -.9747708   -.1253399
-------------+----------------------------------------------------------------
       alpha |   .5769179   .1250155                      .3772788     .882197
------------------------------------------------------------------------------
Vuong test of zinb vs. standard negative binomial: z =    -3.97  Pr>z = 1.0000
```

图 9-42　回归结果

第五节　门限回归模型原理、案例与软件操作

一、门限回归模型原理

门限回归模型(threshold regressive model,简称 TR 模型或 TRM)是汤家豪 1978 年将门限自回归模型思想扩展到回归模型中得到的模型。门限回归模型的基本思想是,当给出预报因子资料后,根据门限变量的门限阈值的判别控制作用,在不同情况下使用不同的预报方程,从而试图解释各种类似于跳跃和突变的现象。其实质上是把预报问题按状态空间的取值进行分类,用分段的线性回归模式来描述总体非线性预报问题。

在计量经济学的回归分析中,研究者通常会关心实验所得的回归系数估计值是否具有稳定性,换句话说,将整个实验样本分成若干个子样本后,分别进行回归分析,是否还能得到与原始回归结果大致相同的估计系数。对于时间序列数据来说,这意味着经济结构是否随着时间的推移而改变。对于横截面数据,比如,样本中有男性与女性,则可以根据性别将样本一分为二,分别估计男性样本与女性样本。如果用来划分样本的变量不是离散型变量而是连续型变量,比如企业规模、人均国民收入,等等,则需要给出一个划分的标准,即“门限(门槛)值”(threshold level)。

在实际应用分析中,研究者常常怀疑大企业与小企业的投资行为存在明显的不同,那么到底该如何区分大企业与小企业呢?另外,受到流动性约束的企业与没有流动性约束的企业投资行为也可能存在不同的情况,那么如何通过债务股本比或其他指标来区分这两类企业就成为研究

分析中的一个重要问题。再举个例子,按照传统的观念来看,发达国家与发展中国家的经济增长规律往往会存在明显的差异状况,那么我们是否可以通过人均国民收入这一指标来区分一个国家究竟是不是发达国家?总之,在经济学研究中,经济规律可能并不是简单的线性趋势,有可能是非线性的,其函数形式可能依赖于某个变量(称为"门限变量")而改变。

对此类问题的研究方法,从传统意义上来讲,由研究者主观(任意)确定一个门限值,然后根据此门限值把样本一分为二(或者分成更多子样本),既不对门限值进行参数估计,也不对其显著性进行统计检验。显然,这样得到的结果并不可靠。为此,Hansen 提出"门限回归",以严格的统计推断方法对门限值进行参数估计与假设检验。

假设样本数据为$\{y_i,x_i,q_i\}_{i=1}^{n}$,其中 q_i 是用来划分样本的"门限变量",q_i 可以是解释变量 x_i 的一部分。考虑以下门限回归模型

$$\begin{cases} y_i=\beta_1' x_i+\varepsilon_i, 若\ q_i\leqslant\gamma \\ y_i=\beta_2' x_i+\varepsilon_i, 若\ q_i>\gamma \end{cases} \tag{9.31}$$

其中,γ 为待估计的门限值,x_i 为外生解释变量,与扰动项 ε_i 不相关。可以将上述分段函数合并为

$$y_i=\beta_1' \underbrace{x_i\cdot 1(q_i\leqslant\gamma)}_{z_{i1}}+\beta_2' \underbrace{x_i\cdot 1(q_i>\gamma)}_{z_{i2}}+\varepsilon_i \tag{9.32}$$

其中,1(·)为示性函数,即括号内表达式为真时,取值为 1,反之,取值为 0。显然,这是一个非线性回归,因为无法写成参数(β_1,β_2,γ)的线性函数,可以使用非线性最小二乘法来估计,即最小化残差平方和。事实上,如果 γ 的取值已知,可以定义 $z_{i1}=1(q_i\leqslant\gamma)$ 与 $z_{i2}=1(q_i>\gamma)$,将上述方程转换为线性回归模型:

$$y_i=\beta_1' z_{i1}+\beta_2' z_{i2}+\varepsilon_i \tag{9.33}$$

因此,在实际计算中,常分两步来最小化残差平方和。首先,给定 γ 的取值,按照上述方程的形式使用 OLS 来估计 $\hat{\beta}_1(\gamma)$ 与 $\hat{\beta}_2(\gamma)$,并计算残差平方和 SSR;其次,选择 γ 使得 SSR 最小化。注意到,给定 q_i,由于示性函数 $I(q_i\leqslant\gamma)$ 与 $I(q_i>\gamma)$ 只能取值 0 或 1,故是 γ 的阶梯函数,而阶梯的升降点恰好在$\{q_i\}_{i=1}^{n}$不重叠的观测值上,因为如果 γ 取$\{q_i\}_{i=1}^{n}$以外的其他值,不会对子样本的划分产生影响,故不改变 SSR。因此,最多只要考虑 γ 取 n 个值即可。

类似地,可以考虑包含多个门限值的门限回归。例如,对于门限变量 q_i,假设两个门限值为 $\gamma_1<\gamma_2$,那么门限回归模型为

$$y_i=\beta_1' x_i\cdot 1(q_i\leqslant\gamma_1)+\beta_2' x_i\cdot 1(\gamma_1<q_i\leqslant\gamma_2)+\beta_3' x_i\cdot 1(q_i>\gamma_2)+\varepsilon_i \tag{9.34}$$

二、案例分析与软件操作

【案例 9-5】 为了研究美国联邦基金利率与年度通货膨胀率及 GDP 缺口之间的关系,我们按照季度时间进行数据划分、数据采集,最终获得 226 个季度的数据。在这些数据中,重要的变量如下:*fedfunds*(联邦基金利率),*inflation*(通货膨胀率),*ogap*(GDP 缺口)。我们试图利用门限回归模型来探讨联邦基金利率与通货膨胀率及 GDP 缺口之间的关系。

(一)EViews 软件操作

创建 EViews 数据集,数据结构选择 Dated,Frequency 选择 Quarterly 季度数据,输入数据起始和终止年限。如图 9-43 所示。

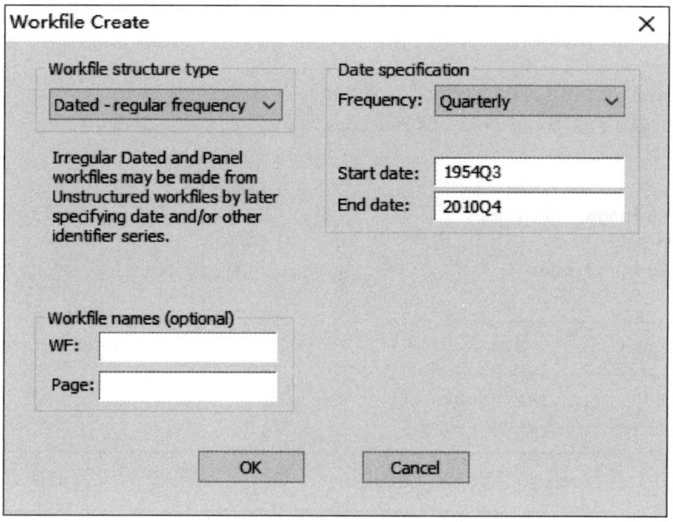

图 9-43　数据集建立

输入 data fedfunds inflation ogap,创建序列并导入数据,见图 9-44。

导入数据后,单击“Quick→Estimate Equation”,在方程估计界面,点击“Method”,在下拉菜单中选择“Threshold Regression”,在弹出的对话框中设置方程及门限变量后,提交运行即可。

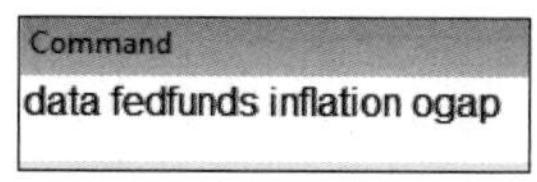

图 9-44　创建序列

(二) Stata 软件操作

在导入数据后,我们使用 threshold 命令进行门限回归,命令如下:

. threshold fedfunds, regionvars(l. fedfunds inflation ogap) threshvar(l2. ogap)

运行结果见图 9-45。

从图 9-45 可以看出,fedfunds(联邦基金利率)为被解释变量,可选项“threshvar”后的变量为门槛变量,在这里我们并没有设置门槛值个数,因此 Stata 软件默认设置为 1。通过门限回归得到的门槛估计值为-3. 178 7,在回归结果中,我们常根据 AIC、BIC、HQIC 信息准则进行选择。

为了计算最优的门槛个数,我们使用 optthresh 命令进行限制,命令如下:

. threshold fedfunds, regionvars(l. fedfunds inflation ogap) threshvar(l2. ogap) optthresh(5)

结果如图 9-46 所示

从图 9-46 的结果可以看出,我们设置了最大门槛个数为 5,回归结果得到了两个门槛值,分别为-3. 178 7 与-0. 535 1,也得到了相应的 BIC 数值。

图 9-47 给出了门限回归的具体结果,由于模型自动选择了两个门槛值作为最优门槛数,因此将数据区域划分为三部分,上述结果也分别给出了每一部分的回归结果。

通过门限回归模型,我们不仅得到了门槛值的估计值,也得到了其两边的系数,这也为后续的研究分析提供了理论与技术支持。

```
Searching for threshold: 1
(Running 177 regressions)
..................................................   50
..................................................  100
..................................................  150
...........................
                                             Number of obs   =        222
Full sample:    1955q3 - 2010q4              AIC             =   -83.1057
Number of thresholds =  1                    BIC             =   -55.8843
Threshold variable: L2.ogap                  HQIC            =   -72.1154
```

Order	Threshold	SSR
1	-3.1787	142.0608

fedfunds	Coef.	Std. Err.	z	P>|z|	[95% Conf.	Interval]
Region1						
fedfunds						
L1.	.8533835	.0457349	18.66	0.000	.7637448	.9430222
inflation	.2818775	.0713309	3.95	0.000	.1420715	.4216836
ogap	.1444994	.0756213	1.91	0.056	-.0037156	.2927145
_cons	.542808	.451155	1.20	0.229	-.3414395	1.427055
Region2						
fedfunds						
L1.	.9087968	.0304075	29.89	0.000	.8491991	.9683946
inflation	.0836137	.0339739	2.46	0.014	.017026	.1502014
ogap	.1523328	.0255615	5.96	0.000	.1022332	.2024323
_cons	.1576463	.1200867	1.31	0.189	-.0777193	.393012

图 9-45 门限回归结果

```
Threshold regression

Full sample:    1955q3 - 2010q4              Number of obs     =        222
Number of thresholds =  2                    Max thresholds    =          5
Threshold variable: L2.ogap                  BIC               =   -60.0780
```

Order	Threshold	SSR
1	-3.1787	142.0608
2	-0.5351	126.4718

图 9-46 门槛数设置

fedfunds	Coef.	Std. Err.	z	P>|z|	[95% Conf.	Interval]
Region1						
fedfunds						
L1.	.8533835	.0435617	19.59	0.000	.7680042	.9387628
inflation	.2818775	.0679414	4.15	0.000	.1487148	.4150403
ogap	.1444994	.072028	2.01	0.045	.0033272	.2856717
_cons	.542808	.4297171	1.26	0.207	-.299422	1.385038
Region2						
fedfunds						
L1.	.9406721	.0338085	27.82	0.000	.8744087	1.006935
inflation	-.0191805	.0462729	-0.41	0.679	-.1098737	.0715128
ogap	.2387934	.0565521	4.22	0.000	.1279534	.3496334
_cons	.638354	.1591717	4.01	0.000	.3263832	.9503249
Region3						
fedfunds						
L1.	.8892742	.0593484	14.98	0.000	.7729535	1.005595
inflation	.1851127	.0532112	3.48	0.001	.0808206	.2894047
ogap	.1984744	.039236	5.06	0.000	.1215733	.2753754
_cons	-.3086232	.2215645	-1.39	0.164	-.7428817	.1256352

图 9-47 回归结果

第六节 分位数回归模型原理、案例与软件操作

一、分位数回归模型原理

一般地，传统的回归分析用来研究自变量与因变量条件期望之间的关系，得到回归模型后，可用自变量来估计因变量的条件期望；而分位数回归则与之不同，分位数回归研究的是自变量与因变量的条件分位数之间的关系，得到回归模型后可用自变量来估计因变量的条件分位数。相较于传统回归分析仅能得到因变量的集中趋势，分位数回归可以进一步推断因变量的条件概率分布，并且分位数回归方法属于非参数统计方法之一。

在之前介绍到的所有回归模型中，我们着重考虑解释变量 x 对被解释变量 y 的条件期望 $E(y\mid x)$ 的影响，实际上得到的是均值回归模型，但在实际研究中，我们真正关心的是解释变量 x 对整个条件分布 $y\mid x$ 的影响，而条件期望 $E(y\mid x)$ 只是刻画条件分布 $y\mid x$ 集中趋势的一个指标。一方面，如果条件分布 $y\mid x$ 不是对称分布，那么条件期望 $E(y\mid x)$ 很难反映整个条件分布的总体结构。如果能够估计出条件分布 $y\mid x$ 的若干重要的条件分位数，例如中位数、1/4 分位数等，就能对条件分布 $y\mid x$ 有更全面的认识。另一方面，使用 OLS 方法的经典"均值回归"模型时，

最小化的目标函数为残差平方和 $\sum_{i=1}^{n} e_i^2$，容易受到极端值的影响。

为此，Koenker 与 Bassett 提出了"分位数回归"模型，在该模型中使用残差绝对值的加权平均作为最小化的目标函数，故不容易受到极端值影响，较为稳定。更重要的是，分位数回归还能提供关于条件分布 $y \mid x$ 的全面信息。

对于单一变量的分位数而言，假设 y 是连续型随机变量，其累积分布函数为 $F_y(\cdot)$，则 y 的"总体 q 分位数"记为 y_q，满足以下定义

$$q = p(y \leqslant y_q) = F_y(y_q)$$

即总体 q 分位数 y_q 正好将总体分布分为两部分，其中小于或等于 y_q 的概率为 q，而大于 y_q 的概率为 $(1-q)$。如果 $q=1/2$，则为中位数，正好将总体分为两个相等的部分，一半在中位数之上，而另一半在中位数之下。如果 $F_y(\cdot)$ 严格单调递增，则有

$$y_q = F_y^{-1}(q)$$

其中，$F_y^{-1}(\cdot)$ 为 $F_y(\cdot)$ 的逆函数。

对于回归模型而言，记条件分布 $y \mid x$ 的累积分布函数为 $F_{y\mid x}(\cdot)$。条件分布 $y \mid x$ 的总体 q 分位数记为 y_q，并且满足以下定义

$$q = F_{y\mid x}(y_q)$$

假设 $F_{y\mid x}^{-1}(\cdot)$ 严格单调递增，则有

$$y_q = F_{y\mid x}^{-1}(q)$$

由于条件累积分布函数 $F_{y\mid x}^{-1}(\cdot)$ 依赖于 x，故条件分布 $y \mid x$ 的总体 q 分位数 y_q 也依赖于 x，可以明确地写为 $y_q(x)$，称为"条件分位数函数"。换句话说，条件分位数 $y_q(x)$ 是解释变量 x 的函数。更进一步，对于线性回归模型而言，如果扰动项满足同方差的假定，或扰动项异方差的形式为乘积形式，则 $y_q(x)$ 是 x 的线性函数。

下面将介绍分位数回归的估计方法。假设条件分布 $y \mid x$ 的总体 q 分位数 $y_q(x)$ 是 x 的线性函数，即

$$y_q(x_i) = x_i'\beta_q$$

其中，β_q 被称为"q 分位数回归系数"，其估计量 $\hat{\beta}_q$ 可以由以下最小化问题来定义

$$\min_{\beta_q} \sum_{i:y_i \geqslant x_i'\beta_q}^{n} q \mid y_i - x_i'\beta_q \mid + \sum_{i:y_i < x_i'\beta_q}^{n} (1-q) \mid y_i - x_i'\beta_q \mid$$

如果 $q=1/2$，则为"中位数回归"。此时，目标函数简化为

$$\min_{\beta_q} \sum_{i=1}^{n} \mid y_i - x_i'\beta_q \mid \tag{9.35}$$

故中位数回归也被称为"最小绝对离差估计量"，简记为 LAD，显然，它比均值回归（OLS）更不易受到极端值的影响，故更加稳健。

由于分位数回归的目标函数带有绝对值，不可微分，故通常使用线性规划的方法来计算 $\hat{\beta}_q$。可以证明，样本分位数回归系数 $\hat{\beta}_q$ 是总体分位数回归系数 β_q 的一致估计量，而且 $\hat{\beta}_q$ 服从渐近正态分布，即

$$\sqrt{n}(\hat{\beta}_q - \beta_q) \xrightarrow{d} N(0, Avar(\hat{\beta}_q)) \tag{9.36}$$

其中，渐近方差 $Avar(\hat{\beta}_q)=\boldsymbol{A}^{-1}\boldsymbol{B}\boldsymbol{A}^{-1}$（形式上仍为夹心估计量），$\boldsymbol{A}$ 与 $\boldsymbol{B}$ 的形式如下所示

$$A\equiv \underset{n\to\infty}{\text{plim}}\frac{1}{n}\sum_{i=1}^{n}f_{u_q}(0\mid x_i)\boldsymbol{x}_i\boldsymbol{x}_i',B\equiv \underset{n\to\infty}{\text{plim}}\frac{1}{n}\sum_{i=1}^{n}q(1-q)\boldsymbol{x}_i\boldsymbol{x}_i' \tag{9.37}$$

而 $f_{u_q}(0\mid x_i)$ 是扰动项 $u_q=y-x'\beta_q$ 的条件密度函数在 $u_q=0$ 处的取值。因此，要计算 $\hat{\beta}_q$ 的协方差矩阵 $Avar(\hat{\beta}_q)$，首先要估计 $f_{u_q}(0\mid x_i)$，这也是 Stata 的默认方法。Stata 也提供自助法作为计算 $Avar(\hat{\beta}_q)$ 的另一方法。

对于 q 分位数回归，可以使用准 R^2 度量其拟合优度，其定义为

$$1-\frac{\sum\limits_{i:y_i\geqslant x_i'\hat{\beta}_q}^{n}q\mid y_i-x_i'\hat{\beta}_q\mid+\sum\limits_{i:y_i<x_i'\hat{\beta}_q}^{n}(1-q)\mid y_i-x_i'\hat{\beta}_q\mid}{\sum\limits_{i:y_i\geqslant\hat{y}_q}^{n}q\mid y_i-\hat{y}_q\mid+\sum\limits_{i:y_i<\hat{y}_q}^{n}(1-q)\mid y_i-\hat{y}_q\mid} \tag{9.38}$$

其中，$\hat{y}_q$ 为样本 q 分位数，上式第二项的分子为 q 分位数回归目标函数的最小值。

二、案例分析与软件操作

【案例 9-6】 为了研究工资状况与受教育年限之间的关系，针对美国面板调查数据中的年轻男子组群展开研究。该数据集包含以下主要变量：lnw（工资对数），*s*（受教育年限），*age*（年龄），*expr*（工龄），*tenure*（在现单位的工作年限），*iq*（智商），*med*（母亲的受教育年限），*kww*（在“knowledge of world of work”测试中的成绩），*mrt*（婚姻虚拟变量，*mrt*＝1 为已婚），*rns*（美国南方虚拟变量，*rns*＝1 为南方），*smsa*（大城市虚拟变量，*smsa*＝1 为住在大城市）。

本案例旨在建立一个分位数回归模型，探究工资状况与各影响因素之间的关系。

（一）EViews 软件操作

创建 EViews 数据集，选择 Undated 数据类型，观测值输入 758。如图 9-48 所示。

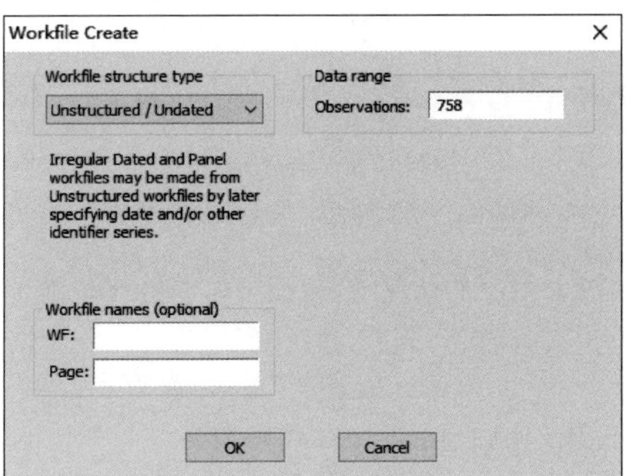

图 9-48　创建数据集

输入 data ms mrt smsa med iq kww age s expr tenure lnw wage，创建序列并导入数据。如图9-49所示。

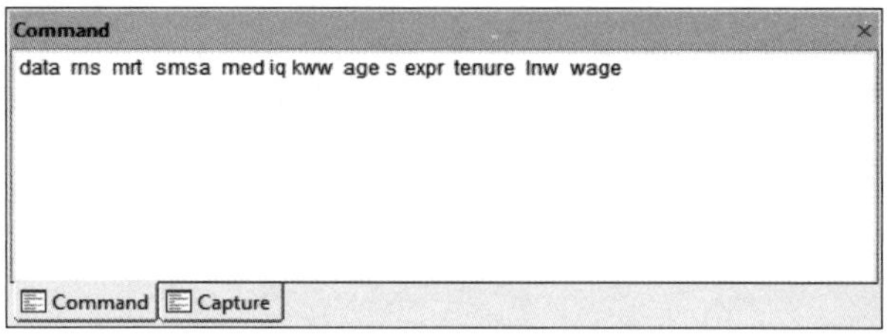

图 9-49 创建序列

Equation Estimation 方程估计中选择 QREG 分位数回归，输入 lnw c s iq expr tenure ms smsa。"Quantile to estimate"后面输入 0.5，即进行中位数回归。如图 9-50 所示。

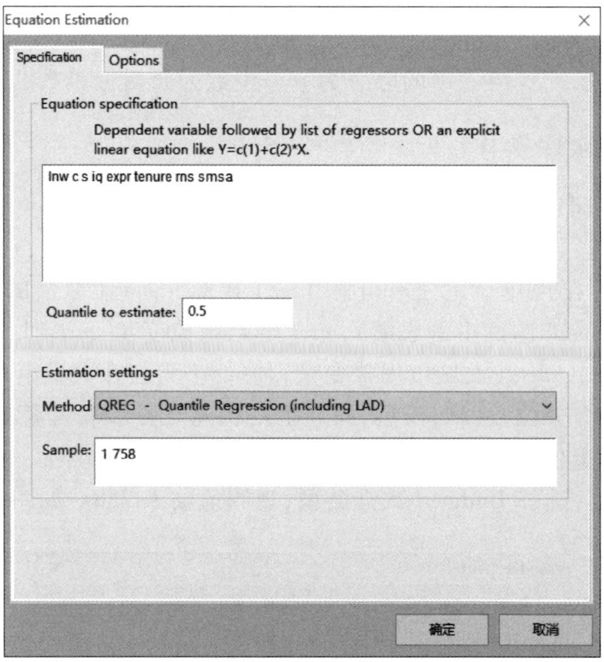

图 9-50 模型估计

估计结果如图 9-51 所示。

可以看出，在其他影响因素不变的情况下，增加 1 年受教育年限（s）能使得工资的中位数增加 10.15%。

（二）Stata 软件操作

作为参照系，首先进行 OLS 回归，相应 Stata 代码如下

```
. reg lnw s iq expr tenure rns smsa,r
```

结果如图 9-52 所示。

其次，我们选择中位数回归模型进行分析，代码如下

```
. qreg lnw s iq expr tenure rns smsa,nolog
```

Equation: QUANTILE　Workfile: QUANTILE::Untitled\

View | Proc | Object | Print | Name | Freeze | Estimate | Forecast | Stats | Resids

Dependent Variable: LNW
Method: Quantile Regression (Median)
Date: 05/10/21　Time: 09:22
Sample: 1 758
Included observations: 758
Huber Sandwich Standard Errors & Covariance
Sparsity method: Kernel (Epanechnikov) using residuals
Bandwidth method: Hall-Sheather, bw=0.10656
Estimation successfully identifies unique optimal solution

Variable	Coefficient	Std. Error	t-Statistic	Prob.
C	3.629198	0.157730	23.00888	0.0000
S	0.101467	0.008491	11.94931	0.0000
IQ	0.004572	0.001315	3.475185	0.0005
EXPR	0.035968	0.009200	3.909613	0.0001
TENURE	0.042599	0.009695	4.393948	0.0000
RNS	-0.036228	0.040279	-0.899430	0.3687
SMSA	0.131841	0.034888	3.778938	0.0002

Pseudo R-squared	0.220394	Mean dependent var	5.686739
Adjusted R-squared	0.214166	S.D. dependent var	0.428949
S.E. of regression	0.346689	Objective	101.8789
Quantile dependent var	5.684000	Restr. objective	130.6800
Sparsity	0.842940	Quasi-LR statistic	273.3399
Prob(Quasi-LR stat)	0.000000		

图 9-51　回归结果

```
Linear regression                               Number of obs     =        758
                                                F(6, 751)         =      71.89
                                                Prob > F          =     0.0000
                                                R-squared         =     0.3600
                                                Root MSE          =     .34454
```

lnw	Coef.	Robust Std. Err.	t	P>|t|	[95% Conf.	Interval]
s	.0927874	.0069763	13.30	0.000	.0790921	.1064826
iq	.0032792	.0011321	2.90	0.004	.0010567	.0055016
expr	.0393443	.0066603	5.91	0.000	.0262692	.0524193
tenure	.034209	.0078957	4.33	0.000	.0187088	.0497092
rns	-.0745325	.0299772	-2.49	0.013	-.1333815	-.0156834
smsa	.1367369	.0277712	4.92	0.000	.0822186	.1912553
_cons	3.895172	.1159286	33.60	0.000	3.667589	4.122754

图 9-52　OLS 回归

结果如图 9-53 所示。

从图 9-53 可以看出，在其他影响因素给定的条件下，增加一年受教育年限（s）使得工资的中位数增加 10. 15%，略大于对工资平均数的影响（OLS 系数估计值为 9. 28%）。

接下来，我们使用自助法来计算分位数回归的标准误。为便于复制结果，在这里我们指定了随机数种子，以保证在不同设备上运行结果保持一致，代码如下

```
. set seed 10101
. bsqreg lnw s iq expr tenure rns smsa,reps(400) q(.5)
```

```
Median regression                                   Number of obs =        758
  Raw sum of deviations    130.68 (about 5.684)
  Min sum of deviations 101.8789                    Pseudo R2     =     0.2204
```

lnw	Coef.	Std. Err.	t	P>|t|	[95% Conf.	Interval]
s	.1014672	.0085959	11.80	0.000	.0845924	.1183421
iq	.0045716	.0013965	3.27	0.001	.0018301	.007313
expr	.0359681	.0081314	4.42	0.000	.0200052	.051931
tenure	.0425992	.0099482	4.28	0.000	.0230695	.0621288
rns	-.0362275	.0371579	-0.97	0.330	-.1091733	.0367182
smsa	.1318406	.0360392	3.66	0.000	.0610911	.2025902
_cons	3.629197	.1407008	25.79	0.000	3.352984	3.905411

图 9-53 中位数回归结果

结果如图 9-54 所示。

```
Bootstrap replications (400)
----+--- 1 ---+--- 2 ---+--- 3 ---+--- 4 ---+--- 5
..................................................    50
..................................................   100
..................................................   150
..................................................   200
..................................................   250
..................................................   300
..................................................   350
..................................................   400

Median regression, bootstrap(400) SEs               Number of obs =        758
  Raw sum of deviations    130.68 (about 5.684)
  Min sum of deviations 101.8789                    Pseudo R2     =     0.2204
```

lnw	Coef.	Std. Err.	t	P>|t|	[95% Conf.	Interval]
s	.1014672	.0093523	10.85	0.000	.0831075	.119827
iq	.0045716	.001408	3.25	0.001	.0018074	.0073357
expr	.0359681	.0088789	4.05	0.000	.0185376	.0533985
tenure	.0425992	.0105698	4.03	0.000	.0218494	.0633489
rns	-.0362275	.0457032	-0.79	0.428	-.1259487	.0534936
smsa	.1318406	.0373141	3.53	0.000	.0585882	.205093
_cons	3.629197	.172882	20.99	0.000	3.289808	3.968587

图 9-54 设定随机数

对比自助标准误与 Stata 的默认标准误可知，二者相差不大。同样地，也可以同时估计多个分位数回归模型，比如，1/10、5/10、9/10 分位数，代码如下

. sqreg lnw s iq expr tenure rns smsa, reps(400) q(.1 .5 .9) nodots

结果如图 9-55 所示。

进一步，可以检验在以上三个分位数回归模型中，受教育年限(s)的系数是否相等，代码如下：

. test [q10 = q50 = q90]: s

结果如图 9-56 所示。

```
Simultaneous quantile regression                    Number of obs =        758
  bootstrap(400) SEs                                .10 Pseudo R2 =     0.1580
                                                    .50 Pseudo R2 =     0.2204
                                                    .90 Pseudo R2 =     0.2230
```

lnw	Coef.	Bootstrap Std. Err.	t	P>|t|	[95% Conf.	Interval]
q10						
s	.0761644	.0136741	5.57	0.000	.0493205	.1030084
iq	.0052221	.0019387	2.69	0.007	.0014163	.009028
expr	.0336056	.0110801	3.03	0.003	.0118539	.0553573
tenure	.0335323	.0168162	1.99	0.047	.0005199	.0665447
rns	-.0730452	.0486852	-1.50	0.134	-.1686205	.02253
smsa	.1328733	.0459827	2.89	0.004	.0426035	.2231432
_cons	3.493085	.2313375	15.10	0.000	3.03894	3.947231
q50						
s	.1014672	.0092486	10.97	0.000	.083311	.1196235
iq	.0045716	.0014226	3.21	0.001	.0017788	.0073643
expr	.0359681	.0092378	3.89	0.000	.0178331	.0541031
tenure	.0425992	.009999	4.26	0.000	.0229698	.0622285
rns	-.0362275	.046272	-0.78	0.434	-.1270655	.0546104
smsa	.1318406	.0358246	3.68	0.000	.0615123	.2021689
_cons	3.629197	.1742236	20.83	0.000	3.287174	3.971221
q90						
s	.0825558	.011479	7.19	0.000	.060021	.1050906
iq	.0042117	.0018827	2.24	0.026	.0005157	.0079077
expr	.0484154	.0103332	4.69	0.000	.02813	.0687009
tenure	.0256796	.0084023	3.06	0.002	.0091848	.0421744
rns	-.072669	.0558312	-1.30	0.193	-.1822728	.0369348
smsa	.1281147	.0519061	2.47	0.014	.0262164	.2300131
_cons	4.36716	.1739111	25.11	0.000	4.025751	4.70857

图 9-55　回归结果

```
( 1)  [q10]s - [q50]s = 0
( 2)  [q10]s - [q90]s = 0

       F(  2,   751) =     2.50
            Prob > F =    0.0830
```

图 9-56　不同分位数模型系数相等检验结果

结果表明,可以在 10%的显著性水平上认为,以上分位数回归系数不完全相等。

为了便于比较,下面把 OLS 与“1/10,5/10,9/10 分位数”的系数估计值及标准误列表,代码如下:

```
. qui reg lnw s iq expr tenure rns smsa
. est sto OLS
. qui qreg lnw s iq expr tenure rns smsa,q(.1)
. est sto QR_10
. qui qreg lnw s iq expr tenure rns smsa,q(.5)
. est sto QR_50
. qui qreg lnw s iq expr tenure rns smsa,q(.9)
. est sto QR_90
. esttab OLS QR_10 QR_50 QR_90,se mtitles star( * 0.1   ** 0.05   *** 0.001)
```

运行结果见图 9-57。

	(1)	(2)	(3)	(4)
	OLS	QR_10	QR_50	QR_90
s	0.0928***	0.0762***	0.101***	0.0826***
	(0.00667)	(0.0123)	(0.00860)	(0.0117)
iq	0.00328**	0.00522**	0.00457**	0.00421**
	(0.00108)	(0.00199)	(0.00140)	(0.00190)
expr	0.0393***	0.0336**	0.0360***	0.0484***
	(0.00631)	(0.0116)	(0.00813)	(0.0111)
tenure	0.0342***	0.0335**	0.0426***	0.0257*
	(0.00771)	(0.0142)	(0.00995)	(0.0135)
rns	-0.0745**	-0.0730	-0.0362	-0.0727
	(0.0288)	(0.0531)	(0.0372)	(0.0506)
smsa	0.137***	0.133**	0.132***	0.128**
	(0.0279)	(0.0515)	(0.0360)	(0.0491)
_cons	3.895***	3.493***	3.629***	4.367***
	(0.109)	(0.201)	(0.141)	(0.192)
N	758	758	758	758

Standard errors in parentheses
* p<0.1, ** p<0.05, *** p<0.001

图 9-57 回归结果

以教育投资的回报率（*s* 的系数）为例。图 9-57 显示，随着分位数的增加（1/10→5/10→9/10），受教育年限（*s*）的分位数回归系数呈现先升后降的趋势（7.62%→10.10%→8.26%）。这表明，受教育年限对工资的条件分布的两端之影响小于对其中间部分的影响。也就是说，增加受教育年限对于低工资者与高工资者的影响都比较小，而最大受益者为中间阶层。

另一方面，估计系数的标准误则呈现先降后升的趋势（0.012 3→0.008 6→0.011 7）。这说明，对于条件分布两端的分位数回归系数的估计较不准确。

进一步，将分位数回归系数随着分位数的变化情形做更直观的展示，代码如下：

```
. set seed 10101
. qui bsqreg lnw s iq expr tenure rns smsa,q(.50) reps(400)
. grqreg,cons ci ols olsci
```

运行结果见图 9-57。

以图 9-58 的第 2 个图（第一行第二列）为例。该图显示，随着分位数的变化，受教育年限（*s*）的分位数回归系数（教育回报率）的变化。此图的基本形状印证了在前面的回归结果中，受教育年限的分位数回归系数先升后降的格局。另外，该图还显示，在条件分布的两端，95%的置信区间通常变得更宽了（因为系数估计值的标准误差变大了）。

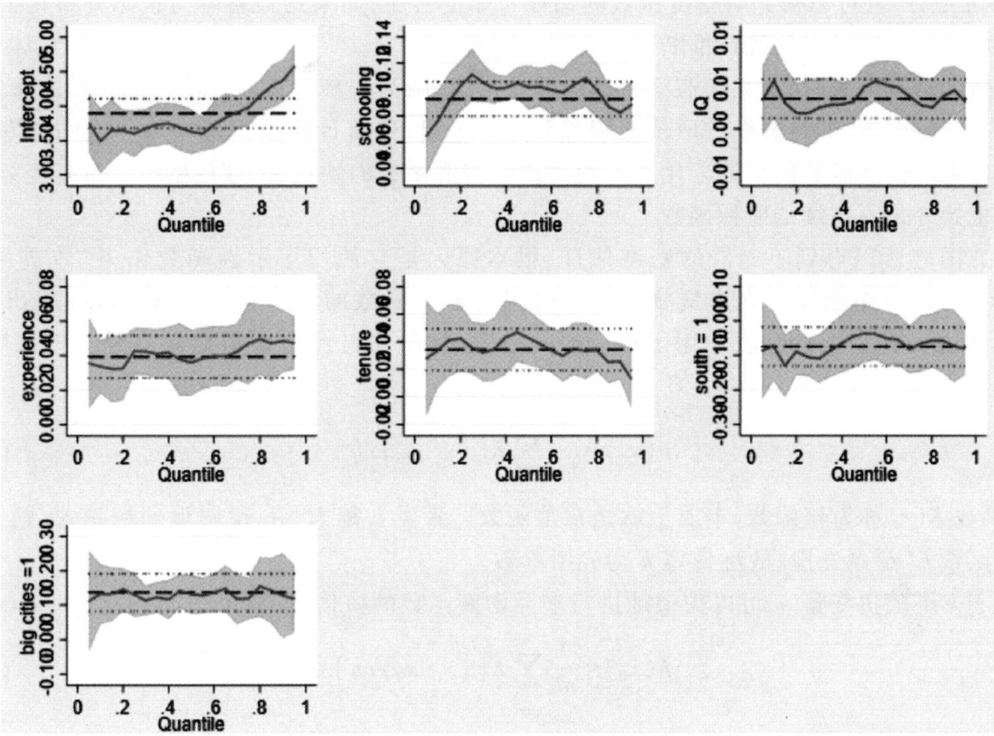

图 9-58　运行结果展示

第七节　非参数回归模型原理、案例与软件操作

一、非参数回归模型原理

到目前为止,我们主要使用参数估计法,即假设总体服从带未知参数的某个具体分布,然后将注意力集中于估计这些参数。参数估计方法依然是计量经济学的主流,因为它比较有效率而且易操作。但参数估计法也存在一定的问题,对模型设定所作的假定较强,这可能导致较大的“设定误差”。比如,如果真实总体并非正态分布,甚至偏离正态分布较远,则在正态分布前提下所作的统计推断可能有较大偏差。换言之,由于参数估计法对模型设定的依赖性较强,故可能不够稳健。

近几十年发展起来的非参数估计法一般对模型的具体分布不做任何假定,故更为稳健。但是非参数估计法也存在缺点,要求的样本容量较大,且估计量收敛到真实值的速度也较慢。总之,非参数估计方法与传统的参数估计方法是互补关系,当参数估计方法不太适用时,则可以考虑使用非参数估计方法。

(一) 基本概念

在统计学中,经常需要根据样本数据来推断总体的分布,即密度函数。如果采用参数估计法,则需要先对总体分布的具体形式进行假定。比如,假设总体服从正态分布 $N(\mu,\sigma^2)$,然后估计参数(μ,σ^2),就可以得到对密度函数的估计。如上所述,如果真实总体与正态分布相去甚远,则根据参数估计法做出的统计推断可能有较大偏差。

在估计密度函数时,如果不假设总体的分布形式,则为非参数估计方法。最原始的非参数估计方法是直方图法,即将数据的取值范围等分为若干组,然后计算数据落入每一组的频率,以此直方图作为对密度函数的估计。用直方图来估计密度函数的缺点是,即使随机变量是连续型的,直方图也始终是不连续的阶梯函数。

直方图之所以得到不光滑的密度估计,根本原因是它使用了示性函数作为“权重函数”,并且直方图的各组之间不允许交叠。为了得到对密度函数的光滑估计,Rosenblatt 提出了“核密度估计法”,核密度估计法使用了更一般的权重函数,并且允许各组之间交叠。核密度估计量为

$$\hat{f}(x_0)=\frac{1}{nh}\sum_{i=1}^{n}K[(x_i-x_0)/h] \tag{9.39}$$

其中,函数 $K(\cdot)$ 称为核函数,本质上就是权重函数。带宽 h 越大,在 x_0 附近邻域越大,则估计的核密度函数 $\hat{f}(x)$ 越光滑,故称带宽 h 为光滑参数。

对于 k 维随机变量 x,可以类似地进行多元密度函数的核估计

$$\hat{f}(x_0)=\frac{1}{nh}\sum_{i=1}^{n}K[(x_i-x_0)/h] \tag{9.40}$$

其中,$K(\cdot)$ 是 k 维核函数,即权重函数。$K(\cdot)$ 通常为一维核函数的乘积,也可以使用多维正态的密度函数。多元密度函数核估计的性质与一元的情形相似,但 $\hat{f}(x_0)$ 收敛到真实值的速度更慢。而且,在多维情况下,容易出现“数据稀疏”的问题,即在 x_0 附近的观测点很少。另外,即便是二元密度函数,也要画成三维的立体图,而更高维则无法画图。

估计多维密度函数的用途之一是估计条件密度函数。由于条件密度 $f(y\mid x)=f(x,y)/f(x)$,故可以用 $\hat{f}(y\mid x)=\hat{f}(x,y)/\hat{f}(x)$ 作为条件密度的估计量,其中 $\hat{f}(x,y)$ 与 $\hat{f}(x)$ 分别为二维与一维密度函数的核估计。

(二) 非参数核回归

考虑以下非参数一元回归模型

$$y_i=m(x_i)+\varepsilon_i \tag{9.41}$$

$$\varepsilon_i\sim \text{iid}(0,\sigma_\varepsilon^2)$$

该模型的困难(与优点)在于,$m(\cdot)$ 是未知函数(连函数形式也未知)。也正因为如此,该模型可以更好地反映真实的回归关系。非参数回归的思想是,对于每一个 $i(i=1,\cdots,n)$,分别估计 $m(x_i)$,从而得到对回归函数 $m(x)$ 的估计。在某种意义上,我们不寻求 $m(x)$ 的解析解,而是寻找其数值解。

考虑最简单的情形,假设对于 x 的某个特定取值 x_0 有 n_0 个 y 的观测值,显然可以把这 n_0 个 y 观测值的平均值作为 $m(x_0)$ 的估计量。但在现实数据中,n_0 可能很小(对于连续变量,很可能 n_0 仅为 1),导致估计量的方差过大。解决数据稀疏问题的一种方法是对 x_0 附近邻域中的观测值也进行加权平均,即计算局部加权平均估计量

$$\hat{m}(x_0)=\sum_{i=1}^{n}\omega_{i0,h}y_i \tag{9.42}$$

其中，权重 $\omega_{i0,h}$ 是 (x_i,x_0,h) 的函数，即 $\omega_{i0,h}=\omega(x_i,x_0,h)$，且满足 $\sum_{i=1}^{n}\omega_{i0,h}=1$。$x_i$ 是 x_0 附近的点，而 h 仍然是带宽或光滑参数。Nadaraya 与 Watson 使用核函数来定义以下权重，得到核回归估计量

$$\omega_{i0,h}=\frac{K[(x_i-x_0)/h]}{\sum_{i=1}^{n}K[(x_i-x_0)/h]} \tag{9.43}$$

因此，核回归估计量可以写为

$$\hat{m}(x_0)=\frac{\sum_{i=1}^{n}K[(x_i-x_0)/h]y_i}{\sum_{i=1}^{n}K[(x_i-x_0)/h]} \tag{9.44}$$

由于使用了 x_0 附近邻域中观测值的信息，核回归估计量 $\hat{m}(x_0)$ 也是有偏的。可以证明，在大样本下其偏差为

$$Bias(x_0)=h^2\left[m'(x_0)\frac{f'(x_0)}{f(x_0)}+\frac{1}{2}m''(x_0)\right]\int_{-\infty}^{+\infty}z^2K(z)\,\mathrm{d}z \tag{9.45}$$

核回归估计的方差为

$$Var[m'(x_0)]=\frac{1}{nh}\frac{\sigma_{\varepsilon}^2}{f(x_0)}\int_{-\infty}^{+\infty}K(z)^2\mathrm{d}z+o\left(\frac{1}{nh}\right) \tag{9.46}$$

因此，与核密度估计的情形类似，如果当 $n\to\infty$ 时，让带宽 $h\to 0$，而 $nh\to\infty$，则根据均方收敛，核回归估计是一致的。可以证明，如果 $\{x_1,x_2,\cdots,x_n\}$ 是独立同分布的，则核回归估计量 $\hat{m}(x_0)$ 服从渐近正态分布

$$\sqrt{nh}\,[\hat{m}(x_0)-m(x_0)-Bias(x_0)]\xrightarrow{\mathrm{d}}N\left(0,\frac{\sigma_{\varepsilon}^2}{f(x_0)}\int_{-\infty}^{+\infty}K(z)^2\mathrm{d}z\right) \tag{9.47}$$

由于最优带宽 h^* 取决于待估计回归系数的导数（因为 $m'(x_0)$ 与 $m''(x_0)$ 出现在偏差的表达式中），而要估计 $m'(x_0)$ 与 $m''(x_0)$ 又需要指定最优带宽 h^*，在实践应用中常使用“交叉验证”的方法来确定最优带宽 h^*。其基本思想是，在估计 $\hat{m}(x_i)$ 时不使用 y_i 的信息，看其余观测值预测 y_i 的能力有多强，而这个能力又取决于带宽 h。因此，要选择一个带宽 h，使得此预测能力最强，即最小化以下目标函数

$$\min_h CV(h)\equiv\sum_{i=1}^{n}[y_i-\hat{m}_{-1}(x_i)]^2\pi(x_i) \tag{9.48}$$

$$\hat{m}_{-1}(x_i)\equiv\frac{\sum_{j\neq i}\omega_{ji,h}y_j}{\sum_{j\neq i}\omega_{ji,h}}$$

其中，$\hat{m}_{-1}(x_i)$ 是对 $m(x_i)$“去掉一个观测值”的估计量，即 $j=1,\cdots,n$ 且 $j\neq i$。$\pi(x_i)$ 是权重函数，

主要是为了给边界附近的端点更小的权重，以避免端点可能对估计量带来较大的扭曲。

要去掉自身第 i 个观测值是因为，如果将它保留，那么总可以选择足够小的带宽 h 使得对于任何 i，都有 $\hat{m}(x_i)=y_i$，故 $CV(h)=0$ 得到最小值。但这个过小的带宽 h 并不是最优解。$CV(h)$ 被称为“预测误差的估计值”，因为它衡量的是用 $\hat{m}_{-1}(x_i)$ 来预测 y_i 会带来多大的预测误差。在实践应用中，交叉验证并非决定最优带宽的完美方法，故仍经常辅以不严格的眼球法。

更一般地，对于 k 维解释向量 x，考虑如下非参数多元回归模型

$$y_i=m(x_i)+\varepsilon_i=m(x_{1i},x_{2i},\cdots,x_{ki})+\varepsilon_i \tag{9.49}$$

其中，$m(\cdot)$ 是未知的多元函数。在 x_0 处的核回归估计量可以写为

$$\hat{m}(x_0)=\frac{\sum_{i=1}^{n}K[(x_i-x_0)/h]y_i}{\sum_{i=1}^{n}K[(x_i-x_0)/h]} \tag{9.50}$$

其中，$K(\cdot)$ 为 k 维核函数。多元核回归估计量的性质与一元核回归相似，但 $\hat{m}(x_0)$ 收敛到真实值的速度变慢。多元回归的解释变量越多，收敛的速度越慢，对样本容量的要求也就越大。这种“维度的诅咒”大大限制了多元非参数回归的应用。一种解决方法是使用半参数估计来降低模型中非参数部分的维度。

（三）k 近邻回归

事实上，核回归估计是局部加权平均估计量的一个特例，因为它使用的是一个特别的权重。选择权重的另一个方式是，对于最靠近 x_0 的 k 个 x_i 的观测值都给予相同的权重，而对其余观测值则给予权重 0，即只对最靠近 x_0 的 k 个观测值进行简单算术平均。记 $N_k(x_0)$ 为最靠近 x_0 的 k 个 x_i 观测值的集合（包括 x_0 本身），则 k 近邻估计量可以定义为

$$\hat{m}_{KNN}(x_0)\equiv\frac{1}{k}\sum_{i=1}^{n}1\{x_i\in N_k(x_0)\}\cdot y_i \tag{9.51}$$

这个估计量可以看成使用“均匀核”的核估计，但其带宽是可变的，而且可以不对称（左边的带宽不一定等于右边的带宽）。“对称化”的 k 近邻估计量则对小于 x_0 的 $(k-1)/2$ 观测值与大于 x_0 的 $(k-1)/2$ 观测值进行简单算术平均。

在某种意义上，k 近邻估计量相当于移动平均。由于 k 近邻估计量使用的是简单算术平均，而不是核回归估计所使用的加权平均，故前者可能不如后者光滑。而且越靠近端点，则可用于进行移动平均的样本点就越少，估计量也就越不准确。这种边界问题可通过下面的“局部线性回归”来缓解。

（四）局部线性回归

前面介绍的核回归估计量，实际上是一个“局部常数估计”，因为它假定在 x_0 附近的某个邻域里，$m(x)$ 均等于一个常数。局部线性回归则假定 $m(x)$ 在 x_0 附近的某个邻域里为线性函数，即在该邻域里，$m(x)=a_0+b_0(x-x_0)$，然后使用加权最小二乘法（WLS）来估计这个线性函数（因为不同观测点到 x_0 的距离不同，所包含的信息量也就不同），即最小化以下目标函数

$$\min_{a_0,b_0}\sum_{i=1}^{n}K[(x_i-x_0)/h][y_i-a_0-b_0(x_i-x_0)]^2 \tag{9.52}$$

其中，$K(\cdot)$ 为核函数，即权重函数。显然，离 x_0 越近，则权重越大。因此，在 x_0 附近的小邻域

里，$\hat{m}(x)=\hat{a}_0+\hat{b}_0(x-x_0)$。当 x 正好等于 x_0 时，$\hat{m}(x)=\hat{a}_0$，而一阶导数 $\hat{m}'(x)=\hat{b}_0$。这种方法称为“局部线性回归”。局部线性回归不仅能较好地解决“边界问题”，而且比核回归更有效率且适用于更多数据类型。直观来看，如果带宽足够小，则在此小邻域内，一般的函数都可以很好地用线性函数来近似，故局部线性回归具有较好的性质。

更一般地，可以假定 $m(x)$ 在 x_0 附近的某个邻域为 p 级多项式。要得到局部 p 级多项式估计量，需最小化以下目标函数

$$\min_{a_0,b_0}\sum_{i=1}^{n}K[(x_i-x_0)/h]\left[y_i-a_{0,0}-a_{0,1}(x_i-x_0)-\cdots-\frac{a_{0,p}}{p!}(x_i-x_0)^p\right]^2 \tag{9.53}$$

局部线性或局部多项式估计量有助于缓解前面提及的在两端估计不准确的边界问题。一个常用的局部回归估计量为 Cleveland 所提出的“局部加权散点光滑估计量”，简记为 Lowess，这是局部多项式估计量的一个变种。该估计量使用“三三核”，同时使用可变带宽 $h_{0,k}$（由 x_0 到其最近的 k 个观测值的距离所决定），以及对较大的残差 $[y_i-\hat{m}(x_i)]$ 给予较小的权重。Lowess 估计的优点是，它使用了可变带宽（依据数据的稠密程度而定），对于极端值更稳健，而且缓解了在两端估计不准的边界问题。

二、案例分析与软件操作

【案例 9-7】 为了研究美国货币流通速度与名义利率之间的关系，通过资料收集，获得了美国将近 90 天的数据集，此数据集中主要包含两个重要的宏观变量：r（名义利率），log$v$（货币流通速度的对数）。请利用核密度回归、局部多项式回归、Lowess 回归来分析货币流通速度与名义利率之间的关系。

本部分结合案例主要介绍 Stata 软件操作方法。

1. 核密度回归

以采集到的货币流通数据集为例，将 log$v$（货币流通速度的对数）对 r（名义利率）进行核密度回归，代码如下

```
. ssc install kernreg1
. kernreg1 logv r,k(3)np(100)gen(logv_kern r_grid)
```

此命令使用了伊番科尼可夫核（$k=3$），在 100 个等距离的网格点中进行估计，并将解释变量 r（利率）的网格点记为变量“r_grid”，对应的核密度回归值记为“logv_kern”。

运行结果见图 9-59。

由于上述命令的默认带宽为最优带宽，故可以利用程序计算最优带宽，代码及结果如下

```
. dis $S_1
.90306212
```

2. 局部多项式回归

局部多项式回归可以通过 lpoly 命令来实现，代码如下

```
. lpoly logv r,b($S_1)degree(1)gen(r_grid_1 logv_lpoly)
```

其中，选择项“b($S_1)”表示使用前面核密度回归的最优带宽（0.90）；选择项“degree(1)”表明，这是一个局部线性回归；选择项“gen(r_grid_1 logv_lpoly)”表示将解释变量 r（利率）的网格点记为“r_grid_1”，而把对应的局部回归值记为“logv_lpoly”。

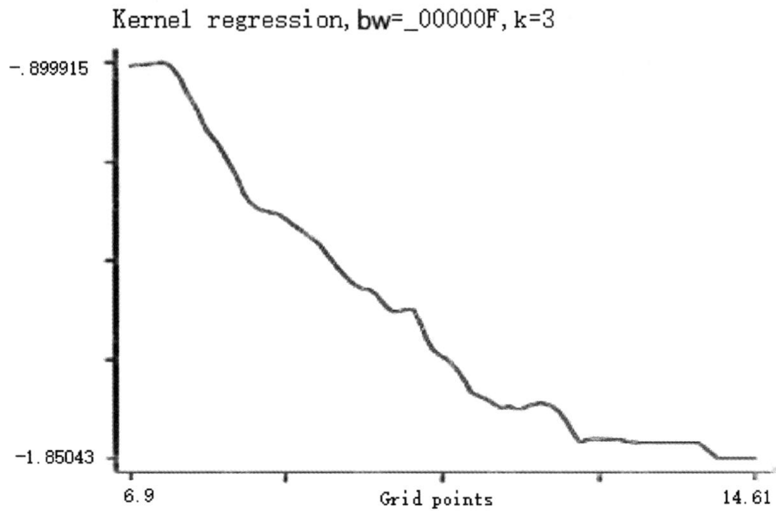

图 9-59 核密度回归结果

运行结果见图 9-60。

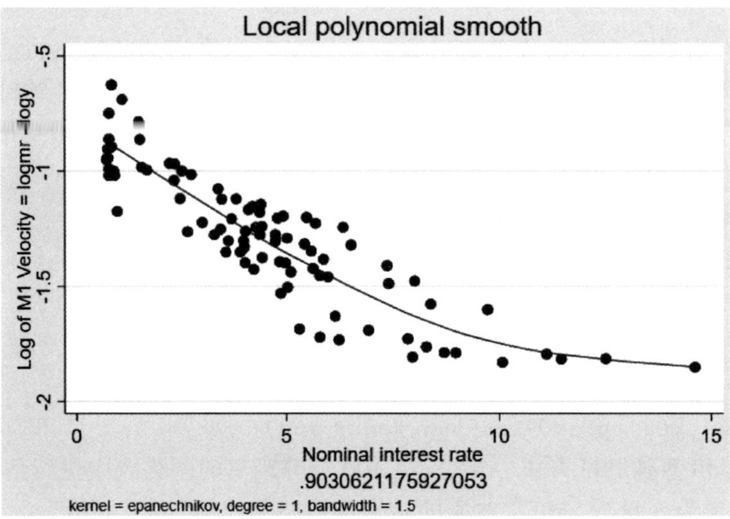

图 9-60 多项式回归结果

3. Lowess 回归

Lowess 回归可以通过 lowess 命令来实现,代码如下

```
. lowess logv r,b($S_1)gen(logv_lowess)
```

其中,选择项“b($S_1)”表示使用前面核密度回归的最优带宽(0.90);选择项“gen(logv_lowess)”表示把被解释变量的光滑值记为“logv_lowess”。

运行结果见图 9-61。

从各种非参数回归的结果可以发现,各种非参数回归的结果很接近。非参数回归以牺牲部分光滑度作为代价,可以更好地拟合数据。

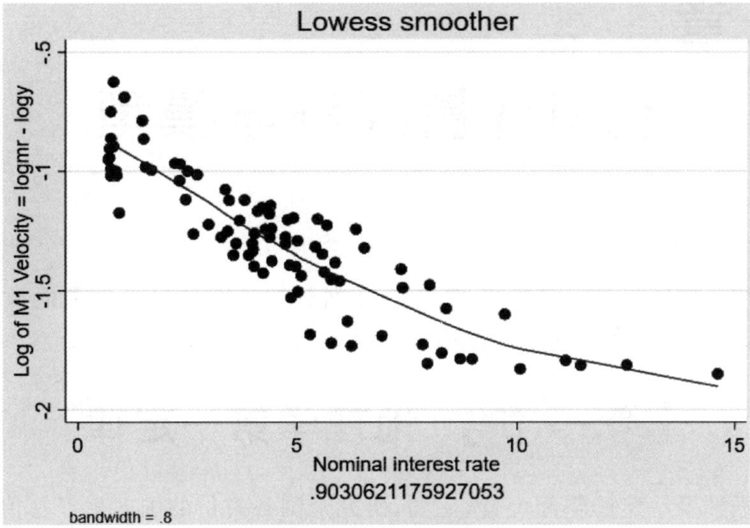

图 9-61 Lowess 回归

本章习题

1. 什么是泊松分布计数模型？该模型适用于哪类数据？
2. 什么是负二项分布计数模型？它适用于哪类数据？
3. 简述模拟极大似然估计法的原理。
4. 对于随机变量 X，a 取何值时 $E(|X-a|)$ 取得最小值？试说明理由。
5. 请简述分位数回归的基本思想。分位数回归模型的估计方法、检验方法有哪些？

第十章 空间计量经济学模型

本章主要介绍了空间计量经济学模型,包括截面数据空间计量模型和面板数据空间计量模型。每个模型都包括原理、案例和软件操作三个部分。

第一节 地理学第一定律

许多经济数据涉及一定的空间位置,比如,研究全国各省份的国内生产总值、金融投资、经济贸易、财政税收等数据。本书此前各章内容很少关注各省份经济之间的互动,通常假设各省份的变量相互独立。但在实际生活中不难发现,各省份之间有着广泛的联系,而且距离越近的省份联系越密切。根据 Tobler(1970)的文章,“所有事物都与其他事物相关联,但较近的事物比较远的事物更关联”(Everything is related to everything sles, but near things are more related than distant things)。地理学第一定律(First Law of Geography),是指地理事物或属性在空间分布上互为相关,存在集聚(clustering)、随机(random)、规则(Regularity)分布的现象。

事实上,以我国为例,各省份之间的距离信息并不难获得,比如是否相邻,是直线距离还是运输距离,只是此前一直未利用这些信息。利用各省份的变量数据,再加上各省份的位置信息,即可得到“空间数据”(spatial data 或 area data)。所谓空间数据,就是在原来的横截面或面板数据上,加上横截面单位的位置信息(或相互距离)。研究如何处理空间数据的计量经济学分支,称为空间计量经济学(spatial economitrics)。空间计量经济学的最大特色在于充分考虑横截面单位之间的空间依赖性(spatial dependence)。更一般地,空间效应(spatial effects)包括空间依赖性与空间异质性(spatial heterogeneity)。空间依赖性是指地理空间上的相邻地区之间存在相关关系或相互影响的现象。空间异质性指由空间位置差异造成的观察行为不恒定现象。标准的计量经济学也考虑横截面单位之间的异质性(比如异方差),而空间计量经济学的关注重点为空间依赖性。

空间计量经济学诞生于 20 世纪 70 年代。近年来,空间计量经济学蓬勃发展并成为主流,可归功于两方面。一方面,由于 GIS(地理信息系统)的发展,空间数据或包含地理信息的数据(georeference data)日益增多。另一方面,在经济理论方面,人们越来越关注经济行为人之间的互动,而不仅仅停留于代表性厂商或个人。比如,在考察同伴效益(peer effect)、相邻效应(Neighborhood Effect)、溢出效应(spillover effect)或网络效应(network effect)时,都需要明确地考虑空间因素。克鲁格曼(Paul Krugman)也因为倡导新贸易理论与新经济地理(New Economic Geography)而获得 2008 年诺贝尔经济学奖(Krugman, 1991)。

有关空间计量经济学的专著包括 Cliff and Ord(1973, 1981)、Anselin(1988)、Arbia(2006)、LeSage and Pace(2009),以及沈体雁等(2010)的中文教材。Anselin(2010)提供了较新的文献综述。

第二节 空间权重矩阵

进行空间计量分析的前提是度量区域之间的空间距离。记来自 n 个区域的空间数据为 $\{\boldsymbol{x}_i\}_{i=1}^{n}$,下标 i 表示区域 i。记区域 i 与区域 j 之间的距离为 w_{ij},则可定义“空间权重矩阵”(spatial weighting matrix)如下

$$\boldsymbol{W}=\begin{pmatrix} w_{11} & \cdots & w_{1n} \\ \vdots & & \vdots \\ w_{n1} & \cdots & w_{nn} \end{pmatrix} \tag{10.1}$$

其中,主对角线上元素 $w_{11}=\cdots=w_{nn}=0$(同一区域的距离为 0)。显然,空间权重矩阵 $\boldsymbol{W}$ 为对称矩阵。最常用的距离函数为“相邻”(contiguity),即如果区域 i 与区域 j 有共同的边界,则 $w_{ij}=1$;反之,则 $w_{ij}=0$。比照(国际)象棋中不同棋子的行走路线,相邻关系可分为以下三种,参见图 10-1。

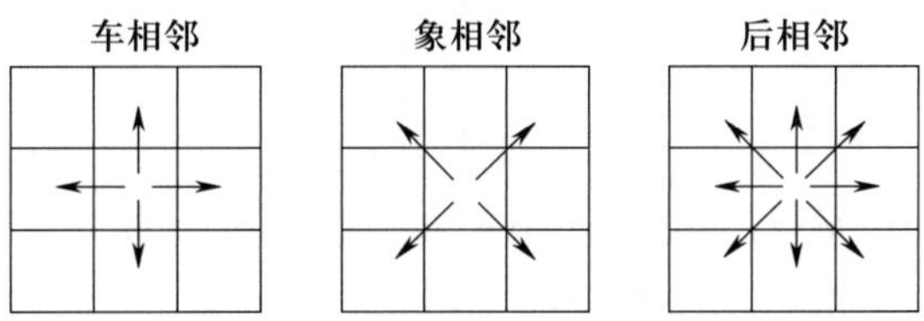

图 10-1 相邻关系

(1) 车相邻(rook contiguity):两个相邻的区域有共同的边。

(2) 象相邻(bishop contiguity):两个相邻的区域有共同的顶点,但没有共同的边。

(3) 后相邻(queen contiguity):两个相邻的区域有共同的边或顶点。

在实践中,为了区分“边”与“点”,常需设定一个最小距离,在此距离以下为点,而在此距离以上为边。究竟使用车相邻、象相邻还是后相邻,取决于具体情况。比如,区域 i 与区域 j 仅在一点相交(象相邻),但有一条主要高速公路通过此点连接两区域,则不宜使用车相邻。

举一个简单的例子,假设有如下四个区域,其变量取值分别为 $\boldsymbol{x}=(x_1,x_2,x_3,x_4)'$,参见图 10-2。

针对图 10-2 中的四个区域,其空间权重矩阵为

$$\boldsymbol{W}=\begin{pmatrix} 0 & 1 & 1 & 1 \\ 1 & 0 & 1 & 0 \\ 1 & 1 & 0 & 1 \\ 1 & 0 & 1 & 0 \end{pmatrix} \tag{10.2}$$

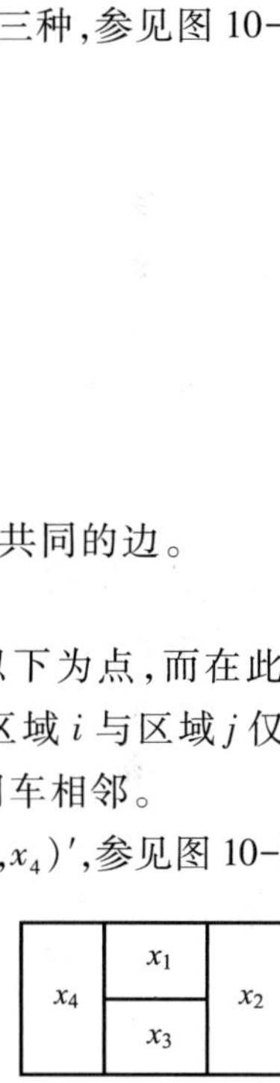

图 10-2 四个区域

矩阵(10.2)的第一行表示,区域 1 与其余三个区域均相邻;第二行表示,区域 2 与区域 1、区域 3 相邻,但不与区域 4 相邻;以此类推。空间权重矩阵 $\boldsymbol{W}$ 考虑的是一阶邻居,矩阵 $\boldsymbol{W}^2$ 则可以表示二阶邻居,即邻居的邻居。需要注意的是,矩阵 $\boldsymbol{W}^2$ 的主对角线上元素一般不再为 0,这意味着邻居的邻居也包括区域本身。在实践中,有时对空间权重矩阵进行“行标准化”(row standardization),即将矩阵中的每个元素(记为 $\widetilde{w}_{ij}$)除以其所在行元素之和,以保证每行元素之和为 1

$$w_{ij}\equiv\frac{\widetilde{w}_{ij}}{\sum\limits_{j}\widetilde{w}_{ij}} \tag{10.3}$$

当然,如果区域 i 为孤岛,与其他区域均不相邻,则上式分母为 0,并不适用。此时,可将分母改为 $\max\left(1, \sum_j \widetilde{w}_{ij}\right)$。不包含孤岛的行标准化矩阵也称为"行随机矩阵"(row-stochastic matrix),因为它的所有元素均介于 0 与 1 之间,且每行元素之和为 1,在形式上与离散型概率分布一样。将(10.2)式的空间权重矩阵行标准化可得(仍记为 W)

$$W=\begin{pmatrix} 0 & 1/3 & 1/3 & 1/3 \\ 1/2 & 0 & 1/2 & 0 \\ 1/3 & 1/3 & 0 & 1/3 \\ 1/2 & 0 & 1/2 & 0 \end{pmatrix} \tag{10.4}$$

行标准化的好处在于,如果将行标准化矩阵 $\boldsymbol{W}$ 乘 $\boldsymbol{x}$,则可得到每个区域邻居的平均值。比如,在上例中

$$\boldsymbol{Wx}=\begin{pmatrix} 0 & 1/3 & 1/3 & 1/3 \\ 1/2 & 0 & 1/2 & 0 \\ 1/3 & 1/3 & 0 & 1/3 \\ 1/2 & 0 & 1/2 & 0 \end{pmatrix}\begin{pmatrix} x_1 \\ x_2 \\ x_3 \\ x_4 \end{pmatrix}=\begin{bmatrix} (x_2+x_3+x_4)/3 \\ (x_1+x_3)/2 \\ (x_1+x_2+x_4)/3 \\ (x_1+x_3)/2 \end{bmatrix} \tag{10.5}$$

比如,区域 1 的邻居为区域 2、3 和 4,而上式右边第一行元素正好为$(x_2+x_3+x_4)/3$,即区域 1 邻居的平均值;以此类推。比照时间序列中时间滞后(time lag)的概念,$\boldsymbol{Wx}$ 也被称为 $\boldsymbol{x}$ 的"空间滞后"(spatial lag),即 $\boldsymbol{x}$ 邻居的平均取值。

显然,行标准化之后的空间权重矩阵一般不再是对称矩阵,参见矩阵(10.4),这是它的缺陷之一。另外,由于每行元素之和均为 1,这意味着区域 i 所受其邻居的影响之和一定等于区域 j 所受其邻居的影响之和(任意 $i \neq j$)。此假定可能过强,这是行标准化的另一局限。

定义相邻关系的另一方法是基于区域间的距离。记区域 i 与区域 j 的距离为 d_{ij},可定义空间权重如下

$$w_{ij}=\begin{cases} 1, 若\ d_{ij}<d \\ 0, 若\ d_{ij} \geqslant d \end{cases} \tag{10.6}$$

其中,d 为事先给定的距离临界值。另外,也可以不用相邻关系,而直接以距离之倒数(inverse distance)作为空间权重:

$$w_{ij}=\frac{1}{d_{ij}} \tag{10.7}$$

在上式中,距离 d_{ij}既可以是地理距离,比如直线距离或大圆距离(great circle distance);也可以是基于运输成本或旅行时间的经济距离;甚至社交网络中的距离。

【案例 10-1】 下面以 ch10-1. dta 为例,数据集包含 2018 年中国除港、澳、台及西藏外 30 个省份的数据,其中包含对经济发展水平、制造业集聚水平、环境规制水平、科技创新水平和外商投资水平的度量,变量分别为被解释变量:GDP(人均 GDP 水平),解释变量:*AGG*(制造业集聚水平),*ER*(环境规制水平),*ST*(科技创新水平),*FDI*(外商投资水平)。本例的空间权重矩阵由 30 个省份基于距离构成,且将空间权重矩阵存为两种格式,命名为 W30_juli. dta 和 W30_juli. spmat。

空间权重矩阵使用 geoda 生成,geoda 是一款开源软件,可直接在官网下载使用,可生成邻接

空间权重矩阵(Rook 邻接:有公共边界为 1,否则为 0;Queen 邻接:有公共边界或者节点为 1,否则为 0)和距离空间权重矩阵,且操作较为便捷。具体操作步骤如下:

(1) 在网上下载开源的 geoda 软件和 shp 格式的地图数据;

(2) 使用 geoda 导入 shp 地图数据;

(3) 点击空间权重矩阵选项,选择生成邻接权重矩阵或者距离空间权重矩阵;

(4) 生成 gal 格式(邻接权重)或者 gwt 格式(距离权重)的权重数据;

(5) 利用 Stata 将 gal 或者 gwt 文件转化为 dta 格式。

命令如下:

spwmatrix import using x. gal(x. gwt), wname(W30_juli)//x 为 geoda 生成的权重数据名称,W30_juli 为自己命名的权重矩阵名称

matrix list pro31juliswm //查看矩阵

注:本章除空间权重矩阵借助 geoda 软件生成,其余操作步骤均在 Stata15 中实现,Stata 中构建空间计量模型较为方便,故选择此软件进行案例编写。

第三节 空间自相关

一、空间自相关概念及度量方法

在确定是否使用空间计量方法时,首先要考察数据是否存在空间依赖性。如果不存在,则使用标准的计量方法即可;如果存在,则可使用空间计量方法。比照时间序列(Time Series),空间数据有时也称为空间序列(Spatial Series)。这是因为,时间序列可视为在时间轴上分布的随机过程,而空间数据(序列)则为在空间轴上分布的随机过程。时间序列的一个重要特性是可能存在自相关,特别是一阶自相关。而对于空间序列,自相关的情形则更为复杂。因为时间序列只可能在一个方向上相关(过去影响现在,但现在无法影响过去),而空间序列则可以在多个方向上相关,而且可以互相影响(x_i 影响 x_j,而 x_j 也影响 x_i)。

空间自相关(Spatial Autocorrelation)可理解为位置相近的区域具有相似的变量取值。如果高值与高值聚集在一起,低值与低值聚集在一起,则为正空间自相关(Positive Spatial Autocorrelation);反之,如果高值与低值相邻,则为负空间自相关(Negative Spatial Autocorrelation),后者较少见。如果高值与低值完全随机分布,则不存在空间自相关。

考虑空间序列 $\{x_i\}_{i=1}^{n}$,基于空间自相关的复杂性,文献中提出了一系列度量空间自相关的方法,其中最为流行的是莫兰指数 I(Moran's I)(Moran,1950)

$$I=\frac{\sum_{i=1}^{n}\sum_{j=1}^{n}w_{ij}(x_i-\bar{x})(x_j-\bar{x})}{S^2\sum_{i=1}^{n}\sum_{j=1}^{n}w_{ij}} \tag{10.8}$$

其中,$S^2=\frac{\sum_{i=1}^{n}(x_i-\bar{x})^2}{n}$为样本方差,$w_{ij}$为空间权重矩阵的$(i,j)$元素(用来度量区域 i 与区域 j

之间的距离)，而$\sum_{i=1}^{n}\sum_{j=1}^{n} w_{ij}$为所有空间权重之和。如果空间权重矩阵为行标准化，则$\sum_{i=1}^{n}\sum_{j=1}^{n} w_{ij}=n$。此时，莫兰指数$I$可写为

$$I=\frac{\sum_{i=1}^{n}\sum_{j=1}^{n} w_{ij}(x_i-\bar{x})(x_j-\bar{x})}{\sum_{i=1}^{n}(x_i-\bar{x})^2} \tag{10.9}$$

莫兰指数I的取值一般介于-1到1之间，大于0表示正自相关，即高值与高值相邻、低值与低值相邻；小于0表示负自相关，即高值与低值相邻。一般来说，正自相关比负自相关更为常见。如果莫兰指数I接近于0，则表明空间分布是随机的，不存在空间自相关。莫兰指数I可视为观测值与其空间滞后(spatial lag)的相关系数。如果将观测值与其空间滞后画成散点图，即莫兰散点图(Moran scatterplot)，则莫兰指数I就是该散点图回归线的斜率。

为了进行严格检验，需导出莫兰指数I的渐近分布。考虑原假设"$H_0: Cov(x_i, x_j)=0, \forall i\neq j$"(即不存在空间自相关)。在此原假设下，可以证明莫兰指数I的期望值为

$$E(I)=\frac{-1}{n-1} \tag{10.10}$$

莫兰指数I的方差表达式更为复杂，记为$Var(I)$。可以证明，标准化的莫兰指数I服从渐近标准正态分布

$$I^{*}=\frac{I-E(I)}{\sqrt{Var(I)}}\xrightarrow{d}N(0,1) \tag{10.11}$$

因此，可使用标准正态的临界值进行检验。在使用莫兰指数I检验空间自相关时，需注意两个问题。问题一，莫兰指数I取决于空间矩阵$\boldsymbol{W}$，如果空间矩阵设定不正确，则可能导致错误的结果。问题二，莫兰指数I的核心成分为$(x_i-\bar{x})(x_j-\bar{x})$，其隐含假设是$\{x_i\}_{i=1}^{n}$的期望值为常数(constant mean)，不存在任何趋势(trend)。如果存在趋势，则可能导致检验结果出现偏差。为了解决问题一，需仔细选择合适的空间矩阵，或使用不同的空间矩阵以考察结果的稳健性。为了解决问题二，可引入协变量，通过回归的方法去掉趋势，然后对残差项进行莫兰指数I检验。

以上的莫兰指数I也被称为全局莫兰指数I(global Moran's I)，因为它考察的是整个空间序列$\{x_i\}_{i=1}^{n}$的空间集聚情况。如果想知道某区域i附近的空间集聚情况，则可使用局部莫兰指数I(local Moran's I)

$$I_i=\frac{(x_i-\bar{x})}{S^2}\sum_{j=1}^{n} w_{ij}(x_j-\bar{x}) \tag{10.12}$$

局部莫兰指数I的含义与全局莫兰指数I相似。正的I_i表示区域i的高(低)值被周围的高(低)值所包围；负的I_i则表示区域i的高(低)值被周围的低(高)值所包围。莫兰指数I并非唯一的空间自相关指标，另一常用指标为吉尔里指数C(Geary C)(Geary, 1954)，也称为吉尔里相邻比率(Geary's contiguity ratio)

$$C=\frac{(n-1)\sum_{i=1}^{n}\sum_{j=1}^{n} w_{ij}(x_i-x_j)^2}{2\left(\sum_{i=1}^{n}\sum_{j=1}^{n} w_{ij}\right)\left[\sum_{i=1}^{n}(x_i-\bar{x})^2\right]} \tag{10.13}$$

与莫兰指数 I 不同,吉尔里指数 C 的核心成分为$(x_i - x_j)^2$。吉尔里指数 C 的取值一般介于 0 到 2 之间(2 不是严格上界),大于 1 表示负相关,等于 1 表示不相关,而小于 1 表示正相关。因此,吉尔里指数 C 与莫兰指数呈反向变动。一般认为,前者比后者对于局部空间自相关更为敏感。在不存在空间自相关的原假设下,可以证明吉尔里指数 C 的期望值为 1,而方差的表达式较复杂,记为 $\mathrm{Var}(C)$。可以证明,标准化的吉尔里指数 C 服从渐近标准正态分布

$$C^* \equiv \frac{C-1}{\sqrt{Var(C)}} \xrightarrow{\mathrm{d}} N(0,1) \tag{10.14}$$

因此,可使用标准化的吉尔里指数 C 检验空间自相关。然而,莫兰指数 I 与吉尔里指数 C 的共同缺点在于,无法区分"热点"(hot spot)与"冷点"(cold spot)区域。所谓热点区域,即高值与高值聚集的区域;而冷点区域则是低值与低值聚集的区域。热点区域与冷点区域都表现为正自相关。为此,Getis 和 Ord(1992)提出了以下 Getis-Ord 指数 G:

$$G = \frac{\sum_{i=1}^{n}\sum_{j=1}^{n} w_{ij}x_i x_j}{\sum_{i=1}^{n}\sum_{j\neq 1}^{n} x_i x_j} \tag{10.15}$$

其中,$x_i > 0, \forall i$;而 w_{ij} 来自非标准化的对称空间权重矩阵,且所有元素均为 0 或 1。显然,如果样本中高值聚集在一起,则 G 较大;如果低值聚集在一起,则 G 较小。在无空间自相关的原假设下,可以证明,$E(G) = \dfrac{\sum_{i=1}^{n}\sum_{j\neq 1}^{n} w_{ij}}{n(n-1)}$。如果 G 值大于此期望值,则表示存在热点区域;如果 G 值小于此期望值,则表示存在冷点区域。类似地,标准化的 G 也服从渐近标准正态分布

$$G^* \equiv \frac{G-E(G)}{\sqrt{Var(G)}} \xrightarrow{\mathrm{d}} N(0,1) \tag{10.16}$$

如果 $G^* > 1.96$,则可在 5%的显著性水平上拒绝无空间自相关的原假设,认为存在空间正自相关,且存在热点区域。反之,如果,$G^* < -1.96$,则可在 5%的显著性水平上拒绝无空间自相关的原假设,认为存在空间正自相关,且存在冷点区域。如果要考察某区域 i 是否为热点或冷点,则可计算局部 Getis-Ord 指数 G_i

$$G_i = \frac{\sum_{j\neq i} w_{ij}x_j}{\sum_{j\neq i} x_j} \tag{10.17}$$

需要指出的是,以上各种空间自相关指标仅提供是否存在空间效应的初步检验,深入检验需要建立正式的空间计量模型。有关空间自相关的指标计算与假设检验可通过下载非官方 Stata 命令来实现。

二、案例分析与 Stata 操作

【案例 10-1 续】 考查制造业集聚水平(AGG)、环境规制水平(ER)、科技创新水平(ST)和外商投资水平(FDI)对人均 GDP 的影响,显然各省经济发展存在相互影响,需要运用空间计量

模型进行分析。

在正式进行分析之前，将 dta 格式的数据集与 dta 和 spmat 格式的空间权重矩阵置于目录下，然后修改 Stata 当前工作目录，输入以下命令：

cd“D:\空间计量经济学\教材编写”

首先对数据计算全局自相关指标，需要导入数据和 dta 格式的空间权重矩阵，运行以下代码：

```
* 导入和定义空间矩阵
use case_2018.dta,clear
spatwmat using W30_juli.dta,name(W)
spatwmat using W30_juli.dta,name(W)standardize
* matrix list W
```

其中，“W”为空间权重矩阵的名称，“standardize”可以选择是否进行空间权重矩阵的行标准化，“matrix list W”可以对矩阵查看详细内容。

对被解释变量 lnGDP（经济发展水平）计算全局自相关指标以及相应检验。

```
* spatgsa lnGDP,weights(W)moran geary go
spatgsa lnGDP,weights(W)moran geary twotail
logout,save(moran_geary_go)word:spatgsa lnGDP,weights(W)moran geary #结果保存
```

其中，“weight(W)”指定空间权重矩阵，可选的自相关指标包括莫兰指数（moran I）、吉尔里指数（geary's C）以及 Getis-Ord 指数（G），“twotail”表示进行双边检验，默认进行单边检验（即仅考虑正空间自相关）。

由于 Getis-Ord 指数需要 0-1 型空间权重矩阵，本文选择计算莫兰指数和吉尔里指数进行双边检验，结果如图 10-3，可以看出莫兰指数拒绝“无空间自相关”的原假设，吉尔里指数无法拒绝原假设。

Measures of global spatial autocorrelation

Weights matrix

Name: **W**
Type: **Imported (non-binary)**
Row-standardized: **Yes**

Moran's I

Variables	I	E(I)	sd(I)	z	p-value*
lnGDP	0.067	-0.034	0.033	3.060	0.002

Geary's c

Variables	c	E(c)	sd(c)	z	p-value*
lnGDP	0.939	1.000	0.043	-1.404	0.160

*2-tail test

图 10-3 双边检验结果

下面计算局部空间自相关指标，以莫兰指数为例，代码如下：

spatlsa lnGDP, weights(W) moran twotail

结果如图 10-4 所示。

Weights matrix

Name: W
Type: Imported (non-binary)
Row-standardized: Yes

Moran's Ii (lnGDP)

Location	Ii	E(Ii)	sd(Ii)	z	p-value*
1	-0.236	-0.034	0.122	-1.653	0.098
2	0.216	-0.034	0.304	0.824	0.410
3	-0.031	-0.034	0.107	0.031	0.975
4	0.129	-0.034	0.132	1.243	0.214
5	0.121	-0.034	0.103	1.510	0.131
6	-0.059	-0.034	0.113	-0.217	0.828
7	0.063	-0.034	0.123	0.794	0.427
8	0.110	-0.034	0.122	1.181	0.237
9	0.021	-0.034	0.113	0.489	0.625
10	-0.576	-0.034	0.298	-1.817	0.069
11	-0.129	-0.034	0.133	-0.714	0.475
12	-0.066	-0.034	0.102	-0.311	0.756
13	-0.003	-0.034	0.105	0.301	0.764
14	-0.003	-0.034	0.110	0.290	0.772
15	0.434	-0.034	0.140	3.360	0.001
16	-0.152	-0.034	0.122	-0.968	0.333
17	-0.026	-0.034	0.136	0.062	0.951
18	-0.031	-0.034	0.114	0.026	0.979
19	0.052	-0.034	0.107	0.803	0.422
20	0.028	-0.034	0.107	0.587	0.557
21	0.142	-0.034	0.103	1.714	0.086
22	-0.007	-0.034	0.103	0.266	0.791
23	0.188	-0.034	0.121	1.848	0.065
24	0.651	-0.034	0.152	4.518	0.000
25	-0.124	-0.034	0.103	-0.863	0.388
26	0.104	-0.034	0.099	1.405	0.160
27	0.531	-0.034	0.232	2.437	0.015
28	0.065	-0.034	0.075	1.323	0.186
29	0.173	-0.034	0.102	2.027	0.043
30	0.433	-0.034	0.144	3.250	0.001

*2-tail test

图 10-4　莫兰指数检验结果

图 10-4 列出了 30 个省的莫兰指数以及检验结果，可以看出部分省统计量显著，可以拒绝“无空间自相关”的原假设，与全局莫兰指数的检验结果相符合。

第四节　截面数据空间计量模型原理、案例与软件操作

一、导论

以标准的线性回归模型为起始点，空间计量模型中的空间效应可区分为被解释变量之间存

在的内生交互效应、解释变量之间的外生交互效应和误差项之间的交互效应。

把线性回归模型记为

$$\boldsymbol{Y}=\boldsymbol{\alpha}\boldsymbol{\iota}_N+\boldsymbol{X\beta}+\boldsymbol{\varepsilon} \tag{10.18}$$

其中，$\boldsymbol{Y}$ 为 N 维列向量，由容量为 N 的样本中被解释变量的观测值构成，$\boldsymbol{X}$ 为 $N\times K$ 的外生解释变量矩阵，$\boldsymbol{\beta}$ 为与之相关的由待估参数构成的 K 维列向量，$\boldsymbol{\iota}_N$ 是 N 维单位列向量，$\boldsymbol{\alpha}$ 为待估标量参数，$\boldsymbol{\varepsilon}$ 为干扰项构成的 N 维列向量，且对于所有的 i，ε_i 独立同分布，均值为 0 且方差相同。

在此基础上，可以把三种空间效应解释为一定区域观测值与其他区域观测值的关系。内生交互效应中，特定区域 A 的被解释变量 $\boldsymbol{Y}$ 依赖于其他区域（例如区域 B）的被解释变量 $\boldsymbol{Y}$；外生交互效应中，特定区域 A 的被解释变量 $\boldsymbol{Y}$ 依赖于其他区域（例如区域 B）的解释变量 $\boldsymbol{X}$；误差项之间的交互效应中，特定区域 A 的误差项 $\boldsymbol{u}$ 依赖于其他区域（例如区域 B）的误差项 $\boldsymbol{u}$。

具有所有类型空间效应的模型称为广义嵌套空间模型（GNS），可以表示为

$$\begin{aligned}\boldsymbol{Y}&=\lambda\boldsymbol{WY}+\boldsymbol{X\beta}+\boldsymbol{WX\theta}+\boldsymbol{\alpha}\boldsymbol{\iota}_N+\boldsymbol{u}\\ \boldsymbol{u}&=\boldsymbol{\rho}\boldsymbol{Wu}+\boldsymbol{\varepsilon}\end{aligned} \tag{10.19}$$

其中，$\boldsymbol{\varepsilon}\sim N(0,\sigma^2 I_N)$，$\boldsymbol{WY}$ 表示被解释变量之间存在的内生交互效应，$\boldsymbol{WX\theta}$ 表示解释变量之间的交互效应，$\boldsymbol{\rho Wu}$ 表示误差项之间的交互效应，$\boldsymbol{\lambda}$ 称为空间自回归系数，$\boldsymbol{\rho}$ 称为空间自相关系数。类似于 $\boldsymbol{\beta}$，$\boldsymbol{\theta}$ 为 k 维待估参数构成的列向量，用于描述样本中单位的空间组合或安排。

广义嵌套空间模型（GNS）可以改写为

$$\boldsymbol{Y}=(\boldsymbol{I}-\boldsymbol{\lambda W})^{-1}(\boldsymbol{X\beta}+\boldsymbol{WX\theta})+\boldsymbol{R} \tag{10.20}$$

其中，$\boldsymbol{R}$ 是包括截距项和误差项的剩余项，对于从区域 1 到区域 N 的第 k 个解释变量 $\boldsymbol{X}$，其对应的 $\boldsymbol{Y}$ 的期望值的偏导数矩阵可以写成

$$\begin{aligned}\left[\frac{\partial E(Y)}{\partial E(x_{1k})}\quad\cdot\quad\frac{\partial E(Y)}{\partial E(x_{Nk})}\right]&=\begin{bmatrix}\dfrac{\partial E(y_1)}{\partial E(x_{1k})} & \cdot & \dfrac{\partial E(y_1)}{\partial E(x_{Nk})}\\ \vdots & \cdot & \vdots\\ \dfrac{\partial E(y_N)}{\partial E(x_{1k})} & \cdot & \dfrac{\partial E(y_N)}{\partial E(x_{Nk})}\end{bmatrix}\\ &=(\boldsymbol{I}-\boldsymbol{\lambda W})^{-1}\begin{bmatrix}\beta_k & w_{21}\theta_k & \cdots & w_{1N}\theta_k\\ w_{21}\theta_k & \beta_k & \cdots & w_{2N}\theta_k\\ \vdots & \vdots & & \vdots\\ w_{N1}\theta_k & w_{N2}\theta_k & \cdots & \beta_k\end{bmatrix}\end{aligned} \tag{10.21}$$

其中，w_{ij}是矩阵的第 i 行第 j 列元素。

将 $E(Y)$ 对第 k 个解释变量求偏导数，可以得到总效应（所有区域变量的变动对区域 i 的被解释变量 y_i 产生的影响）、直接效应（区域 i 的解释变量 x_{ik}的变动对区域 i 的被解释变量 y_i 产生的影响）和间接效应（其他区域的变量 $x_{rt}(r\neq i)$ 的变动对本区域 i 的被解释变量 y_i 的影响）。可以看出，偏导数矩阵的主对角线元素反映直接效应，非对角线元素反映间接效应，因此若 $\boldsymbol{\lambda}=\mathbf{0}$ 且 $\boldsymbol{\theta}_k=\mathbf{0}$，则不存在间接效应（非对角线元素为 0）。

通过对 GNS 模型的参数施加限制，可以得到多种空间计量模型，本节的剩余部分将介绍常用模型的具体内容，包括空间自回归模型（SAR）、空间杜宾模型（SDM）、空间误差模型（SEM）以

及包含内生交互效应和误差项之间交互效应的 SAC 模型。

二、空间自回归模型

空间自回归模型(SAR)仅研究被解释变量之间存在的内生交互效应,空间自回归模型的形式相对于时间自回归模型更为复杂,相关性不仅可以来自不同的方向,甚至可以双向传播,待估参数过多,需要对空间自回归的形式进行假定从而简化参数。

对于时间序列数据,一阶自回归模型为:

$$y_t=\lambda y_{t-1}+\varepsilon_t, t=2,3,\cdots,T \tag{10.22}$$

为了便于示例,假设 $y_0=0$,以矩阵形式可以表示如下:

$$\boldsymbol{Y}=\lambda \boldsymbol{WY}+\boldsymbol{\varepsilon} \tag{10.23}$$

其中,$\boldsymbol{W}$ 可以视作"时间滞后矩阵",是次对角线元素为 1 的 $T\times T$ 矩阵,时间序列的滞后在方向上是单一的,而对于空间序列,矩阵 $\boldsymbol{W}$ 为空间权重矩阵,由于空间自相关可以多方向,其元素排列表现出多样性。

类似地,对于空间序列数据,空间自回归模型 SAR(不含外生解释变量,纯 SAR 模型)可以记为

$$\boldsymbol{Y}=\lambda \boldsymbol{WY}+\boldsymbol{\varepsilon} \tag{10.24}$$

其中,$\boldsymbol{W}$ 为空间权重矩阵,而空间依赖性仅由单一参数 $\boldsymbol{\lambda}$ 来刻画,度量空间滞后 $\boldsymbol{WY}$ 对 $\boldsymbol{Y}$ 的影响,称为空间自回归系数。

更一般地,在模型中加入外生解释变量:

$$\boldsymbol{Y}=\lambda \boldsymbol{WY}+\boldsymbol{X\beta}+\boldsymbol{\varepsilon} \tag{10.25}$$

其中,$\boldsymbol{X}$ 为 $N\times K$ 的外生解释变量矩阵,$\boldsymbol{\beta}$ 为与之相关的由待估参数构成的 K 维列向量。若 $\boldsymbol{\lambda}=\boldsymbol{0}$,模型转化为 $\boldsymbol{Y}=\boldsymbol{X\beta}+\boldsymbol{\varepsilon}$,为一般的多元线性模型。因此,可以通过检验 $H_0:\boldsymbol{\lambda}=\boldsymbol{0}$ 是否成立来判断模型是否存在空间效应。

【案例 10-1 续】 以 case_2018. dta 为例,本研究考察制造业集聚水平(*AGG*)、环境规制水平(*ER*)、科技创新水平(*ST*)和外商投资水平(*FDI*)对人均 GDP 的影响,显然各省经济发展存在相互影响,需要运用空间计量模型进行分析。

在第三节进行全局空间自相关检验和局部空间自相关检验后,使用命令 spatreg 建立空间自回归模型和空间误差模型(仅用于演示),在此之前需要计算空间权重矩阵 *W* 的特征向量,并记为 *E*,运行以下代码:

```
#计算特征向量
* spatwmat using W30_juli. dta,name(W)eigenval(E)
spatwmat using W30_juli. dta,name(W)standardize eigenval(E)
```

结果如图 10-5 所示,得到 30×30 的空间权重矩阵 *W* 和 30×1 的特征值列向量 E。

考虑到 GDP 变量存在指数增长趋势,故将其取对数,代码如下:

```
gen lnGDP=ln(GDP)
```

SAR 命令如下:

```
spatreg lnGDP AGG ER ST FDI,weights(W)eigenval(E)model(lag)
est stor to sar1
* spatreg lnGDP AGG ER ST FDI,weights(W) eigenval(E) model(lag) robust
```

```
The following matrices have been created:

1. Imported non-binary weights matrix W (row-standardized)
   Dimension: 30x30

2. Eigenvalues matrix E
   Dimension: 30x1
```

图 10-5 运行结果

* est stor sar1r

其中,“weights(W)”和“eigenval(E)”分别用于指定空间权重矩阵以及空间权重矩阵的特征向量,“model(lag)”表示估计空间自回归模型(SAR),“robust”表示计算异方差稳健的标准误。

结果如图 10-6 所示。

```
Weights matrix
 Name: W
 Type: Imported (non-binary)
 Row-standardized: Yes


Spatial lag model                                 Number of obs     =         30
                                                  Variance ratio    =      0.603
                                                  Squared corr.     =      0.603
Log likelihood = .00001109                        Sigma             =       0.24

------------------------------------------------------------------------------
       lnGDP |      Coef.   Std. Err.      z    P>|z|     [95% Conf. Interval]
-------------+----------------------------------------------------------------
lnGDP        |
         AGG |   .2373636   .1189731     2.00   0.046     .0041806    .4705467
          ER |  -.0032256   .0412798    -0.08   0.938    -.0841325    .0776813
          ST |   .1622366   .0284434     5.70   0.000     .1064886    .2179846
         FDI |   .0030148   .0033192     0.91   0.364    -.0034907    .0095204
       _cons |   10.31029   .1583239    65.12   0.000      9.99998     10.6206
-------------+----------------------------------------------------------------
         rho |    .006374   1.00e-06  6355.41   0.000      .006372     .006376
------------------------------------------------------------------------------
Wald test of rho=0:                     chi2(1) =  4.0e+07 (0.000)
Likelihood ratio test of rho=0:         chi2(1) =   0.037  (0.848)
Lagrange multiplier test of rho=0:      chi2(1) =   1.791  (0.181)

Acceptable range for rho: -3.434 < rho < 1.000
```

图 10-6 SAR 结果

图 10-6 显示,空间自回归模型(SAR)中空间回归系数 rho(ρ)的估计值显著,存在显著的空间自回归效应,且空间自回归系数的似然比检验同样能拒绝原假设,因此模型中应该包含空间滞后项。

从主模型中可以发现,制造业集聚水平(*AGG*)的系数为正,且通过 5% 显著性检验,说明当地制造业集聚水平对当地 lnGDP 有显著的正向影响;科技创新水平(*ST*)的系数为正,且通过 1% 显著性检验,说明当地科技创新水平对 lnGDP 有显著的正向影响;而环境规制水平(*ER*)和外商投资水平(*FDI*)系数较小且不显著。空间滞后效应系数为正且显著,这意味着各省份 lnGDP 之间存在正相关关系,说明了邻近省份的 lnGDP 具有一定程度的区域聚集特点。

三、空间杜宾模型

空间杜宾模型(SDM)不仅考虑被解释变量的内生交互效应,还研究解释变量之间的外生交互效应,假设区域 i 的被解释变量 y_i 除依赖自身所在区域的解释变量 x 外,还依赖其他区域解释变量的信息。

对于时间序列数据,一阶分布滞后模型可以表示为

$$y_t=\beta_0 x_t+\beta_1 x_{t-1}+\varepsilon_t,t=2,3,\cdots,T \tag{10.26}$$

为了便于示例,假设 $y_0=0$,以矩阵形式可以表示如下:

$$\boldsymbol{Y}=\boldsymbol{X\beta}+\boldsymbol{WX\theta}+\boldsymbol{\varepsilon} \tag{10.27}$$

其中,$\boldsymbol{W}$ 为次对角线元素为 1 的 $T\times T$ 矩阵,$\boldsymbol{\theta}$ 为解释变量滞后项系数。

类似地,对于空间序列数据,空间杜宾模型 SDM 可以表示为

$$\boldsymbol{Y}=\boldsymbol{X\beta}+\boldsymbol{WX\theta}+\boldsymbol{\varepsilon} \tag{10.28}$$

其中,$\boldsymbol{WX\theta}$ 表示来自其他区域解释变量的影响,而 $\boldsymbol{\theta}$ 为相应的系数向量,可以看出方程不存在内生性,因此可以直接进行 OLS 估计。如果 $\boldsymbol{\theta}=\boldsymbol{0}$,则模型简化为一般的多元线性回归模型。

将式(10.28)加入被解释变量的内生交互项,或是从 SAR 模型出发,加入解释变量之间的外生交互项,也可以得到空间杜宾模型 SDM

$$\boldsymbol{Y}=\lambda\boldsymbol{WY}+\boldsymbol{X\beta}+\boldsymbol{WX\theta}+\boldsymbol{\varepsilon} \tag{10.29}$$

注:在截面数据中,理论研究者较为感兴趣的是 SAR 模型和 SEM 模型,以及同时包含被解释变量空间效应和误差项的空间相关性的 SARAR 模型,而对于 SDM 模型相对不重视,主要因为这一模型不存在内生性问题,可以直接使用 OLS 方法进行估计,不产生其他涉及计量经济学的问题。因而本节不涉及截面数据 SDM 模型的代码操作,在第五节面板数据空间计量模型中会较为详细地介绍 SDM 模型的操作步骤。

四、空间误差模型

空间误差模型(SEM)考虑一定区域的误差项 $\boldsymbol{u}$ 依赖于其他区域的误差项的情况,空间误差模型(SEM)表示为

$$\begin{aligned}\boldsymbol{Y}&=\boldsymbol{X\beta}+\boldsymbol{u}\\ \boldsymbol{u}&=\boldsymbol{\rho Mu}+\boldsymbol{\varepsilon}\end{aligned} \tag{10.30}$$

其中,$\boldsymbol{\varepsilon}\sim N(0,\sigma^2 I_T)$,$\boldsymbol{M}$ 为空间权重矩阵。

扰动项 $\boldsymbol{u}$ 存在空间依赖性,可能是不包含在解释变量 $\boldsymbol{X}$ 中但对被解释变量 $\boldsymbol{Y}$ 有影响的遗漏变量存在空间相关性,或者是不可观测的随机冲击存在空间相关性。如果 $\rho=0$,则简化为一般的线性回归模型。

下面用【案例 10-1】数据演示空间误差模型(SEM),运行以下代码:

```
spatreg lnGDP AGG ER ST FDI,weights(W) eigenval(E) model(error)
est stor to sem1
*spatreg lnGDP AGG ER ST FDI,weights(W) eigenval(E) model(error) robust
*est stor to sem1r
```

其中,“model(error)”表示估计空间误差模型(SEM),“robust”表示计算异方差稳健的标准误。

结果如图 10-7 所示。

```
Weights matrix
  Name: W
  Type: Imported (non-binary)
  Row-standardized: Yes


Spatial error model                          Number of obs     =         30
                                             Variance ratio    =      0.578
                                             Squared corr.     =      0.603
Log likelihood = .03708745                   Sigma             =       0.24

------------------------------------------------------------------------------
       lnGDP |      Coef.   Std. Err.      z    P>|z|     [95% Conf. Interval]
-------------+----------------------------------------------------------------
lnGDP        |
         AGG |   .2260044   .1238926     1.82   0.068    -.0168206    .4688294
          ER |  -.0079118   .0485375    -0.16   0.871    -.1030435    .0872199
          ST |   .1588691   .0300542     5.29   0.000      .099964    .2177742
         FDI |   .0031912   .0033972     0.94   0.348    -.0034672    .0098496
       _cons |   10.40517   .1750935    59.43   0.000     10.06199    10.74835
-------------+----------------------------------------------------------------
      lambda |   .2242963   .6274839     0.36   0.721     -1.00555    1.454142
------------------------------------------------------------------------------
Wald test of lambda=0:                 chi2(1) =     0.128 (0.721)
Likelihood ratio test of lambda=0:     chi2(1) =     0.111 (0.739)
Lagrange multiplier test of lambda=0:  chi2(1) =     0.068 (0.794)

Acceptable range for lambda: [illegible] < lambda < 1.000
```

图 10-7 SEM 结果

从图 10-7 可知,空间误差模型(SEM)中空间回归系数 lambda(λ)的估计值不显著,且空间自回归系数的似然比检验与拉格朗日检验可以得到相同结果,无法拒绝原假设,因此可以认为模型中不存在空间误差效应。

注:读者在进行模型选择时可以先进行空间效应的检验,即 LM-lag 检验、LM-error 检验、Robust LM-lag 检验和 Robust LM-error 检验,本节以介绍空间计量模型的操作步骤为目的,故进行了 SAR 模型和 SEM 模型的建模,未考虑检验结果。进行空间效应的检验需要在回归模型的基础上使用 spatdiag 对残差进行诊断,代码如下:

```
reg lnGDP AGG ER ST FDI
est stor REG1
spatdiag,weights(W)
```

其中,“weights(W)”为指定空间权重矩阵为 W。

五、一般的空间计量模型

SAR 模型与 SEM 模型都仅分别考虑了一种空间效应,而这两种效应有时可能同时发生,更为一般的空间计量模型将空间自回归模型(SAR)与空间误差模型(SEM)结合起来,称为“带空间自回归误差项的空间自回归模型”(SARAR):

$$\begin{aligned} \boldsymbol{Y} &= \lambda \boldsymbol{WY}+\boldsymbol{X\beta}+\boldsymbol{u} \\ \boldsymbol{u} &= \rho \boldsymbol{Mu}+\boldsymbol{\varepsilon} \end{aligned} \tag{10.31}$$

其中,$\boldsymbol{\varepsilon} \sim N(0,\sigma^2 \boldsymbol{I}_T)$。$\boldsymbol{W}$ 与 $\boldsymbol{M}$ 分别为被解释变量 $\boldsymbol{Y}$ 与扰动项 $\boldsymbol{u}$ 的空间权重矩阵,二者可以相等。可以看出,SAR 模型与 SEM 模型都是 SARAR 模型的特例,分别对应 $\lambda=0$ 与 $\rho=0$ 的情形。

SARAR 模型可以通过 spreg 实现,这里需要用到 spmat 格式的空间权重矩阵,使用【案例 10-1】数据集 case_2018. dta,仅用于演示,运行以下代码:

```
spmat use W1 using"D:\空间计量经济学\教材编写\W30_juli. spmat"
# SARAR 模型
spreg ml lnGDP AGG ER ST FDI,id(state) dlmat(W1) elmat(W1)
spreg gs2sls lnGDP AGG ER ST FDI,id(state) dlmat(W1) elmat(W1) het
```

其中,ml 和 gs2sls 分别表示使用 MLE 和 GS2SLS 对 SARAR 模型进行估计,id(state)表示用来确定横截面单位的变量为 state,dlmat(W1)表示空间自回归项的空间权重矩阵设置为 W1(式(10. 31)中的 W),elmat(W1)表示空间误差项的空间权重矩阵设置为 W1(式(10. 31)中的 M),het 表示使用异方差稳健的标准误。

用 MLE 估计的 SARAR 结果如图 10-8 所示。

```
Spatial autoregressive model                    Number of obs   =        30
(Maximum likelihood estimates)                  Wald chi2(4)    =   27.4389
                                                Prob > chi2     =    0.0000
```

lnGDP	Coef.	Std. Err.	z	P>|z|	[95% Conf.	Interval]
lnGDP						
AGG	.2760506	.1406028	1.96	0.050	.0004741	.551627
ER	.0114756	.0522382	0.22	0.826	-.0909094	.1138606
ST	.1476497	.0329254	4.48	0.000	.0831171	.2121824
FDI	.0017946	.0037325	0.48	0.631	-.0055209	.00911
_cons	10.14467	.2718551	37.32	0.000	9.611845	10.6775
lambda						
_cons	.0063365	.0050636	1.25	0.211	-.003588	.016261
rho						
_cons	-.1788127	.3468803	-0.52	0.606	-.8586855	.5010602
sigma2						
_cons	.0555918	.0147377	3.77	0.000	.0267064	.0844771

图 10-8　用 MLE 估计的 SARAR 结果

图 10-8 显示,在用 MLE 估计的 SARAR 模型中,空间误差系数 ρ 与空间自回归系数 λ 均不显著,下面以 GS2SLS 法进行参数估计。

结果如图 10-9 所示。

S2SLS 与 MLE 的估计结果类似,在用 GS2SLS 估计的 SARAR 模型中,空间误差系数 ρ 在 10%的显著性水平上显著,而空间自回归系数 λ 不显著。

Spatial autoregressive model　　　　Number of obs = 30
(GS2SLS estimates)

lnGDP	Coef.	Std. Err.	z	P>|z|	[95% Conf. Interval]	
lnGDP						
AGG	.2920382	.1178964	2.48	0.013	.0609654	.5231109
ER	.0172921	.0464247	0.37	0.710	-.0736987	.1082829
ST	.1485052	.0330017	4.50	0.000	.083823	.2131874
FDI	.0013674	.0013216	1.03	0.301	-.0012229	.0039578
_cons	10.09702	.1551141	65.09	0.000	9.793005	10.40104
lambda						
_cons	.0069712	.0036561	1.91	0.057	-.0001947	.0141371
rho						
_cons	-.0887614	.3714601	-0.24	0.811	-.8168099	.6392871

图 10-9　GS2SLS 估计的 SARAR 结果

六、含内生解释变量的 SARAR 模型

含有内生解释变量的 SARAR 模型可表示为

$$
\begin{aligned}
\boldsymbol{Y} &= \lambda \boldsymbol{WY} + \boldsymbol{X\beta} + \boldsymbol{Z\delta} + \boldsymbol{u} \\
\boldsymbol{u} &= \rho \boldsymbol{Mu} + \boldsymbol{\varepsilon}
\end{aligned} \tag{10.32}
$$

其中，$\boldsymbol{\varepsilon} \sim N(0, \sigma^2 I_T)$，$\boldsymbol{Z}$ 由内生解释变量生成，$\boldsymbol{W}$ 与 $\boldsymbol{M}$ 分别为被解释变量 $\boldsymbol{Y}$ 与扰动项 $\boldsymbol{u}$ 的空间权重矩阵，二者可以相等。

假设在 $\boldsymbol{X}$ 以外，存在不在方程中的外生变量 $\boldsymbol{X}_e$，定义 $\boldsymbol{X}_f \equiv (\boldsymbol{X}, \boldsymbol{X}_e)$；若不存在不在方程中的外生变量 $\boldsymbol{X}_e$，则 $\boldsymbol{X}_f \equiv \boldsymbol{X}$。定义工具变量矩阵 $\boldsymbol{H}$ 为 $\{\boldsymbol{X}_f, \boldsymbol{WX}_f, \cdots, \boldsymbol{MX}_f, \boldsymbol{MWX}_f, \cdots, \boldsymbol{MW}^q\boldsymbol{X}_f\}$ 中的线性独立列向量，即可进行 GS2SLS 估计。

延续上一小节案例 10-1 中的案例，以演示为目的，假设制造业集聚水平（AGG）为内生变量，而环境规制水平（ER）为工具变量，使用 spivreg 估计 SARAR 模型，运行以下代码：

```
# X 为外生变量，X_e 为其工具变量
spivreg lnGDP(X=X_e),id(state) dlmat(W1) elmat(W1)
* spivreg lnGDP(X=X_e),id(state) dlmat(W1) elmat(W1) het nolog
```

工具变量回归结果如图 10-10 所示。

Spatial autoregressive model　　　　Number of obs = 30
(GS2SLS estimates)

lnGDP	Coef.	Std. Err.	z	P>|z|	[95% Conf. Interval]	
lnGDP						
AGG	.3173166	.2086434	1.52	0.128	-.0916171	.7262502
ST	.1440561	.0335814	4.29	0.000	.0782378	.2098744
FDI	.001226	.0034162	0.36	0.720	-.0054696	.0079217
_cons	10.11399	.2371222	42.65	0.000	9.649243	10.57874
lambda						
_cons	.0067926	.0047914	1.42	0.156	-.0025984	.0161837
rho						
_cons	-.0826701	.3956731	-0.21	0.834	-.8581752	.692835

Instrumented: AGG
Instruments: ER

图 10-10　工具变量回归结果

可以看出,在使用ER作为工具变量后,*AGG* 系数的 *P* 值为0.128,在该回归中不显著。一般情况下,若工具变量合适,主要解释变量的系数显著性不会发生变化。

第五节　面板数据空间计量模型原理、案例与软件操作

一、导论

上一节讲述了截面数据的空间计量模型原理、案例与软件操作,截面数据只考虑了空间单元之间的相关性,而忽略了具有时空演变特征的时间尺度之间的相关性,因此可以将截面数据的空间计量模型推广到面板数据中。首先考察面板数据的空间自回归模型

$$y_{it}=\rho\boldsymbol{w}'_i\boldsymbol{y}_i+\boldsymbol{x}'_{it}\boldsymbol{\beta}+u_i+\varepsilon_{it}\quad(i=1,\cdots,n;t=1,\cdots,T)\tag{10.33}$$

其中,$\boldsymbol{w}'_i$ 为空间权重矩阵 W 的第 i 行,$\boldsymbol{w}'_i\boldsymbol{y}_t=\sum_{j=1}^{n}w_{ij}y_{jt}$,$w_{ij}$ 为空间权重矩阵 W 的 (i,j) 元素;而 u_i 为区域 i 的个体效应。当 $\rho\boldsymbol{w}'_i\boldsymbol{y}_i=0$ 时,即不考虑空间滞后项时,上述方程为标准的静态面板模型。如果 u_i 与 x_{it} 相关,则为固定效应模型;若不相关,则为随机效应模型。

一般的空间面板模型为

$$\begin{cases}y_{it}=\tau y_{i,t-1}+\rho\boldsymbol{w}'_i\boldsymbol{y}_t+\boldsymbol{x}'_{it}\boldsymbol{\beta}+\boldsymbol{d}'_i\boldsymbol{X}_t\boldsymbol{\delta}+u_i+\gamma_t+\varepsilon_{it}\\ \varepsilon_{it}=\lambda\boldsymbol{m}'_i\varepsilon_t+v_{it}\end{cases}\tag{10.34}$$

其中,$y_{i,t-1}$ 为被解释变量 y_{it} 的一阶滞后项(即动态面板;如果不是动态面板,可令 $\tau=0$);$\boldsymbol{d}'_i\boldsymbol{X}_t\boldsymbol{\delta}$ 表示解释变量的空间滞后项,$\boldsymbol{d}'_i$ 为相应空间权重矩阵 $\boldsymbol{D}$ 的第 i 行;γ_t 为时间效应;$\boldsymbol{m}'_i$ 为扰动项空间权重矩阵 $\boldsymbol{M}$ 的第 i 行。

对于一般的空间面板回归模型,通常考虑以下特殊情形。

(1) 空间杜宾模型(Spatial Durbin Model,SDM),即 $\lambda=0$。

(2) 空间自回归模型(Spatial Autoregression Model,SAR),即 $\lambda=0$ 且 $\boldsymbol{\delta}=0$。

(3) 空间误差模型(Spatial Error Model,SEM),即 $\tau=\rho=0$ 且 $\boldsymbol{\delta}=0$。

(4) 一般的空间面板计量模型(空间自相关模型和误差模型结合,SARAR,Spatial Autocorrelation Model,SAC),即 $\tau=0$ 且 $\boldsymbol{\delta}=0$。

面板数据的Stata命令,需要用到非官方命令:xsmle

首先下载xsmle,命令为 findit xsmle

命令标准句式为

xsmle y x1 x2 x3,wmat(name) emat(name) dmat(name) durbin(varlist) model(sdm) model(sar) model(sac) model(sem) re fe robust dlag type(ind) type(time) type(both) noeffecs

其中,选择项 wmat(name)表示空间权重矩阵 $\boldsymbol{W}$,选择项 emat(name)表示扰动项空间权重矩阵 $\boldsymbol{M}$,选择项 dmat(name)表示解释变量的空间权重矩阵 $\boldsymbol{D}$(默认使用选择项 wmat(name)所指定的空间权重矩阵);选择项 durbin(varlist)用于指定空间滞后的解释变量(默认为所有解释变量);选择项 model (sar)表示估计SAR模型(默认选择),选择项 model (sdm)表示估计SDM模型,选

择项 model(sar)表示估计 SAR 模型,选择项 model (sac)表示估计 SAC 模型,选择项 model (sem)表示估计 SEM 模型;选择项 re 表示估计随机效应模型(默认选择),选择项 fe 表示估计固定效应模型;选择项 robust 表示使用聚类稳健的标准误;选择项 dlag 表示加入被解释变量的一阶滞后作为解释变量(即动态面板),默认为静态面板(即 $\tau=0$)。选择项 type (ind)表示只有个体效应 u_i(默认选择),选择项 type (time)表示只有时间效应 γ_t,而选择项 type (both)表示既有个体效应,也有时间效应。选择项 noeffects 表示不显示直接效应、间接效应与总效应。

【案例 10-2】 本节数据在截面数据空间计量模型的基础上增加了人力资本水平的解释变量,数据集为 2003—2018 年中国 30 个省份(除港、澳、台及西藏外)的数据,变量分别为被解释变量:GDP(人均 GDP 水平),解释变量:*AGG*(制造业集聚水平),*ER*(环境规制水平),*ST*(科技创新水平),*FDI*(外商投资水平),*HC*(人力资本水平)。依据本章前述的空间权重矩阵构造方法确立空间权重矩阵,面板部分使用 queen 邻接矩阵,命名为 W30. dta,准备面板数据命名为 case. dta。以下案例模型均以此数据为例。

根据上述案例,本节将从空间面板杜宾模型(SDM)、空间面板自回归模型(SAR)、空间面板误差模型(SEM)、一般的空间面板计量模型(SAC)四个模型分别进行讲述。

二、空间面板杜宾模型

空间面板杜宾模型(SDM)的建立与运行。首先将数据集 case. dta 以及空间权重矩阵数据 W30. dta 存入当前工作路径下,打开数据集,并生成空间权重矩阵 $\boldsymbol{W}$,由于上述章节已对被解释变量(GDP)进行了空间自相关检验,此处不再进行相关检验。导入数据集的命令如下:

```
use case. data,clear
spatwmat using W30. dta,name(W)standardize
```

在使用空间面板杜宾模型进行估计时,先使用 robust(聚类稳健的标准)、默认的 re(随机效应)模型估计,命令如下(nolog 为不显示迭代过程):

```
xsmle lnGDP lnAGG lnER lnST lnFDI lnHC,wmat(W)model(sdm) nolog
```

结果如图 10-11 所示。

图 10-11 的结果显示,第一栏 Main 表示 SDM 回归系数,第二栏 Wx 表示解释变量滞后项系数,第三栏 Spatial 表示空间自回归系数,第四栏 Variance 表示随机效应的估计值和时间效应,第五栏 Direct 表示直接效应即本地区的解释变量对本地区被解释变量的影响,第六栏 Indirect 表示间接效应即相邻地区的解释变量对本地区被解释变量的影响,第七栏 Total 表示总效应,即解释变量对被解释变量的总影响。对于空间杜宾模型,首先看总效应的影响结果,其次会进行直接效应和间接效应的解释,判断地区空间溢出效应。

根据图 10-11 的估计结果,得出分析结果如下。

首先看总效应,发现 *ER* 在 10%的显著性水平下对 lnGDP 有显著的正向影响,*ST*、*FDI* 在 5%的显著性水平下对 lnGDP 有显著正向影响,*HC* 则在 1%的显著性水平下对 lnGDP 有显著正向影响,而 *AGG* 则无显著影响。其次看直接效应,发现 *ER*、*ST*、*HC* 对 lnGDP 的直接效应正向显著,即地区 lnGDP 受这三个变量的直接影响,而 *AGG* 和 *FDI* 的直接效应不显著。最后看间接效应,发现仅有 *ST*、*FDI* 的间接效应正向显著,即地区 lnGDP 还受相邻地区这两个变量的正向影响。通过总效应、直接效应和间接效应的横向对比,发现 *ER*、*HC* 是通过直接效应影响 lnGDP 的,*FDI* 仅

通过间接效应影响 *lnGDP*，而 *ST* 通过直接效应和间接效应共同影响 lnGDP，且直接效应小于间接效应。

```
SDM with random-effects                         Number of obs    =       480

Group variable: id                              Number of groups =        30
Time variable: t                                Panel length     =        16

R-sq:    within  = 0.9389
         between = 0.1375
         overall = 0.2312

Log-pseudolikelihood =   238.7195
                                 (Std. Err. adjusted for 30 clusters in id)
```

lnGDP	Coef.	Robust Std. Err.	z	P>|z|	[95% Conf.	Interval]
Main						
AGG	.3078151	.1961874	1.57	0.117	-.0767052	.6923353
ER	.0407516	.0180406	2.26	0.024	.0053926	.0761106
ST	.026354	.0212837	1.24	0.216	-.0153613	.0680694
FDI	-.0038383	.002238	-1.72	0.086	-.0082246	.000548
HC	.6399431	.1639259	3.90	0.000	.3186542	.961232
_cons	2.180423	.5308856	4.11	0.000	1.139906	3.22094
Wx						
AGG	-.1631367	.2009087	-0.81	0.417	-.5569105	.2306372
ER	.0384284	.0402003	0.96	0.339	-.0403628	.1172195
ST	.02042	.0248491	0.82	0.411	-.0282833	.0691232
FDI	.0193522	.004189	4.62	0.000	.011142	.0275625
HC	-.328745	.1724245	-1.91	0.057	-.6666908	.0092009
Spatial						
rho	.7239971	.0741083	9.77	0.000	.5787475	.8692467
Variance						
lgt_theta	-3.82201	.3342179	-11.44	0.000	-4.477065	-3.166955
sigma2_e	.0113891	.0023564	4.83	0.000	.0067707	.0160076
Direct						
AGG	.3148742	.2037353	1.55	0.122	-.0844397	.7141881
ER	.0569042	.0174397	3.26	0.001	.0227231	.0910853
ST	.0404572	.0235245	1.72	0.085	-.0056499	.0865644
FDI	.0014114	.0032623	0.43	0.665	-.0049826	.0078053
HC	.6671465	.1580147	4.22	0.000	.3574434	.9768496
Indirect						
AGG	.0491213	.6534578	0.08	0.940	-1.231632	1.329875
ER	.1981984	.1333675	1.49	0.137	-.0631971	.4595939
ST	.1373614	.066833	2.06	0.040	.0063711	.2683516
FDI	.0575526	.0229483	2.51	0.012	.0125748	.1025303
HC	.4154712	.3045794	1.36	0.173	-.1814936	1.012436
Total						
AGG	.3639955	.7367457	0.49	0.621	-1.08	1.807991
ER	.2551026	.1424711	1.79	0.073	-.0241356	.5343409
ST	.1778186	.0751556	2.37	0.018	.0305163	.325121
FDI	.0589639	.0252813	2.33	0.020	.0094135	.1085143
HC	1.082618	.2640184	4.10	0.000	.565151	1.600084

图 10-11　空间杜宾模型估计结果

Wx 下面的结果为解释变量的空间滞后项结果，可以看出 *AGG*、*ER*、*ST* 三个变量的滞后项均不显著，故使用选择项“durbin(varlist)”将这三个变量去掉，进行进一步估计。

命令如下：

xsmle lnGDP AGG ER ST FDI HC,wmat(W) model(sdm) durbin(FDI HC) robust nolog

估计结果如图 10-12 所示。

```
SDM with random-effects                         Number of obs =       480

Group variable: id                           Number of groups =        30
Time variable: t                                 Panel length =        16

R-sq:    within  = 0.9364
         between = 0.1384
         overall = 0.2215

Log-pseudolikelihood =   235.5034
                               (Std. Err. adjusted for 30 clusters in id)
```

lnGDP	Coef.	Robust Std. Err.	z	P>|z|	[95% Conf.	Interval]
Main						
AGG	.308203	.1982946	1.55	0.120	-.0804474	.6968533
ER	.0426908	.0180582	2.36	0.018	.0072975	.0780842
ST	.0330661	.013863	2.39	0.017	.0058952	.060237
FDI	-.0037593	.0022897	-1.64	0.101	-.0082471	.0007285
HC	.6345318	.1609308	3.94	0.000	.3191132	.9499504
_cons	1.929545	.4935127	3.91	0.000	.9622775	2.896812
Wx						
FDI	.0172349	.003731	4.62	0.000	.0099223	.0245475
HC	-.3096884	.1609594	-1.92	0.054	-.6251631	.0057862
Spatial						
rho	.7387505	.0676863	10.91	0.000	.6060879	.8714132
Variance						
lgt_theta	-3.858772	.3457082	-11.16	0.000	-4.536348	-3.181197
sigma2_e	.0113877	.0024076	4.73	0.000	.0066689	.0161066
Direct						
AGG	.3761124	.2372688	1.59	0.113	-.0889259	.8411506
ER	.0507869	.0190592	2.66	0.008	.0134316	.0881423
ST	.0425513	.0191401	2.22	0.026	.0050373	.0800653
FDI	.001214	.0037598	0.32	0.747	-.0061551	.0085831
HC	.6664889	.1635544	4.08	0.000	.3459281	.9870496
Indirect						
AGG	.7291758	.4890604	1.49	0.136	-.2293649	1.687717
ER	.1094337	.0560436	1.95	0.051	-.0004097	.2192771
ST	.0953084	.0614005	1.55	0.121	-.0250343	.2156512
FDI	.0544366	.0245443	2.22	0.027	.0063306	.1025426
HC	.4955169	.2225285	2.23	0.026	.059369	.9316648
Total						
AGG	1.105288	.7069335	1.56	0.118	-.2802759	2.490852
ER	.1602207	.071176	2.25	0.024	.0207182	.2997231
ST	.1378597	.0774158	1.78	0.075	-.0138725	.289592
FDI	.0556506	.0276836	2.01	0.044	.0013918	.1099095
HC	1.162006	.2353182	4.94	0.000	.7007906	1.623221

图 10-12 估计结果

接下来进行固定效应的估计，命令如下

xsmle lnGDP AGG ER ST FDI HC，wmat(W) model(sdm) durbin(FDI HC) robust nolog fe

估计结果如图 10-13 所示。

```
SDM with spatial fixed-effects                    Number of obs =        480

Group variable: id                             Number of groups =         30
Time variable: t                                   Panel length =         16

R-sq:     within  = 0.9358
          between = 0.4169
          overall = 0.5962

Mean of fixed-effects =  1.6937

Log-pseudolikelihood =   368.0979
                                     (Std. Err. adjusted for 30 clusters in id)
------------------------------------------------------------------------------
             |               Robust
       lnGDP |      Coef.   Std. Err.      z    P>|z|     [95% Conf. Interval]
-------------+----------------------------------------------------------------
Main         |
         AGG |   .3100053   .1991852     1.56   0.120    -.0803906    .7004012
          ER |   .0412468   .0176214     2.34   0.019     .0067096    .0757841
          ST |   .0308153   .0133501     2.31   0.021     .0046496     .056981
         FDI |  -.0039244   .0023331    -1.68   0.093    -.0084971    .0006483
          HC |   .6296324   .1598475     3.94   0.000     .3163371    .9429277
-------------+----------------------------------------------------------------
Wx           |
         FDI |   .0175118    .003758     4.66   0.000     .0101463    .0248774
          HC |  -.3548928   .1590459    -2.23   0.026    -.6666169   -.0431686
-------------+----------------------------------------------------------------
Spatial      |
         rho |   .7709677   .0569903    13.53   0.000     .6592687    .8826667
-------------+----------------------------------------------------------------
Variance     |
    sigma2_e |   .0104187   .0021617     4.82   0.000     .0061818    .0146556
-------------+----------------------------------------------------------------
Direct       |
         AGG |    .395585   .2492373     1.59   0.112    -.0929111    .8840811
          ER |   .0504019   .0186978     2.70   0.007     .0137549    .0870489
          ST |   .0410526   .0194481     2.11   0.035     .0029349    .0791703
         FDI |   .0015676   .0034024     0.46   0.645    -.0051011    .0082362
          HC |   .6580559   .1556878     4.23   0.000     .3529135    .9631983
-------------+----------------------------------------------------------------
Indirect     |
         AGG |   .9481267   .6216756     1.53   0.127    -.2703351    2.166589
          ER |   .1220602   .0520346     2.35   0.019     .0200743    .2240461
          ST |   .1060019   .0727075     1.46   0.145    -.0365022    .2485059
         FDI |   .0608294   .0249012     2.44   0.015     .0120239    .1096348
          HC |   .4618168   .2798022     1.65   0.099    -.0865855    1.010219
-------------+----------------------------------------------------------------
Total        |
         AGG |   1.343712   .8518019     1.58   0.115    -.3257893    3.013213
          ER |   .1724621   .0673551     2.56   0.010     .0404487    .3044756
          ST |   .1470545   .0895732     1.64   0.101    -.0285057    .3226146
         FDI |   .0623969   .0272509     2.29   0.022     .0089862    .1158077
          HC |   1.119873   .2508526     4.46   0.000     .6282106    1.611535
------------------------------------------------------------------------------
```

图 10-13　固定效应估计结果

从图 10-12 及 10-13 可以看出,使用随机效应模型和固定效应模型的结果有细微差别,需要通过豪斯曼检验来确定使用哪种模型。

接下来进行豪斯曼检验,确定使用随机效应模型还是固定效应模型,首先储存未使用稳健性标准误的随机效应和固定效应估计结果。

命令如下(qui 为只运行不显示结果)

qui xsmle lnGDP AGG ER ST FDI HC,wmat(W) model(sdm) durbin(FDI HC) nolog

est sto re

qui xsmle lnGDP AGG ER ST FDI HC,wmat(W) model(sdm) durbin(FDI HC) nolog fe

est sto fe

hausman fe re

结果如图 10-14 所示。

```
             ---- Coefficients ----
             |      (b)          (B)            (b-B)     sqrt(diag(V_b-V_B))
             |      fe           re          Difference          S.E.
-------------+----------------------------------------------------------------
         AGG |    .3100053      .308203        .0018024              .
          ER |    .0412468     .0426908        -.001444              .
          ST |    .0308153     .0330661       -.0022508              .
         FDI |   -.0039244    -.0037593        -.000165              .
          HC |    .6296324     .6345318       -.0048994              .
------------------------------------------------------------------------------
                         b = consistent under Ho and Ha; obtained from xsmle
          B = inconsistent under Ha, efficient under Ho; obtained from xsmle

    Test:  Ho:  difference in coefficients not systematic

                  chi2(5) = (b-B)'[(V_b-V_B)^(-1)](b-B)
                          =    -1.49    chi2<0 ==> model fitted on these
                                        data fails to meet the asymptotic
                                        assumptions of the Hausman test;
                                        see suest for a generalized test
```

图 10-14 随机效应估计结果

豪斯曼检验结果为负数,故选择随机效应模型。

三、空间面板自回归模型

由于空间自回归模型(SAR)是空间面板杜宾模型(SDM)的一个特例,其基本模型命令为

xsmle lnGDP AGG ER ST FDI HC,re model(sar) wmat(W)

而其余命令与步骤均与 SDM 模型相同,故此处不再详细讲解,具体可参照本章第二节。

四、空间面板误差模型

空间面板误差模型(SEM)的建立和运行。首先估计 robust(聚类稳健的标准)、默认的 re(随机效应)的空间面板误差模型,命令如下

xsmle lnGDP AGG ER ST FDI HC,emat(W) model(sem) robust nolog

结果如图 10-15 所示(上述 SDM 模型中已对系数进行了解释,SEM 模型的系数同总效应,此处不再解释)。

```
SEM with random-effects                          Number of obs    =     480

Group variable: id                               Number of groups =      30
Time variable: t                                 Panel length     =      16

R-sq:   within  = 0.8575
        between = 0.5326
        overall = 0.5714

Log-pseudolikelihood =   242.6471
                                  (Std. Err. adjusted for 30 clusters in id)
```

lnGDP	Coef.	Robust Std. Err.	z	P>|z|	[95% Conf.	Interval]
Main						
AGG	.2909506	.1616642	1.80	0.072	-.0259054	.6078067
ER	.0278067	.017831	1.56	0.119	-.0071415	.0627549
ST	.0317509	.0207303	1.53	0.126	-.0088797	.0723814
FDI	-.0062235	.0038133	-1.63	0.103	-.0136975	.0012505
HC	.6502901	.1557289	4.18	0.000	.3450672	.9555131
_cons	8.822932	.4207011	20.97	0.000	7.998373	9.647491
Spatial						
lambda	.9161146	.029087	31.50	0.000	.8591051	.9731241
Variance						
ln_phi	2.164671	.2554881	8.47	0.000	1.663923	2.665418
sigma2_e	.0113702	.0022051	5.16	0.000	.0070483	.0156921

图 10-15 估计结果

其次进行固定效应的估计,命令如下

xsmle lnGDP AGG ER ST FDI HC,emat(W) model(sem) robust nolog fe

估计结果如图 10-16 所示。

```
SEM with spatial fixed-effects                   Number of obs    =     480

Group variable: id                               Number of groups =      30
Time variable: t                                 Panel length     =      16

R-sq:   within  = 0.8563
        between = 0.5303
        overall = 0.5687

Mean of fixed-effects =  8.7843

Log-pseudolikelihood =   327.9149
                                  (Std. Err. adjusted for 30 clusters in id)
```

lnGDP	Coef.	Robust Std. Err.	z	P>|z|	[95% Conf.	Interval]
Main						
AGG	.3049056	.1746214	1.75	0.081	-.0373461	.6471573
ER	.0283057	.0181521	1.56	0.119	-.0072717	.0638831
ST	.0303307	.0224827	1.35	0.177	-.0137345	.0743959
FDI	-.0064066	.0038577	-1.66	0.097	-.0139675	.0011544
HC	.66654	.1623266	4.11	0.000	.3483857	.9846943
Spatial						
lambda	.9160384	.0303164	30.22	0.000	.8566193	.9754574
Variance						
sigma2_e	.0106569	.002076	5.13	0.000	.006588	.0147259

图 10-16 固定效应估计结果

接下来进行豪斯曼检验,命令如下

qui xsmle lnGDP AGG ER ST FDI HC,emat(W) model(sem) nolog

est sto re1

qui xsmle lnGDP AGG ER ST FDI HC,emat(W) model(sem) nolog fe

est sto fe1

hausman fe1 re1

结果如图 10-17 所示。

```
                 ---- Coefficients ----
             |      (b)          (B)            (b-B)     sqrt(diag(V_b-V_B))
             |      fe1          re1         Difference          S.E.
-------------+----------------------------------------------------------------
         AGG |    .3049056     .2909506        .013955               .
          ER |    .0283057     .0278067        .000499               .
          ST |    .0303307     .0317509      -.0014202               .
         FDI |   -.0064066    -.0062235      -.0001831               .
          HC |      .66654     .6502901       .0162499        .0036908
------------------------------------------------------------------------------
                           b = consistent under Ho and Ha; obtained from xsmle
            B = inconsistent under Ha, efficient under Ho; obtained from xsmle

    Test:  Ho:  difference in coefficients not systematic

                  chi2(5) = (b-B)'[(V_b-V_B)^(-1)](b-B)
                          =      -0.38    chi2<0 ==> model fitted on these
                                          data fails to meet the asymptotic
                                          assumptions of the Hausman test;
                                          see suest for a generalized test
```

图 10-17 豪斯曼检验结果

豪斯曼检验结果为负值,故选用随机效应模型。

五、一般的空间面板计量模型

一般的空间面板计量模型(SAC 即 SARAR)的建立与运行。首先估计 robust(聚类稳健的标准)、fe(固定效应)的空间面板误差模型,SAC 模型仅支持固定效应模型,命令如下:

xsmle lnGDP AGG ER ST FDI HC,wmat(W) emat(W) model(sac) robust nolog fe

结果如图 10-18 所示。(上述 SDM 模型中已对系数进行解释,SAC 模型的系数同理此处不再解释)。

六、空间计量模型的选择

1. LM 检验

此部分检验的目的是判断一般的线性回归结果是否具有空间滞后项和空间误差项,如果均有,则选择空间杜宾模型较为合适。

用【案例 10-2】数据,命令如下

use W30. dta,clear

spatwmat using W30. dta,name(W1)

list pro31juliswm1- pro31juliswm31

```
SAC with spatial fixed-effects                    Number of obs =        480

Group variable: id                             Number of groups =         30
Time variable: t                                   Panel length =         16

R-sq:    within  = 0.9320
         between = 0.4719
         overall = 0.6452

Mean of fixed-effects =  3.0693

Log-pseudolikelihood =    344.9618
                                    (Std. Err. adjusted for 30 clusters in id)
```

lnGDP	Coef.	Robust Std. Err.	z	P>|z|	[95% Conf.	Interval]
Main						
AGG	.2640603	.2160994	1.22	0.222	-.1594868	.6876074
ER	.0385109	.020127	1.91	0.056	-.0009374	.0779592
ST	.0315441	.0240694	1.31	0.190	-.0156311	.0787193
FDI	-.0042128	.003772	-1.12	0.264	-.0116059	.0031803
HC	.6254736	.219042	2.86	0.004	.1961592	1.054788
Spatial						
rho	.5860804	.1534578	3.82	0.000	.2853087	.8868521
lambda	.2667695	.3344766	0.80	0.425	-.3887925	.9223315
Variance						
sigma2_e	.0132571	.0024688	5.37	0.000	.0084184	.0180958
Direct						
AGG	.2892401	.2437774	1.19	0.235	-.1885549	.767035
ER	.0435192	.0246514	1.77	0.077	-.0047967	.091835
ST	.0373596	.028619	1.31	0.192	-.0187327	.0934519
FDI	-.0044827	.0046387	-0.97	0.334	-.0135743	.0046089
HC	.6812457	.2124802	3.21	0.001	.2647921	1.097699
Indirect						
AGG	.2777555	.8590868	0.32	0.746	-1.406024	1.961535
ER	.0956661	.2417405	0.40	0.692	-.3781366	.5694689
ST	.0423504	.0743589	0.57	0.569	-.1033904	.1880911
FDI	-.0032456	.0133602	-0.24	0.808	-.0294311	.0229399
HC	.8210759	.3691305	2.22	0.026	.0975935	1.544558
Total						
AGG	.5669956	1.011413	0.56	0.575	-1.415338	2.54933
ER	.1391853	.2594083	0.54	0.592	-.3692456	.6476162
ST	.07971	.0906445	0.88	0.379	-.09795	.25737
FDI	-.0077283	.0168116	-0.46	0.646	-.0406785	.0252219
HC	1.502322	.3041539	4.94	0.000	.9061909	2.098452

图 10-18 估计结果

```
spcs2xt pro31juliswm * ,matrix(W1) time(16)
spatwmat using W1xt.dta,name(W1p) standardize
matrix list W1p
use case.dta,clear
reg lnGDP AGG ER ST FDI HC
```

```
est sto ols
spatdiag,w(W1p)
```

结果如图 10-19 所示。

```
Weights matrix
----------------------------------------------------
Name: W1p
Type: Imported (binary)
Row-standardized: Yes
----------------------------------------------------

Diagnostics
```

Test	Statistic	df	p-value
Spatial error:			
Moran's I	14.076	1	0.000
Lagrange multiplier	178.954	1	0.000
Robust Lagrange multiplier	170.445	1	0.000
Spatial lag:			
Lagrange multiplier	9.499	1	0.002
Robust Lagrange multiplier	0.989	1	0.320

图 10-19　LM 检验结果

从图 10-19 的结果可以看出，对于空间误差项 LM 与 RLM 结果均显著，而对于空间滞后项来说 LM 结果显著。综合来说，一般回归的结果既存在空间误差项也存在空间滞后项，故选用空间计量模型是合理的，且 SEM 模型的效果优于 SAR 模型。

2. LR 检验

空间计量模型大多时候选用空间杜宾模型（SDM），然后进行 LR 检验，判断其是否可以退化成空间自回归模型（SAR）或者空间误差模型（SEM）。

根据上述数据，命令如下：

```
qui xsmle lnGDP AGG ER ST FDI HC,re model(sdm) wmat(W)
est sto sdm
qui xsmle lnGDP AGG ER ST FDI HC,re model(sem) emat(W)
est sto sem
qui xsmle lnGDP AGG ER ST FDI HC,re model(sar) wmat(W)
est sto sar
lrtest sdm sem
lrtest sdm sar
```

结果如图 10-20 所示。

注：读者在进行模型选择时可先做 LR 检验，从而选择合适的模型，由于 SDM 的应用范围较为广泛，本章主要讲解空间计量模型的操作步骤，故本节上述的系数讲解以 SDM 模型为例，目的在于将回归结果解释清楚，故未考虑 LR 检验结果。

从图 10-20 可以看出，在 SDM 和 SAR 的 LR 检验中，*P* 值为 0，说明对于这一份样本，SDM 的效果优于 SAR；在 SDM 和 SEM 的 LR 检验中，*P* 值为 1，即说明模型中可能遗漏重要解释变量，

```
. lrtest sdm sem

Likelihood-ratio test                                 LR chi2(5)  =     -7.86
(Assumption: sem nested in sdm)                       Prob > chi2 =    1.0000

.
. lrtest sdm sar

Likelihood-ratio test                                 LR chi2(5)  =     48.65
(Assumption: sar nested in sdm)                       Prob > chi2 =    0.0000
```

图 10-20 LR 检验结果

可尝试在加入重要解释变量后再使用 LR 检验来进行判断。单从该结果来分析，P 值为 1 说明空间效应主要来源于随机误差项，应选择 SEM 模型进行估计。

七、空间计量模型的局限性

本章介绍的空间计量模型的局限性主要在于：

第一，估计方法的局限性，上述所用模型的主要估计方法是 MLE，MLE 的大样本理论尚待完善；

第二，空间权重矩阵衡量的局限性，目前所有的空间权重矩阵均较难完全地反映地区间复杂的地理关系。

本章习题

1. 简要说明空间计量经济学模型的基本原理，并解释空间滞后模型和空间误差模型的区别。

2. 假设你有一个面板数据集，其中包含多个城市的房价和各种房屋特征。你想研究房价与各种房屋特征之间的关系，并考虑到空间依赖性。请提出一个适用于面板数据的空间计量经济学模型，并解释该模型的优势和应用。

3. 在城市经济学中，经常出现的问题是如何衡量城市之间的空间相互关系。请提出一个适用于衡量城市间空间相互关系的空间计量经济学模型，并解释该模型的理论基础和具体步骤。

4. 假设你想研究某个国家的贫困率与各个区域的经济发展水平之间的关系，并考虑到空间依赖性。请提出一个适用于跨区域数据的空间计量经济学模型，并解释该模型的适用性和限制。

参 考 文 献

[1] 李占风. 经济计量学. 北京:中国统计出版社,2010.

[2] 张晓峒. 计量经济学软件 EViews 使用指南.2 版. 天津:南开大学出版社,2004.

[3] 萧政. 面板数据分析. 北京:北京大学出版社,2005.

[4] 于俊年. 计量经济学软件:EViews 的使用. 北京:对外经济贸易大学出版社,2006.

[5] 勒沙杰 J,佩斯 K. 空间计量经济学导论. 肖光恩,杨勇,熊灵,等译. 北京:北京大学出版社,2014.

[6] 阿德金斯 LC,希尔 RC.应用 Stata 学习计量经济学原理. 曹书军,林健怡,译. 重庆:重庆大学出版社,2015.

[7] 鲍姆 CF. 用 Stata 学计量经济学. 王忠玉,译. 北京:中国人民大学出版社,2012.

[8] 胡咏梅. 计量经济学基础与 STATA 应用. 北京:北京师范大学出版社,2010.

[9] 洪永淼. 高级计量经济学. 北京:高等教育出版社,2011.

[10] 沈体雁,冯等田,孙铁山. 空间计量经济学. 北京:北京大学出版社,2010.

[11] 李子奈,叶阿忠. 高等计量经济学. 北京:清华大学出版社,2000.

[12] 古扎拉蒂 DN. 计量经济学基础. 费剑平,译. 北京:中国人民大学出版社,2005.

[13] 陈强. 高级计量经济学及 Stata 应用.2 版. 北京:高等教育出版社,2014.

[14] 孙敬水. 计量经济学教程. 上海:复旦大学出版社,2004.

[15] 赵国庆.EViews/Stata 计量经济学入门. 北京:中国人民大学出版社,2014.

[16] 于俊年. 计量经济学软件:EViews 的使用. 北京:对外经济贸易大学出版社,2006.

[17] 刘巍,陈昭. 计量经济学软件:EViews 操作简明教程. 广州:暨南大学出版社,2009.

[18] 郭存芝. 计量经济学:理论·方法·EViews 应用.2 版. 北京:科学出版社,2015.

[19] 伍德里奇 JM. 计量经济学导论:现代观点.6 版. 张成思,译. 北京:中国人民大学出版社,2018.

[20] 易丹辉. 数据分析与 EViews 应用.2 版. 北京:中国人民大学出版社,2014.

读者意见反馈

为收集对教材的意见建议,进一步完善教材编写并做好服务工作,读者可将对本教材的意见建议通过如下渠道反馈至我社。

咨询电话　400-810-0598

反馈邮箱　gjdzfwb@ pub.hep.cn

通信地址　北京市朝阳区惠新东街4号富盛大厦1座

　　　　　高等教育出版社总编辑办公室

邮政编码　100029